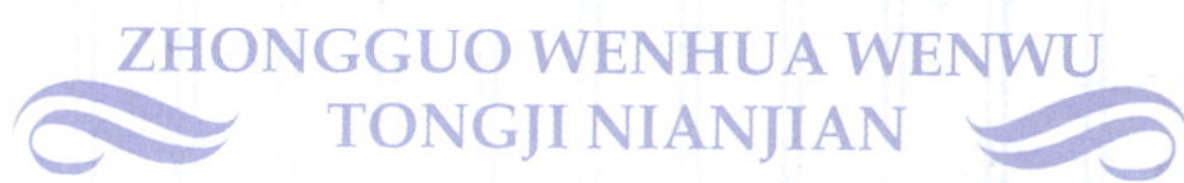

中国文化文物统计年鉴

中华人民共和国文化部 编

2012

国家图书馆出版社

图书在版编目(CIP)数据

中国文化文物统计年鉴.2012/中华人民共和国文化部编. —北京:国家图书馆出版社,2012.10
ISBN 978-7-5013-4882-4

Ⅰ.①中… Ⅱ.①中… Ⅲ.①文化事业—统计资料—中国—2012—年鉴 ②文物工作—统计资料—中国—2012—年鉴 Ⅳ.①G12-66 ②K87-66

中国版本图书馆CIP数据核字（2012）第236131号

责任编辑：金丽萍

书名 中国文化文物统计年鉴2012
著者 中华人民共和国文化部 编

出版 国家图书馆出版社(100034 北京市西城区文津街7号)
(原北京图书馆出版社)
发行 010-66114536 66126153 66151313 66175620
66121706(传真) 66126156(门市部)
E-mail btsfxb@nlc.gov.cn (邮购)
Website www.nlcpress.com→投稿中心
经销 新华书店
印刷 北京科信印刷有限公司

开本 880×1230(毫米) 1/16
印张 39.25
字数 1650(千字)
版次 2012年10月第一版第一次印刷

书号 ISBN 978-7-5013-4882-4
定价 220.00元

中国文化文物统计年鉴（2012）

编者说明

一、《中国文化文物统计年鉴（2012）》系统收录了全国和各省、自治区、直辖市 2011 年文化发展各方面的统计数据，以及其他重要历史年份的主要统计数据，是一部全面反映我国文化发展情况的综合性统计资料。

二、本年鉴正文内容共分为七个篇章：一、综合；二、图书馆业；三、群众文化业；四、艺术业；五、文化市场；六、文物业；七、教育、科技、动漫及其他。为方便读者使用，每篇末附有《主要统计指标解释》。

三、本资料尚缺香港特别行政区、澳门特别行政区、台湾省的资料。

四、部分分地区数据汇总不等于全国总计，是由于分地区数据未包含中央直属单位数据。

五、符号使用说明：资料中的空格表示该项统计指标数据不足本表最小单位数、数据不详或无该项数据，“#”表示其中的主要项。

六、因时间仓促，年鉴中若有遗漏和不足之处，敬请给予批评指正，以便完善和充实。

编　　者

2012 年 9 月

编写说明

目 录

三、群众文化业

四、艺术业

五、文化市场

六、文物业

七、文化教育、文化科技及其他

排序资料

附录资料

2011 年全国文化发展概述

2011 年是我国“十二五”时期开局之年，也是文化发展中极不平凡的一年。年内召开的党的十七届六中全会深刻阐明了中国特色社会主义文化发展道路，确立了建设社会主义文化强国的宏伟目标，为进一步加快文化改革发展指明了方向，标志着我国文化改革发展进入新的阶段。一年来，文化系统认真落实党中央国务院关于文化改革发展的重大部署，以高度的文化自觉与文化自信，开创了文化改革发展的崭新局面。文化发展的基础保障进一步巩固，文化发展的环境得到改善；文化发展取得丰硕成果，人民文化生活更加丰富；文化交流更加活跃，中华文化影响力不断扩大。但也应看到，面对新形势，制约新时期文化改革发展的因素依然存在，必须深入贯彻党的十七届六中全会精神，坚持走中国特色社会主义文化发展道路，围绕加快建设社会主义文化强国这一战略目标，全面推进各项文化工作。

一、文化发展的基础保障能力进一步增强

（一）从思想保障看，党的十七届六中全会对推动文化改革发展作出全面部署，文化建设的方向更加明确

在推动文化建设的进程中，我们党不断探索社会主义初级阶段文化发展的客观规律，不断增强文化自觉。党的十七届六中全会专门就文化改革发展作出研究与部署，进一步明确了新的历史时期文化建设走什么样的发展道路和实现什么样的宏伟目标，标志着我国文化发展理论更加成熟。

在十七届六中全会精神的指引和鼓舞下，各级党委政府对文化重要性的认识不断深化，对文化工作的重视程度空前提高。大部分省区市出台贯彻落实十七届六中全会《决定》的实施意见，提出了加快建设文化强省、文化强区或文化强市的战略目标，文化建设被纳入经济社会发展的重要议事日程。《国家“十二五”时期文化改革发展规划纲要》正式颁布，为“十二五”时期文化改革发展指明了方向。《文化部“十二五”时期文化改革发展规划》等部门规划和地方文化事业发展规划相继颁布实施，开启了文化建设的新篇章。

（二）从资金保障看，在中央财政的带动和引导下，全国文化事业费持续增长

党的十七届六中全会《决定》中，明确提出了“保证公共财政对文化建设投入的增长幅度高于财政经常性收入的增长幅度，提高文化支出占财政支出的比重”的要求。在这一政策指引下，各级党委、政府纷纷加大对文化的经费投入力度，投入效果十分明显。

1.文化事业费总量增幅明显。2011 年，全国文化事业费（不含基本建设财政拨款和行政运行费）392.62 亿元，比上年增加 69.56 亿元，增幅达到 21.5%，增幅高于同期财政支出增幅 0.3 个百分点。文化事业费占财政支出比重为 0.36%，比重与上年持平。

2.人均文化事业费不断提高。2011 年，全国人均文化事业费 29.14 元，比上年增加 5.03 元，同比增长 20.9%，增幅较去年提高 10.8 个百分点。

3.重大文化工程项目取得突破。2011 年，中央财政继续加大投入力度，通过转移支付方式，全年

共投入 35.97 亿元用于文化建设，资金量比上年略有下降（主要受上年乡镇综合文化站建设资金集中下拨的影响），是 2006 年的 14.4 倍。

特别是中央财政为切实加强基层文化设施服务能力，推进我国公共文化服务体系建设，进一步构建公共文化服务体系运行保障机制，专门设立了基层公共文化服务体系保障经费。这项经费总计 18.22 亿元，占到中央补助地方专项资金总量的一半以上。该项措施的实施，标志着我国政府提供的公共文化服务水平上了一个新台阶，有力地推动了我国公共文化服务体系的建立，切实改善了基层特别是经济欠发达地区的公共文化服务条件，取得了很好的社会效果。

4.公共文化设施建设稳步推进。2011 年，全国各级文化部门加大对公共文化服务设施建设的投入力度，各项文化设施建设取得显著成效。全年投资项目总数达到 7149 个，项目计划总投资达 629.51 亿元，比上年增长 8.1%；全年完成投资额为 108.16 亿元。竣工项目 5059 个，竣工面积 355.36 万平方米。

作为近些年来全国范围内实施的最大规模文化设施建设项目，全国乡镇综合文化站建设已基本完成，规划目标已基本实现，全国乡镇级文化设施状况大为改善。据统计，2011 年底，需要中央补助投资的乡镇综合文化站建设项目 23856 个中有 22200 个建设项目竣工，占项目总数的 93.1%，全国乡镇综合文化站平均每站面积由 2006 年的 277 平方米，增长到 2011 年的 516 平方米，增幅达 86.4%。竣工并投入使用的乡镇综合文化站，为群众开展了丰富多彩的文化活动，对于满足广大农民群众精神文化需求，保障基层群众文化权益起到了重要的作用。

（三）从人才保障看，人员总量有所增加，人员结构不断优化

近年来，文化系统通过长期不懈地规划统筹、制度建设和教育培训等，努力造就一支德才兼备、锐意创新、结构合理、规模宏大的文化人才队伍，取得显著成就，为社会主义文化大发展大繁荣提供了有力的人才支持和组织保障。

1.文化机构从业人员数有所增加。据统计，2011 年底，纳入统计制度的全国各类文化机构 31.01 万个，比上年减少 3449 个；从业人员 221.40 万人，比上年增加 10.6 万人，增长 5.0%。分类型看，执行事业会计制度的文化机构 6.31 万个，比上年增加 900 个；从业人员 57.41 万人，比上年增加 2.04 万人，增长 3.7%；全年收入合计 878.06 亿元，增长 26.1%。执行企业会计制度的文化机构 24.70 万个，比上年减少 4349 个；从业人员 163.88 万人，比上年增加 8.46 万人，增长 5.4%；全年营业收入 1827.53 亿元，比上年增长 15.3%，利润总额 579.42 亿元，增长 20.1%。

2.人员素质不断提高。据统计，2011 年底，全国公共图书馆从业人员 54475 人，其中具有中高级职称的人员 4710 人，比上年增加了 302 人；全国文化馆（站）从业人员 147732 人，其中具有中高级职称的人员 6208 人，比上年减少了 32 人。

3.基层文化机构人员得到加强。2011 年底，全国 34139 个乡镇综合文化站从业人员 78148 人，平均每站 2.29 人，比上年增加了 0.12 人。

（四）从制度保障看，规划编制和政策法规工作取得新的进展

制定了《文化部“十二五”文化发展规划》，在公共文化服务、文化遗产保护、文化产业、对外文化交流等领域制定了专项规划，推动在国家级区域性规划中增强文化工作的比重。《非物质文化遗产法》颁布施行，《公共图书馆法》、《古籍保护条例》等立法工作顺利推进。广东省已经制定了《公共文化服务促进条例》，为国家层面立法做出了积极探索。大力推进依法行政，实施特聘法律咨询专家制度、文化部常年法律顾问制度、开展知识产权保护研究基地试点工作等，均取得良好效果。

（五）从文化体制改革情况看，国有艺术院团转企改制工作取得重大进展，文化生产力得到进一步解放

近年来，按照中央关于深化文化体制改革的总体部署，不断增强改革的主动性和积极性，创新思路，攻坚克难，努力完成文化系统体制改革各项重点任务。国有文艺院团体制改革基本完成，按照“转制一批”、“整合一批”、“撤销一批”、“划转一批”和“保留一批”的改革路径，国有文艺院团转企改制数量逐年增长，转企改制工作取得了显著成效。截至 2011 年底，全国文化系统承担改革任务的 2102 家国有文艺院团中，已有 1176 家完成转企改制，转企完成率达 55.9%。转制后的艺术表演团体，按照“面向市场、增强活力”的要求，积极探索和建立新形势下推动院团发展的工作机制，在市场占有率、行业影响力方面日益占据优势地位，在经济效益和社会效益方面实现了双赢。保留事业体制的院团不断深化内部机制改革，取得积极进展。

（六）从文化与科技的融合情况看，科技助推文化发展的作用更加明显

建立了文化部与科技部部际会商制度，已有两个项目被确立为 2012 年度国家科技支撑计划项目，每个项目的经费投入约 3000 万元。国家文化科技提升计划、文化部科技创新项目、国家文化创新工程齐头并进，共立项 54 个，验收结项 17 个。3 项文化行业标准颁布实施。文化艺术科研工作成果丰硕，为党和政府宏观决策提供了服务。

二、文化建设取得丰硕成果

2011 年，我国各项文化建设工作取得了新的成就。公共文化服务体系建设成效显著，文艺演出异彩纷呈，文化市场发展规范有序，文化产业蓬勃发展，文化遗产保护取得重要进展。

（一）公共文化服务体系建设成效显著

1.公共文化服务条件有效改善。截至 2011 年底，全国共有公共图书馆 2952 个，比上年增加 68 个；总藏量 69719 万册（件），比上年增加 7993 万册（件），增长 12.9%；全国人均拥有公共图书馆藏量 0.52 册，比上年增加 0.06 册，增长 13.0%；全国平均每万人拥有公共图书馆设施面积由 2010 年的 67.2 平方米提高至 73.8 平方米，增长 9.8%。

2011 年底，全国共有群众文化机构 43675 个，比上年增加 293 个；藏书总量达到 1.80 亿册，比上年增长 11.8%；对公众开放阅览室 77.80 万平方米，增长 85.4%；全国平均每万人拥有群众文化设施面积由 2010 年的 188.6 平方米，提高到 221.2 平方米，增长 17.3%。

2.公共文化服务能力显著提升。随着我国公共文化服务条件的有效改善，财政对公共文化经费投入的进一步加大，我国公共文化服务水平也得到了显著提升。2011 年，全国公共图书馆全年共发放借书证 2214 万个，比上年增加 194 万个，增长 9.6%；总流通人次 38151 万人次，比上年增加 5328 万人次，增长 16.2%；书刊文献外借 15316 万人次和 28452 万册次，分别比上年增加了 1382 万人次和 2060 万册次，分别增长 9.9%和 7.8%。

2011 年，全国群众文化机构共举办展览 10.78 万场，7752 万人次参观；组织文艺活动 62.06 万次，比去年增长 7.6%，28224 万人次参加；组织各类公益性讲座 1.76 万次，比去年增长 44.3%，315 万人次参加；举办各类训练班 339883 班次，培训结业人次 2414 万人次。

3.服务方式更加多样。全国公共图书馆除开展正常的借阅工作外，充分利用网络技术，积极丰富服务手段。全国共有电子阅览终端 92649 台，比上年增加了 9525 台，增长 11.5%。全国公共图书馆电子阅览室面积 42.85 万平方米，增长 13.9%。电子阅览室面积占阅览室总面积的比重由 2006 年的 12.2% 提高到 17.5%，提高了 5.3 个百分点。全年共为读者举办各种活动 68251 次，2937 万人次参加，分别比去年增长了13.6%和7.2%。其中，组织各类讲座35175次，654万人参加；举办10479次展览，2094万人次参观；举办培训班22597个，190万人次参加。

全国各级群众文化单位注重自身建设，积极加强对业余文化团体辅导，实现了从“送文化”到“种文化”的转变。据统计，截至2011年底，全国共有馆办文艺团体7927个，演出31.23万场，观众人次6543.38万人次；由本馆指导的群众业余文艺团体26.78万个，馆办老年大学699个。

4.基层公共文化活动有声有色。随着全国范围内乡镇综合文化站建设项目基本完成，乡镇综合文化站组织开展群众文化活动日趋活跃，在丰富群众文化生活、满足群众基本文化权益、促进文化均等化方面的作用日益突出。近些年来，全国乡镇综合文化站组织文艺活动次数、举办展览次数和举办训练班班次均占到了群众文化总体比重的一半左右。

（二）文艺演出异彩纷呈

2011年，全国各级艺术表演团体坚持“二为”方向和“双百”方针，坚持弘扬主旋律和提倡多样化并重，继续加强对艺术创作的规划和引导，创新艺术管理手段，文艺演出发展再上新台阶。

1.演出规模持续增加。2011年，全国7055个艺术表演团体全年共演出154.72万场次，比上年增加17.57万场，增长12.8%。全年平均每团演出219.32场，比上年增长9.8%。全年国内演出观众74585.05万人次。

2.演出收入大幅增长。演出市场的扩大，带动了艺术表演团体收入的大幅度增长。2011年，全国艺术表演团体全年总收入155.46亿元，比上年增加31.53亿元，增长25.4%；全年演出收入52.81亿元，比上年增加18.54亿元，增长54.1%。

3.社会效益有力彰显。2011年，全国各级艺术表演团体在大力开拓演出市场的同时，通过“文化下乡”、低票价演出等方式，将经济效益与社会效益有机统一起来，充分体现出艺术院团面向基层、服务人民的社会责任，受到了广大人民群众的热烈欢迎和社会的广泛赞誉。全年全国艺术表演团体共组织政府采购的公益演出场次8.27万场，比上年增长45.7%；观众人次7800万人次，增长14.6%；政府采购的公益演出补贴收入3.99亿元，增长75.0%。

4.非文化部门艺术表演团体发展迅速。近年来，我国众多民营艺术表演团体以灵活多样的办团方式、特色鲜明的地方风格、充满生机的营销机制、不畏艰苦的创业精神等优势，创作演出了大量内容生动、形式活泼、群众喜闻乐见的剧目，与国有院团互为补充，共同成为构建社会主义和谐社会的重要力量，获得了良好的社会效益和经济效益。

2011年，在全国7055个艺术表演团体中，非文化部门的艺术表演团体有4639个，涵盖了戏剧、曲艺、歌舞、杂技、魔术、马戏、木偶、皮影等众多艺术门类，占到全国艺术表演团体总数的65.8%，比2007年的44.8%提高了21个百分点；全年共演出110.95万场次，比上年增加19.80万场次，增长21.7%；演出收入30.22亿元，比上年增加13.56亿次，增长81.6%。

（三）文化市场规范有序

2011年，随着文化市场监管能力的不断提高，文化市场氛围的进一步活跃，全国文化市场主体得到进一步培育发展，市场结构不断优化，市场规模日益扩大。在各项政策措施的有力推动下，文化产业规模稳步扩大，产业集聚化水平进一步提高，对经济社会发展的促进作用明显增强。

1.监管能力稳步提高，市场环境得到进一步改善。一是加强文化市场法制体系建设，进一步夯实了文化市场监管的法制基础。2011年，文化部先后制定下发了《关于加强演出市场有关问题的通知》、《关于加强艺术品市场管理工作的通知》、《文化市场综合行政执法管理办法》等文件。二是文化市场执法能力进一步提高。2011年底，全国已全面完成综合执法改革，文化市场由分头管理、多头执法向统一领导、综合执法转变，执法力量明显加强，执法效能显著提高，执法成本显著降低。据统计，地级市综合执法机构组建完成率为100%，县（区）综合执法机构组建完成率为99.6%。全国省、市、县三级文化市场执法机构共有2955个，执法人员编制数31444人，在岗人员27875人。全国各级文化市场执法机构共拥有机动执法执勤车辆2589辆，数码取证设备3271台，执法通讯设备2215台，影视鉴定设备410台，网络执法设备1480台。三是文化市场监管执法成效显著。全年各级文化市场管理部门以文化市场知识产权保护专项执法、建党90周年文化市场专项保障等集中整治行动为抓手，以清理整治演出、网络文化市场违法违规行为为重点，共出动综合执法人员1224余万人次，比上年增长50.4%，检查经营单位742万家，责令经营单位改正20.9万家次，受理举报4.9万件，立案调查6.4万件，移交案件3504件，办结案件5.7万件，警告经营单位10.3万家次，责令停业整顿1.8万家次，吊销许可证376家。

2.文化市场单位规模基本保持稳定。2011年底，我国文化市场经营单位24.55万个，比上年减少4116个；从业人员157.29万人，比上年增加8.80万人，增长5.9%。作为文化市场主体，全国共有娱乐场所9.26万个，从业人员75.84万人，网吧14.13万个，从业人员56.72万人，数据均与上年基本持平。

3.文化市场经营收入和利润大幅提升。2011年，全国文化市场经营机构全年营业总收入1608.33亿元，比上年增长538.71亿元，增幅50.4%。利润总额为547.09亿元，比上年增长125.60亿元，增幅29.8%。可以看出，文化市场已成为人民群众文化消费的主渠道。

4.文化市场结构特点突出。当前我国文化市场经营机构仍以娱乐场所和网吧为主。截至2011年底，全国娱乐场所数量为92577家，与娱乐场所最高峰时期相比，数量下降30%—50%，但是营业收入却呈上扬态势，娱乐场所营业总收入达到566.18亿元，比上年增长18.6%。娱乐行业规模化、连锁化、品牌化、特色化的趋势日益明显。

截至2011年底，全国共有网吧14.13万家，终端台数1192.05万台，规模基本与上年持平。营业收入375.49亿元，比上年增长3.5%。近些年来，全国网吧连锁化经营态势日益明显。从连锁比率看，2011年年底全国网吧连锁率已近40%，较2011年年初增加了10个百分点；从门店数量看，网吧直营门店数量1万多家，加盟门店数量4.8万多家；从网吧连锁企业数量看，经认定的全国网吧连锁企业4家，省级网吧连锁企业232家,区域性网吧连锁企业343家。

（四）文化产业蓬勃发展

1.产业政策进一步优化，公共服务平台逐步完善。一是经文化部积极争取，国家《“十二五”服务业发展规划》、《服务贸易发展“十二五”规划纲要》等专项规划都将文化产业作为重点发展领域纳入其中。二是2011年，中央财政安排20亿元的文化产业发展专项资金，用于扶持文化产业发展，117家文化企业直接受益。三是税收政策取得新突破，出台了《动漫企业进口动漫开发生产用品免征进口税收的暂行规定》、《关于扶持动漫产业发展增值税、营业税政策的通知》、《关于继续执行宣传文化增值税和营业税优惠政策的通知》等文件，国务院关税税则委员会印发《2012年关税实施方案》，将艺术品原件进口关税税率由12%降至6%。成功推动将西部文化产业有关门类纳入国家《西部地区鼓励类产业目录》，目录范围内的文化企业将由此享受降低企业所得税等一系列优惠政策。四是文化产业投融资、交易合作、信息服务和技术支撑等各类平台建设稳步推进。据统计，截止到2011年底，通过部行合作机制完成的重点文化企业信贷项目68个，涉及金额188.91亿元，贷款余额97.32亿元。文化企业上市趋势良好，7家文化企业在境内A股市场成功上市，此外，还有4家文化企业借壳上市，5家文化企业成功登陆美国资本市场。第七届中国（深圳）国际文化产业博览交易会总成交额突破1200亿元；第六届中国北京国际文化创意产业博览会共签署各类协议总金额786.85亿元人民币，比上届增长65%。

2.文化产业集聚化水平进一步提升。命名宋都古城文化产业园区和张江文化产业园区为第三批国家级文化产业示范园区，长沙天心文化产业园区等4家园区为首批国家级文化产业试验园区。截止到2011年底，国家级文化产业示范园区达到6家，试验园区达到4家。组织开展“国家文化产业示范基地影响力评价”活动，遴选出了“2011年度十大最具影响力国家文化产业示范基地”，推动品牌建设，激发创新活力和发展动力。新认定一批动漫企业121家，截至2011年底，经文化部、财政部、国家税务总局三部门联合认定的动漫企业共390家。其中，在文化部统计的297家动漫企业中，全年共原创漫画作品11634部，原创动画作品858部，全年营业收入47.55亿元，实现利润9.22亿元。由文化部与天津市共建的国家动漫产业综合示范园于2011年5月成功开园，项目建设取得重大进展。

（五）文化遗产保护工作成果颇丰

1.文物机构服务能力逐渐增强。2011年，全国各级文物机构大力推进考古维修和文物保护工作，文物藏品数量进一步增加，文物机构开展公共服务的基础进一步夯实。2011年底，全国5728家文物单位拥有文物藏品3018.54万件，比上年底增加154.32件，增长5.4%。全国文物机构共举办陈列展览1.92万个，参观人次达5.67亿人次，其中未成年人1.40亿人次，分别比上年增加4589万人次和480万人次，增长8.8%和3.4%。

2.博物馆免费开放工作取得较好效果。2011年，中央财政继续安排免费开放专项经费，对纳入中央免费开放范围的博物馆、纪念馆进行补助，鼓励改善陈列布展和举办临时展览，支持重点博物馆、纪念馆提升服务能力。全年中央财政共安排专项资金30亿元，用于支持全国1884个博物馆、纪念馆进行免费开放。据统计，2011年全国免费开放博物馆、纪念馆总数达到2115个，占全国博物馆总量的79.8%；全年接待观众36991万人次，占全国博物馆参观人次的78.6%。免费开放工作加快了博物馆、纪念馆融入社会的步伐，博物馆的文化辐射力和社会关注度得到空前提高，公共文化服务能力和社会效益得到进一步增强。

3.第三次全国文物普查工作圆满完成。经过全国近5万名普查人员历时五年的艰辛工作，第三次全国文物普查工作圆满完成。全国共调查登记各类不可移动文物766722处，一大批具有重要历史、艺术、科学价值的工业遗产、乡土建筑、20世纪遗产、文化路线、文化景观等新型文化遗产在普查中得到充分重视，水下文化遗产第一次被列入普查范围。

4.非物质文化遗产保护事业又上新台阶。一是《中华人民共和国非物质文化遗产法》正式实施。该法第一次从法律上界定了非物质文化遗产的范围，规范了非物质文化遗产的调查行为，确定了国家采取认定、记录、建档等措施保存各类非物质文化遗产，采用传承、传播等方式保护体现中华民族优秀传统文化并具有历史、文学、艺术、科学价值的非物质文化遗产，这对继承和弘扬中华民族优秀传统文化，增强民族凝聚力和创造力，推动非物质文化遗产保护工作健康发展具有重要意义。二是按照国家规定的标准和程序，国务院正式批准公布了第三批国家级非物质文化遗产名录191项，目前国家级非物质文化遗产名录项目达到了1219项。中国皮影戏入选联合国教科文组织“人类非物质文化遗产代表作名录”，赫哲族说唱艺术伊玛堪被列入“急需保护的非物质文化遗产名录”，目前我国以36项成为世界入选项目最多的国家。三是在2011年“文化遗产日”期间，举办了“依法保护，重在传承——《中华人民共和国非物质文化遗产法》宣传展”、“薪火相传——中国非物质文化遗产传承人师徒同台展演”、“我们的精神家园——中国非物质文化遗产摄影大展”等活动，起到了很好的宣传效果。

（六）对外及对港澳台文化交流不断扩大

2011 年，文化部坚持“走出去”和“引进来”两手抓，充分调动国内与国外、政府与民间、中央与地方等各方文化资源，全面推动新时期对外及对港澳台文化工作向纵深发展，对外及对港澳台文化交流活动更加活跃，中华文化影响力不断扩大。

1.新时期对外文化交流工作不断深化。2011 年，围绕国家外交总体布局和中国文化走出去战略，实施积极进取的对外文化工作方针，与近 20 个国家签署了新的文化交流与合作执行计划，拓展了与联合国教科文组织的合作。在美国启动大规模的“中国文化系列活动”，成功举办了澳大利亚中国文化年、意大利中国文化年等国家级重大对外文化活动，有力地配合国家对外战略和重大文化外交活动，提高了中国文化国际影响力。据统计，2011 年全年共对外文化交流项目 2564 个，参加人员 77223 人。

2.文化交流活动品牌影响进一步扩大。“欢乐春节”共有 65 个项目在全球 63 个国家和地区展开，规模与影响进一步扩大。对外文化工作“四大机制”在统领工作、统筹资源、协调关系中的作用进一步增强，特别部省（区、市）合作模式日趋成熟，目前，文化部与地方联合举办的国家级对外文化交流品牌活动已达 20 多个。随着近年来文化创意产业和动漫游戏的兴起，对外文化交流品牌创新意识不断增强，一批新型文化业态和交流品牌正在形成。

3.海外文化中心建设扎实推进。“加强海外中国文化中心建设”已写入党的十七届六中全会决定和国家《“十二五”时期文化改革发展规划纲要》，温家宝、贾庆林、贺国强等多位中央领导同志分别视察海外文化中心，中心建设稳步推进。泰国文化中心完成主体施工，俄罗斯、西班牙中心相继装修改造，新加坡中心优化设计方案，蒙古、墨西哥、加拿大、斯里兰卡、罗马尼亚等中心选址工作陆续启动。2011 年已建成的 9 个文化中心共举办文化活动近 800 起，在传播中华文化方面作出了重要贡献。

4.两岸三地中华文化大交流格局初步形成。大力加强对港澳文化工作的基础性研究，成功举办了“内地春节习俗展演”、第七届“艺海流金”、第八届“香江明月夜”等品牌活动。首次举办“根与魂——中国非物质文化遗产展演”。两岸文化交流规模不断扩大，2011 年，经文化部审批的两岸文化交流项目达 3037 起。成功举办“2011 两岸汉字艺术节”、第二届“两岸非物质文化遗产月”、“情系巴蜀——两岸文化联谊行”、“2011 海峡两岸民间艺术节”等一批对台文化交流活动。成功举办第四届“海峡两岸（厦门）文化产业博览交易会”，首次实现台湾地区所有县市全覆盖，台湾参展企业和机构比上届增长了 71.1%。“山水合璧——黄公望与富春山居图特展”在台北“故宫”隆重举办，标志着两岸文化交流实现了跨越式发展。

三、制约新时期文化改革发展的因素依然存在

经过改革开放以来 30 多年的发展，尤其是党的十六大以来的快速发展，我国的文化建设取得了令人瞩目的成就。我国文化建设已经进入一个崭新的发展阶段。但从整体上看，制约我国文化改革发展的因素依然存在。如公共文化服务投入保障机制需进一步完善；公共文化服务城乡、区域不平衡状态尚无根本改观，实现均等化任重道远；文化企业小、散、弱的局面仍然存在；文化人才队伍建设急需加强等。这都需要我们在今后的工作中进行深入探索、研究，认真加以解决。

（一）文化发展的资金投入仍显不足

近年来，各级政府对文化的投入逐步加大，但是由于长期以来欠账太多，基数较低，文化投入所占财政支出的比重仍然非常低，近年来一直在 0.4%

以下且不断回落。2010 年和 2011 年，文化事业费占财政支出的比重一直维持在 0.36%，是改革开放以来的最低点。

相对于其他事业费占财政支出比重的大幅增长，近些年文化事业费占财政支出的比重却在一直回落，文化与其他社会事业的差距被逐渐拉大。

（二）公共文化服务仍不均衡

从城乡情况看，农村一直是我国文化发展的薄弱环节。尽管近些年来国家加大了对农村文化的投入力度，相继实施了乡镇综合文化建设工程、文化信息资源共享等一系列文化工程，城乡文化发展差距有所缩小，但从整体上看，城乡文化发展不平衡的态势尚无根本改观，从近年来县公共图书馆和文化馆部分指标占全国比重可以看出城乡文化差距依旧明显。

从区域情况看，受经济发展水平、自然环境条件、历史文化传统等多种因素影响，我国文化发展存在着较大的区域差异，中西部地区文化发展水平远远落后于东部地区。这主要是由于中西部地区文化投入水平较低。近年来，东部地区财政对文化投入占到全国将近一半、中西部地区财政对文化投入之和才占到全国一半的格局基本未发生变化。

（三）文化设施建设仍需进一步完善

虽然近些年来国家在文化设施建设方面投入力度很大，但是总体来看，文化设施规模较小、建设年代久远的问题仍十分突出，文化设施状况仍需进一步加以完善。2011 年，全国 7055 个艺术表演团体实际使用房屋建筑面积 526.24 万平方米，平均每团 745.91 平方米。但实际使用房屋建筑面积小于 200 平方米的院团有 3860 个，无排练练功用房的院团有 5467 个，分别占到了艺术表演团体总数的 54.7%和 77.5%。再以文化馆为例，据统计，全国有 166 个群众艺术馆、928 个文化馆建成于 1990 年以前，分别占到群众艺术馆、文化馆总量的 43.8%、31.9%。

（四）文化企业小、散、弱现象仍然存在

相对西方国家文化企业从业人员上百人、资产上千万的规模，我国文化企业规模偏小、竞争力较弱的问题十分突出，严重制约着我国文化企业的健康发展，文化企业规模化、连锁化经营依然任重而道远。据统计，2011 年全国共有文化市场经营机构 245452 家，平均每单位从业人员仅 6.4 人，平均资产仅 112 万元。

（五）文化队伍建设仍待加强

文化队伍处在文化建设的最前沿，是文化战线贯彻落实党中央、国务院文化建设重要战略部署的基石。但目前我国文化人才队伍短缺的问题还很突出。以乡镇综合文化站为例，2011 年，全国乡镇综合文化站 34139 个，从业人员 78148 人，平均每站 2.3 人。其中，专职人员 44366 人，平均每站 1.3 人。全国仍有 13896 个乡镇综合文化站没有专职人员，占乡镇文化站总数的 40.7%。

2012 年是文化建设非常关键的一年。面对新形势和新任务，全国文化系统要深入贯彻落实十七届六中全会精神，紧紧围绕文化发展的中心工作，加快文化体制机制改革创新，加快构建公共文化服务体系，加快发展文化产业，加强对文化产品创作生产的引导，着力营造推动科学发展、促进社会和谐的浓厚氛围，奋发进取，开拓创新，以优异的成绩迎接党的十八大的胜利召开。

（文化部财务司）

综　合

1

2011年文化发展主要统计数据

指　　标	单位	2010年	2011年	增长速度(%)
机构和人员				
机构数	个	313540	310091	-1.1
从业人员数	人	2107926	2212956	5.0
文化投入				
文化事业费	亿元	323.06	392.62	21.5
人均文化事业费	元	24.11	29.14	20.9
公共图书馆				
机构数	个	2884	2952	2.4
总藏量	万册	61726.12	69718.61	12.9
总流通人次	万人次	32823.34	38150.92	16.2
群众文化				
机构数	个	43382	43675	0.7
#文化站	个	40118	40390	0.7
举办展览	个	117353	107785	-8.2
组织文艺活动	次	576799	620586	7.6
举办训练班	次	358719	339883	-5.3
艺术表演团体				
机构数	个	6864	7055	2.8
演出场次	万场次	137.15	154.72	12.8
#农村演出场次	万场次	84.67	100.67	18.9
国内演出观众人次	万人次	88456	74585	-15.7
#农村观众人次	万人次	56368	43924	-22.1
演出收入	万元	342696	526745	53.7
艺术表演场馆				
机构数	个	2112	1956	-7.4
演(映)出场次	万场次	81.12	104.07	28.3
艺术演出收入	万元	137972	187188	35.7
文化市场				
机构数	个	249568	245452	-1.6
从业人员数	个	1484964	1572916	5.9
营业总收入	万元	10696257	16083345	50.4
利润总额	万元	4214871	5470872	29.8
文物业				
机构数	个	5207	5728	10.0
总藏品	件/套	28642200	30185365	5.4
参观人次	万人次	52098	56687	8.8

注：文化市场数据包括民营艺术表演团体和民营艺术表演馆数据，不含动漫企业数据，以下各表同。

按年份主要文化机构数

单位：个

年 份	公共图书馆	群众艺术馆	文化馆	文化站	博物馆	艺术表演团体	艺术表演场馆
1949年	55		896		21	1000	891
1952年	83		2430		35	2084	1510
1957年	400		2748		72	2884	2296
1962年	541	61	2514	1192	230	3320	2249
1965年	562	62	2598	2125	214	3458	2943
1970年	323	29	2303	1794	182	2541	1432
1975年	629	81	2589	2717	242	2836	1464
1978年	1218	92	2748	4053	349	3150	1095
1980年	1732	218	2912	5609	365	3533	1444
1985年	2344	335	2960	5281	711	3317	1377
1986年	2406	337	2993	5583	777	3195	2058
1987年	2440	348	2973	5653	827	3094	2148
1988年	2485	358	2975	5712	903	2985	2081
1989年	2512	366	2955	5716	967	2850	2050
1990年	2527	366	2955	5895	1013	2805	1955
1991年	2535	371	2894	7242	1075	2772	2068
1992年	2558	372	2900	6292	1106	2753	2037
1993年	2572	370	2886	6899	1130	2707	2024
1994年	2589	374	2887	8015	1161	2698	1998
1995年	2615	373	2886	10228	1194	2682	1958
1996年	2620	392	2892	41969	1219	2664	1934
1997年	2628	385	2901	42163	1282	2663	1947
1998年	2662	386	2901	42547	1339	2652	1929
1999年	2669	389	2905	42543	1363	2632	1911
2000年	2675	390	2907	42024	1384	2619	1900
2001年	2696	399	2842	40138	1461	2605	1854
2002年	2697	389	2854	39273	1511	2587	1829
2003年	2709	382	2846	38588	1515	2601	1900
2004年	2720	380	2841	38181	1548	2759	1928
2005年	2762	375	2851	38362	1581	2805	1866
2006年	2778	395	2819	36874	1617	2866	1839
2007年	2799	411	2806	37384	1722	4512	2070
2008年	2820	389	2829	37938	1893	5114	1944
2009年	2850	361	2862	38736	2252	6139	2137
2010年	2884	374	2890	40118	2435	6864	2112
2011年	2952	379	2906	40390	2650	7055	1956

注：2007年以前艺术表演团体和艺术表演场馆为文化部门系统内数据，2007年起含非文化部门单位。1996–1998年文化站数据包括其他部门所属单位，1999年以后，其他部门所属文化站归文化部门管理。

按年份全国文化事业费基本情况

单位：亿元、%

	文化事业费	国家财政总支出	文化事业费总支出占国家财政比重
1978年	4.44	1122.09	0.40
1979年	5.84	1281.79	0.46
1980年	5.61	1228.83	0.46
六五时期	**36.03**	**7483.18**	**0.48**
1985年	9.32	2004.25	0.47
七五时期	**62.45**	**12865.67**	**0.49**
1986年	10.74	2204.91	0.49
1987年	10.77	2262.18	0.48
1988年	12.18	2491.21	0.49
1989年	13.57	2823.78	0.48
1990年	15.19	3083.59	0.49
八五时期	**121.33**	**24387.47**	**0.50**
1991年	17.28	3386.62	0.51
1992年	19.46	3742.20	0.52
1993年	22.37	4642.30	0.48
1994年	28.83	5792.62	0.50
1995年	33.39	6823.72	0.49
九五时期	**254.51**	**57043.46**	**0.45**
1996年	38.77	7937.55	0.49
1997年	46.19	9233.56	0.50
1998年	50.78	10798.18	0.47
1999年	55.61	13187.67	0.42
2000年	63.16	15886.50	0.40
十五时期	**496.13**	**128022.85**	**0.39**
2001年	70.99	18902.58	0.38
2002年	83.66	22053.15	0.38
2003年	94.03	24649.95	0.38
2004年	113.63	28486.89	0.40
2005年	133.82	33930.28	0.39
十一五时期	**1220.40**	**318672.05**	**0.38**
2006年	158.03	40422.73	0.39
2007年	198.96	49781.35	0.40
2008年	248.04	62592.66	0.40
2009年	292.31	76299.93	0.38
2010年	323.06	89575.38	0.36
2011年	392.62	108929.67	0.36

注：①国家财政总支出系国家财政决算数。
②文化事业费：1953年~1980年系国家财政决算数（"一五"至"四五"时期含文物、出版经费，"五五"时期不含文物、出版经费）；1981年以后系文化事业统计年报数（不含文物、出版及科学研究费）。

按年份全国文化事业基本建设情况

单位：万元、个、万平方米

年　份	本年计划投资		本年完成投资	竣工使用	
		国家投资		项　目	面　积
1982年	46244		37090	1187	
1983年	53170	18063	42381	1292	
1984年	58589	22517	48479	1024	
1985年	73267	32150	64460	986	
七五时期	**320139**	**152369**	**290873**	**2961**	**520.6**
1986年	69939	32864	63197	740	117.6
1987年	69692	34951	61383	622	121.0
1988年	69918	31594	64186	581	97.0
1989年	51964	24680	48124	542	97.9
1990年	58626	28280	53983	476	87.1
八五时期	**627173**	**180715**	**531210**	**1540**	**299.3**
1991年	67112	23214	57781	325	62.8
1992年	89707	28348	78488	358	65.6
1993年	110843	28170	91766	314	56.3
1994年	154649	48912	142171	268	48.1
1995年	204862	52071	161004	275	66.5
九五时期	**1255378**	**497573**	**988048**	**1174**	**413.2**
1996年	187692	58225	144433	287	94.1
1997年	223963	98845	204774	285	74.1
1998年	230649	119561	170079	176	73.0
1999年	280005	112130	239269	217	78.4
2000年	333069	108812	229493	209	93.6
十五时期	**1678383**	**918246**	**1363909**	**1087**	**338.8**
2001年	251075	171729	198397	160	77.2
2002年	346381	159999	240023	150	73.9
2003年	335434	180416	255359	217	115.0
2004年	395208	207739	371204	286	44.4
2005年	350285	198363	298926	274	28.3
十一五时期	**4179930**	**2320025**	**2785294**	**12313**	**1001.5**
2006年	451099	317046	371736	253	139.0
2007年	578655	355023	400798	783	137.3
2008年	665375	297124	444627	1175	125.6
2009年	1208917	692040	816741	4842	284.1
2010年	1275884	658792	751392	5260	315.5
2011年	1083654	599390	777189	4954	296.9

按年份各地区文化事业费

单位：万元

地　区	1995年	2000年	2005年	2008年	2009年	2010年	2011年
全　国	**333853**	**631591**	**1338193**	**2480404**	**2923138**	**3230646**	**3926223**
中　央	20973	55498	113028	200875	207120	152788	184867
地　方	312880	576093	1225165	2279529	2716018	3077858	3741356
北　京	8427	24008	64587	148139	139070	161693	179115
天　津	5098	9796	31592	52784	59419	56348	74595
河　北	11393	18984	39626	51444	67514	70307	93048
山　西	9215	12347	29832	73766	68915	78000	111854
内蒙古	8624	14515	30543	66313	90834	112982	127692
辽　宁	17525	26790	47578	83172	103852	113430	109256
吉　林	10613	15711	26566	54629	81951	90327	93047
黑龙江	10722	16598	33742	54549	66055	74631	87957
上　海	15431	42608	79201	134079	179641	186266	241757
江　苏	18234	38527	77658	138463	156415	163123	228144
浙　江	14764	35334	110397	189152	210702	242002	288595
安　徽	8836	15849	30541	50924	68005	76813	91387
福　建	11023	22174	42949	67310	89566	101855	107639
江　西	7404	10696	23398	45349	66782	73401	69643
山　东	16315	30944	61687	116810	127359	138876	175411
河　南	12447	20948	37708	77833	91641	95143	122440
湖　北	11268	19367	43585	72181	97863	114389	108101
湖　南	10525	16564	34771	55775	87969	86133	98805
广　东	27486	58321	128095	203212	226179	269940	337369
广　西	8617	14608	28089	50837	68074	80097	82743
海　南	2965	3468	6007	22342	25626	27356	37297
重　庆		9151	17505	46287	51464	77350	93801
四　川	16905	20500	44523	110798	118242	143902	205784
贵　州	4785	9131	18731	38840	53265	53676	74805
云　南	14563	23945	42036	79385	76259	86881	121629
西　藏	2124	4264	8003	11101	12921	21050	19239
陕　西	8583	13976	23462	59995	72478	89457	119207
甘　肃	6935	9130	20882	39396	47046	55563	83375
青　海	2574	3696	7349	14772	25570	41114	34114
宁　夏	2108	3625	9646	23237	24661	24483	35539
新　疆	7371	10518	24877	46657	60681	71273	87971

按年份各地区文化事业费占财政支出比重

单位：%

地区	1995年		2000年		2005年		2008年		2009年		2010年	
	比重	位次	比重	位次	比重	位次	比重	位次	比重	位次	比重	位次
全国	**0.49**		**0.40**		**0.39**		**0.40**		**0.38**		**0.36**	
北京	0.55	28	0.54	14	0.61	4	0.76	2	0.60	4	0.60	2
天津	0.55	28	0.53	15	0.71	3	0.61	5	0.53	7	0.41	14
河北	0.60	23	0.46	28	0.40	24	0.28	31	0.29	30	0.25	31
山西	0.82	7	0.55	11	0.44	14	0.56	7	0.44	14	0.40	15
内蒙古	0.84	5	0.59	8	0.44	15	0.45	13	0.47	11	0.50	7
辽宁	0.64	15	0.52	17	0.39	25	0.39	22	0.39	19	0.35	22
吉林	0.88	3	0.90	1	0.42	18	0.46	11	0.55	6	0.51	6
黑龙江	0.61	18	0.45	30	0.42	19	0.35	26	0.35	26	0.33	25
上海	0.59	25	0.68	5	0.48	9	0.52	10	0.62	3	0.56	4
江苏	0.72	10	0.61	6	0.46	12	0.43	16	0.39	20	0.33	26
浙江	0.82	7	0.82	2	0.87	1	0.86	1	0.79	1	0.75	1
安徽	0.65	14	0.49	23	0.42	20	0.31	29	0.32	28	0.30	29
福建	0.64	15	0.69	4	0.72	2	0.60	6	0.63	2	0.60	3
江西	0.67	13	0.48	26	0.41	22	0.38	23	0.43	15	0.38	18
山东	0.59	25	0.51	18	0.42	21	0.43	17	0.39	21	0.34	23
河南	0.60	23	0.47	27	0.33	31	0.34	27	0.32	29	0.28	30
湖北	0.69	12	0.53	15	0.55	6	0.44	15	0.47	12	0.46	10
湖南	0.61	18	0.49	23	0.39	26	0.32	28	0.40	17	0.32	28
广东	0.52	30	0.55	11	0.55	7	0.54	8	0.52	10	0.50	8
广西	0.61	18	0.57	10	0.45	13	0.39	21	0.42	16	0.40	16
海南	0.70	11	0.51	18	0.39	27	0.63	4	0.53	8	0.47	9
重庆			0.49	23	0.35	29	0.46	12	0.40	18	0.45	11
四川	0.61	18	0.45	30	0.41	23	0.37	24	0.33	27	0.34	24
贵州	0.56	27	0.46	28	0.35	30	0.37	25	0.39	22	0.33	27
云南	0.62	17	0.58	9	0.54	8	0.54	9	0.39	23	0.38	19
西藏	0.61	18	0.71	3	0.43	16	0.29	30	0.27	31	0.38	20
陕西	0.84	5	0.51	18	0.36	28	0.42	18	0.39	24	0.40	17
甘肃	0.85	4	0.50	22	0.48	10	0.41	19	0.38	25	0.38	21
青海	0.89	2	0.55	11	0.43	17	0.41	20	0.53	9	0.55	5
宁夏	0.92	1	0.60	7	0.60	5	0.72	3	0.57	5	0.44	12
新疆	0.76	9	0.51	18	0.47	11	0.44	14	0.45	13	0.42	13

按年份各地区人均文化事业费及位次

单位：元

地区	1995年		2000年		2005年		2009年		2010年		2011年	
	人均经费	位次	人均经费	位次	人均经费	位次	人均经费	位次	人均经费	位次	人均经费	位次
全　国	**2.75**		**4.99**		**10.23**		**21.90**		**24.11**		**29.14**	
北　京	8.74	2	17.37	2	41.99	2	79.24	2	82.44	1	88.71	2
天　津	7.56	3	9.79	4	30.29	3	48.38	3	43.55	7	55.05	6
河　北	1.78	25	2.81	25	5.78	25	9.60	31	9.78	31	12.85	31
山　西	3.12	15	3.74	19	8.89	16	20.11	16	21.84	17	31.13	16
内蒙古	4.13	9	6.11	11	12.80	9	37.50	8	45.73	5	51.45	8
辽　宁	4.31	6	6.32	10	11.27	12	24.05	13	25.93	14	24.93	21
吉　林	4.21	8	5.76	12	9.78	14	29.91	9	32.89	9	33.85	11
黑龙江	2.95	16	4.50	16	8.83	17	17.26	20	19.48	21	22.94	22
上　海	13.10	1	25.45	1	44.54	1	93.51	1	80.92	2	103.01	1
江　苏	2.62	8	5.18	15	10.39	13	20.25	15	20.74	19	28.88	18
浙　江	3.26	13	7.55	5	22.54	5	40.68	6	44.46	6	52.83	7
安　徽	1.48	28	2.65	26	4.99	30	11.09	29	12.91	29	15.31	28
福　建	3.27	12	6.39	9	12.15	11	24.69	12	27.61	12	28.94	17
江　西	1.94	22	2.58	28	5.43	27	15.07	23	16.47	25	15.52	27
山　东	1.93	23	3.41	21	6.67	21	13.45	28	14.50	27	18.20	25
河　南	1.34	30	2.26	31	4.02	31	9.66	30	10.12	30	13.04	30
湖　北	2.04	21	3.21	23	7.63	19	17.11	21	19.98	20	18.77	24
湖　南	1.67	26	2.57	29	5.50	26	13.73	27	13.11	28	14.98	29
广　东	3.93	10	6.75	7	13.93	7	23.47	14	25.88	15	32.12	14
广　西	1.93	24	3.25	22	6.03	24	14.02	26	17.40	24	17.81	26
海　南	2.50	19	4.41	17	7.25	20	29.66	10	31.55	11	42.53	9
重　庆			2.96	24	6.09	23	18.00	18	26.81	13	32.13	13
四　川	1.56	27	2.46	30	5.42	28	14.45	24	17.89	23	25.56	20
贵　州	1.36	29	2.59	27	5.02	29	14.02	25	15.45	26	21.56	23
云　南	3.47	11	5.58	13	9.45	15	16.68	22	18.90	22	26.26	19
西　藏	3.22	14	16.27	3	28.89	4	44.69	5	70.12	4	63.50	3
陕　西	2.42	20	3.88	18	6.31	22	19.21	17	23.97	16	31.85	15
甘　肃	2.93	17	3.56	20	8.05	18	17.85	19	21.73	18	32.52	12
青　海	5.30	5	7.14	6	13.53	8	45.88	4	73.07	3	60.06	4
宁　夏	4.23	7	6.45	8	16.18	6	39.44	7	38.85	8	55.62	5
新　疆	5.39	4	5.46	14	12.38	10	28.11	11	32.67	10	39.82	10

按年份各地区文化事业实际完成基建投资

单位：万元

地 区	1995年	2000年	2005年	2006年	2008年	2009年	2010年	2011年
总 计	**161004**	**229493**	**327683**	**431164**	**444627**	**816741**	**751392**	**777189**
中 央	17876	46781	24842	24426	28050	23801	23395	19603
地 方	143128	182712	302841	406738	416577	792940	727997	757586
北 京	2646	6679		8901	4154	6517	767	292
天 津	1167	328	5940	13144	6764	20277	21957	475
河 北	1904	6235	8841	8371	21836	12037	30647	7966
山 西	640	3730	2255	3882	15251	32240	18624	13729
内蒙古	1587	392	9713	41746	54959	84232	59702	54128
辽 宁	2807	11835	12645	19810	12074	16282	9275	19683
吉 林	1207	1643	9850	11435	3207	17627	11932	32056
黑龙江	1008	2270	2747	2300	5593	10840	19659	10769
上 海	18635	5943	522	1923		8669	4931	3201
江 苏	12241	36346	30069	12431	25012	29404	42282	32659
浙 江	12759	34259	48511	52437	4287	16841	54873	42199
安 徽	1762	1168	2005	313	2533	19785	19565	32813
福 建	4598	3339	11173	39280	25412	45043	40563	54635
江 西	4279	947	2875	569	6305	39870	56580	17806
山 东	7173	3086	18689	25258	17167	46723	26305	50431
河 南	4018	1570	26997	24248	21245	53188	52948	47357
湖 北	8590	21835		11849	45206	43390	24094	26533
湖 南	4755	5410	9249	11106	9013	21691	18104	49345
广 东	18800	18881	52786	57026	50096	69124	58894	60841
广 西	2722	411	1666	4506	699	10460	14573	33421
海 南	1967	110	14334	8936	628	19563	13254	8599
重 庆		254	4800	5795	8352	13999	13548	3407
四 川	18240	6996	6547	7504	22029	72520	60288	49210
贵 州	1429	1635	2387	3090	5031	4665	3061	20331
云 南	3678	3220	4562	7315	30261	28439	16483	21369
西 藏	125		2716	200		1075	1217	
陕 西	1059	183	607	8137	2512	6418	7145	10800
甘 肃	406	2908	4866	1138	3071	14125	16227	10971
青 海	838	120	548	1622	624	1749	1592	1690
宁 夏	270	279	113	6579	4467	3220	1631	19841
新 疆	1818	700	4828	5887	8789	22927	7276	21032

2011年全国文化文物机构数和

	总计						
	机构数(个)	从业人员数(人)	专业技术人才	正高级职称	副高级职称	中级职称	机构数(个)
总　计	**310091**	**2212956**	**269810**	**12376**	**33647**	**108666**	**63739**
文化及相关产业	**309953**	**2208572**	**268464**	**12332**	**33514**	**108207**	**63633**
艺术业	9227	270474	116005	7238	16742	43212	4061
其中：艺术表演团体	7055	226599	106243	6696	15814	39444	2416
艺术表演场馆	1956	42407	8680	359	709	3379	1429
图书馆	2952	54475	36541	691	4019	17380	2952
群众文化服务	43675	147732	55772	1406	4802	24023	43675
其中：文化站	40390	95728	20869	498	722	9047	40390
艺术教育业	149	12917	8606	285	1784	3463	149
文化市场经营机构(不含文艺表演团体和演出场所经营单位)	240362	1468094					50
文艺科研	222	3832	2967	445	656	1101	222
文物业	5728	111338	37528	1570	4524	14943	5456
其他文化及相关产业	7638	139710	11045	697	987	4085	7068
非文化及相关产业	**138**	**4384**	**1346**	**44**	**133**	**459**	**106**

续表

	文化部门						
	集体经济						
	机构数(个)	从业人员数(人)	专业技术人才	正高级职称	副高级职称	中级职称	机构数(个)
总　计	**365**	**8915**	**4234**	**147**	**438**	**1527**	**382**
文化及相关产业	**359**	**8855**	**4224**	**147**	**434**	**1521**	**370**
艺术业	254	8039	4133	146	422	1482	187
其中：艺术表演团体	208	7666	4023	139	413	1449	115
艺术表演场馆	42	335	90	5	9	27	72
图书馆							
群众文化服务							
其中：文化站							
艺术教育业	3	20	19		1	2	
文化市场经营机构(不含文艺表演团体和演出场所经营单位)	2	20					8
文艺科研							
文物业	66	290	46	1	6	25	76
其他文化及相关产业	34	486	26		5	12	99
非文化及相关产业	**6**	**60**	**10**		**4**	**6**	**12**

从业人员数(按管理部门分)

文化部门										
合计					国有企业					
从业人员数(人)	专业技术人才	正高级职称	副高级职称	中级职称	机构数(个)	从业人员数(人)	专业技术人才	正高级职称	副高级职称	中级职称
595569	**239977**	**10154**	**31063**	**98564**	**62992**	**574152**	**231437**	**9584**	**29969**	**95697**
592766	**238873**	**10113**	**30936**	**98143**	**62904**	**572023**	**230430**	**9551**	**29850**	**95306**
160323	92799	5200	14402	35441	3620	144887	85268	4795	13450	32901
132375	85667	4822	13708	32540	2093	119406	78458	4435	12782	30125
26480	6050	195	475	2512	1315	24051	5748	179	449	2393
54475	36541	691	4019	17380	2952	54475	36541	691	4019	17380
147732	55772	1406	4802	24023	43675	147732	55772	1406	4802	24023
95728	20869	498	722	9047	40390	95728	20869	498	722	9047
12917	8606	285	1784	3463	146	12897	8587	285	1783	3461
2711					40	2485				
3832	2967	445	656	1101	222	3832	2967	445	656	1101
105462	36046	1484	4368	14353	5314	104004	35638	1466	4313	14168
105314	6142	602	905	2382	6935	101711	5657	463	827	2272
2803	**1104**	**41**	**127**	**421**	**88**	**2129**	**1007**	**33**	**119**	**391**

其他经济					其他部门					
从业人员数(人)	专业技术人才	正高级职称	副高级职称	中级职称	机构数(个)	从业人员数(人)	专业技术人才	正高级职称	副高级职称	中级职称
12502	**4306**	**423**	**656**	**1340**	**246352**	**1617387**	**29833**	**2222**	**2584**	**10102**
11888	**4219**	**415**	**652**	**1316**	**246320**	**1615806**	**29591**	**2219**	**2578**	**10064**
7397	3398	259	530	1058	5166	110151	23206	2038	2340	7771
5303	3186	248	513	966	4639	94224	20576	1874	2106	6904
2094	212	11	17	92	527	15927	2630	164	234	867
206					240312	1465383				
1168	362	17	49	160	272	5876	1482	86	156	590
3117	459	139	73	98	570	34396	4903	95	82	1703
614	**87**	**8**	**4**	**24**	**32**	**1581**	**242**	**3**	**6**	**38**

2011年全国文化文物机构数和

	总计		按单位性质分类	
			事业	
	机构数（个）	从业人员数（人）	机构数（个）	从业人员数（人）
总　计	**310091**	**2212956**	**63072**	**574124**
文化及相关产业	**309953**	**2208572**	**63023**	**572591**
艺术业	9227	270474	3660	146865
其中：艺术表演团体	7055	226599	2285	125105
艺术表演场馆	1956	42407	1159	20292
图书馆	2952	54475	2952	54475
群众文化服务	43675	147732	43675	147732
其中：文化站	40390	95728	40390	95728
艺术教育业	149	12917	149	12917
文化市场经营机构(不含文艺表演团体和演出场所经营单位)	240362	1468094		
文艺科研	222	3832	222	3832
文物业	5728	111338	5588	108418
其他文化产业及相关产业	7638	139710	6777	98352
非文化及相关产业	**138**	**4384**	**49**	**1533**

续表

	按登记注册类型分类			
	在内资企业(单位)中			
	股份合作、联营企业		有限责任、股份有限公司	
	机构数（个）	从业人员数（人）	机构数（个）	从业人员数（人）
总　计	**1985**	**18283**	**26053**	**369555**
文化及相关产业	**1984**	**18275**	**26037**	**368775**
艺术业	43	819	834	26821
其中：艺术表演团体	37	674	616	16120
艺术表演场馆	6	145	218	10701
图书馆				
群众文化服务				
其中：文化站				
艺术教育业				
文化市场经营机构(不含文艺表演团体和演出场所经营单位)	1931	17001	24841	312593
文艺科研				
文物业	5	90	30	492
其他文化产业及相关产业	5	365	332	28869
非文化及相关产业	**1**	**8**	**16**	**780**

从业人员数(按单位性质和登记注册类型分)

企业		按登记注册类型分类					
		内资合计		在内资企业(单位)中			
				国有企业(单位)		集体企业(单位)	
机构数(个)	从业人员数(人)	机构数(个)	从业人员数(人)	机构数(个)	从业人员数(人)	机构数(个)	从业人员数(人)
247019	**1638832**	**309791**	**657548**	**63975**	**638022**	**1387**	**19526**
246930	**1635981**	**309653**	**654899**	**63877**	**635583**	**1379**	**19316**
5567	123609	9214	166367	3863	155887	379	10480
4770	101494	7050	136869	2213	127046	291	9823
797	22115	1948	28030	1438	27411	84	619
		2952	54475	2952	54475		
		43675	147732	43675	147732		
		40390	95728	40390	95728		
		149	12917	146	12897	3	20
240362	1468094	240078	57583	549	49676	889	7907
		222	3832	222	3832		
140	2920	5728	109288	5507	108926	73	362
861	41358	7635	102705	6963	102158	35	547
89	**2851**	**138**	**2649**	**98**	**2439**	**8**	**210**

按登记注册类型分类							
在内资企业(单位)中				港澳台商投资企业		外商投资企业	
私营企业		其他					
机构数(个)	从业人员数(人)	机构数(个)	从业人员数(人)	机构数(个)	从业人员数(人)	机构数(个)	从业人员数(人)
183455	**980173**	**32936**	**178760**	**195**	**5382**	**105**	**3255**
183442	**979258**	**32934**	**178728**	**195**	**5382**	**105**	**3255**
3420	60627	675	14934	8	379	5	527
3280	58706	613	14027	4	93	1	110
140	1921	62	907	4	286	4	417
179778	914522	32090	159267	186	4738	98	2390
49	470	64	998				
195	3639	105	3529	1	265	2	338
13	**915**	**2**	**32**				

2011年全国民族自治地区主要

	总计						
	机构数（个）	从业人员数（人）	专业技术人才	正高级职称	副高级职称	中级职称	机构数（个）
总　计	**50834**	**267562**	**41296**	**1099**	**3983**	**15206**	**13264**
艺术业	**985**	**32312**	**17813**	**619**	**2003**	**6022**	**723**
1、艺术表演团体	805	29633	17229	592	1961	5808	573
其中：少数民族歌舞团	134	6211	3113	119	426	1223	78
2、艺术表演场馆	164	2556	495	9	24	177	134
其中：剧场、影剧院	127	1677	410	8	22	146	113
3、艺术创作机构	16	123	89	18	18	37	16
图书馆业	**653**	**7590**	**5705**	**65**	**538**	**2551**	**653**
群众文化业	**8937**	**23834**	**11614**	**188**	**748**	**4360**	**8937**
1、文化馆	784	9288	7031	98	669	2784	784
2、文化站	8153	14546	4583	90	79	1576	8153
文物业	**1376**	**14791**	**4307**	**137**	**451**	**1634**	**1366**
其中：文物保护管理机构	968	7929	1399	16	114	552	966
博物馆	385	5664	2461	79	273	932	377
文化休闲娱乐服务	**36925**	**165826**					
1、娱乐场所	19334	107181					
2、其他计算机服务(网吧)	17591	58645					
动漫企业	**8**	**185**					**3**
其他文化产业及相关产业	**1950**	**23024**	**1857**	**90**	**243**	**639**	**1582**

续表

	文化部门						
	集体经济						
	机构数（个）	从业人员数（人）	专业技术人才	正高级职称	副高级职称	中级职称	机构数（个）
总　计	**51**	**198**	**51**		**1**	**20**	**31**
艺术业	**3**	**87**	**50**		**1**	**20**	**17**
1、艺术表演团体	3	87	50		1	20	7
其中：少数民族歌舞团	1	30	20			2	1
2、艺术表演场馆							10
其中：剧场、影剧院							8
3、艺术创作机构							
图书馆业							
群众文化业							
1、文化馆							
2、文化站							
文物业	**48**	**111**	**1**				**10**
其中：文物保护管理机构	45	106					6
博物馆	3	5	1				3
文化休闲娱乐服务							
1、娱乐场所							
2、其他计算机服务(网吧)							
动漫企业							**3**
其他文化产业及相关产业							**1**

文化文物机构数和从业人员数

文化部门										
合计					国有企业					
从业人员数(人)	专业技术人才	正高级职称	副高级职称	中级职称	机构数(个)	从业人员数(人)	专业技术人才	正高级职称	副高级职称	中级职称
90529	40125	1038	3924	14826	13182	89870	39882	1036	3912	14755
25892	16897	572	1960	5686	703	25462	16671	571	1952	5626
24278	16329	546	1919	5481	563	23929	16112	545	1911	5421
4041	2940	117	420	1174	76	3955	2870	117	418	1145
1491	479	8	23	168	124	1410	470	8	23	168
1228	409	8	21	146	105	1186	400	8	21	146
123	89	18	18	37	16	123	89	18	18	37
7590	5705	65	538	2551	653	7590	5705	65	538	2551
23834	11614	188	748	4360	8937	23834	11614	188	748	4360
9288	7031	98	669	2784	784	9288	7031	98	669	2784
14546	4583	90	79	1576	8153	14546	4583	90	79	1576
14520	4262	135	447	1615	1308	14337	4245	134	443	1604
7900	1397	16	114	552	915	7784	1392	16	113	548
5422	2418	77	269	913	371	5367	2413	77	268	910
40										
18653	1647	78	231	614	1581	18647	1647	78	231	614

其他经济					其他部门					
从业人员数(人)	专业技术人才	正高级职称	副高级职称	中级职称	机构数(个)	从业人员数(人)	专业技术人才	正高级职称	副高级职称	中级职称
461	192	2	11	51	37570	177033	1171	61	59	380
343	176	1	7	40	262	6420	916	47	43	336
262	167	1	7	40	232	5355	900	46	42	327
56	50		2	27	56	2170	173	2	6	49
81	9				30	1065	16	1	1	9
42	9				14	449	1		1	
72	16	1	4	11	10	271	45	2	4	19
10	5		1	4	2	29	2			
50	4		1	3	8	242	43	2	4	19
					36925	165826				
					19334	107181				
					17591	58645				
40					5	145				
6					368	4371	210	12	12	25

2011年全国文化文物部门所属

	本年收入合计(千元)	财政拨款	上级补助收入	事业收入
总　计	**86235480**	**57572806**	**1975013**	**6688569**
1. 文化合计	**63855758**	**40700462**	**1311910**	**3371594**
艺术业	13163184	9393738	372421	2296786
艺术表演团体	11254176	8440480	329516	1852660
艺术表演场馆	1722412	789277	39792	436000
图书馆	8132320	7563570	138255	220853
群众文化	12856014	11228724	678115	312202
其他文化	29704240	12514430	123119	541753
2. 文物合计	**21031109**	**15996974**	**648294**	**2968968**
文物科研机构	1394500	717599	46332	555572
文物保护管理机构	4521950	2319629	176369	1395088
博物馆	11116859	9333091	405977	893922
文物商店	9653	9653		
其他文物机构	3988147	3617002	19616	124386
3. 教育合计	**1348613**	**875370**	**14809**	**348007**
其中：中等专业学校	542903	399190	5651	107840

续表

	工资福利支出	在支出合计中:		
		商品和服务支出	差旅费	劳务费
总　计	**21578872**	**25907311**	**1272163**	**1858996**
1. 文化合计	**17027521**	**18107534**	**1016389**	**1272770**
艺术业	4851178	3493289	222897	485156
艺术表演团体	4273892	2975594	204394	457431
艺术表演场馆	506043	467126	15107	23246
图书馆	2568735	1771910	48542	77008
群众文化	4692194	2566878	106471	220285
其他文化	4915414	10275457	638479	490321
2. 文物合计	**4147773**	**7446875**	**243990**	**540306**
文物科研机构	231751	753109	61956	144630
文物保护管理机构	1122007	1386353	34811	105535
博物馆	2415284	3919952	112383	225448
文物商店		9653		
其他文物机构	378731	1377808	34840	64693
3. 教育合计	**403578**	**352902**	**11784**	**45920**
其中：中等专业学校	194828	151185	4525	14402

机构经费收支基本情况

经营收入	附属单位上缴收入	其他收入	本年支出合计（千元）	基本支出	项目支出	经营支出
1078746	**174023**	**2390004**	**82735672**	**43849479**	**32855933**	**1045357**
616139	**52691**	**1646060**	**62028665**	**34599058**	**22861409**	**635116**
271801	6873	821565	12820306	9862167	2193931	307103
40932	5602	584986	10960222	8634741	1891350	79290
228168	1271	227904	1679057	1089145	264240	225846
38940	2054	168648	7947776	4376983	3010964	29322
106767	7477	522729	12675048	7835592	3526100	111801
198631	36287	133118	28585535	12524316	14130414	186890
453519	**121332**	**642605**	**19417629**	**8420747**	**9684269**	**402053**
9464		65533	1353040	605418	722450	9361
337569	111723	181538	4081630	2326305	1219958	307091
98426	9609	375834	10744334	4673634	5534478	78678
			9653		9653	
8060		19700	3228972	815390	2197730	6923
9088		**101339**	**1289378**	**829674**	**310255**	**8188**
6060		24162	538208	369667	147440	5698

在支出合计中:					
		对个人和家庭补助支出		其他资本性支出	
福利费	各种税金支出		抚恤金和生活补助		各种设备购置费
407714	**392587**	**7607666**	**390378**	**9050739**	**3628808**
299620	**241760**	**6341673**	**346043**	**6381636**	**3205710**
104652	124630	2112944	91662	540944	293735
81654	79475	1948321	80089	454239	268728
21984	44389	123364	10219	81691	21953
31816	38620	833356	28287	2027564	1616518
69157	29931	923605	55527	849398	407592
93995	48579	2471768	170567	2963730	887865
96741	**149328**	**1015148**	**36787**	**2412680**	**367360**
4171	9277	67784	1828	125331	61592
33845	31042	172317	8986	428894	46650
53685	105112	684671	19809	1498479	236232
5040	3897	90376	6164	359976	22886
11353	**1499**	**250845**	**7548**	**256423**	**55738**
7517	826	107882	3460	71407	25808

2011年全国执行事业会计制度的文化文物

	机构数(个)	从业人员(人)	本年收入合计(千元)		
				财政拨款	上级补助收入
总　计	**63072**	**574124**	**87806427**	**57740514**	**2077596**
一、文化艺术服务	**56556**	**459060**	**54999541**	**41992856**	**2027018**
1.文艺创作与表演	2501	126573	11324990	8198818	383044
其中：艺术表演团体	2285	125105	11138394	8034837	379931
2.艺术表演场馆	1159	20292	2427467	856129	39792
3.文物及文化保护	2933	35170	4780017	2529926	185095
4.博物馆、纪念馆	2650	62181	12057889	9910364	475034
5.图书馆	2952	54475	8132320	7563570	138255
6.群众文化活动	43675	147732	12856014	11228724	678115
7.美术馆	168	2056	622638	436017	42125
8.社会人文科学研究	329	7910	2223012	1367846	60659
9.文化社会团体	3	43	2431	2175	
10.其他文化艺术	186	2628	572763	335304	24899
二、艺术教育	**149**	**12917**	**2080441**	**1469977**	**16532**
三、文化、文物行政主管部门	**3200**	**62801**	**24206117**	**8154448**	
四、文化文物行政执法机构	**2726**	**25143**	**1407786**	**1282768**	
五、其他	**441**	**14203**	**5112542**	**4840465**	**34046**

续表

	在支出合计中:				
	工资福利支出	商品和服务支出			
			差旅费	劳务费	福利费
总　计	**22167850**	**26922484**	**1043818**	**1927089**	**408662**
一、文化艺术服务	**16816827**	**15621739**	**637953**	**1378148**	**324761**
1.文艺创作与表演	4487537	3184575	220798	496366	90421
其中：艺术表演团体	4416294	3134006	217402	491887	89407
2.艺术表演场馆	586520	875966	15525	37622	22989
3.文物及文化保护	1208326	1466044	40130	112786	35216
4.博物馆、纪念馆	2582828	4190884	118287	234207	58982
5.图书馆	2568735	1771910	48542	77008	31816
6.群众文化活动	4692194	2566878	106471	220285	69157
7.美术馆	133503	261054	9649	17930	2730
8.社会人文科学研究	431743	1064764	74144	174346	10334
9.文化社会团体	1563	484	3		
10.其他文化艺术	123878	239180	4404	7598	3116
二、艺术教育	**663681**	**538447**	**17818**	**69098**	**14718**
三、文化、文物行政主管部门	**3268926**	**8642878**	**290315**	**373836**	**49123**
四、文化文物行政执法机构	**786923**	**322270**	**52366**	**13992**	**11513**
五、其他	**631493**	**1797150**	**45366**	**92015**	**8547**

机构主要财务指标(按国民经济行业分)

事业收入	经营收入	附属单位上缴收入	其他收入	本年支出合计(千元)	基本支出	项目支出	经营支出
7639195	**1266308**	**148099**	**2558611**	**84385987**	**43623478**	**33739680**	**1175453**
6819029	**1222798**	**139016**	**2362773**	**52337148**	**31027272**	**17883880**	**1137397**
2050621	46592	5602	640313	10970343	8433761	2013862	92448
2042495	43891	5602	631638	10789316	8295480	1975521	90481
1048580	251676	1271	230019	2104732	1085619	671850	236645
1418751	345455	111749	189007	4469684	2560222	1328545	314562
925209	291655	9819	445808	11711313	5009435	5979443	220951
220853	38940	2054	168648	7768386	4376983	3010964	29322
312202	106767	7477	522729	12675048	7835592	3526100	111801
73520	31198	544	39234	623535	265822	324448	12688
607184	93214		94109	2104986	1052080	928860	98593
81			175	2521	2494		
162028	17301	500	32731	530135	405264	99808	20387
459358	**17834**		**116740**	**1994356**	**1336368**	**496144**	**16514**
				23423203	**8386246**	**12608450**	
				1577329	**1245436**	**199372**	
360808	**25676**	**9083**	**79098**	**4430416**	**1628156**	**2551834**	**21542**

在支出合计中:					资产总计(千元)	
各种税金支出	对个人和家庭补助支出	抚恤金和生活补助	其他资本性支出	各种设备购置费		固定资产原值
438397	**7791403**	**358061**	**9367043**	**3626754**	**150773557**	**108034069**
401690	**5264313**	**216500**	**5744299**	**2758984**	**119278737**	**90678815**
87726	2083859	82830	511100	299779	11830664	7955275
86960	2042600	81476	506086	296725	11677612	7851135
58065	130396	10393	125488	45586	11084144	8319396
31789	206520	9549	449003	49632	8524704	3925332
126399	707287	20116	1587100	254904	29770451	22102633
38620	833356	28287	2027564	1616518	24752962	21630724
29931	923605	55527	849398	407592	27249403	23028019
3441	35050	664	130856	57427	1773825	1509549
18668	234156	7220	164183	74720	3265206	1631629
	439				4157	1734
7051	109645	1914	30463	10253	1023221	574524
5257	**377574**	**10010**	**336412**	**96688**	**3637120**	**2262550**
13852	**1646773**	**94454**	**2659470**	**635012**	**21342254**	**11507371**
1142	**97952**	**21443**	**42323**	**28011**	**876232**	**620480**
16456	**404791**	**15654**	**453683**	**50632**	**5639214**	**2964853**

2011年全国执行企业会计制度的文化文物

	机构数(个)	从业人员(人)	资产、负债、所有者权益(千元)		
			资产总计	固定资产原价	当年提取的折旧总额
总　计	**247019**	**1638832**	**332172400**	**170350518**	**16591433**
一、文化艺术服务	**5567**	**123609**	**25506305**	**15075013**	**1506935**
其中：1.文艺创作与表演	4770	101494	8597958	5400088	571441
2.艺术表演场馆	797	22115	16908347	9674925	935494
3.其他文化艺术					
二、网络文化服务	**739**	**88452**	**88754810**	**5464778**	**669904**
三、文化休闲娱乐服务	**235358**	**1326380**	**160590122**	**133047655**	**13379740**
其中：1.娱乐场所	92577	758377	96613921	76975849	6648808
2.其他计算机服务(网吧)	141275	567170	62822075	55170599	6681992
四、其他文化服务	**2226**	**52741**	**32936782**	**10131083**	**566086**
五、动漫企业服务	**297**	**20010**	**9571352**	**1431198**	**171132**
六、文化用品、设备及相关文化产品的生产与销售	**2223**	**16648**	**11452916**	**3185219**	**155464**
其中：文物商店	75	1719	2113263	415045	17433
七、其他	**609**	**10952**	**3349961**	**2010536**	**142017**

续表

	损益(千元)				
	养老、医疗、失业等各种社会保险费	住房公积金和住房补贴	差旅费	工会经费	营业利润
总　计	**2139380**	**546747**	**778665**	**225712**	**55827268**
一、文化艺术服务	**239785**	**93954**	**103861**	**20499**	**1128275**
其中：1.文艺创作与表演	136412	54524	77486	13579	464290
2.艺术表演场馆	103373	39430	26375	6920	663985
3.其他文化艺术					
二、网络文化服务	**661680**	**145484**	**140749**	**10587**	**16773107**
三、文化休闲娱乐服务	**876832**	**209525**	**310060**	**157802**	**35421732**
其中：1.娱乐场所	663056	150680	219361	95064	19681271
2.其他计算机服务(网吧)	207346	58716	90262	61827	15671994
四、其他文化服务	**165045**	**43849**	**113098**	**13007**	**866120**
五、动漫企业服务	**98861**	**24936**	**67768**	**14668**	**662026**
六、文化用品、设备及相关文化产品的生产与销售	**77471**	**21683**	**25289**	**5673**	**756447**
其中：文物商店	29609	11733	9018	2369	181409
七、其他	**19706**	**7316**	**17820**	**3466**	**219457**

机构主要财务指标(按国民经济行业分)

负债合计	所有者权益总计	实收资本		损益(千元)		
		实收资本	国家资本金	营业收入	主营业务收入	营业成本
107786575	**224385825**	**115216506**	**17142279**	**182753191**	**160217456**	**126925923**
7371143	**18135162**	**9445969**	**5007024**	**9008128**	**4811125**	**7879853**
2240543	6357415	2249161	1030866	4264235	3490791	3799945
5130600	11777747	7196808	3976158	4743893	1320334	4079908
44883888	**43870922**	**7390477**	**1140578**	**55974050**	**55581972**	**39200943**
31692018	**128898104**	**74587132**	**2978395**	**94564019**	**87569306**	**59142287**
23191460	73422461	45020554	2007619	56617984	52861870	36936713
7798525	55023550	29480187	966800	37549220	34687380	21877226
14728144	**18208638**	**15529691**	**6450557**	**13734150**	**4371582**	**12868030**
3449678	**6121674**	**3309838**	**244645**	**4755204**	**4618039**	**4093178**
5017548	**6435368**	**2205321**	**1281607**	**3698924**	**2304982**	**2942477**
614606	1498657	256555	238669	1011369	941508	829960
644082	**2705879**	**2738078**	**39473**	**1015354**	**957088**	**795897**

损益(千元)				工资、福利费、税金(千元)		
营业外收入	政府补助	营业外支出	利润总额	本年发放工资总额	本年支付的职式福利费	本年应交税金总额
6364892	**2434293**	**4249826**	**57942334**	**25094654**	**1285519**	**8834634**
1436685	**1224660**	**333020**	**2231940**	**2385519**	**112019**	**435342**
1040905	936172	277695	1227500	1694104	58468	151807
395780	288488	55325	1004440	691415	53551	283535
463668	**315242**	**56685**	**17180090**	**2661023**	**206946**	**1272443**
3200343	**6648**	**3501862**	**35120213**	**17788607**	**820661**	**5925473**
1598409		1886484	19393196	10709405	499875	4401385
1594731		1612980	15653745	7037540	314719	1478521
764464	**483828**	**233373**	**1397211**	**1054853**	**76410**	**663056**
313500	**275799**	**53923**	**921603**	**700477**	**31548**	**318498**
155482	**126617**	**42004**	**869925**	**294528**	**24294**	**165295**
17964	9653	7965	191408	118668	8859	72333
30750	**1499**	**28959**	**221248**	**209165**	**13641**	**54266**

2011年各地区主要文化机构数

地　区	公共图书馆	群众艺术馆	文化馆	文化站	博物馆	艺术表演团体	艺术表演场馆
总　计	**2952**	**379**	**3285**	**40390**	**2650**	**7055**	**1956**
北　京	24	1	20	320	41	118	68
天　津	31	1	19	239	19	53	57
河　北	166	14	177	2183	69	312	113
山　西	126	12	131	1404	89	308	97
内蒙古	114	13	116	989	59	121	20
辽　宁	128	23	122	1427	62	200	61
吉　林	65	14	77	889	58	67	29
黑龙江	107	17	148	1504	103	88	44
上　海	25	1	27	214	36	102	103
江　苏	112	14	117	1312	245	370	110
浙　江	97	12	104	1345	100	498	223
安　徽	100	14	120	1412	131	1294	67
福　建	86	10	95	1104	95	454	49
江　西	114	13	116	1831	108	99	55
山　东	150	18	160	1828	120	252	93
河　南	152	18	203	2303	159	468	144
湖　北	109	12	115	1263	125	172	65
湖　南	130	15	141	2483	85	114	66
广　东	134	22	144	1596	161	401	107
广　西	108	15	122	1163	71	149	26
海　南	20	3	21	213	18	86	14
重　庆	43	1	41	996	39	282	46
四　川	169	22	205	4593	144	370	78
贵　州	94	10	97	1482	53	45	11
云　南	152	17	148	1371	84	161	27
西　藏	4	8	81	239	2	47	21
陕　西	112	11	120	1641	122	115	90
甘　肃	100	17	103	1317	145	84	24
青　海	49	9	55	358	22	38	22
宁　夏	27	7	28	224	6	37	6
新　疆	103	15	112	1147	73	133	13

2011年各地区主要文化机构从业人员数

地区	公共图书馆	群众艺术馆	文化馆	文化站	博物馆	艺术表演团体	艺术表演场馆
总计	**54475**	**11371**	**52004**	**95728**	**62181**	**226599**	**42407**
北京	1273	60	908	1532	1239	3398	2954
天津	1051	66	643	350	698	2180	1647
河北	1823	539	2552	4299	1950	8714	1550
山西	1545	433	2046	2305	2529	12514	1387
内蒙古	1907	466	1856	2344	1357	5963	488
辽宁	2922	676	2380	2803	2167	4299	924
吉林	1674	454	2042	1459	965	4043	574
黑龙江	1772	445	1872	2658	1636	5152	367
上海	2264	75	1141	3715	1439	7412	2952
江苏	2932	469	1990	4567	4593	9159	2867
浙江	3091	465	2041	3950	2888	16833	2739
安徽	1267	284	1518	4264	1832	18207	1398
福建	1227	200	1020	2178	1481	15797	935
江西	1469	390	1665	2618	2520	4069	631
山东	2697	655	3086	4643	2787	8195	2134
河南	2839	556	3613	7166	4574	17673	3735
湖北	2149	473	2263	2759	2380	7640	1688
湖南	2032	510	2243	5075	2304	5002	1162
广东	4203	586	2182	7775	2938	12758	4875
广西	1467	351	1441	2695	1175	5489	283
海南	348	57	220	532	238	3067	952
重庆	848	71	865	3007	1431	3901	906
四川	1984	624	2561	5912	4463	10394	1725
贵州	950	355	1250	3973	1064	1897	362
云南	1734	473	2081	3340	893	6368	213
西藏	60	167	222	87	65	1391	75
陕西	2007	393	2459	4145	4229	7092	1798
甘肃	1402	405	1519	2207	2503	4398	338
青海	406	167	503	392	178	1332	193
宁夏	578	177	518	479	257	1776	105
新疆	981	329	1304	2499	759	5023	308

2011年各地区文化文物部门

地区	本年收入合计(千元)	财政拨款	上级补助收入	事业收入	经营收入	附属单位上缴收入	其他收入	本年支出合计(千元)	基本支出
总计	**86235480**	**57572806**	**1975013**	**6688569**	**1078746**	**174023**	**2390004**	**82735672**	**43849479**
北京	4125716	2706655	16186	403794	308906		95934	4427786	1575994
天津	1462696	1091870	18069	95968	4963	1271	22512	1157575	828390
河北	2889075	1603355	28458	480438	8230	346	128337	2554077	1607839
山西	3058081	2192615	70638	303891	22030	653	36934	2822595	1439636
内蒙古	2214799	1736457	17597	51651	6719	40	29218	2063007	1673666
辽宁	2053051	1528173	18666	80621	28148	5	18448	2061078	1252505
吉林	1658789	1146342	22210	101895	6107		16316	1468575	922647
黑龙江	1309484	1044548	8945	38979	493		16907	1294444	985935
上海	4304838	2831218	151812	726389	34809	5714	142027	4069320	2123019
江苏	4617629	3083279	78123	321942	42679	2214	261450	4421001	2696918
浙江	6084917	3979087	247659	551448	108405	3726	217272	5821320	2833948
安徽	2535994	1316010	131779	105299	3548	230	32962	2029475	1108103
福建	2484053	1510179	85195	138706	33338	421	53985	2285900	1087928
江西	1424682	1014381	39361	55988	23584	180	29900	1380131	809017
山东	3260422	2424922	129450	229854	22481	2859	71832	3372329	2155744
河南	3579329	2274049	91091	339303	33483	1337	120860	3338225	1922526
湖北	2533939	1729463	84501	192793	55981	683	84521	2444738	1234953
湖南	2179318	1544089	38510	153067	22388	71	73763	2166755	1311154
广东	6328659	4362418	110563	278090	40722	31242	101703	6073879	2792235
广西	1891337	1158018	59836	69386	24691		59338	1871162	952606
海南	811421	480029	10650	30327	887	250	9455	842558	242317
重庆	1885192	1302556	50655	108472	59232	43	42375	2111261	752247
四川	4551865	3051863	80557	390702	30398	715	221363	4293594	1942897
贵州	1491064	979579	44907	19826	2221	1646	35212	1329929	803903
云南	2492171	1445544	37796	60191	16337	395	33165	2354110	1241529
西藏	625573	403446	2127	101220	3246	411	15278	641497	381730
陕西	3387526	2274342	118688	262915	19539	291	138730	3156816	2020773
甘肃	1972529	1388188	41996	226157	10180	20	22339	1942659	1188366
青海	777128	563320	12689	15854	541		2340	588181	379609
宁夏	653861	421467	5938	40389	7509	31	6994	646462	360081
新疆	2351208	1551268	103361	27367	16127	22	54272	2315625	989602

所属机构收支基本情况

项目支出	经营支出	工资福利支出	在支出合计中:								
			商品和服务支出	差旅费	劳务费	福利费	各种税金支出	对个人和家庭补助支出	抚恤金和生活补助	其他资本性支出	各种设备购置费
32855933	**1045357**	**21578872**	**25907311**	**1272163**	**1858996**	**407714**	**392587**	**7607666**	**390378**	**9050739**	**3628808**
1934154	182861	729519	1975168	13455	72146	16902	16331	325713	7318	421696	167829
319182	4749	381625	321831	6433	35445	6445	7450	232386	4472	137219	41692
816472	7440	881867	802030	31527	51715	9082	4339	208437	13620	245853	136754
1224529	23696	760953	986651	37754	64468	17968	7959	183579	16599	354542	133841
339739	24140	756923	661212	40464	73019	10108	4495	188069	13320	240202	94308
623079	30607	638454	549015	20877	63701	4209	4343	284833	7063	203089	80541
505832	6887	404120	356336	26020	24145	3658	4115	214986	7430	232353	108664
257468	1162	510257	357741	18776	19797	4245	1704	232810	7363	77539	38399
1794598	33914	1120646	1785556	45897	36494	35213	40675	150129	12354	406822	299524
1591957	42103	1175279	1682808	63412	107298	26115	7115	470451	23320	361865	195710
2573350	108551	1442041	2061456	109408	176896	40337	42563	461760	12554	510852	300877
721232	6611	473167	340138	27561	27516	6807	1922	226467	9427	190232	86890
1047450	23735	555654	696013	25911	62841	8823	9206	202682	7832	287416	98917
427018	26107	440633	336101	24895	16691	10709	5182	163763	14411	177597	36763
1000204	133379	1076488	789251	43269	56871	6780	15141	293480	16751	430545	149778
1178342	48251	962392	909397	38000	138733	18113	9621	238422	13195	415055	103365
1046306	50585	697465	642176	48121	55789	27784	9819	249894	7756	493774	75614
753281	28344	678847	675780	34160	38985	16967	6343	176376	12443	216343	116140
3022061	44997	1465700	1506781	108130	105857	29498	21362	485672	20186	472431	302053
807502	16668	418285	509549	24440	42527	8774	5455	161546	5755	351997	76349
469000	4552	137753	215074	8332	25173	1138	980	33490	5471	153469	36845
1027153	22912	380861	692749	33511	72538	11676	9676	212804	8705	179553	80293
1987987	32241	1016382	1449144	97277	144853	20979	8985	405432	42983	448849	189334
353609	3494	402054	364831	24647	28181	5352	7446	154074	7996	92404	58607
848624	15243	676058	603244	25057	41086	3593	3774	227904	6323	383291	58221
82382	25200	155632	89630	6803	1039	885	211	35040	483	4931	1703
888975	13411	999583	916441	40837	49501	20141	72440	275986	14695	358145	90396
716907	13433	553838	605992	39451	39328	9945	7807	150920	9949	230520	67414
182366	1789	164431	86976	10942	10204	926	971	63409	2533	51677	27305
206358	7714	179720	142093	7899	10125	2524	1663	63832	2255	76836	21554
1005112	21000	548474	480811	26755	29232	5497	5746	207383	8170	263375	66125

2011年各地区文化部门

地　区	本年收入合计（千元）	财政拨款	上级补助收入	事业收入	经营收入	附属单位上缴收入	其他收入	本年支出合计（千元）	基本支出
总　计	**63855758**	**40700462**	**1311910**	**3371594**	**616139**	**52691**	**1646060**	**61849275**	**34599058**
北　京	2643101	1811148	14571	123912	23661		78667	3136332	963823
天　津	1087748	745947	17919	74857	3653	1271	16058	894254	683727
河　北	1805568	950990	25788	100971	3488	346	92642	1798105	1140534
山　西	1779114	1166496	61746	129967	8665	557	18581	1718708	911622
内蒙古	1776677	1332500	14287	34790	6719	40	15398	1680962	1464540
辽　宁	1577166	1094238	11685	54693	22033	4	15855	1574312	1027033
吉　林	1389306	940686	7275	58408	6107		10911	1205235	808710
黑龙江	1127682	880904	6458	26086	263		14359	1115304	856830
上　海	3822365	2447565	135464	667670	33948	5714	119135	3615091	1973687
江　苏	3677181	2281443	65353	233794	31577	2214	236722	3580574	2227840
浙　江	4639012	2947336	216444	217980	106220	3701	185769	4426350	2175393
安　徽	2095925	997284	95079	36460	3122	100	19333	1615736	918824
福　建	2025436	1131723	65734	108259	30151	421	42644	1901802	929575
江　西	1073978	721953	23665	31647	15914	180	25642	1063530	634664
山　东	2294003	1769946	19394	89498	8922	2859	29466	2210863	1536818
河　南	2269472	1317955	21072	131335	19380	517	76117	2148907	1327205
湖　北	1945204	1258836	57048	151660	40064	622	63125	1942226	1049141
湖　南	1646028	1098886	28426	95316	20646	71	63453	1626855	1030656
广　东	5329129	3498436	101165	185900	36817	31242	73425	5089126	2407142
广　西	1518859	854108	44391	45030	16371		39543	1562251	830426
海　南	700463	381985	7115	27217	537	250	3536	732348	218531
重　庆	1450257	960119	43443	53586	36264	43	34943	1483177	609960
四　川	3185820	2153557	53736	107117	21747	550	75815	3026326	1507742
贵　州	1236654	761902	27545	8800	1871	1219	31377	1128913	704796
云　南	2229370	1234110	31211	24189	15524	395	25198	2055161	1106702
西　藏	295200	192391	2125	438	76	11	438	386990	316437
陕　西	1891472	1216045	23819	69796	8455	291	38297	1715181	1254235
甘　肃	1258224	883493	15668	55151	7745	20	12619	1271368	906804
青　海	553744	345455	11441	12879	541		1440	539684	344144
宁　夏	563827	358887	4453	18594	6150	31	4179	549550	310719
新　疆	1732051	1043900	41390	17146	16127	22	32187	1796564	848577

所属机构收支基本情况

项目支出	经营支出	工资福利支出	在支出合计中:								
			商品和服务支出	差旅费	劳务费	福利费	各种税金支出	对个人和家庭补助支出	抚恤金和生活补助	其他资本性支出	各种设备购置费
22861409	**635116**	**17027521**	**18107534**	**1016389**	**1272770**	**299620**	**241760**	**6341673**	**346043**	**6381636**	**3205710**
1426907	23258	436322	1397036	9684	51111	2994	7721	271646	4603	394909	160843
201835	3439	311168	248525	4528	33461	4956	5842	193913	4074	60549	37861
532964	4888	630935	443354	26851	28305	6703	2769	165022	11592	210959	130188
713465	17828	494210	491408	27673	36274	11940	3325	130527	12767	248814	111144
177684	24127	672392	517485	30703	55708	8491	4201	173184	12266	140321	76970
392368	22523	515602	393170	15954	37264	3233	3989	243125	6433	131673	77841
359421	6416	357016	277965	17431	20880	3368	3724	192542	6915	215508	96858
215071	964	446076	294619	14831	15176	3891	1682	202372	6849	66557	35673
1551795	22757	985728	1594214	43612	33962	31745	39308	131969	11656	332631	289892
1229690	39282	947124	1242431	54551	83019	22395	5512	379097	18348	308215	179081
1863183	106334	1129879	1517855	92949	123340	30030	33851	359935	10974	386126	262815
526826	5337	394439	237575	16027	18531	4232	1865	183949	8566	143537	77593
842168	20693	473043	537855	21849	52325	7099	8628	176164	7388	249631	84390
310701	19559	356289	226814	17696	13829	7592	4301	134462	12390	165798	31740
600804	14879	852789	530067	36231	37617	5652	3796	252232	15817	184863	134961
636912	37296	700911	534608	25531	52804	12980	6019	190140	11579	181618	85702
763541	40706	578237	439117	40100	36668	21885	9447	216273	6921	451551	60577
518590	26085	541473	477760	24860	22357	12362	5652	143526	10836	163521	97832
2451293	42614	1243317	1169760	102611	91026	21451	19302	399517	15977	397554	280960
633113	8911	365184	402426	19671	36118	4891	3291	142175	5060	298841	66728
385321	4452	121304	201297	7383	24311	1131	917	30001	5310	103580	36501
736060	15668	289574	472603	26702	52798	8696	7266	166120	7237	159781	76006
1329236	26310	756136	948770	69243	72920	16649	6277	348799	41033	236977	168256
263746	3055	357535	296715	21134	22475	4270	7067	145678	7770	84037	56213
698496	14491	606906	513622	20840	32250	3269	3583	200405	5976	294720	54184
37079	7440	123832	64832	3750	200	294	26	28249	309	4866	1638
315739	10281	628229	413449	25983	28180	12773	4248	222461	10211	99361	53616
340374	9364	411021	401583	27542	23834	4552	2945	126238	8453	145441	33933
171458	1789	145975	75432	9509	9263	825	626	59725	2412	47400	24036
170999	6335	150941	115433	5383	7983	1638	1504	58415	2077	63857	17083
640947	20569	479298	267205	20000	20042	4775	5359	192938	7757	125160	49646

2011年各地区文物部门

地区	本年收入合计(千元)	财政拨款	上级补助收入	事业收入	经营收入	附属单位上缴收入	其他收入	本年支出合计(千元)	基本支出
总计	**21031109**	**15996974**	**648294**	**2968968**	**453519**	**121332**	**642605**	**19417629**	**8420747**
北京	1482615	895507	1615	279882	285245		17267	1291454	612171
天津	338297	319191	150	11311	1310		6335	224695	109823
河北	1048537	627935	2070	372973	4742		32249	720634	432116
山西	1099067	891135	8872	130513	13365	96	16868	943193	416453
内蒙古	438122	403957	3310	16861			13820	382045	209126
辽宁	466855	425973	6981	25041	6115	1	2412	475845	214551
吉林	269483	205656	14935	43487			5405	263340	113937
黑龙江	146389	141073	2487	51	230		2548	143757	98386
上海	468186	377687	16248	56169	861		17221	444335	145569
江苏	824494	716704	12770	58692	10760		23704	723965	373631
浙江	1307266	933522	31215	297358	935	25	28453	1247371	567738
安徽	343899	273076	27700	29839	426	130	11109	337529	138519
福建	374540	322666	18705	9071	226		8147	312486	115537
江西	323751	274881	15696	14953	7670		4240	291853	156803
山东	950645	647506	110056	134873	13559		39545	1145910	606112
河南	1253963	919512	69906	191766	11741	820	44108	1133491	548547
湖北	533403	420982	26331	37906	15917	61	20058	447185	171177
湖南	465262	406701	10074	29793	1701		8793	477305	228391
广东	920866	808304	7367	74563	2652		26203	900258	331637
广西	339440	281481	15445	19137	8320		14405	278399	105034
海南	110958	98044	3535	3110	350		5919	110210	23786
重庆	408265	329710	6155	42000	22968		7432	601854	119249
四川	1174776	809859	26821	247635	7772	165	79555	1078703	376863
贵州	254410	217677	17362	11026	350	427	3835	201016	99107
云南	211752	173228	6585	24002	813		7124	256907	108332
西藏	330373	211055	2	100782	3170	400	14840	254507	65293
陕西	1496054	1058297	94869	193119	11084		100433	1441635	766538
甘肃	714305	504695	26328	171006	2435		9720	671291	281562
青海	223384	217865	1248	2975			900	48497	35465
宁夏	90034	62580	1485	21795	1359		2815	96912	49362
新疆	618306	506677	61971	10080			22066	518319	140491

所属机构收支基本情况

项目支出	经营支出	工资福利支出	在支出合计中:								
			商品和服务支出	差旅费	劳务费	福利费	各种税金支出	对个人和家庭补助支出	抚恤金和生活补助	其他资本性支出	各种设备购置费
9684269	**402053**	**4147773**	**7446875**	**243990**	**540306**	**96741**	**149328**	**1015148**	**36787**	**2412680**	**367360**
507247	159603	293197	578132	3771	21035	13908	8610	54067	2715	26787	6986
113561	1310	51755	67517	1852	1960	1489	1608	26908	308	74100	2511
283359	2552	233948	350077	4417	22704	2299	1570	35270	1955	33284	6232
465412	5868	203003	437562	8057	22868	5047	4634	23648	1088	99425	18117
162055	13	84531	143727	9761	17311	1617	294	14885	1054	99881	17338
230711	8084	119270	151698	4841	26165	890	354	39708	606	70224	2509
146411	471	47104	78371	8589	3265	290	391	22444	515	16845	11806
37733	198	50038	54555	3713	2728	252	22	17766	257	10982	2726
241241	11157	130698	189324	2225	1559	3402	1323	16615	698	74075	9516
347155	2479	182277	413330	8130	19522	3368	1602	59111	2577	46855	16054
654635	967	274036	479950	13839	35714	9375	8639	76772	1362	105207	20543
168956	1274	61698	87193	11389	8840	2575	57	23268	549	30055	8044
180551	303	61397	143061	3263	7908	570	419	16107	221	14877	3568
109120	6548	75616	104648	6283	2615	3011	881	22297	1882	7422	4352
396658	118500	216553	254181	6823	18573	1113	11345	38077	894	245446	14581
535064	8734	234468	363167	12246	84440	5045	3217	36736	1521	229902	16394
242073	9879	110755	161490	7928	19120	5709	344	28744	736	41815	14629
224244	2251	115167	179218	8205	15582	3067	658	22119	1505	42285	16988
541111	1129	193665	325789	5334	14739	5341	1520	67636	3832	50108	14922
161023	7757	44812	100336	4433	5093	2188	2145	13208	691	43883	4392
83679	100	16449	13777	949	862	7	63	3489	161	49889	344
287901	7244	83084	210986	6170	18935	1889	2198	39088	1425	18501	3057
654548	5557	228005	471818	27429	68713	4159	2708	42031	1773	99218	19332
89863	439	44519	68116	3513	5706	1082	379	8396	226	8367	2394
134581	752	60565	82210	3755	6359	324	191	13298	215	76946	3508
45303	17760	31800	24798	3053	839	591	185	6791	174	65	65
573236	3130	371354	502992	14854	21321	7368	68192	53525	4484	258784	36780
376533	4069	142817	204409	11909	15494	5393	4862	24682	1496	85079	33481
10908		18456	11544	1433	941	101	345	3684	121	4277	3269
35359	1379	28779	26660	2516	2142	886	159	5417	178	12979	4471
363957	431	68822	213452	6745	9190	722	382	14298	409	138130	16397

2011年各地区分类型文化文物部门所属机构总收入

单位：千元

地　区	总计	文化合计	艺术表演团体	艺术表演场馆	图书馆	群众文化	文物合计	文物科研机构	文物保护管理机构	博物馆	其它文物机构
总　计	**86235480**	**63855758**	**11254176**	**1722412**	**8132320**	**12856014**	**21031109**	**1394500**	**4521950**	**11116859**	**3988147**
北　京	4125716	2643101	576515	31703	382412	226831	1482615	80624	549178	424084	428729
天　津	1462696	1087748	246509	27727	310256	135621	338297		14714	319836	
河　北	2889075	1805568	309314	49221	150204	315935	1048537	46507	423429	343468	235133
山　西	3058081	1779114	417433	45992	141930	240469	1099067	78560	149703	292707	578067
内蒙古	2214799	1776677	439156	74848	216202	301112	438122	42524	148617	244257	2724
辽　宁	2053051	1577166	216808	53147	351226	312147	466855	31598	88157	325501	20911
吉　林	1658789	1389306	272044	38940	183449	247338	269483	17606	35090	183999	32788
黑龙江	1309484	1127682	353109	12250	148296	217223	146389	9172	30995	103188	3034
上　海	4304838	3822365	664271	246281	672867	953749	468186		19123	443483	5580
江　苏	4617629	3677181	542743	51095	492660	949016	824494	13041	127825	609044	74584
浙　江	6084917	4639012	620044	199961	578386	1287126	1307266	31714	554594	609242	111637
安　徽	2535994	2095925	193934	30768	158147	502309	343899	27124	87011	216862	12490
福　建	2484053	2025436	426547	75177	206899	269582	374540	1180	23604	259597	90159
江　西	1424682	1073978	214175	34309	120732	212219	323751	20307	23031	239902	40021
山　东	3260422	2294003	514805	37880	290217	505930	950645	29414	341859	516109	63263
河　南	3579329	2269472	420632	83382	185900	505133	1253963	95484	240680	558493	359106
湖　北	2533939	1945204	423908	122338	350939	293000	533403	27052	58686	296284	151381
湖　南	2179318	1646028	275578	46582	168023	481780	465262	52322	88012	244937	76486
广　东	6328659	5329129	496234	150375	786429	1297858	920866	60097	40384	690010	130375
广　西	1891337	1518859	297533	15480	148582	233552	339440	11032	37776	193076	97384
海　南	811421	700463	86360	389	48798	56600	110958		21520	40027	49411
重　庆	1885192	1450257	172526	1680	129530	422375	408265	27785	37987	300990	41503
四　川	4551865	3185820	483957	43301	309587	908079	1174776	205438	255608	672774	40956
贵　州	1491064	1236654	99705	11339	111659	326817	254410	10151	53906	120399	69954
云　南	2492171	2229370	345450	11052	187118	393125	211752	27396	85456	86985	11585
西　藏	625573	295200	96308	8230	13221	56235	330373	4770	142102	14177	169324
陕　西	3387526	1891472	432100	111690	167053	372770	1496054	127685	307600	794209	266560
甘　肃	1972529	1258224	310032	50244	135406	228455	714305	171929	130516	318320	93540
青　海	777128	553744	109172	3951	41188	97635	223384	6286	8376	31050	177672
宁　夏	653861	563827	119102	2232	69434	73689	90034	12068	44284	28794	4888
新　疆	2351208	1732051	366079	50286	125314	432304	618306	32435	159244	125071	301556

2011年各地区分类型文化文物部门所属机构财政拨款

单位：千元

地区	总计	文化合计	艺术表演团体	艺术表演场馆	图书馆	群众文化	文物合计	文物科研机构	文物保护管理机构	博物馆	其它文物机构
总　计	**57572806**	**40700462**	**8440480**	**789277**	**7563570**	**11228724**	**15996974**	**717599**	**2319629**	**9333091**	**3617002**
北　京	2706655	1811148	443119	3660	362607	190294	895507	9307	75593	389869	420738
天　津	1091870	745947	201960	10060	301193	119055	319191		13496	301948	
河　北	1603355	950990	214458	16033	143250	270231	627935	18973	124388	258150	226424
山　西	2192615	1166496	272195	20071	133420	221956	891135	56684	85363	225038	524020
内蒙古	1736457	1332500	411825	63428	209541	295516	403957	32554	147034	221819	2550
辽　宁	1528173	1094238	182537	12821	348383	299796	425973	22967	68218	313521	20579
吉　林	1146342	940686	230773	19974	176961	242441	205656	8036	30921	133911	32788
黑龙江	1044548	880904	322679	4730	145956	210993	141073	9111	28719	100228	3015
上　海	2831218	2447565	362315	62849	592850	797000	377687		18823	353284	5580
江　苏	3083279	2281443	341436	24711	444746	696724	716704	7252	111805	525327	72320
浙　江	3979087	2947336	427114	76887	527405	1029704	933522	31022	253568	553124	95729
安　徽	1316010	997284	162216	22425	141245	418441	273076	5060	69440	187461	10703
福　建	1510179	1131723	305003	19970	191236	225023	322666	834	17339	230074	74419
江　西	1014381	721953	176276	12461	111972	192187	274881	14116	19856	209690	30729
山　东	2424922	1769946	423735	25793	280694	483985	647506	6187	188719	394443	58157
河　南	2274049	1317955	271693	37334	169107	482229	919512	32602	137922	443352	305436
湖　北	1729463	1258836	319105	56126	323364	223447	420982	7200	45125	233593	135064
湖　南	1544089	1098886	193733	22256	151245	427266	406701	39078	65582	230250	68286
广　东	4362418	3498436	372103	99202	754601	1162261	808304	43410	19303	617929	127662
广　西	1158018	854108	218336	870	134247	207634	281481	2215	31391	150971	96732
海　南	480029	381985	57180		48041	51456	98044		13072	35561	49411
重　庆	1302556	960119	132860	1589	118455	314132	329710	9059	32534	246614	41503
四　川	3051863	2153557	378923	13292	285972	833390	809859	133973	218060	419991	37835
贵　州	979579	761902	82332	2634	96156	304426	217677	2491	40053	108912	66221
云　南	1445544	1234110	311314	6632	177195	356134	173228	4951	78348	78014	11585
西　藏	403446	192391	94251	8099	13221	55335	211055	1432	26212	14177	169234
陕　西	2274342	1216045	380079	79955	158835	337834	1058297	104290	123600	616436	213971
甘　肃	1388188	883493	256981	33589	133543	213352	504695	43928	84551	282801	93415
青　海	563320	345455	91737	3716	40030	92465	217865	4981	7883	27725	177276
宁　夏	421467	358887	104000	1928	68677	64555	62580	8886	21664	27142	4888
新　疆	1551268	1043900	321921	25622	115182	409462	506677	10506	113003	117811	265357

2011年各地区分类型文化文物部门所属机构总支出

单位：千元

地　区	总计	文化合计	艺术表演团体	艺术表演场馆	图书馆	群众文化	文物合计	文物科研机构	文物保护管理机构	博物馆	其它文物机构
总　计	**82556282**	**61849275**	**10960222**	**1679057**	**7768386**	**12675048**	**19417629**	**1353040**	**4081630**	**10744334**	**3228972**
中　央	5210218	3257490	745399	561	741794		1952728	101499	151724	1396662	302843
北　京	4427786	3136332	535737	33617	344904	228198	1291454	52989	597576	307515	333374
天　津	1157575	894254	240024	27972	194648	137607	224695		17697	203251	
河　北	2554077	1798105	300720	52619	150078	308988	720634	46736	270534	288795	114569
山　西	2822595	1718708	381904	45086	130334	249572	943193	72978	137205	280190	452790
内蒙古	2063007	1680962	426080	54143	214925	291135	382045	23071	144599	213511	864
辽　宁	2061078	1574312	213499	51620	331588	316149	475845	29846	98979	323158	23174
吉　林	1468575	1205235	270804	39071	143435	261506	263340	19168	29870	142963	71339
黑龙江	1294444	1115304	350020	12856	147187	210995	143757	9126	28258	103351	3022
上　海	4069320	3615091	619085	215367	699547	880234	444335		23123	415632	5580
江　苏	4421001	3580574	541719	49230	462852	954511	723965	12405	105519	527971	78070
浙　江	5821320	4426350	604678	202506	564695	1215466	1247371	30274	476727	629392	110899
安　徽	2029475	1615736	184803	33275	156658	514217	337529	35732	77543	209286	14556
福　建	2285900	1901802	413908	71369	203710	277489	312486	1050	21670	217991	71775
江　西	1380131	1063530	207498	21238	120757	213855	291853	9192	23122	222177	36872
山　东	3372329	2210863	504755	56360	283168	506972	1145910	38161	336788	710355	60606
河　南	3338225	2148907	413098	85652	165027	462328	1133491	90382	241128	436880	364901
湖　北	2444738	1942226	429999	128072	350030	292726	447185	20745	64924	292559	68957
湖　南	2166755	1626855	276347	48508	165325	476177	477305	52924	101838	247472	71566
广　东	6073879	5089126	494859	135416	784704	1377401	900258	60311	40467	681708	117772
广　西	1871162	1562251	280026	14713	140850	214510	278399	10677	35561	182775	49214
海　南	842558	732348	85750	816	47853	55124	110210		19616	35471	55123
重　庆	2111261	1483177	172538	1680	138657	429918	601854	21543	32774	501221	46316
四　川	4293594	3026326	483801	46934	286333	868918	1078703	148323	256886	645144	28350
贵　州	1329929	1128913	92663	12462	110809	288911	201016	11403	43059	101177	45377
云　南	2354110	2055161	327268	11045	165854	365827	256907	25446	73472	145247	12412
西　藏	641497	386990	95260	8607	8937	56478	254507	1432	95330	11032	146713
陕　西	3156816	1715181	392935	113631	155998	405829	1441635	108883	257490	812464	262798
甘　肃	1942659	1271368	297206	50687	121466	227628	671291	266966	83819	271325	49181
青　海	588181	539684	103635	3975	40994	94811	48497	6623	8175	27966	5733
宁　夏	646462	549550	113548	2232	75550	70886	96912	13186	42151	36687	4888
新　疆	2315625	1796564	360656	47737	119719	420682	518319	31969	144006	123006	219338

主要统计指标解释

一、基本概念及涵义

国民经济行业分类

国民经济行业分类是对全社会经济活动进行的标准分类。国民经济行业分类采用经济活动的同质性原则划分行业类别，即每一个行业类别都按照相同性质的经济活动归类，而不是依据行政事业编制、会计制度和部门管理归类。

一个行业（或产业）是指从事相同性质的经济活动的所有机构的集合。是按照各机构（或劳动者）从事的经济活动进行分类。在划分国民经济行业时，一个机构的行业性质是根据该机构所从事的经济活动确定的。如果一个机构从事两种或两种以上的经济活动，则按主要活动确定行业。

我国《国民经济行业分类》的三次产业划分：

第一产业，指农业、林业、牧业、渔业。

第二产业，指采矿业、制造业、电力、燃气及水的生产和供应业、建筑业。

第三产业，指除上述第一、 二产业以外的其他各类产业。

第三产业的分类：

交通运输、仓储和邮政业，信息传输、计算机服务和软件业，批发和零售业，住宿和餐饮业，金融业，房地产业，租赁和商务服务业，科学研究、技术服务和地质勘查业，水利、环境和公共设施管理业，居民服务和其他服务业，教育，卫生、社会保障和社会福利业，文化、体育和娱乐业，公共管理和社会组织，国际组织。

文化及相关产业：是指为社会公众提供文化、娱乐产品和服务的活动以及与这些活动有关联的活动的集合。根据提供文化、娱乐产品和服务活动的属性特点，划分为公益性文化活动和经营性文化活动两大类。

文化及相关产业是第三产业的重要组成部分，是在我国《国民经济行业分类》基础上的派生分类，有文化服务和相关文化服务两大类。

文化服务：主要有新闻服务，出版发行和版权服务，广播、电视、电影服务，文化艺术服务，网络文化服务，文化休闲娱乐服务，其他文化服务。

相关文化服务：主要有文化用品、设备及相关文化产品的生产，文化用品、设备及相关文化产品的销售。

调查的文化及相关产业，根据提供文化、娱乐产品和服务活动的属性特点和财务核算形式划分，有文化事业和文化产业两大类。

文化及相关产业活动的价值体现在社会效益与经济效益的一致性上，即为社会提供文化、娱乐产品和服务的同时，为国民经济发展创造物质财富。

非文化及相关产业：指由文化部门主办的不属于文化及相关产业的其他各类行业活动。

非文化及相关产业在为国民经济发展创造物质财富的同时，也为文化的繁荣与发展提供一定的物质条件。

二、指标解释

（一）行业、机构指标解释

调查的机构，指由文化部门主办或实行行业管理的文化及相关产业机构以及由文化部门主办的非文化及相关产业机构等。

文艺创作与表演：指文学、美术创造和表演艺术（如戏剧、戏曲、歌舞、舞蹈、音乐、曲艺、杂技、马戏、木偶、皮影等各种表演艺术）等活动，包括文学（含电影、电视剧剧本）、音乐、歌曲、舞蹈、戏曲、曲艺等的创作，美术（绘画、雕塑）、工艺品、书法、篆刻等的艺术创作，编导、演员的表演、创作活动，剧务、舞台美工、服装道具、灯光音响等活动，民族艺术创作，其他未列明的文艺创作、表演及辅助活动。

艺术创作机构：指有专职创作人员、独立建制的剧目创作室（组）、美术创作室（组）及各类画院等专门从事艺术创作的机构。不包括业余性质的文艺创作机构。

艺术表演团体：指由文化部门主办或实行行业管理（经文化行政部门审批并领取营业性演出许可证），专门从事表演艺术等活动的各类专业艺术表演团体，含民间职业剧团（不包括群众业余文艺表演团队）。

艺术表演场馆：指由文化部门主办或实行行业管理（向文化行政部门备案或领取合资（合作）演出场所许可证），有观众席、舞台、灯光设备，公开售票、专供文艺团体演出的文化活动场所。附属于文化部门机构内非独立核算的剧场、排演场，公开营业的也应单独统计。

图书馆：指各类图书馆的管理与服务（对文献和信息的搜集、整理、存储、利用和管理，向社会公众开放并提供科学、文化等各种知识普及教育）。包括公共图书馆和各类机构内部举办的或单独举办的图书馆的管理与服务。不包括部队系统以及文化馆（文化中心、群众艺术馆）、文化站内设的图书室。

公共图书馆：指文化部门主办的面向社会服务的图书馆。

其他部门图书馆：是指除文化部门主办的公共图书馆以外的图书馆机构，如教育、科研、厂矿企业等举办的图书馆。

群众文化活动：指开展群众文化活动的场所的管理和组织活动。包括文化馆（含综合性文化中心、群众艺术馆）、文化站、文化宫、少年宫等群众文化活动。在本制度中，目前暂不统计文化部门以外的文化宫和少年宫。

文化馆（含综合性文化中心、群众艺术馆）、文化站：指专门从事群众文化活动的群众文化场馆。不包括临时抽调人员组成、没有编制的农村和街道文化工作队、服务站等。

美术馆：指由文化部门主办或实行行业管理的，具备展览、典藏、研究及公共教育和服务功能的、向公众开放的国有美术馆；以及在民政部门登记注册并在文化部门备案的，具备展览、典藏、研究及公共教育和服务功能的、向公众开放的、非营利性的民营美术馆。

画院：指由文化部门主办或实行行业管理的，各级国有和民营的非营利性的专门的美术创作、研究机构，有专职创作研究人员和独立建制，包括书画院、书法院、油画雕塑院等。不包括业余性质的美术创作机构。

文化市场行政执法机构：指经法律法规授权或依法接受委托专门从事文化市场行政执法工作的机构。

文化艺术研究机构：指有明确的研究方向和任务，有一定水平的学术带头人和一定数量、质量的研究人员，有开展工作的基本条件，主要进行文化艺术研究（含科技）的机构。

文化部门教育机构：指文化部门主办的高等艺术职业院校和中等专业学校、文化干部院校、其他文化艺术教育机构。

高等艺术职业院校：指按国家规定的设置标准和审批程序批准主办的，纳入国家招生计划，通过国家统一招生考试，招收高中毕业生和相当于高中学历者为主要培养对象，实施高等教育的全日制、独立设置的学院和高等专科艺术学校。高等艺术院校均应填报国家教委统一印发的学年度“普通高等学校基层报表”，高等艺术院校举办的分校（教学点）或大专班，不计校数。机构、学生人数应与向各级教委填报的“普通高等学校基层报表”的数字相一致。职工人数应填报年末时点数；培训干部应填报当年累计结业人数。在本制度中，只统计由文化部门主办和管理的院校。

中等艺术学校：指文化部门内由文化部或省、自治区、直辖市人民政府批准举办，纳入国家招生计划，按国家规定组织入学考试，招收小学或初中（或部分高中）毕业生和具有同等学历者，实施中等艺术教育、培养中等艺术人才的全日制专业学校。中等艺术学校均应填报国家教委的学年度“中等专业学校基层报表”，各校举办的分校（或校外班）不计校数。机构、学生人数应与向各级教委填报的学年度“中等专业学校基层报表”的数字相一致。职工人数和培训干部人数的填报口径同“高等艺术院校”。

文化干部院校：指各级文化行政主管部门领导的培养和训练文化干部的成人高等教育院校。

其他教育机构：指不填报国家教委制发的教育事业基层报表的非正规的艺术学校、训练班等教育机构。不包括随团的学员班。

其他文化事业机构、其他文化企业：指不属于以上分类的文化部门内其他的文化事业机构和其他的各类企业机构。

文化市场经营机构：指经文化市场行政部门审批或备案并领取相关许可或备案文件的、从事文化经营和文化服务活动的机构。

文化市场经营机构主要由以下统计调查对象组成：

演出经纪机构：指经文化市场行政管理部门审批并申请营业性演出许可证的从事演出组织、制作、营销等经营活动，演出居间、代理、行纪等经纪活动和演员签约、推广、代理等经纪活动的经营单位。不包括作家、艺术家个人的经纪代理活动，影视演员经纪人代理活动，演员推荐、选派活动，出版和著作权代理活动等。

文艺表演团体：同“艺术表演团体”。

演出场所经营单位：同“艺术表演场馆”。

娱乐场所：指以营利为目的，并向公众开放、消费者自娱自乐的歌舞、游艺等场所，以及各地文化行政部门依据相关规定管理并发放《娱乐场所经营许可证》的其他娱乐场所。

经营性互联网文化单位：指经文化行政部门和电信管理机构批准，从事经营性互联网活动的互联网信息服务提供者。其中，经营性互联网文化活动是指以营利为目的，通过向上网用户收费或者电子商务、广告、赞助等方式获取利益，提供互联网文化产品及其服务的活动。

互联网上网服务营业场所（网吧）：指通过计算机等设备向公众提供互联网上网服务的营业性娱乐文化服务场所。

艺术品经营机构：指从事艺术品销售、艺术品经纪代理、拍卖以及与艺术品销售有直接关系的各种服务类经营活动的机构，主要包括画廊、画店、艺术品公司、艺术品拍卖企业、艺术品经纪代理机构和艺术品展览、艺术品评估、鉴定机构。

文化市场连锁经营机构：指由文化市场行政管理部门审核批准的文化市场连锁经营机构，不包括直营门店。

本制度对文化市场经营机构实行行业性统计。各地根据实际情况，确定由文化市场行政部门或文化市场管理执法机构，依法对本辖区的文化市场经营机构进行统计调查，并完成全部数据的录入、审核和汇总。

动漫企业：经文化部、财政部、国家税务总局三部门联合认定的从事漫画创作、动画创作、网络动漫（含手机动漫）创作、动漫舞台剧制作、动漫软件开发和动漫衍生产品研发等动漫业务的企业。

博物馆：指为了研究、教育、欣赏的目的，收藏、保护、展示人类活动和自然环境的见证物，向公众开放，非营利性、永久性社会服务机构，包括以博物馆（院）、纪念馆（舍）、科技馆、陈列馆等专有名称开展活动的单位。

综合性博物馆：指综合收藏、展示自然、历史（含革命史和建设成就）、艺术等方面藏品的博物馆。如：黑龙江省博物馆、内蒙古博物馆、甘肃省博物馆、贵州省博物馆、南通博物苑、旅顺博物馆等。

历史类博物馆：指主要收藏、展示关于国家（地区）、民族、社会发展、重大事件和人物的历史（古代史、近代史、战争史、革命纪念馆、历史名人纪念馆等）的文物资料的博物馆。如国家博物馆、陕西历史博物馆、泉州海外交通史博物馆、东北烈士纪念馆、韶山毛泽东同志纪念馆、遵义会议会址纪念馆、黑龙江省民族博物馆等。

艺术类博物馆：指主要收藏、展示艺术品、工艺品文物（工艺品、绘画、书法、篆刻、民间艺术）的博物馆。如故宫博物院、上海博物馆、南阳汉画像馆、广东民间工艺馆、武强年画博物馆、徐悲鸿纪念馆、天津戏剧博物馆、景德镇陶瓷历史博物馆等。

自然、科技类博物馆：指主要收藏、展示自然物种历史、发展以及反映科学技术成果方面标本、实物的博物馆。如天津自然博物馆、自贡恐龙博物馆、中国科学技术馆、中国地质博物馆、柳州白莲洞洞穴科学博物馆等。

其他博物馆：指上述 4 类博物馆之外，内容独特的行业性、专门性博物馆。如中国丝绸博物馆、中国茶叶博物馆以及农业、体育、邮电、中药、交通、水利、煤炭、林业、公安、儿童等专门博物馆。

文物考古研究所：是各省级文物行政管理部门领导下的文物保护和科学研究机构承担有关文物的调查、保护、发掘、研究和宣传工作，对地、市、县的文物工作进行业务辅导的机构。

文物商店：经国务院文物行政部门或者省、自治区、直辖市人民政府文物行政部门依法批准设立的文物购销经营单位。

非物质文化遗产保护中心：指从事非物质文化遗产的调查、抢救、保护、研究、宣传、展示，以及其他相关保护活动的专业综合机构。

（二）从业人员指标解释

调查的从业人员，指在文化部门主办或实行行业管理的文化及相关产业机构以及由文化部门主办的非文化产业等机构中工作，并取得劳动报酬的全部人员。包括职工、再就业的离退休人员以及在各机构中工作的外方人员和港、澳、台方人员。

专业技术人员：指在专业技术岗位上工作的人员，不包括在管理岗位上工作具有专业技术职称（职务）的人员（包括正高级职称、副高级职称、中级职称以及初级及以下人员）。

安全保卫人员：指从事文物安全保卫工作和安全管理工作的人员，包括聘用人员。

在编人员：是指经当地编办批准、列入事业编制的人员。

专职人员：指长期从事业务工作的专业人员。

（三）经费指标解释

1. 事业经费指标解释

资产合计：指反映行政事业单位在年末（或报告期末）占有或者使用的，能以货币计量的经济资源。包括流动资产、固定资产、对外投资、无形资产、其他资产，按其价值进行反映。根据“资产负债表”中的“资产合计”年（期）末数填列。

固定资产原值：反映填表机构使用年限在一年以上、单位价值在规定标准以上并在使用过程中基本保持原来物质形态的资产，包括房屋和建筑物、专用设备、一般设备、文物和陈列品、图书、其他固定资产等，按原值（计提折旧的，按净值）进行反映。该指标根据“资产负债表”中的“固定资产原值”年（期）末数填列。

本年收入合计：反映行政事业单位在本年取得的全部收入，包括行政事业类资金收入和基本建设类收入，具体有财政拨款、上级补助收入、事业收入、经营收入、附属单位上缴收入和其他收入。根据“收入决算表”中的“本年收入合计”项填报。

财政拨款：反映填表单位本年度实际收到的本级财政拨款。包括一般预算财政拨款和政府性基金预算财政拨款。一级预算单位收到的应拨给下级单位使用的款项，年终时尚未拨出的，在编制财务决算表和填报统计报表时，应列为本单位的财政拨款。

上级补助收入：反映填表单位从行政主管部门和上级单位取得的非财政补贴收入。

事业收入：反映事业单位开展专业业务活动及辅助活动取得的收入。根据“收入决算表”中的“事业收入”项填报。

经营收入：反映事业单位在专业业务活动及辅助活动之外开展非独立核算经营活动取得的收入。根据“收入决算表”中的“经营收入”项填报。在确认经营收入时，应注意两个问题：一是经营收入是经营活动取得的收入，而不是专业业务活动及辅助活动取得的收入；二是经营收入是非独立核算的经营活动取得的收入，而不是独立核算的经营活动取得的收入。

附属单位上缴收入：反映填表事业单位拥有附属的独立核算机构，按有关规定上缴的收入。

其他收入：反映取得的除上述规定以外的各项收入，包括投资收益、利息收入、捐赠收入等。各单位从其他部门取得的财政拨款和非本级财政拨款均填列在本项内。

本年支出合计：反映填表机构在业务活动中发生的各项资产耗费和损失等支出情况，包括基本支出、项目支出、经营支出等内容。按经济功能分类，还可分为工资福利支出、商品和服务支出、对个人和家庭补助支出、其他资本性支出等内容。

基本支出：反映填表机构为保障其机构正常运转、完成日常工作任务而发生的各项支出。

项目支出：反映填表机构为完成本机构特定的行政工作任务或事业发展目标，在基本支出之外发生的各项支出。项目支出明细在“项目支出决算明细表”中按支出经济分类科目进行反映。

经营支出：反映填表机构开展专业业务活动及辅助活动之外开展非独立核算经营活动发生的支出。在经营活动中应正确归集实际发生的各项费用数，无法归集的，应按规定的比例合理分摊。

工资福利支出：反映填表机构支付给在职职工和编制外长期聘用人员的各类劳动报酬，以及为上述人员缴纳的各项社会保险费等。主要包括基本工资、津贴补贴、奖金、社会保障缴费、伙食费、伙食补助费、绩效工资、其他工资福利支出等。根据“支出决算明细表”中的“工资福利支出”项填报。

商品和服务支出：反映填表机构在开展业务活动中购买商品和服务的支出（不包括用于购置固定资产的支出、战略性和应急储备支出等）。主要包括办公费、印刷费、咨询费、手续费、水费、电费、邮电费、取暖费、物业管理费、交通费、差旅费、出国费、维修（护）费、租赁费、会议费、培训费、招待费、专用材料费、专用燃料费、劳务费、委托业务费、工会经费、福利费等日常公用支出。根据“支出决算明细表”中的“商品和服务支出”项填报。

差旅费：反映填表机构工作人员出差的住宿费、旅费、伙食补助费、杂费，以及干部及大中专学生调遣费、调干家属旅费补助等方面的支出。根据“支出决算明细表”中的“商品和服务支出”项的“差旅费”项填报。

劳务费：反映填表机构支付给单位和个人的劳务费用。如：临时聘用人员工资、钟点工工资、翻译费、咨询费、评审费、手续费等。根据“支出决算明细表”中的“商品和服务支出”项的 “劳务费”项填报。

福利费：反映填表机构根据国家规定按工资总额一定比例提取的福利费。根据“支出决算明细表”中的“商品和服务支出”项的“福利费”项填报。

各种税金支出：反映填表机构向国家缴纳的各

种税金，如房产税、营业税、车船使用税、土地使用税、城市维护建设税、印花税、教育费附加费、养路费、排污费等。从基本建设支出、结余和收益中支付的税金不包括在内。

对个人和家庭补助支出：反映政府对个人和家庭的补助支出，包括离休费、退休费、退职（役）费、抚恤金、生活补助、救济费、医疗费、助学金、奖励金、生产补贴、住房公积金、提租补贴、购房补贴以及其他对个人和家庭的补助支出等。

抚恤金和生活补助：抚恤金指按规定支付给烈士家属、牺牲病故人员家属的一次性和定期抚恤金、革命残疾人员的抚恤金、离退休人员等其他人员的各项抚恤金。生活补助指按规定支付给优抚对象、退伍军人的生活补助费，行政事业单位职工和家属生活补助，因公负伤等住院治疗补助费、住疗养院期间的伙食补助费、长期赡养人员补助费等。根据“支出决算明细表”中的“对个人和家庭的补助”项的“抚恤金”和“生活补助”项汇总填报。

其他资本性支出：反映填表机构使用非各级发展与改革部门集中安排的用于购置固定资产、战略性和应急性储备、土地和无形资产，以及购建基础设施、大型修缮和财政支持企业更新改造所发生的支出。如：房屋建筑物购建、办公设备购置、专用设备购置、交通工具购置、大型修缮、信息网络购建、物资储备、土地补偿、安置补助、拆迁补偿等其他资本性支出。

各种设备、交通工具、图书购置费：反映填表机构用于购置不够基本建设投资额度、但按会计制度规定纳入固定资产核算范围的各种设备的支出。主要包括：办公设备购置、专用设备购置、交通工具购置（含车辆购置税）、信息网络购建（计算机硬件和软件开发应用）、图书购置、档案设备购置费等。

2. 企业经费指标解释

资产总计：反映填表企业拥有或控制的能以货币计量的经济资源，包括各种财产、债权和其他权利。资产按其流动性(即资产的变现能力和支付能力)划分，有流动资产、长期投资、固定资产、无形资产、递延资产和其他资产等分类。根据企业会计“资产负债表”中“资产总计”项的期末数填列。

固定资产原价：反映填表企业在建造、购置、安装、改建、扩建、技术改造某项固定资产时所支出的全部货币总额。根据会计“资产负债表”中“固定资产原价”项的年末数填列。

当年提取的折旧总额：反映填表企业在报告年度内提取的固定资产折旧合计数。根据企业会计决算“基本情况表”中“当年提取的折旧总额”项的数值填列。

负债合计：反映填表企业过去的交易、事项形成的现有义务合计数，履行该义务预期会导致经济利益流出企业。根据企业会计“资产负债表”中“负债合计”项的期末数填列。

所有者权益合计：反映所有者在填表企业资产中享有的经济利益，其金额为资产减去负债后的余额。根据企业会计“资产负债表”中“所有者权益合计”项的期末数填。

实收资本（股本）：反映填表企业的各投资者实际投入的资本（或股本）总额。其中：中外合作经营企业“实收资本”按扣除“已归还投资”后的净额填列。

国家资本：反映有权代表国家投资的政府部门或机构、直属事业机构对填表企业投资形成的资本金。

营业收入：反映企业经营主要业务和其他业务所确认的收入总额。企业填写营业总收入指标时，一般根据企业会计“利润表”中“主营业务收入”和“其他业务收入”科目的发生额分析填列。

营业成本：反映填表企业在报告期内从事销售商品、提供劳务及转让资产使用权等日常经营活动中所发生的各种耗费。包括：营业成本（主营业务成本、其他业务成本）、营业税金及附加、销售费用、管理费用、财务费用等，根据会计“利润表”中对应项目计算填列。

养老、医疗、失业等各种社会保险费：反映企业为职工缴纳的基本养老保险、基本医疗保险、失业保险费、工伤保险、生育保险费。根据企业决算的“应上交应弥补款项表”填列。

住房公积金和住房补贴：反映报告期内填报企业为职工缴纳的住房公积金和企业支付的职工住房补贴。根据会计“营业费用”、“管理费用”等相关成本、费用项目归纳计算填报。

差旅费：根据会计“管理费用”科目中的对应项目填报。

工会经费：反映填表企业按规定计提的拨交工会使用的费用，根据会计“管理费用”科目中的对应项目填报。

营业利润：反映填表企业进行生产经营活动所实现的利润，根据会计“利润表”中“营业利润”项的本期累计数填报。即企业“利润表”中的：营业总收入-营业总成本+公允价值变动收益+投资收益+汇兑收益。

营业外收入：反映企业发生的与经营业务无直接关系的各项营业外收入，根据企业会计“利润表”中“营业外收入”项的本年累计数填列。根据企业会计“利润表”中“营业外收入”科目的发生额分析填列，包括非流动资产处置利得、非货币性资产交换利得、债务重组利得、政府补助、盘盈利得、捐赠利得等。

政府补助（补贴收入）：反映填表企业从政府无偿取得的货币性资产或非货币性资产，但不包括政府作为企业所有者投入的资本。

营业外支出：反映企业发生的与经营业务无直接关系的各项营业外支出。根据企业会计“利润表”中“营业外支出”项的本年累计数填列。根据企业会计“利润表”中“营业外支出”科目的发生额分析填列，包括非流动资产处置损失、非货币性资产交换损失、债务重组损失、公益性捐赠支出、非常损失、盘亏损失等。

利润总额：反映企业在生产经营过程中各种收入减去各种耗费后的盈余，反映填表企业在报告期内实现的亏盈总额，包括营业利润和营业外收支净额。根据会计“利润表”中的对应指标期末累计数填列。

工资、福利费、税金：本年应发工资总额：反映填报企业在报告期内应发放支付给本单位全部职工的劳动报酬（含临时工和聘用人员），包括工资、奖金、津贴和补贴，它反映企业报告期内累计应发放的工资总额。根据“应付工资”科目及其他相关科目的本年发生额填列，与企业决算的“全年应发工资总额”口径一致。本年支付的职工福利费：反映填报企业在报告期内根据国家有关规定开支的各项福利支出。职工福利费根据企业会计成本和费用科目中的相关项目归纳计算填列。而不仅是会计“应付福利费”科目。

3. 公用房屋建筑面积指标解释

实际使用房屋建筑面积：指文化部门实际使用办公和业务用房面积，包括租借房屋面积。

实际拥有产权面积：指文化部门实际拥有产权的各种办公和业务用房面积，包括出租产权房屋面积，具体以房屋产权证上登记产权面积为准。

图书馆业

按年份全国公共图书馆主要业务活动情况

年 份	机构数（个）	从业人员（人）	总藏量（万册件）	总流通人次（万人次）	外借人次	书刊、文献外借册次（万册次）	书架单层总长度（万米）	发放借书证数（万个）
1979年	1651		18353	7787		9625		
1980年	1732		19904	9045		11830		
1985年	2344	29350	25573	11614		18942		
1986年	2406	31849	26133	11722		16205	504	523
1990年	2527	40247	29064	12435		20242	772	603
1991年	2535	42037	30614	20496	7949	13325	758	631
1992年	2558	43051	31175	18495	7653	12625	748	563
1993年	2572	44653	31410	16973	6970	11685	797	562
1994年	2589	44367	32332	14451	7232	11852	776	552
1995年	2615	45323	32850	14142	7160	11814	899	540
1996年	2620	46457	33686	14793	7731	13544	967	527
1997年	2628	47882	37549	16114	8561	15685	817	556
1998年	2662	48313	38514	17058	8910	15422	873	582
1999年	2669	48792	39539	18040	9075	16290	934	596
2000年	2675	51342	40953	18854	9600	16913	978	623
2001年	2696	48579	42130	20757	9829	17559	945	792
2002年	2697	48447	42683	21950	10428	20021	995	918
2003年	2709	49646	43776	21440	10666	18775	1035	943
2004年	2720	49069	46152	22095	10140	18536	1247	1056
2005年	2762	50423	48056	23332	10821	20269	1320	1062
2006年	2778	51311	50024	25218	11408	21039	1413	1160
2007年	2799	54650	52053	26103	11454	21319	1318	1273
2008年	2820	52021	55064	28141	12251	23129	1112	1454
2009年	2850	52688	58521	32167	13277	25857	1216	1749
2010年	2884	53564	61726	32823	13934	26392	1200	2020
2011年	2952	54475	69719	38151	15316	28452	1218	2214

按年份全国公共图书馆经费收支及设施情况

年 份	收入合计（万元）	财政拨款	支出合计（万元）	新增藏量购置费	新购图书（万册）	实际使用房屋建筑面积（万平方米）	书库	阅览室	阅览室座席数（万个）
1979年	5040	5040	5206	2163		86.6	38.1	21.1	
1980年	5476	5476	5486	2273		92.0	42.1	23.5	
1985年	15272	15272	13393	4164	1343	172.0	64.1	46.1	23.1
1986年	19891	19070	17242	5300	1359	210.2	73.0	53.4	33.7
1990年	32328	29292	30271	8474	895	326.0	98.4	76.1	32.1
1991年	36764	32593	34388	8927	771	349.1	104.3	80.0	34.0
1992年	45354	39010	41132	9916	740	363.6	105.3	84.3	34.4
1993年	50917	42975	48211	10698	631	368.0	108.0	85.0	34.3
1994年	74586	60639	63295	9252	556	409.1	113.6	85.7	34.8
1995年	79685	65829	74080	16788	551	415.5	117.8	88.3	35.2
1996年	93235	76582	88963	19626	577	441.4	120.8	94.0	35.6
1997年	114004	93177	113927	25527	680	471.5	124.9	98.0	37.4
1998年	129082	107521	127032	28067	700	492.5	131.7	101.8	39.9
1999年	137430	115830	135826	30473	678	506.0	137.4	105.7	41.6
2000年	163799	139321	157173	37141	692	598.2	139.0	109.7	41.6
2001年	183368	152732	187661	36489	819	561.8	146.4	114.4	43.7
2002年	213322	176882	208929	41853	946	582.8	151.6	122.6	43.9
2003年	242188	205252	235819	44407	1049	588.6	156.0	129.7	46.1
2004年	281234	238141	275034	50780	1228	625.1	158.4	138.6	47.2
2005年	325880	277848	312571	59781	1535	677.0	170.0	150.0	48.0
2006年	366089	319479	344076	66095	1686	718.9	175.5	159.0	50.0
2007年	450512	395441	431326	78262	1871	741.4	181.6	169.2	52.7
2008年	531926	477616	519841	83832	2071	780.0	183.5	179.3	55.4
2009年	613175	550808	606630	104404	2939	850.3	194.7	203.5	60.2
2010年	646085	583685	643629	111093	2956	900.4	204.5	220.6	63.1
2011年	813232	756357	776839	123540	3985	994.9	212.9	245.3	68.1

按年份各地区公共图书馆机构数

单位：个

地　区	1995年	2000年	2005年	2006年	2008年	2009年	2010年	2011年
总　计	**2615**	**2675**	**2762**	**2778**	**2820**	**2850**	**2884**	**2952**
北　京	22	24	25	24	24	24	24	24
天　津	31	31	32	32	32	31	31	31
河　北	134	145	153	156	163	164	165	166
山　西	119	121	122	122	122	126	126	126
内蒙古	107	108	110	110	113	113	113	114
辽　宁	127	128	126	127	128	128	128	128
吉　林	51	60	63	64	64	66	65	65
黑龙江	96	97	96	95	101	100	107	107
上　海	31	31	28	28	29	29	28	25
江　苏	94	101	103	104	106	109	111	112
浙　江	81	83	90	92	94	96	97	97
安　徽	83	84	88	85	85	89	88	100
福　建	78	81	84	85	85	85	86	86
江　西	104	104	104	105	105	108	108	114
山　东	130	133	145	145	147	150	149	150
河　南	132	134	136	136	142	142	142	152
湖　北	100	103	102	102	104	107	107	109
湖　南	116	115	120	120	120	120	124	130
广　东	114	124	129	129	132	133	132	134
广　西	99	94	95	100	100	100	108	108
海　南	19	19	20	20	20	20	20	20
重　庆		42	43	43	43	43	43	43
四　川	166	129	141	146	154	156	161	169
贵　州	87	89	91	91	92	93	93	94
云　南	148	148	149	149	150	150	150	152
西　藏	18	1	4	3	4	4	4	4
陕　西	114	114	111	111	111	112	112	112
甘　肃	86	91	92	92	92	93	94	100
青　海	41	38	43	43	43	44	44	49
宁　夏	20	22	20	20	21	20	20	27
新　疆	66	80	96	98	93	94	103	103

按年份各地区公共图书馆从业人员

单位：人

地区	1995年	2000年	2005年	2006年	2008年	2009年	2010年	2011年
总计	**45323**	**51342**	**50423**	**51311**	**52021**	**52688**	**53564**	**54475**
北京	886	1080	1219	1216	1300	1292	1307	1273
天津	1084	1111	1057	1086	1098	1087	1077	1051
河北	1592	1711	1690	1680	1790	1751	1789	1823
山西	1370	1527	1631	1629	1579	1579	1575	1545
内蒙古	2015	1833	1776	1754	1755	1822	1804	1907
辽宁	2859	4916	2888	2931	2929	2891	3152	2922
吉林	1596	1724	1783	1767	1718	1717	1661	1674
黑龙江	2014	1846	1669	1797	1819	1806	1846	1772
上海	1686	2513	2597	2425	2169	2376	2180	2264
江苏	1953	2092	2363	2429	2717	2787	2838	2932
浙江	1565	1936	2122	2433	2526	2646	3040	3091
安徽	1168	1241	1217	1219	1199	1229	1239	1267
福建	1077	1172	1110	1113	1173	1199	1190	1227
江西	1386	1462	1373	1409	1399	1426	1406	1469
山东	2318	2506	2690	2707	2594	2669	2680	2697
河南	2352	2626	2742	2784	2772	2756	2762	2839
湖北	2054	2299	2253	2243	2233	2180	2151	2149
湖南	1733	1925	1963	1968	1919	1927	1993	2032
广东	2355	2837	3252	3425	3709	3711	3761	4203
广西	1335	1540	1459	1484	1482	1471	1509	1467
海南	252	250	250	250	347	357	374	348
重庆		785	755	759	802	805	854	848
四川	2415	1719	1869	1889	1976	1974	1972	1984
贵州	869	876	905	883	913	946	937	950
云南	1429	1571	1661	1693	1743	1754	1760	1734
西藏	50	42	62	66	63	66	64	60
陕西	1317	1572	1691	1777	1805	1944	1988	2007
甘肃	979	1110	1179	1219	1251	1263	1306	1402
青海	400	378	365	380	392	391	398	406
宁夏	498	537	509	487	523	531	543	578
新疆	770	907	951	991	942	945	978	981

按年份各地区公共图书馆总藏量

单位：万册件

地 区	1995年	2000年	2005年	2006年	2008年	2009年	2010年	2011年
总 计	**32850**	**40953**	**48056**	**50024**	**55064**	**58521**	**61726**	**69719**
北 京	670	767	1121	1206	1403	1589	1715	1912
天 津	677	786	869	945	1107	1159	1258	1354
河 北	845	1081	1307	1351	1451	1549	1611	1739
山 西	777	867	963	993	1102	1176	1208	1320
内蒙古	621	683	744	761	831	870	940	1098
辽 宁	1786	1970	2326	2400	2584	2785	2953	3093
吉 林	921	1030	1202	1229	1345	1338	1380	1575
黑龙江	1094	1186	1291	1436	1506	1572	1644	1770
上 海	1586	5500	6049	6062	6394	6593	6809	6893
江 苏	2420	2669	3179	3410	3776	4071	4370	5382
浙 江	1511	1715	2324	2497	3179	3552	3761	4464
安 徽	752	787	847	907	1073	1136	1236	1375
福 建	902	985	1274	1362	1458	1542	1682	2043
江 西	1070	1122	1282	1309	1398	1474	1520	1665
山 东	1724	1989	2746	2846	3141	3515	3636	3890
河 南	1062	1239	1429	1470	1633	1724	1837	2122
湖 北	1445	1678	1923	1981	2106	2181	2361	2411
湖 南	1362	1514	1667	1704	1766	1839	1961	2362
广 东	1651	2316	3119	3454	3995	4367	4615	5890
广 西	1243	1312	1491	1564	1695	1760	1881	1997
海 南	137	154	184	193	257	341	285	516
重 庆		811	768	792	932	988	1031	1149
四 川	2356	1722	2002	2094	2305	2480	2599	3136
贵 州	616	681	764	771	731	800	812	1194
云 南	1104	1254	1371	1397	1453	1508	1566	1699
西 藏	51	60	42	45	50	50	53	57
陕 西	733	837	887	913	1002	1059	1127	1223
甘 肃	670	745	860	872	929	951	1042	1160
青 海	280	286	324	289	348	402	358	368
宁 夏	338	380	378	389	523	435	462	517
新 疆	489	579	817	811	894	934	1113	1210

按年份各地区人均拥有公共图书馆藏量

单位：册

地　区	1995年	2000年	2005年	2006年	2008年	2009年	2010年	2011年
全　国	**0.27**	**0.32**	**0.37**	**0.38**	**0.41**	**0.44**	**0.46**	**0.52**
北　京	0.54	0.55	0.73	0.76	0.83	0.91	0.87	0.95
天　津	0.72	0.79	0.83	0.88	0.94	0.94	0.97	1.00
河　北	0.13	0.16	0.19	0.20	0.21	0.22	0.22	0.24
山　西	0.25	0.26	0.29	0.29	0.32	0.34	0.34	0.37
内蒙古	0.27	0.29	0.31	0.32	0.34	0.36	0.38	0.44
辽　宁	0.44	0.46	0.55	0.56	0.60	0.64	0.68	0.71
吉　林	0.36	0.38	0.44	0.45	0.49	0.49	0.50	0.57
黑龙江	0.30	0.32	0.34	0.38	0.39	0.41	0.43	0.46
上　海	1.12	3.29	3.40	3.34	3.39	3.43	2.96	2.94
江　苏	0.34	0.36	0.43	0.45	0.49	0.53	0.56	0.68
浙　江	0.35	0.37	0.47	0.50	0.62	0.69	0.69	0.82
安　徽	0.13	0.13	0.14	0.15	0.17	0.19	0.21	0.23
福　建	0.28	0.28	0.36	0.38	0.40	0.43	0.46	0.55
江　西	0.26	0.27	0.30	0.30	0.32	0.33	0.34	0.37
山　东	0.20	0.22	0.30	0.31	0.33	0.37	0.38	0.40
河　南	0.12	0.13	0.15	0.16	0.17	0.18	0.20	0.23
湖　北	0.25	0.28	0.34	0.35	0.37	0.38	0.41	0.42
湖　南	0.21	0.24	0.26	0.27	0.28	0.29	0.30	0.36
广　东	0.24	0.27	0.34	0.37	0.42	0.45	0.44	0.56
广　西	0.27	0.29	0.32	0.33	0.35	0.36	0.41	0.43
海　南	0.19	0.20	0.22	0.23	0.30	0.39	0.33	0.59
重　庆		0.26	0.27	0.28	0.33	0.35	0.36	0.39
四　川	0.21	0.21	0.24	0.26	0.28	0.30	0.32	0.39
贵　州	0.18	0.19	0.20	0.21	0.19	0.21	0.23	0.34
云　南	0.28	0.29	0.31	0.31	0.32	0.33	0.34	0.37
西　藏	0.21	0.23	0.15	0.16	0.17	0.17	0.18	0.19
陕　西	0.21	0.23	0.24	0.24	0.27	0.28	0.30	0.33
甘　肃	0.27	0.29	0.33	0.33	0.35	0.36	0.41	0.45
青　海	0.58	0.55	0.60	0.53	0.63	0.72	0.64	0.65
宁　夏	0.66	0.68	0.63	0.64	0.85	0.70	0.73	0.81
新　疆	0.29	0.30	0.41	0.40	0.42	0.43	0.51	0.55

按年份各地区公共图书馆总流通人次

单位：万人次

地　区	1995年	2000年	2005年	2006年	2008年	2009年	2010年	2011年
总　计	**14142**	**18854**	**23332**	**25218**	**28141**	**32167**	**32823**	**38151**
北　京	272	320	715	747	801	824	775	726
天　津	265	461	483	474	567	676	606	572
河　北	473	736	635	588	594	713	736	796
山　西	227	261	256	257	298	350	374	398
内蒙古	282	270	380	324	286	310	312	373
辽　宁	829	1184	1133	1209	1405	1666	1457	1553
吉　林	385	409	505	551	806	490	503	611
黑龙江	631	608	505	547	613	617	622	694
上　海	687	1225	1249	1342	1370	1460	1853	1926
江　苏	883	1227	1735	1753	2384	2787	3006	3542
浙　江	555	1140	1398	1651	2691	4253	3454	3971
安　徽	372	561	461	560	528	671	760	1176
福　建	466	647	734	712	931	1182	1193	1315
江　西	413	485	534	460	547	596	639	756
山　东	509	795	1422	1334	1460	1603	1717	1915
河　南	650	713	828	780	805	1011	1026	2062
湖　北	559	714	1145	1197	1215	1271	1516	1342
湖　南	618	808	787	960	965	940	1028	1215
广　东	1447	2235	3543	4695	4101	4565	4540	6072
广　西	809	927	896	1381	1518	1100	1343	1231
海　南	94	121	115	139	85	193	172	150
重　庆		266	595	330	505	588	621	777
四　川	776	554	766	889	952	1151	1168	1433
贵　州	462	228	187	190	258	267	369	314
云　南	559	654	735	695	754	962	907	993
西　藏		2	2	3	3	2	3	3
陕　西	242	275	365	368	408	384	519	560
甘　肃	225	185	317	306	361	414	468	473
青　海	39	58	68	57	104	90	89	96
宁　夏	140	142	167	160	163	147	163	233
新　疆	140	263	212	167	336	364	350	425

按年份各地区公共图书馆图书外借册次

单位：万册次

地　区	1995年	2000年	2005年	2006年	2008年	2009年	2010年	2011年
总　计	**11814**	**16913**	**20269**	**21039**	**23129**	**25857**	**26392**	**28452**
北　京	283	442	678	734	905	890	804	749
天　津	237	274	380	359	429	637	572	601
河　北	379	673	469	497	475	528	493	504
山　西	204	207	272	228	219	242	282	343
内蒙古	239	233	243	260	234	242	312	357
辽　宁	856	1119	1173	1245	1410	1407	1456	1426
吉　林	332	387	794	432	559	443	412	403
黑龙江	500	527	789	425	674	560	479	483
上　海	507	970	1028	1087	1072	1453	1461	1715
江　苏	967	1269	1494	1642	2143	2445	2542	2739
浙　江	550	1054	1233	1612	2386	2785	2924	3660
安　徽	343	455	341	416	463	578	683	843
福　建	517	779	729	700	945	1129	1097	1205
江　西	383	543	723	437	482	518	562	590
山　东	573	718	1379	1166	1386	1544	1514	1608
河　南	517	695	647	697	734	952	915	1214
湖　北	543	769	927	1078	1039	1047	1846	1114
湖　南	562	735	801	880	984	958	1059	1173
广　东	687	1192	2037	3097	2081	2536	2267	2617
广　西	528	688	761	684	723	774	733	668
海　南	49	64	28	44	75	134	86	103
重　庆		435	472	586	539	760	706	721
四　川	691	564	651	713	1071	949	924	1042
贵　州	133	189	118	123	157	213	222	164
云　南	529	680	701	631	568	770	702	982
西　藏		11	4	6	5	2	4	2
陕　西	238	305	264	278	315	258	305	372
甘　肃	173	153	261	265	304	329	345	389
青　海	51	52	58	46	96	43	42	43
宁　夏	125	265	212	172	204	156	182	205
新　疆	91	251	175	169	288	354	317	366

按年份各地区公共图书馆财政拨款

单位:万元

地　区	1995年	2000年	2005年	2006年	2008年	2009年	2010年	2011年
总　计	**65829**	**139321**	**277848**	**319479**	**477616**	**550808**	**583685**	**756357**
北　京	1683	8734	15554	15561	21862	28294	32746	36261
天　津	1295	2751	10980	9265	13373	14970	18500	30119
河　北	1827	2980	6717	6583	10029	10090	10034	14325
山　西	1184	2150	4862	5579	9504	9433	9838	13342
内蒙古	1432	2452	5086	5358	9294	14221	17898	20954
辽　宁	3737	6822	15446	15006	23822	30535	31121	34838
吉　林	1707	3364	5861	6526	14276	11982	12385	17696
黑龙江	2088	3104	7752	7313	11209	12227	13616	14596
上　海	5558	22870	30636	32358	43953	55912	56345	59285
江　苏	3620	6729	16075	31083	31326	33088	34240	44475
浙　江	2356	6509	20316	21656	34742	38761	43536	52741
安　徽	1165	2054	5436	5856	7673	9933	10008	14125
福　建	1778	3681	6579	6533	10404	11962	14975	19124
江　西	1184	2022	3780	4102	7140	7772	9726	11197
山　东	2814	6129	12039	14084	20211	21027	22996	28069
河　南	1766	3591	5987	6588	13767	12201	12252	16911
湖　北	1649	2896	6498	7579	14771	23000	29240	32336
湖　南	1816	2550	5376	6163	8405	11217	12154	15125
广　东	6110	11868	28592	31819	49495	55146	58296	75460
广　西	1563	2851	5469	6542	8997	11353	12191	13425
海　南	378	322	631	1977	2205	2882	3373	4804
重　庆		1491	2957	4022	7145	7268	7650	11846
四　川	2591	2877	7229	8963	17105	18586	16955	28597
贵　州	746	1259	3401	4408	4970	5383	5939	9616
云　南	2178	5134	6096	7348	14918	11670	11763	17720
西　藏	72	111	336	350	571	609	1145	1322
陕　西	934	2038	3973	5295	8043	9107	11547	15884
甘　肃	985	1752	4438	4748	7589	8888	9648	13354
青　海	724	678	1237	1636	2512	2965	3096	4003
宁　夏	408	786	1504	1756	4711	4592	5067	6868
新　疆	1062	1476	3360	4209	6559	6694	8089	11518

按年份各地区公共图书馆总支出

单位：万元

地　区	1995年	2000年	2005年	2006年	2008年	2009年	2010年	2011年
总　计	**74080**	**157173**	**312571**	**344076**	**519841**	**606630**	**643629**	**776839**
北　京	1851	5326	16840	17846	24999	24095	26706	34490
天　津	2128	3074	7548	9679	20142	16083	20119	19465
河　北	2044	3458	7208	6567	10763	10186	11062	15008
山　西	1170	2270	5085	5979	9905	17289	10787	13033
内蒙古	1458	2536	4959	5564	9056	15166	15124	21493
辽　宁	4392	7783	16225	15980	24209	31112	32183	33159
吉　林	1835	3520	6295	6869	10895	12141	12613	14344
黑龙江	2139	3409	8602	7760	11391	12551	13500	14719
上　海	7021	24425	36757	38589	52652	63238	63728	69955
江　苏	4046	8400	20630	23976	37013	37970	37964	46285
浙　江	3082	8500	22905	25951	38113	44880	47316	56470
安　徽	1384	2641	5767	6398	8759	11014	11788	15666
福　建	1710	3916	7446	7222	11961	12294	15517	20371
江　西	1323	2343	4343	5074	8121	9401	10432	12076
山　东	2968	6881	13242	14974	20806	23034	23206	28317
河　南	2140	3902	6377	6979	14639	12674	13452	16503
湖　北	2372	3952	8120	9120	16597	24834	31444	35003
湖　南	2329	3399	6431	7124	9431	12226	13378	16533
广　东	6807	14597	33777	39752	52674	56428	61294	78470
广　西	1769	3077	6288	7443	9819	12343	13369	14085
海　南	369	355	658	1189	2248	3149	4320	4785
重　庆		2026	3856	3994	7812	9123	9335	13866
四　川	3245	3462	8218	9057	15436	20540	17841	28633
贵　州	810	1428	3497	4314	5933	6350	6736	11081
云　南	2234	3928	6786	7614	12425	15896	12632	16585
西　藏	61	110	336	346	571	609	689	894
陕　西	951	2263	4405	5657	8377	9663	11820	15600
甘　肃	1011	1799	4399	4584	7320	8639	9592	12147
青　海	424	780	1315	1683	2576	3065	3155	4099
宁　夏	430	783	1574	1773	3625	4603	5786	7555
新　疆	1119	1677	3999	4610	6393	7873	8890	11972

按年份各地区公共图书馆新增藏量购置费

单位：万元

地　区	1995年	2000年	2005年	2006年	2008年	2009年	2010年	2011年
总　计	**16788**	**37141**	**59781**	**66095**	**83832**	**104404**	**111093**	**123540**
北　京	251	914	3413	4188	2904	3756	4483	4776
天　津	318	563	1527	2590	3254	3664	3267	2742
河　北	302	428	677	949	1403	1471	1524	1920
山　西	131	292	385	438	650	1205	1482	1221
内蒙古	86	166	169	281	637	830	939	2004
辽　宁	768	948	2027	2079	3172	4070	5165	4720
吉　林	250	459	777	758	931	1397	1312	1683
黑龙江	235	395	410	659	1127	1248	1584	1423
上　海	2204	11210	10342	10686	13888	16490	14950	17962
江　苏	732	1780	3739	4370	6008	7671	8279	9114
浙　江	578	1577	3994	4375	7116	9805	10908	11850
安　徽	262	297	619	593	814	1468	1454	1732
福　建	311	716	1599	1301	1518	1588	2801	21017
江　西	99	302	646	807	549	954	1299	1389
山　东	506	978	1868	1922	2842	3525	4000	4388
河　南	255	413	655	827	1281	1240	1449	1847
湖　北	299	699	1296	1534	1802	1888	1847	2138
湖　南	207	415	900	914	1119	1499	1672	2018
广　东	1186	2832	7394	8056	9723	12042	12506	13326
广　西	291	520	674	747	857	1697	1863	2099
海　南	59	41	92	66	433	557	874	495
重　庆		330	569	570	759	1461	1626	2291
四　川	431	485	1095	1230	2045	2145	2129	3516
贵　州	100	166	301	383	474	491	682	1275
云　南	441	538	720	843	926	1605	1700	2152
西　藏	14	16	43	40	63	107	119	116
陕　西	104	117	701	504	1123	1169	1527	1885
甘　肃	170	289	594	588	728	1013	1177	1267
青　海	33	54	72	72	128	198	153	197
宁　夏	41	68	136	133	318	483	501	594
新　疆	91	136	347	590	449	769	925	1190

按年份各地区公共图书馆人均购书费

单位：元

地区	1995年	2000年	2005年	2006年	2008年	2009年	2010年	2011年
全国	**0.139**	**0.293**	**0.457**	**0.503**	**0.631**	**0.782**	**0.828**	**0.917**
北京	0.201	0.661	2.219	2.649	1.713	2.140	2.286	2.366
天津	0.338	0.562	1.464	2.409	2.767	2.983	2.525	2.024
河北	0.047	0.063	0.099	0.138	0.201	0.209	0.212	0.265
山西	0.043	0.089	0.115	0.130	0.191	0.351	0.415	0.340
内蒙古	0.039	0.070	0.071	0.117	0.264	0.343	0.380	0.807
辽宁	0.188	0.224	0.480	0.487	0.735	0.942	1.181	1.077
吉林	0.096	0.168	0.286	0.278	0.341	0.510	0.478	0.612
黑龙江	0.063	0.107	0.107	0.172	0.295	0.326	0.414	0.371
上海	1.558	6.697	5.817	5.888	7.356	8.584	6.494	7.653
江苏	0.104	0.239	0.500	0.579	0.783	0.993	1.052	1.154
浙江	0.134	0.337	0.815	0.878	1.390	1.893	2.004	2.169
安徽	0.044	0.050	0.101	0.097	0.133	0.239	0.244	0.290
福建	0.096	0.206	0.452	0.366	0.421	0.438	0.759	0.828
江西	0.024	0.073	0.150	0.186	0.125	0.215	0.291	0.309
山东	0.058	0.108	0.202	0.207	0.302	0.372	0.418	0.455
河南	0.028	0.045	0.070	0.088	0.136	0.131	0.154	0.197
湖北	0.052	0.116	0.227	0.269	0.316	0.330	0.323	0.371
湖南	0.032	0.064	0.142	0.144	0.175	0.234	0.254	0.306
广东	0.173	0.328	0.804	0.866	1.019	1.249	1.199	1.269
广西	0.064	0.116	0.145	0.158	0.178	0.349	0.405	0.452
海南	0.081	0.052	0.111	0.079	0.507	0.645	1.008	0.564
重庆		0.107	0.203	0.203	0.267	0.511	0.564	0.785
四川	0.038	0.058	0.133	0.151	0.251	0.262	0.265	0.437
贵州	0.029	0.047	0.081	0.102	0.125	0.129	0.196	0.368
云南	0.111	0.125	0.162	0.188	0.204	0.351	0.370	0.465
西藏	0.058	0.061	0.155	0.142	0.221	0.369	0.396	0.383
陕西	0.030	0.032	0.188	0.135	0.298	0.310	0.409	0.504
甘肃	0.070	0.113	0.229	0.225	0.277	0.384	0.460	0.494
青海	0.069	0.104	0.133	0.130	0.232	0.356	0.271	0.347
宁夏	0.080	0.121	0.228	0.220	0.515	0.773	0.796	0.930
新疆	0.055	0.071	0.173	0.288	0.211	0.356	0.424	0.539

按年份各地区公共图书馆购书费支出占总支出的比重

单位：%

地　区	1995年	2000年	2005年	2006年	2008年	2009年	2010年	2011年
全　国	**22.7**	**23.6**	**19.1**	**19.2**	**16.1**	**17.2**	**17.3**	**15.9**
北　京	13.6	17.2	20.3	23.5	11.6	15.6	16.8	13.8
天　津	14.9	18.3	20.2	26.8	16.2	22.8	16.2	14.1
河　北	14.8	12.4	9.4	14.5	13.0	14.4	13.8	12.8
山　西	11.2	12.9	7.6	7.3	6.6	7.0	13.7	9.4
内蒙古	5.9	6.5	3.4	5.1	7.0	5.5	6.2	9.3
辽　宁	17.5	12.2	12.5	13.0	13.1	13.1	16.0	14.2
吉　林	13.6	13.0	12.3	11.0	8.5	11.5	10.4	11.7
黑龙江	11.0	11.6	4.8	8.5	9.9	9.9	11.7	9.7
上　海	31.4	45.9	28.1	27.7	26.4	26.1	23.5	25.7
江　苏	18.1	21.2	18.1	18.2	16.2	20.2	21.8	19.7
浙　江	18.8	18.6	17.4	16.9	18.7	21.8	23.1	21.0
安　徽	18.9	11.2	10.7	9.3	9.3	13.3	12.3	11.1
福　建	18.2	18.3	21.5	18.0	12.7	12.9	18.0	15.1
江　西	7.5	12.9	14.9	15.9	6.8	10.1	12.4	11.5
山　东	17.0	14.2	14.1	12.8	13.7	15.3	17.2	15.5
河　南	11.9	10.6	10.3	11.8	8.8	9.8	10.8	11.2
湖　北	12.6	17.7	16.0	16.8	10.9	7.6	5.9	6.1
湖　南	8.9	12.2	14.0	12.8	11.9	12.3	12.5	12.2
广　东	17.4	19.4	21.9	20.3	18.5	21.3	20.4	17.0
广　西	16.4	16.9	10.7	10.0	8.7	13.8	13.9	14.9
海　南	16.0	11.5	14.0	5.6	19.3	17.7	20.2	10.4
重　庆		16.3	14.8	14.3	9.7	16.0	17.4	16.5
四　川	13.3	14.0	13.3	13.6	13.2	10.4	11.9	12.3
贵　州	12.3	11.6	8.6	8.9	8.0	7.7	10.1	11.5
云　南	19.7	13.7	10.6	11.1	7.5	10.1	13.5	13.0
西　藏	23.0	14.5	12.8	11.6	11.0	17.6	17.2	13.0
陕　西	10.9	5.2	15.9	8.9	13.4	12.1	12.9	12.1
甘　肃	16.8	16.1	13.5	12.8	9.9	11.7	12.3	10.4
青　海	7.8	6.9	5.5	4.3	5.0	6.5	4.8	4.8
宁　夏	9.5	8.7	8.6	7.5	8.8	10.5	8.7	7.9
新　疆	8.1	8.1	8.7	12.8	7.0	9.8	10.4	9.9

按年份各地区公共图书馆新购图书册数

单位：万册

地区	1995年	2000年	2005年	2006年	2008年	2009年	2010年	2011年
总计	**551**	**692**	**1535**	**1686**	**2071**	**2939**	**2956**	**3985**
北京	11	33	114	152	114	163	125	134
天津	12	17	35	81	66	89	74	81
河北	26	15	33	38	45	93	68	58
山西	7	12	17	17	34	40	45	49
内蒙古	7	11	8	14	24	42	67	110
辽宁	41	39	72	79	118	173	157	154
吉林	14	14	32	22	44	64	52	198
黑龙江	17	17	26	37	46	60	71	55
上海	44	67	100	103	155	197	176	205
江苏	41	57	106	136	150	205	259	458
浙江	33	54	142	162	235	321	337	450
安徽	9	11	23	34	43	82	61	80
福建	18	25	71	34	70	96	103	152
江西	9	15	26	25	28	39	65	58
山东	23	32	64	78	111	172	133	211
河南	16	21	30	31	53	69	95	114
湖北	23	28	43	48	56	68	60	83
湖南	19	24	54	32	46	59	80	94
广东	69	77	316	296	281	342	368	409
广西	16	20	26	30	40	61	56	62
海南	6	3	3	2	13	18	25	36
重庆		12	23	19	31	58	52	56
四川	25	21	47	74	98	160	95	271
贵州	5	8	7	10	17	24	27	34
云南	22	15	26	25	30	52	43	67
西藏			2	1	2	1	2	2
陕西	5	6	25	19	27	37	43	57
甘肃	7	7	12	11	19	22	26	29
青海	1	2	3	1	5	6	6	4
宁夏	2	3	5	5	11	17	31	29
新疆	6	5	15	19	24	27	32	88

按年份各地区公共图书馆阅览室坐席数

单位：万个

地　区	1995年	2000年	2005年	2006年	2008年	2009年	2010年	2011年
总　计	**35.2**	**41.6**	**48.0**	**50.0**	**55.4**	**60.2**	**63.1**	**68.1**
北　京	0.5	0.8	1.1	1.2	1.3	1.3	1.3	1.3
天　津	0.5	0.7	1.0	0.9	1.0	0.9	0.9	1.0
河　北	1.4	1.8	2.0	2.0	2.1	2.0	2.2	2.7
山　西	0.9	1.1	1.2	1.4	1.3	1.5	1.6	1.7
内蒙古	1.2	1.3	1.4	1.4	1.6	1.7	1.7	1.7
辽　宁	1.7	2.0	2.3	2.6	2.8	2.8	3.0	3.0
吉　林	0.9	1.2	1.2	1.2	1.4	1.3	1.4	1.5
黑龙江	1.1	1.1	1.3	1.4	1.5	1.7	1.8	2.0
上　海	1.2	1.5	1.5	1.4	1.6	1.7	1.9	2.0
江　苏	1.8	2.2	2.5	2.6	3.2	3.5	3.9	4.0
浙　江	1.2	1.6	2.5	2.8	3.1	3.5	3.5	3.6
安　徽	0.9	0.8	1.0	1.1	1.2	1.5	1.6	1.7
福　建	1.3	1.3	1.7	1.7	1.9	2.2	2.5	2.4
江　西	1.6	1.6	1.7	1.7	1.8	2.2	2.2	2.3
山　东	1.4	2.0	2.7	2.7	3.2	3.6	3.7	3.8
河　南	1.2	1.6	1.7	1.8	2.1	2.4	2.4	3.0
湖　北	2.1	2.1	2.4	2.5	2.6	2.7	2.7	2.6
湖　南	2.2	2.5	2.3	2.3	2.8	2.9	3.0	3.1
广　东	2.6	3.0	4.0	4.5	5.2	5.8	5.9	6.8
广　西	1.8	2.0	1.8	1.9	2.0	2.3	2.5	2.4
海　南	0.3	0.3	0.3	0.3	0.4	0.4	0.4	0.5
重　庆		0.8	0.8	0.9	0.8	1.0	1.4	1.3
四　川	2.2	2.1	2.3	2.2	2.5	2.6	2.6	3.2
贵　州	0.8	1.0	1.1	1.1	1.2	1.2	1.2	2.2
云　南	1.5	1.9	1.9	2.0	2.0	2.0	2.1	2.2
西　藏				0.1		0.1		0.1
陕　西	0.9	0.9	1.3	1.2	1.4	1.3	1.4	1.6
甘　肃	0.7	0.8	1.0	1.2	1.1	1.3	1.3	1.5
青　海	0.2	0.2	0.2	0.2	0.3	0.3	0.3	0.3
宁　夏	0.4	0.4	0.5	0.4	0.4	0.5	0.5	0.7
新　疆	0.5	0.7	1.0	1.0	1.1	1.1	1.4	1.6

按年份各地区每万人公共图书馆建筑面积

单位：平方米

地区	1995年	2000年	2005年	2006年	2008年	2009年	2010年	2011年
全国	**34.3**	**47.3**	**51.8**	**54.7**	**58.7**	**63.7**	**67.2**	**73.8**
北京	56.7	75.3	99.5	98.0	96.8	94.0	86.6	82.8
天津	81.6	99.9	162.0	117.2	109.7	104.2	103.1	121.4
河北	26.9	33.5	38.5	37.7	38.2	36.5	34.6	41.9
山西	27.6	34.3	45.0	49.5	58.1	92.8	67.8	76.9
内蒙古	46.0	53.0	65.8	64.7	79.5	92.1	90.4	94.6
辽宁	53.8	61.6	81.3	90.4	95.7	97.9	100.8	103.4
吉林	35.5	39.6	50.1	49.9	54.5	51.8	53.3	61.5
黑龙江	33.6	36.6	48.2	57.3	58.0	62.2	65.0	67.5
上海	85.8	132.6	137.2	129.5	145.7	148.9	160.9	158.6
江苏	30.3	35.5	57.9	65.0	71.8	83.9	83.1	85.8
浙江	34.8	57.7	83.7	91.0	106.3	107.1	106.7	114.6
安徽	14.6	15.9	23.9	25.2	26.7	34.4	37.0	41.0
福建	42.2	47.5	65.9	66.9	79.1	84.9	117.1	114.9
江西	38.6	39.9	47.6	49.6	49.8	65.9	61.1	64.9
山东	22.6	26.9	42.3	43.1	46.3	49.1	49.7	73.0
河南	21.6	25.9	27.2	28.9	31.4	33.5	34.5	44.9
湖北	35.1	39.3	49.9	49.2	53.9	55.2	57.3	61.1
湖南	33.6	38.7	39.7	41.0	42.0	46.1	54.9	55.6
广东	43.2	132.1	57.8	83.9	76.6	81.3	80.6	92.8
广西	38.1	46.8	45.1	47.7	47.3	48.6	55.8	55.5
海南	36.0	41.9	53.1	87.3	90.2	91.4	98.2	95.2
重庆		37.5	47.2	47.7	56.7	58.1	70.8	77.1
四川	22.6	27.3	34.2	33.5	40.1	39.2	42.1	48.1
贵州	23.9	39.7	35.7	35.7	41.7	40.8	44.5	49.3
云南	44.6	48.5	78.4	61.6	58.3	62.8	65.5	72.2
西藏	52.1	61.1	104.7	85.4	94.1	93.1	89.6	80.4
陕西	32.8	33.8	52.7	51.1	49.4	49.3	53.5	58.0
甘肃	34.5	43.7	41.6	43.4	58.6	56.2	63.2	67.0
青海	60.5	73.4	68.1	60.2	79.4	80.8	78.9	81.7
宁夏	78.2	78.3	68.8	69.5	71.2	134.4	133.9	177.1
新疆	43.1	44.7	54.7	60.0	69.9	66.2	82.0	80.5

2011年全国公共

	机构数(个)	从业人员(人)					总藏量(万册)
			专业技术人才				
				正高级职称	副高级职称	中级职称	
总　计	**2952**	**54475**	**36541**	**691**	**4019**	**17380**	**69718.61**
其中: 少儿图书馆	94	1764	1265	26	169	598	2321.07
按隶属关系分:							
中央	1	1573	1214	32	173	753	3137.01
省、区、市	38	7666	6113	267	1042	2532	18624.20
地、市	343	13858	10383	254	1556	5402	18434.57
县、市、区	2570	31378	18831	138	1248	8693	29522.84
县图书馆	**1539**	**15324**	**9062**	**42**	**502**	**4182**	**11823.34**

续表 1

	书架单层总长度(米)	本年新购藏量(万册)	当年购买的报刊种类(种)	有效借书证数(个)	总流通人次(万人次)		书刊文献外借册次(万册次)
						书刊文献外借人次	
总　计	**12177350**	**3984.67**	**941184**	**22135831**	**38150.92**	**15316.30**	**28451.97**
其中: 少儿图书馆	185406	233.32	33772	1023031	1880.93	934.09	1738.92
按隶属关系分:							
中央		98.77	18490	1326672	447.67	31.12	49.01
省、区、市	3759192	979.65	164216	4363041	4702.42	1318.35	3692.14
地、市	3996393	1148.06	253926	7391934	12389.29	4593.76	8666.41
县、市、区	4421765	1758.18	504552	9054184	20611.54	9373.07	16044.40
县图书馆	**1940755**	**550.10**	**210480**	**2997817**	**6980.70**	**3739.41**	**5627.82**

图书馆基本情况

图书	盲文图书	古籍	善本	报刊	视听文献	缩微制品	电子图书	其它	在藏量中	
									开架书刊	少儿文献
46969.14	**65.16**	**2758.51**	**253.10**	**7543.76**	**1106.08**	**1471.44**	**5822.96**	**4046.75**	**25059.49**	**3099.33**
1947.26	0.61	7.46	0.39	81.98	110.19	1.08	112.28	60.83	1331.40	522.46
987.77	0.11	193.75	28.23	1381.60	22.56	142.63	142.70	266.00	165.53	3.56
9715.05	3.35	1382.64	148.39	1809.40	270.87	1253.46	1747.89	2444.89	4026.62	358.44
13388.80	33.81	696.50	38.27	1597.99	429.07	28.58	1973.46	320.17	8046.09	1024.25
22877.51	27.90	485.61	38.22	2754.77	383.58	46.77	1958.92	1015.69	12821.25	1713.07
9100.18	**11.86**	**228.84**	**18.10**	**1538.00**	**103.46**	**7.86**	**414.11**	**430.89**	**4467.37**	**633.28**

为读者举办各种活动						计算机(台)	电子阅览室终端数	图书馆网站访问量(页次)	本年收入合计(千元)	财政拨款
组织各类讲座次数(次)	参加人次(万人次)	举办展览(个)	参加人次(万人次)	举办培训班(个)	参加人次(万人次)					
35175	**653.56**	**10479**	**2093.80**	**22597**	**189.74**	**157528**	**92649**	**498968828**	**8132320**	**7563570**
1878	36.88	502	72.82	2778	18.50	4987	2714	10150260	279246	256340
158	4.08	60	41.18	37	0.29	3180	236	242234000	750256	664240
2972	58.54	753	357.72	1858	9.55	15874	4329	121860401	2111837	1947327
9280	215.84	2356	825.16	8344	68.25	33421	16266	84227783	2065583	1974811
22765	375.10	7310	869.74	12358	111.64	105053	71818	50646644	3204644	2977192
10556	**171.69**	**3375**	**346.10**	**5503**	**47.68**	**53866**	**39574**	**12447098**	**1137778**	**1057994**

续表 2

	购书专项经费	上级补助收入	事业收入	经营收入	附属单位上缴收入	其他收入	本年支出合计(千元)
总　计	**1245114**	**138255**	**220853**	**38940**	**2054**	**168648**	**7768386**
其中: 少儿图书馆	34625	2121	7972	2463		10350	268297
按隶属关系分:							
中央	165000		65128	9680		11208	741794
省、区、市	412061	6624	92982	17279		47625	1909550
地、市	324146	20916	25244	1428	570	42614	1980136
县、市、区	343907	110715	37499	10553	1484	67201	3136906
县图书馆	**87078**	**47870**	**11263**	**1286**	**393**	**18972**	**1106608**

续表 3

	本年支出合计(千元)				资产总计(千元)		实际使用公用房屋建筑面积(万平方米)	
	在支出合计中:							
	抚恤金和生活补助	其他资本性支出	各种设备购置费	新增藏量购置费		固定资产原值		书库面积
总　计	**28287**	**2027564**	**1616518**	**1235395**	**24752962**	**21630724**	**994.92**	**212.87**
其中: 少儿图书馆	1848	53289	47812	38713	789113	709437	25.14	4.29
按隶属关系分:								
中央	436	188465	188465	171331	2890653	2633205	25.37	4.85
省、区、市	5612	783106	555845	422932	8563909	7397940	134.53	35.04
地、市	7347	453381	396916	283608	6221044	5447910	300.31	60.36
县、市、区	14892	602612	475292	357524	7077356	6151669	534.70	112.62
县图书馆	**7984**	**170432**	**129900**	**91955**	**2560700**	**2230811**	**228.21**	**50.18**

基本支出	项目支出	经营支出	在支出合计中:						
			工资福利支出	商品和服务支出					对个人和家庭补助支出
					差旅费	劳务费	福利费	各种税金支出	
4376983	**3010964**	**29322**	**2568735**	**1771910**	**48542**	**77008**	**31816**	**38620**	**833356**
169513	91582	2099	97678	54287	1761	3549	1097	1101	36971
239590	500565	1639	120200	366187	3244	5098	196	2190	65302
792349	1086636	14849	458569	447080	10345	18405	5344	24471	191804
1236825	660859	1506	695096	388012	13852	23411	9346	8445	254986
2108219	762904	11328	1294870	570631	21101	30094	16930	3514	321264
816423	**190742**	**4053**	**510508**	**180465**	**11159**	**8443**	**6302**	**1101**	**112989**

阅览室面积			实际拥有产权面积(万平方米)	阅览室坐席数(个)			图书馆延伸服务情况		
	书刊阅览室面积	电子阅览室面积			少儿阅览室坐席数	盲人阅览室坐席数	流动服务书刊借阅人次(万人次)	流动图书馆车书刊借阅册次(万册次)	分馆数量(个)
245.34	**173.28**	**42.85**	**490.05**	**681441**	**168647**	**10300**	**1830.18**	**2741.93**	**15205**
8.61	5.23	1.24	8.76	22066	19813	241	157.26	271.73	816
6.63	6.52	0.11	25.37	4392	120	11			32
27.47	23.70	1.75	83.12	54854	7128	652	193.24	283.75	1098
67.83	51.00	8.18	133.09	160649	36426	2563	564.35	887.27	2109
143.42	92.05	32.81	248.48	461546	124973	7074	1072.60	1570.91	11966
60.18	**34.46**	**16.66**	**111.55**	**207266**	**62402**	**2715**	**398.99**	**572.88**	**9391**

2011年各地区公共

地区	机构数（个）	从业人员（人）	专业技术人才	正高级职称	副高级职称	中级职称	总藏量（万册）	图书
总计	**2952**	**54475**	**36541**	**691**	**4019**	**17380**	**69718.61**	**46969.14**
北京	24	1273	883	9	72	347	1911.69	1589.07
天津	31	1051	835	18	120	380	1353.95	1128.13
河北	166	1823	1145	35	152	565	1738.63	1349.43
山西	126	1545	1018	15	66	443	1320.16	940.38
内蒙古	114	1907	1464	30	219	692	1097.86	861.63
辽宁	128	2922	2151	64	232	1263	3092.59	2436.23
吉林	65	1674	1319	42	231	671	1575.47	1145.35
黑龙江	107	1772	1338	78	248	805	1770.45	1356.77
上海	25	2264	1485	25	131	562	6893.19	2604.72
江苏	112	2932	1960	43	315	874	5381.85	3863.46
浙江	97	3091	2078	39	226	1016	4464.40	3221.37
安徽	100	1267	832	5	76	347	1375.42	960.10
福建	86	1227	854	5	79	358	2042.61	1325.54
江西	114	1469	743	7	70	292	1664.72	1155.54
山东	150	2697	2265	31	322	1109	3890.00	2980.40
河南	152	2839	1155	12	118	686	2121.92	1627.81
湖北	109	2149	1613	76	148	898	2410.78	1860.28
湖南	130	2032	1287	6	120	702	2362.32	1563.73
广东	134	4203	2430	42	191	1015	5889.74	4313.37
广西	108	1467	1078	6	66	459	1996.51	1374.89
海南	20	348	216		7	36	516.02	280.80
重庆	43	848	557	12	74	212	1148.74	735.52
四川	169	1984	1146	10	84	538	3135.62	2048.56
贵州	94	950	683	20	68	231	1194.27	680.24
云南	152	1734	1432	3	163	718	1699.13	1203.02
西藏	4	60	28		7	17	56.50	44.69
陕西	112	2007	1142	6	56	456	1223.20	945.30
甘肃	100	1402	712	6	52	313	1159.62	857.69
青海	49	406	291	8	34	152	367.73	299.22
宁夏	27	578	442	5	36	185	516.51	441.88
新疆	103	981	745	1	63	285	1210.03	786.27

图书馆基本情况

盲文图书	古籍	善本	报刊	视听文献	缩微制品	电子图书	其他	在藏量中	
								开架书刊	少儿文献
65.16	**2758.51**	**253.10**	**7543.76**	**1106.08**	**1471.44**	**5822.96**	**4046.75**	**25059.49**	**3099.33**
0.19	46.59	6.82	57.57	70.65	0.10	90.68	57.02	1138.83	253.84
0.09	56.96	10.39	76.48	21.40	1.03	67.80	2.16	532.59	37.18
12.45	57.47	2.95	163.06	33.15	5.82	95.56	34.15	868.40	68.10
1.53	74.49	11.48	206.72	8.87	1.14	61.08	27.48	550.43	44.75
0.46	28.66	1.04	109.33	6.36	0.25	42.21	49.43	293.65	27.42
0.89	133.67	16.04	215.84	59.18	0.94	144.93	101.81	1296.29	102.08
0.10	55.37	6.41	149.09	20.51	1.71	176.46	26.98	508.30	38.42
0.33	45.62	2.23	218.04	31.31	19.93	67.07	31.70	777.78	40.94
0.92	200.15	19.45	344.12	65.88	1235.94	109.95	2332.43	1368.99	105.96
2.31	329.16	26.09	345.34	74.43	5.59	600.39	163.48	1875.67	275.51
2.14	203.96	20.51	324.38	155.67	0.83	500.66	57.54	2085.51	407.83
2.78	61.00	4.23	154.01	8.05	1.68	167.90	22.68	370.37	67.24
0.86	48.18	3.60	194.80	43.32	2.17	366.84	61.78	733.67	168.03
0.62	110.06	6.15	240.89	3.90	0.30	62.22	91.80	590.72	71.06
4.33	136.20	13.52	401.66	24.54	2.20	169.94	175.06	1746.17	222.52
0.61	112.17	7.34	252.61	33.05	0.97	76.89	18.43	679.45	64.43
1.12	97.78	7.89	330.20	27.86	6.69	35.20	52.77	1017.75	113.36
4.70	117.92	8.28	269.76	29.99	7.69	331.40	41.85	945.71	150.89
6.34	82.13	5.64	399.58	163.61	2.78	849.55	78.73	2826.96	346.88
0.30	43.27	1.57	372.24	25.93	1.03	128.34	50.82	651.56	89.60
0.12	1.01	0.01	26.05	3.03	0.06	199.66	5.42	163.33	15.97
1.73	67.59	7.80	107.54	30.52	25.39	162.55	19.63	489.81	70.33
2.38	162.59	10.39	331.89	73.18	1.58	433.09	84.72	909.77	95.50
0.74	34.75	0.84	114.75	5.95	0.60	326.65	31.31	406.79	31.45
0.73	96.81	4.41	231.67	19.81	0.73	126.48	20.61	618.04	57.19
	1.12	0.05	7.86	0.07		1.09	1.67	18.02	1.14
1.81	64.22	7.67	125.03	11.73	0.23	23.76	52.94	423.34	32.07
0.79	53.44	10.27	159.49	20.60	0.75	31.15	36.51	428.49	42.92
0.06	17.25	1.36	36.86	0.71	0.11	0.05	13.52	80.56	4.86
13.54	14.36	0.35	30.47	2.72		19.54	7.54	135.93	13.38
0.09	10.82	0.11	164.83	7.57	0.57	211.18	28.79	361.09	34.91

续表 1

地区	书架单层总长度(米)	本年新购藏量(万册)	当年购买的报刊种类(种)	有效借书证数(个)	总流通人次(万人次)	书刊文献外借人次	书刊文献外借册次(万册次)	组织各类讲座次数(次)
总　计	**12177350**	**3984.666**	**941184**	**22135831**	**38150.92**	**15316.30**	**28451.97**	**35175**
北　京	202536	133.760	20588	621989	726.25	302.32	748.78	1505
天　津	139913	81.035	23758	422152	571.85	274.47	601.20	495
河　北	377421	58.218	20473	608291	795.83	334.85	503.97	1305
山　西	143936	48.681	22327	216953	398.00	197.46	342.88	1000
内蒙古	304831	109.945	13458	144829	373.08	172.95	357.13	540
辽　宁	568865	154.252	47334	1017803	1553.23	648.79	1426.05	1188
吉　林	220600	197.653	19695	191801	610.53	234.37	403.26	837
黑龙江	208775	54.783	22896	712036	693.91	251.43	483.01	750
上　海	456481	204.575	46843	1117190	1925.74	606.36	1714.92	1486
江　苏	2163873	458.474	64168	2417274	3542.10	1544.78	2739.16	2083
浙　江	479430	450.345	72816	2029422	3970.53	1766.09	3659.71	2797
安　徽	168751	79.860	22053	440488	1176.49	547.02	843.20	847
福　建	265829	151.513	32852	579542	1314.62	615.54	1205.36	1371
江　西	139282	57.547	24392	584780	756.12	419.96	590.09	963
山　东	543747	210.595	44499	1389456	1915.22	1103.28	1607.78	2513
河　南	247796	113.744	27304	580346	2062.12	805.27	1214.19	1430
湖　北	1076299	82.721	34156	954873	1341.95	730.15	1114.09	1243
湖　南	372760	94.048	25627	650277	1215.23	585.05	1173.46	1377
广　东	964691	408.724	81747	3003851	6071.95	1329.20	2617.50	4166
广　西	296515	62.096	37735	815493	1230.72	379.61	668.09	834
海　南	48319	36.471	7484	82738	149.96	56.45	103.26	116
重　庆	238248	55.632	22161	293639	776.83	436.11	721.15	580
四　川	1238184	270.707	33359	513223	1433.27	619.21	1041.79	1435
贵　州	131748	34.015	22856	241274	314.09	119.73	164.07	470
云　南	454899	67.071	35506	301615	993.19	415.47	982.18	1113
西　藏	23511	2.270	1676	5903	2.93	1.18	2.36	9
陕　西	155179	56.891	32060	227598	559.97	215.50	371.85	858
甘　肃	211089	28.725	16396	218125	473.02	234.21	389.19	862
青　海	84017	4.385	4203	125852	96.25	44.81	42.68	168
宁　夏	124558	29.170	6257	88075	233.25	84.51	204.70	147
新　疆	125267	87.993	36015	212271	425.02	209.06	365.88	529

为读者举办各种活动									
参加人次(万人次)	举办展览(个)	参加人次(万人次)	举办培训班(个)	培训人次(万人次)	计算机(台)	电子阅览室终端数	图书馆网站访问量(页次)	本年收入合计(千元)	财政拨款
653.56	**10479**	**2093.80**	**22597**	**189.74**	**157528**	**92649**	**498968828**	**8132320**	**7563570**
16.17	323	32.50	541	3.26	3261	1314	22051080	382412	362607
6.75	128	14.06	367	2.29	2540	1434	2530157	310256	301193
13.54	338	23.38	434	3.30	5221	2982	1808978	150204	143250
16.15	327	69.43	704	5.21	4327	3083	623883	141930	133420
11.75	152	19.78	192	2.49	4215	2639	214233	216202	209541
21.85	503	93.04	1008	5.39	5787	2486	4285529	351226	348383
22.35	250	21.46	211	3.14	3269	1783	2122923	183449	176961
16.46	287	41.10	453	3.29	4875	3369	3176169	148296	145956
18.01	332	80.68	1357	8.80	5447	1613	46200369	672867	592850
41.98	640	119.69	1689	10.16	8843	4337	22776182	492660	444746
38.96	803	221.27	4609	24.75	8853	4746	16814461	578386	527405
15.83	253	46.90	622	9.75	5337	3669	3035241	158147	141245
24.27	478	171.46	337	5.29	4288	2423	2134067	206899	191236
19.80	223	69.26	306	4.09	6040	4135	3308485	120732	111972
44.31	682	80.14	1259	13.59	8676	5546	4171993	290217	280694
29.25	409	47.24	597	10.95	6699	4101	1226483	185900	169107
32.76	329	76.80	686	10.06	5846	3568	2750405	350939	323364
30.04	250	49.02	549	6.64	5238	3877	29046670	168023	151245
110.84	977	391.27	2026	16.54	11944	6331	47291017	786429	754601
23.33	282	59.42	786	3.97	5067	3336	9436892	148582	134247
3.84	56	8.51	82	0.80	1241	749	589650	48798	48041
13.59	289	54.00	559	11.34	3332	1906	1408388	129530	118455
22.15	571	87.53	967	9.63	6985	4332	6408903	309587	285972
5.61	272	16.94	266	2.03	4054	2390	14421454	111659	96156
11.92	185	33.48	524	2.57	6473	4733	5112143	187118	177195
0.14					180	164	1000	13221	13221
9.28	314	31.42	479	3.29	4770	3021	1167499	167053	158835
12.43	238	21.15	329	2.32	3931	2801	406675	135406	133543
0.98	118	2.54	88	0.31	1512	1340	4580	41188	40030
4.29	52	10.01	90	1.19	1655	1229	180763	69434	68677
10.89	358	59.15	443	3.05	4442	2976	2028556	125314	115182

续表 2

地区								
	购书专项经费	上级补助收入	事业收入	经营收入	附属单位上缴收入	其他收入	本年支出合计(千元)	基本支出
总计	**1245114**	**138255**	**220853**	**38940**	**2054**	**168648**	**7768386**	**4376983**
北京	47330	1188	7951	800		9866	344904	183083
天津	31176	194	5286	483		3100	194648	153542
河北	17331	2675	688	278		3313	150078	110362
山西	15634	3904	203	4167		236	130334	86289
内蒙古	22368	5599	97	60		905	214925	169475
辽宁	47727	328	652			1863	331588	229626
吉林	16684	1445	248	1171		3624	143435	111197
黑龙江	13310	1137	104			1099	147187	116573
上海	155025	12979	53825			13213	699547	321963
江苏	90364	6011	17143	7758		17002	462852	289791
浙江	117500	16141	16976	682		17182	564695	281819
安徽	16492	7736	3352	115		5699	156658	89730
福建	29362	5333	2116	1263	43	6908	203710	103802
江西	14523	4074	1743	894	160	1889	120757	84753
山东	43408	3105	4727			1691	283168	188341
河南	15932	4112	1653	1372	270	9386	165027	124027
湖北	20514	9831	5915	108		11721	350030	107711
湖南	19613	3215	4734	5111		3718	165325	123929
广东	179027	6026	12396	189		13217	784704	380912
广西	19472	6328	1577	543		5887	140850	89341
海南	5117	50	549			158	47853	23893
重庆	18535	4237	5003	620	10	1205	138657	62834
四川	35373	7182	1922	110		14401	286333	142230
贵州	15385	12923	242		1203	1135	110809	65056
云南	19898	4466	550	3289	337	1281	165854	116752
西藏	1020						8937	7022
陕西	19588	1689	3039	247		3243	155998	102250
甘肃	14018		163			1700	121466	109003
青海	1992	1018	72			68	40994	35487
宁夏	5400	270			31	456	75550	46794
新疆	10996	5059	2799			2274	119719	79806

项目支出	经营支出	在支出合计中:						
		工资福利支出	商品和服务支出	商品和服务支出				对个人和家庭补助支出
				差旅费	劳务费	福利费	各种税金支出	
3010964	**29322**	**2568735**	**1771910**	**48542**	**77008**	**31816**	**38620**	**833356**
155815	770	96927	73146	803	1684	597	1038	41136
39684	434	73699	32348	558	633	1164	702	38467
28857	537	65896	24982	818	579	471		15855
33462	4167	57822	21217	1596	1392	604	553	13236
38025	260	89967	41618	2422	1376	849	249	26898
85540	885	126987	62874	1871	3290	693	484	53310
28945	1171	56453	29004	851	658	134	84	31723
24796	140	65784	28394	1033	1207	426	24	25064
355466		236925	191999	2861	3554	4204	2172	23031
153724	4127	154697	97273	2277	6657	2197	1899	64140
262595	666	181173	139559	4109	12770	5276	17523	50639
34348	188	52910	22898	1413	2072	552	44	18596
91718	479	59257	28971	1306	4648	518	161	21053
20948	1464	45368	28109	2001	609	729	776	21053
75390	20	112902	57123	1506	1880	329	293	31928
30698	1327	78102	27958	922	1530	1073	110	20128
229605	447	65217	38815	1549	782	1171	564	18785
31660	4743	66642	34088	1764	1097	1313	457	18676
373517	517	246141	144123	2584	9649	4359	1668	69514
44753	501	51126	29439	1293	776	262	139	18846
21557		16200	5576	400	170	12	158	1559
70001	611	35333	41489	1784	5565	650	492	18828
134557	425	82602	59954	2492	3123	1365	436	31278
16630	310	32041	25677	1408	355	680	5086	15097
35968	2566	78038	21287	1346	1106	259	528	20893
1914		4274	1211	158		2		829
41695	789	71129	27586	1259	970	441	376	11787
12462		52935	25477	1126	1079	459	211	13812
4503	59	21816	5329	226	288	68	35	6906
16514		27465	13298	320	477	389	1	7268
15052	80	42707	24901	1242	1934	374	167	17719

续表 3

地区	抚恤金和生活补助	其他资本性支出	各种设备购置费	新增藏量购置费	资产总计(千元)	固定资产原值	实际使用公用房屋建筑面积(万平方米)	书库面积
总　计	**28287**	**2027564**	**1616518**	**1235395**	**24752962**	**21630724**	**994.92**	**212.87**
北　京	531	105134	98547	47759	1085781	947472	16.71	2.95
天　津	567	30981	30617	27418	510342	337972	16.44	4.34
河　北	597	30738	24285	19196	524513	504329	30.36	7.87
山　西	147	31643	18002	12209	449420	398651	27.64	5.63
内蒙古	1057	40059	30174	20035	441613	378993	23.47	4.23
辽　宁	855	63063	55726	47200	974079	870640	45.32	7.96
吉　林	998	23967	22421	16829	417479	288048	16.90	3.92
黑龙江	346	19530	17237	14228	553917	531346	25.89	5.04
上　海	2242	221743	209692	179615	2997277	2661182	37.21	7.82
江　苏	2084	123141	105769	91137	1694545	1461089	67.76	12.76
浙　江	497	162333	146079	118504	1664334	1427787	62.62	13.32
安　徽	595	47489	29883	17315	498636	465979	24.50	5.02
福　建	1005	69187	56646	30799	693553	516070	42.73	8.63
江　西	635	19664	17456	13892	392810	349909	29.14	7.71
山　东	2065	59579	56734	43878	1066094	994940	70.34	12.56
河　南	589	31491	28773	18470	490698	444080	42.11	11.41
湖　北	453	204439	30415	21376	696108	571493	35.19	7.50
湖　南	1093	31318	25474	20175	442608	384055	36.67	9.85
广　东	1647	225786	178920	133263	2337471	2093965	97.50	17.72
广　西	559	33257	31542	20985	404614	375176	25.80	7.57
海　南	13	8507	7100	4954	116479	99251	8.35	1.89
重　庆	1495	35821	30025	22912	280841	232196	22.50	4.58
四　川	2109	65532	54492	35155	732630	531776	38.75	8.95
贵　州	1737	25388	20766	12747	209130	161220	17.12	4.04
云　南	1053	30274	26678	21519	617408	571015	33.46	7.88
西　藏	9	2021	1200	1160	54205	42060	2.44	0.49
陕　西	900	27894	26678	18849	518883	458906	21.69	4.33
甘　肃	705	24862	15693	12673	451325	381743	17.19	3.93
青　海	168	4026	2060	1968	91095	85078	4.64	1.13
宁　夏	439	18394	9803	5944	170769	165248	11.32	3.17
新　疆	661	21838	19166	11900	283652	265850	17.78	3.85

			实际拥有产权面积（万平方米）	阅览室坐席数（个）			图书馆延伸服务情况		
阅览室面积	书刊阅览室面积	电子阅览室面积			少儿阅览室坐席数	盲人阅览室坐席数	流动服务书刊借阅人次（万人次）	流动图书馆车书刊借阅册次（万册次）	分馆数量（个）
245.34	**173.28**	**42.85**	**490.05**	**681441**	**168647**	**10300**	**1830.18**	**2741.93**	**15205**
3.69	2.40	0.45	3.37	12510	2946	59	29.61	59.74	260
5.01	3.87	0.94	2.14	9969	1621	53	41.88	68.20	356
7.72	4.80	1.33	13.07	26541	5706	364	5.60	7.74	2343
6.86	4.54	1.31	27.83	17164	4495	462	37.70	47.52	855
6.05	4.07	1.33	7.75	17189	4828	158	36.46	54.97	160
10.13	6.74	1.34	12.61	30312	7788	314	78.64	131.96	1083
4.88	3.64	0.77	11.61	14905	3759	137	39.47	57.47	493
7.10	4.90	1.48	5.94	19688	4727	127	68.95	97.44	283
8.86	7.42	0.81	20.19	20017	3893	173	72.38	146.81	454
15.41	11.47	2.16	27.70	39798	11192	1084	86.85	132.62	347
14.44	11.14	2.47	31.51	35889	9664	954	216.96	380.21	586
6.36	4.66	1.40	13.77	17026	4341	248	55.04	85.10	863
8.71	6.85	1.09	9.61	23981	7533	268	128.77	144.29	499
9.61	6.20	1.67	14.88	23305	6710	437	88.03	91.70	3142
12.97	9.10	2.71	42.21	37962	9053	975	92.63	131.63	442
9.42	6.27	1.77	25.78	30097	7499	477	28.57	47.91	80
7.17	4.83	1.59	23.83	25964	8067	492	89.44	169.32	276
8.94	5.96	1.83	17.56	31404	10169	281	22.51	40.44	155
24.78	18.01	3.57	37.91	67810	13138	503	236.86	355.46	1253
7.21	5.31	1.40	11.07	24007	6832	142	21.11	36.64	40
1.79	0.83	0.31	8.52	4955	999	11	4.34	5.13	2
5.47	3.88	1.01	10.51	13001	3388	150	83.19	100.13	222
10.74	7.26	2.20	18.93	32082	7739	734	67.99	70.59	144
5.42	3.93	0.94	8.16	22028	2760	223	22.87	25.55	151
8.02	5.19	2.18	18.88	22129	6023	409	69.99	101.45	277
0.41	0.31	0.10	3.69	636	69		0.06	0.13	3
5.59	3.93	1.14	6.86	15811	3225	244	13.85	16.69	71
5.04	3.45	0.98	10.82	14514	3860	374	24.66	37.02	127
1.11	0.50	0.33	2.33	3319	588	38	2.39	3.52	10
3.41	2.43	0.65	9.70	7298	1325	128	17.55	33.72	2
6.39	2.87	1.49	5.96	15738	4590	270	45.85	60.85	226

2011年各地区少儿公共

地　区	机构数(个)	从业人员(人)					总藏量(万册)
			专业技术人才				
				正高级职称	副高级职称	中级职称	
总　计	**94**	**1764**	**1265**	**26**	**169**	**598**	**2321.07**
北　京	4	111	41		3	25	93.93
天　津	11	166	133	1	19	53	201.93
河　北	1	10	10		2	6	15.13
山　西	1	15	11	1		5	10.69
内蒙古	2	38	34		5	7	79.70
辽　宁	16	307	206	7	25	129	292.73
吉　林	3	82	52	6	18	24	91.43
黑龙江	1	15	15		1	10	5.38
上　海	4	81	56	2	4	23	149.51
江　苏	6	52	39	1	16	11	108.96
浙　江	3	139	96	2	13	43	153.61
安　徽	3	34	21		1	6	19.29
福　建	5	86	50	1	4	27	116.83
江　西							
山　东	1	7	7		2	4	11.66
河　南	2	24	13		3	9	23.00
湖　北	4	71	53	1	6	31	135.47
湖　南	6	123	110		16	54	129.27
广　东	4	161	127	1	20	52	444.73
广　西	5	67	61			27	88.23
海　南							
重　庆	2	90	73	3	11	29	100.04
四　川							
贵　州	1	6	5				7.54
云　南	4	17	14			9	20.00
西　藏							
陕　西	2	24	24			11	9.31
甘　肃	3	38	14			3	12.71
青　海							
宁　夏							
新　疆							

图书馆基本情况

图书		古籍		报刊	视听文献	缩微制品	电子图书	其他	在藏量中	
	盲文图书		善本						开架书刊	少儿文献
1947.26	**0.61**	**7.46**	**0.39**	**81.98**	**110.19**	**1.08**	**112.28**	**60.83**	**1331.40**	**522.46**
80.86				1.23	7.60		4.24		81.41	81.41
191.28				2.45	3.35		3.88	0.97	161.24	16.90
15.12				0.01						
8.04				2.65					10.69	
77.05				1.93	0.50			0.22	1.66	0.10
256.56	0.02			5.67	11.76	0.07	14.49	4.17	141.64	8.27
63.43	0.05			5.73	1.77		15.50	5.00	84.28	2.80
2.37				2.30	0.05			0.66	4.24	
107.63	0.00			1.13	10.75		3.98	26.03	50.94	25.05
95.67	0.01	0.11		5.89	1.90		2.97	2.42	71.04	23.57
135.58				4.90	11.97	0.03	1.13		46.83	87.71
14.83	0.03			1.90	0.24		2.32		8.62	5.16
96.59	0.27			6.86	2.71		10.67		30.53	68.56
10.08	0.01			1.42	0.16				1.42	6.50
17.13				5.07	0.21		0.59			4.00
95.95	0.02	3.89	0.34	2.27	2.30	0.00	12.84	18.20	66.88	12.21
108.95	0.02	0.08		10.03	5.61	0.01	4.00	0.60	93.89	63.57
365.34	0.18	0.74		4.68	44.15	0.97	28.86		334.60	83.75
78.10		0.07	0.01	7.47	1.91		0.68		24.02	14.69
85.04		1.25	0.02	4.06	3.14		6.13	0.43	85.64	13.17
6.35				0.75	0.02			0.42	3.90	
15.00	0.00	0.30		3.00				1.70	12.00	
7.80		1.00	0.02	0.46	0.05				7.93	0.39
12.52		0.03	0.00	0.13	0.03				8.00	4.70

续表 1

地区	书架单层总长度(米)	本年新购藏量(万册)	当年购买的报刊种类(种)	有效借书证数(个)	总流通人次(万人次)		书刊文献外借册次(万册次)	组织各类讲座次数(次)
						书刊文献外借人次		
总计	**185406**	**233.324**	**33772**	**1023031**	**1880.93**	**934.09**	**1738.92**	**1878**
北京	10459	6.475	1850	33525	43.61	30.99	57.01	252
天津	21176	17.315	1752	31895	94.07	87.31	187.51	75
河北	700	2.513			33.00	33.00	30.00	
山西	900	0.216	70	5121	12.78	8.47	8.47	2
内蒙古	2583	60.952	236	16652	5.62	0.73	1.14	44
辽宁	36547	21.185	3447	135591	215.72	123.78	271.30	115
吉林	4300	3.268	840	19179	51.93	42.93	43.30	34
黑龙江	330	0.099	90	3376	6.07	3.74	5.19	
上海	11361	10.338	1484	76162	93.34	48.33	182.14	214
江苏	7912	9.076	2359	73163	140.26	90.48	120.57	58
浙江	6903	16.167	1647	106165	146.18	30.65	85.57	26
安徽	600	2.277	670	15413	59.10	36.40	67.50	17
福建	11093	7.406	1662	71560	129.73	112.94	137.63	52
江西								
山东		0.204	1024	4848	10.78	10.78	12.58	3
河南	2340	6.581	500	10100	35.77	33.70	34.10	30
湖北	9288	7.119	4787	24978	70.45	24.06	51.06	80
湖南	12703	5.279	2387	35269	77.12	21.75	77.52	96
广东	23283	45.930	3155	275012	362.01	47.87	139.69	651
广西	9063	5.123	1823	43508	166.74	52.72	71.33	27
海南								
重庆	4307	4.619	1839	8642	75.30	55.05	90.29	32
四川								
贵州	2500		50	18500	2.80	1.25	2.48	
云南	4497	0.350	2000	9230	29.72	29.72	44.58	50
西藏								
陕西	1333	0.032	15	3260	13.07	3.86	13.62	6
甘肃	1228	0.800	85	1882	5.77	3.58	4.33	14
青海								
宁夏								
新疆								

为读者举办各种活动									
参加人次（万人次）	举办展览（个）	参加人次（万人次）	举办培训班（个）	培训人次（万人次）	计算机（台）	电子阅览室终端数	图书馆网站访问量（页次）	本年收入合计（千元）	财政拨款
36.88	**502**	**72.82**	**2778**	**18.50**	**4987**	**2714**	**10150260**	**279246**	**256340**
2.89	159	3.60	4	0.01	401	171	260000	21569	18587
0.88	19	1.45	135	0.45	267	157	73255	29051	26502
								1060	960
0.08					23	2		1467	1467
0.83	15	0.24	15	0.23	71	59		7223	7221
2.62	60	4.71	436	1.20	655	316	1000020	41129	41012
0.52	5	0.38	3	0.02	156	89	47733	8191	7987
	9	0.56			2	1		700	700
1.14	19	3.61	356	3.45	322	201	620282	16846	13488
1.50	25	1.12	402	1.14	422	315	550768	9751	9579
1.62	8	4.90	11	0.07	261	78	1101681	20988	20714
0.10	11	10.00	11	0.02	86	48	54725	4556	4183
1.61	32	1.78	98	2.43	325	222	187315	17335	16410
0.02	2	0.27	2	0.02	43	31	25775	1046	1036
2.52	9	3.51	50	5.00	77	36		2978	2778
5.74	37	5.53	38	0.12	147	94	472834	8888	7749
1.86	19	3.72	37	0.30	183	75	244717	13499	11560
10.24	24	19.66	1104	3.46	573	235	5230000	45321	39017
1.40	26	4.28	35	0.25	221	143	13599	5444	4988
0.84	15	2.60	17	0.10	362	119	267556	15048	13266
			1	0.05	35	30		197	197
0.30	3	0.30	4	0.07	152	132		2100	2100
0.04	3	0.50	14	0.06	84	70		1875	1855
0.13	2	0.10	5	0.07	119	90		2984	2984

续表 2

地　区							本年支出合计(千元)	
	购书专项经费	上级补助收入	事业收入	经营收入	附属单位上缴收入	其他收入		基本支出
总　计	**34625**	**2121**	**7972**	**2463**		**10350**	**268297**	**169513**
北　京	699	59	390			2533	18394	13756
天　津	5180	194	1625	280		450	28367	25764
河　北	500					100	1060	560
山　西	45						1467	1422
内蒙古	3580					2	7223	7223
辽　宁	5182	40	20			57	35363	22684
吉　林	1211	35				169	6878	5555
黑龙江	25						700	672
上　海	860	961	1788			609	19774	9439
江　苏	1193	100	40			32	9108	6787
浙　江	2700	100	48			126	20128	11111
安　徽	640		288			85	4230	1465
福　建	1755		233	593		99	17428	10863
江　西								
山　东	50	10					1079	889
河　南	400	10	190				2084	1112
湖　北	110	2				1137	8905	5217
湖　南	1380	60	118	1555		206	13043	8793
广　东	6310	350	1924			4030	44199	18041
广　西	755	200	50	35		171	5846	3927
海　南								
重　庆	1900		1238			544	16479	8987
四　川								
贵　州							197	191
云　南							2100	1720
西　藏								
陕　西	20		20				1261	1261
甘　肃	130						2984	2074
青　海								
宁　夏								
新　疆								

项目支出	经营支出	在支出合计中:						
		工资福利支出	商品和服务支出	商品和服务支出				对个人和家庭补助支出
				差旅费	劳务费	福利费	各种税金支出	
91582	**2099**	**97678**	**54287**	**1761**	**3549**	**1097**	**1101**	**36971**
4615		8509	2573	59	129	19	128	2418
2323	280	10721	5318	96	151	204	269	6838
500		560						
45		655	122	37		11		645
		2211	768	65	66	35		596
11858		13565	5757	236	175	82		5566
1263		3039	757	125	43			1480
28		572	3	1		2		
9566		8074	3978	70	140	106	70	1539
2321		2412	3087	57	189	88	23	628
6839		7233	4115	181	736	99		3154
2489		1431	531	37				276
6298	266	5867	4047	78	713	56		2690
190		705	218					99
972		526	393	36	65	8		193
3170		3311	2504	118	112	31	120	1389
2732	1518	4760	2611	173	43	137	235	1862
25707		12960	9404	106	902	163		3592
1884	35	2177	1481	108	35	19		785
7492		5332	5463	128	40	7	245	2780
		191						
380		890	830	20				
		756	160	4		25	11	53
910		1221	167	26	10	5		388

续表 3

地　区	抚恤金和生活补助	其他资本性支出	各种设备购置费	新增藏量购置费	资产总计(千元)	固定资产原值	实际使用公用房屋建筑面积(万平方米)	书库面积
总　计	**1848**	**53289**	**47812**	**38713**	**789113**	**709437**	**25.14**	**4.29**
北　京	25	1297	1219	1076	63107	56303	1.36	0.14
天　津	36	5488	5433	5209	48547	42729	1.31	0.19
河　北		500	500	500			0.06	
山　西		45	45	45	825	825	0.08	0.06
内蒙古		3638	3580	3580	5595	5552	0.24	0.15
辽　宁	100	9391	9142	5070	83914	81129	3.16	0.52
吉　林		768	768	768	20212	16077	0.90	0.11
黑龙江		25	25	25	577	577	0.05	0.01
上　海	12	5309	3316	3018	43512	36645	1.25	0.22
江　苏		1959	1801	1493	38185	29059	1.36	0.18
浙　江	11	3405	3405	2574	83145	66401	1.94	0.31
安　徽		847	847	542	10866	10866	0.32	0.03
福　建	600	3334	3285	1768	42271	31906	1.94	0.56
江　西								
山　东		57	57	57	1683	1485	0.39	0.02
河　南		862	862	656	2942	2442	0.34	0.11
湖　北		1587	1587	1455	19275	18631	0.67	0.25
湖　南		2081	1403	1073	25494	22462	1.61	0.42
广　东	8	7521	6905	6560	215429	206279	4.23	0.21
广　西	1	1368	1179	1179	18146	16052	1.13	0.32
海　南								
重　庆	1009	2396	2108	1720	27670	26299	1.25	0.18
四　川								
贵　州		6			500	500	0.21	0.02
云　南		200	200	200	3186	3186	0.50	0.10
西　藏								
陕　西	40	70	20	20	1705	1705	0.33	0.06
甘　肃	6	1135	125	125	32327	32327	0.53	0.13
青　海								
宁　夏								
新　疆								

							图书馆延伸服务情况		
阅览室面积	书刊阅览室面积	电子阅览室面积	实际拥有产权面积（万平方米）	阅览室坐席数（个）	少儿阅览室坐席数	盲人阅览室坐席数	流动服务书刊借阅人次（万人次）	流动图书馆车书刊借阅册次（万册次）	分馆数量（个）
8.61	**5.23**	**1.24**	**8.76**	**22066**	**19813**	**241**	**157.26**	**271.73**	**816**
0.61	0.30	0.04		1462	1462		7.11	13.02	33
0.42	0.24	0.10	0.22	937	882		25.44	44.57	103
0.06				70	70				
0.02	0.01	0.00		100	100				
0.03	0.01	0.02		259	210	8			6
0.63	0.30	0.15	0.69	2890	2485	25	18.46	24.87	107
0.28	0.21	0.07	0.46	584	574	10	23.18	29.79	71
0.03	0.01	0.01	0.05	160	90				
0.31	0.27	0.04	0.16	1511	1488		29.91	83.36	104
0.52	0.43	0.08	0.19	1910	1770		10.11	15.30	22
0.49	0.35	0.11	0.57	1246	1246		3.76	4.16	11
0.04	0.03	0.01	0.12	347	343	4	6.09	4.14	2
0.57	0.49	0.09	0.65	1716	1616	35	13.21	20.32	209
0.16	0.03	0.12		158	50	8			10
0.14	0.11	0.02	0.14	502	502		0.15	0.30	5
0.24	0.19	0.05	0.04	1011	805	6	3.17	4.79	7
0.37	0.31	0.04	1.13	1646	1630	16	1.66	6.88	33
2.30	0.75	0.08	1.56	2235	1828	29	5.29	7.05	34
0.34	0.29	0.05	0.51	1205	925		3.11	4.31	
0.34	0.29	0.05	1.14	941	861		6.58	8.68	35
0.04	0.03	0.01		242	142				
0.25	0.20	0.05	0.50	300	200				13
0.09	0.08	0.02	0.24	290	290				
0.33	0.29	0.03	0.40	344	244	100	0.04	0.20	11

2011年各地区省级

地区	机构数(个)	从业人员(人)					总藏量(万册)	
			专业技术人才					图书
				正高级职称	副高级职称	中级职称		
总　计	**38**	**7666**	**6113**	**267**	**1042**	**2532**	**18624.20**	**9715.05**
北　京	1	377	346	7	37	133	620.54	482.80
天　津	2	345	283	10	52	138	740.92	597.59
河　北	1	200	117	10	45	42	193.59	151.13
山　西	1	161	127	7	28	47	329.73	158.92
内蒙古	1	186	161	5	39	56	219.69	151.80
辽　宁	1	243	219	17	40	105	523.43	405.49
吉　林	1	240	166	4	33	73	499.70	287.28
黑龙江	1	209	185	9	40	111	387.59	253.42
上　海	2	965	663	22	102	274	5403.42	1323.03
江　苏	1	525	442	18	77	166	1047.22	686.52
浙　江	1	320	261	13	41	127	601.25	394.57
安　徽	1	187	139	3	29	54	328.67	198.71
福　建	1	223	198	2	29	62	316.13	169.24
江　西	1	148	133	4	29	41	288.34	199.65
山　东	2	249	234	6	33	102	703.59	449.45
河　南	1	179	130	6	29	62	316.88	235.82
湖　北	1	172	152	61	25	66	583.05	399.16
湖　南	2	286	227	4	39	107	784.34	326.08
广　东	1	296	253	9	33	111	855.94	557.50
广　西	3	313	293	6	44	136	532.31	381.60
海　南	1	122	80		6	5	202.87	69.34
重　庆	2	292	225	10	33	74	398.86	249.73
四　川	1	217	158	4	20	54	564.48	321.26
贵　州	1	153	124	7	25	43	454.64	103.38
云　南	1	184	171	2	41	83	317.96	169.24
西　藏	1	41	20		7	13	41.91	31.86
陕　西	1	276	177	5	18	83	381.78	274.40
甘　肃	1	229	164	6	22	77	388.88	275.01
青　海	1	95	81	5	20	31	161.99	126.52
宁　夏	1	156	124	5	16	45	201.62	169.22
新　疆	1	77	60		10	11	232.89	115.34

公共图书馆基本情况

盲文图书	古　籍	善本	报刊	视听文献	缩微制品	电子图书	其他	在藏量中	
								开架书刊	少儿文献
3.35	**1382.64**	**148.39**	**1809.40**	**270.87**	**1253.46**	**1747.89**	**2444.89**	**4026.62**	**358.44**
0.08	41.56	6.70	35.04	39.17	0.03	9.95	12.01	188.22	98.68
0.02	52.83	10.35	43.23	15.38	0.94	30.22	0.74	231.06	10.41
0.02	6.39	0.55	24.42	11.34		0.14	0.18	126.11	0.63
0.19	29.16	5.02	86.22	2.61	0.50	50.00	2.32	164.87	9.86
	18.00	0.45	7.87	0.35	0.20	0.03	41.43	38.20	3.02
0.04	45.99	12.22	48.70	11.20	0.56	1.48	10.00	338.33	1.21
0.00	34.93	4.76	45.05	0.90	1.53	130.00	0.01	31.60	1.02
0.04	13.37	0.66	52.43	4.16	0.06	64.15		58.98	4.58
0.46	192.22	19.24	322.44	26.91	1235.93	0.01	2302.89	602.74	12.00
0.22	141.46	10.30	71.59	26.94	4.21	110.00	6.51	95.00	4.24
0.20	88.32	14.50	78.66	11.40	0.31	27.99	0.01	148.54	
0.07	35.22	3.27	28.77	0.59	0.42	64.93	0.04	55.00	9.00
0.06	25.14	2.06	46.96	14.78	1.02	59.00		77.50	18.75
0.01	50.16	3.00	26.58	0.63	0.10	10.00	1.23	109.04	6.06
0.01	75.50	9.47	83.85	5.52	0.64	51.14	37.50	324.61	29.82
0.04	50.66	2.40	27.38	2.76	0.27				
0.10	46.14	5.87	112.45	10.81	3.15	4.00	7.36	246.82	10.10
0.58	62.04	5.00	52.01	14.90	0.46	324.00	4.87	161.69	72.54
	44.00	3.25	117.00	14.51	1.76	120.00	1.18	62.48	5.90
0.09	26.65	0.78	82.22	13.05	0.11	28.49	0.19	121.28	11.52
0.08	0.01		1.95	2.57		129.00		71.77	8.05
0.11	44.30	5.59	38.18	4.33	0.51	61.38	0.43	140.94	10.66
	68.70	6.07	88.44	20.76	0.30	65.00	0.03	62.57	0.58
0.39	25.92	0.50	31.07	0.62	0.09	290.00	3.57	135.21	1.17
0.15	59.05	2.85	60.50	3.77	0.13	25.22	0.06	44.85	3.40
	1.12	0.05	7.34	0.04		0.05	1.50	9.36	0.15
0.13	38.52	6.29	49.69	4.61	0.03	14.16	0.36	111.65	10.62
0.20	31.62	6.05	55.61	2.48	0.16	23.54	0.45	116.66	0.63
0.04	11.48	1.00	21.38	0.54	0.01		2.06	27.31	0.76
0.02	14.11	0.12	7.34	1.93		9.02		89.90	1.10
	8.13	0.03	55.06	1.34	0.07	45.00	7.96	34.34	12.00

续表 1

地　　区	书架单层总长度(米)	本年新购藏量(万册)	当年购买的报刊种类(种)	有效借书证数(个)	总流通人次(万人次)		书刊文献外借册次(万册次)	组织各类讲座次数(次)
						书刊文献外借人次		
总　　计	**3759192**	**979.651**	**164216**	**4363041**	**4702.42**	**1318.35**	**3692.14**	**2972**
北　　京	69931	33.801	6064	125904	272.96	81.18	213.63	220
天　　津	29358	58.101	9002	254296	259.02	116.87	389.57	72
河　　北	86940	10.742	5086	159645	21.11	10.55	12.76	56
山　　西	31176	9.745	3081	19047	64.42	35.63	35.71	110
内 蒙 古	84320	11.180	2000	15300	8.57	6.96	6.85	
辽　　宁	32719	26.671	9382	137995	116.25	42.52	161.21	50
吉　　林	43949	141.423	3730	29117	56.67	37.31	43.53	46
黑 龙 江	39961	14.573	2996	161433	223.72	32.67	106.16	88
上　　海	245688	50.576	17765	550094	125.92	55.44	314.91	217
江　　苏	1280000	135.314	8164	356655	195.11	74.47	173.16	208
浙　　江		56.380	8882	61748	168.22	97.88	192.67	77
安　　徽	60168	13.066	3174	127684	138.26	69.13	150.62	89
福　　建		30.714	6325	133402	152.25	57.54	156.11	161
江　　西	2200	6.222	4378	189269	89.39	45.11	41.71	201
山　　东	138191	26.500	5015	275535	106.66	56.18	112.99	91
河　　南		5.643	2596	18860	87.14	35.37	122.49	36
湖　　北	752935	24.467	5022	236069	64.20	13.30	43.20	127
湖　　南	78639	17.036	5619	84733	314.30	57.65	211.32	246
广　　东	150680	60.598	8479	127741	919.96	22.53	148.09	109
广　　西	41850	23.194	10167	557639	281.08	47.69	154.12	128
海　　南	17906	11.442	3522	62686	69.14	25.05	45.48	52
重　　庆	40200	19.894	5325	185958	204.30	93.05	163.29	104
四　　川	86124	71.206	3156	21346	12.41	3.11	4.71	10
贵　　州	59678	3.036	3239	58607	57.25	6.60	13.10	23
云　　南	129035	25.395	3990	90586	191.00	30.00	350.79	44
西　　藏	22708	1.794	1200	3500	1.50	0.75	1.12	5
陕　　西	88476	20.135	4402	84974	245.91	61.54	159.95	242
甘　　肃	60000	7.797	6071	85937	117.30	59.68	96.14	53
青　　海	37286	1.327	1287	41300	30.68	10.10	15.33	40
宁　　夏	39896	5.234	1800	31338	56.00	14.20	34.80	27
新　　疆	9178	56.445	3297	74643	51.74	18.31	16.65	40

为读者举办各种活动									
参加人次（万人次）	举办展览（个）	参加人次（万人次）	举办培训班（个）	参加人次（万人次）	计算机（台）	电子阅览室终端数	图书馆网站访问量（页次）	本年收入合计（千元）	财政拨款
58.54	**753**	**357.72**	**1858**	**9.55**	**15874**	**4329**	**121860401**	**2111837**	**1947327**
3.21	42	6.95	2	0.02	527	108	17933000	169851	162003
1.54	23	6.82	44	0.16	833	353	1358362	191777	185145
0.30	2	0.30			380	132	657000	26209	23775
2.20	33	35.00	73	0.12	381	170	305552	40586	36197
	6	0.68			201	100		32703	30693
0.63	13	4.82			707	80	1135880	59132	57474
0.83	4	5.03	50	0.39	343	36	1058311	33591	32373
1.32	72	18.65	176	0.33	575	312	2812012	33395	32722
5.14	130	16.11	532	2.87	1870	96	31651859	347766	296212
6.10	62	26.10	92	0.45	1027	227	8060000	115584	99333
1.36	19	4.80	37	0.10	632	80	1682598	88500	79310
1.65	11	6.00	14	0.04	391	143	1165999	27914	23767
3.39	32	82.63	13	0.11	500	120	99868	59587	57771
1.60	6	38.50	6	0.09	350	76	2793802	21006	20041
1.40	31	3.10	10	0.08	672	260	483127	53206	48990
0.60	15	4.50	35		370	107	250000	40218	34107
3.00	4	0.40	7	0.10	260			193904	191967
2.72	25	8.70	11	0.09	368	131	20685407	42839	33943
3.59	11	7.54	123	0.58	617	265	10030999	138436	130731
2.09	33	22.35	17	0.09	654	212	327500	49990	43541
2.18	13	5.23	21	0.55	319	122	191720	23841	23815
2.75	23	4.35	253	1.43	782	277	909526	55257	50652
0.20	2	0.62	22	0.25	440	30	167930	34426	30872
0.40	6	5.00	10	0.16	405	94	14300000	28294	28188
1.32	18	13.00	95	0.38	391	160	1080000	36997	33597
0.07					80	80		10026	10026
4.53	26	7.49	110	0.30	663	100	950214	47762	45941
0.95	32	6.33	10	0.08	374	104	200000	49519	49253
0.50	14	0.70	43	0.15	117	58		14171	13704
2.50	12	4.00	13	0.06	224	120	175563	21082	20741
0.47	33	12.01	39	0.58	421	176	1394172	24268	20443

续表 2

地　区	购书专项经费	上级补助收入	事业收入	经营收入	附属单位上缴收入	其他收入	本年支出合计(千元)	基本支出
总　计	**412061**	**6624**	**92982**	**17279**		**47625**	**1909550**	**792349**
北　京	23911		5665			2183	143040	58964
天　津	24320	194	3777			2661	78189	67060
河　北	4300		21			2413	25923	13043
山　西	6000	142		4167		80	32302	16525
内蒙古	5000	1965				45	29075	10668
辽　宁	16000					1658	50936	28435
吉　林	5000			1101		117	29246	18309
黑龙江	5000		20			653	33198	17667
上　海	97856	895	47935			2724	367255	135551
江　苏	45000		8438	548		7265	111840	43266
浙　江	23000		6794	618		1778	84523	39138
安　徽	5000	249				3898	27127	14087
福　建	10000	1115		670		31	49755	13519
江　西	5000		56	894		15	24343	11260
山　东	11100		3707			509	54406	22026
河　南	4500			1278		4833	30185	16080
湖　北	7358		1928			9	193904	10516
湖　南	5950		3787	4508		601	42674	25292
广　东	43119	40	2842			4823	135465	33886
广　西	10550	1245	654			4550	47949	26201
海　南	2877					26	23428	9730
重　庆	9300		4061			544	64479	19118
四　川	5000		475			3079	34426	20087
贵　州	2920					106	20661	10736
云　南	8000	62		3289		49	26034	12207
西　藏	1000						5742	3927
陕　西	10000			206		1615	38762	16906
甘　肃	7000					266	36012	31562
青　海	1000	367	72			28	14559	10501
宁　夏	3000					341	28604	26857
新　疆	4000	350	2750			725	25508	9225

本年支出合计(千元)								
项目支出	经营支出	在支出合计中:						
		工资福利支出	商品和服务支出	商品和服务支出				对个人和家庭补助支出
				差旅费	劳务费	福利费	各种税金支出	
1086636	**14849**	**458569**	**447080**	**10345**	**18405**	**5344**	**24471**	**191804**
84076		27137	38339	191	681	88	342	10781
11129		25010	18727	211	2	518	441	13083
12880		7944	7141	95	338	74		3561
11610	4167	10337	8680	416	153	135	500	4368
18407		7064	5204	285	135	172	6	2508
22501		13803	13038	467	392	28	458	7029
9836	1101	7979	8372	82	313	20	59	6255
15531		8841	11665	336	328	4		6467
230935		119327	106074	2240	1346	1417	1746	11494
68552	22	30242	21637	244	1165	152	1062	16381
44766	618	22093	18987	523	1095	427	16942	9638
13040		8856	7443	351	1286	7		5663
36023	213	9138	1843	316	696	38	64	4493
12775	307	5726	10614	413	187	113	307	3651
32380		11686	21036	394	1232	22	266	7185
12827	1278	10837	8544	88	157	153		4026
183388		6398	9419	166		112		3811
12911	4471	13157	9141	273	255	361	235	7586
101579		23094	24324	255	1221	559	358	10997
21748		16356	10472	436	480	29		6707
13698		4618	2537	259	6	3	151	950
45361		9155	27905	873	4682	143	284	7976
14339		8761	5852	169	446	125	327	10248
9924		5064	6478	96			448	2573
11073	2466	4624	1538	116	18		406	5998
1814		2757	450	79		1		719
21650	206	9674	9507	88	88	149		3925
4450		10220	9457	336	30	116		3949
4058		6013	3004	126	103		15	3257
1747		8043	10003	159	346	355		3433
1628		4615	9649	262	1224	23	54	3092

续表 3

地区	抚恤金和生活补助	其他资本性支出	各种设备购置费	新增藏量购置费	资产总计(千元)	固定资产原值	实际使用公用房屋建筑面积(万平方米)	书库面积
总　计	**5612**	**783106**	**555845**	**422932**	**8563909**	**7397940**	**134.53**	**35.04**
北　京	27	66781	66781	25042	636418	565489	3.70	0.72
天　津	259	21369	21366	20955	367023	213528	6.84	1.18
河　北	105	7277	6550	4300	78530	78530	4.86	1.54
山　西	63	8917	8917	6000	110844	77636	2.81	1.85
内蒙古	44	14299	8288	5011	117256	108156	2.05	0.53
辽　宁	79	17066	17066	15520	305182	272445	4.45	0.75
吉　林	138	6640	6640	5000	112085	66671	1.50	0.65
黑龙江	140	6225	5486	5097	254392	254392	3.39	0.34
上　海	1511	129590	127597	112959	2330601	2159283	12.36	5.40
江　苏	301	43558	43558	41855	454712	396181	9.60	1.03
浙　江		33187	30168	23009	443215	368525	4.92	1.92
安　徽	74	5165	5165	5000	182099	165334	3.69	0.77
福　建	69	34068	24068	10000	245519	154238	14.53	0.65
江　西	41	4352	4352	3000	80044	68814	2.25	1.52
山　东	125	14499	14499	11103	377091	358013	4.84	1.84
河　南	30	5500	5500	3110	90788	72650	2.95	1.03
湖　北	36	174276	8651	6640	83118	70908	0.63	
湖　南	113	8277	7659	5780	141989	116133	4.40	1.43
广　东	107	77050	46082	41704	675778	651104	7.67	2.27
广　西	78	13288	13288	10550	135616	133002	4.45	1.34
海　南		4055	4055	2877	24305	24305	2.80	0.47
重　庆	1192	19443	19155	15699	132542	99729	6.02	1.04
四　川	85	6116	5130	5130	224044	84375	1.72	0.86
贵　州		6544	6544	2920	3895	3895	2.27	0.75
云　南	21	8354	8307	8000	228277	211645	3.04	0.72
西　藏		1814	1000	1000	41181	30186	1.72	0.42
陕　西	289	15450	15450	10000	294263	264862	4.47	0.77
甘　肃	161	12386	8247	7173	207602	158216	3.92	0.98
青　海	46	2284	1000	1000	56657	52241	1.89	0.39
宁　夏	382	7125	7125	3498	45732	41324	2.33	1.18
新　疆	96	8151	8151	4000	83111	76130	2.47	0.73

阅览室面积	书刊阅览室面积	电子阅览室面积	实际拥有产权面积（万平方米）	阅览室坐席数（个）	少儿阅览室坐席数	盲人阅览室坐席数	图书馆延伸服务情况：流动服务书刊借阅人次（万人次）	图书馆延伸服务情况：流动图书馆车书刊借阅册次（万册次）	图书馆延伸服务情况：分馆数量（个）
27.47	**23.70**	**1.75**	**83.12**	**54854**	**7128**	**652**	**193.24**	**283.75**	**1098**
0.68	0.57	0.04		1384	177	6	0.08	1.65	18
2.36	2.08	0.25	0.14	3037	140		25.61	48.04	179
0.96	0.31	0.10	4.86	3070	300	60	1.41	1.45	1
0.35	0.33	0.02	2.81	1239	170	40	4.96	7.44	65
0.69	0.67	0.02	1.72	1593	50				
0.85	0.77	0.07		1228	172				133
0.29	0.22	0.02	1.37	840	38	6			28
0.96	0.77	0.13		1961	162	24	31.41	41.83	43
1.32	1.26	0.06	11.37	2332	464		6.80	12.94	297
1.78	1.65	0.11	3.40	3000	120	64			
1.05	1.00	0.05	4.92	1449		135	44.37	60.25	10
0.87	0.81	0.06	3.69	1659	278	26	0.97	1.16	2
0.70	0.67	0.03		1306	1210	10	12.02	25.47	19
0.71	0.70	0.01	2.25	1211	104	20	34.31	14.20	47
1.54	1.49	0.05	3.84	2187	194	20	1.60	3.20	2
0.40	0.04	0.02	2.95	1017	100				
0.05			0.63	400	80				
1.06	1.03	0.02	4.29	1958	752	24	1.46	6.57	25
0.73	0.70	0.03	8.92	5960	146				73
1.81	1.66	0.08	1.67	2717	681	26	7.00	17.64	1
0.68	0.16	0.05	5.59	1435	120	8	0.44	0.87	1
1.21	1.00	0.09	0.87	2482	778	28	0.26	0.54	11
0.46	0.45	0.01	1.50	636	15		2.43	10.32	11
0.86	0.83	0.03	1.17	1097	80	20	4.20	8.40	21
0.82	0.75	0.08	3.04	1324	88	46	1.99	3.87	10
0.34	0.26	0.07	2.97	300	45				
1.39	1.35	0.05		2978	162	15	0.93	2.92	10
0.86	0.64	0.06	3.92	1436	150	30			25
0.15	0.11	0.02	1.89	972	52	14			
1.05	0.96	0.10	3.32	1480	150	30			
0.52	0.49	0.03		1166	150		11.00	15.00	66

2011年各地区地市级

地区	机构数(个)	从业人员(人)	专业技术人才	正高级职称	副高级职称	中级职称	总藏量(万册)	图书
总计	**343**	**13858**	**10383**	**254**	**1556**	**5402**	**18434.57**	**13388.80**
北京								
天津								
河北	12	468	372	22	67	188	709.74	471.92
山西	7	213	183	2	22	80	227.51	156.70
内蒙古	12	533	398	2	102	226	290.87	247.95
辽宁	23	1272	996	39	134	585	1616.44	1186.98
吉林	10	561	454	30	110	213	632.83	508.92
黑龙江	11	589	440	47	91	250	845.21	628.34
上海								
江苏	16	930	635	11	123	326	1543.86	1186.95
浙江	14	1139	819	17	94	421	1711.41	1110.51
安徽	14	371	268	2	32	126	426.98	285.98
福建	11	357	256	2	34	116	672.59	411.55
江西	11	377	212	3	30	99	476.00	346.46
山东	16	749	676	18	134	306	1111.34	852.06
河南	18	697	430	4	72	272	788.17	586.65
湖北	15	653	593	12	87	344	892.64	721.22
湖南	15	444	334	2	53	206	457.23	367.68
广东	26	1577	1197	24	124	564	2702.25	1960.90
广西	13	354	300		18	173	451.53	310.88
海南	2	63	30		1	15	63.81	62.52
重庆								
四川	21	671	392	2	46	224	1130.54	719.49
贵州	9	286	246	11	33	94	218.15	186.12
云南	18	440	379		64	196	444.11	279.87
西藏	3	19	8			4	14.59	12.83
陕西	6	232	186	1	16	86	228.80	195.83
甘肃	14	311	177		16	75	230.70	192.22
青海	7	115	81	3	9	51	76.92	69.66
宁夏	5	161	112		13	61	139.11	121.56
新疆	14	276	209		31	101	331.28	207.09

公共图书馆基本情况

盲文图书	古籍		报刊	视听文献	缩微制品	电子图书	其他	在藏量中	
		善本						开架书刊	少儿文献
33.81	**696.50**	**38.27**	**1597.99**	**429.07**	**28.58**	**1973.46**	**320.17**	**8046.09**	**1024.25**
9.87	43.71	1.85	65.27	19.07	5.04	94.15	10.58	348.93	37.48
0.29	16.06	1.65	43.76	2.71		8.21	0.07	136.34	10.99
0.21	7.98	0.33	31.01	3.29			0.64	80.26	13.73
0.37	84.94	2.91	131.33	37.51	0.13	113.92	61.64	480.95	26.33
0.08	19.72	1.62	62.83	17.12	0.13	12.11	12.00	248.29	15.75
0.12	30.66	1.52	120.28	25.98	19.79	2.76	17.40	422.23	24.23
0.52	130.56	9.34	108.20	24.18	1.18	91.45	1.35	804.60	96.07
0.39	64.32	3.57	76.64	95.55	0.04	359.53	4.82	774.94	180.65
0.55	16.27	0.73	61.59	1.01		59.35	2.78	114.63	11.23
0.36	8.66	0.73	59.88	9.40	0.02	161.49	21.58	238.06	88.57
0.49	21.08	1.34	41.68	0.97	0.04	49.02	16.76	184.82	21.16
0.35	37.84	1.97	95.61	7.80	0.26	74.07	43.69	558.97	69.05
0.26	46.87	3.92	98.17	15.82	0.58	37.44	2.64	354.50	30.78
0.21	39.32	1.13	75.97	12.16	0.12	15.93	27.92	405.91	59.88
0.11	16.30	0.55	59.22	8.39	0.12	1.09	4.44	256.08	18.86
5.80	24.88	1.03	139.91	102.55	0.99	458.36	14.67	1469.43	202.62
0.01	8.36	0.39	73.80	6.43	0.01	43.55	8.50	210.83	36.27
0.05	0.59	0.01	0.05	0.05		0.28	0.33	9.00	0.16
0.23	48.08	1.67	103.93	28.07	0.07	193.21	37.69	291.75	28.46
0.14	5.64	0.17	20.37	0.82	0.04	1.63	3.53	104.54	13.96
0.02	9.50	0.03	56.62	3.82	0.00	93.70	0.60	152.48	8.38
			0.52	0.03		1.04	0.17	8.65	0.99
0.21	5.34	0.41	16.60	1.66		6.60	2.77	121.79	2.07
0.11	7.82	1.09	16.16	1.05	0.01	1.77	11.68	142.23	13.98
0.03	0.70	0.08	2.37	0.02			4.18	26.46	1.13
13.03	0.20	0.20	7.21	0.31		5.50	4.33	17.80	6.70
0.03	1.13	0.06	29.03	3.31		87.31	3.40	81.63	4.83

续表 1

地　区	书架单层总长度（米）	本年新购藏量（万册）	当年购买的报刊种类（种）	有效借书证数（个）	总流通人次（万人次）	书刊文献外借人次	书刊文献外借册次（万册次）	组织各类讲座次数（次）
总　计	**3996393**	**1148.064**	**253926**	**7391934**	**12389.29**	**4593.76**	**8666.41**	**9280**
北　京								
天　津								
河　北	137075	17.604	7761	232998	379.12	124.57	222.19	457
山　西	42768	12.507	5038	65926	111.57	62.43	102.82	249
内蒙古	136649	22.483	4090	51102	132.28	41.51	78.41	53
辽　宁	379815	66.306	17836	558602	694.20	278.28	568.13	478
吉　林	113433	35.390	8962	67402	331.12	84.58	152.52	359
黑龙江	88729	28.034	10144	438879	189.07	71.41	116.02	225
上　海								
江　苏	585109	100.247	18507	1018902	1605.46	580.69	1049.30	638
浙　江	183708	199.817	20161	797539	1478.66	545.02	1230.48	698
安　徽	44982	20.944	8013	157978	343.60	181.46	281.78	189
福　建	92383	61.524	7318	218043	480.70	226.22	517.25	547
江　西	29828	17.820	9321	146363	156.14	117.35	147.15	145
山　东	129956	87.056	14382	414243	523.88	291.19	458.85	576
河　南	91241	47.454	12184	209364	1207.95	307.63	455.77	347
湖　北	162315	25.248	15009	196158	508.25	301.15	387.10	347
湖　南	89710	27.651	6769	122673	209.79	119.52	310.19	170
广　东	357708	200.776	36739	2002040	2175.70	571.61	1342.06	2544
广　西	77986	16.209	7562	138398	427.00	114.15	175.21	202
海　南	2549	0.327	242	4710	30.52	4.58	14.34	8
重　庆								
四　川	974499	83.182	10857	206542	567.30	226.22	441.15	293
贵　州	14932	3.623	4920	69179	103.17	47.17	66.67	39
云　南	115752	19.966	8415	97923	259.69	93.24	163.56	223
西　藏	803	0.476	476	2403	1.43	0.43	1.24	4
陕　西	18570	11.181	4267	35521	93.18	47.68	60.76	73
甘　肃	54653	10.240	4358	31122	99.79	42.28	80.87	190
青　海	19202	0.975	1386	12481	40.65	20.88	7.63	33
宁　夏	18880	18.104	1497	35160	85.97	34.00	105.18	46
新　疆	33158	12.920	7712	60283	153.11	58.53	129.79	147

为读者举办各种活动					计算机(台)	电子阅览室终端数	图书馆网站访问量(页次)	本年收入合计(千元)	财政拨款
参加人次(万人次)	举办展览(个)	参加人次(万人次)	举办培训班(个)	参加人次(万人次)					
215.84	**2356**	**825.16**	**8344**	**68.25**	**33421**	**16266**	**84227783**	**2065583**	**1974811**
4.70	65	6.10	69	0.87	1047	408	1071008	60594	59026
2.79	37	11.76	203	0.83	535	308	292080	25430	25179
1.32	18	2.03	19	0.30	1162	580	109113	86772	84148
6.34	182	54.23	581	2.00	2502	971	3078179	165402	165342
11.41	61	9.46	42	1.80	889	351	689839	92273	88503
6.73	60	11.70	46	0.82	1463	887	298334	54565	53785
11.32	178	40.17	603	4.23	2515	963	12675247	167413	158792
15.00	198	135.41	3622	17.92	2262	983	7824911	206448	190872
4.76	75	22.17	86	5.18	1276	572	1329275	49854	46814
7.66	160	66.37	116	2.53	992	447	1344518	62059	59497
5.35	30	11.02	22	0.10	983	426	235070	40748	38637
12.73	104	23.13	135	2.25	2149	1101	2260955	101653	100082
10.30	84	18.91	139	6.36	1607	996	788008	61377	57060
15.10	121	49.83	160	3.78	1400	602	1964280	73787	65186
5.07	48	7.92	136	0.66	1000	576	2675724	42757	41263
66.44	482	265.24	1429	11.75	4651	1980	31930205	403181	388332
8.99	84	24.77	435	1.02	872	487	8847482	43875	41507
0.25					171	92	18000	5978	5879
7.14	118	33.25	230	4.16	1501	769	3103985	94704	91319
1.84	104	2.21	8	0.09	376	177	44019	34236	28859
1.91	41	8.38	141	0.49	1571	1165	3577980	60497	58793
0.06					100	84	1000	3195	3195
0.96	23	1.81	15	0.09	411	257	13853	27825	24255
3.53	32	3.83	22	0.28	520	326	28000	29361	28223
0.13	8	0.15	4	0.01	194	154		12532	12440
0.28	10	1.33	24	0.12	451	290		22200	22004
3.73	33	13.98	57	0.63	821	314	26718	36867	35819

续表 2

地　区	购书专项经费	上级补助收入	事业收入	经营收入	附属单位上缴收入	其他收入	本年支出合计(千元)	基本支出
总　计	**324146**	**20916**	**25244**	**1428**	**570**	**42614**	**1980136**	**1236825**
北　京								
天　津								
河　北	8210		618	278		672	60903	50577
山　西	3438	251					23514	17852
内蒙古	11185	2075	18			531	89197	68318
辽　宁	20030		60				153128	110425
吉　林	7790	560	36			3174	58911	44077
黑龙江	5578	250	84			446	55011	48151
上　海								
江　苏	21836	12	1116	2		7491	161236	98856
浙　江	47270	3723	6098			5755	201994	86319
安　徽	5560	824	1786	115		315	48666	31067
福　建	9920	20	1740	593		209	68070	41219
江　西	3770	580	636			895	39101	29093
山　东	19188	520	546			505	96079	66284
河　南	6182	1030	220			3067	54662	38687
湖　北	6370	123	1261			7217	73412	46439
湖　南	6920	380	377			737	41611	33800
广　东	102825	2729	6041			6079	401560	196362
广　西	5206	1072		440		856	40073	25184
海　南	190					99	5485	4520
重　庆								
四　川	10342	1406	1300			679	86185	50168
贵　州	3873	3925	7		570	875	40100	22844
云　南	5875	687	460			557	55600	35914
西　藏	20						3195	3095
陕　西	3830	20	2695			855	26232	19597
甘　肃	4142		143			995	29231	22552
青　海	423	92					12283	12097
宁　夏	1060	110				86	20711	7289
新　疆	3113	527	2			519	33986	26039

项目支出	经营支出	在支出合计中:工资福利支出	商品和服务支出	商品和服务支出:差旅费	劳务费	福利费	各种税金支出	对个人和家庭补助支出
660859	**1506**	**695096**	**388012**	**13852**	**23411**	**9346**	**8445**	**254986**
7204	237	23985	10863	518	157	231		7913
5657		11952	4433	226	499	175	4	3107
17621		28098	22572	580	551	318	221	9514
42703		56659	31574	930	962	473		27037
14834		19711	12388	294	190	41	16	15102
6860		24457	9785	209	742	309	23	10917
57706	2	47992	37815	986	3109	611	433	21602
111211		57601	50543	1381	6561	1772	343	18388
16990	88	19201	6797	508	570	424	18	4703
26096	266	22218	12357	374	2811	178	17	9874
3303	515	14404	8395	380	156	165	375	8465
23308		36356	18402	532	230	148	20	13341
14052		23077	7802	332	734	331	99	8289
23922		26509	19667	647	337	412	470	7929
6486		15987	8107	508	264	99	125	5578
186395		131512	56835	1332	2493	1956	1104	35025
13893	398	13762	7819	398	15	128	50	6150
764		4008	792	25	68			168
34649		30792	17458	1039	988	626	103	9743
4710		9815	13070	913	24	488	4635	8124
17554		24409	8275	612	505	148	85	6573
100		1517	761	79		1		110
6137		11262	6955	197	443	33	300	2037
6679		11989	4637	198	353	137	4	4175
98		6883	1857	61	158	17		2787
5467		8173	2164	58	31			2251
6460		12767	5889	535	460	125		6084

续表 3

地　区	抚恤金和生活补助	其他资本性支出	各种设备购置费	新增藏量购置费	资产总计(千元)	固定资产原值	实际使用公用房屋建筑面积(万平方米)	书库面积
总　计	**7347**	**453381**	**396916**	**283608**	**6221044**	**5447910**	**300.31**	**60.36**
北　京								
天　津								
河　北	79	14760	9663	7917	156411	141569	7.62	1.97
山　西	5	4019	3614	1949	180041	172911	6.42	0.57
内蒙古	104	17870	14793	8674	228516	184946	10.14	1.35
辽　宁	382	26553	25975	20407	450746	414030	20.71	3.31
吉　林	196	10909	10351	7884	200290	132132	8.25	1.78
黑龙江	121	9046	8229	6233	191826	173005	10.57	2.38
上　海								
江　苏	1078	40452	29075	24072	613142	543751	19.60	4.95
浙　江	102	56759	56398	46990	550778	497977	21.99	4.70
安　徽	153	12425	9655	4416	166547	163727	8.75	1.85
福　建	730	18251	17333	9852	179520	138606	7.32	2.84
江　西	52	6573	5458	4683	116683	100094	9.40	1.93
山　东	1637	25537	23748	19995	403405	369233	35.15	3.89
河　南	112	13140	11654	8257	163225	141833	14.48	4.49
湖　北	114	16081	11906	7425	401035	306861	16.59	3.29
湖　南	281	10025	8055	6853	123865	114250	11.90	3.32
广　东	290	94603	91271	60567	1089799	934112	39.84	5.42
广　西	157	11071	10497	5026	125384	118173	8.30	1.65
海　南		316	192	109	46983	42089	1.38	0.32
重　庆								
四　川	933	19646	17162	9117	233200	208382	12.06	3.17
贵　州	386	6595	5362	4962	76554	69699	4.08	1.45
云　南	108	13100	10889	7136	144640	132728	8.96	1.78
西　藏	9	207	200	160	13024	11874	0.72	0.07
陕　西	109	5220	5179	3305	81744	74334	4.45	1.16
甘　肃	25	7510	3543	2864	132766	119108	3.73	0.93
青　海	116	493	460	414	12439	11564	0.68	0.16
宁　夏	52	6452	1322	1105	86069	86069	3.36	0.67
新　疆	16	5768	4932	3236	52412	44853	3.86	0.93

							图书馆延伸服务情况		
阅览室面积	书刊阅览室面积	电子阅览室面积	实际拥有产权面积（万平方米）	阅览室坐席数（个）	少儿阅览室坐席数	盲人阅览室坐席数	流动服务书刊借阅人次（万人次）	流动图书馆车书刊借阅册次（万册次）	分馆数量（个）
67.83	**51.00**	**8.18**	**133.09**	**160649**	**36426**	**2563**	**564.35**	**887.27**	**2109**
1.74	1.37	0.21	1.66	4194	594	50	1.32	1.20	38
1.94	1.64	0.15	6.17	2532	493	50	5.48	7.16	24
2.25	1.61	0.30	2.22	3941	849	20	2.31	4.30	36
4.60	2.73	0.62	6.11	10458	2928	135	38.06	59.34	325
2.37	1.90	0.18	4.95	5704	911	66	26.00	30.06	206
2.43	1.97	0.37	2.82	5444	550	42	25.83	34.19	120
4.75	3.24	0.47	6.22	10728	2632	143	53.54	76.38	73
5.26	4.51	0.45	10.66	10109	3495	121	35.54	87.56	75
2.47	2.09	0.33	4.16	6316	1165	85	24.61	30.34	30
2.62	2.33	0.19	1.67	5556	1725	95	75.40	60.63	258
3.12	2.10	0.28	1.66	5847	1281	161	20.42	30.14	40
3.16	2.57	0.41	28.13	9382	1826	260	24.44	36.42	133
2.89	2.28	0.44	10.25	8310	1787	203	11.50	28.53	57
2.69	2.14	0.40	11.33	8133	2193	146	23.79	82.34	132
2.44	1.82	0.42	1.33	9893	2833	52	2.75	6.10	45
9.32	6.54	1.09	6.98	21585	4902	233	85.17	182.22	262
1.54	1.24	0.26	3.19	4763	1363	60	5.99	7.25	4
0.13	0.07	0.04	1.38	480	86	3			
3.08	2.37	0.40	6.29	8085	1520	200	21.55	13.28	94
0.96	0.78	0.09	2.00	2422	486	50	6.95	2.52	55
2.40	1.69	0.51	5.00	5225	976	200	37.98	49.01	41
0.08	0.05	0.03	0.72	336	24		0.06	0.13	3
1.49	1.19	0.07	1.27	2382	204	20	3.95	3.37	17
1.81	1.42	0.16	2.44	2716	592	66	5.45	11.17	8
0.23	0.12	0.04		446	72	4	1.73	2.76	10
1.08	0.72	0.14	3.03	2238	378	38	14.60	27.24	1
0.99	0.54	0.13	1.46	3424	561	60	9.93	13.64	22

2011年各地区县市级

地　区	机构数(个)	从业人员(人)					总藏量(万册)	
			专业技术人才					图书
				正高级职称	副高级职称	中级职称		
总　计	**2570**	**31378**	**18831**	**138**	**1248**	**8693**	**29522.84**	**22877.51**
北　京	23	896	537	2	35	214	1291.15	1106.27
天　津	29	706	552	8	68	242	613.03	530.54
河　北	153	1155	656	3	40	335	835.30	726.39
山　西	118	1171	708	6	16	316	762.92	624.77
内蒙古	101	1188	905	23	78	410	587.30	461.88
辽　宁	104	1407	936	8	58	573	952.73	843.76
吉　林	54	873	699	8	88	385	442.94	349.15
黑龙江	95	974	713	22	117	444	537.65	475.00
上　海	23	1299	822	3	29	288	1489.77	1281.69
江　苏	95	1477	883	14	115	382	2790.77	1989.99
浙　江	82	1632	998	9	91	468	2151.74	1716.29
安　徽	85	709	425		15	167	619.76	475.41
福　建	74	647	400	1	16	180	1053.89	744.74
江　西	102	944	398		11	152	900.38	609.44
山　东	132	1699	1355	7	155	701	2075.08	1678.89
河　南	133	1963	595	2	17	352	1016.87	805.34
湖　北	93	1324	868	3	36	488	935.09	739.91
湖　南	113	1302	726		28	389	1120.75	869.97
广　东	107	2330	980	9	34	340	2331.55	1794.98
广　西	92	800	485		4	150	1012.67	682.41
海　南	17	163	106			16	249.35	148.95
重　庆	41	556	332	2	41	138	749.88	485.80
四　川	147	1096	596	4	18	260	1440.60	1007.81
贵　州	84	511	313	2	10	94	521.49	390.75
云　南	133	1110	882	1	58	439	937.06	753.91
西　藏								
陕　西	105	1499	779		22	287	612.62	475.06
甘　肃	85	862	371		14	161	540.04	390.46
青　海	41	196	129		5	70	128.82	103.04
宁　夏	21	261	206		7	79	175.78	151.10
新　疆	88	628	476	1	22	173	645.86	463.84

公共图书馆基本情况

盲文图书	古籍		报刊	视听文献	缩微制品	电子图书	其他	在藏量中	
		善本						开架书刊	少儿文献
27.90	**485.61**	**38.22**	**2754.77**	**383.58**	**46.77**	**1958.92**	**1015.69**	**12821.25**	**1713.07**
0.11	5.03	0.12	22.54	31.49	0.08	80.73	45.02	950.61	155.17
0.07	4.13	0.04	33.26	6.02	0.09	37.57	1.42	301.53	26.76
2.56	7.37	0.55	73.37	2.73	0.78	1.27	23.39	393.36	29.99
1.05	29.27	4.81	76.75	3.56	0.64	2.87	25.08	249.22	23.91
0.25	2.68	0.27	70.45	2.72	0.04	42.18	7.35	175.19	10.67
0.49	2.74	0.91	35.81	10.47	0.25	29.53	30.17	477.02	74.54
0.02	0.72	0.03	41.21	2.50	0.05	34.35	14.97	228.41	21.65
0.17	1.59	0.05	45.34	1.17	0.08	0.16	14.30	296.57	12.13
0.46	7.93	0.22	21.69	38.97	0.01	109.94	29.54	766.24	93.96
1.57	57.15	6.45	165.56	23.32	0.20	398.95	155.61	976.06	175.21
1.55	51.33	2.44	169.07	48.71	0.48	113.14	52.71	1162.03	227.18
2.17	9.51	0.23	63.66	6.45	1.27	43.62	19.86	200.74	47.01
0.45	14.38	0.81	87.96	19.14	1.13	146.35	40.20	418.11	60.72
0.12	38.83	1.82	172.64	2.30	0.17	3.20	73.81	296.86	43.84
3.98	22.86	2.08	222.21	11.22	1.30	44.73	93.87	862.59	123.65
0.31	14.63	1.02	127.06	14.48	0.12	39.45	15.79	324.96	33.66
0.81	12.31	0.90	141.78	4.89	3.43	15.28	17.49	365.02	43.38
4.01	39.58	2.73	158.53	6.71	7.11	6.31	32.54	527.94	59.49
0.54	13.26	1.36	142.68	46.55	0.03	271.19	62.88	1295.05	138.37
0.21	8.26	0.40	216.22	6.45	0.91	56.30	42.12	319.45	41.81
	0.42	0.01	24.05	0.41	0.06	70.38	5.09	82.56	7.77
1.62	23.30	2.21	69.35	26.20	24.88	101.17	19.20	348.87	59.66
2.15	45.82	2.64	139.52	24.36	1.21	174.89	47.00	555.44	66.46
0.21	3.19	0.18	63.31	4.51	0.48	35.03	24.21	167.05	16.32
0.56	28.27	1.53	114.54	12.22	0.61	7.56	19.95	420.71	45.41
1.47	20.37	0.98	58.73	5.45	0.21	3.00	49.81	189.91	19.39
0.48	14.01	3.13	87.72	17.07	0.58	5.84	24.37	169.60	28.31
	5.08	0.28	13.12	0.16	0.11	0.05	7.28	26.79	2.98
0.48	0.05	0.03	15.92	0.48		5.02	3.21	28.23	5.58
0.06	1.56	0.02	80.74	2.92	0.50	78.87	17.43	245.12	18.08

续表 1

地区	书架单层总长度(米)	本年新购藏量(万册)	当年购买的报刊种类(种)	有效借书证数(个)	总流通人次(万人次)		书刊文献外借册次(万册次)	组织各类讲座次数(次)
						书刊文献外借人次		
总计	**4421765**	**1758.184**	**504552**	**9054184**	**20611.54**	**9373.07**	**16044.40**	**22765**
北京	132605	99.959	14524	496085	453.29	221.14	535.15	1285
天津	110555	22.934	14756	167856	312.83	157.60	211.63	423
河北	153406	29.872	7626	215648	395.61	199.73	269.02	792
山西	69992	26.429	14208	131980	222.01	99.41	204.35	641
内蒙古	83862	76.282	7368	78427	232.24	124.48	271.88	487
辽宁	156331	61.275	20116	321206	742.78	327.99	696.72	660
吉林	63218	20.840	7003	95282	222.74	112.48	207.22	432
黑龙江	80085	12.176	9756	111724	281.12	147.35	260.83	437
上海	210793	153.999	29078	567096	1799.82	550.93	1400.02	1269
江苏	298764	222.913	37497	1041717	1741.53	889.62	1516.70	1237
浙江	295722	194.148	43773	1170135	2323.66	1123.20	2236.56	2022
安徽	63601	45.850	10866	154826	694.63	296.42	410.80	569
福建	173446	59.275	19209	228097	681.67	331.78	532.00	663
江西	107254	33.505	10693	249148	510.60	257.50	401.24	617
山东	275600	97.039	25102	699678	1284.67	755.91	1035.95	1846
河南	156555	60.647	12524	352122	767.04	462.27	635.92	1047
湖北	161049	33.006	14125	522646	769.50	415.70	683.79	769
湖南	204411	49.361	13239	442871	691.15	407.88	651.96	961
广东	456303	147.350	36529	874070	2976.29	735.06	1127.35	1513
广西	176679	22.693	20006	119456	522.64	217.77	338.77	504
海南	27864	24.702	3720	15342	50.31	26.82	43.44	56
重庆	198048	35.738	16836	107681	572.53	343.07	557.86	476
四川	177561	116.319	19346	285335	853.56	389.89	595.92	1132
贵州	57138	27.356	14697	113488	153.67	65.97	84.30	408
云南	210112	21.710	23101	113106	542.50	292.23	467.84	846
西藏								
陕西	48133	25.575	23391	107103	220.88	106.28	151.14	543
甘肃	96436	10.688	5967	101066	255.93	132.25	212.19	619
青海	27529	2.083	1530	72071	24.91	13.84	19.72	95
宁夏	65782	5.832	2960	21577	91.28	36.31	64.72	74
新疆	82931	18.628	25006	77345	220.18	132.22	219.45	342

为读者举办各种活动					计算机(台)	电子阅览室终端数	图书馆网站访问量(页次)	本年收入合计(千元)	财政拨款
参加人次(万人次)	举办展览(个)	参加人次(万人次)	举办培训班(个)	参加人次(万人次)					
375.10	**7310**	**869.74**	**12358**	**111.64**	**105053**	**71818**	**50646644**	**3204644**	**2977192**
12.96	281	25.55	539	3.24	2734	1206	4118080	212561	200604
5.21	105	7.25	323	2.12	1707	1081	1171795	118479	116048
8.53	271	16.99	365	2.43	3794	2442	80970	63401	60449
11.16	257	22.67	428	4.26	3411	2605	26251	75914	72044
10.43	128	17.07	173	2.20	2852	1959	105120	96727	94700
14.89	308	33.99	427	3.39	2578	1435	71470	126692	125567
10.11	185	6.97	119	0.96	2037	1396	374773	57585	56085
8.42	155	10.75	231	2.15	2837	2170	65823	60336	59449
12.87	202	64.56	825	5.92	3577	1517	14548510	325101	296638
24.56	400	53.42	994	5.48	5301	3147	2040935	209663	186621
22.60	586	81.06	950	6.73	5959	3683	7306952	283438	257223
9.42	167	18.73	522	4.53	3670	2954	539967	80379	70664
13.23	286	22.46	208	2.65	2796	1856	689681	85253	73968
12.84	187	19.74	278	3.90	4707	3633	279613	58978	53294
30.19	547	53.90	1114	11.26	5855	4185	1427911	135358	131622
18.35	310	23.82	423	4.59	4722	2998	188475	84305	77940
14.65	204	26.57	519	6.18	4186	2966	786125	83248	66211
22.25	177	32.40	402	5.89	3870	3170	5685539	82427	76039
40.82	484	118.49	474	4.22	6676	4086	5329813	244812	235538
12.25	165	12.30	334	2.87	3541	2637	261910	54717	49199
1.41	43	3.28	61	0.26	751	535	379930	18979	18347
10.83	266	49.65	306	9.91	2550	1629	498862	74273	67803
14.81	451	53.66	715	5.22	5044	3533	3136988	180457	163781
3.37	162	9.73	248	1.79	3273	2119	77435	49129	39109
8.69	126	12.10	288	1.69	4511	3408	454163	89624	84805
3.78	265	22.12	354	2.90	3696	2664	203432	91466	88639
7.94	174	11.00	297	1.96	3037	2371	178675	56526	56067
0.35	96	1.69	41	0.14	1201	1128	4580	14485	13886
1.50	30	4.68	53	1.01	980	819	5200	26152	25932
6.68	292	33.17	347	1.83	3200	2486	607666	64179	58920

续表 2

地　区	购书专项经费	上级补助收入	事业收入	经营收入	附属单位上缴收入	其他收入	本年支出合计(千元)	基本支出
总　计	**343907**	**110715**	**37499**	**10553**	**1484**	**67201**	**3136906**	**2108219**
北　京	23419	1188	2286	800		7683	201864	124119
天　津	6856		1509	483		439	116459	86482
河　北	4821	2675	49			228	63252	46742
山　西	6196	3511	203			156	74518	51912
内 蒙 古	6183	1559	79	60		329	96653	90489
辽　宁	11697	328	592			205	127524	90766
吉　林	3894	885	212	70		333	55278	48811
黑 龙 江	2732	887					58978	50755
上　海	57169	12084	5890			10489	332292	186412
江　苏	23528	5999	7589	7208		2246	189776	147669
浙　江	47230	12418	4084	64		9649	278178	156362
安　徽	5932	6663	1566			1486	80865	44576
福　建	9442	4198	376		43	6668	85885	49064
江　西	5753	3494	1051		160	979	57313	44400
山　东	13120	2585	474			677	132683	100031
河　南	5250	3082	1433	94	270	1486	80180	69260
湖　北	6786	9708	2726	108		4495	82714	50756
湖　南	6743	2835	570	603		2380	81040	64837
广　东	33083	3257	3513	189		2315	247679	150664
广　西	3716	4011	923	103		481	52828	37956
海　南	2050	50	549			33	18940	9643
重　庆	9235	4237	942	620	10	661	74178	43716
四　川	20031	5776	147	110		10643	165722	71975
贵　州	8592	8998	235		633	154	50048	31476
云　南	6023	3717	90		337	675	84220	68631
西　藏								
陕　西	5758	1669	344	41		773	91004	65747
甘　肃	2876		20			439	56223	54889
青　海	569	559				40	14152	12889
宁　夏	1340	160			31	29	26235	12648
新　疆	3883	4182	47			1030	60225	44542

				本年支出合计(千元)				
		在支出合计中:		在支出合计中:				
				商品和服务支出				
项目支出	经营支出	工资福利支出	商品和服务支出	差旅费	劳务费	福利费	各种税金支出	对个人和家庭补助支出
762904	**11328**	**1294870**	**570631**	**21101**	**30094**	**16930**	**3514**	**321264**
71739	770	69790	34807	612	1003	509	696	30355
28555	434	48689	13621	347	631	646	261	25384
8773	300	33967	6978	205	84	166		4381
16195		35533	8104	954	740	294	49	5761
1997	260	54805	13842	1557	690	359	22	14876
20336	885	56525	18262	474	1936	192	26	19244
4275	70	28763	8244	475	155	73	9	10366
2405	140	32486	6944	488	137	113	1	7680
124531		117598	85925	621	2208	2787	426	11537
27466	4103	76463	37821	1047	2383	1434	404	26157
106618	48	101479	70029	2205	5114	3077	238	22613
4318	100	24853	8658	554	216	121	26	8230
29599		27901	14771	616	1141	302	80	6686
4870	642	25238	9100	1208	266	451	94	8937
19702	20	64860	17685	580	418	159	7	11402
3819	49	44188	11612	502	639	589	11	7813
22295	447	32310	9729	736	445	647	94	7045
12263	272	37498	16840	983	578	853	97	5512
85543	517	91535	62964	997	5935	1844	206	23492
9112	103	21008	11148	459	281	105	89	5989
7095		7574	2247	116	96	9	7	441
24640	611	26178	13584	911	883	507	208	10852
85569	425	43049	36644	1284	1689	614	6	11287
1996	310	17162	6129	399	331	192	3	4400
7341	100	49005	11474	618	583	111	37	8322
13908	583	50193	11124	974	439	259	76	5825
1333		30726	11383	592	696	206	207	5688
347	59	8920	468	39	27	51	20	862
9300		11249	1131	103	100	34	1	1584
6964	80	25325	9363	445	250	226	113	8543

续表 3

地区	抚恤金和生活补助	其他资本性支出	各种设备购置费	新增藏量购置费	资产总计(千元)	固定资产原值	实际使用公用房屋建筑面积(万平方米)	书库面积
总　计	**14892**	**602612**	**475292**	**357524**	**7077356**	**6151669**	**534.70**	**112.62**
北　京	504	38353	31766	22717	449363	381983	13.01	2.23
天　津	308	9612	9251	6463	143319	124444	9.60	3.16
河　北	413	8701	8072	6979	289572	284230	17.88	4.36
山　西	79	18707	5471	4260	158535	148104	18.41	3.21
内蒙古	909	7890	7093	6350	95841	85891	11.28	2.35
辽　宁	394	19444	12685	11273	218151	184165	20.17	3.90
吉　林	664	6418	5430	3945	105104	89245	7.15	1.50
黑龙江	85	4259	3522	2898	107699	103949	11.93	2.32
上　海	731	92153	82095	66656	666676	501899	24.85	2.42
江　苏	705	39131	33136	25210	626691	521157	38.57	6.78
浙　江	395	72387	59513	48505	670341	561285	35.71	6.70
安　徽	368	29899	15063	7899	149990	136918	12.05	2.41
福　建	206	16868	15245	10947	268514	223226	20.88	5.14
江　西	542	8739	7646	6209	196083	181001	17.49	4.26
山　东	303	19543	18487	12780	285598	267694	30.35	6.82
河　南	447	12851	11619	7103	236685	229597	24.68	5.89
湖　北	303	14082	9858	7311	211955	193724	17.97	4.21
湖　南	699	13016	9760	7542	176754	153672	20.37	5.09
广　东	1250	54133	41567	30992	571894	508749	49.99	10.02
广　西	324	8898	7757	5409	143614	124001	13.05	4.58
海　南	13	4136	2853	1968	45191	32857	4.17	1.10
重　庆	303	16378	10870	7213	148299	132467	16.48	3.54
四　川	1091	39770	32200	20908	275386	239019	24.97	4.92
贵　州	1351	12249	8860	4865	128681	87626	10.76	1.84
云　南	924	8820	7482	6383	244491	226642	21.45	5.38
西　藏								
陕　西	502	7224	6049	5544	142876	119710	12.77	2.40
甘　肃	519	4966	3903	2636	110957	104419	9.53	2.01
青　海	6	1249	600	554	21999	21273	2.07	0.58
宁　夏	5	4817	1356	1341	38968	37855	5.63	1.32
新　疆	549	7919	6083	4664	148129	144867	11.45	2.19

							图书馆延伸服务情况		
阅览室面积	书刊阅览室面积	电子阅览室面积	实际拥有产权面积（万平方米）	阅览室坐席数（个）	少儿阅览室坐席数	盲人阅览室坐席数	流动服务书刊借阅人次（万人次）	流动图书馆车书刊借阅册次（万册次）	分馆数量（个）
143.42	**92.05**	**32.81**	**248.48**	**461546**	**124973**	**7074**	**1072.60**	**1570.91**	**11966**
3.01	1.83	0.42	3.37	11126	2769	53	29.53	58.09	242
2.66	1.79	0.69	2.00	6932	1481	53	16.27	20.16	177
5.03	3.12	1.02	6.55	19277	4812	254	2.87	5.09	2304
4.57	2.57	1.15	18.85	13393	3832	372	27.26	32.92	766
3.11	1.79	1.00	3.82	11655	3929	138	34.16	50.67	124
4.69	3.24	0.65	6.50	18626	4688	179	40.58	72.62	625
2.22	1.52	0.58	5.30	8361	2810	65	13.48	27.41	259
3.71	2.16	0.98	3.12	12283	4015	61	11.72	21.42	120
7.55	6.15	0.76	8.82	17685	3429	173	65.58	133.87	157
8.87	6.59	1.58	18.08	26070	8440	877	33.31	56.24	274
8.13	5.64	1.97	15.93	24331	6169	698	137.04	232.40	501
3.02	1.76	1.01	5.92	9051	2898	137	29.45	53.60	799
5.39	3.85	0.87	7.94	17119	4598	163	41.36	58.18	222
5.79	3.41	1.37	10.98	16247	5325	256	33.31	47.36	3055
8.27	5.04	2.25	10.23	26393	7033	695	66.59	92.00	307
6.13	3.95	1.30	12.58	20770	5612	274	17.07	19.38	23
4.43	2.69	1.19	11.87	17431	5794	346	65.65	86.99	144
5.45	3.11	1.38	11.94	19553	6584	205	18.30	27.77	85
14.73	10.77	2.45	22.01	40265	8090	270	151.69	173.24	918
3.86	2.40	1.05	6.22	16527	4788	56	8.11	11.75	35
0.98	0.60	0.23	1.54	3040	793		3.90	4.26	1
4.26	2.88	0.92	9.64	10519	2610	122	82.93	99.60	211
7.20	4.44	1.78	11.14	23361	6204	534	44.00	47.00	39
3.60	2.32	0.83	4.99	18509	2194	153	11.71	14.63	75
4.80	2.76	1.60	10.84	15580	4959	163	30.03	48.57	226
2.71	1.40	1.02	5.59	10451	2859	209	8.97	10.40	44
2.37	1.39	0.76	4.46	10362	3118	278	19.21	25.85	94
0.73	0.28	0.26	0.44	1901	464	20	0.66	0.77	
1.28	0.75	0.41	3.34	3580	797	60	2.95	6.48	1
4.88	1.84	1.34	4.50	11148	3879	210	24.92	32.21	138

主要统计指标解释

1．**总藏量**：指本馆已编目的古籍、图书、期刊和报纸的合订本、小册子、手稿，以及缩微制品、录像带、录音带、光盘等视听文献资料数量之和。

对同一书名，但分若干册（卷）的图书，按每一册（卷）作为一册统计。期刊和报纸均以每一合订本为一册统计。至填报本表时，尚未装订成册编目的期刊和报纸不应统计在内。

2．**报刊**：指刊登当前事件的专题或综合新闻，每周至少出版一张并按年、月、日顺序或按编号排列的连续出版物。或者是同一刊名下，按顺序号或按年、月、日出版的定期或不定期的一种连续出版物。包括报纸和期刊。

3．**古籍、善本**：实际成书和出版年代在 1911 年（含 1911 年）以前的线装、卷轴装、经折装、蝴蝶装、包背装等书籍为古籍。其中清乾隆六十年，即 1795 年（含 1795 年）以前的古籍为善本，1795 年至 1911 年间的具有历史文献性、学术资料性和印刷装帧艺术代表性的也归为善本。

4．**电子图书**：包括本馆通过各种方式取得当前使用权的电子图书，以及本馆自建或与其他机构合作建设的电子图书。

5．**视听文献**：包括各类型声频文献（唱片、录音带、盒式磁带等）、视频文献（例如幻灯片、透明正片等）和声频与视频混合文献（例如有声电影、录像片等）。

6．**缩微文献**：指所有经过缩微处理制成缩微胶卷和缩微平片，使用时需要放大的文献资料。

7．**少儿文献**：是指供少儿阅读的文献，包括图书、绘本、画册、连环画等，不论其是否装订成册，或页数是否达到 49 页，均按 1 个“册件”计算在内。“少儿文献”不纳入“总藏量”加总计算，在图书、报刊、视听文献、缩微制品中，涉及少儿文献的，仍然分别统计在内。

8．**本年度新增藏量**：是指本年度内，通过购买、接受缴送、征集、受捐、交换、竞拍、数字化转换、许可授权等各种方式新入藏的各类型文献资源总量。

9．**有效借书证数**：是指由本馆或本馆所在总分馆体系中其他图书馆发放，并在当年内在本馆、本馆下辖分馆或本馆派出各类馆外服务设施中使用过至少一次的借书证数。

10．**总流通人次**：指本年度内到图书馆场馆接受图书馆服务的总人次，包括借阅书刊、咨询问题，以及参加各类读者活动等。

11．**书刊文献外借人次**：指通过本馆或本馆所辖分馆以及本馆派出的馆外服务设施将本馆各类型文献资源借出阅读的读者人次。

12．**书刊文献外借册次**：指读者通过本馆或本馆所辖分馆以及本馆派出的馆外服务设施借出阅读的本馆各类型文献册次。

13．**组织各类讲座次数、参加人次**：指由本馆举办或与外机构联合举办的各类讲座次数及参加这些讲座的人次。

14．**举办展览个数、参观人次**：指本馆举办或与外机构联合举办的在馆内或馆外展览的个数及参观人次。个数按展览的内容计算。同一内容的展览不论在哪些地点展出和展出时间多久，只计算一个。

15．**举办训练班班次、培训人次**：指本馆举办或与外机构联合举办的各种科普、文化、艺术等训练班，按截止到年底办完的班数及培训人数，分别计算班次及培训人次。截止到年底未办完的班数和人数均在下一年度统计。

16．**图书馆网站访问量**：指本年度中图书馆网站中所有网页（含文件及动态网页）被访客浏览的总次数。图书馆网站指有独立域名的web站点，其中包括cn和通用顶级域名下的web站点。

17．**新增藏量购置费**：指本馆本年购进图书、报刊、缩微制品和视听文献等藏品所用经费之和。

18．**少儿阅览室坐席数**：指图书馆中专门提供给少年儿童使用的座位数。

19．**盲人阅览室坐席数**：是指图书馆中专门提供给盲人使用，并配置有专门的辅助阅读、视听设备的座位数。

20．**分馆数量**：是指在以本馆为中心馆的总分馆体系中，接受本馆统一管理，具有独立馆舍、一定数量的馆藏、专职管理人员的图书馆数量。总馆对分馆负有业务指导关系，并且总、分馆之间实现文献资源共建共享、通借通还。

群众文化业

按年份全国群众文化机构基本情况

年份	机构数(个)	从业人员(人)	举办展览个数(个)	组织文艺活动次数(次)	举办训练班次(次)	收入合计(万元)	财政拨款	支出合计(万元)	实际使用房屋建筑面积(万平方米)
1979年	3965		13001	114307		10114	10114	10114	
1980年	7723		23553	202828	20359	11270	11270	11376	
1985年	8746	59599	30998	118888	31842	20835	20835	17686	308.5
1986年	8906	67501	32803	106726	30576	29573	25505	23751	354.8
1990年	9087	67817	34292	99068	37017	49763	36985	37475	457.8
1991年	10507	70319	35498	116618	39568	45874	31066	43559	484.5
1992年	9564	66938	32095	96481	40707	53735	35577	49798	496.1
1993年	10155	68097	29636	86680	34279	62098	37840	57877	538.6
1994年	11276	70489	30224	92167	39296	79167	48906	73174	560.3
1995年	13487	75263	31070	110509	46023	89411	56826	83628	614.1
1996年	45253	127742	76397	247357	130592	139090	74434	137775	1110.0
1997年	43738	129194	87795	278782	119873	160117	92275	158861	1176.0
1998年	45834	129842	86960	267351	125872	178165	96416	173207	1195.3
1999年	45837	128216	94270	280373	138195	111089	108656	177528	1195.2
2000年	45321	128420	91670	276574	143370	186896	118430	188437	1229.9
2001年	43397	120156	89392	284316	156089	210181	141754	210860	1213.8
2002年	42516	119072	92917	301792	137350	241050	165163	235593	1203.6
2003年	41816	123458	93514	327306	154502	271704	190424	265751	1431.3
2004年	41402	121441	116639	401818	165823	313104	227641	310850	1408.4
2005年	41588	122500	111300	391439	190194	365887	279033	358641	1507.0
2006年	40088	123465	141150	497779	218696	428962	322773	412430	1622.8
2007年	40601	128096	90900	546477	242055	548301	432311	575722	1667.4
2008年	41156	131142	100877	473613	299791	660111	528838	653613	1931.0
2009年	41959	137484	110251	555052	304955	807244	681147	794190	2193.6
2010年	43382	141002	117353	576799	358719	944397	803918	931951	2526.7
2011年	43675	147732	107785	620586	339883	1285601	1122872	1267505	2982.6

注：1996年以前数据未包括其他部门所属乡镇综合文化站，1996—1998年包括其他部门所属乡镇文化站，1999年以后，其他部门所属乡镇文化站划归文化部门管理。以下各表同。

按年份各地区群众文化机构数

单位：个

地　区	1995年	2000年	2005年	2006年	2008年	2009年	2010年	2011年
总　计	**13487**	**45321**	**41588**	**40088**	**41156**	**41959**	**43382**	**43675**
北　京	35	268	328	329	330	332	337	340
天　津	19	306	217	200	238	256	256	258
河　北	183	2257	2149	2231	2234	2265	2319	2360
山　西	130	1851	1355	1385	1495	1529	1533	1535
内蒙古	547	1712	1329	1048	985	1020	1017	1105
辽　宁	1522	1520	1522	1495	1500	1534	1550	1549
吉　林	410	894	821	830	793	964	965	966
黑龙江	266	1201	1015	975	1141	1227	1654	1652
上　海	45	340	249	250	245	242	240	241
江　苏	1180	1771	1534	1477	1411	1447	1442	1429
浙　江	1986	1932	1592	1593	1593	1613	1612	1449
安　徽	351	1898	1677	1514	1493	1480	1509	1532
福　建	249	1085	1116	1108	1182	1187	1190	1199
江　西	113	2000	1546	1393	1834	1834	1924	1947
山　东	158	2581	1926	2015	1982	2025	2013	1988
河　南	224	2479	2395	2373	2364	2466	2466	2506
湖　北	1280	1695	1258	1321	1356	1369	1376	1378
湖　南	137	2667	2617	2625	2594	2543	2561	2624
广　东	1100	2042	1725	1731	1743	1739	1738	1740
广　西	115	1408	1254	1252	1251	1254	1284	1285
海　南	21	327	243	229	230	232	230	234
重　庆		1248	1086	1057	1035	1035	1041	1037
四　川	246	3865	4716	3802	4076	4222	4652	4798
贵　州	693	1030	1401	1419	1470	1514	1524	1579
云　南	1687	1734	1684	1548	1524	1513	1517	1519
西　藏	60	94	208	206	257	295	321	320
陕　西	133	2065	1732	1757	1788	1801	1827	1761
甘　肃	98	1432	1190	1202	1252	1296	1417	1420
青　海	139	250	244	262	254	294	409	413
宁　夏	199	309	252	240	251	250	250	252
新　疆	161	1060	1207	1221	1255	1181	1208	1259

按年份各地区群众艺术馆机构数

单位：个

地　区	1995年	2000年	2005年	2006年	2008年	2009年	2010年	2011年
总　计	**373**	**390**	**375**	**395**	**389**	**361**	**374**	**379**
北　京	1	1	1	1	1	1	1	1
天　津	1	1	1	1	1	1	1	1
河　北	12	12	13	13	13	13	13	14
山　西	12	12	12	12	12	12	12	12
内蒙古	13	13	13	13	13	13	13	13
辽　宁	23	23	22	23	25	17	22	23
吉　林	13	13	14	14	13	13	14	14
黑龙江	16	15	17	17	17	17	17	17
上　海	3	3	1	1	1	1	1	1
江　苏	12	14	14	13	13	13	14	14
浙　江	12	12	12	12	12	12	12	12
安　徽	14	14	14	15	21	15	15	14
福　建	10	10	10	10	10	10	10	10
江　西	12	12	12	12	13	12	12	13
山　东	18	19	18	18	18	18	18	18
河　南	23	23	18	18	19	18	18	18
湖　北	13	18	13	18	20	13	13	12
湖　南	15	15	15	15	15	15	15	15
广　东	21	21	22	22	22	22	22	22
广　西	14	15	16	16	15	15	15	15
海　南	3	3	3	3	3	3	3	3
重　庆		4	1	16	1	1	1	1
四　川	24	27	21	21	22	22	22	22
贵　州	8	8	8	8	8	8	8	10
云　南	19	20	17	17	17	13	17	17
西　藏	7	7	8	8	7	7	8	8
陕　西	11	11	11	11	12	10	11	11
甘　肃	15	15	16	16	15	16	16	17
青　海	9	9	9	10	9	8	9	9
宁　夏	4	4	7	6	6	7	7	7
新　疆	15	16	16	15	15	15	14	15

按年份各地区文化馆机构数

单位：个

地　区	1995年	2000年	2005年	2006年	2008年	2009年	2010年	2011年
总　计	**2886**	**2907**	**2851**	**2819**	**2829**	**2862**	**2890**	**2906**
北　京	22	22	21	20	19	19	19	19
天　津	18	18	18	18	18	18	18	18
河　北	169	166	162	162	164	164	164	163
山　西	118	118	119	119	119	119	119	119
内蒙古	102	104	102	102	102	102	103	103
辽　宁	105	102	110	110	101	105	100	99
吉　林	45	89	67	67	63	63	63	63
黑龙江	121	118	127	126	130	129	129	131
上　海	40	45	32	29	28	28	26	26
江　苏	110	107	103	102	104	104	104	103
浙　江	83	84	87	87	87	88	89	92
安　徽	99	103	104	99	99	105	105	106
福　建	80	80	80	80	82	84	85	85
江　西	101	101	101	101	100	103	103	103
山　东	140	140	140	140	138	140	140	142
河　南	201	191	186	184	183	184	184	185
湖　北	179	129	111	103	93	99	100	103
湖　南	122	125	125	125	125	125	125	126
广　东	115	119	117	120	121	123	122	122
广　西	98	99	99	99	98	99	107	107
海　南	17	18	18	18	18	18	18	18
重　庆		43	41	25	40	40	40	40
四　川	212	171	180	181	181	181	182	183
贵　州	85	85	87	87	87	87	87	87
云　南	128	127	132	131	131	135	131	131
西　藏	26	52	33	33	45	49	74	73
陕　西	111	111	110	109	108	110	109	109
甘　肃	83	83	84	85	86	85	86	86
青　海	42	43	43	44	45	43	42	46
宁　夏	22	22	18	19	20	19	19	21
新　疆	92	92	94	94	94	94	97	97

按年份各地区文化站机构数

单位：个

地　区	1995年	2000年	2005年	2006年	2008年	2009年	2010年	2011年
总　计	**10228**	**42024**	**38362**	**36874**	**37938**	**38736**	**40118**	**40390**
北　京	12	255	306	308	310	312	317	320
天　津	343	287	198	181	219	237	237	239
河　北	2	2079	1974	2056	2057	2088	2142	2183
山　西		1721	1224	1254	1364	1398	1402	1404
内蒙古	432	1595	1214	933	870	905	901	989
辽　宁	1394	1395	1390	1362	1374	1412	1428	1427
吉　林	352	792	740	749	717	888	888	889
黑龙江	129	1068	871	832	994	1081	1508	1504
上　海	2	292	216	220	216	213	213	214
江　苏	1058	1650	1417	1362	1294	1330	1324	1312
浙　江	1741	1836	1493	1494	1494	1513	1511	1345
安　徽	238	1781	1559	1400	1373	1360	1389	1412
福　建	159	995	1026	1018	1090	1093	1095	1104
江　西		1887	1433	1280	1721	1719	1809	1831
山　东		2422	1768	1857	1826	1867	1855	1828
河　南		2265	2191	2171	2162	2264	2264	2303
湖　北	1088	1548	1134	1200	1243	1257	1263	1263
湖　南		2527	2477	2485	2454	2403	2421	2483
广　东	964	1902	1586	1589	1600	1594	1594	1596
广　西	3	1294	1139	1137	1138	1140	1162	1163
海　南	1	306	222	208	209	211	209	213
重　庆		1201	1044	1016	994	994	1000	996
四　川	10	3667	4515	3600	3873	4019	4448	4593
贵　州	600	937	1306	1324	1375	1419	1429	1482
云　南	1347	1587	1535	1400	1376	1365	1369	1371
西　藏	27	35	167	165	205	239	239	239
陕　西	11	1933	1611	1637	1668	1681	1707	1641
甘　肃		1334	1090	1101	1151	1195	1315	1317
青　海	88	198	192	208	200	243	358	358
宁　夏	173	283	227	215	225	224	224	224
新　疆	54	952	1097	1112	1146	1072	1097	1147

按年份各地区群众文化机构从业人员数

单位：人

地区	1995年	2000年	2005年	2006年	2008年	2009年	2010年	2011年
总计	**75263**	**128420**	**122500**	**123465**	**131142**	**137484**	**141002**	**147732**
北京	914	1558	1998	2060	2216	2525	2359	2440
天津	847	1367	1085	1050	1032	1004	1027	993
河北	3305	5950	5592	5601	6231	6314	6336	6851
山西	2218	4236	3730	3804	4148	4182	4229	4351
内蒙古	2966	4460	3900	3620	3777	3920	3872	4200
辽宁	4924	4310	4424	4742	4975	4842	4898	5183
吉林	2429	3404	3318	3398	3402	3445	3437	3501
黑龙江	2311	3167	2947	2935	2754	3387	4324	4530
上海	1617	3874	3832	3756	4272	4632	4702	4856
江苏	4723	6695	5542	5324	5732	6228	6457	6557
浙江	6366	6082	5147	5423	5234	5602	5881	5991
安徽	2237	4945	4684	4153	4720	4728	5295	5782
福建	1442	2255	2219	2153	2335	2608	2655	3198
江西	1933	4432	4191	3496	4030	3960	4360	4283
山东	3265	6359	6148	6388	6714	7708	7598	7729
河南	3798	6840	7565	8344	10215	10643	10500	10779
湖北	5429	5928	5269	4989	4786	4977	4921	5022
湖南	2207	6198	5857	5820	6630	6744	6937	7318
广东	4012	8863	8953	9455	9090	9468	9696	9957
广西	1605	3387	3803	3858	3912	3976	4075	4136
海南	281	661	615	632	626	664	660	752
重庆		3071	2808	3084	3194	3574	3726	3872
四川	3631	8522	7682	7380	7325	7618	8181	8473
贵州	1751	2142	3577	3732	4400	4808	4790	5223
云南	4012	4350	4693	4800	4920	5194	5181	5421
西藏	317	340	254	455	331	216	311	309
陕西	2246	5184	5040	5193	5675	5830	5802	6604
甘肃	1315	5058	2910	2973	3411	3353	3416	3726
青海	607	705	616	646	720	745	772	895
宁夏	867	1093	979	1008	1016	977	1012	997
新疆	1688	2984	3122	3193	3319	3612	3592	3803

按年份各地区群众文化机构组织文艺活动次数

单位：次

地　区	1995年	2000年	2005年	2006年	2008年	2009年	2010年	2011年
总　计	**110509**	**276574**	**391439**	**497779**	**473613**	**555052**	**576799**	**620586**
北　京	1186	5382	11378	20217	20737	23165	24237	23972
天　津	3883	3069	3234	2460	3662	4843	5067	6485
河　北	3668	17997	23880	32426	24564	26284	27408	29338
山　西	1462	4527	9107	6163	10589	14731	13905	14868
内蒙古	4282	11294	9977	17899	8800	10991	11127	9862
辽　宁	7539	10365	27868	26966	17928	28568	26261	28261
吉　林	3138	3745	4939	4575	7554	8428	7482	9549
黑龙江	3463	8149	7720	9329	10486	14454	17351	17507
上　海	1021	7629	35027	47458	43166	37377	35600	31353
江　苏	13698	17058	20548	23997	25349	32092	32586	30534
浙　江	19063	20121	23580	25657	29703	34159	36619	35368
安　徽	2416	5181	5661	6474	10507	11124	11937	17757
福　建	3545	7689	7464	8097	8370	9965	9691	11320
江　西	1142	5816	6853	8394	9885	11838	11781	13241
山　东	2722	16033	21673	22839	27040	38477	41194	48307
河　南	1792	9203	13405	13997	23681	34261	35713	33398
湖　北	7190	11588	11031	13861	14813	17734	18100	18342
湖　南	1218	9352	15898	31955	19682	22316	25945	26882
广　东	5377	22969	23132	25285	30555	29983	32352	37970
广　西	1429	8349	10592	18633	14189	15537	19775	19483
海　南	167	1454	1422	1322	1623	2164	2351	2727
重　庆		10491	7958	13388	12997	14022	15840	16235
四　川	2628	17536	23760	22946	27247	28732	30194	39449
贵　州	2581	4202	5759	6786	8615	10473	8544	11988
云　南	11257	12437	17983	27288	21698	20250	21665	23108
西　藏	455	346	439	1552	451	784	1458	1923
陕　西	1205	8612	8282	9202	10706	13592	13306	17317
甘　肃	694	5101	11095	28804	8057	9888	9792	9730
青　海	433	1043	1429	2010	1738	2486	2600	2964
宁　夏	454	4247	2490	2913	3637	5672	6351	4808
新　疆	1401	5589	17855	14886	15584	20662	20567	26540

按年份各地区群众文化机构举办训练班次

单位：次

地 区	1995年	2000年	2005年	2006年	2008年	2009年	2010年	2011年
总 计	**46023**	**143370**	**190194**	**218696**	**299791**	**304955**	**358719**	**339883**
北 京	505	2546	8708	8738	11704	20215	22836	14883
天 津	656	3062	1516	1342	7910	4226	4753	3917
河 北	1282	15233	11798	13149	19211	10462	13852	11486
山 西	518	1405	2248	2124	4890	4928	6886	8691
内蒙古	1091	5552	4099	3837	3543	6900	4082	4061
辽 宁	4767	4712	8200	8012	20266	14909	47452	20303
吉 林	3393	1586	2649	1788	2334	3499	4029	3525
黑龙江	1091	3109	3546	4273	5524	6586	6129	6419
上 海	659	3007	23313	28739	22542	19721	21078	24458
江 苏	3698	6488	7048	9093	16916	17410	18950	15768
浙 江	8058	9960	11354	13869	22183	19726	18539	19969
安 徽	2235	2132	2526	3853	7190	7712	9481	12850
福 建	1159	4885	9956	30320	8294	11105	11096	6397
江 西	480	3376	2757	2551	6145	5234	8217	6412
山 东	1793	17666	8280	9359	16443	22278	21787	26860
河 南	898	5552	7609	6639	14068	10677	11837	15985
湖 北	1548	3080	15320	4254	5829	8424	10654	7906
湖 南	736	2810	4953	6399	8069	7844	10505	10652
广 东	3949	11932	14288	19613	25084	27522	29041	29590
广 西	1314	4557	4798	5421	11106	7222	8747	8819
海 南	159	779	832	489	864	1373	1123	1239
重 庆		2236	2467	3022	5928	6866	7285	8188
四 川	1785	8693	12053	11260	19287	18412	19052	22212
贵 州	654	991	1089	1180	4658	3200	4285	13760
云 南	1765	3220	4585	4494	6866	11175	10183	9305
西 藏	7	25	50	360	122	81	313	383
陕 西	595	6320	5305	4698	6092	8327	9665	8718
甘 肃	238	4533	2900	3752	8468	8857	4960	6133
青 海	175	290	970	198	660	1280	1180	1021
宁 夏	327	994	1124	1743	2146	2922	3138	1122
新 疆	488	2639	3853	4127	5449	5862	7584	8851

按年份各地区群众文化机构培训人次

单位：万人次

地　区	1995年	2000年	2005年	2006年	2008年	2009年	2010年	2011年
总　计	**6.6**	**493.9**	**666.5**	**687.2**	**1714.4**	**1593.3**	**1805.6**	**2414.4**
北　京	0.2	15.4	48.5	41.4	144.3	98.1	130.7	99.9
天　津	0.3	7.6	5.1	7.1	47.7	20.9	25.7	28.4
河　北	0.4	51.7	49.6	49.7	76.1	71.0	70.1	79.5
山　西	0.2	6.8	11.0	7.4	33.1	40.8	38.7	48.9
内蒙古	0.1	19.2	14.8	12.7	28.4	25.1	21.8	38.0
辽　宁	0.5	14.7	43.7	25.6	99.3	73.2	97.1	122.5
吉　林	0.3	7.2	6.8	5.3	15.8	20.5	24.9	32.6
黑龙江	0.2	15.3	8.2	8.7	28.6	31.4	32.5	36.0
上　海	0.1	6.8	63.1	56.3	86.0	92.8	116.4	139.8
江　苏	0.4	29.9	25.3	35.1	107.9	102.1	132.0	119.0
浙　江	0.6	30.5	46.4	54.9	113.9	104.7	103.4	120.4
安　徽	0.1	7.0	12.0	15.3	41.2	40.8	49.9	94.9
福　建	0.2	11.3	15.9	12.3	29.2	32.8	39.8	43.8
江　西	0.2	8.9	6.8	7.7	25.1	24.2	25.9	49.5
山　东	0.3	16.1	43.3	50.4	104.6	127.2	142.3	178.9
河　南	0.3	24.9	32.4	44.4	86.2	87.3	83.1	124.8
湖　北	0.2	9.4	12.7	17.6	45.8	45.9	54.3	69.6
湖　南	0.2	9.3	16.2	17.1	46.9	40.6	48.1	72.4
广　东	0.5	55.8	52.6	52.7	123.2	116.5	126.1	302.2
广　西	0.3	15.0	17.3	18.9	35.2	36.4	37.6	51.2
海　南		1.8	2.1	1.6	5.8	9.1	11.8	8.7
重　庆		5.1	7.9	11.3	39.3	49.1	50.6	69.2
四　川	0.6	28.4	50.0	36.7	125.1	97.7	111.1	164.9
贵　州		5.0	3.2	6.2	26.3	14.1	22.6	37.0
云　南	0.1	17.8	22.6	23.1	47.3	58.6	63.8	85.9
西　藏			0.4	0.5	0.7	0.6	2.2	2.4
陕　西	0.1	23.6	12.7	30.5	47.4	54.7	53.0	57.2
甘　肃	0.1	11.1	12.3	12.4	40.0	31.5	35.6	53.2
青　海		10.8	0.7	0.6	2.4	4.8	4.2	4.7
宁　夏		14.0	7.5	8.8	28.5	17.3	20.6	11.7
新　疆	0.1	13.5	15.4	14.9	33.1	23.5	29.8	67.4

按年份各地区群众文化机构财政拨款

单位：万元

地区	1995年	2000年	2005年	2006年	2008年	2009年	2010年	2011年
总计	**56826**	**118430**	**279033**	**322773**	**528838**	**681147**	**803918**	**1122872**
北京	1375	2594	8145	9007	14018	18494	22326	19029
天津	1249	1422	3076	3453	6545	7709	10026	11906
河北	1894	5161	9767	10335	15325	20653	21144	27023
山西	1370	2674	5571	7350	14063	18441	16870	22196
内蒙古	1282	3388	7068	6979	11877	18211	23539	29552
辽宁	2349	5054	9121	14383	18053	23074	26868	29980
吉林	1533	3384	5989	7374	12108	20805	26601	24244
黑龙江	1458	3541	6193	7201	10410	14160	17656	21099
上海	6950	5020	22327	20539	34393	45306	55999	79700
江苏	4238	8521	19063	22080	38800	44296	50067	69672
浙江	3233	9446	29490	32944	50375	61801	78833	102970
安徽	1418	3609	7803	7610	12969	13221	21148	41844
福建	1731	2895	5168	6678	9794	16192	21289	22502
江西	1150	2504	4714	4823	11340	12398	14710	19219
山东	3621	7295	12633	16386	28696	42245	40821	48399
河南	2151	4630	8194	8159	20256	24967	26726	48223
湖北	2105	3832	6284	8130	13467	19747	19951	22345
湖南	1869	3571	7570	9168	15551	19829	22824	42727
广东	4227	12113	40125	47583	64876	71562	85211	116226
广西	1248	2639	6056	7403	10628	13926	15349	20763
海南	222	645	1260	1414	2888	3082	3924	5146
重庆		2202	4069	5422	11081	15444	21531	31413
四川	3771	4730	12246	13827	28703	37616	45296	83339
贵州	540	1657	4797	5744	10165	14164	14770	30443
云南	1812	5950	10958	13105	17841	21871	23797	35613
西藏	92	556	1098	923	2025	1901	5340	5534
陕西	1183	3027	5296	6588	13113	19008	20919	33783
甘肃	776	1980	4620	5890	8822	10510	12488	21335
青海	306	829	1531	1941	3432	8277	13508	9247
宁夏	367	879	1901	2079	4470	4775	5380	6456
新疆	1306	2683	6902	8260	12757	17462	19004	40946

按年份各地区群众文化机构总支出

单位：万元

地　区	1995年	2000年	2005年	2006年	2008年	2009年	2010年	2011年
总　计	**83628**	**188437**	**358641**	**412430**	**653613**	**794190**	**931951**	**1267505**
北　京	1566	4681	10119	12137	17174	20413	25593	22820
天　津	1376	2633	4133	4705	7745	9494	10948	13761
河　北	2713	5711	10549	10922	17410	21883	25437	30899
山　西	1824	3151	6016	7680	16091	19348	18865	24957
内蒙古	1932	3799	7478	7304	11934	18374	23762	29114
辽　宁	4552	6172	10126	11040	18731	24722	28175	31615
吉　林	2101	3748	6394	7493	12984	18569	23338	26151
黑龙江	2219	3804	6485	7682	10860	15076	17356	21100
上　海	6752	14985	38967	36472	50094	56497	70650	88023
江　苏	8509	16394	25920	31167	48531	55830	60193	95451
浙　江	7101	17194	39851	45336	66402	75512	101392	121547
安　徽	1934	4302	8976	9083	18104	23909	23550	51422
福　建	2199	4135	6763	9227	12460	19582	27568	27749
江　西	1493	3167	6265	5921	15709	14943	17285	21386
山　东	3317	8909	14358	17561	30681	45242	46221	50697
河　南	2737	5647	8810	9455	23139	27499	28402	46233
湖　北	3885	7841	10072	12351	20981	26724	26264	29273
湖　南	2575	5696	9603	11573	18677	24462	27914	47618
广　东	5937	27213	57669	69416	84031	84547	101362	137740
广　西	1877	3425	6842	8654	12120	14977	16646	21451
海　南	364	887	1329	1556	2924	3241	4084	5512
重　庆		4889	6627	8937	16859	23681	32342	42992
四　川	5327	8927	14375	16321	33733	42249	49182	86892
贵　州	989	1976	5123	6121	10953	15599	15666	28891
云　南	4191	7312	11933	14548	20318	24277	25343	36583
西　藏	429	607	1169	1135	2033	2005	5937	5648
陕　西	1569	3648	5775	7124	13985	20242	26052	40583
甘　肃	1189	2251	4995	6333	9979	11738	12960	22763
青　海	537	870	1629	2166	3697	8860	13203	9481
宁　夏	651	1202	2096	2598	10593	5450	5925	7089
新　疆	1785	3261	8194	10412	14681	19247	20338	42068

按年份各地区每万人拥有群众文化设施建筑面积

单位：平方米

地区	1995年	2000年	2005年	2006年	2008年	2009年	2010年	2011年
全国	**50.7**	**97.2**	**115.3**	**123.5**	**145.4**	**164.3**	**188.6**	**221.2**
北京	44.2	80.3	224.3	182.8	316.8	239.2	217.8	233.3
天津	61.6	138.9	130.4	122.8	112.2	130.5	174.1	213.1
河北	23.6	62.6	67.7	64.5	76.1	89.3	105.4	132.5
山西	45.4	53.4	58.1	53.6	130.5	175.7	210.6	221.5
内蒙古	98.0	144.4	132.4	109.3	121.8	157.4	182.6	231.1
辽宁	84.1	79.0	102.6	167.9	174.0	200.3	201.2	216.1
吉林	38.2	42.2	38.3	65.0	181.8	61.2	81.5	130.3
黑龙江	26.2	38.5	43.2	45.5	64.6	97.7	140.2	180.7
上海	71.9	216.2	379.1	450.7	500.5	577.4	485.0	496.5
江苏	97.8	168.6	181.3	203.0	249.3	289.1	302.8	303.2
浙江	135.2	190.7	276.0	307.6	356.4	374.9	432.5	478.4
安徽	17.1	23.6	44.4	45.0	51.0	66.0	93.2	138.0
福建	61.3	98.8	117.4	138.6	154.3	180.8	240.9	233.5
江西	38.0	79.5	98.4	73.3	78.0	111.1	131.2	171.5
山东	22.1	41.7	71.8	85.9	141.1	189.0	218.3	223.7
河南	21.9	39.0	52.2	54.8	53.8	71.5	94.7	127.3
湖北	80.5	149.5	140.6	131.9	163.7	173.1	180.6	183.8
湖南	29.8	63.7	80.6	87.0	83.4	100.7	125.2	167.8
广东	52.1	222.4	258.2	267.6	297.0	269.7	258.5	315.7
广西	33.5	76.4	100.9	92.2	88.9	100.6	122.9	134.3
海南	13.8	86.4	71.3	41.9	65.6	93.6	121.3	107.3
重庆		99.4	96.5	109.7	139.5	183.9	201.4	226.9
四川	32.1	107.9	83.9	91.6	89.1	126.1	166.3	234.1
贵州	26.1	28.7	40.5	44.7	53.0	62.8	81.2	180.0
云南	126.7	126.2	137.1	144.8	139.1	158.5	163.2	193.2
西藏	145.4	164.1	238.3	234.9	292.7	352.2	437.9	477.2
陕西	52.4	79.1	110.5	114.6	101.3	125.1	150.2	187.3
甘肃	62.8	103.0	148.8	139.7	95.9	129.8	175.7	218.6
青海	118.1	96.5	90.2	80.3	92.1	136.6	153.4	226.9
宁夏	156.5	170.8	179.5	173.8	165.0	186.2	188.9	239.1
新疆	60.7	116.4	149.3	200.0	250.1	277.6	288.4	353.4

2011年全国群众文化

	机构数(个)	从业人员(人)				
			专业技术人才	正高级职称	副高级职称	中级职称
总　计	**43675**	**147732**	**55772**	**1406**	**4802**	**24023**
文化馆	**3285**	**52004**	**34903**	**908**	**4080**	**14976**
其中：省级	31	1720	1228	140	334	438
地市级	348	9651	7431	383	1383	3197
县市级	2906	40633	26244	385	2363	11341
其中：县文化馆	1669	21589	14085	159	1024	5997
文化站	**40390**	**95728**	**20869**	**498**	**722**	**9047**
其中：乡镇文化站	34139	78148	17969	389	562	7587

续表 1

	举办展览个数(个)		组织公益性讲座次数(次)		藏书(万册)	计算机(台)
		参观人次(万人次)		参加人次(万人次)		
总　计	**107785**	**7751.64**	**17590**	**315.61**	**18010.31**	**169267**
文化馆	**19400**	**3379.69**	**17590**	**315.61**	**483.78**	**25130**
其中：省级	279	187.17	1778	25.74	11.68	1247
地市级	2519	745.14	2348	45.48	42.76	4490
县市级	16602	2447.39	13464	244.39	429.34	19393
其中：县文化馆	8658	1321.84	5639	113.29	165.93	8410
文化站	**88385**	**4371.95**			**17526.53**	**144137**
其中：乡镇文化站	66832	3289.93			13350.62	111483

机构基本情况

组织品牌节庆活动(个)	组织文艺活动次数(次)	为老年人组织专场	为未成年人组织专场	为残障人士组织专场	为农民工组织专场	组织文艺活动参加人次(万人次)	举办训练班班次(次)	培训人次(万人次)
3568	**620586**	**22950**	**15114**	**3276**	**9833**	**28278.54**	**339883**	**2414.44**
3568	**150169**	**22950**	**15114**	**3276**	**9833**	**12939.71**	**103122**	**615.18**
88	1567	183	223	35	115	276.70	2160	17.60
640	18956	2966	2095	388	1094	2567.73	23789	140.43
2840	129646	19801	12796	2853	8624	10095.28	77173	457.16
1297	58519	8078	5923	1097	4192	4805.76	27378	197.64
	470417					**15338.83**	**236761**	**1799.26**
	326376					11103.98	150369	1231.28

本年收入合计(千元)	财政拨款	业务活动专项经费	上级补助收入	事业收入	经营收入	附属单位上缴收入	其他收入
12856014	**11228724**	**2023145**	**678115**	**312202**	**106767**	**7477**	**522729**
5827503	**5118381**	**694882**	**235223**	**200519**	**47103**	**2689**	**223588**
453716	361438	105079	28650	34317	3394		25917
1333220	1209131	177610	41535	38356	9955	41	34202
4040567	3547812	412193	165038	127846	33754	2648	163469
1592222	1444917	162042	73026	33531	2182	91	38475
7028511	**6110343**	**1328263**	**442892**	**111683**	**59664**	**4788**	**299141**
5647201	4892571	1031849	364515	80538	50445	3900	255232

续表 2

	本年支出合计	基本支出	项目支出	经营支出		
					工资福利支出	商品和服务支出
总　计	**12675048**	**7835592**	**3526100**	**111801**	**4692194**	**2566878**
文化馆	**5626911**	**3963279**	**1301550**	**33342**	**2211428**	**1425290**
其中：省级	436368	231114	192131	3561	94712	169057
地市级	1280202	937452	275860	9109	475155	320757
县市级	3910341	2794713	833559	20672	1641561	935476
其中：县文化馆	1533447	1191539	221983	8320	721771	315665
文化站	**7048137**	**3872313**	**2224550**	**78459**	**2480766**	**1141588**
其中：乡镇文化站	5618343	3120650	1718693	63684	1993463	884589

续表 3

	资产总计（千元）	固定资产原值	实际使用房屋建筑面积（万平方米）	业务用房面积	对公众开放阅览室面积	实际拥有产权面积（万平方米）
总　计	**27249403**	**23028019**	**2982.55**	**2131.23**	**77.80**	**1140.16**
文化馆	**7648006**	**6094969**	**708.49**	**456.20**	**77.80**	**282.56**
其中：省级	449934	274956	18.35	11.71	2.19	10.00
地市级	1524205	1177795	125.38	84.19	10.33	49.80
县市级	5673867	4642218	564.76	360.30	65.28	222.76
其中：县文化馆	2477476	2102078	268.82	165.89	35.27	116.70
文化站	**19601397**	**16933050**	**2274.06**	**1675.03**		**857.60**
其中：乡镇文化站	15987387	13833170	1762.87	1334.83		751.95

差旅费	劳务费	福利费	各种税金支出	对个人和家庭补助支出	抚恤金和生活补助	其他资本性支出	各种设备购置费
在支出合计中:							
106471	**220285**	**69157**	**29931**	**923605**	**55527**	**849398**	**407592**
64800	**140434**	**34918**	**18916**	**813542**	**39224**	**272278**	**121495**
8770	19133	2516	1174	79216	3580	21836	11052
16391	32508	7943	3068	241740	8960	67845	26853
39639	88793	24459	14674	492586	26684	182597	83590
20396	34087	10506	2379	186199	12314	86256	33607
41671	**79851**	**34239**	**11015**	**110063**	**16303**	**577120**	**286097**
35109	57823	28286	7803	90422	14522	474867	224362

流动舞台车演出情况			由本馆指导的单位				
流动舞台车数量(辆)	利用流动舞台车演出场次(场次)	利用流动舞台车演出观众人次(万人次)	馆办文艺团体(个)	演出场次(场)	观众人次(万人次)	馆办老年大学(个)	群众业余文艺团队(个)
322	**13382**	**1174.09**	**7927**	**312335**	**6543.38**	**699**	**267844**
322	**13382**	**1174.09**	**7927**	**312335**	**6543.38**	**699**	**51092**
7	66	10.68	88	1381	97.54	11	142
33	1308	151.96	1137	192453	1031.73	79	3860
282	12008	1011.46	6702	118501	5414.11	609	47090
173	6835	602.90	3276	46484	3129.25	304	23351
							216752
							154799

2011年各地区群众

地　区	机构数（个）	从业人员（人）					组织品牌节庆活动	组织文艺活动次数（次）	为老年人组织专场
			专业技术人才	正高级职称	副高级职称	中级职称			
总　计	**43675**	**147732**	**55772**	**1406**	**4802**	**24023**	**3568**	**620586**	**22950**
北　京	340	2440	417	7	32	169	127	23972	560
天　津	258	993	419	14	83	169	44	6485	148
河　北	2360	6851	2367	94	228	1186	189	29338	841
山　西	1535	4351	1701	52	110	783	160	14868	336
内蒙古	1105	4200	2084	51	199	859	49	9862	620
辽　宁	1549	5183	2326	85	219	1229	112	28261	721
吉　林	966	3501	1850	51	336	913	56	9549	516
黑龙江	1652	4530	1826	145	327	959	141	17507	882
上　海	241	4856	1100	22	83	405	46	31353	916
江　苏	1429	6557	2631	68	230	1314	222	30534	1269
浙　江	1449	5991	3392	106	400	1706	230	35368	1294
安　徽	1532	5782	2676	62	106	883	116	17757	676
福　建	1199	3198	1030	24	88	468	198	11320	393
江　西	1947	4283	1236	30	105	513	62	13241	1031
山　东	1988	7729	3675	87	468	1669	197	48307	1814
河　南	2506	10779	2091	80	154	1087	119	33398	982
湖　北	1378	5022	2267	54	206	1225	142	18342	490
湖　南	2624	7318	2210	22	142	1064	105	26882	1304
广　东	1740	9957	2486	56	158	842	232	37970	1280
广　西	1285	4136	1887	61	103	769	131	19483	895
海　南	234	752	215	8	11	63	17	2727	115
重　庆	1037	3872	1037	18	82	419	75	16235	288
四　川	4798	8473	2869	27	153	1172	120	39449	2005
贵　州	1579	5223	2213	70	198	392	141	11988	288
云　南	1519	5421	3756	26	150	1558	110	23108	1218
西　藏	320	309	122	5	28	50	13	1923	60
陕　西	1761	6604	2158	36	131	809	106	17317	584
甘　肃	1420	3726	1032	5	93	392	91	9730	353
青　海	413	895	398	6	59	179	24	2964	137
宁　夏	252	997	594	10	36	202	41	4808	295
新　疆	1259	3803	1707	24	84	575	152	26540	639

文化机构基本情况

为未成年人组织专场	为残障人士组织专场	为农民工组织专场	组织文艺活动参加人次(万人次)	举办训练班班次(次)	培训人次(万人次)	举办展览个数(个)	参观人次(万人次)	组织公益性讲座次数(次)	参加人次(万人次)	藏书(万册)
15114	**3276**	**9833**	**28278.54**	**339883**	**2414.44**	**107785**	**7751.64**	**17590**	**315.61**	**18010.31**
154	135	189	556.38	14883	99.87	1692	102.15	1943	10.96	361.16
65	38	73	226.69	3917	28.41	828	41.19	218	3.37	102.04
676	144	394	672.06	11486	79.50	5375	259.63	1029	25.88	568.22
383	77	167	689.81	8691	48.93	2730	185.73	672	9.94	495.45
571	80	204	524.60	4061	37.96	1564	138.74	251	5.59	194.07
367	72	246	1079.81	20303	122.54	3650	181.77	795	10.46	700.12
345	51	193	547.71	3525	32.62	1263	120.68	371	18.71	196.01
628	93	181	478.13	6419	35.96	2581	110.35	554	5.99	389.87
269	179	126	1502.07	24458	139.79	2520	338.04	624	4.79	629.72
751	205	535	1078.98	15768	119.02	6952	288.26	820	10.78	2030.01
929	242	929	1753.24	19969	120.37	6510	478.79	1109	16.27	1591.41
449	56	306	635.97	12850	94.85	3908	232.80	587	10.42	394.87
419	73	256	450.23	6397	43.79	2331	291.44	226	4.85	400.16
512	129	735	530.37	6412	49.47	2364	165.75	539	10.52	378.59
1443	365	658	1699.37	26860	178.93	9882	533.37	1177	30.57	1477.27
666	113	345	1141.48	15985	124.83	7583	500.90	793	14.75	578.92
400	97	242	1370.09	7906	69.61	3282	316.60	421	24.41	424.24
690	147	604	1383.53	10652	72.43	3779	278.44	628	13.46	835.98
892	227	812	3354.12	29590	302.18	7930	954.62	728	16.29	1962.58
451	77	329	1110.55	8819	51.21	2495	209.61	557	4.27	584.81
186	6	70	145.74	1239	8.65	431	29.22	106	3.30	79.39
219	43	106	925.04	8188	69.19	2869	315.21	239	6.79	488.02
877	188	488	1940.44	22212	164.90	7976	619.55	1261	23.27	1039.98
822	45	206	662.89	13760	37.01	1457	109.41	209	2.94	295.25
472	82	218	1370.00	9305	85.94	3154	211.87	216	7.94	448.72
83	2	213	58.52	383	2.36	104	3.77	35	0.15	37.53
320	100	214	665.94	8718	57.18	4222	225.77	428	5.40	347.43
226	58	115	365.80	6133	53.18	2859	177.10	289	4.20	246.43
243	23	160	116.92	1021	4.73	656	20.96	56	1.06	50.11
126	29	111	308.72	1122	11.65	543	78.50	188	2.41	99.93
480	100	408	933.34	8851	67.38	4295	231.44	521	5.87	582.02

续表 1

地　区	计算机(台)	本年收入合计(千元)	财政拨款		上级补助收入	事业收入	经营收入	附属单位上缴收入
				业务活动专项经费				
总　计	**169267**	**12856014**	**11228724**	**2023145**	**678115**	**312202**	**106767**	**7477**
北　京	2438	226831	190294	70172	6440	15270	2533	
天　津	1168	135621	119055	13274	6721	5423	506	
河　北	3605	315935	270231	30014	9624	3406	1689	325
山　西	4248	240469	221956	29112	12878	1557	2	57
内蒙古	2172	301112	295516	21721	2343	826	317	40
辽　宁	2131	312147	299796	38936	8773	2061	699	4
吉　林	1668	247338	242441	19712	2050	1068	180	
黑龙江	3135	217223	210993	12798	3279	139		
上　海	6170	953749	797000	205343	45240	52647	8690	1249
江　苏	9592	949016	696724	130951	33322	36148	6152	975
浙　江	10528	1287126	1029704	211014	150197	38285	1344	3601
安　徽	8060	502309	418441	58786	67514	7406	413	
福　建	4099	269582	225023	34176	20667	9969	5538	32
江　西	3911	212219	192187	23027	10909	5236	248	20
山　东	20096	505930	483985	72320	9576	3835	468	63
河　南	5062	505133	482229	51200	7689	4894	2004	5
湖　北	5165	293000	223447	27919	29676	21380	3732	57
湖　南	7267	481780	427266	40749	15444	11532	6022	71
广　东	9468	1297858	1162261	378356	60733	31470	13829	404
广　西	6592	233552	207634	36022	13703	1875	7106	
海　南	974	56600	51456	10316	4397	220		
重　庆	7559	422375	314132	62834	33919	26456	35602	33
四　川	14574	908079	833390	236686	35285	4944	5290	450
贵　州	5206	326817	304426	28889	13792	2145	340	16
云　南	8184	393125	356134	34655	22445	5940	2269	46
西　藏	970	56235	55335	4573	820			
陕　西	4156	372770	337834	56810	16867	8122	444	10
甘　肃	6113	228455	213352	20682	8583	3762	5	
青　海	663	97635	92465	15163	3879	407	441	
宁　夏	1088	73689	64555	7405	2617	4275	820	
新　疆	3205	432304	409462	39530	18733	1504	84	19

其他收入	本年支出合计	基本支出	项目支出	经营支出	在支出合计中:				
					工资福利支出	商品和服务支出	差旅费	劳务费	福利费
522729	**12675048**	**7835592**	**3526100**	**111801**	**4692194**	**2566878**	**106471**	**220285**	**69157**
12294	228198	133777	91790	2406	64507	102580	1238	3990	195
3916	137607	104959	31794	518	46293	32928	486	2505	733
30660	308988	218577	69753	1600	156901	38585	2375	2357	931
4019	249572	165954	55439	287	105751	51973	2894	4215	926
2070	291135	256190	23298	1937	160337	45815	3651	4670	1082
814	316149	243934	47959	405	143162	59031	1676	3942	505
1599	261506	196924	56597	481	108054	42534	1569	1479	1018
2812	210995	176347	20036	281	106104	28730	1498	2077	393
48923	880234	537551	280441	10758	293437	226432	2952	12973	13573
175695	954511	617585	209899	7368	289617	325216	6307	17629	10691
63995	1215466	664429	471081	4377	348925	369617	10792	40146	7045
8535	514217	256394	157175	2976	161007	44771	3167	5680	1173
8353	277489	164627	90206	3960	95162	54811	2209	6340	1443
3619	213855	137427	43521	2942	93960	30898	2524	2099	1432
8003	506972	388261	85590	457	232968	85595	3251	4431	1107
8312	462328	318555	82663	2006	217242	67218	2603	5597	1134
14708	292726	195109	64448	3965	114864	58890	5736	4360	4014
21445	476177	268704	173544	7670	181628	81509	4595	5080	1772
29161	1377401	632577	510544	14635	412412	189746	9033	28562	5857
3234	214510	160571	33844	1115	97735	48712	2845	3972	603
527	55124	36751	12288	294	25410	9617	905	1616	244
12233	429918	237979	120370	15057	136923	95935	7277	16224	3842
28720	868918	414705	384224	8607	240433	197010	11383	17525	4916
6098	288911	197800	47290	1608	140194	36836	4316	4867	562
6291	365827	272128	62248	3269	191730	61425	2500	5058	813
80	56478	28865	12246	6216	18044	3643	252	48	29
9493	405829	291624	51189	1595	203499	75850	2496	3520	1135
2753	227628	190747	22948	2568	107154	42688	1602	2478	869
443	94811	75496	15098	580	36423	9906	786	1383	178
1422	70886	55581	3761	1537	38379	11024	454	1860	181
2502	420682	195464	194816	326	123939	37353	3099	3602	761

续表 2

地区	各种税金支出	对个人和家庭补助支出	抚恤金和生活补助	其他资本性支出	各种设备购置费	资产总计（千元）	固定资产原值	实际使用房屋建筑面积（万平方米）	业务用房面积
总　计	**29931**	**923605**	**55527**	**849398**	**407592**	**27249403**	**23028019**	**2982.55**	**2131.23**
北　京	1259	31336	95	8974	1319	393654	279459	47.08	30.35
天　津	471	32161	1452	4887	1430	183073	134690	28.91	15.60
河　北	191	24478	690	10557	7049	769765	689625	95.97	72.66
山　西	385	24198	8576	28866	15414	732591	658015	79.58	58.23
内蒙古	289	25251	952	15285	12800	485675	444297	57.42	40.14
辽　宁	378	44139	1510	15004	7146	419153	380362	94.77	67.64
吉　林	82	39337	1224	50434	25349	368339	339053	35.79	28.07
黑龙江	38	26167	1050	6749	3199	497005	467498	69.31	51.38
上　海	7423	27909	2822	37337	27765	1842242	1331254	116.53	84.38
江　苏	699	74905	2973	74324	19954	2744759	2378921	239.54	176.32
浙　江	1035	75621	2258	68353	30768	2442568	1908840	261.42	199.78
安　徽	426	36825	1023	51522	27059	920362	770384	82.41	66.14
福　建	1671	20466	1024	15396	8770	633151	517228	86.93	61.12
江　西	333	25487	1834	12794	6877	502397	429921	76.97	50.75
山　东	326	35834	1820	54859	29876	1183611	1035909	215.58	134.67
河　南	333	28100	1939	88197	26230	911323	866136	119.64	88.58
湖　北	895	25933	1703	36914	12507	795417	681271	105.95	72.83
湖　南	610	22866	2763	22007	6002	950076	842120	110.73	84.83
广　东	3219	57638	2015	48687	30788	2817413	2267925	331.78	233.58
广　西	99	22935	1408	17022	9765	516224	454469	62.46	46.43
海　南	48	1142	46	1727	1286	134800	118236	9.46	6.92
重　庆	6261	31306	3126	40389	14490	828322	690814	66.30	40.71
四　川	937	49778	3602	65941	53850	2304446	2140580	188.77	145.13
贵　州	99	23748	1753	12532	7641	479885	370873	62.51	35.63
云　南	649	30325	849	9999	5231	869731	784194	89.58	65.13
西　藏		3388	68	901	119	224206	185323	14.50	10.01
陕　西	1390	21155	4184	6669	3988	680564	461940	70.16	50.94
甘　肃	115	16545	1104	18841	3901	621317	533120	56.13	44.32
青　海		7405	184	6965	785	150216	141351	12.92	10.75
宁　夏	57	8960	401	1557	1420	126556	100368	15.30	8.94
新　疆	213	28267	1079	15709	4814	720562	623843	78.15	49.27

		流动舞台车演出情况			由本馆指导的单位				
对公众开放阅览室面积	实际拥有产权面积(万平方米)	流动舞台车数量(辆)	利用流动舞台车演出场次(场次)	利用流动舞台车演出观众人次(万人次)	馆办文艺团体(个)	演出场次(场)	观众人次(万人次)	馆办老年大学(个)	群众业余文艺团队(个)
77.80	**1140.16**	**322**	**13382**	**1174.09**	**7927**	**312335**	**6543.38**	**699**	**267844**
0.17	3.49	11	197	8.70	103	1594	73.95	10	7305
0.14	3.81	3	170	29.00	81	991	39.41	5	2954
3.27	38.17	24	996	58.11	395	7092	253.10	32	16102
5.95	63.15	6	170	17.00	231	5271	157.77	20	7034
1.57	15.86	1			256	2976	270.12	27	2757
1.53	21.15	9	287	36.93	427	183380	161.87	36	9632
3.15	27.59	6	291	42.17	218	2264	84.11	17	3191
1.43	18.74	13	237	21.93	344	31923	166.49	29	5140
0.89	36.04	10	411	28.22	118	1337	53.37	9	8486
3.48	82.35	13	955	65.50	378	4801	134.97	37	13893
3.38	85.67	36	2611	277.94	425	4735	306.16	20	27155
3.73	46.53	10	268	44.10	392	2910	235.16	25	5306
1.74	26.85	3	23	2.50	179	2682	146.38	22	5484
3.59	27.83	5	197	4.50	376	5800	263.98	31	4105
4.08	33.69	11	1431	67.83	240	7372	553.01	42	25410
2.65	73.07	10	645	52.76	382	6406	374.66	29	19363
3.15	55.14	11	429	35.03	451	4124	290.47	36	9788
4.60	62.22	23	1245	91.61	62	2614	134.40	33	14671
6.12	79.71	16	637	46.09	385	5466	420.07	32	10154
2.43	25.93	11	145	11.71	504	5896	514.10	25	9769
0.53	3.09	1	8	3.00	16	152	33.52	1	1096
2.38	35.99	6	205	41.09	112	1261	107.72	26	5830
4.65	90.56	37	908	123.94	331	3171	325.08	43	13342
1.84	26.97	6	154	12.01	136	1851	249.43	16	3510
2.37	45.91	13	89	7.65	469	3643	246.11	29	19841
0.90	4.98	3	4	0.55	21	78	4.25		249
2.19	32.22	8	258	7.63	307	4440	178.37	25	7819
2.57	27.84	6	75	17.13	194	2498	447.64	15	3179
0.19	5.78	2	10	3.00	46	1812	67.25	2	386
0.73	8.77	6	306	15.65	36	948	51.99	4	1084
2.40	31.06	2	20	0.80	312	2847	198.47	21	3809

2011年各地区省级群众

地区	机构数(个)	从业人员(人)					组织品牌节庆活动	组织文艺活动次数(次)	
			专业技术人才						为老年人组织专场
				正高级职称	副高级职称	中级职称			
总计	**31**	**1720**	**1228**	**140**	**334**	**438**	**88**	**1567**	**183**
北京	1	60	30	3	2	12	9	19	1
天津	1	66	36	5	12	19	6	46	9
河北	1	55	22	7	11	4	6	45	6
山西	1	79	74	7	12	28	1	35	8
内蒙古	1	43	39	5	16	18		120	18
辽宁	1	55	47	3	11	16		36	10
吉林	1	58	50	4	13	21	6	120	16
黑龙江	1	49	42	10	9	7	3	21	2
上海	1	75	33	3	9	21	6	71	
江苏	1	37	35	7	10	12	2	110	2
浙江	1	61	45	15	19	10		102	8
安徽	1	37	20	3	7	6	4	22	
福建	1	57	57	9	9	11		9	2
江西	1	42	38	1	10	15	3	28	4
山东	1	55	48	7	17	16		16	1
河南	1	59	40	4	15	10	4	92	10
湖北	1	69	49	9	12	13	5	7	1
湖南	1	80	63	4	10	22	3	36	10
广东	1	46	29	2	5	11		6	
广西	1	36	35	3	15	12		55	5
海南	1	29	22	2	4	15		10	10
重庆	1	71	25	2	10	13	4	28	
四川	1	61	35	2	11	12	2	36	10
贵州	1	73	66	4	17	15		20	3
云南	1	61	45	4	14	13	5	155	6
西藏	1	42	22	1	6	15		39	
陕西	1	75	39	3	13	23	4	8	1
甘肃	1	39	23	2	10	11	3	84	16
青海	1	42	27	1	11	15	6	38	
宁夏	1	59	59	6	7	15	6	142	20
新疆	1	49	33	2	7	7		11	4

艺术馆基本情况

为未成年人组织专场	为残障人士组织专场	为农民工组织专场	组织文艺活动参加人次(万人次)	举办训练班班次(次)	培训人次(万人次)	举办展览个数(个)	参观人次(万人次)	组织公益性讲座次数(次)	参加人次(万人次)	藏书(万册)
223	**35**	**115**	**276.70**	**2160**	**17.60**	**279**	**187.17**	**1778**	**25.74**	**11.68**
		18	7.32	8	0.06	4		1382	3.48	
12	4	8	3.68	72	0.54	15	6.00	11	0.44	0.15
8		5	0.11	520	1.95	8	5.10	12	5.20	2.00
10	10	7	0.01	56	0.01	8	0.08	6	0.07	1.00
16			0.20	30	0.30	8	0.10	6	0.05	
4	5	2	3.50	22	0.51	5	0.26	14	0.33	0.14
73	1	3	13.20	76	5.10	8	7.50	120	13.30	0.87
2			0.30	5	0.03	2	0.08	5	0.08	0.50
2		10	50.00	146	1.46	22	8.00	25	0.25	0.50
1			22.00	5	0.04	10	2.00			
5		10	3.00	25	0.15	8	2.65	26	0.20	0.89
			1.50	462	2.92	10	0.30			
3			7.00	20	0.30	13	90.00	2	0.05	
2	1	1	15.00	11		5	0.65	2	0.15	1.10
1		1	16.00	10	0.08	12	2.40	4	0.02	1.34
31		20	6.80	7	0.22	20	24.50	17	0.08	
2		1	1.49	5	0.02	4		2	0.03	
6	2	6	5.00	20	0.20	10	1.50	10	0.50	
			10.46	38	0.66	1	0.40			
10		2	4.40	45	0.20	3	0.80			
			1.00	7	0.06	4	1.00	2	0.02	
		2	12.00	12	0.15	3	3.00	2	0.02	
9	7	10	0.72	18	0.44	17	2.04	16	0.24	1.41
3		2	0.10	380	1.52	20	0.80	18	0.09	0.28
2		1	1.14	44	0.15	10	1.10	3	0.02	
			2.40	4	0.04	8	0.24			
1		1	2.00	10	0.11	4	2.50	3	0.04	1.50
8	1	2	0.23	36	0.08	7	0.35	15	0.09	
10	3	1	0.11	15	0.11	6	0.30	5	0.05	
			33.00	20	0.08	15	15.00	53	0.80	
2	1	2	53.03	31	0.12	9	8.52	17	0.14	

续表 1

地区	计算机(台)	本年收入合计(千元)	财政拨款	业务活动专项经费	上级补助收入	事业收入	经营收入	附属单位上缴收入
总计	**1247**	**453716**	**361438**	**105079**	**28650**	**34317**	**3394**	
北京	90	34538	27448	19322		1248		
天津	45	17211	13979	3874	759	2349		
河北	42	10442	8135	2412	1219	335		
山西	46	15247	13148	158				
内蒙古	29	9401	9203	2750		198		
辽宁	30	18731	17834	10275		863		
吉林	36	9739	9217	2660		301		
黑龙江	22	8168	8168					
上海	96	38316	21502	7989	10642	5915		
江苏	86	11528	8426	4890		829		
浙江	97	22591	16542			3026		
安徽		6076	4843		221	137		
福建	46	13040	9595	5969	1883	851		
江西	20	3753	3298	450		417		
山东	12	12464	11476	3750		280		
河南	95	12422	9016	3590		2088	1063	
湖北		20790	15388	10670		5276		
湖南		35339	34848	355		72		
广东	52	15775	10461	5848	4022	1128		
广西	21	8122	7401	3567				
海南	25	4257	4257					
重庆	50	17027	8499		3678	3800		
四川	33	18708	10361	3735	6080	35		
贵州	25	12291	10310					
云南	73	19161	16677			362	1647	
西藏	21	8015	8015	2300				
陕西	35	14987	13435	3470		557		
甘肃	31	6401	6199	980		174		
青海	39	8769	8412	1624	102			
宁夏	20	13679	8767	2441		3974	684	
新疆	30	6728	6578	2000	44	102		

其他收入	本年支出合计	基本支出	项目支出	经营支出	在支出合计中: 工资福利支出	商品和服务支出	差旅费	劳务费	福利费
25917	**436368**	**231114**	**192131**	**3561**	**94712**	**169057**	**8770**	**19133**	**2516**
5842	30725	8740	21900		4469	23845	1089	1282	62
124	18798	14716	4082		3747	11627	258	44	116
753	10836	6741	4095		2891	4299	984	502	118
2099	15352	11026	4326		4208	3439	256	286	43
	4969	3799	1170		1821	689	207	6	36
34	16457	8209	8248		3350	8212			
221	8468	6557	1610	301	2506	2633	222	109	61
	8121	5821	2300		2001	2533	88	194	
257	36754	17003	16328		7377	22445	67	491	751
2273	10449	5556	4893		2161	5459	187	1684	65
3023	26062	8711	17351		3689	12173	63	435	52
875	6574	5053	1521		1797	2431	117	61	3
711	12666	5434	7231		2313	7174	682	1193	235
38	3964	3302	662		1511	960	45		42
708	11445	6491	4954		2695	324	7	27	9
255	9939	7847	1029	1063	3139	3374	25		28
126	20790	7592	13198		3845	349	124		
419	35339	11364	23975		4775	3434	69		16
164	17798	6723	11075		3568	10324	1262	4396	300
721	6890	3194	3666		1402	3937	428	993	19
	4257	2991	1266		1844	658	59		1
1050	18762	7295	5777		3507	11009	636	5247	264
2232	18494	12082	6080		2096	811	26		46
1981	10252	8963	1289		3595	2997	935	200	
475	16224	9192	5406	1625	4171	5755	274	360	
	8845	4784	4061		2888	58	58		
995	14987	6325	8662		2922	8853	123		
28	5062	5062			1608	1745	106	279	106
255	8781	5989	2792		2591	839	112	117	
254	11734	10325	837	572	4209	4707	84	836	143
4	6574	4227	2347		2016	1964	177	391	

续表 2

地　区	各种税金支出	对个人和家庭补助支出	抚恤金和生活补助	其他资本性支出	各种设备购置费	资产总计(千元)	固定资产原值	实际使用房屋建筑面积(万平方米)	业务用房面积
总　计	**1174**	**79216**	**3580**	**21836**	**11052**	**449934**	**274956**	**18.35**	**11.71**
北　京		2316	6	95		13469	5886	0.39	0.39
天　津	171	3275	15	149	149	19401	2826	0.43	0.39
河　北		2976	77	669	184	8770	5348	0.50	0.25
山　西	37	3599	148	4106	1600	10081	6625	0.64	0.43
内蒙古	6	1289	210	1170	1170	5761	5119	0.36	0.29
辽　宁		3431				4324	4227	0.65	0.15
吉　林	2	2587	92	441	441	29418	26215	0.88	0.58
黑龙江		3587	4			1406	1406	0.16	0.10
上　海	111	836	151	2671	2671	68483	17528	1.90	1.70
江　苏	24	1946	291	883	657	48199	41249	0.64	0.41
浙　江		3220	57	6980	474	34761	12101	0.83	0.64
安　徽	42	2346	6			5945	5474	0.25	
福　建	113	1882	6	404	404	11401	5888	0.36	
江　西	10	1476	265	17		3980	485	0.10	0.02
山　东		3472	105	175	175	21794	14648	0.58	0.10
河　南	30	2087	18	276	76	10007	5806	0.98	0.98
湖　北	34	3174				8595	6510	0.37	0.18
湖　南	14	3154	406	474		4884	3471	2.01	
广　东	53	3281	12	625	625	7661	4467	0.18	0.12
广　西		1518	297	33		8386	4454	0.27	0.25
海　南		339	4			4590	4590	0.36	0.30
重　庆	17	3787	69	409	409	2866	2866	0.20	0.08
四　川	332	4292	183			14265	8504	0.99	0.38
贵　州		2750		666	666	10608	6820	0.40	0.40
云　南		4292		380	380	45789	38887	1.96	1.96
西　藏		1444	14			11211	11211	0.35	0.35
陕　西	121	2743	1005	469	469	12668	7663	0.71	0.43
甘　肃		1467	11	242		6906	3884	0.15	0.10
青　海		2559	61			7951	5024	0.38	0.38
宁　夏	57	2086	59	121	121	3779	3779	0.37	0.35
新　疆		2005	8	381	381	2575	1995		

对公众开放阅览室面积	实际拥有产权面积(万平方米)	流动舞台车演出情况			由本馆指导的单位				
		流动舞台车数量(辆)	利用流动舞台车演出场次(场次)	利用流动舞台车演出观众人次(万人次)	馆办文艺团体(个)	演出场次(场)	观众人次(万人次)	馆办老年大学(个)	群众业余文艺团队(个)
2.19	**10.00**	**7**	**66**	**10.68**	**88**	**1381**	**97.54**	**11**	**142**
0.02	0.43				8	240	9.60		5
0.21	0.75	1	45	9.00	2	45	11.80	1	2
0.43	0.64				1	4	0.12	1	2
0.07	0.36				5	57	0.10	1	28
0.04					8	27	1.40	1	12
0.58	1.20				3	10	1.20		5
0.03									
0.02		1			3			1	
		1			5	20	1.00	1	2
0.64									13
					1				
		1			2	4			3
0.01	0.05								
0.01					5	91	6.80	1	
								1	
	2.01								4
					2	148	28.00		
					12	140	11.20		30
					1	5	3.00		2
	0.99	2	21	1.68	7	73	0.56	1	12
0.02					3	10	3.20		3
	1.96				3	50	1.00	1	9
		1							
0.11	0.71				3	15	1.56		5
	0.15				8	62	2.00		4
	0.38				6	380	15.00		
	0.37							1	1

2011年各地区地市级

地　区	机构数(个)	从业人员(人)					组织品牌节庆活动	组织文艺活动次数(次)	
			专业技术人才						为老年人组织专场
				正高级职称	副高级职称	中级职称			
总　计	**348**	**9651**	**7431**	**383**	**1383**	**3197**	**640**	**18956**	**2966**
北　京									
天　津									
河　北	13	484	379	39	81	134	39	1326	113
山　西	11	354	282	9	33	144	23	122	20
内蒙古	12	423	337	7	55	136	10	358	63
辽　宁	22	621	533	31	114	211	23	533	113
吉　林	13	396	321	19	77	124	16	727	56
黑龙江	16	396	323	67	95	101	15	1366	151
上　海									
江　苏	13	432	332	20	58	136	47	696	111
浙　江	11	404	348	36	72	119	30	1476	122
安　徽	13	247	199	3	28	91	36	517	113
福　建	9	143	91	4	17	47	37	455	45
江　西	12	348	219	8	40	86	11	765	431
山　东	17	600	501	36	101	201	44	1250	276
河　南	17	497	335	17	54	181	29	759	89
湖　北	11	404	318	18	63	168	38	387	44
湖　南	14	430	323	8	68	168	17	385	90
广　东	21	540	382	21	59	169	75	1469	188
广　西	14	315	265	4	46	99	35	979	124
海　南	2	28	23	2	2	5	2	82	22
重　庆									
四　川	21	563	357	4	62	178	25	1387	447
贵　州	9	282	232	4	42	81	12	180	30
云　南	16	412	351	4	48	188	8	1170	84
西　藏	7	125	88	4	22	35	1	462	37
陕　西	10	318	252	6	31	99	15	208	24
甘　肃	16	366	218	3	44	106	18	374	31
青　海	8	125	101	1	26	57	1	181	18
宁　夏	6	118	95	2	10	50	10	774	72
新　疆	14	280	226	6	35	83	23	568	52

群众艺术馆基本情况

为未成年人组织专场	为残障人士组织专场	为农民工组织专场	组织文艺活动参加人次（万人次）	举办训练班班次（次）	培训人次（万人次）	举办展览个数（个）	参观人次（万人次）	组织公益性讲座次数（次）	参加人次（万人次）	藏书（万册）
2095	**388**	**1094**	**2567.73**	**23789**	**140.43**	**2519**	**745.14**	**2348**	**45.48**	**42.76**
89	9	53	106.03	564	4.88	107	10.07	183	7.44	2.20
43		3	13.74	738	1.32	47	4.50	27	0.24	2.68
54	3	17	11.00	170	1.82	36	8.56	31	0.44	0.65
58	9	50	84.88	4503	16.10	163	36.20	112	2.26	3.12
65	1	7	153.84	437	2.61	43	47.70	72	0.55	0.89
161	20	42	45.57	499	2.85	70	8.90	50	1.34	2.86
84	27	66	70.62	504	1.73	88	11.91	98	1.74	1.14
375	20	147	123.04	1196	5.79	158	29.16	186	3.47	0.18
94	5	13	85.25	1760	2.76	89	27.01	63	1.71	0.30
56	7	21	42.55	342	6.85	116	48.69	54	0.82	0.30
42	14	34	37.80	1273	15.24	68	8.73	75	0.50	1.18
142	92	102	169.07	4458	11.98	251	33.42	129	4.48	3.06
111	12	32	136.61	1357	9.31	162	84.47	101	2.18	2.44
67	8	40	364.50	567	2.27	76	30.73	74	2.35	0.20
72	12	27	227.22	302	4.98	100	7.09	78	1.79	2.20
149	64	149	111.31	938	9.07	249	129.29	135	1.74	1.22
67	12	53	223.89	610	3.10	63	21.73	83	1.55	2.10
3	1	2	24.60	58	0.72	14	1.50	9	0.19	0.13
113	33	135	137.33	1615	13.00	167	83.22	500	7.10	1.21
31	2	7	3.56	247	2.04	26	2.90	21	0.18	0.30
61	10	14	160.95	644	9.10	63	28.46	46	1.25	1.44
8	1	12	11.10	53	0.16	3	0.28	4		0.54
19	2	5	28.32	371	1.41	109	25.72	28	0.37	4.60
17	4	5	27.62	243	6.70	115	19.75	80	0.78	6.17
16	2	8	14.89	46	0.19	22	1.29	12	0.04	0.57
44	7	18	127.60	78	1.14	39	10.45	26	0.50	0.26
54	11	32	24.84	216	3.26	75	23.42	71	0.47	0.82

续表 1

地　区	计算机(台)	本年收入合计(千元)						
			财政拨款	业务活动专项经费	上级补助收入	事业收入	经营收入	附属单位上缴收入
总　计	**4490**	**1333220**	**1209131**	**177610**	**41535**	**38356**	**9955**	**41**
北　京								
天　津								
河　北	152	49708	47117	5220	120	446	1184	
山　西	152	33624	32810	1293	589	84		
内蒙古	80	45537	45300	3320	120			
辽　宁	203	70614	69911	7786	263	400		
吉　林	130	41924	40571	2080	1206	60		
黑龙江	157	47054	44628	3308	394	9		
上　海								
江　苏	205	96742	81575	19298	4045	9356	849	
浙　江	338	97764	77614	19104	5329	7655		
安　徽	194	33482	30887	5964	1656	680	1	
福　建	191	29867	26149	9092	2278	1115		
江　西	81	31283	27418	1394	1598	1324		
山　东	213	66414	61875	8931	745	1795		41
河　南	203	54556	50808	4055	1429	770		
湖　北	127	50544	42315	2249	2620	2811	1162	
湖　南	167	49588	37841	3073	1715	2407	5000	
广　东	604	116266	107521	17337	3290	2660	138	
广　西	182	34319	28837	4625	3171	279	726	
海　南	32	8653	8021	470	415			
重　庆								
四　川	238	122446	116727	36565	1215	1420		
贵　州	73	30996	28063	2082	2268	57		
云　南	165	53569	50950	7940	1357	278	454	
西　藏	27	23318	23318	766				
陕　西	115	36626	33003	731	1036	1121		
甘　肃	143	36882	31717	2400		3019		
青　海	60	17406	15033	2157	1861	43	441	
宁　夏	100	17428	15627	760	630	242		
新　疆	158	36610	33495	5610	2185	325		

其他收入	本年支出合计	基本支出	项目支出	经营支出	在支出合计中:				
					工资福利支出	商品和服务支出	差旅费	劳务费	福利费
34202	**1280202**	**937452**	**275860**	**9109**	**475155**	**320757**	**16391**	**32508**	**7943**
841	50247	48391	1189	667	25514	11318	456	256	406
141	32260	29287	2723		15824	7961	347	473	287
117	41723	37964	669		25363	6590	538	629	288
40	70245	62202	7760		28313	13932	552	1292	148
87	39834	35011	4823		15554	9299	497	818	620
2023	44605	40595	3898		18550	9573	397	910	172
917	91031	59245	28265	849	24083	41624	429	2163	435
7166	94297	62189	32108		29997	41561	1678	6785	291
258	36384	31433	4950	1	13255	8830	392	594	389
325	25843	17050	8423		7791	6826	326	570	144
943	28417	17074	1773		11036	7007	437	275	123
1958	65178	54151	9897		31599	17220	1084	575	32
1549	50285	34577	8038		16588	13166	301	1364	172
1636	48920	33416	5590	1162	16251	9036	830	378	1030
2625	44844	32790	7168	4800	19310	12072	651	1615	321
2657	125856	70334	47258	206	33195	22186	1908	5751	702
1306	29687	23957	4902	529	11215	6562	636	220	143
217	7706	3395	3519		1770	2975	150	850	4
3084	116030	58025	57680		25119	22799	2142	1406	1162
608	26731	20983	2118		10724	4343	373	594	142
530	49160	34070	12561	454	23345	11483	543	952	284
	22391	15623	1207		10564	3373	177	48	29
1466	37857	31803	3810		17543	11068	408	1158	194
2146	35351	28156	7195		15203	6379	164	724	163
28	16585	15184	809	441	6884	4094	387	1125	5
929	15842	14869	973		6391	3765	141	551	21
605	32893	25678	6554		14174	5715	447	432	236

续表 2

地区	各种税金支出	对个人和家庭补助支出	抚恤金和生活补助	其他资本性支出	各种设备购置费	资产总计(千元)	固定资产原值	实际使用房屋建筑面积(万平方米)	业务用房面积
总　计	**3068**	**241740**	**8960**	**67845**	**26853**	**1524205**	**1177795**	**125.38**	**84.19**
北　京									
天　津									
河　北	190	10907	77	2050	2005	65417	58548	4.26	2.04
山　西	187	2398	137	972	577	27999	22876	3.29	1.58
内蒙古	12	7549	139	369	14	55569	38922	6.68	2.39
辽　宁	189	16063	361	3357	2352	66864	59061	6.79	5.40
吉　林	48	13519	189	898	652	32760	24376	2.95	2.20
黑龙江	32	11150	388	2563	1107	64404	57310	5.09	3.15
上　海									
江　苏	372	16399	85	5871	2671	162379	118560	7.51	5.26
浙　江	327	17995	192	3590	966	108964	63127	7.66	5.51
安　徽	102	9713	115	2022	641	19165	17044	3.52	2.24
福　建	12	3295	90	1619	178	46305	25999	4.78	2.62
江　西	73	8307	1105	1007	829	17375	11839	4.45	1.64
山　东	195	9200	336	4169	422	71946	57529	5.59	4.92
河　南		9392	460	4415	1990	52045	43829	8.22	6.75
湖　北	183	8413	96	9608	429	98852	88488	5.34	3.65
湖　南	345	8947	608	963	172	41916	30738	6.42	4.84
广　东	273	17163	493	2785	1522	156699	108349	9.91	7.03
广　西	6	8865	111	1475	1121	32207	26619	3.25	1.95
海　南	24	220		311	311	51451	41751	0.17	0.11
重　庆									
四　川		15549	1154	4615	3951	73924	63466	6.62	5.22
贵　州	83	11065	78	270	252	12723	9237	1.03	0.70
云　南	308	8113	74	3734	1778	65778	58989	6.21	4.86
西　藏		1944	54	712		42889	37591	2.06	1.05
陕　西		6738	1446	960	552	59159	30963	3.62	2.42
甘　肃	26	5686	675	4843	963	36261	32881	3.07	2.29
青　海		2471	123	780		15643	12701	0.81	0.53
宁　夏		4182	272	228	168	16328	15644	2.90	1.52
新　疆	81	6497	102	3659	1230	29183	21358	3.18	2.32

		流动舞台车演出情况			由本馆指导的单位				
对公众开放阅览室面积	实际拥有产权面积(万平方米)	流动舞台车数量(辆)	利用流动舞台车演出场次(场次)	利用流动舞台车演出观众人次(万人次)	馆办文艺团体(个)	演出场次(场)	观众人次(万人次)	馆办老年大学(个)	群众业余文艺团队(个)
10.33	**49.80**	**33**	**1308**	**151.96**	**1137**	**192453**	**1031.73**	**79**	**3860**
0.02	2.60	3	17	5.10	46	445	34.00	2	242
0.18	2.97				24	295	10.89	1	59
0.05	0.07				51	219	11.97	5	17
0.53	2.56	1			108	180378	24.39	3	212
0.99	2.71	1	10	1.35	33	256	15.48	2	123
0.42	1.07	3	54	6.55	72	529	66.81	3	208
0.37	1.76	1	38	10.00	42	524	18.15	5	197
0.20	1.50	3	313	34.00	46	828	33.60	2	215
0.56	0.53		12	1.20	85	325	14.92	2	81
0.06	3.34	2	23	2.50	27	133	12.24	4	31
0.49	1.74	2			21	702	13.01	1	159
0.17	0.84				37	2172	104.28	3	425
0.05	4.11	1	150	30.00	80	587	95.10	2	181
0.48	3.67	4	47	11.00	58	332	68.71	7	160
0.99	1.84		88		13	153	24.25	3	386
2.09	2.33	1	100	10.00	64	926	59.04	5	249
0.33	1.97				45	736	202.95	3	257
0.05	0.90				7	57	7.10	1	78
0.40	2.95	7	265	27.76	57	494	42.46	8	148
0.21	0.42	2			20	129	11.30	1	15
0.49	1.49				27	311	34.57	4	136
0.01	1.26				2	20	3.00		4
0.18	1.99		3	0.50	66	600	16.65	4	109
0.58	1.21				26	255	9.26	4	90
0.06	0.54				16	167	21.98		4
0.34	2.52	2	188	12.00	7	277	18.60		20
0.03	0.91				57	603	57.02	4	54

2011年各地区县市级

地　区	机构数(个)	从业人员(人)					组织品牌节庆活动	组织文艺活动次数(次)	
			专业技术人才	正高级职称	副高级职称	中级职称			为老年人组织专场
总　计	**2906**	**40633**	**26244**	**385**	**2363**	**11341**	**2840**	**129646**	**19801**
北　京	19	848	386	4	30	157	118	3382	559
天　津	18	577	373	9	67	145	38	1543	139
河　北	163	2013	1392	22	109	660	144	6324	722
山　西	119	1613	1004	8	52	475	136	2948	308
内蒙古	103	1390	1017	21	99	431	39	3342	539
辽　宁	99	1704	1160	15	73	631	89	5308	598
吉　林	63	1588	1183	26	235	596	34	2214	444
黑龙江	131	1427	1016	62	202	544	123	5175	729
上　海	26	1066	573	6	52	215	40	3933	916
江　苏	103	1521	1107	15	139	574	173	6412	1156
浙　江	92	1576	1312	46	197	577	200	7679	1164
安　徽	106	1234	868	3	39	304	76	3485	563
福　建	85	820	484	1	57	224	161	2094	346
江　西	103	1275	685	1	41	267	48	4064	596
山　东	142	2431	1996	35	293	835	153	10111	1537
河　南	185	3057	979	13	53	492	86	6027	883
湖　北	103	1790	1119	16	102	583	99	3529	445
湖　南	126	1733	1110	10	64	530	85	6025	1204
广　东	122	1596	884	14	51	262	157	6895	1092
广　西	107	1090	777	3	18	303	96	4508	766
海　南	18	163	101	2	3	25	15	593	83
重　庆	40	794	455	9	56	160	71	2602	288
四　川	183	1937	1279	8	67	453	93	7468	1548
贵　州	87	895	612	16	20	164	129	4126	255
云　南	131	1608	1388	1	72	613	97	4497	1128
西　藏	73	55	12				12	882	23
陕　西	109	2066	1128	7	59	437	87	3503	559
甘　肃	86	1114	620		39	216	70	1629	306
青　海	46	336	241	4	22	102	17	1516	119
宁　夏	21	341	274		19	105	25	2484	203
新　疆	97	975	709	8	33	261	129	5348	583

文化馆基本情况

为未成年人组织专场	为残障人士组织专场	为农民工组织专场	组织文艺活动参加人次(万人次)	举办训练班班次(次)	培训人次(万人次)	举办展览个数(个)	参观人次(万人次)	组织公益性讲座次数(次)	参加人次(万人次)	藏书(万册)
12796	**2853**	**8624**	**10095.28**	**77173**	**457.16**	**16602**	**2447.39**	**13464**	**244.39**	**429.34**
154	135	171	197.19	4331	28.52	232	50.26	561	7.48	1.00
53	34	65	131.17	1139	7.26	155	15.22	207	2.93	0.17
579	135	336	238.92	2213	13.84	913	96.54	834	13.24	29.04
330	67	157	415.34	2684	11.28	684	108.28	639	9.63	5.03
501	77	187	305.19	924	6.23	360	70.45	214	5.10	2.83
305	58	194	314.00	5671	31.29	557	37.74	669	7.87	3.93
207	49	183	243.59	872	7.54	291	35.02	179	4.86	3.62
465	73	139	261.94	1629	8.80	501	54.80	499	4.57	7.12
267	179	116	292.16	3624	10.63	273	48.85	599	4.54	28.57
666	178	469	325.94	3358	21.37	891	49.01	722	9.04	38.48
549	222	772	561.76	5600	24.48	876	167.63	897	12.60	10.39
355	51	293	228.36	2407	14.13	589	82.59	524	8.71	22.46
360	66	235	204.76	1273	9.94	545	75.17	170	3.98	11.16
468	114	700	258.10	1516	14.86	546	80.92	462	9.87	5.55
1300	273	555	600.27	5905	40.54	1282	175.95	1044	26.07	27.14
524	101	293	387.08	2331	21.73	1117	121.72	675	12.49	25.94
331	89	201	451.26	1544	14.94	537	104.88	345	22.03	17.66
612	133	571	488.90	2673	19.87	582	91.56	540	11.17	10.15
743	163	663	896.93	5377	34.09	913	222.85	593	14.55	25.46
374	65	274	416.18	2304	11.87	421	67.20	474	2.72	16.02
183	5	68	67.62	200	1.44	146	19.34	95	3.09	1.28
219	43	104	381.00	2580	22.09	376	136.38	237	6.77	6.86
755	148	343	612.36	5016	24.74	1026	171.82	745	15.93	39.25
788	43	197	290.41	3983	9.77	382	61.14	170	2.67	7.02
409	72	203	692.46	1934	13.98	479	59.48	167	6.67	4.38
75	1	201	30.34	126	1.29	68	2.88	31	0.15	18.80
300	98	208	223.91	2580	9.17	536	60.68	397	4.99	15.41
201	53	108	137.02	908	8.09	463	68.14	194	3.33	12.92
217	18	151	42.65	205	1.21	194	7.43	39	0.97	5.12
82	22	93	99.57	334	3.99	93	33.13	109	1.11	13.01
424	88	374	298.90	1932	8.20	574	70.32	433	5.26	13.57

续表 1

地区	计算机(台)	本年收入合计(千元)	财政拨款		上级补助收入	事业收入	经营收入	附属单位上缴收入
				业务活动专项经费				
总计	**19393**	**4040567**	**3547812**	**412193**	**165038**	**127846**	**33754**	**2648**
北京	731	192293	162846	50850	6440	14022	2533	
天津	197	77373	67264	2774	5184	2694	416	
河北	521	131925	100805	9768	2611	1196	22	55
山西	261	116970	112134	21107	3537	1270		
内蒙古	399	118571	117269	7553	400	45	62	
辽宁	548	130293	127799	5853	1581	596	10	
吉林	304	105905	104146	2751	409	622	180	
黑龙江	472	101521	99479	7481	1760	120		
上海	842	246402	197635	19400	6797	21225		
江苏	1135	208093	170393	14166	10335	15592	842	
浙江	1287	304743	226325	41678	29333	18702	489	2547
安徽	938	113241	94822	7223	10743	3302		
福建	660	89447	76649	9031	3493	5561		
江西	654	79739	71114	4911	5277	2223	89	
山东	1198	175397	166300	17523	4872	1544	100	
河南	757	136843	125772	9477	4281	1358	930	
湖北	622	96394	74368	4137	8111	7265	476	
湖南	728	122752	102321	12926	3233	6485	564	
广东	988	217463	190335	19748	14972	4631	1550	
广西	604	84765	79033	7406	4352	515	175	
海南	72	17574	14799	3896	2655			
重庆	756	156912	114693	24633	3115	11666	24647	
四川	1192	292905	265847	44894	7805	2106		
贵州	373	87972	80914	17027	2810	1726	174	16
云南	640	136789	129849	8532	4301	824	10	30
西藏	545	15188	14608	1327	500			
陕西	586	130106	119083	8212	7453	1571	364	
甘肃	429	69628	69212	4978		124		
青海	233	40696	38480	10220	1692	364		
宁夏	261	25090	23003	2286	1714	13	121	
新疆	460	217577	210515	10425	5272	484		

其他收入	本年支出合计	基本支出	项目支出	经营支出	在支出合计中:				
					工资福利支出	商品和服务支出	差旅费	劳务费	福利费
163469	**3910341**	**2794713**	**833559**	**20672**	**1641561**	**935476**	**39639**	**88793**	**24459**
6452	197473	125037	69890	2406	60038	78735	149	2708	133
1815	77365	70304	6569	416	32740	15042	184	2434	505
27236	130793	83731	40588	128	63371	13024	517	997	336
29	107210	75796	25601		51034	28619	1166	1940	553
795	115659	112713	1411	50	59819	23271	2247	2362	473
307	130234	110778	6284	10	67517	26508	981	2481	337
548	105311	94947	7021	180	54482	15539	585	476	333
162	96930	79014	5095	200	47990	11380	588	792	202
20745	237064	179472	55505		102122	75712	951	3922	4172
10931	205325	164034	29920	1088	83504	57559	2026	6956	2095
27347	295973	202883	80630	456	118250	102382	4421	18711	2891
4374	107819	77413	10826	205	44787	14135	959	1628	359
3744	82741	64801	14034	110	36033	23753	689	3709	733
1036	76860	59415	6645	395	36488	15982	1231	1127	989
2581	171755	138082	21829	96	91671	35367	924	1756	382
4502	127983	110610	6941	504	73704	19371	1007	1123	726
6174	95872	71923	15571	302	44593	20694	2711	923	1732
10149	113913	84124	20810	464	50561	30683	1499	1771	827
5975	210811	126115	57707	1550	77327	50177	1933	7201	1186
690	82478	58029	14358	525	31328	21905	1098	2424	283
120	15836	9106	4407	79	7216	3646	310	406	119
2791	151331	89677	48132	4403	41663	48017	2235	7188	1681
17147	272873	146386	109424	97	79830	101972	4741	4945	1669
2332	88808	55546	16716	270	28708	21711	1139	2950	287
1775	128121	106492	11263	127	70033	24670	999	2877	252
80	15028	2631	5568	4766	2078	212	17		
1635	123441	103631	6172	869	73187	21794	1192	1587	393
292	68963	65313	3420	230	38157	11847	971	712	364
160	39593	35046	1887		15515	3515	282	138	135
239	24655	19237	728	746	14839	1884	186	445	17
1306	212123	72427	128607		42976	16370	1701	2104	295

续表 2

地　区	各种税金支出	对个人和家庭补助支出	抚恤金和生活补助	其他资本性支出	各种设备购置费	资产总计(千元)	固定资产原值	实际使用房屋建筑面积(万平方米)	业务用房面积
总　计	**14674**	**492586**	**26684**	**182597**	**83590**	**5673867**	**4642218**	**564.76**	**360.30**
北　京	1259	29020	89	8879	1319	380185	273573	11.88	8.40
天　津	296	26352	915	2889	842	72097	44653	8.34	4.67
河　北	1	10075	525	1762	1317	180683	165245	24.78	16.47
山　西	158	9943	181	3773	701	132665	122925	20.56	12.00
内蒙古	133	13965	549	7717	6578	98879	90771	16.72	11.36
辽　宁	173	23881	1105	4263	2899	103902	99663	17.82	13.01
吉　林	29	21989	733	6238	4693	73947	62486	7.58	5.64
黑龙江		11176	651	2897	1576	94724	89843	13.02	9.31
上　海	3875	18176	1962	9507	4827	665190	542190	19.75	12.59
江　苏	34	36507	1087	9962	4003	293529	224388	37.97	26.26
浙　江	294	40761	1445	7579	4773	275869	190150	29.00	16.77
安　徽	242	19727	762	6786	3494	151658	115568	14.79	10.85
福　建	971	12572	696	4343	3101	124276	92164	18.67	12.62
江　西	148	14152	408	3926	996	125197	101308	19.01	11.12
山　东	46	18249	1208	9927	7379	191924	174078	29.38	20.57
河　南	281	16460	1443	6892	5219	201295	191569	31.20	19.10
湖　北	356	12815	1278	7293	749	128147	101806	19.21	11.15
湖　南	234	9641	1516	4646	1809	137481	105274	19.90	13.98
广　东	379	22718	1103	6211	4173	349962	259866	39.72	25.12
广　西	68	9904	789	8515	2026	136519	113244	14.37	9.39
海　南	22	348	42	710	525	16612	12428	2.50	1.86
重　庆	4329	23115	1995	27751	8653	234423	183922	16.67	10.27
四　川	58	27444	1682	6446	3847	574448	528390	33.09	23.05
贵　州	1	7863	1631	3718	2407	128885	88793	23.70	6.61
云　南	149	14767	482	1860	899	180463	150932	19.27	13.13
西　藏				189	119	106051	78638	6.55	4.37
陕　西	972	10783	1456	1978	397	105002	93891	13.59	8.68
甘　肃	76	8764	402	3832	1645	91441	76144	12.15	8.49
青　海		2334		5897	498	26125	25465	2.79	1.52
宁　夏		2571	70	1071	1005	42115	39399	5.68	2.92
新　疆	90	16514	479	5140	1121	250173	203452	15.10	9.02

对公众开放阅览室面积	实际拥有产权面积(万平方米)	流动舞台车演出情况			由本馆指导的单位				
		流动舞台车数量(辆)	利用流动舞台车演出场次(场次)	利用流动舞台车演出观众人次(万人次)	馆办文艺团体(个)	演出场次(场)	观众人次(万人次)	馆办老年大学(个)	群众业余文艺团队(个)
65.28	**222.76**	**282**	**12008**	**1011.46**	**6702**	**118501**	**5414.11**	**609**	**47090**
0.17	3.49	11	197	8.70	103	1594	73.95	10	614
0.12	3.03	3	170	29.00	73	751	29.81	5	667
3.04	9.03	20	934	44.01	347	6602	207.30	29	2779
5.34	20.50	6	170	17.00	206	4972	146.76	18	1231
1.45	5.08	1			200	2700	258.05	21	754
0.96	6.09	8	287	36.93	311	2975	136.08	32	1460
1.58	4.85	5	281	40.82	182	1998	67.43	15	733
0.98	3.12	10	183	15.38	272	31394	99.68	26	1003
0.87	9.68	9	411	28.22	115	1337	53.37	8	350
3.11	12.40	11	917	55.50	331	4257	115.82	31	2151
2.54	10.37	33	2298	243.94	379	3907	272.56	18	2304
3.17	7.78	10	256	42.90	306	2585	220.24	23	1103
1.68	7.45				150	2545	134.14	18	716
3.10	6.90	3	197	4.50	355	5098	250.97	30	1091
3.90	8.15	11	1431	67.83	203	5200	448.73	39	3972
2.59	12.91	9	495	22.76	297	5728	272.76	26	3521
2.67	8.25	7	382	24.03	393	3792	221.76	28	2100
3.61	11.40	23	1157	91.61	49	2461	110.15	30	2827
4.03	9.09	15	537	36.09	319	4392	333.03	27	1386
2.10	4.07	11	145	11.71	447	5020	299.95	22	4220
0.48	0.38	1	8	3.00	9	95	26.42		184
2.38	4.72	6	205	41.09	111	1256	104.72	26	481
4.25	12.87	28	622	94.50	267	2604	282.06	34	2232
1.61	5.45	4	154	12.01	113	1712	234.93	15	985
1.88	9.46	13	89	7.65	439	3282	210.54	24	4610
0.89	2.30	2	4	0.55	19	58	1.25		231
1.90	6.26	8	255	7.13	238	3825	160.16	21	1483
1.99	7.78	6	75	17.13	160	2181	436.38	11	711
0.13	1.23	2	10	3.00	24	1265	30.27	2	148
0.39	3.87	4	118	3.65	29	671	33.39	3	424
2.37	4.80	2	20	0.80	255	2244	141.45	17	619

2011年各地区

地区	机构数(个)	从业人员(人)				在专业技术中	
			专职人员	在编人员	专业技术人员	正高级职称	副高级职称
总计	**40390**	**95728**	**52718**	**44877**	**20869**	**498**	**722**
北京	320	1532	644	519	1		
天津	239	350	172	110	10		4
河北	2183	4299	1717	998	574	26	27
山西	1404	2305	1404	494	341	28	13
内蒙古	989	2344	1344	1134	691	18	29
辽宁	1427	2803	1560	1034	586	36	21
吉林	889	1459	1018	887	296	2	11
黑龙江	1504	2658	1426	708	445	6	21
上海	214	3715	1850	1323	494	13	22
江苏	1312	4567	2706	2122	1157	26	23
浙江	1345	3950	2317	2102	1687	9	112
安徽	1412	4264	2745	2868	1589	53	32
福建	1104	2178	843	768	398	10	5
江西	1831	2618	1387	1070	294	20	14
山东	1828	4643	2923	1917	1130	9	57
河南	2303	7166	3521	4379	737	46	32
湖北	1263	2759	1632	1172	781	11	29
湖南	2483	5075	3017	2919	714		
广东	1596	7775	3977	3016	1191	19	43
广西	1163	2695	1548	1967	810	51	24
海南	213	532	240	382	69	2	2
重庆	996	3007	1930	2102	557	7	16
四川	4593	5912	3064	2458	1198	13	13
贵州	1482	3973	2143	2038	1303	46	119
云南	1371	3340	2546	2079	1972	17	16
西藏	239	87	45	2			
陕西	1641	4145	1864	2092	739	20	28
甘肃	1317	2207	1376	608	171		
青海	358	392	79	56	29		
宁夏	224	479	321	318	166	2	
新疆	1147	2499	1359	1235	739	8	9

文化站基本情况

中级职称	组织文艺活动次数(次)	参加人次(万人次)	举办训练班班次(次)	培训人次(万人次)	举办展览个数(个)	参观人次(万人次)	藏书(万册)	计算机(台)
9047	**470417**	**15338.83**	**236761**	**1799.26**	**88385**	**4372.95**	**17526.53**	**144137**
	20571	351.87	10544	71.29	1456	51.89	360.16	1617
5	4896	91.84	2706	20.61	658	19.97	101.72	926
388	21643	327.00	8189	58.82	4347	147.91	534.98	2890
136	11763	260.72	5213	36.32	1991	72.87	486.74	3789
274	6042	208.21	2937	29.61	1160	59.63	190.59	1664
371	22384	677.43	10107	74.65	2925	107.57	692.93	1350
172	6488	137.08	2140	17.38	921	30.46	190.63	1198
307	10945	170.32	4286	24.28	2008	46.57	379.39	2484
169	27349	1159.91	20688	127.70	2225	281.19	600.65	5232
592	23316	660.42	11901	95.88	5963	225.34	1990.39	8166
1000	26111	1065.44	13148	89.95	5468	279.36	1579.95	8806
482	13733	320.86	8221	75.04	3220	122.90	372.11	6928
186	8762	195.92	4762	26.69	1657	77.58	388.70	3202
145	8384	219.47	3612	19.36	1745	75.45	370.76	3156
617	36930	914.03	16487	126.33	8337	321.60	1445.73	18673
404	26520	610.99	12290	93.58	6284	270.22	550.54	4007
461	14419	552.84	5790	52.38	2665	180.99	406.38	4416
344	20436	662.41	7657	47.38	3087	178.29	823.63	6372
400	29600	2335.42	23237	258.36	6767	602.08	1935.90	7824
355	13941	466.08	5860	36.04	2008	119.88	566.69	5785
18	2042	52.52	974	6.43	267	7.38	77.98	845
246	13605	532.04	5596	46.95	2490	175.83	481.16	6753
529	30558	1190.03	15563	126.72	6766	362.47	998.11	13111
132	7662	368.82	9150	23.69	1029	44.57	287.65	4735
744	17286	515.45	6683	62.71	2602	122.82	442.90	7306
	540	14.68	200	0.87	25	0.37	18.19	377
250	13598	411.71	5757	46.49	3573	136.87	325.92	3420
59	7643	200.93	4946	38.32	2274	88.85	227.34	5510
5	1229	59.27	755	3.22	434	11.94	44.42	331
32	1408	48.55	690	6.43	396	19.92	86.66	707
224	20613	556.57	6672	55.80	3637	129.18	567.63	2557

续表 1

地　区	本年收入合计(千元)	财政拨款	业务活动专项经费	上级补助收入	事业收入	经营收入
总　计	**7028511**	**6110343**	**1328263**	**442892**	**111683**	**59664**
北　京						
天　津	41037	37812	6626	778	380	90
河　北	123860	114174	12614	5674	1429	483
山　西	74628	63864	6554	8752	203	2
内蒙古	127603	123744	8098	1823	583	255
辽　宁	92509	84252	15022	6929	202	689
吉　林	89770	88507	12221	435	85	
黑龙江	60480	58718	2009	1125	10	
上　海	669031	577863	177954	27801	25507	8690
江　苏	632653	436330	92597	18942	10371	4461
浙　江	862028	709223	150232	115535	8902	855
安　徽	349510	287889	45599	54894	3287	412
福　建	137228	112630	10084	13013	2442	5538
江　西	97444	90357	16272	4034	1272	159
山　东	251655	244334	42116	3959	216	368
河　南	301312	296633	34078	1979	678	11
湖　北	125272	91376	10863	18945	6028	2094
湖　南	274101	252256	24395	10496	2568	458
广　东	948354	853944	335423	38449	23051	12141
广　西	106346	92363	20424	6180	1081	6205
海　南	26116	24379	5950	1327	220	
重　庆	248436	190940	38201	27126	10990	10955
四　川	474020	440455	151492	20185	1383	5290
贵　州	195558	185139	9780	8714	362	166
云　南	183606	158658	18183	16787	4476	158
西　藏	9714	9394	180	320		
陕　西	191051	172313	44397	8378	4873	80
甘　肃	115544	106224	12324	8583	445	5
青　海	30764	30540	1162	224		
宁　夏	17492	17158	1918	273	46	15
新　疆	171389	158874	21495	11232	593	84

附属单位上缴收入	其他收入	本年支出合计(千元)	基本支出	项目支出	经营支出	在支出合计中:		
						工资福利支出	商品和服务支出	差旅费
4788	**299141**	**7048137**	**3872313**	**2224550**	**78459**	**2480766**	**1141588**	**41671**
	1977	41444	19939	21143	102	9806	6259	44
270	1830	117112	79714	23881	805	65125	9944	418
57	1750	94750	49845	22789	287	34685	11954	1125
40	1158	128784	101714	20048	1887	73334	15265	659
4	433	99213	62745	25667	395	43982	10379	143
	743	107893	60409	43143		35512	15063	265
	627	61339	50917	8743	81	37563	5244	425
1249	27921	606416	341076	208608	10758	183938	128275	1934
975	161574	647706	388750	146821	5431	179869	220574	3665
1054	26459	799134	390646	340992	3921	196989	213501	4630
	3028	363440	142495	139878	2770	101168	19375	1699
32	3573	156239	77342	60518	3850	49025	17058	512
20	1602	104614	57636	34441	2547	44925	6949	811
22	2756	258594	189537	48910	361	107003	32684	1236
5	2006	274121	165521	66655	439	123811	31307	1270
57	6772	127144	82178	30089	2501	50175	28811	2071
71	8252	282081	140426	121591	2406	106982	35320	2376
404	20365	1022936	429405	394504	12879	298322	107059	3930
	517	95455	75391	10918	61	53790	16308	683
	190	27325	21259	3096	215	14580	2338	386
33	8392	259825	141007	66461	10654	91753	36909	4406
450	6257	461521	198212	211040	8510	133388	71428	4474
	1177	163120	112308	27167	1338	97167	7785	1869
16	3511	172322	122374	33018	1063	94181	19517	684
		10214	5827	1410	1450	2514		
10	5397	229544	149865	32545	726	109847	34135	773
	287	118252	92216	12333	2338	52186	22717	361
		29852	19277	9610	139	11433	1458	5
		18655	11150	1223	219	12940	668	43
19	587	169092	93132	57308	326	64773	13304	774

续表 2

地　区	劳务费	福利费	各种税金支出	对个人和家庭补助支出	抚恤金和生活补助	其他资本性支出	各种设备购置费
总　计	**79851**	**34239**	**11015**	**110063**	**16303**	**577120**	**286097**
北　京							
天　津	27	112	4	2534	522	1849	439
河　北	602	71		520	11	6076	3543
山　西	1516	43	3	8258	8110	20015	12536
内蒙古	1673	285	138	2448	54	6029	5038
辽　宁	169	20	16	764	44	7384	1895
吉　林	76	4	3	1242	210	42857	19563
黑龙江	181	19	6	254	7	1289	516
上　海	8560	8650	3437	8897	709	25159	20267
江　苏	6826	8096	269	20053	1510	57608	12623
浙　江	14215	3811	414	13645	564	50204	24555
安　徽	3397	422	40	5039	140	42714	22924
福　建	868	331	575	2717	232	9030	5087
江　西	697	278	102	1552	56	7844	5052
山　东	2073	684	85	4913	171	40588	21900
河　南	3110	208	22	161	18	76614	18945
湖　北	3059	1252	322	1531	329	20013	11329
湖　南	1694	608	17	1124	233	15924	4021
广　东	11214	3669	2514	14476	407	39066	24468
广　西	335	158	25	2648	211	6999	6618
海　南	360	120	2	235		706	450
重　庆	3789	1897	1915	4404	1062	12229	5428
四　川	11174	2039	547	2493	583	54880	46052
贵　州	1123	133	15	2070	44	7878	4316
云　南	869	277	192	3153	293	4025	2174
西　藏							
陕　西	775	548	297	891	277	3262	2570
甘　肃	763	236	13	628	16	9924	1293
青　海	3	38		41		288	287
宁　夏	28			121		137	126
新　疆	675	230	42	3251	490	6529	2082

资产总计(千元)	固定资产原值	实际使用房屋建筑面积(万平方米)	文化活动用房面积	实际拥有产权面积(万平方米)	本站指导群众业余文艺团队(支)	辖区内社区文化活动室(个)	辖区内村文化室(个)
19601397	**16933050**	**2274.06**	**1675.03**	**857.60**	**216752**	**90456**	**334655**
		34.81	21.56		6691	2465	3863
91575	87211	20.14	10.54	0.35	2282	773	2490
514895	460484	66.43	53.90	25.79	13079	2960	18155
561846	505589	55.09	44.22	39.04	5742	1437	14926
325466	309485	33.66	26.10	10.35	1958	1413	4367
244063	217411	69.51	49.08	12.50	7948	3311	9611
232214	225976	24.38	19.65	18.83	2330	1676	5107
336471	318939	51.04	38.82	14.55	3929	1475	5373
1108569	771536	94.88	70.09	26.36	8136	3349	2137
2240652	1994724	193.42	144.39	68.19	11543	6048	14807
2022974	1643462	223.93	176.86	73.80	24623	4964	23288
743594	632298	63.85	53.05	38.22	4122	2302	8821
451169	393177	63.12	45.88	16.06	4734	2546	9077
355845	316289	53.41	37.97	19.19	2855	2739	8116
897947	789654	180.03	109.08	24.65	21013	10873	43552
647976	624932	79.24	61.75	56.05	15661	4620	24271
559823	484467	81.03	57.85	43.22	7528	4289	16748
765795	702637	82.40	66.01	46.97	11454	6967	20825
2303091	1895243	281.97	201.31	68.29	8519	6329	14861
339112	310152	44.57	34.84	19.89	5262	1673	6567
62147	59467	6.43	4.65	1.81	834	429	1597
591033	504026	49.43	30.36	31.27	5347	2249	7622
1641809	1540220	148.07	116.48	73.75	10950	5714	24131
327669	266023	37.38	27.92	21.10	2507	888	3691
577701	535386	62.14	45.18	33.00	15086	3473	12031
64055	57883	5.54	4.24	1.42	14	54	478
503735	329423	52.24	39.41	23.26	6222	2021	11051
486709	420211	40.76	33.44	18.70	2374	1443	7541
100497	98161	8.94	8.32	3.63	234	79	806
64334	41546	6.35	4.15	2.01	639	268	1539
438631	397038	59.87	37.93	25.35	3136	1629	7206

2011年各地区乡镇

地区	机构数(个)	从业人员(人)				在专业技术中	
			专职人员	在编人员	专业技术人员	正高级职称	副高级职称
总计	**34139**	**78148**	**44366**	**38337**	**17969**	**389**	**562**
北京	179	811	372	325			
天津	134	225	109	78	7		4
河北	1968	3834	1552	887	533	26	24
山西	1197	1919	1305	412	307	27	11
内蒙古	823	2070	1219	1036	636	16	19
辽宁	961	1730	1114	743	400	5	8
吉林	629	1225	918	826	264	2	9
黑龙江	900	1564	921	649	379	5	20
上海	113	2178	1274	940	336	8	13
江苏	992	3509	2146	1818	981	21	21
浙江	980	2792	1599	1510	1224	6	80
安徽	1271	3919	2537	2666	1496	52	31
福建	948	1864	708	634	338	7	3
江西	1643	2354	1266	1003	258	18	14
山东	1299	3341	2149	1423	896	4	40
河南	1911	6057	3090	3765	596	35	25
湖北	1029	2221	1375	961	683	9	24
湖南	2238	4471	2725	2651	635		
广东	1182	5398	2854	2108	772	7	16
广西	1126	2516	1438	1875	767	50	21
海南	204	521	233	372	69	2	2
重庆	842	2429	1606	1709	445	7	12
四川	4361	5406	2779	2274	1135	10	12
贵州	1404	3758	2005	1934	1256	39	102
云南	1276	3112	2404	1955	1871	12	16
西藏	238	87	45	2			
陕西	1490	3616	1659	1735	642	12	26
甘肃	1227	2112	1330	564	146		
青海	358	392	79	56	29		
宁夏	198	450	311	298	160	2	
新疆	1018	2267	1244	1128	708	7	9

文化站基本情况

中级职称	组织文艺活动次数(次)	参加人次(万人次)	举办训练班班次(次)	培训人次(万人次)	举办展览个数(个)	参观人次(万人次)	藏书(万册)	计算机(台)
7587	**326376**	**11103.98**	**150369**	**1231.28**	**66832**	**3289.93**	**13350.62**	**111483**
	12963	215.78	3027	25.96	523	19.85	195.05	686
3	1740	53.43	626	10.06	178	7.08	72.02	447
352	18118	272.66	7237	52.64	3888	130.34	489.13	2287
127	8524	216.31	4034	28.81	1652	56.72	419.81	3199
255	4429	166.93	2312	25.14	886	47.28	159.51	1458
264	8918	346.44	3693	35.10	1291	55.95	385.57	513
155	4215	89.96	1604	13.74	516	22.34	155.53	900
255	5060	105.41	2619	15.05	1086	30.80	280.25	1715
108	11573	546.78	5164	42.09	1001	111.13	327.61	2373
492	15537	459.17	7579	62.43	4272	168.42	1443.09	5451
713	15009	680.92	8350	56.24	3692	176.27	1152.58	5585
458	12070	288.73	7389	69.75	2932	105.10	325.83	6533
154	5823	140.35	3227	19.07	1340	63.39	315.03	2490
127	7291	199.74	3230	17.28	1525	72.65	347.35	2844
481	20777	500.75	8940	74.66	5396	220.30	982.42	13302
355	21510	511.88	9748	76.45	5080	210.73	426.72	3101
405	9869	418.09	4256	37.03	2115	138.62	287.34	3711
310	16720	567.21	6397	39.51	2532	162.82	709.70	5347
226	17163	1543.92	9343	143.64	4555	412.25	1175.34	3936
333	13008	451.86	5175	33.78	1891	115.97	552.51	5630
18	2000	52.12	971	6.41	261	7.35	76.13	795
184	9364	343.31	3514	32.46	1921	123.63	365.00	5314
495	25515	999.15	11776	107.06	6108	337.06	919.74	11406
130	7000	353.71	7896	21.79	981	43.12	260.27	4383
687	15572	478.61	5691	50.29	2352	113.78	390.57	6757
	540	14.68	200	0.87	15	0.34	18.19	375
223	10794	323.21	5046	40.82	3115	121.06	289.23	3020
36	6377	187.90	4271	35.21	1896	79.05	204.52	4783
5	1229	59.27	755	3.22	434	11.94	44.42	331
32	1162	42.10	608	5.92	348	18.11	64.04	583
204	16506	473.60	5691	48.80	3050	106.48	516.12	2228

续表 1

地 区	本年收入合计(千元)	财政拨款	业务活动专项经费	上级补助收入	事业收入	经营收入
总 计	**5647201**	**4892571**	**1031849**	**364515**	**80538**	**50445**
北 京						
天 津	34422	32899	5041	744	380	90
河 北	117452	108115	11651	5630	1215	483
山 西	67765	58123	6278	7884	203	2
内蒙古	112184	109261	5622	1773	343	205
辽 宁	71940	64412	11077	6823	160	145
吉 林	78761	78601	11044	75	85	
黑龙江	48411	47254	1780	1025	10	
上 海	494151	423514	130895	17773	22649	4689
江 苏	476932	297510	71866	15933	5987	1879
浙 江	613590	496108	99212	97916	3978	586
安 徽	324730	269583	43555	48998	3159	412
福 建	113164	92770	7498	11188	1063	5235
江 西	92037	85340	15623	3890	1244	157
山 东	168560	163645	26051	2826	213	295
河 南	278651	274609	31151	1513	613	6
湖 北	98430	69265	8382	17101	4616	1843
湖 南	256281	236516	21571	9463	2460	366
广 东	608107	555518	242978	18669	10813	11179
广 西	102523	88903	20309	5832	1081	6205
海 南	25290	23779	5350	1321		
重 庆	187239	139074	28958	21174	9106	10955
四 川	419576	390547	123044	16684	1164	5290
贵 州	190486	180290	9505	8644	362	146
云 南	161272	141390	15488	13426	4233	158
西 藏	9714	9394	180	320		
陕 西	177389	159559	42921	7923	4440	80
甘 肃	111541	102409	12117	8491	429	5
青 海	30764	30540	1162	224		
宁 夏	16247	15975	1740	226	46	
新 疆	159592	147668	19800	11026	486	34

附属单位上缴收入	其他收入	本年支出合计(千元)	基本支出	项目支出	经营支出	在支出合计中:		
						工资福利支出	商品和服务支出	
								差旅费
3900	**255232**	**5618343**	**3120650**	**1718693**	**63684**	**1993463**	**884589**	**35109**
	309	34341	14247	19806	99	6842	4107	24
270	1739	111109	74408	23635	785	60656	9350	376
57	1496	86833	45038	20034	287	30600	11251	983
40	562	113292	87205	19398	1874	65845	10960	600
	400	77860	48119	22954	152	31430	8810	114
		96884	51586	41632		29434	14092	174
	122	48989	39740	8409	69	26989	4116	422
1249	24277	433065	254997	143128	4477	137249	93905	1587
540	155083	481666	326619	75676	3309	130961	191541	3129
914	14088	554853	292304	210218	2938	135497	135055	3161
	2578	330338	121891	135395	2620	92684	17882	1675
20	2888	117854	58133	47875	2427	40227	11389	391
20	1386	97943	52062	34007	2536	41033	6458	790
19	1562	168456	125063	32959	273	69815	22827	938
	1910	249423	146238	63894	403	106823	29713	1138
52	5553	97730	63752	23452	2204	36665	21632	1929
40	7436	260015	124357	118005	2247	96596	31937	2245
198	11730	698534	271030	261769	11608	185620	65436	2493
	502	91602	72213	10316	61	51310	15880	599
	190	26679	20695	3026	215	14343	2331	386
	6930	188049	107886	42255	9355	72967	24446	3688
450	5441	407692	169308	193539	8354	122508	59711	4008
	1044	156386	106831	26802	1303	92217	7533	1869
16	2049	149761	105797	28528	1063	86339	15203	589
		10214	5827	1410	1450	2514		
10	5377	209963	133331	31766	701	94942	31719	700
	207	114323	88958	12177	2228	49634	22390	336
		29852	19277	9610	139	11433	1458	5
		17425	10355	970	204	12157	584	43
5	373	157212	83383	56048	303	58133	12873	717

续表 2

地区	劳务费	福利费	各种税金支出	对个人和家庭补助支出	抚恤金和生活补助	其他资本性支出	各种设备购置费
总计	**57823**	**28286**	**7803**	**90422**	**14522**	**474867**	**224362**
北京							
天津	27	110	4	1596	522	1542	234
河北	479	67		479	10	5942	3439
山西	1311	36	3	8223	8110	17488	10009
内蒙古	974	263	128	2325	54	4695	3934
辽宁	53	11	15	443	38	4994	706
吉林	28	4		1062	210	40785	17506
黑龙江	154	14	3	254	7	1102	389
上海	5509	7403	2807	8196	675	16070	13764
江苏	3853	7074	57	18286	1142	51851	9899
浙江	10229	2797	309	8676	307	33504	18609
安徽	2902	392	40	4822	98	36733	20113
福建	508	254	493	2275	227	7441	4007
江西	690	277	100	1520	56	7798	5022
山东	1376	172	14	2934	142	25514	10476
河南	2921	194	20	105		73215	15585
湖北	2661	1051	319	993	101	16274	10305
湖南	1276	337	8	736	193	14340	3029
广东	5779	2688	2067	10278	350	22027	15938
广西	270	158	19	2479	202	6973	6592
海南	360	113	2	235		706	450
重庆	2467	1668	323	2905	554	9123	4417
四川	10421	1903	536	2394	564	45963	37880
贵州	1123	133	15	2000	44	7787	4225
云南	505	217	189	2463	189	3387	1841
西藏							
陕西	657	497	277	869	255	3122	2435
甘肃	694	236	13	604	16	9662	1161
青海	3	38		41		288	287
宁夏	25			121		126	126
新疆	568	179	42	3108	456	6415	1984

资产总计(千元)	固定资产原值	实际使用房屋建筑面积(万平方米)	文化活动用房面积	实际拥有产权面积(万平方米)	本站指导群众业余文艺团队(支)	辖区内社区文化活动室(个)	辖区内村文化室(个)
15987387	**13833170**	**1762.87**	**1334.83**	**751.95**	**154799**	**52490**	**308159**
		16.51	11.33		3203	382	3771
68680	65492	8.23	6.85	0.07	1183	219	2384
494096	440477	62.71	51.20	25.31	11591	1892	17878
532013	477255	48.82	39.43	33.88	4700	637	14462
300962	285508	29.11	22.96	10.14	1283	799	4291
178806	154897	37.83	29.16	9.73	3417	928	8540
227350	221139	20.20	16.72	18.45	1673	567	4771
307793	296532	31.90	26.98	14.30	2581	201	5294
604686	344655	53.88	39.20	17.86	3454	1464	1649
1555041	1373059	136.29	103.95	52.09	6731	3407	13988
1373762	1053635	160.91	128.83	57.18	15289	2358	18563
702119	603133	59.35	49.41	36.43	3389	1756	8474
352121	312535	54.47	40.48	14.74	3477	1349	8550
333841	295774	50.74	36.30	18.81	2371	2086	7956
614107	530608	115.50	73.50	15.97	14481	6188	34936
614188	596622	69.88	55.58	54.67	13855	2911	23247
494668	429098	67.64	48.72	39.61	5318	2634	15372
716493	660409	76.13	61.31	44.54	9768	5457	20253
1682738	1399423	189.69	135.35	49.84	4341	2940	12829
331746	305380	43.26	34.06	19.75	4892	1488	6466
61567	58892	5.71	4.57	1.81	816	363	1595
481717	417552	38.99	23.37	26.28	3283	1354	6850
1545130	1452700	136.23	108.72	70.29	8344	4244	23706
320701	259859	36.00	27.20	20.58	2271	680	3491
538758	504277	56.68	41.42	30.58	13565	2827	11580
64055	57883	5.54	4.24	1.42	14	54	478
433222	307221	48.09	35.98	21.39	4712	1331	9868
472601	406275	38.07	31.60	18.38	1986	1013	7476
100497	98161	8.94	8.32	3.63	234	79	806
60148	38010	5.50	3.96	1.94	529	116	1507
423781	386709	50.07	34.13	22.28	2048	766	7128

主要统计指标解释

1. **组织品牌活动**：是指由文化馆负责长期组织开展，当地群众广泛参，在一定区域内具有较大影响，对当地文化生活及经济社会发展产生积极影响的群众文化活动。

2. **组织文艺活动次数**：指本馆组织或与外机构联合组织各种文艺演出（包括调演、汇演）次数，不论地点和内容，每组织一次算一次。

3. **举办训练班班次**：指本馆举办或与外机构联合举办的各种文化、艺术、科普（包括图书、讲演、创作、表演、音乐、舞蹈、美术、文学、摄影等）训练班，按截止到年底办完的班数及培训人数，分别计算班次。

4. **举办展览个数**：指本馆举办或与外机构联合举办的在馆内或者馆外展览的个数。个数按展览的内容计算。同一内容的展览不论在哪些地点展出和展出时间多久，只计算一个。

5. **组织公益性讲座次数**：指由本馆组织的公益性讲座的次数总和。

6. **业务活动专项经费**：指本馆报告期内财政拨款中用于开展群众文化活动的专项经费。

7. **馆办文艺团体**：指由本馆人员组成的为群众提供文艺演出的演出团队。

8. **馆办文艺团体演出场次**：指由本馆人员组成的为群众提供文艺演出的演出团队演出场次。

9. **馆办老年大学**：指由本馆举办的专为老年人进行文艺培训的场所。

10. **群众业余文艺团队**：指业务上受本馆指导的城镇和农村各种业余文艺演出团队。

11. **主体建筑建成年份**：根据填报机构公用房屋建筑的具体建成年份填报，填报机构如有分属不同年份房屋建筑的，按照主体建筑的具体建成年份填报。

艺术业

按年份全国艺术表演团体分剧种机构数

年份	总计	话剧、儿童剧、滑稽剧团	歌剧、舞剧、歌舞剧团	歌舞团、轻音乐团	乐团、合唱团	文工团、文宣队、乌兰牧骑	戏曲剧团	京剧	曲、杂、木、皮团
1949	1000						860		
1952	2084					255	1706	350	123
1957	2884	100	103			13	2406		262
1962	3320	78	113		15	91	2450	249	573
1965	3458	94	102		14	212	2318	230	718
1970	2541	52	93		7	932	1293	226	156
1975	2836	58	113		4	1225	1253	243	183
1978	3150	76	116		7	959	1726	239	266
1980	3533	100	143		11	669	2224	231	386
1981	3483	104	152		10	605	2272	221	340
1982	3460	5	165		11	584	2269	215	326
1983	3444	105	170		12	558	2271	209	328
1984	3397	105	184		16	530	2231	191	331
1985	3317	103	204		18	517	2167	181	308
1986	3195	100	226		20	502	2061	163	286
1987	3094	97	261		22	490	1954	154	270
1988	2985	94	283		21	466	1861	138	160
1989	2850	91	289		24	445	176	126	234
1990	2805	90	298		22	440	1722	122	233
1991	2772	92	41	252	21	432	1707	121	227
1992	2753	94	43	250	21	432	1695	120	218
1993	2707	90	42	254	18	421	1667	119	215
1994	2698	90	44	258	20	427	1647	116	212
1995	2682	89	45	261	19	425	1634	116	209
1996	2664	92	61	283	17	415	1587	114	209
1997	2663	93	59	283	19	432	1573	113	204
1998	2652	88	65	286	17	424	1562	112	210
1999	2632	86	74	295	17	410	1541	110	209
2000	2619	86	79	289	17	419	1520	109	209
2001	2605	97	112	321	15	379	1479	109	187
2002	2587	87	109	343	15	383	1472	111	178
2003	2601	88	104	361	32	361	1466	114	189
2004	2759	140	92	347	28	313	1544	110	173
2005	2805	165	88	270	33	176	1848	125	105
2006	2866	143	109	380	34	330	1505	93	164
2007	4512	242	164	729	49	320	1917	116	529
2008	5114	293	156	743	39	452	1914	90	906
2009	6139	89	190	1137	58	344	2333	109	1117
2010	6864	109	266	1232	97	351	2451	109	1125
2011	7055	103	187	1387	97	340	2417	109	1154

注：2007年以后数据含非文化部门艺术表演团体，以下各表同。

按年份各地区艺术表演团体机构数

单位：个

地　区	1995年	2000年	2005年	2006年	2008年	2009年	2010年	2011年
总　计	**2682**	**2619**	**2805**	**2866**	**5114**	**6139**	**6864**	**7055**
北　京	22	20	20	18	18	18	18	118
天　津	19	16	16	16	15	29	36	53
河　北	138	138	126	135	228	246	284	312
山　西	162	159	156	158	164	267	342	308
内蒙古	118	116	109	108	117	120	123	121
辽　宁	89	77	66	66	256	245	239	200
吉　林	68	65	61	60	62	68	68	67
黑龙江	92	89	84	84	84	90	89	88
上　海	31	29	85	97	42	77	89	102
江　苏	136	133	129	127	119	359	408	370
浙　江	83	79	273	245	65	435	471	498
安　徽	92	92	92	89	1204	1172	1255	1294
福　建	91	96	91	92	338	373	449	454
江　西	81	79	79	78	83	103	99	99
山　东	118	118	117	118	119	118	119	252
河　南	216	205	199	199	200	413	371	468
湖　北	105	100	99	114	150	196	204	172
湖　南	89	90	91	93	98	110	201	114
广　东	134	138	139	138	561	344	397	401
广　西	117	118	118	118	140	135	141	149
海　南	23	21	22	73	21	59	67	86
重　庆		38	29	36	177	160	381	282
四　川	140	98	84	81	274	332	348	370
贵　州	30	28	26	24	24	61	52	45
云　南	134	129	135	126	127	146	142	161
西　藏	25	26	27	26	29	29	37	47
陕　西	117	118	113	112	111	123	127	115
甘　肃	78	76	76	75	82	81	82	84
青　海	14	14	12	12	23	30	32	38
宁　夏	15	15	23	14	47	47	45	37
新　疆	87	88	91	118	119	136	132	133

按年份全国文化部门执行事业会计制度的艺术表演团体基本情况

年　份	机构数（个）	演出场次（万场次）		观众人次（万人）	平均每团演出场次（场）	总收入（万元）			总支出（万元）	经费自给率（%）
			农村演出				财政拨款	演出收入		
1949年	1000	30			300					
1952年	2084	66		2312	317					
1957年	2884	137		79245	474					
1958年	3181	205		120290	644					
1964年	3302	171	82	84293	518	19030	5290		19817	69.3
1978年	3143	65	22	79395	206	32086	19644	11079	30049	41.4
1980年	2183	54	20	61519	245	34687	22503	10685	29524	41.3
1985年	3295	74	49	72322	226	48568	30942	13091	47292	37.3
1990年	2788	49	32	51012	176	71535	43759	18041	67514	41.1
1991年	2760	45	29	46411	162	71756	42638	17798	76065	38.3
1992年	2744	43	28	46338	155	80959	46617	19559	87797	39.1
1993年	2698	41	26	42530	151	92770	51093	21756	100106	41.6
1994年	2691	40	26	40935	149	127628	75583	27276	134508	38.7
1995年	2676	41	26	43166	154	151388	86620	34382	160654	40.3
1996年	2656	42	27	47934	158	184240	109781	39870	183534	40.6
1997年	2651	42	26	46361	157	206794	125300	40716	202789	40.2
1998年	2640	42	26	53486	161	218546	139913	41730	223877	35.1
1999年	2622	42	26	46904	161	242645	155609	48967	242797	35.8
2000年	2619	41	26	46168	157	263664	172864	51650	268886	33.8
2001年	2590	42	24	47385	163	311852	210018	57448	312601	32.6
2002年	2577	42	24	45980	161	365331	246661	64884	363312	32.7
2003年	2601	38	22	39163	147	400867	269640	71781	397890	33.0
2004年	2512	41	24	37907	165	459183	313068	86125	459369	31.8
2005年	2472	40	23	35752	159	500262	342807	92603	488472	32.2
2006年	2456	41	24	40766	167	565018	387812	103431	558540	31.7
2007年	2455	42	25	45404	170	691050	487842	120396	670009	30.3
2008年	2465	41	25	41272	167	803030	573623	133077	777735	29.5
2009年	2481	42	25	43127	169	889046	631197	142227	860603	30.0
2010年	2421	42	24	44290	175	946742	654258	155743	917143	31.9
2011年	2249	40	24	38209	176	1058959	777590	162684	1029564	27.3

按年份各地区文化部门执行事业会计制度的艺术表演团体财政拨款

单位：万元

地区	1995年	2000年	2005年	2006年	2008年	2009年	2010年	2011年
总计	**86620**	**172864**	**342807**	**387812**	**573623**	**631197**	**654258**	**777590**
北京	2137	7119	19945	18803	20140	22440	27608	38645
天津	1625	2973	12827	10620	25049	28403	18125	20196
河北	2416	4704	9851	9634	14319	15278	16249	21228
山西	2341	4891	10916	12291	20309	18018	20052	26703
内蒙古	2913	5277	11796	14502	21136	26212	32520	41183
辽宁	4138	6683	10880	12096	19148	21774	24367	15644
吉林	2938	5073	9246	12439	16531	20660	21136	21066
黑龙江	4553	7524	14453	17168	26072	30023	31463	32268
上海	4207	7011	11635	12827	19280	18635	22399	35649
江苏	4050	9911	13714	14985	20734	25159	21602	24289
浙江	2501	7431	19611	20430	29758	32928	36260	37888
安徽	2554	5161	10163	12106	14876	14675	8368	5199
福建	2258	7607	11839	14687	21495	24263	30485	30492
江西	1736	3529	6883	7128	10419	12817	14273	17628
山东	3817	7952	17800	20539	33437	32816	35654	42113
河南	2803	5435	10575	10623	16206	16856	20957	27169
湖北	3459	6610	13579	18386	23817	27882	27230	31911
湖南	2040	3842	7402	8483	11949	14306	17034	19370
广东	6533	12701	19807	24424	32086	30632	21865	24837
广西	2237	4913	9022	11031	14294	17385	17950	21834
海南	962	1390	2200	2174	3929	2886	4924	5718
重庆		2355	4159	5012	6913	10061	11528	12020
四川	5065	6610	11642	12789	19308	21383	23847	37816
贵州	1475	2546	5716	6877	9375	11258	10282	8233
云南	3783	7270	13017	15280	19383	20541	22782	31131
西藏	1130	2341	4725	4730	7464	8247	8844	9425
陕西	2995	6125	8477	9947	15155	20807	16670	31461
甘肃	1958	3514	8779	9912	16979	19668	20166	25698
青海	1068	1500	3115	3866	5983	7813	7686	9174
宁夏	646	1279	3015	3579	6394	7057	6141	9603
新疆	3321	5325	11172	12973	18186	21206	29090	32192

按年份各地区文化部门执行事业会计制度的艺术表演团体演出场次

单位：万场

地　区	1995年	2000年	2005年	2006年	2008年	2009年	2010年	2011年
总　计	**41.2**	**41.0**	**39.9**	**41.0**	**41.1**	**42.0**	**42.4**	**39.7**
北　京	0.4	0.6	0.7	0.6	0.4	0.3	0.3	0.3
天　津	0.3	0.2	0.2	0.2	0.2	0.3	0.3	0.3
河　北	3.0	2.7	3.2	2.5	2.4	2.3	2.3	2.7
山　西	4.4	3.4	2.7	2.9	2.7	3.2	2.9	2.9
内蒙古	1.3	1.4	1.5	1.5	1.5	1.7	1.7	1.9
辽　宁	1.0	0.9	0.9	0.8	0.7	0.7	0.8	0.2
吉　林	1.1	0.7	0.5	0.6	0.7	0.8	0.8	0.8
黑龙江	1.4	1.2	1.1	1.0	0.9	0.9	1.1	0.8
上　海	1.0	1.3	0.9	1.1	1.1	1.1	1.1	1.0
江　苏	3.8	4.0	3.6	3.7	3.4	3.6	3.3	3.7
浙　江	1.1	1.3	1.2	1.3	1.2	1.2	1.2	0.9
安　徽	0.7	1.3	1.1	1.3	1.6	1.7	1.1	0.2
福　建	1.5	1.4	1.2	1.4	1.5	1.5	1.6	1.6
江　西	0.7	0.9	1.0	1.0	1.4	1.4	1.7	1.3
山　东	1.7	2.1	2.0	2.0	2.0	1.9	2.2	2.0
河　南	5.0	3.7	3.9	3.9	4.4	4.3	4.4	4.1
湖　北	1.3	1.5	1.6	2.1	2.2	2.2	2.2	2.3
湖　南	1.2	1.5	2.2	2.2	2.2	2.0	1.9	1.9
广　东	1.7	1.8	1.5	1.5	1.5	1.3	1.1	1.0
广　西	1.1	1.3	1.2	1.2	1.1	1.1	1.2	1.0
海　南	0.2	0.2	0.2	0.2	0.2	0.1	0.2	0.2
重　庆		0.2	0.3	0.3	0.4	0.3	0.4	0.2
四　川	0.9	1.0	0.9	1.0	0.9	1.0	1.1	1.0
贵　州	0.2	0.2	0.3	0.2	0.4	0.4	0.6	0.4
云　南	1.5	1.0	0.9	0.9	1.0	1.0	1.1	1.0
西　藏	0.2	0.2	0.2	0.2	0.2	0.1	0.2	0.3
陕　西	2.3	2.2	2.0	2.2	2.0	2.1	1.8	1.9
甘　肃	1.3	1.4	1.5	1.5	1.5	1.6	1.6	1.6
青　海	0.2	0.2	0.2	0.2	0.2	0.2	0.2	0.2
宁　夏	0.2	0.2	0.2	0.2	0.3	0.3	0.2	0.3
新　疆	0.7	0.9	1.1	1.0	1.0	1.1	1.4	1.4

按年份各地区文化部门执行事业会计制度的艺术表演团体演出观众人次

单位：万人次

地区	1995年	2000年	2005年	2006年	2008年	2009年	2010年	2011年
总计	**43166**	**46168**	**35752**	**40766**	**41272**	**43127**	**44290**	**38209**
北京	249	680	246	247	224	163	145	133
天津	277	242	159	186	156	213	242	238
河北	3384	3728	2275	2539	2450	2389	2527	2263
山西	6362	4913	2748	3156	3145	3858	3554	2768
内蒙古	969	1147	1035	968	1039	1472	1419	1380
辽宁	982	1169	961	681	559	638	542	160
吉林	1032	958	346	469	696	728	858	833
黑龙江	839	993	688	709	855	933	814	793
上海	506	501	343	409	441	478	550	490
江苏	1600	1818	1617	1682	1829	2005	1708	1656
浙江	1281	1512	1524	1602	1566	1310	1262	948
安徽	644	841	984	1047	1392	1373	912	249
福建	2304	1773	997	993	1102	1399	1304	1383
江西	589	1058	1105	1113	1330	1332	1441	1329
山东	2497	2438	2154	2302	2574	2271	2421	2253
河南	5399	5073	4650	5007	5399	6038	6326	5906
湖北	1668	2121	1656	2389	2670	2619	2829	2565
湖南	700	1096	1340	1557	1937	1805	1525	1399
广东	1961	2427	2102	1838	1939	1865	1829	1428
广西	987	1618	1290	1444	1391	1076	1384	1068
海南	298	283	190	218	232	282	213	239
重庆		347	258	270	292	314	247	320
四川	838	782	705	869	856	766	974	911
贵州	149	461	258	234	255	463	520	329
云南	1295	1329	1113	1228	1120	1509	1515	1333
西藏	189	305	176	225	151	192	362	206
陕西	2900	3046	1916	4021	1905	2391	2839	1822
甘肃	2436	2064	1821	2037	2387	1996	2228	1979
青海	219	186	131	142	129	161	185	204
宁夏	137	318	223	309	300	242	263	379
新疆	385	694	534	597	677	645	850	923

按年份各地区文化部门执行事业会计制度的艺术表演团体演出收入

单位：千元

地　区	1995年	2000年	2005年	2006年	2008年	2009年	2010年	2011年
总　计	**343824**	**516497**	**926026**	**1034312**	**1330769**	**1422270**	**1557429**	**1626843**
北　京	10680	22649	51948	63843	63535	66147	67999	77572
天　津	3465	5467	13350	14151	20124	25228	21952	20515
河　北	17541	22785	38529	38579	51348	55103	55363	68230
山　西	25280	26830	41512	42797	73531	83539	94099	103294
内蒙古	6058	4965	9143	11898	14773	13520	14581	17978
辽　宁	12091	21849	32979	30512	33378	43669	42200	21856
吉　林	7777	10507	26576	34113	46697	49048	27620	36423
黑龙江	8662	9585	8867	10326	11185	16237	18039	19337
上　海	30227	45274	95258	101864	122589	147377	161273	191054
江　苏	23319	41422	70184	76116	91372	116035	116605	131871
浙　江	16478	27675	51062	52541	65966	78910	106341	78413
安　徽	5069	9934	20165	21927	27451	34427	20875	13939
福　建	19532	23820	31578	30847	43499	48932	70239	65268
江　西	3810	4382	7168	13750	20393	21290	23421	14375
山　东	14999	29634	42024	50146	52218	55292	61304	61749
河　南	26465	31044	47427	58184	63831	76842	84636	93387
湖　北	10747	16104	27901	31312	46668	42073	48329	59354
湖　南	6300	11372	21507	26165	29515	30770	32376	48065
广　东	38613	62817	89554	99176	112589	103322	96970	91916
广　西	5067	7169	14682	12381	22866	18091	20365	25432
海　南	4756	3671	5501	4042	7479	10693	18542	21294
重　庆		4334	4640	4698	6357	8347	10437	8408
四　川	6041	7320	17249	20147	25393	33054	50642	68371
贵　州	1192	1422	3129	2634	3948	3813	3869	468
云　南	3525	4546	15148	13232	13490	16082	14070	11083
西　藏	272	116	284	570	36	12	33	56
陕　西	12445	18044	26848	30412	32256	40926	32140	36200
甘　肃	4459	5792	16515	18060	21765	26292	35483	41263
青　海	632	703	2150	2720	3512	5931	8300	10035
宁　夏	523	1219	2119	3366	4258	7586	2986	936
新　疆	3860	7751	7605	5941	5157	6644	5745	8490

按年份各地区文化部门执行事业会计制度的艺术表演团体总支出

单位：千元

地　区	1995年	2000年	2005年	2006年	2008年	2009年	2010年	2011年
总　计	**1606535**	**2688859**	**4884723**	**5585396**	**7777346**	**8606034**	**9171428**	**10295637**
北　京	50621	155664	262256	292919	354543	305057	346246	479063
天　津	25703	45246	103865	123433	182156	209896	222993	240024
河　北	53018	85051	150674	156125	224654	233053	245030	298542
山　西	60540	83302	161341	186584	289189	307616	321231	376740
内蒙古	38609	60533	136037	159022	220513	287102	346246	426080
辽　宁	67265	101977	164136	158850	234926	274251	293459	187399
吉　林	47346	68483	123317	163548	209839	260104	241862	250692
黑龙江	63182	93131	160187	188547	275656	315647	350606	350020
上　海	101616	152569	292383	307244	461511	534548	574466	613261
江　苏	97421	173842	243956	266753	352962	433297	395617	443172
浙　江	65743	125133	268040	293879	409913	461276	541295	556444
安　徽	37870	68666	131174	158696	198665	198288	119231	74581
福　建	51071	103540	161170	202948	282372	333727	358169	413823
江　西	29743	44228	86863	97188	136890	164502	174715	207498
山　东	70258	125939	248428	279242	404470	421721	429048	502145
河　南	65871	97353	162107	178807	259399	291256	338214	413098
湖　北	63683	98079	191853	244022	308731	359214	394999	429999
湖　南	45649	65522	114197	139798	178007	216799	241744	276317
广　东	129551	223647	330294	389771	486193	466538	357484	371124
广　西	36704	64918	116792	139462	175404	225321	238712	280026
海　南	17280	19573	31501	32267	49587	41917	73094	85750
重　庆		40196	54431	67527	77594	133449	196514	159880
四　川	86381	96565	161775	174065	251243	279138	310178	483038
贵　州	19596	34206	68883	81243	115438	131153	132353	92663
云　南	49743	84419	154369	195867	233910	253840	260755	327268
西　藏	13325	23799	47937	48719	74580	81900	89062	95260
陕　西	56570	89910	130348	147437	205314	280727	208945	327463
甘　肃	32110	44128	109763	125181	204138	233512	251335	297206
青　海	11903	16990	35216	44566	66670	90082	89312	103635
宁　夏	7791	14209	34459	40550	65327	87436	67408	105579
新　疆	44023	70107	129318	146332	192657	234784	305987	360656

按年份各地区文化部门执行事业会计制度的艺术表演团体经费自给率

单位：%

地区	1995年		2000年		2005年		2006年		2008年		2009年		2010年		2011年	
	自给率	位次	自给率	位次	自给率	位次	自给率	位次	自给率	位次	自给率	位次	自给率	位次	自给率	位次
总　计	**40.3**		**33.8**		**32.2**		**31.7**		**29.5**		**30.0**		**31.9**		**27.3**	
北　京	34.2	16	22.8	22	26.9	16	34.2	10	26.0	14	30.7	11	31.2	11	27.8	13
天　津	32.5	18	32.4	12	27.0	14	25.2	19	17.5	24	19.7	23	32.5	10	18.6	18
河　北	48.0	7	46.0	2	33.9	8	36.1	7	38.5	3	35.1	6	38.1	6	31.8	9
山　西	53.6	3	39.4	9	33.5	10	34.3	9	36.7	4	46.1	2	40.5	5	38.6	4
内蒙古	19.7	25	11.7	29	12.8	27	10.7	29	9.4	28	11.6	28	7.1	30	6.4	30
辽　宁	35.2	15	33.9	11	33.6	9	27.8	13	16.4	25	22.4	19	18.2	24	18.3	19
吉　林	28.7	20	25.1	17	25.6	19	24.2	21	24.1	19	21.2	21	24.3	18	16.5	24
黑龙江	27.3	21	18.8	26	9.5	30	9.3	30	7.9	30	9.0	30	8.5	29	8.7	29
上　海	64.0	1	57.5	1	65.1	1	66.3	1	61.6	1	63.2	1	61.6	1	49.2	1
江　苏	52.9	4	43.0	3	44.0	2	42.7	2	43.5	2	42.5	3	48.7	3	45.4	2
浙　江	54.1	2	40.1	8	34.8	7	35.6	8	29.1	9	34.2	8	34.9	9	34.7	6
安　徽	25.8	22	23.0	21	23.0	21	25.0	20	27.4	11	29.5	12	29.6	13	42.5	3
福　建	50.4	6	30.8	15	30.5	12	29.0	12	29.1	8	29.2	13	28.5	15	29.4	11
江　西	29.0	19	22.2	23	21.6	23	27.5	14	25.7	16	26.3	16	23.6	19	18.3	20
山　东	42.8	11	37.3	10	26.7	18	26.4	16	21.3	20	21.0	22	21.1	21	18.1	21
河　南	50.8	5	42.6	5	38.2	5	40.8	3	36.0	5	40.5	4	58.5	2	36.1	5
湖　北	40.0	12	32.3	13	30.8	11	25.2	18	24.6	18	23.3	18	31.0	12	24.4	15
湖　南	44.9	9	40.8	6	39.6	3	37.8	4	32.7	6	37.4	5	27.6	16	29.6	10
广　东	47.4	8	40.2	7	39.0	4	37.7	5	32.1	7	34.3	7	37.9	7	33.4	8
广　西	33.2	17	24.5	19	25.0	20	21.2	23	26.1	13	22.1	20	24.7	17	28.3	12
海　南	44.6	10	26.8	16	28.4	13	37.3	6	28.6	10	31.5	10	37.1	8	34.0	7
重　庆			42.8	4	26.9	17	26.2	17	25.8	15	26.8	15	44.9	4	24.8	14
四　川	39.9	13	24.8	18	27.0	15	27.3	15	25.5	17	24.9	17	28.7	14	21.7	16
贵　州	25.5	23	23.0	20	17.6	25	17.8	24	19.1	22	14.4	27	21.1	22	18.7	17
云　南	15.0	27	16.5	27	19.9	24	11.4	27	19.8	21	31.6	9	13.1	26	10.4	28
西　藏	6.8	30	1.1	31	2.5	31	3.6	31	1.0	31	1.8	31	1.5	31	2.2	31
陕　西	36.5	14	31.3	14	37.5	6	31.7	11	26.8	12	27.0	14	21.2	20	15.9	25
甘　肃	20.3	24	18.9	25	21.6	22	22.5	22	18.6	23	17.4	24	20.6	23	17.8	22
青　海	9.7	29	7.9	30	12.3	28	11.3	28	10.4	27	14.7	26	16.1	25	16.8	23
宁　夏	11.0	28	15.8	28	9.6	24	12.7	26	12.9	26	15.1	25	10.2	28	14.3	26
新　疆	17.3	26	20.8	24	14.3	26	12.9	25	8.5	29	9.2	29	11.7	27	12.2	27

按年份各地区艺术表演场馆机构数

单位：个

地　区	1995年	2000年	2005年	2006年	2008年	2009年	2010年	2011年
总　计	**1958**	**1900**	**1866**	**1839**	**1944**	**2137**	**2112**	**1956**
北　京	23	24	39	42	54	72	73	68
天　津	30	32	28	28	29	39	37	57
河　北	99	96	95	93	106	102	113	113
山　西	53	49	44	46	69	83	103	97
内蒙古	35	30	27	28	32	28	26	20
辽　宁	79	71	59	50	45	60	58	61
吉　林	60	52	73	69	59	33	32	29
黑龙江	49	56	45	46	47	44	44	44
上　海	43	43	160	148	67	104	96	103
江　苏	140	142	87	81	90	189	201	110
浙　江	100	95	125	141	48	239	242	223
安　徽	110	104	90	93	103	79	60	67
福　建	78	80	76	69	71	59	57	49
江　西	69	61	58	58	57	55	57	55
山　东	116	105	94	95	88	82	91	93
河　南	169	166	156	152	155	161	150	144
湖　北	87	78	66	67	63	70	68	65
湖　南	104	94	83	78	74	67	63	66
广　东	79	75	68	67	251	144	124	107
广　西	34	31	23	22	22	24	24	26
海　南	3	18	13	16	8	9	10	14
重　庆		25	17	19	54	42	46	46
四　川	124	94	65	65	95	96	94	78
贵　州	15	14	12	11	11	9	7	11
云　南	44	40	38	33	31	34	36	27
西　藏	9	20	24	26	22	22	21	21
陕　西	109	112	107	108	105	100	97	90
甘　肃	47	46	30	28	31	30	27	24
青　海	3	2	1	1	16	21	20	22
宁　夏	17	19	12	11	16	16	15	6
新　疆	26	22	47	43	20	21	15	13

按年份全国文化部门执行事业会计制度的艺术表演场馆基本情况

年　份	机构数（个）	演出场次（万场次）	艺术场次	观众人次（万人）	收入合计（万元）	财政拨款	艺术演出收入	总支出（万元）
1985年	1377	99	12		11630	1506	1776	9519
1986年	1928	203	15	88670	19547	2233	2488	16786
1990年	1995	302	9	89157	43491	2865	3375	37402
1991年	2009	367	9	77613	47406	5505	3760	44260
1992年	1987	288	7	53188	51123	4037	4487	48185
1993年	1972	245	6	43278	60204	4688	4635	56846
1994年	1947	221	5	27552	68000	5359	5268	66234
1995年	1918	205	5	24252	79507	5723	6481	77136
1996年	1892	256	5	59057	86147	5034	7611	87204
1997年	1898	231	5	16572	88540	6559	8387	89732
1998年	1882	206	5	15368	84956	6800	8869	88735
1999年	1864	168	6	11581	75675	7588	10187	80731
2000年	1863	136	6	12982	81081	8643	10735	82040
2001年	1840	115	7	20544	83431	13112	11601	89815
2002年	1819	74	7	11421	83643	12033	13186	89374
2003年	1900	56	7	8087	103274	15703	21425	104384
2004年	1552	44	7	11286	99402	15467	21477	101157
2005年	1427	41	7	6328	94363	16792	29958	89301
2006年	1390	38	6	6528	117975	19603	37552	117871
2007年	1330	39	6	5906	115036	24067	38414	117321
2008年	1355	40	5	5596	123572	28116	28649	111036
2009年	1248	27	6	5045	113851	32074	23954	112603
2010年	1176	31	6	6003	132109	45333	25935	130900
2011年	1119	30	4	3945	159185	65871	22004	154849

按年份各地区文化部门执行事业会计制度艺术表演场馆财政拨款

单位：万元

地　区	1995年	2000年	2005年	2006年	2008年	2009年	2010年	2011年
总　计	**5723**	**8643**	**16792**	**19603**	**28116**	**32074**	**45333**	**65871**
北　京	40	387	40	124	49	191	183	366
天　津	13	70	173	111	185	108	320	196
河　北	134	392	1097	605	833	1164	954	1603
山　西	151	93	263	427	756	986	1233	1725
内蒙古	156	232	508	550	776	1126	3245	6343
辽　宁	200	253	553	297	2040	1512	1280	1282
吉　林	366	615	1017	2277	2071	1675	4486	1997
黑龙江	23	124	142	207	340	441	557	468
上　海	54	189	1304	501	3733	4216	5330	5921
江　苏	191	89	67	25	246	348	543	1400
浙　江	325	768	1875	2263	1927	2471	3668	4333
安　徽	338	517	864	977	946	898	760	618
福　建	381	672	1503	649	1093	1031	823	1032
江　西	301	334	712	588	967	899	1121	1246
山　东	439	730	274	339	307	400	507	894
河　南	444	337	561	558	859	3142	3356	3733
湖　北	81	135	307	428	655	1385	2536	5481
湖　南	264	543	607	958	1492	686	1527	2226
广　东	324	650	2097	4243	2909	3207	6385	7398
广　西	59	18	44	155	85	96	81	87
海　南		11	1	51	18	12		
重　庆		81	111	26	44	45	45	42
四　川	255	210	173	492	968	856	1078	1329
贵　州	93	63	75	70	76	160	163	263
云　南	146	187	249	308	434	343	520	663
西　藏	81	261	494	199	375	284	341	810
陕　西	226	288	538	625	1580	1559	1630	7928
甘　肃	402	180	99	192	359	509	260	3359
青　海					100	206	337	372
宁　夏	21	45	106	55	165	136	113	193
新　疆	217	173	941	1304	1731	1583	1953	2562

按年份各地区文化部门执行事业会计制度的艺术表演场馆演出场次

单位：万场

地　区	1995年	2000年	2005年	2006年	2008年	2009年	2010年	2011年
总　计	**204.8**	**135.5**	**40.6**	**37.7**	**40.3**	**26.6**	**30.7**	**29.8**
北　京	2.8	2.3	2.1	2.3	0.7	0.2	0.6	0.6
天　津	6.8	4.0	1.8	1.3	1.3	0.5	0.5	0.3
河　北	8.2	6.4	1.7	1.3	1.3	0.6	1.1	1.1
山　西	3.6	3.1	2.6	2.8	2.2	2.2	2.7	2.2
内蒙古	1.9	1.8	0.6	0.6	0.9	0.4	0.8	0.5
辽　宁	6.6	4.9	1.1	1.1	0.4	0.5	0.5	0.4
吉　林	3.2	2.7	0.4	1.3	1.9	1.3	1.4	1.6
黑龙江	1.5	1.9	0.5	0.4	0.2	0.2	0.3	0.3
上　海	4.7	3.9	1.8	1.8	1.8	1.4	1.5	1.6
江　苏	26.6	12.6	0.2	0.3	0.4	0.4	0.3	0.2
浙　江	14.2	7.3	1.6	1.2	1.2	1.6	2.1	2.0
安　徽	16.9	8.2	1.3	1.0	2.6	0.7	0.5	0.4
福　建	6.4	4.9	2.1	2.3	3.6	2.6	3.0	2.7
江　西	4.9	2.0	0.7	0.6	0.6	0.5	0.9	0.6
山　东	11.6	9.5	0.7	0.2	0.5	0.6	1.1	1.0
河　南	16.4	10.3	7.8	7.0	9.0	2.4	2.2	1.1
湖　北	11.8	8.9	1.4	0.9	2.0	2.4	2.7	3.9
湖　南	10.9	7.6	1.9	1.3	1.6	1.3	1.3	2.2
广　东	15.6	9.0	2.1	1.7	1.3	0.9	0.6	0.8
广　西	3.7	1.8	1.2	1.3	0.5	1.6	1.8	0.9
海　南	0.3	0.8	0.2	0.1	0.1	0.1	0.1	0.1
重　庆		1.6	0.3		0.5	0.1	0.1	0.1
四　川	6.0	2.4	1.2	1.9	0.7	0.5	0.6	0.6
贵　州	1.4	1.0	1.1	0.8		0.1	0.1	0.0
云　南	6.3	4.8	0.6	0.7	0.7	0.7	0.7	0.1
西　藏	2.1	2.1	0.7	0.4	0.1	0.1	0.3	0.4
陕　西	3.9	4.2	1.1	1.0	1.0	0.5	0.4	0.7
甘　肃	2.9	3.2	0.6	0.4	0.4	0.4	0.3	0.2
青　海	0.4	0.2				0.1	0.2	0.1
宁　夏	2.2	1.2	0.1			0.1		
新　疆	0.7	0.9	1.4	1.7	2.8	1.8	2.0	3.2

按年份各地区文化部门执行事业会计制度的艺术表演场馆观众人次

单位：万人次

地　区	1995年	2000年	2005年	2008年	2009年	2010年	2011年
总　计	**24252**	**12982**	**6328**	**5596**	**5045**	**6003**	**3945**
北　京	430	238	231	136	49	59	66
天　津	368	150	56	140	131	189	82
河　北	673	493	270	212	155	192	173
山　西	662	329	230	355	264	595	166
内蒙古	325	198	195	123	138	149	71
辽　宁	808	369	407	87	207	223	198
吉　林	244	227	106	128	93	114	103
黑龙江	210	549	128	115	97	169	99
上　海	823	381	503	464	532	461	446
江　苏	3266	1257	29	36	64	70	68
浙　江	1447	597	269	232	373	442	352
安　徽	785	328	211	289	172	123	27
福　建	743	547	265	462	257	201	141
江　西	543	180	178	101	119	161	96
山　东	1028	1051	166	210	121	371	162
河　南	2335	881	610	548	392	326	252
湖　北	895	2194	377	356	411	746	245
湖　南	846	452	232	228	206	248	214
广　东	1887	553	243	408	216	189	223
广　西	447	205	162	85	144	132	98
海　南	74	124	19	7	3	14	19
重　庆		27	120	26	38	54	34
四　川	520	209	328	149	217	199	104
贵　州	190	68	46	19	34	34	7
云　南	1177	231	123	120	105	89	48
西　藏	399	155	138	13	31	62	35
陕　西	2106	514	348	317	204	196	217
甘　肃	409	212	81	57	81	56	73
青　海	98	9		5	11	24	20
宁　夏	409	188	45	17	49	19	1
新　疆	77	56	185	130	117	98	104

按年份各地区文化部门执行事业会计制度的艺术表演场馆演出收入

单位：千元

地　区	1995年	2000年	2005年	2006年	2008年	2009年	2010年	2011年
总　计	**64814**	**107353**	**299576**	**375517**	**286487**	**239536**	**259350**	**220036**
北　京	1745	7462	28710	24850	6949	4646	5231	5897
天　津	831	698	1101	1716	5072	3837	5360	3741
河　北	2449	3172	2349	2881	3842	4009	2773	6058
山　西	1254	1441	2007	2960	9176	5218	10156	9711
内蒙古	395	301	190	574	1160	1071	3091	745
辽　宁	1564	2354	6460	43507	2042	22331	7863	12137
吉　林	498	820	2121	2855	5064	3991	5026	5600
黑龙江	570	1001	1673	1254	2033	2006	1635	1970
上　海	4718	9125	191216	221652	130133	102053	120345	97676
江　苏	10933	16173	2206	2918	4801	8336	5442	1208
浙　江	6491	11736	11113	15058	23887	15641	27720	12815
安　徽	1723	2214	2753	2239	2696	2126	2064	1390
福　建	1847	3468	4466	3532	5813	2550	2342	2640
江　西	608	2520	1381	1741	1349	2023	6352	1505
山　东	4780	5798	2697	2277	2583	1952	2148	552
河　南	5473	6364	8089	7451	6361	11810	11985	5157
湖　北	2549	3094	6308	8555	10121	21424	7505	8462
湖　南	1201	5510	3877	4961	4147	4488	4246	5434
广　东	9260	13931	7526	9544	36132	4627	11264	17467
广　西	411	1230	789	2067	2803	1781	3428	143
海　南	117	547	167	120			15	102
重　庆			103	32	68	126	126	35
四　川	637	1383	4033	4773	5607	3760	4716	6182
贵　州	18	458	559	550	192		497	716
云　南	1638	1163	1509	1309	7933	1948	2079	180
西　藏	406	15	54	49	105	250	240	
陕　西	811	2678	2731	4168	4184	3101	4099	12132
甘　肃	659	750	1243	1460	1774	4012	604	294
青　海	54	11				20	105	18
宁　夏	97	332	243	32	228	260	169	39
新　疆	289	484	1276	432	233	139	724	30

按年份各地区文化部门执行事业会计制度的艺术表演场馆总支出

单位：千元

地　区	1995年	2000年	2005年	2006年	2008年	2009年	2010年	2011年
总　计	**771357**	**820396**	**893007**	**1178712**	**1110364**	**1126032**	**1309004**	**1548494**
北　京	16895	35668	52518	57823	21674	24672	28131	33617
天　津	13108	14638	11473	10151	15940	16028	19845	19872
河　北	24046	28467	35737	32641	31857	36319	40578	52619
山　西	16204	14028	19933	27170	39155	40822	51661	42263
内蒙古	6663	6479	8151	8556	13184	17720	39015	54143
辽　宁	34805	27672	41525	170277	46685	53260	55340	51620
吉　林	23077	19994	19403	42374	38210	38448	62129	39071
黑龙江	5601	8191	8583	9182	12934	11867	13357	12806
上　海	50564	73444	178640	247429	197735	212593	246664	211732
江　苏	88476	92698	6179	9302	16432	21657	24699	38520
浙　江	46721	54714	78068	81315	90497	104944	116818	168951
安　徽	32503	32953	30582	32711	35583	32964	18102	17034
福　建	36292	39054	50308	54304	67686	66138	66137	61719
江　西	12274	14214	20280	18380	24098	20888	24012	21238
山　东	42706	45295	11716	10735	9281	8350	11965	39508
河　南	51459	41557	59737	60814	91697	80137	82452	85652
湖　北	44756	30431	28196	35081	43103	53285	62339	126752
湖　南	33253	48833	29079	28389	35202	28319	45568	48508
广　东	81483	79865	60608	88561	83215	70997	102635	110194
广　西	14797	12030	11669	11590	13240	21410	25900	14713
海　南	3537	4527	1930	2174	1370	1551	831	816
重　庆		5456	2982	1614	1671	573	1254	509
四　川	26759	18614	25011	28427	40877	34829	32770	46934
贵　州	4891	7112	7928	7993	8535	9445	18348	12462
云　南	13367	15031	15049	18738	21699	18393	19729	11045
西　藏	3125	3569	5057	2071	4028	3128	3184	8607
陕　西	15205	21237	24280	25903	37172	36729	34148	112957
甘　肃	14560	12205	10794	12063	12244	18031	11617	50687
青　海	2745	1214			1033	3431	3614	3975
宁　夏	4988	4362	2710	2652	2807	4218	3541	2232
新　疆	4647	4524	27508	33795	40036	32784	42621	47737

2011年全国艺术业

	总计						合计
	机构数（个）	从业人员数（人）	专业技术人才	正高级职称	副高级职称	中级职称	机构数（个）
总 计	9227	270474	116005	7238	16742	43212	4061
一、艺术表演团体	7055	226599	106243	6696	15814	39444	2416
1、话剧、儿童剧、滑稽剧团	103	7200	4957	546	1130	1773	65
其中：儿童剧团	17	1117	772	83	153	249	7
2、歌剧、舞剧、歌舞剧团	187	13091	8945	695	1662	3350	97
3、歌舞团、轻音乐团	1387	39590	21037	1091	2809	7616	457
4、乐团、合唱团	97	7231	3301	573	545	1101	33
5、文工团、文宣队、乌兰牧骑	340	10433	5529	67	335	1617	312
6、戏曲剧团	2417	94003	42293	2160	6110	16170	1148
其中：京剧	109	8067	5609	552	1191	2274	77
7、曲、杂、木、皮团	1154	22034	6974	470	1141	2762	143
8、综合性艺术表演团体	1370	33017	13207	1094	2082	5055	161
二、艺术表演场馆	1956	42407	8680	359	709	3379	1429
1、剧场、影剧院	1505	29726	6579	261	565	2709	1253
其中：儿童剧场	22	755	353	5	53	159	14
2、书场、曲艺场	36	332	22	3		16	16
3、杂技、马戏场	8	544	34	2	3	14	5
4、音乐厅	34	1457	465	30	53	143	15
5、综合性	242	7134	1115	57	55	380	90
6、其他	131	3214	465	6	33	117	50
三、艺术创作机构	216	1468	1082	183	219	389	216

机构数和从业人员数

文化部门										
国有企业										
从业人员数（人）	专业技术人才				机构数（个）	从业人员数（人）	专业技术人才			
		正高级职称	副高级职称	中级职称				正高级职称	副高级职称	中级职称
160323	**92799**	**5200**	**14402**	**35441**	**3620**	**144887**	**85268**	**4795**	**13450**	**32901**
132375	**85667**	**4822**	**13708**	**32540**	**2093**	**119406**	**78458**	**4435**	**12782**	**30125**
5956	4252	461	1039	1504	57	5458	3898	441	990	1395
855	601	68	130	183	5	649	442	64	113	155
10499	7934	614	1529	2992	93	10321	7813	608	1524	2961
23556	16619	712	2407	6041	401	21757	15587	681	2295	5700
5332	2414	387	432	777	27	4908	2210	349	373	727
9017	5303	52	291	1519	307	8794	5165	52	281	1456
58209	36233	1764	5687	14619	961	51112	32717	1658	5306	13302
6762	5372	512	1144	2200	69	6326	5039	497	1090	2022
7912	4564	317	794	1721	104	6662	3856	236	693	1539
11894	8348	515	1529	3367	143	10394	7212	410	1320	3045
26480	**6050**	**195**	**475**	**2512**	**1315**	**24051**	**5748**	**179**	**449**	**2393**
22618	5395	177	437	2222	1179	21246	5158	165	415	2137
243	110		3	35	14	243	110		3	35
62	5			5	9	29	1			1
112	34	2	3	14	4	57	26		3	9
367	50	4	7	15	12	268	48	4	6	14
2207	402	10	13	212	77	1910	356	8	10	193
1114	164	2	15	44	34	541	159	2	15	39
1468	**1082**	**183**	**219**	**389**	**212**	**1430**	**1062**	**181**	**219**	**383**

续表

	文化部门							
	集体经济							
	机构数(个)	从业人员数(人)	专业技术人才				机构数(个)	从业人员数(人)
				正高级职称	副高级职称	中级职称		
总计	**254**	**8039**	**4133**	**146**	**422**	**1482**	**187**	**7397**
一、艺术表演团体	**208**	**7666**	**4023**	**139**	**413**	**1449**	**115**	**5303**
1、话剧、儿童剧、滑稽剧团	3	119	94	6	18	36	5	379
其中：儿童剧团							2	206
2、歌剧、舞剧、歌舞剧团	1	27					3	151
3、歌舞团、轻音乐团	15	678	430	10	46	155	41	1121
4、乐团、合唱团							6	424
5、文工团、文宣队、乌兰牧骑	3	166	83		9	49	2	57
6、戏曲剧团	158	5906	2959	66	280	1051	29	1191
其中：京剧	7	304	201	11	30	74	1	132
7、曲、杂、木、皮团	25	644	386	55	57	120	14	606
8、综合性艺术表演团体	3	126	71	2	3	38	15	1374
二、艺术表演场馆	**42**	**335**	**90**	**5**	**9**	**27**	**72**	**2094**
1、剧场、影剧院	35	302	86	5	9	23	39	1070
其中：儿童剧场								
2、书场、曲艺场	7	33	4			4		
3、杂技、马戏场							1	55
4、音乐厅							3	99
5、综合性							13	297
6、其他							16	573
三、艺术创作机构	**4**	**38**	**20**	**2**		**6**		

其他经济				其他部门					
专业技术人才	正高级职称	副高级职称	中级职称	机构数（个）	从业人员数（人）	专业技术人才	正高级职称	副高级职称	中级职称
3398	**259**	**530**	**1058**	**5166**	**110151**	**23206**	**2038**	**2340**	**7771**
3186	**248**	**513**	**966**	**4639**	**94224**	**20576**	**1874**	**2106**	**6904**
260	14	31	73	38	1244	705	85	91	269
159	4	17	28	10	262	171	15	23	66
121	6	5	31	90	2592	1011	81	133	358
602	21	66	186	930	16034	4418	379	402	1575
204	38	59	50	64	1899	887	186	113	324
55		1	14	28	1416	226	15	44	98
557	40	101	266	1269	35794	6060	396	423	1551
132	4	24	104	32	1305	237	40	47	74
322	26	44	62	1011	14122	2410	153	347	1041
1065	103	206	284	1209	21123	4859	579	553	1688
212	**11**	**17**	**92**	**527**	**15927**	**2630**	**164**	**234**	**867**
151	7	13	62	252	7108	1184	84	128	487
				8	512	243	5	50	124
				20	270	17	3		11
8	2		5	3	432				
2		1	1	19	1090	415	26	46	128
46	2	3	19	152	4927	713	47	42	168
5			5	81	2100	301	4	18	73

2011年全国艺术表演

	剧团数（个）	补贴团数	从业人员（人）	专业技术人才	正高级职称	副高级职称
总　计	**7055**	**2620**	**226599**	**106243**	**6696**	**15814**
其中：民间职业剧团	**3143**	**266**	**66642**	**13411**	**1355**	**1276**
按照登记注册类型分类						
国有	2213	2062	127046	82181	4739	13308
集体	291	207	9823	4856	203	485
其他	4551	351	89730	19206	1754	2021
按隶属关系分						
中央	17	16	5463	3358	737	906
省、区、市	249	210	33333	24786	2234	5367
地、市	755	556	48563	35540	1688	6003
县、市、区	6034	1838	139240	42559	2037	3538
按性质分						
执行事业会计制度	2285	2184	125105	80771	4395	12862
执行企业会计制度	4770	436	101494	25472	2301	2952
按管理部门分						
文化部门	2416	2240	132375	85667	4822	13708
其他部门	4639	380	94224	20576	1874	2106
按剧种分						
话剧、儿童剧、滑稽剧团	103	76	7200	4957	546	1130
歌剧、舞剧、歌舞剧团	187	104	13091	8945	695	1662
歌舞团、轻音乐团	1387	469	39590	21037	1091	2809
乐团、合唱团	97	38	7231	3301	573	545
文工团、文宣队、乌兰牧	340	311	10433	5529	67	335
戏曲剧团	2417	1223	94003	42293	2160	6110
其中：京剧	109	84	8067	5609	552	1191
曲、杂、木、皮团	1154	156	22034	6974	470	1141
综合性艺术表演团体	1370	243	33017	13207	1094	2082

团体演出及收支情况

中级职称	本团原创首演剧目(个)	演出场次(万场次)	国内演出场次	农村演出场次	国内演出观众人次(万人次)	农村观众人次	收入情况(千元) 财政拨款
39444	**1588**	**154.72**	**146.59**	**100.67**	**74585.05**	**43923.52**	**8971009**
4259	**237**	**95.65**	**91.38**	**68.73**	**20661.39**	**13515.83**	**75811**
31531	1126	37.57	35.17	21.53	37474.30	24132.87	8301475
1766	93	7.78	7.64	4.88	4269.92	3318.88	256633
6147	369	109.37	103.78	74.27	32840.83	16471.77	412901
1117	29	0.42	0.40	0.08	948.13	125.85	576893
9069	269	6.33	5.85	1.98	5650.01	2513.83	3430586
14707	394	14.44	13.45	5.15	11585.07	6324.80	3194146
14551	896	133.53	126.89	93.47	56401.84	34959.04	1769384
31072	1107	40.59	38.52	24.52	39136.82	26120.00	8034837
8372	481	114.13	108.07	76.15	35448.23	17803.52	936172
32540	1195	43.77	41.45	25.92	40756.38	26966.77	8440480
6904	393	110.95	105.14	74.75	33828.68	16956.75	530529
1773	143	1.74	1.68	0.39	1250.37	326.27	654963
3350	98	2.79	2.44	0.99	2220.65	884.42	887368
7616	271	18.23	16.00	7.79	9255.71	4194.16	1617696
1101	32	0.78	0.74	0.22	503.34	145.61	447814
1617	81	3.96	3.73	2.25	3477.24	1967.54	462511
16170	664	83.76	81.65	71.54	37217.61	29427.44	3414460
2274	35	2.07	1.96	1.21	1530.94	941.28	736138
2762	104	16.14	14.70	4.94	10003.85	1574.40	485958
5055	195	27.34	25.66	12.55	10656.29	5403.68	1000239

续表

		支出情况(千元)			
	演出收入	人员支出	资产总计(千元)	固定资产原值	实际使用房屋建筑面积(万平方米)
总　计	**5267448**	**8211466**	**20275570**	**13251223**	**526.24**
其中：民间职业剧团	**2100194**	**918955**	**3797382**	**2768985**	**52.77**
按照登记注册类型分类					
国有	2077126	6523159	13242184	8811516	417.67
集体	159615	297289	437100	263850	24.54
其他	3030707	1391018	6596286	4175857	84.03
按隶属关系分					
中央	351751	566676	2034606	1597772	21.63
省、区、市	1000794	2437264	6281991	3192394	129.10
地、市	930576	2637929	4456236	3068455	157.68
县、市、区	2984327	2569597	7502737	5392602	217.83
按性质分					
执行事业会计制度	1776657	6458894	11677612	7851135	399.07
执行企业会计制度	3490791	1752572	8597958	5400088	127.17
按管理部门分					
文化部门	2245365	6726854	13605433	8599170	434.56
其他部门	3022083	1484612	6670137	4652053	91.69
按剧种分					
话剧、儿童剧、滑稽剧团	281708	501454	1623358	991745	30.59
歌剧、舞剧、歌舞剧团	449823	706223	1804858	1168597	45.71
歌舞团、轻音乐团	1299892	1494315	4226684	2840121	103.73
乐团、合唱团	251056	363139	816966	583845	10.77
文工团、文宣队、乌兰牧	71162	356946	460900	383646	34.82
戏曲剧团	1428934	3188662	5077276	3353740	191.53
其中：京剧	121539	592188	1350246	779258	30.79
曲、杂、木、皮团	374637	526647	1513341	805202	37.27
综合性艺术表演团体	1110236	1074080	4752187	3124327	71.85

	实际拥有产权面积(万平方米)	流动舞台车演出情况			政府采购的公益演出活动情况		
排练练功用房		流动舞台车数量(辆)	利用流动舞台车演出场次(万场次)	利用流动舞台车演出观众人次(万人次)	演出场次(万场次)	演出观众人次(万人次)	演出补贴收入(千元)
131.30	**245.73**	**1656**	**10.49**	**9407.71**	**8.27**	**7799.89**	**398917**
21.86	**12.96**	**362**	**1.72**	**800.08**	**0.77**	**561.30**	**26566**
96.94	209.46	1121	7.78	7757.05	6.12	6212.80	273899
7.70	10.60	98	0.71	629.98	0.53	497.63	13853
26.67	25.66	437	2.00	1020.68	1.62	1089.46	111165
3.37	20.63				0.03	51.68	31798
30.90	77.91	92	0.37	576.51	1.20	1211.68	150683
35.70	70.65	318	1.44	1584.96	1.67	1761.39	92026
61.33	76.54	1246	8.68	7246.25	5.37	4775.14	124410
93.53	200.29	1148	8.17	8149.55	6.16	6417.09	229679
37.77	45.44	508	2.32	1258.16	2.11	1382.80	169238
100.78	217.77	1181	8.31	8247.27	6.90	6917.85	329052
30.52	27.95	475	2.19	1160.45	1.37	882.04	69865
7.36	15.55	26	0.12	95.28	0.31	254.68	36100
10.59	22.93	68	0.44	290.69	0.32	280.22	20995
23.53	43.75	347	1.30	1038.35	1.37	1387.89	74127
2.82	2.95	1			0.06	42.35	8539
9.39	14.60	172	0.77	467.73	0.59	445.05	8426
47.47	97.10	722	6.26	6326.03	3.80	4189.42	129930
8.04	25.87	29	0.26	285.98	0.15	157.90	14932
14.45	18.06	94	0.25	181.38	0.44	322.07	24911
15.69	30.80	226	1.35	1008.25	1.37	878.20	95889

2011年全国执行事业会计制度的

	剧团数(个)	补贴团数	从业人员(人)	专业技术人才	正高级职称	副高级职称	中级职称
总　计	**2285**	**2184**	**125105**	**80771**	**4395**	**12862**	**31072**
按照登记注册类型分类							
国有	2057	1977	116558	76080	4249	12334	29338
集体	205	186	7462	3943	94	411	1449
其他	23	21	1085	748	52	117	285
按隶属关系分							
中央	16	15	4903	2883	620	788	965
省、区、市	176	172	26135	20190	1839	4666	7462
地、市	505	498	39165	30851	1462	5444	13015
县、市、区	1588	1499	54902	26847	474	1964	9630
按管理部门分							
文化部门	2249	2154	120860	78612	4157	12519	30182
其他部门	36	30	4245	2159	238	343	890
按剧种分							
话剧、儿童剧、滑稽剧团	52	52	5501	4041	468	985	1467
歌剧、舞剧、歌舞剧团	88	87	9339	7129	507	1415	2704
歌舞团、轻音乐团	411	403	21565	15423	638	2234	5666
乐团、合唱团	30	26	5804	2783	500	472	982
文工团、文宣队、乌兰牧骑	314	303	10015	5445	67	333	1585
戏曲剧团	1117	1062	56596	35405	1719	5569	14319
其中：京剧	75	73	6604	5292	510	1139	2152
曲、杂、木、皮团	136	122	7510	4489	226	775	1719
综合性艺术表演团体	137	129	8775	6056	270	1079	2630

艺术表演团体基本情况

本团原创首演剧目(个)	演出场次(万场次)	国内演出场次	农村演出场次	国内演出观众人次(万人次)	农村观众人次	本年收入合计(千元)	财政拨款
1107	**40.59**	**38.52**	**24.52**	**39136.82**	**26120.00**	**11138394**	**8034837**
1023	34.32	32.31	20.43	35224.12	23065.96	10636351	7739978
69	5.94	5.90	3.86	3620.07	2819.87	413599	251076
15	0.32	0.31	0.24	292.63	234.17	88444	43783
21	0.40	0.38	0.08	889.46	119.80	1007504	498685
216	3.85	3.61	1.22	4113.61	1915.13	4095630	2973153
335	9.53	8.84	4.27	9612.51	5635.12	3825370	2947353
535	26.81	25.69	18.96	24521.24	18449.95	2209890	1615646
1090	39.55	37.61	24.31	38208.65	25926.33	10589591	7775895
17	1.04	0.92	0.21	928.17	193.67	548803	258942
103	1.02	0.98	0.19	776.51	171.54	824452	544994
76	1.28	1.20	0.51	1566.84	614.22	1169641	813801
184	5.15	4.77	2.41	5665.77	2544.28	1904933	1414490
23	0.32	0.30	0.06	297.75	59.84	728510	395096
79	3.74	3.58	2.14	3389.76	1905.03	587473	461613
522	20.83	20.49	15.89	23446.88	18858.31	4406011	3327953
28	1.24	1.20	0.54	1176.88	614.09	918126	720617
45	5.97	4.98	1.99	1859.32	722.67	601645	401117
75	2.28	2.21	1.33	2133.98	1244.11	915729	675773

续表 1

	上级补助收入	事业收入	演出收入	经营收入	附属单位上缴收入	其他收入	本年支出合计(千元)
总　计	**379931**	**2042495**	**1776657**	**43891**	**5602**	**631638**	**10789316**
按照登记注册类型分类							
国有	363950	1893233	1639846	38316	5252	595622	10283144
集体	15854	126818	114871	5375	350	14126	415106
其他	127	22444	21940	200		21890	91066
按隶属关系分							
中央	21131	340413	293575	4313		142962	967250
省、区、市	153141	669554	581890	12308	4300	283174	3924049
地、市	149208	589826	527374	8842	346	129795	3729460
县、市、区	56451	442702	373818	18428	956	75707	2168557
按管理部门分							
文化部门	329516	1852660	1626843	40932	5602	584986	10295637
其他部门	50415	189835	149814	2959		46652	493679
按剧种分							
话剧、儿童剧、滑稽剧团	26284	172038	138696	1466		79670	846568
歌剧、舞剧、歌舞剧团	20903	243390	225931	8316		83231	1117279
歌舞团、轻音乐团	88397	309189	278149	13612	50	79195	1840430
乐团、合唱团	46125	230630	219370		100	56559	719776
文工团、文宣队、乌兰牧骑	23611	89895	64667	1509	14	10831	497646
戏曲剧团	115536	694535	601504	15208	4988	247791	4250168
其中：京剧	24493	106842	87101	3449	4300	58425	916415
曲、杂、木、皮团	30516	134563	112991	1896	100	33453	612335
综合性艺术表演团体	28559	168255	135349	1884	350	40908	905114

基本支出	项目支出	经营支出	在支出合计中					
			工资福利支出	商品和服务支出	差旅费	劳务费	福利费	各种税金支出
8295480	**1975521**	**90481**	**4416294**	**3134006**	**217402**	**491887**	**89407**	**86960**
7855359	1932475	84067	4164828	2988920	204662	467509	85333	84601
364529	29281	6244	211311	109927	7164	18410	3834	1072
75592	13765	170	40155	35159	5576	5968	240	1287
691920	241538	5406	322969	345522	40480	70238	9976	23148
2729390	1091914	20431	1289628	1385100	80163	199612	26049	39449
3059967	507553	27714	1594954	982900	59530	150276	25990	16168
1814203	134516	36930	1208743	420484	37229	71761	27392	8195
7970156	1891350	79290	4273892	2975594	204394	457431	81654	79475
325324	84171	11191	142402	158412	13008	34456	7753	7485
581907	240168	3675	256654	305801	14329	32921	5780	8979
839968	256275	7153	407687	377445	34249	67939	7156	12615
1489063	257608	24713	828609	526518	26640	77377	14081	10199
494202	177942	6701	242778	277150	28903	67222	5082	9660
436420	23035	5921	286831	91790	9663	12573	2637	3626
3257375	793969	34799	1802599	1175991	84025	186814	41977	25081
683295	197320	6420	324577	272586	16109	49128	4610	8648
440325	109712	2530	249659	162567	10468	21185	6018	12755
756220	116812	4989	341477	216744	9125	25856	6676	4045

续表 2

					资产总计(千元)	
	对个人和家庭补助支出		其他资本性支出			固定资产原值
		抚恤金和生活补助		各种设备购置费		
总　　计	**2042600**	**81476**	**506086**	**296725**	**11677612**	**7851135**
按照登记注册类型分类						
国有	1973512	74648	492053	287954	11192670	7548369
集体	56996	3167	10871	5738	386857	229952
其他	12092	3661	3162	3033	98085	72814
按隶属关系分						
中央	178970	8505	47653	31499	1753980	1400116
省、区、市	825489	22992	238111	153398	4252115	2466889
地、市	810864	31253	117162	52866	3401259	2408803
县、市、区	227277	18726	103160	58962	2270258	1575327
按管理部门分						
文化部门	1948321	80089	454239	268728	10980755	7335711
其他部门	94279	1387	51847	27997	696857	515424
按剧种分						
话剧、儿童剧、滑稽剧团	186564	4841	25606	18238	1122085	656113
歌剧、舞剧、歌舞剧团	210993	11441	59100	36785	1207499	871473
歌舞团、轻音乐团	278807	12965	81354	44622	2283630	1591593
乐团、合唱团	95404	4542	33591	27293	763670	546467
文工团、文宣队、乌兰牧骑	67421	2791	9845	6760	455269	378730
戏曲剧团	839051	34329	212607	116475	4308699	2763166
其中：京剧	235075	6160	40658	22345	1302789	752854
曲、杂、木、皮团	117298	3627	50981	29518	774281	455105
综合性艺术表演团体	247062	6940	33002	17034	762479	588488

实际使用房屋建筑面积(万平方米)		实际拥有产权面积(万平方米)	流动舞台车演出情况			政府采购的公益演出活动情况		
	排练练功用房		流动舞台车数量(辆)	利用流动舞台车演出场次(万场次)	利用流动舞台车演出观众人次(万人次)	演出场次(万场次)	演出观众人次(万人次)	演出补贴收入(千元)
399.07	**93.53**	**200.29**	**1148**	**8.17**	**8149.55**	**6.16**	**6417.09**	**229679**
375.53	87.96	188.99	1064	7.45	7438.49	5.72	5859.10	212162
20.24	4.58	9.04	79	0.65	602.83	0.40	465.74	12096
3.30	1.00	2.26	5	0.07	108.22	0.04	92.25	5421
17.60	3.12	16.60				0.03	51.68	31798
102.36	25.46	63.01	75	0.30	507.06	0.61	803.77	63671
135.21	30.25	60.72	256	1.14	1368.57	1.46	1590.39	51366
143.90	34.71	59.96	817	6.73	6273.92	4.05	3971.25	82844
388.18	91.39	193.89	1142	8.14	8129.43	6.10	6374.05	216447
10.89	2.14	6.40	6	0.03	20.12	0.06	43.04	13232
24.31	5.13	12.31	15	0.06	45.29	0.14	110.84	22945
35.17	8.47	19.18	40	0.26	243.65	0.28	236.23	18629
69.76	16.87	34.74	225	0.92	943.27	1.07	1112.35	40011
9.25	2.04	2.88	1			0.04	34.34	6562
34.57	9.19	14.58	170	0.76	465.03	0.57	433.22	7529
165.74	38.52	88.82	586	5.37	5738.30	3.26	3856.05	112219
28.11	7.44	23.40	27	0.26	285.98	0.14	145.58	14217
21.95	6.54	11.49	25	0.14	131.69	0.28	202.58	8845
38.33	6.78	16.29	86	0.66	582.33	0.51	431.48	12939

2011年全国文化部门执行事业会计

	剧团数(个)	补贴团数	从业人员(人)	专业技术人才	正高级职称	副高级职称	中级职称
总　　计	**2249**	**2154**	**120860**	**78612**	**4157**	**12519**	**30182**
按照登记注册类型分类							
国有	2026	1951	112469	74011	4011	11994	28456
集体	201	183	7344	3853	94	408	1441
其他	22	20	1047	748	52	117	285
按隶属关系分							
中央	8	8	2817	2127	463	639	592
省、区、市	171	168	25089	19400	1768	4539	7151
地、市	498	491	38549	30438	1453	5380	12851
县、市、区	1572	1487	54405	26647	473	1961	9588
按剧种分							
话剧、儿童剧、滑稽剧团	50	50	4825	3574	411	920	1285
歌剧、舞剧、歌舞剧团	88	87	9339	7129	507	1415	2704
歌舞团、轻音乐团	407	399	21079	15151	613	2160	5561
乐团、合唱团	26	24	5016	2318	378	418	742
文工团、文宣队、乌兰牧骑	311	300	9017	5303	52	291	1519
戏曲剧团	1115	1060	56564	35405	1719	5569	14319
其中：京剧	75	73	6604	5292	510	1139	2152
曲、杂、木、皮团	117	106	6285	3716	207	667	1429
综合性艺术表演团体	135	128	8735	6016	270	1079	2623

制度的艺术表演团体基本情况

本团原创首演剧目(个)	演出场次(万场次)	国内演出场次	农村演出场次	国内演出观众人次(万人次)	农村观众人次	本年收入合计(千元)	财政拨款
1090	**39.68**	**37.61**	**24.31**	**38208.65**	**25926.33**	**10589591**	**7775895**
1006	33.52	31.50	20.26	34379.24	22912.96	10093212	7484073
69	5.84	5.79	3.82	3537.88	2780.31	408235	248339
15	0.32	0.31	0.24	291.53	233.07	88144	43483
19	0.27	0.26	0.01	320.16	27.50	633885	298083
205	3.74	3.52	1.20	4048.33	1903.27	4016220	2942745
335	9.36	8.74	4.25	9545.95	5607.82	3787459	2924963
531	26.32	25.09	18.86	24294.21	18387.75	2152027	1610104
93	0.95	0.92	0.18	742.48	162.68	798326	531229
76	1.29	1.20	0.51	1566.85	614.22	1169641	813801
182	5.15	4.75	2.41	5451.67	2531.68	1833649	1373959
23	0.25	0.24	0.02	236.05	17.54	571542	325321
79	3.72	3.54	2.12	3082.76	1865.03	405036	369859
522	20.89	20.49	15.88	23444.38	18857.17	4405888	3327830
28	1.24	1.20	0.54	1176.88	614.09	918126	720617
41	5.21	4.31	1.89	1559.31	641.93	515653	358463
74	2.25	2.17	1.31	2125.16	1236.09	889856	675433

续表 1

	上级补助收入	事业收入	演出收入	经营收入	附属单位上缴收入	其他收入	本年支出合计(千元)
总　计	**329516**	**1852660**	**1626843**	**40932**	**5602**	**584986**	**10295637**
按照登记注册类型分类							
国有	313805	1705755	1492389	35357	5252	548970	9795129
集体	15584	124461	112514	5375	350	14126	409742
其他	127	22444	21940	200		21890	90766
按隶属关系分							
中央		204557	180211	3044		128201	667191
省、区、市	138608	647557	559902	12198	4300	270812	3835823
地、市	140528	584179	521769	8824	346	128619	3693102
县、市、区	50380	416367	364961	16866	956	57354	2099521
按剧种分							
话剧、儿童剧、滑稽剧团	26284	163945	130612	1466		75402	809698
歌剧、舞剧、歌舞剧团	20903	243390	225931	8316		83231	1117279
歌舞团、轻音乐团	85807	287211	256298	13612	50	73010	1768274
乐团、合唱团	31592	169950	159724		100	44579	555425
文工团、文宣队、乌兰牧骑	4940	23841	20071	240	14	6142	399460
戏曲剧团	115536	694535	601504	15208	4988	247791	4249595
其中：京剧	24493	106842	87101	3449	4300	58425	916415
曲、杂、木、皮团	15895	112933	97684	206	100	28056	515857
综合性艺术表演团体	28559	156855	135019	1884	350	26775	880049

基本支出	项目支出	经营支出	在支出合计中					
			工资福利支出	商品和服务支出	差旅费	劳务费	福利费	各种税金支出
7970156	**1891350**	**79290**	**4273892**	**2975594**	**204394**	**457431**	**81654**	**79475**
7535352	1848651	72876	4026247	2831642	191750	433115	77654	77116
359512	28934	6244	207790	108793	7068	18348	3760	1072
75292	13765	170	39855	35159	5576	5968	240	1287
486737	177409	3044	229618	236493	29283	43529	5120	17381
2670590	1081888	13638	1267547	1355971	79869	192427	25672	39439
3027876	503304	27696	1580299	978252	58803	149912	25963	16083
1784953	128749	34912	1196428	404878	36439	71563	24899	6572
565861	231950	3675	243942	297377	14286	32079	5439	8979
839968	256275	7153	407687	377445	34249	67939	7156	12615
1453389	221974	24713	805624	504145	25503	76381	12543	8931
384126	156796	18	204713	202102	21739	38532	2095	8238
349107	15615	3559	252899	62752	6688	9636	2301	549
3256802	793969	34799	1802026	1175991	84025	186814	41977	25081
683295	197320	6420	324577	272586	16109	49128	4610	8648
383474	103308	384	219969	151469	9281	20244	4307	12585
737429	111463	4989	337032	204313	8623	25806	5836	2497

续表 2

	对个人和家庭补助支出	抚恤金和生活补助	其他资本性支出	各种设备购置费	资产总计(千元)	固定资产原值
总　计	**1948321**	**80089**	**454239**	**268728**	**10980755**	**7335711**
按照登记注册类型分类						
国有	1879595	73318	440553	259957	10499000	7035398
集体	56634	3110	10524	5738	383870	227699
其他	12092	3661	3162	3033	97885	72614
按隶属关系分						
中央	106610	8001	29489	23049	1333205	1075996
省、区、市	815514	22570	236477	153056	4226594	2448951
地、市	803277	31043	116893	52778	3369946	2384754
县、市、区	222920	18475	71380	39845	2051010	1426010
按剧种分						
话剧、儿童剧、滑稽剧团	184209	4803	24326	18238	1119467	656035
歌剧、舞剧、歌舞剧团	210993	11441	59100	36785	1207499	871473
歌舞团、轻音乐团	267890	12863	65473	38448	2131728	1491014
乐团、合唱团	60574	4138	31171	24880	622317	420056
文工团、文宣队、乌兰牧骑	38768	2554	9644	6559	308460	265762
戏曲剧团	839051	34329	212607	116475	4305646	2763113
其中：京剧	235075	6160	40658	22345	1302789	752854
曲、杂、木、皮团	103071	3074	18986	10339	687377	422759
综合性艺术表演团体	243765	6887	32932	17004	598261	445499

实际使用房屋建筑面积(万平方米)	排练练功用房	实际拥有产权面积(万平方米)	流动舞台车演出情况			政府采购的公益演出活动情况		
			流动舞台车数量(辆)	利用流动舞台车演出场次(万场次)	利用流动舞台车演出观众人次(万人次)	演出场次(万场次)	演出观众人次(万人次)	演出补贴收入(千元)
388.18	**91.39**	**193.87**	**1142**	**8.21**	**8129.42**	**6.10**	**6374.05**	**216447**
365.11	86.09	182.83	1060	7.48	7418.37	5.67	5820.72	199075
19.87	4.33	8.78	79	0.66	602.83	0.39	461.08	11951
3.19	0.98	2.26	3	0.07	108.22	0.04	92.25	5421
12.33	2.66	13.36				0.03	38.68	19982
101.52	25.19	62.41	74	0.29	506.86	0.61	802.81	63421
133.15	29.57	59.82	254	1.14	1350.15	1.44	1565.97	50675
141.18	33.97	58.28	814	6.78	6272.42	4.02	3966.59	82369
23.91	5.11	11.72	15	0.07	45.29	0.14	110.84	22945
35.17	8.47	19.18	40	0.26	243.65	0.28	236.23	18629
67.67	16.81	32.94	222	0.93	941.76	1.07	1102.34	30679
7.60	1.80	2.88	1			0.04	33.39	6562
32.67	8.92	13.14	170	0.76	465.03	0.57	430.22	5045
165.69	38.49	88.81	586	5.40	5738.29	3.26	3856.05	112219
28.11	7.44	23.40	27	0.26	285.98	0.14	145.58	14217
19.16	5.42	10.32	22	0.12	113.07	0.25	173.51	7759
36.31	6.38	14.89	86	0.68	582.33	0.49	431.47	12609

2011年全国执行企业会计制度的

	剧团数（个）	补贴团数	从业人员（人）	专业技术人才	正高级职称	副高级职称	中级职称
总　计	**4770**	**436**	**101494**	**25472**	**2301**	**2952**	**8372**
其中：民间职业剧团	**3143**	**266**	**66642**	**13411**	**1355**	**1276**	**4259**
按照登记注册类型分类							
国有	156	85	10488	6101	490	974	2193
集体	86	21	2361	913	109	74	317
其他	4528	330	88645	18458	1702	1904	5862
按隶属关系分							
中央	1	1	560	475	117	118	152
省、区、市	73	38	7198	4596	395	701	1607
地、市	250	58	9398	4689	226	559	1692
县、市、区	4446	339	84338	15712	1563	1574	4921
按管理部门分							
文化部门	167	86	11515	7055	665	1189	2358
其他部门	4603	350	89979	18417	1636	1763	6014
按剧种分							
话剧、儿童剧、滑稽剧团	51	24	1699	916	78	145	306
歌剧、舞剧、歌舞剧团	99	17	3752	1816	188	247	646
歌舞团、轻音乐团	976	66	18025	5614	453	575	1950
乐团、合唱团	67	12	1427	518	73	73	119
文工团、文宣队、乌兰牧骑	26	8	418	84		2	32
戏曲剧团	1300	161	37407	6888	441	541	1851
其中：京剧	34	11	1463	317	42	52	122
曲、杂、木、皮团	1018	34	14524	2485	244	366	1043
综合性艺术表演团体	1233	114	24242	7151	824	1003	2425

艺术表演团体基本情况

本团原创首演剧目(个)	演出场次(万场次)	国内演出场次	农村演出场次	国内演出观众人次(万人次)	农村观众人次	资产、负债、所有者权益(千元) 资产总计	固定资产原价
481	**114.13**	**108.07**	**76.15**	**35448.23**	**17803.52**	**8597958**	**5400088**
237	**95.65**	**91.38**	**68.73**	**20661.39**	**13515.83**	**3797382**	**2768985**
103	3.25	2.86	1.10	2250.19	1066.91	2049514	1263147
24	1.84	1.74	1.02	649.85	499.00	50243	33898
354	109.05	103.47	74.03	32548.20	16237.61	6498201	4103043
8	0.03	0.03	0.00	58.66	6.05	280626	197656
53	2.48	2.24	0.76	1536.39	598.70	2029876	725505
59	4.91	4.60	0.88	1972.57	689.68	1054977	659652
361	106.71	101.20	74.51	31880.61	16509.09	5232479	3817275
105	4.22	3.85	1.61	2547.72	1040.44	2624678	1263459
376	109.91	104.22	74.54	32900.51	16763.08	5973280	4136629
40	0.73	0.69	0.20	473.86	154.73	501273	335632
22	1.50	1.24	0.48	653.81	270.20	597359	297124
87	13.09	11.23	5.38	3589.93	1649.89	1943054	1248528
9	0.46	0.44	0.16	205.58	85.76	53296	37378
2	0.22	0.15	0.11	87.49	62.51	5631	4916
142	62.93	61.16	55.65	13770.73	10569.13	768577	590574
7	0.83	0.76	0.67	354.05	327.19	47457	26404
59	10.16	9.72	2.95	8144.52	851.74	739060	350097
120	25.05	23.45	11.22	8522.31	4159.57	3989708	2535839

续表 1

						损益(千元)	
	本年折旧	负债合计	所有者权益合计	实收资本(股本)	国家资本	营业收入	演出收入
总　　计	**571441**	**2240543**	**6357415**	**2249161**	**1030866**	**4264235**	**3490791**
其中：民间职业剧团	**207359**	**708371**	**3089011**	**809883**	**194412**	**2637972**	**2100194**
按照登记注册类型分类							
国有	84311	521291	1528223	847849	826499	584304	437280
集体	2671	10312	39931	16672	5225	47893	44744
其他	484459	1708940	4789261	1384640	199142	3632038	3008767
按隶属关系分							
中央	23752	73566	207060	87740	87740	75858	58176
省、区、市	39225	777247	1252629	700163	475685	500080	418904
地、市	71211	277076	777901	417903	327618	487613	403202
县、市、区	437253	1112654	4119825	1043355	139823	3200684	2610509
按管理部门分							
文化部门	105133	896081	1728597	887595	653708	766719	618522
其他部门	466308	1344462	4628818	1361566	377158	3497516	2872269
按剧种分							
话剧、儿童剧、滑稽剧团	21410	176751	324522	148271	134004	166394	143012
歌剧、舞剧、歌舞剧团	17125	111211	486148	280463	122760	253860	223892
歌舞团、轻音乐团	86065	345971	1597083	505687	263413	1114927	1021743
乐团、合唱团	777	10016	43280	6592	2257	34878	31686
文工团、文宣队、乌兰牧骑	384	590	5041	1153	318	7282	6495
戏曲剧团	43245	102670	665907	276563	56899	869618	827430
其中：京剧	2192	17424	30033	13380	2150	37252	34438
曲、杂、木、皮团	13676	171833	567227	301782	124719	296698	261646
综合性艺术表演团体	388759	1321501	2668207	728650	326496	1520578	974887

营业成本	损益(千元)						
	营业成本				营业利润	营业外收入	
	养老、医疗、失业等各种社会保险费	住房公积金和住房补贴	差旅费	工会经费			政府补助(补贴收入)
3799945	**136412**	**54524**	**77486**	**13579**	**464290**	**1040905**	**936172**
1774253	**25132**	**9109**	**29127**	**5228**	**863719**	**89128**	**75811**
1055041	66284	27646	27242	3219	-470737	614689	561497
44384	2008	816	1259	675	3509	5830	5557
2700520	68120	26062	48985	9685	931518	420386	369118
169841	15875	6767	4816		-93983	78218	78208
801875	46654	17510	13621	1988	-301795	524777	457433
583917	30329	15079	14254	3250	-96304	258719	246793
2244312	43554	15168	44795	8341	956372	179191	153738
1287355	84272	36131	29652	4605	-520636	738752	664585
2512590	52140	18393	47834	8974	984926	302153	271587
184876	9858	4940	3182	938	-18482	114827	109969
279582	14977	3285	8998	771	-25722	104387	73567
904005	31880	11575	15084	3836	210922	219349	203206
77789	2327	1475	1624	319	-42911	52791	52718
5961	136	4	1		1321	911	898
778076	11796	4369	13374	1650	91542	91650	86507
40145	808	77	343	6	-2893	15521	15521
319676	13943	5809	9707	1527	-22978	110653	84841
1249980	51495	23067	25516	4538	270598	346337	324466

续表 2

			工资、福利费、税金(千元)			
	营业外支出	利润总额	本年发放工资总额	本年支付的职工福利费	本年应交税金总额	实际使用房屋建筑面积(万平方米)
总　计	**277695**	**1227500**	**1694104**	**58468**	**151807**	**127.17**
其中：民间职业剧团	**84152**	**868695**	**894182**	**24773**	**69219**	**52.77**
按照登记注册类型分类						
国有	97722	46230	367526	17293	27157	42.14
集体	3180	6159	27660	1322	383	4.31
其他	176793	1175111	1298918	39853	124267	80.73
按隶属关系分						
中央		-15765	63693	1044	8478	4.03
省、区、市	121105	101877	306030	16117	23362	26.75
地、市	89686	72729	219946	12165	23835	22.47
县、市、区	66904	1068659	1104435	29142	96132	73.92
按管理部门分						
文化部门	146294	71822	480547	24094	43516	46.38
其他部门	131401	1155678	1213557	34374	108291	80.80
按剧种分						
话剧、儿童剧、滑稽剧团	11606	84739	55508	2728	6167	6.28
歌剧、舞剧、歌舞剧团	11797	66868	83619	3924	18909	10.53
歌舞团、轻音乐团	91445	338826	367526	19373	58249	33.97
乐团、合唱团	4272	5608	23823	1134	573	1.51
文工团、文宣队、乌兰牧骑	794	1438	2671	23	42	0.25
戏曲剧团	34513	148679	539808	7204	12423	25.79
其中：京剧	4415	8213	32144	392	228	2.69
曲、杂、木、皮团	22728	64947	154910	4780	12311	15.32
综合性艺术表演团体	100540	516395	466239	19302	43133	33.52

		流动舞台车演出情况			政府采购的公益演出活动情况		
排练练功用房	实际拥有产权面积（万平方米）	流动舞台车数量（辆）	利用流动舞台车演出场次（万场次）	利用流动舞台车演出观众人次（万人次）	演出场次（万场次）	演出观众人次（万人次）	演出补贴收入（千元）
37.77	**45.44**	**508**	**2.32**	**1258.16**	**2.11**	**1382.80**	**169238**
21.86	**12.96**	**362**	**1.72**	**800.08**	**0.77**	**561.30**	**26566**
8.98	20.47	57	0.34	318.56	0.40	353.70	61737
3.12	1.56	19	0.06	27.15	0.13	31.89	1757
25.67	23.41	432	1.93	912.46	1.58	997.21	105744
0.25	4.03						
5.44	14.90	17	0.06	69.45	0.58	407.92	87012
5.45	9.93	62	0.31	216.39	0.21	171.00	40660
26.62	16.58	429	1.95	972.33	1.32	803.89	41566
9.39	23.88	39	0.17	117.84	0.80	543.80	112605
28.38	21.56	469	2.16	1140.33	1.31	839.00	56633
2.23	3.24	11	0.06	49.99	0.17	143.85	13155
2.12	3.75	28	0.18	47.04	0.03	43.99	2366
6.66	9.01	122	0.39	95.08	0.30	275.54	34116
0.78	0.06				0.03	8.01	1977
0.20	0.02	2	0.01	2.70	0.02	11.83	897
8.95	8.28	136	0.89	587.74	0.54	333.37	17711
0.60	2.47	2			0.01	12.32	715
7.92	6.57	69	0.11	49.69	0.16	119.49	16066
8.91	14.51	140	0.68	425.92	0.87	446.72	82950

2011年全国文化部门执行企业会计

	剧团数（个）	补贴团数	从业人员（人）	专业技术人才	正高级职称	副高级职称
总　计	**167**	**86**	**11515**	**7055**	**665**	**1189**
按照登记注册类型分类						
国有	67	50	6937	4447	424	788
集体	7	3	322	170	45	5
其他	93	33	4256	2438	196	396
按隶属关系分						
中央	1	1	560	475	117	118
省、区、市	35	33	5523	3943	344	642
地、市	37	27	3240	2062	105	376
县、市、区	94	25	2192	575	99	53
按剧种分						
话剧、儿童剧、滑稽剧团	15	14	1131	678	50	119
歌剧、舞剧、歌舞剧团	9	5	1160	805	107	114
歌舞团、轻音乐团	50	16	2477	1468	99	247
乐团、合唱团	7	4	316	96	9	14
文工团、文宣队、乌兰牧骑	1					
戏曲剧团	33	24	1645	828	45	118
其中：京剧	2	2	158	80	2	5
曲、杂、木、皮团	26	13	1627	848	110	127
综合性艺术表演团体	26	10	3159	2332	245	450

制度的艺术表演团体基本情况

中级职称	本团原创首演剧目(个)	演出场次(万场次)	国内演出场次	农村演出场次	国内演出观众人次(万人次)	农村观众人次	资产、负债、所有者权益(千元) 资产总计	固定资产原价
2358	**105**	**4.22**	**3.85**	**1.61**	**2547.72**	**1040.44**	**2624678**	**1263459**
1669	62	1.76	1.47	0.45	1225.90	487.54	1668119	1002064
8	5	0.19	0.19	0.13	43.56	26.04	5893	5143
681	38	2.27	2.18	1.03	1278.26	526.87	950666	256252
152	8	0.03	0.03	0.00	58.66	6.05	280626	197656
1304	44	2.09	1.86	0.55	1174.62	351.95	1715468	630678
790	34	0.78	0.67	0.16	646.45	207.55	559460	397522
112	19	1.33	1.29	0.91	667.99	474.89	69124	37603
219	19	0.37	0.36	0.06	224.90	47.25	335813	215166
288	13	0.28	0.26	0.02	239.74	52.86	207138	164628
480	7	0.75	0.67	0.40	585.49	245.84	462207	268464
35	6	0.07	0.06	0.01	46.92	4.30	14875	10715
300	14	0.81	0.81	0.58	486.79	361.00	178033	106564
48	3	0.01	0.01		5.66		28261	11458
292	16	1.04	0.88	0.17	315.99	50.27	393142	137140
744	30	0.92	0.81	0.37	647.90	278.93	1033470	360782

续表 1

	本年折旧	负债合计	所有者权益合计	实收资本(股本)	国家资本	营业收入
总　计	**105133**	**896081**	**1728597**	**887595**	**653708**	**766719**
按照登记注册类型分类						
国有	76274	471062	1197057	573430	563190	467551
集体	606	1878	4015	1774		8721
其他	28253	423141	527525	312391	90518	290447
按隶属关系分						
中央	23752	73566	207060	87740	87740	75858
省、区、市	30219	671749	1043719	592203	388845	414538
地、市	43582	142411	417049	178104	169104	184828
县、市、区	7580	8355	60769	29548	8019	91495
按剧种分						
话剧、儿童剧、滑稽剧团	16663	119849	215964	112520	109320	103448
歌剧、舞剧、歌舞剧团	5835	33025	174113	81408	70368	49025
歌舞团、轻音乐团	21625	82412	379795	214128	150905	166304
乐团、合唱团	40	3910	10965	2000	2000	4453
文工团、文宣队、乌兰牧骑						
戏曲剧团	15616	55809	122224	49951	26072	59074
其中：京剧	546	14718	13543	2000	2000	1904
曲、杂、木、皮团	9701	101831	291311	210549	80542	113141
综合性艺术表演团体	35653	499245	534225	217039	214501	271274

损益(千元)								
	营业成本	营业成本				营业利润	营业外收入	
演出收入		养老、医疗、失业等各种社会保险费	住房公积金和住房补贴	差旅费	工会经费			政府补助(补贴收入)
618522	**1287355**	**84272**	**36131**	**29652**	**4605**	**-520636**	**738752**	**664585**
351787	872293	59118	22613	23763	2588	-404742	515556	466860
8291	13671	570	586	342	524	-4950	2065	2058
258444	401391	24584	12932	5547	1493	-110944	221131	195667
58176	169841	15875	6767	4816		-93983	78218	78208
343833	710141	43084	16170	10612	1711	-295603	480382	415780
134357	338951	22366	12054	12322	2350	-154123	168459	159902
82156	68422	2947	1140	1902	544	23073	11693	10695
81394	154320	8584	4149	2773	916	-50872	88665	83916
43403	129005	8220	2519	6683	136	-79980	91086	64145
144204	233403	18673	7039	4830	881	-67099	125159	119940
4453	8312	701	100	43		-3859	9600	9600
48605	105623	5412	2708	3058	1150	-46549	60504	58719
1220	9345	778	74	31		-7441	14816	14816
84816	194193	13091	4992	4377	1294	-81052	101652	81368
211647	462499	29591	14624	7888	228	-191225	262086	246897

续表 2

			工资、福利费、税金(千元)			
	营业外支出	利润总额	本年发放工资总额	本年支付的职工福利费	本年应交税金总额	实际使用房屋建筑面积(万平方米)
总　计	**146294**	**71822**	**480547**	**24094**	**43516**	**46.38**
按照登记注册类型分类						
国有	84240	26574	298660	15400	23912	34.58
集体	531	-3416	6727	123	54	0.26
其他	61523	48664	175160	8571	19550	11.53
按隶属关系分						
中央		-15765	63693	1044	8478	4.03
省、区、市	116747	68032	252694	15293	20502	23.20
地、市	23229	-8893	127274	6156	11373	14.51
县、市、区	6318	28448	36886	1601	3163	4.63
按剧种分						
话剧、儿童剧、滑稽剧团	8868	28925	44198	2560	5113	5.67
歌剧、舞剧、歌舞剧团	8900	2206	39444	2472	2270	6.88
歌舞团、轻音乐团	23842	34218	95808	7226	11581	8.50
乐团、合唱团	3617	2124	4427	146	103	0.97
文工团、文宣队、乌兰牧骑						
戏曲剧团	7992	5963	48215	2477	2888	6.23
其中：京剧	4415	2960	5579	251	124	2.02
曲、杂、木、皮团	15663	4937	78690	3494	4888	6.23
综合性艺术表演团体	77412	-6551	169765	5719	16673	11.90

		流动舞台车演出情况			政府采购的公益演出活动情况		
排练练功用房	实际拥有产权面积（万平方米）	流动舞台车数量（辆）	利用流动舞台车演出场次（万场次）	利用流动舞台车演出观众人次（万人次）	演出场次（万场次）	演出观众人次（万人次）	演出补贴收入（千元）
9.39	**23.88**	**39**	**0.17**	**117.84**	**0.80**	**543.80**	**112605**
6.84	17.09	25	0.11	84.68	0.23	218.77	51334
0.12	0.39	3	0.02	9.45	0.00	2.06	107
2.44	6.40	11	0.03	23.71	0.57	322.97	61164
0.25	4.03						
4.02	12.59	12	0.05	45.94	0.55	378.34	80842
3.20	6.16	11	0.05	38.90	0.11	88.43	27245
1.91	1.11	16	0.07	33.00	0.14	77.04	4518
2.01	2.97	6	0.03	24.99	0.12	107.47	10141
1.21	2.35				0.01	8.40	608
1.40	4.26	10	0.01	4.34	0.13	144.84	20772
0.45					0.02	1.84	1737
0.71	2.65	9	0.08	51.35	0.07	43.21	5816
0.06	1.95					0.36	10
1.84	3.19	3		0.01	0.10	77.40	14742
1.77	8.46	11	0.05	37.15	0.34	160.63	58789

2011年全国艺术

	机构数（个）	从业人员（人）	专业技术人才	正高级职称	副高级职称	中级职称	坐席数（个）	演(映)出场次合计（万场次）
总　　计	**1956**	**42407**	**8680**	**359**	**709**	**3379**	**1532842**	**104.07**
其中:附属剧场	606	12212	3000	151	355	1098	407362	22.83
儿童剧场	22	755	353	5	53	159	11441	0.82
按登记注册类型分								
国 有	1438	27411	6698	231	545	2732	1200137	53.95
集 体	84	619	136	6	10	61	47551	0.58
其 他	434	14377	1846	122	154	586	285154	49.54
按性质分								
执行事业会计制度	1159	20292	5306	178	435	2223	869963	30.59
执行企业会计制度	797	22115	3374	181	274	1156	662879	73.48
按管理部门分								
文化部门	1429	26480	6050	195	475	2512	1080266	56.16
其他部门	527	15927	2630	164	234	867	452576	47.91
按机构类型分								
剧场	703	15705	3863	160	393	1619	563200	19.12
影剧院	802	14021	2716	101	172	1090	580098	68.10
书场、曲艺场	36	332	22	3		16	6202	0.85
杂技、马戏场	8	544	34	2	3	14	14836	0.19
音乐厅	34	1457	465	30	53	143	21155	1.08
综合性	242	7134	1115	57	55	380	231639	12.16
其他艺术表演场馆	131	3214	465	6	33	117	115712	2.57
按隶属关系分								
中央	7	142	17	3	2	12	6578	0.11
省、区、市	179	7263	2092	137	339	920	167535	17.50
地、市	427	12570	2646	56	165	988	309873	36.30
县、市及以下	1343	22432	3925	163	203	1459	1048856	50.17

表演场馆基本情况

艺术演出场次	观众人次合计(万人次)	艺术演出观众人次	收入情况(千元) 财政拨款	艺术演出收入	人员支出(千元)	年末固定资产原值(千元)	实际使用房屋建筑面积(万平方米)	演(映)出业务用房	实际拥有产权面积(万平方米)
13.90	**10908.83**	**4756.65**	**1144617**	**1871884**	**1461882**	**17994321**	**783.96**	**411.38**	**360.72**
5.12	2629.53	1600.02	424335	858580	485454	5109732	217.95	140.16	97.10
0.36	150.09	118.31	15377	43226	25135	196578	6.45	2.93	2.07
6.66	6875.32	3119.05	942994	875461	963743	11393989	569.45	313.02	295.97
0.25	108.09	69.98	3718	22805	10734	674568	14.11	8.83	5.07
7.00	3925.42	1567.62	197905	973618	487405	5925764	200.41	89.53	59.68
4.34	4228.76	2132.05	856129	551550	716916	8319396	409.79	236.80	202.57
9.56	6680.07	2624.60	288488	1320334		9674925	374.17	174.58	158.15
5.89	6926.99	2685.78	789277	512273	886494	10994587	542.61	281.66	261.85
8.02	3981.85	2070.88	355340	1359611	575388	6999734	241.35	129.72	98.86
6.21	4141.57	2587.25	523833	916380	609372	7793634	336.46	182.56	123.21
2.49	4559.36	980.58	186710	143437	349255	3462401	232.82	129.83	117.28
0.59	99.84	59.93	1587	27046	9213	33107	3.05	1.57	0.61
0.19	209.96	79.45		221634	6188	462063	3.58	2.13	2.32
0.37	254.82	233.87	222495	283154	116479	782676	39.28	30.40	28.34
2.74	1346.05	602.94	200073	214905	301196	4906342	140.34	54.25	77.52
1.32	297.24	212.63	9919	65328	70179	554098	28.44	10.63	11.44
0.10	41.75	41.13	560	1926	7107	8498	8.10	6.34	5.89
2.64	2134.72	1596.25	461429	903600	427471	4337672	163.41	81.90	79.50
4.00	3122.25	1028.20	329546	497083	441190	4149073	235.97	120.92	105.24
7.16	5610.12	2091.08	353082	469275	586114	9499078	376.48	202.23	170.09

2011年全国执行事业会计制度的

	机构数(个)	从业人员(人)				
			专业技术人才			
				正高级职称	副高级职称	中级职称
总　计	**1159**	**20292**	**5306**	**178**	**435**	**2223**
其中:附属剧场	238	3725	1632	45	215	615
儿童剧场	8	131	105		1	34
按登记注册类型分						
国 有	1114	19950	5190	173	427	2166
集 体	27	182	78	4	5	43
其 他	18	160	38	1	3	14
按管理部门分						
文化部门	1119	19248	4851	167	395	2065
其他部门	40	1044	455	11	40	158
按机构类型分						
剧场	489	8566	2704	108	291	1168
影剧院	551	9154	1801	49	82	761
书场、曲艺场	10	45	5			5
杂技、马戏场	4	57	26		3	9
音乐厅	12	845	348	13	35	96
综合性	69	1118	258	5	8	139
其他艺术表演场馆	24	507	164	3	16	45
按隶属关系分						
中央	2	49	14	2	2	10
省、区、市	88	3836	1555	99	251	635
地、市	275	5610	1515	22	101	674
县、市及以下	794	10797	2222	55	81	904

艺术表演场馆基本情况

坐席数(个)	演(映)出场次合计(万场次)	艺术演出场次	观众人次合计(万人次)	艺术演出观众人次	本年收入合计(千元)	财政拨款
869963	**30.59**	**4.34**	**4228.76**	**2132.05**	**2427467**	**856129**
149366	2.87	1.07	754.56	503.56	1033526	323928
4378	0.05	0.04	30.10	21.65	9002	4923
843369	29.90	4.18	4151.07	2077.56	2408766	851590
16114	0.13	0.08	37.81	30.16	9418	2544
10480	0.57	0.08	39.89	24.33	9283	1995
824812	29.82	4.04	3944.75	1898.49	1591849	658714
45151	0.78	0.30	284.01	233.56	835618	197415
392289	8.84	2.22	2085.49	1214.39	1133481	430377
388808	19.54	1.45	1634.39	608.28	502046	150418
820	0.14	0.12	10.74	9.84	12100	1357
3905	0.01	0.01	8.12	8.12	2840	
8935	0.31	0.14	120.78	110.64	649093	207198
61538	1.56	0.33	326.65	157.78	117892	60312
13668	0.21	0.08	42.60	23.00	10015	6467
1747	0.03	0.03	0.02	0.02	11858	
78398	7.40	0.90	968.18	706.53	1400459	408838
177261	11.65	1.12	1160.91	520.69	467916	187451
612557	11.52	2.30	2099.66	904.82	547234	259840

续表 1

	上级补助收入	事业收入	艺术演出收入	经营收入	附属单位上缴收入
总　计	**39792**	**1048580**	**551550**	**251676**	**1271**
其中:附属剧场	2695	636215	346609	38997	12
儿童剧场	80	3824	2504	2	
按登记注册类型分					
国 有	39622	1043548	548190	243926	1271
集 体	100	5029	3359	1350	
其 他	70	3	1	6400	
按管理部门分					
文化部门	39792	436000	220036	228168	1271
其他部门		612580	331514	23508	
按机构类型分					
剧场	20364	457431	347995	96064	340
影剧院	10977	134511	43306	117975	931
书场、曲艺场	138	9794	9131		
杂技、马戏场		2840	1100		
音乐厅	6828	412829	140355	16250	
综合性	1085	30521	9187	19395	
其他艺术表演场馆	400	654	476	1992	
按隶属关系分					
中央				11844	
省、区、市	15776	789462	449919	100302	
地、市	9007	113075	46104	81597	1169
县、市及以下	15009	146043	55527	57933	102

其他收入	本年支出合计(千元)	基本支出	项目支出	经营支出	在支出合计中:	
					工资福利支出	商品和服务支出
230019	**2104732**	**1085619**	**671850**	**236645**	**586520**	**875966**
31679	764010	282502	434993	30055	158616	466400
173	8888	7590	420	1	4921	2053
228809	2081930	1078575	665963	232971	579130	874654
395	10422	3542	1629	1293	3288	1039
815	12380	3502	4258	2381	4102	273
227904	1548494	958582	264240	225846	506043	467126
2115	556238	127037	407610	10799	80477	408840
128905	909818	571131	204551	103614	288530	306200
87234	498375	297758	40381	95861	178444	106203
811	12181	3476	106	57	2111	7104
	2840	2840			1660	985
5988	553119	123883	418094	5070	73282	417139
6579	118682	80548	7132	30333	37758	35309
502	9717	5983	1586	1710	4735	3026
14	11566	3439		3412	2717	1101
86081	1097676	463031	516916	102567	232273	602451
75617	464367	261326	82029	76508	151141	134507
68307	531123	357823	72905	54158	200389	137907

续表 2

					对个人和家庭补助支出	
	差旅费	劳务费	福利费	各种税金支出		抚恤金和生活补助
总　计	**15525**	**37622**	**22989**	**58065**	**130396**	**10393**
其中:附属剧场	6464	20176	5639	17210	38483	2353
儿童剧场	44	415	28	394	928	183
按登记注册类型分						
国 有	15285	37554	22699	57876	129039	10321
集 体	200	66	182	79	1160	62
其 他	40	2	108	110	197	10
按管理部门分						
文化部门	15107	23246	21984	44389	123364	10219
其他部门	418	14376	1005	13676	7032	174
按机构类型分						
剧场	10702	13275	12895	22888	76656	5288
影剧院	3585	8047	7675	16918	38281	3134
书场、曲艺场	87	18	9	367	439	71
杂技、马戏场	46	35		225	195	
音乐厅	544	14817	1106	14822	8045	166
综合性	534	1014	1203	2644	6278	1662
其他艺术表演场馆	27	416	101	201	502	72
按隶属关系分						
中央	116	92	171	722	897	
省、区、市	7354	23197	11307	32014	53456	3540
地、市	3938	3695	5098	14101	39432	4236
县、市及以下	4117	10638	6413	11228	36611	2617

其他资本性支出	各种设备购置费	资产总计（千元）	固定资产原值	实际使用房屋建筑面积（万平方米）	演(映)出业务用房	实际拥有产权面积（万平方米）
125488	**45586**	**11084144**	**8319396**	**409.79**	**236.80**	**202.57**
51196	25777	2300531	1471749	79.85	57.58	48.74
52	52	23205	17359	2.33	1.17	0.77
122171	43269	11003311	8249700	401.52	230.56	199.77
3300	2300	60627	54415	4.35	3.04	1.58
17	17	20206	15281	3.93	3.20	1.22
81691	21953	9694660	7718535	372.39	205.81	174.56
43797	23633	1389484	600861	37.40	30.99	28.02
29310	10341	6462616	5055579	194.15	103.30	86.05
49589	11584	2368575	1874410	146.77	84.36	76.08
66		19361	9249	0.43	0.14	0.11
		42106	38670	1.40	0.71	1.31
41767	22708	1420852	661758	27.78	25.23	23.52
4652	858	717898	649297	34.98	20.82	13.92
104	95	52736	30433	4.30	2.26	1.59
		7313	5117	0.72	0.72	
63104	28896	5398199	3402178	93.33	51.63	52.87
12616	6368	2515815	2157350	118.02	68.46	54.34
49768	10322	3162817	2754751	197.73	115.99	95.37

2011年全国文化部门执行事业会计

	机构数(个)	从业人员(人)				
			专业技术人才	正高级职称	副高级职称	中级职称
总　计	**1119**	**19248**	**4851**	**167**	**395**	**2065**
其中:附属剧场	221	2929	1256	35	176	510
儿童剧场	8	131	105		1	34
按登记注册类型分						
国 有	1084	19006	4790	163	389	2049
集 体	21	136	49	4	5	14
其 他	14	106	12		1	2
按机构类型分						
剧场	473	8405	2645	107	285	1152
影剧院	539	9034	1746	49	82	714
书场、曲艺场	9	43	5			5
杂技、马戏场	4	57	26		3	9
音乐厅	10	227	29	4	3	10
综合性	62	1040	258	5	8	139
其他艺术表演场馆	22	442	142	2	14	36
按隶属关系分						
中央	1					
省、区、市	81	3177	1218	91	218	552
地、市	268	5541	1510	22	99	671
县、市及以下	769	10530	2123	54	78	842

制度的艺术表演场馆基本情况

坐席数(个)	演(映)出场次合计(万场次)	艺术演出场次	观众人次合计(万人次)	艺术演出观众人次	本年收入合计(千元)	财政拨款
824812	**29.82**	**4.04**	**3944.75**	**1898.49**	**1591849**	**658714**
130797	2.66	0.86	612.07	368.70	233201	129084
4378	0.05	0.04	30.10	21.65	9002	4923
805023	29.44	3.91	3886.80	1855.69	1579049	654888
13029	0.11	0.07	33.80	27.04	5003	1831
6760	0.27	0.06	24.15	15.76	7797	1995
374708	8.50	2.04	1915.87	1069.82	904699	429370
379193	19.21	1.42	1594.09	586.71	489650	149288
620	0.12	0.12	9.84	9.84	12100	1357
3905	0.01	0.01	8.12	8.12	2840	
6111	0.25	0.08	73.35	63.21	64421	12658
50707	1.53	0.31	302.10	138.99	109022	59574
9568	0.20	0.07	41.39	21.80	9117	6467
723					2	
70668	7.21	0.71	787.27	534.22	605298	214298
165765	11.61	1.10	1119.63	494.91	458788	187451
587656	11.00	2.24	2037.85	869.36	527761	256965

续表 1

	上级补助收入	事业收入	艺术演出收入	经营收入	附属单位上缴收入
总　计	**39792**	**436000**	**220036**	**228168**	**1271**
其中:附属剧场	2695	44989	26743	25181	12
儿童剧场	80	3824	2504	2	
按登记注册类型分					
国 有	39622	434412	219024	221985	1271
集 体	100	1588	1012	1263	
其 他	70			4920	
按机构类型分					
剧场	20364	239379	135188	88265	340
影剧院	10977	124389	37764	117008	931
书场、曲艺场	138	9794	9131		
杂技、马戏场		2840	1100		
音乐厅	6828	34553	30672	4408	
综合性	1085	24689	6003	17095	
其他艺术表演场馆	400	356	178	1392	
按隶属关系分					
中央				2	
省、区、市	15776	196480	128260	93078	
地、市	9007	106697	42314	78847	1169
县、市及以下	15009	132823	49462	56241	102

其他收入	本年支出合计(千元)	基本支出	项目支出	经营支出	在支出合计中:	
					工资福利支出	商品和服务支出
227904	**1548494**	**958582**	**264240**	**225846**	**506043**	**467126**
31240	243308	177963	28825	24848	89538	69064
173	8888	7590	420	1	4921	2053
226871	1533551	952846	259685	223673	500012	466167
221	4011	2834	297	490	2531	791
812	10932	2902	4258	1683	3500	168
126981	882605	548967	204541	98703	277158	298251
87057	485165	293055	39049	94560	174172	103852
811	12161	3471	106	57	2101	7104
	2840	2840			1660	985
5974	49655	34683	11956	1659	11984	26967
6579	106976	69948	7002	29357	34573	26971
502	9092	5618	1586	1510	4395	2996
	1			1		
85666	585669	360933	110778	98796	164933	206450
75617	451838	250898	81929	74507	147586	126386
66621	510986	346751	71533	52542	193524	134290

续表 2

	差旅费	劳务费	福利费	各种税金支出	对个人和家庭补助支出	抚恤金和生活补助
总　计	**15107**	**23246**	**21984**	**44389**	**123364**	**10219**
其中:附属剧场	6115	5859	4834	4637	32870	2342
儿童剧场	44	415	28	394	928	183
按登记注册类型分						
国 有	14868	23179	21866	44300	123018	10157
集 体	199	65	30	61	160	62
其 他	40	2	88	28	186	
按机构类型分						
剧场	10661	13054	12858	21877	75637	5287
影剧院	3551	8046	7495	16614	37196	3134
书场、曲艺场	87	18	9	367	439	71
杂技、马戏场	46	35		225	195	
音乐厅	221	691	318	2960	3310	166
综合性	514	986	1203	2175	6095	1499
其他艺术表演场馆	27	416	101	171	492	62
按隶属关系分						
中央						
省、区、市	7133	9009	10676	19896	48751	3540
地、市	3926	3670	5095	13619	39248	4072
县、市及以下	4048	10567	6213	10874	35365	2607

其他资本性支出	各种设备购置费	资产总计(千元)	固定资产原值	实际使用房屋建筑面积(万平方米)	演(映)出业务用房	实际拥有产权面积(万平方米)
81691	**21953**	**9694660**	**7718535**	**372.39**	**205.81**	**174.56**
10591	4398	1219885	1115196	52.12	33.65	24.42
52	52	23205	17359	2.33	1.17	0.77
81527	21861	9627831	7662011	365.23	200.40	172.74
152	80	53551	48070	3.84	2.66	1.38
12	12	13278	8454	3.33	2.75	0.44
29109	10317	6068357	4759019	186.68	97.77	83.03
46407	9330	2350030	1857178	144.96	83.02	75.13
66		19351	9249	0.42	0.13	0.11
		42106	38670	1.40	0.71	1.31
1358	1358	522957	433375	5.32	4.38	1.77
4652	858	642197	593611	29.69	17.76	11.77
99	90	49662	27433	3.94	2.05	1.44
		1101	1101			
22564	7546	4409594	3145386	69.83	30.21	29.62
12556	6344	2389379	2050929	112.63	64.59	54.34
46571	8063	2894586	2521119	189.93	111.01	90.61

2011年全国执行企业会计

	机构数(个)	从业人员(人)					坐席数(个)	演(映)出场次合计(万场次)
			专业技术人才					
				正高级职称	副高级职称	中级职称		
总　计	**797**	**22115**	**3374**	**181**	**274**	**1156**	**662879**	**73.48**
其中:附属剧场	368	8487	1368	106	140	483	257996	19.96
儿童剧场	14	624	248	5	52	125	7063	0.77
按登记注册类型分								
国 有	324	7461	1508	58	118	566	356768	24.04
集 体	57	437	58	2	5	18	31437	0.46
其 他	416	14217	1808	121	151	572	274674	48.98
按管理部门分								
文化部门	310	7232	1199	28	80	447	255454	26.35
其他部门	487	14883	2175	153	194	709	407425	47.13
按机构类型分								
剧场	214	7139	1159	52	102	451	170911	10.28
影剧院	251	4867	915	52	90	329	191290	48.56
书场、曲艺场	26	287	17	3		11	5382	0.71
杂技、马戏场	4	487	8	2		5	10931	0.18
音乐厅	22	612	117	17	18	47	12220	0.78
综合性	173	6016	857	52	47	241	170101	10.61
其他艺术表演场馆	107	2707	301	3	17	72	102044	2.36
按隶属关系分								
中央	5	93	3	1		2	4831	0.08
省、区、市	91	3427	537	38	88	285	89137	10.10
地、市	152	6960	1131	34	64	314	132612	24.65
县、市及以下	549	11635	1703	108	122	555	436299	38.65

制度的艺术表演场馆基本情况

			资产、负债、所有者权益(千元)						
艺术演出场次	观众人次合计(万人次)	艺术演出观众人次	资产总计	固定资产原值	当年提取的折旧总额	负债合计	所有者权益合计	实收资本(股本)	国家资本
9.56	**6680.07**	**2624.60**	**16908347**	**9674925**	**935494**	**5130600**	**11777747**	**7196808**	**3976158**
4.06	1874.97	1096.47	7262279	3637983	276759	1568862	5693417	2837317	1880481
0.32	119.99	96.66	436110	179219	121452	283003	153107	114538	57073
2.47	2724.25	1041.49	5216564	3144289	317048	1669796	3546768	2562490	2088114
0.17	70.29	39.82	776757	620153	373821	358650	418107	21681	10993
6.92	3885.54	1543.29	10915026	5910483	244625	3102154	7812872	4612637	1877051
1.84	2982.24	787.29	5649839	3276052	545577	2300631	3349208	2565474	1813275
7.72	3697.83	1837.31	11258508	6398873	389917	2829969	8428539	4631334	2162883
3.99	2056.07	1372.86	4387781	2738055	252704	1170770	3217011	2107029	538651
1.04	2924.97	372.31	2272147	1587991	465275	1181094	1091053	542575	386148
0.46	89.10	50.08	19256	23858	8171	5957	13299	6728	3950
0.18	201.84	71.34	450036	423393	23855	190822	259214	161759	
0.24	134.04	123.23	198134	120918	8415	41604	156530	126110	64550
2.41	1019.41	445.16	8050505	4257045	165820	1963790	6086715	3338719	2278099
1.25	254.65	189.63	1530488	523665	11254	576563	953925	913888	704760
0.08	41.73	41.11	15265	3381	331	9864	5401	6184	4778
1.74	1166.55	889.72	2317008	935494	59862	781648	1535360	884066	223889
2.88	1961.34	507.51	4413387	1991723	113878	1983377	2430010	2376798	1999738
4.86	3510.46	1186.26	10162687	6744327	761423	2355711	7806976	3929760	1747753

续表

	损益(千元)							
	营业收入	艺术演出收入	营业成本	养老、医疗、失业等保险费	住房公积金和住房补贴	差旅费	工会经费	营业利润
总　计	**4743893**	**1320334**	**4079908**	**103373**	**39430**	**26375**	**6920**	**663985**
其中:附属剧场	1632518	511971	1539878	30127	9096	6148	2102	92640
儿童剧场	67286	40722	40847	2078	580	582	170	26439
按登记注册类型分								
国 有	939465	327271	928171	44926	21609	6875	2441	11294
集 体	27682	19446	12792	601	97	47	72	14890
其 他	3776746	973617	3138945	57846	17724	19453	4407	637801
按管理部门分								
文化部门	1069143	292237	1125805	47171	19299	7254	2152	-56662
其他部门	3674750	1028097	2954103	56202	20131	19121	4768	720647
按机构类型分								
剧场	1486115	568385	1161378	36421	11472	14919	2666	324737
影剧院	697932	100131	636939	26809	7453	2515	1325	60993
书场、曲艺场	23067	17915	20920	602	169	198	205	2147
杂技、马戏场	237056	220534	129282	150	22	43		107774
音乐厅	236902	142799	193024	1705	1962	3542	219	43878
综合性	1409492	205718	1353694	33215	17092	4382	2260	55798
其他艺术表演场馆	653329	64852	584671	4471	1260	776	245	68658
按隶属关系分								
中央	14995	1926	15034	551	124	7	54	-39
省、区、市	890925	453681	799148	19607	6243	4985	1453	91777
地、市	1592209	450979	1522209	36905	14784	8985	2605	70000
县、市及以下	2245764	413748	1743517	46310	18279	12398	2808	502247

营业外收入		营业外支出	利润总额	工资、福利费、税金(千元)			实际使用房屋建筑面积(万平方米)		实际拥有产权面积(万平方米)
	政府补助(补贴收入)			本年发放工资总额	本年发放福利费总额	本年应交税金		演(映)出业务用房	
395780	**288488**	**55325**	**1004440**	**691415**	**53551**	**283535**	**374.17**	**174.58**	**158.15**
104691	100407	6746	190585	273007	15348	119639	138.10	82.58	48.36
10454	10454	101	36792	18737	549	2546	4.13	1.76	1.30
109348	91404	20570	100072	236500	19074	58334	167.93	82.46	96.20
1456	1174	2182	14164	5748	538	446	9.75	5.79	3.49
284976	195910	32573	890204	449167	33939	224755	196.49	86.33	58.46
149822	130563	20824	72336	236388	20699	63750	170.22	75.85	87.30
245958	157925	34501	932104	455027	32852	219785	203.95	98.73	70.85
104156	93456	20212	408681	227654	16532	108880	142.32	79.27	37.16
47108	36292	14299	93802	123482	9048	47419	86.05	45.48	41.20
237	230	344	2040	6576	87	913	2.62	1.43	0.50
604		2	108376	3946	387	1683	2.18	1.42	1.01
15752	15297	2103	57527	30061	5091	13129	11.50	5.18	4.83
223490	139761	16559	262729	237437	19723	77392	105.36	33.43	63.60
4433	3452	1806	71285	62259	2683	34119	24.15	8.37	9.85
676	560	61	576	3211	282	914	7.39	5.62	5.89
57501	52591	12956	136322	132469	9273	63635	70.08	30.27	26.64
191814	142095	24236	237578	227762	22855	75787	117.95	52.46	50.90
145789	93242	18072	629964	327973	21141	143199	178.76	86.24	74.72

2011年全国文化部门执行企业会计

	机构数 (个)	从业人员 (人)					坐席数 (个)	演(映)出场次合计 (万场次)
			专业技术人才	正高级职称	副高级职称	中级职称		
总　计	**310**	**7232**	**1199**	**28**	**80**	**447**	**255454**	**26.35**
其中:附属剧场	64	1023	183	1	9	59	40114	2.01
儿童剧场	6	112	5		2	1	3007	0.16
按登记注册类型分								
国 有	231	5045	958	16	60	344	184976	17.88
集 体	21	199	41	1	4	13	11686	0.23
其 他	58	1988	200	11	16	90	58792	8.23
按机构类型分								
剧场	104	2401	424	7	28	140	77662	5.07
影剧院	137	2778	580	14	42	216	108958	18.82
书场、曲艺场	7	19					915	0.19
杂技、马戏场	1	55	8	2		5	2174	0.06
音乐厅	5	140	21		4	5	2777	0.10
综合性	28	1167	144	5	5	73	55201	1.30
其他艺术表演场馆	28	672	22		1	8	7767	0.82
按隶属关系分								
中央	3	43					2401	0.06
省、区、市	28	981	132	8	20	64	42196	4.77
地、市	99	2724	521	6	51	224	71250	9.92
县、市及以下	180	3484	546	14	9	159	139607	11.59

制度的艺术表演场馆基本情况

			资产、负债、所有者权益(千元)						
艺术演出场次	观众人次合计(万人次)	艺术演出观众人次	资产总计	固定资产原值	当年提取的折旧总额	负债合计	所有者权益合计	实收资本(股本)	国家资本
1.84	**2982.24**	**787.29**	**5649839**	**3276052**	**545577**	**2300631**	**3349208**	**2565474**	**1813275**
0.48	301.73	177.46	696648	588790	178293	387850	308798	299396	149491
0.15	36.37	33.37	294304	142631	119349	266357	27947	15938	15938
1.39	1844.69	540.90	3755896	2254528	290300	1411618	2344278	1758497	1596598
0.10	42.19	23.24	338772	301362	214385	150991	187781	12571	10993
0.35	1095.36	223.15	1555171	720162	40892	738022	817149	794406	205684
0.69	732.90	274.32	1205992	875389	154754	531073	674919	515654	432922
0.60	1821.61	211.87	1234830	1017702	258254	644175	590655	362520	336255
0.12	32.62	17.12	1060	856		201	859	550	550
0.06	44.82	44.82	190000	180000	20000	140000	50000		
0.10	43.90	43.90	25503	18738	3860	13593	11910	1050	1050
0.17	270.62	190.16	2149550	1010719	103369	572341	1577209	1111050	579528
0.11	35.77	5.11	842904	172648	5340	399248	443656	574650	462970
0.06	29.73	29.11	5334	2439	64	2054	3280	5307	3907
0.22	358.97	219.18	1354879	709162	37770	496822	858057	613845	164841
0.80	951.20	274.08	823017	688179	44614	360862	462155	377840	348567
0.76	1642.34	264.92	3466609	1876272	463129	1440893	2025716	1568482	1295960

续表

	损益(千元)							
	营业收入	艺术演出收入	营业成本	养老、医疗、失业等保险费	住房公积金和住房补贴	差旅费	工会经费	营业利润
总　计	**1069143**	**292237**	**1125805**	**47171**	**19299**	**7254**	**2152**	**-56662**
其中:附属剧场	125956	62754	114936	4316	1134	817	243	11020
儿童剧场	15097	11434	13482	638	82	43	34	1615
按登记注册类型分								
国 有	600363	175762	657599	36402	16780	5212	1677	-57236
集 体	12826	11552	3991	333		13	26	8835
其 他	455954	104923	464215	10436	2519	2029	449	-8261
按机构类型分								
剧场	217242	92210	271966	14711	4540	3646	732	-54724
影剧院	332392	78604	353638	20387	5998	1639	1015	-21246
书场、曲艺场	947	923	1102			5		-155
杂技、马戏场	25240	23140	25353					-113
音乐厅	36403	12760	39878	566	1709	119	50	-3475
综合性	337023	80738	317160	10795	6764	1606	339	19863
其他艺术表演场馆	119896	3862	116708	712	288	239	16	3188
按隶属关系分								
中央	3552	1896	3652	98		7		-100
省、区、市	276420	85564	264233	6982	1695	942	269	12187
地、市	289010	95028	367263	20322	8480	3937	1096	-78253
县、市及以下	500161	109749	490657	19769	9124	2368	787	9504

				工资、福利费、税金(千元)					
营业外收入	政府补助(补贴收入)	营业外支出	利润总额	本年发放工资总额	本年发放福利费总额	本年应交税金	实际使用房屋建筑面积(万平方米)	演(映)出业务用房	实际拥有产权面积(万平方米)
149822	**130563**	**20824**	**72336**	**236388**	**20699**	**63750**	**170.22**	**75.85**	**87.30**
6237	5964	788	16469	36802	2995	19966	21.54	14.40	6.51
		1	1614	2445	116	433	1.64	0.68	0.48
100103	84609	18393	24474	154918	14731	41384	115.40	56.27	69.54
904	794	633	9106	2074	86	128	2.91	2.19	1.25
48815	45160	1798	38756	79396	5882	22238	51.92	17.39	16.51
57098	52306	8606	-6232	64464	4927	12332	62.70	35.62	20.11
39185	30705	10676	7263	74413	6835	27896	52.28	27.07	30.43
230	230		75	276	4	47	0.71	0.48	0.02
			-113	2165	51	856	1.47	0.92	0.63
7955	7797		4480	6730	3926	577	4.48	3.18	4.14
43052	37339	422	62493	66610	3280	13833	39.46	7.53	28.37
2302	2186	1120	4370	21730	1676	8209	9.12	1.05	3.60
560	560	4	456	737	13	233	2.99	2.42	1.49
27067	24561	10654	28600	44446	2679	11231	34.25	11.12	14.37
88580	77931	6674	3653	81167	9691	15749	66.18	32.21	28.40
33615	27511	3492	39627	110038	8316	36537	66.80	30.11	43.04

2011年各地区艺术表演

地　区	总　计							
	机构数（个）	从业人员数（人）					机构数（个）	从业人员数（人）
			专业技术人才	正高级职称	副高级职称	中级职称		
总　计	**7055**	**226599**	**106243**	**6696**	**15814**	**39444**	**2416**	**132375**
北　京	118	3398	1798	151	336	702	18	2343
天　津	53	2180	1783	190	397	689	16	1900
河　北	312	8714	3883	253	664	1520	127	5534
山　西	308	12514	5004	172	487	1779	167	9161
内蒙古	121	5963	4466	191	575	1348	109	5408
辽　宁	200	4299	2963	206	648	1205	35	3469
吉　林	67	4043	3176	226	793	1324	66	3896
黑龙江	88	5152	3645	288	837	1446	80	4799
上　海	102	7412	3663	473	639	1601	29	5204
江　苏	370	9159	5102	296	814	1816	114	5683
浙　江	498	16833	5815	528	1038	2053	77	4412
安　徽	1294	18207	3253	103	309	1076	39	1847
福　建	454	15797	4580	203	362	1392	92	4007
江　西	99	4069	2771	54	268	1065	78	3421
山　东	252	8195	5768	310	1128	2263	116	6163
河　南	468	17673	6597	803	998	2484	189	9300
湖　北	172	7640	4580	299	676	1934	100	6201
湖　南	114	5002	3380	102	394	1515	104	4764
广　东	401	12758	4035	187	490	1330	100	5208
广　西	149	5489	3055	93	393	1078	113	5007
海　南	86	3067	1082	38	53	261	19	963
重　庆	282	3901	1377	88	244	415	24	1426
四　川	370	10394	3871	151	499	1863	90	4369
贵　州	45	1897	1159	38	170	398	37	1545
云　南	161	6368	3515	85	384	1389	111	4224
西　藏	47	1391	763	27	96	290	46	1361
陕　西	115	7092	4083	170	323	1472	90	6204
甘　肃	84	4398	2566	49	275	923	79	4280
青　海	38	1332	710	14	127	261	17	931
宁　夏	37	1776	1058	53	156	323	16	1239
新　疆	133	5023	3384	118	335	1112	109	4729

团体机构数和从业人员数

文化部门									
合计				国有企业					
专业技术人才	正高级职称	副高级职称	中级职称	机构数(个)	从业人员数(人)	专业技术人才	正高级职称	副高级职称	中级职称
85667	**4822**	**13708**	**32540**	**2093**	**119406**	**78458**	**4435**	**12782**	**30125**
1641	134	333	667	7	1481	1031	116	237	494
1679	180	386	642	15	1899	1678	180	386	641
3062	216	598	1198	88	4216	2609	188	525	1040
4349	104	429	1580	92	6142	3382	91	393	1320
4226	179	565	1280	109	5408	4226	179	565	1280
2727	200	629	1169	31	3178	2481	196	595	1012
3040	222	774		64	3864	3040	222	774	1268
3435	279	799	1343	79	4799	3435	279	799	1343
2526	357	474	1054	26	5120	2467	351	461	1015
4550	263	796	1698	22	1619	1340	98	307	524
3265	308	705	1136	67	4078	3121	239	682	1124
1249	67	174	485	25	1310	946	37	121	401
2606	93	324	1103	89	3900	2529	91	315	1071
2469	33	227	962	77	3398	2468	33	227	961
5118	268	1109	1810	115	6131	5086	267	1108	1804
3366	176	388	1286	175	8793	3262	165	372	1257
4250	231	650	1798	97	6089	4198	231	646	1776
3255	102	394	1515	102	4756	3252	102	394	1513
2855	111	370	999	98	5175	2834	110	370	997
3020	88	390	1065	112	4977	2990	88	389	1053
544	9	31	193	16	846	479	9	31	186
1106	47	226	337	24	1426	1106	47	226	337
2934	71	396	1490	69	4000	2817	71	387	1415
984	37	159	315	35	1495	954	37	159	315
3142	75	351	1269	111	4224	3142	75	351	1269
763	27	96	290	46	1361	763	27	96	290
3568	153	304	1304	78	5499	3157	151	298	1183
2500	45	273	919	79	4280	2500	45	273	919
660	14	127	261	15	909	660	14	127	261
930	41	150	283	13	1153	854	40	146	280
3246	112	324	1077	109	4729	3246	112	324	1077

续表

地　区	文　化　部　门							
	集　体　经　济							
	机构数(个)	从业人员数(人)	专业技术人才	正高级职称	副高级职称	中级职称	机构数(个)	从业人员数(人)
总　计	**208**	**7666**	**4023**	**139**	**413**	**1449**	**115**	**5303**
北　京	7	150	60	1	17	42	4	712
天　津	1	1	1			1		
河　北	14	736	389	18	73	146	25	582
山　西	54	2363	821	12	30	201	21	656
内蒙古								
辽　宁							4	291
吉　林	1	30					1	2
黑龙江	1							
上　海	1	13	12			11	2	71
江　苏	87	2726	1991	59	263	804	5	1338
浙　江	3	109	57	45	5	2	7	225
安　徽	2	38	22				12	499
福　建	2	74	73	2	9	31	1	33
江　西							1	23
山　东							1	32
河　南	13	437	50			7	1	70
湖　北	1	32	10		2	8	2	80
湖　南	1	4	1				1	4
广　东							2	33
广　西							1	30
海　南	1	50	4			3	2	67
重　庆								
四　川	6	168	101		8	70	15	201
贵　州							2	50
云　南								
西　藏								
陕　西	12	705	411	2	6	121		
甘　肃								
青　海							2	22
宁　夏	1	30	20			2	2	56
新　疆								

其他经济				其他部门					
专业技术人才				机构数(个)	从业人员数(人)	专业技术人才			
	正高级职称	副高级职称	中级职称				正高级职称	副高级职称	中级职称
3186	**248**	**513**	**966**	**4639**	**94224**	**20576**	**1874**	**2106**	**6904**
550	17	79	131	100	1055	157	17	3	35
				37	280	104	10	11	47
64	10		12	185	3180	821	37	66	322
146	1	6	59	141	3353	655	68	58	199
				12	555	240	12	10	68
246	4	34	157	165	830	236	6	19	36
				1	147	136	4	19	56
				8	353	210	9	38	103
47	6	13	28	73	2208	1137	116	165	547
1219	106	226	370	256	3476	552	33	18	118
87	24	18	10	421	12421	2550	220	333	917
281	30	53	84	1255	16360	2004	36	135	591
4			1	362	11790	1974	110	38	289
1			1	21	648	302	21	41	103
32	1	1	6	136	2032	650	42	19	453
54	11	16	22	279	8373	3231	627	610	1198
42		2	14	72	1439	330	68	26	136
2			2	10	238	125			
21	1		2	301	7550	1180	76	120	331
30		1	12	36	482	35	5	3	13
61			4	67	2104	538	29	22	68
				258	2475	271	41	18	78
16		1	5	280	6025	937	80	103	373
30				8	352	175	1	11	83
				50	2144	373	10	33	120
				1	30				
				25	888	515	17	19	168
				5	118	66	4	2	4
				21	401	50			
56	1	4	1	21	537	128	12	6	40
				24	294	138	6	11	35

2011年各地区艺术表演团体分剧种机构数

单位：个

地　　区	总　计	话剧、儿童剧、滑稽剧团	歌剧、舞剧、歌舞剧团	歌舞团、轻音乐团	乐团、合唱团	文工团、文宣队、乌兰牧骑	戏曲剧团	京剧	曲、杂、木、皮团	综合性艺术表演团体
总　　计	**7055**	**103**	**187**	**1387**	**97**	**340**	**2417**	**109**	**1154**	**1370**
北　　京	118	3	1	15	7		20	4	8	64
天　　津	53	4		11	1	1	16	4	12	8
河　　北	312	2	6	67	2	6	125	5	20	84
山　　西	308	5	8	24	8	7	165	1	10	81
内 蒙 古	121	1	4	21		77	10	1	2	6
辽　　宁	200	4	6	131			14	4	5	40
吉　　林	67	3	2	13	2	3	24	1	2	18
黑 龙 江	88	4	2	9		15	32	3	5	21
上　　海	102	20	5	18	10		29	2	14	6
江　　苏	370	7	3	113	6		128	6	48	65
浙　　江	498	6	6	40	11		325	25	33	77
安　　徽	1294	2	7	211	3	1	177	1	793	100
福　　建	454	1	7	20	2	2	395	1	14	13
江　　西	99	2	8	25	3	6	43	3	2	10
山　　东	252	4	10	38	3	2	87	20	23	85
河　　南	468	2	6	59	9	6	198	3	80	108
湖　　北	172	2	8	39	1	8	53	7	6	55
湖　　南	114	1	10	23	3	6	66	1	2	3
广　　东	401	7	28	50	11	2	218	2	26	59
广　　西	149	1	9	38		44	31	1	7	19
海　　南	86		4	14	1	1	58		1	7
重　　庆	282	3	3	27	1	8	10	2	4	226
四　　川	370	4	15	123	2	8	45	1	20	153
贵　　州	45	1	1	23	1	9	6	3	2	2
云　　南	161	1	5	98	1	29	15	1	1	11
西　　藏	47	1		8		38				
陕　　西	115	2	14	11	1	7	65	2	6	9
甘　　肃	84	1	2	15		9	45	1	2	10
青　　海	38			15		5	1			17
宁　　夏	37	5	1	12		1	7	1	1	10
新　　疆	133	2	4	73	3	36	8	2	5	2

2011年各地区艺术表演团体分剧种原创首演剧目数

单位：个

地　区	总计	话剧、儿童剧、滑稽剧团	歌剧、舞剧、歌舞剧团	歌舞团、轻音乐团	乐团、合唱团	文工团、文宣队、乌兰牧骑	戏剧剧团		曲、杂、木、皮团	综合性艺术表演团体
								京剧		
总　计	**1588**	**143**	**98**	**271**	**32**	**81**	**664**	**35**	**104**	**195**
北　京	17	3		2			8	1	4	
天　津	22	7					6	1	9	
河　北	44	3		2	3	8	19		6	3
山　西	82	5	1	11	2		59	1		4
内蒙古	32		1	2		15	4			10
辽　宁	17	3	5	1			2	1	3	3
吉　林	22	5		4			11	1		2
黑龙江	21	4	1			3	4	3	1	8
上　海	76	39	4	6	3		20	4	4	
江　苏	50	6		1			28	2	1	14
浙　江	99	14		5	1		50	5	11	18
安　徽	82			8			44		8	22
福　建	137	2	12	35	1		80	1	6	1
江　西	44	2	9	14		2	16			1
山　东	76	7	3	11	3	3	36	6	7	6
河　南	85	1	1	3			65		13	2
湖　北	120	9	4	9	6	21	33	2	6	32
湖　南	37		3	1			33			
广　东	93	7	17	11	2		39		4	13
广　西	29	3	2	9		2	11		1	1
海　南	17			3			11			3
重　庆	27	4	2	3			5	1	2	11
四　川	119	3	18	43	2		19		12	22
贵　州	15			8		2	5	1		
云　南	30	2	1	16		2	3		2	4
西　藏	12	1		6		5				
陕　西	49	1	6	10		4	24	3	2	2
甘　肃	28	1		2			25	1		
青　海	18			14			1			3
宁　夏	16	4		10			1			1
新　疆	43	1	5	19		14	1		2	1

2011年各地区艺术表演团体分剧种国内演出场次

单位：万场次

地　区	总 计	话剧、儿童剧、滑稽剧团	歌剧、舞剧、歌舞剧团	歌舞团、轻音乐团	乐团、合唱团	文工团、文宣队、乌兰牧骑	戏曲剧团		曲、杂、木、皮团	综合性艺术表演团体
								京剧		
总　计	**146.59**	**1.68**	**2.44**	**16.00**	**0.74**	**3.73**	**81.65**	**1.96**	**14.70**	**25.66**
北　京	1.21	0.09	0.01	0.24	0.01		0.30	0.13	0.30	0.26
天　津	0.41	0.06		0.03	0.02		0.15	0.03	0.13	0.01
河　北	4.39	0.03	0.09	0.74	0.01	0.03	2.12	0.06	0.61	0.77
山　西	5.20	0.03	0.05	0.25	0.08	0.13	3.46	0.01	0.20	1.00
内蒙古	1.99	0.01	0.06	0.29		1.34	0.17	0.01	0.01	0.11
辽　宁	0.62	0.05	0.07	0.17			0.11	0.06	0.03	0.20
吉　林	0.83	0.06	0.03	0.13	0.02	0.03	0.34	0.01	0.02	0.21
黑龙江	1.01	0.10	0.04	0.09		0.11	0.32	0.10	0.04	0.32
上　海	2.14	0.31	0.07	0.16	0.07		0.87	0.03	0.55	0.10
江　苏	8.37	0.07	0.03	1.90	0.02		1.89	0.05	2.78	1.68
浙　江	12.85	0.13	0.04	0.55	0.08		8.98	0.77	1.26	1.81
安　徽	14.53	0.04	0.13	1.93	0.01	0.02	3.15	0.03	4.89	4.37
福　建	43.46	0.02	0.03	0.26	0.01	0.01	42.83	0.02	0.21	0.09
江　西	1.88	0.02	0.14	0.35	0.02	0.09	1.08	0.00	0.03	0.16
山　东	3.11	0.09	0.09	0.50	0.01	0.02	1.38	0.33	0.62	0.42
河　南	12.86	0.08	0.06	2.17	0.13	0.10	4.38	0.03	1.81	4.13
湖　北	3.92	0.07	0.15	0.58	0.01	0.17	1.22	0.09	0.10	1.63
湖　南	2.03	0.02	0.27	0.22	0.02	0.06	1.34	0.02	0.04	0.07
广　东	5.27	0.05	0.16	0.21	0.05	0.02	2.96	0.00	0.26	1.57
广　西	1.19	0.01	0.06	0.27		0.34	0.22	0.01	0.05	0.23
海　南	0.80		0.02	0.12	0.00		0.62		0.02	0.02
重　庆	3.60	0.03	0.05	0.26	0.02	0.03	0.06	0.02	0.05	3.10
四　川	5.65	0.03	0.32	1.59	0.03	0.04	0.57		0.37	2.70
贵　州	0.48	0.01		0.30		0.05	0.07	0.04	0.02	0.03
云　南	1.70	0.01	0.05	1.16	0.01	0.15	0.13	0.01	0.01	0.18
西　藏	0.25	0.01		0.11		0.13				
陕　西	2.46	0.04	0.28	0.07	0.00	0.16	1.68	0.01	0.12	0.10
甘　肃	1.62	0.03	0.05	0.15		0.13	1.09	0.02	0.07	0.12
青　海	0.39			0.17		0.02	0.01			0.19
宁　夏	0.58	0.06	0.03	0.29		0.02	0.11	0.03		0.07
新　疆	1.43	0.01	0.05	0.74	0.01	0.50	0.02	0.00	0.09	0.02

2011年各地区艺术表演团体分剧种国内演出观众人次

单位：万人次

地区	总计	话剧、儿童剧、滑稽剧团	歌剧、舞剧、歌舞剧团	歌舞团、轻音乐团	乐团、合唱团	文工团、文宣队、乌兰牧骑	戏曲剧团	京剧	曲、杂、木、皮团	综合性艺术表演团体
总计	**74585.1**	**1250.4**	**2220.7**	**9255.7**	**503.3**	**3477.2**	**37217.6**	**1530.9**	**10003.8**	**10656.3**
北京	723.2	52.5	10.0	216.5	21.2		150.6	50.4	91.0	181.4
天津	286.6	15.3		48.6	15.3		191.6	24.6	15.3	0.5
河北	3379.4	20.5	36.9	367.8	20.7	34.1	2159.9	61.4	224.2	515.2
山西	4283.0	9.8	66.5	358.9	60.6	17.5	3232.8	16.7	73.6	463.2
内蒙古	1471.7	8.4	40.1	243.2		962.6	140.5	7.0	6.3	70.8
辽宁	461.7	33.3	36.5	176.6			57.4	27.5	16.3	141.6
吉林	893.6	68.4	21.0	155.4	18.2	16.5	391.2	16.0	21.2	201.9
黑龙江	828.5	67.3	29.7	65.7		129.1	277.2	70.4	28.2	231.3
上海	1042.4	204.4	77.3	74.3	43.5		335.3	29.1	273.6	34.1
江苏	3107.8	82.4	21.5	647.9	19.8		1217.7	65.0	514.0	604.5
浙江	5091.5	80.6	26.4	176.0	39.0		3878.9	364.3	308.2	582.3
安徽	11821.1	27.8	94.6	757.7	17.4	16.8	1452.5	21.7	6837.1	2617.3
福建	5120.8	102.5	26.1	178.9	1.9	16.0	4664.8	11.8	46.3	84.4
江西	2001.9	11.8	149.1	306.7	4.5	87.4	1297.3	2.8	35.0	110.1
山东	2518.9	50.2	74.5	282.8	8.9	30.0	1675.4	417.4	191.2	205.9
河南	7420.6	48.5	30.8	171.0	53.4	42.9	6019.1	19.2	570.6	484.3
湖北	3017.8	32.3	223.4	467.1	8.5	183.0	1406.0	98.3	116.7	580.7
湖南	1442.9	8.0	165.1	231.1	4.0	28.9	938.1	21.7	21.2	46.5
广东	4419.5	66.2	223.1	265.8	47.6	12.7	3007.6	16.3	199.7	596.8
广西	1207.3	8.1	73.7	314.1		445.0	234.2	10.0	15.9	116.3
海南	607.5		14.4	114.6	0.0		464.0		0.0	14.5
重庆	1531.0	19.7	68.0	239.1	16.0	38.8	72.3	17.5	48.1	1029.1
四川	2787.6	33.0	227.4	816.6	3.7	11.1	304.5		138.5	1252.8
贵州	423.6	10.2	14.5	242.0		74.6	53.6	23.0	12.8	16.0
云南	1549.8	5.0	37.2	972.2	4.5	181.6	225.2	30.0	30.0	94.1
西藏	206.4	7.2		99.9		99.3				
陕西	2168.8	2.3	174.7	68.0	3.5	211.6	1582.9	5.7	25.4	100.3
甘肃	2019.9	20.0	57.2	138.6		155.3	1564.6	37.0	45.0	39.1
青海	275.4			145.3		25.9	1.9			102.3
宁夏	526.5	50.4	7.9	199.7		30.0	178.3	32.4		60.3
新疆	1000.2	5.0	56.6	478.1	10.8	319.6	11.5	3.1	98.5	20.0

2011年各地区艺术表演团体分剧种财政拨款收入

单位：千元

地区	总计	话剧、儿童剧、滑稽剧团	歌剧、舞剧、歌舞剧团	歌舞团、轻音乐团	乐团、合唱团	文工团、文宣队、乌兰牧骑	戏曲剧团		曲、杂、木、皮团	综合性艺术表演团体
								京剧		
总计	**8971009**	**654963**	**887368**	**1617696**	**447814**	**462511**	**3414460**	**736138**	**485958**	**1000239**
北京	443119	92211		21210	17879		278106	99451	33713	
天津	201990	25371		32184	13614	1247	103475	56555	26099	
河北	238663	23360	2	31925	13215	874	114031	25290	14620	40636
山西	274770	11644	36921	20552	50	5572	178320	13130	6142	15569
内蒙古	412123	4582	21468	169298		153148	35808	6888	10944	16875
辽宁	184574	35125	62118	14008			46073	29323	8538	18712
吉林	236945	15608	6539	72421	8671	3685	78438	14429	7583	44000
黑龙江	337666	34065	59909	11146		21355	108984	45388	22409	79798
上海	378291	37126	74928	11728	60802		179019	56521	14688	
江苏	345315	15727	3867	46725	4894		142528	12305	33864	97710
浙江	451939	13384	1748	54076	33648		306638	20801	15738	26707
安徽	203301	5400	11600	7949	5491	30	60390	16573	8752	103689
福建	309316	11294	9695	50205	2741	1414	155184	14555	46463	32320
江西	188933	11609	33934	41295		4142	67865	15038	10482	19606
山东	423765	37781	66010	27900	13962	1100	208771	78558	47072	21169
河南	282848	9315	37392	24120			197959	10230	13752	310
湖北	319105	20112	56650	32767	11559	8094	145247	44622	16027	28649
湖南	193733	6334	23238	9503		3547	122206	6819	20356	8549
广东	449581	50055	71456	45122	120406	1254	112528	80	20978	27782
广西	219494	3986	17859	67100		33490	81586	9883	14533	940
海南	57907		12841	13859		188	30539		360	120
重庆	139358	8923	27136	19238		866	55936	10913	8533	18726
四川	422185	26712	41282	94126	760	2536	118887	2074	26913	110969
贵州	99977	5252		41274		5494	28655	12419	14052	5250
云南	312400	13958	786	144946	11564	23518	91242	21460		26386
西藏	94251	11753		61895		20603				
陕西	389705	9620	83586	16118	7863	10238	120329	14816	21488	120463
甘肃	256981	9379	20752	88350		5974	113012	14211	11859	7655
青海	91743			62382		1142	6307			21912
宁夏	112217	15938		60052		3489	31983	12971		755
新疆	321921	15685	21389	147834	4518	57757	37964	14385	10000	26774

2011年各地区艺术表演团体分剧种演出收入

单位：千元

地区	总计	话剧、儿童剧、滑稽剧团	歌剧、舞剧、歌舞剧团	歌舞团、轻音乐团	乐团、合唱团	文工团、文宣队、乌兰牧骑	戏曲剧团	京剧	曲、杂、木、皮团	综合性艺术表演团体
总计	**5267448**	**281708**	**449823**	**1299892**	**251056**	**71162**	**1428934**	**121539**	**374637**	**1110236**
北京	260364	32544	8565	38191	15016		51928	25529	45355	68765
天津	25901	2181		7976	2136		8893	3497	2193	2522
河北	136418	4283	2130	28324	2106	94	45052	1976	18779	35650
山西	173457	2111	16695	14184	3910	2030	107663	923	4594	22270
内蒙古	35451		1108	13741		4667	3027	316	2350	10558
辽宁	71723	4891	11700	31722			4634	3296	7428	11348
吉林	43418	425	1754	27272	5348	114	5635	1045	1213	1657
黑龙江	24845	3477	2535	423		316	2141	1007	3418	12535
上海	305035	103827	27511	25707	66777		42733	7438	35135	3345
江苏	375089	14244	2522	101288	2828		61621	2791	26708	165878
浙江	882868	43314	9914	306719	14034		332843	33122	24143	151901
安徽	282785	2736	5716	40770	1331	250	66915	4507	62210	102857
福建	412181	1541	65206	36789	238	200	300260	647	4182	3765
江西	27516		2765	11881	290	1223	6917		747	3693
山东	92222	5746	14042	17980	1186	370	28354	8002	12408	12136
河南	235621	1089	24182	27485	1584	2770	75558	1818	54505	48448
湖北	117832	4257	9876	12684	2290	1821	21482	2697	11595	53827
湖南	57714	703	17880	4431	378	843	21407	509	2007	10065
广东	322717	10854	30219	50826	40083		109606	701	15511	65618
广西	41826	1173	2155	12089		961	8020		1641	15787
海南	111379		5235	55581	550		37547		530	11936
重庆	127085	214	3449	37954	1300	2012	3609	610	306	78241
四川	385925	1186	29484	188819	281	994	13709		19340	132112
贵州	22889		1272	15259		208				6150
云南	85185		5642	64728		35	1639		4382	8759
西藏	556			500		56				
陕西	142277	979	79122	7376	2342	5828	30254	1220	13160	3216
甘肃	48083	753	4378	23915		887	16400	734	454	1296
青海	13254			7080		711	240			5223
宁夏	8734	4020	357	1024			1585	213		1748
新疆	45347		924	41302	1527	176	321		343	754

2011年各地区艺术表演

地　区	总　计	话剧、儿童剧、滑稽剧团	歌剧、舞剧、歌舞剧团	歌舞团、轻音乐团
总　计	**8211466**	**501454**	**706223**	**1494315**
北　京	317799	48890	6933	17724
天　津	173923	22979		33755
河　北	226958	13258	906	39262
山　西	247792	10987	26213	22109
内蒙古	307013	3790	10725	119151
辽　宁	171983	31245	48987	28644
吉　林	180072	13591	4361	49492
黑龙江	276619	26642	40754	10328
上　海	279095	48657	49465	15244
江　苏	410119	18264	3937	71409
浙　江	606256	13267	2865	76140
安　徽	199964	2967	5332	24871
福　建	465399	9005	18496	44869
江　西	153808	9640	26047	31044
山　东	340030	21448	54906	26592
河　南	274493	7699	25396	17076
湖　北	304992	16298	55675	34731
湖　南	166255	5741	22503	11276
广　东	380587	15830	40626	43308
广　西	160449	4331	17118	47981
海　南	79740		7400	20880
重　庆	146128	5626	23450	23709
四　川	437874	20154	36342	114324
贵　州	79040	5100	319	36923
云　南	266746	11641	6415	125508
西　藏	79003	9901		53868
陕　西	316293	5148	46290	16586
甘　肃	187325	7144	12647	60560
青　海	76782			47434
宁　夏	68637	4974	239	27849
新　疆	263616	10912	20701	121694

团体分剧种人员支出情况

单位：千元

乐团、合唱团	文工团、文宣队、乌兰牧骑	戏曲剧团	京剧	曲、杂、木、皮团	综合性艺术表演团体
363139	**356946**	**3188662**	**592188**	**526647**	**1074080**
19485		188654	91077	34057	2056
10941	1279	77833	36144	26330	806
8131	811	110916	20400	21463	32211
1836	4941	158344	8121	8184	15178
	114533	30044	6097	8746	20024
		36186	21658	8025	18896
6696	3228	60330	11600	7850	34524
	19888	87121	33102	20479	71407
36090		98007	24613	31182	450
4637		145542	10241	44874	121456
27024		410691	42807	32786	43483
12385	180	71751	14369	34756	47722
2043	1152	322975	10144	36587	30272
203	4080	62523	13247	7745	12526
11529	1019	170855	66500	30577	23104
667	803	181511	8834	30339	11002
10685	6306	126907	34826	16977	37413
160	2670	101110	6836	14227	8568
49950	1050	140340	375	21575	67908
	26741	47025	5291	10946	6307
400	188	39023		560	11289
700	978	38635	8353	7630	45400
660	2468	91496	2028	29286	143144
	3803	20976	9362	8277	3642
10247	18223	66511	16391	3900	24301
	15234				
3523	12029	99367	5830	12679	120671
	5110	87307	7145	6986	7571
	1636	5476			22236
	3197	25390	11229		6988
5196	42814	33887	13639	9624	18788

2011年各地区艺术

地　区	剧团数(个)	补贴团数	从业人员(人)	专业技术人才	正高级职称	副高级职称
总　计	**7055**	**2620**	**226599**	**106243**	**6696**	**15814**
北　京	118	15	3398	1798	151	336
天　津	53	17	2180	1783	190	397
河　北	312	101	8714	3883	253	664
山　西	308	153	12514	5004	172	487
内蒙古	121	109	5963	4466	191	575
辽　宁	200	31	4299	2963	206	648
吉　林	67	66	4043	3176	226	793
黑龙江	88	78	5152	3645	288	837
上　海	102	53	7412	3663	473	639
江　苏	370	117	9159	5102	296	814
浙　江	498	134	16833	5815	528	1038
安　徽	1294	68	18207	3253	103	309
福　建	454	116	15797	4580	203	362
江　西	99	84	4069	2771	54	268
山　东	252	110	8195	5768	310	1128
河　南	468	197	17673	6597	803	998
湖　北	172	98	7640	4580	299	676
湖　南	114	101	5002	3380	102	394
广　东	401	125	12758	4035	187	490
广　西	149	111	5489	3055	93	393
海　南	86	30	3067	1082	38	53
重　庆	282	40	3901	1377	88	244
四　川	370	139	10394	3871	151	499
贵　州	45	38	1897	1159	38	170
云　南	161	113	6368	3515	85	384
西　藏	47	42	1391	763	27	96
陕　西	115	100	7092	4083	170	323
甘　肃	84	79	4398	2566	49	275
青　海	38	18	1332	710	14	127
宁　夏	37	15	1776	1058	53	156
新　疆	133	106	5023	3384	118	335

表演团体基本情况

中级职称	本团原创首演剧目(个)	演出场次(万场次)	国内演出场次	农村演出场次	国内演出观众人次(万人次)	农村观众人次	收入情况(千元) 财政拨款
39444	**1588**	**154.72**	**146.59**	**100.67**	**74585.05**	**43923.52**	**8971009**
702	17	1.45	1.21	0.17	723.22	133.30	443119
689	22	0.43	0.41	0.09	286.64	105.28	201990
1520	44	5.21	4.39	3.13	3379.35	2471.93	238663
1779	82	5.30	5.20	4.15	4283.01	3704.88	274770
1348	32	2.08	1.99	0.96	1471.74	703.49	412123
1205	17	1.35	0.62	0.15	461.69	166.50	184574
1324	22	0.90	0.83	0.46	893.60	514.83	236945
1446	21	1.12	1.01	0.34	828.47	328.93	337666
1601	76	2.18	2.14	0.37	1042.42	161.82	378291
1816	50	8.46	8.37	4.94	3107.83	1685.65	345315
2053	99	13.61	12.85	8.92	5091.45	3855.70	451939
1076	82	14.89	14.53	7.35	11821.14	3729.63	203301
1392	137	44.47	43.46	41.68	5120.85	4411.89	309316
1065	44	1.96	1.88	1.23	2001.91	1324.72	188933
2263	76	3.21	3.11	1.66	2518.89	1677.95	423765
2484	85	14.09	12.86	7.75	7420.58	5924.14	282848
1934	120	4.14	3.92	2.32	3017.79	1870.82	319105
1515	37	2.07	2.03	1.38	1442.91	905.21	193733
1330	93	5.45	5.27	2.33	4419.49	1948.13	449581
1078	29	1.32	1.19	0.54	1207.26	630.92	219494
261	17	0.86	0.80	0.64	607.54	457.53	57907
415	27	3.73	3.60	2.40	1530.95	791.15	139358
1863	119	6.27	5.65	2.55	2787.61	1045.97	422185
398	15	0.55	0.48	0.22	423.63	186.68	99977
1389	30	2.04	1.70	0.59	1549.78	778.36	312400
290	12	0.28	0.25	0.13	206.42	128.27	94251
1472	49	2.60	2.46	1.71	2168.81	1715.54	389705
923	28	1.65	1.62	1.10	2019.87	1522.11	256981
261	18	0.41	0.39	0.20	275.42	126.33	91743
323	16	0.62	0.58	0.38	526.50	338.77	112217
1112	43	1.60	1.43	0.78	1000.15	451.27	321921

续表

地区		支出情况(千元)	资产总计(千元)		实际使用房屋建筑面积(万平方米)	
	演出收入	人员支出		固定资产原值		排练练功用房
总　计	**5267448**	**8211466**	**20275570**	**13251223**	**526.24**	**131.30**
北　京	260364	317799	900849	395435	11.29	1.62
天　津	25901	173923	486702	70754	6.81	1.95
河　北	136418	226958	665721	367992	18.61	5.78
山　西	173457	247792	481592	277335	33.43	6.62
内蒙古	35451	307013	267561	234759	16.65	4.91
辽　宁	71723	171983	334788	212044	13.02	3.72
吉　林	43418	180072	346303	231358	9.47	2.77
黑龙江	24845	276619	273068	249255	17.89	5.03
上　海	305035	279095	952783	474451	7.03	1.79
江　苏	375089	410119	963246	428949	22.37	5.08
浙　江	882868	606256	1620667	933298	30.90	9.54
安　徽	282785	199964	526404	237223	8.74	2.48
福　建	412181	465399	806985	519254	17.26	4.50
江　西	27516	153808	334679	298755	12.62	2.92
山　东	92222	340030	607295	410011	27.18	6.98
河　南	235621	274493	593409	383975	28.68	8.83
湖　北	117832	304992	679362	531017	26.93	6.67
湖　南	57714	166255	264720	225223	18.41	3.89
广　东	322717	380587	2851862	2532080	30.65	9.01
广　西	41826	160449	231156	173568	11.22	3.40
海　南	111379	79740	178744	145979	3.40	0.88
重　庆	127085	146128	420221	184916	10.11	3.34
四　川	385925	437874	1150118	767917	24.55	4.02
贵　州	22889	79040	355624	159014	5.23	1.05
云　南	85185	266746	465850	305562	21.69	4.35
西　藏	556	79003	228462	141079	7.47	1.56
陕　西	142277	316293	432718	270796	21.79	4.70
甘　肃	48083	187325	296283	190714	13.30	1.89
青　海	13254	76782	78483	65188	3.37	0.78
宁　夏	8734	68637	117104	63448	3.16	1.26
新　疆	45347	263616	328205	172102	21.40	6.60

实际拥有产权面积(万平方米)	流动舞台车演出情况			政府采购的公益演出活动情况		
	流动舞台车数量(辆)	利用流动舞台车演出场次(万场次)	利用流动舞台车演出观众人次(万人次)	演出场次(万场次)	演出观众人次(万人次)	演出补贴收入(千元)
245.73	**1656**	**10.49**	**9407.71**	**8.27**	**7799.89**	**398917**
6.62	1			0.13	110.23	19593
1.96	6	0.05	66.12	0.01	12.92	79
12.49	110	0.84	450.82	0.15	159.35	1395
13.11	71	0.20	153.05	0.23	257.26	17888
6.78	86	0.37	171.89	0.22	127.47	1225
3.91	15	0.03	22.33	0.03	60.04	9579
5.72	48	0.34	356.12	0.43	447.24	10818
5.15	53	0.14	117.44	0.11	87.60	1075
5.28	3	0.02	16.80	0.10	55.51	2898
10.41	42	0.38	373.21	0.55	361.45	54516
11.56	82	0.16	100.44	0.78	605.05	46081
3.41	67	0.45	345.54	0.37	196.23	15099
6.14	31	0.12	100.01	0.13	76.69	6019
6.73	44	0.44	260.81	0.41	320.92	11520
11.51	115	0.80	852.62	0.26	291.89	11327
9.76	221	2.23	2658.17	0.83	1363.53	32225
17.29	87	1.05	1040.73	0.48	436.15	6494
10.61	108	1.06	637.46	0.95	660.58	16814
10.63	28	0.14	140.96	0.16	181.33	21890
4.85	48	0.17	225.75	0.09	87.96	1876
0.98	27	0.27	173.59	0.04	50.49	3431
2.53	23	0.06	83.07	0.17	218.08	23778
12.07	71	0.24	171.68	0.45	368.08	16242
1.45	14	0.01	9.60	0.07	78.12	2113
11.35	63	0.12	169.58	0.13	251.11	3834
4.65	11	0.00	6.80	0.07	0.99	93
12.79	50	0.27	347.66	0.18	223.89	5651
5.24	40	0.11	81.49	0.20	247.16	6184
2.59	13	0.05	15.34	0.04	32.97	260
2.04	14	0.13	153.75	0.18	186.74	4593
5.49	64	0.25	104.88	0.30	191.20	12529

2011年各地区省级艺术

地　区	剧团数(个)	补贴团数	从业人员(人)	专业技术人才	正高级职称	副高级职称
总　计	**249**	**210**	**33333**	**24786**	**2234**	**5367**
北　京	11	11	2193	1581	133	316
天　津	11	11	1795	1610	179	371
河　北	8	8	1174	907	113	276
山　西	25	8	1570	725	64	125
内蒙古	6	6	637	504	74	184
辽　宁	4	4	927	693	80	195
吉　林	6	6	706	621	44	139
黑龙江	6	6	952	829	63	188
上　海	19	18	3323	2640	263	538
江　苏	2	2	1048	1046	102	201
浙　江	9	9	1013	854	108	160
安　徽	7	7	770	506	57	99
福　建	6	6	849	776	59	143
江　西	6	6	600	510	12	118
山　东	6	6	858	824	54	201
河　南	8	8	1036	670	72	135
湖　北	5	4	884	599	100	180
湖　南	7	7	1011	725	73	151
广　东	10	9	1183	805	54	150
广　西	8	8	1687	723	58	189
海　南	3	3	296	208	6	27
重　庆	5	5	861	681	42	146
四　川	5	5	1142	741	38	151
贵　州	7	6	619	552	24	101
云　南	6	5	744	580	57	140
西　藏	3	3	425	398	22	59
陕　西	11	10	2025	1351	136	225
甘　肃	9	8	967	694	34	150
青　海	2	2	334	258	7	76
宁　夏	13	4	869	581	47	116
新　疆	15	9	835	594	59	117

表演团体基本情况

中级职称	本团原创首演剧目(个)	演出场次(万场次)	国内演出场次	农村演出场次	国内演出观众人次(万人次)	农村观众人次	收入情况(千元) 财政拨款
9069	**269**	**6.33**	**5.85**	**1.98**	**5650.01**	**2513.83**	**3430586**
625	17	0.75	0.71	0.14	380.84	100.43	425027
608	19	0.29	0.27	0.02	175.34	16.27	194386
331	7	0.15	0.12	0.06	143.11	72.95	101487
297	4	0.29	0.29	0.19	295.30	230.23	85355
207	3	0.11	0.06	0.02	69.80	19.00	55874
236	5	0.07	0.06	0.01	63.58	11.50	81115
267	8	0.10	0.10	0.06	179.80	114.90	64296
238	4	0.08	0.07	0.04	71.73	33.53	109498
1017	45	0.90	0.88	0.12	472.94	28.66	366398
283	10	0.51	0.50	0.27	201.57	98.80	75561
226	10	0.43	0.41	0.18	272.70	101.96	147940
205		0.24	0.18	0.00	242.50	2.30	116524
298	9	0.10	0.10	0.03	170.59	25.03	107043
181	1	0.05	0.05	0.02	53.10	18.80	47874
250	6	0.07	0.07	0.02	92.51	29.81	129266
253	8	0.19	0.19	0.11	445.54	268.54	126775
193	6	0.07	0.07	0.03	95.06	18.32	89151
252	2	0.13	0.13	0.05	96.83	39.44	69603
313	20	0.13	0.12	0.07	259.16	135.18	164722
177	6	0.14	0.12	0.02	90.98	36.55	82881
107	1	0.04	0.04	0.03	30.77	15.36	33254
175	8	0.17	0.10	0.04	166.94	106.05	81903
392	14	0.07	0.07	0.01	61.90	10.36	127739
172	2	0.09	0.08	0.03	80.83	35.51	40792
212	8	0.09	0.09	0.05	167.75	112.79	67850
167	6	0.04	0.03	0.02	54.90	32.82	52001
630	8	0.40	0.37	0.08	378.07	298.80	118424
272	4	0.23	0.22	0.07	330.83	212.58	83223
123	14	0.11	0.09	0.07	105.10	67.00	38001
171	6	0.19	0.16	0.09	247.77	182.20	73239
191	8	0.13	0.12	0.03	152.16	38.18	73384

续表

地　区		支出情况(千元)	资产总计(千元)		实际使用房屋建筑面积(万平方米)	
	演出收入	人员支出		固定资产原值		排练练功用房
总　计	**1000794**	**2437264**	**6281991**	**3192394**	**129.10**	**30.90**
北　京	158319	278421	792153	373882	8.84	0.60
天　津	19816	163968	472342	58686	6.37	1.78
河　北	22820	81860	138044	107221	4.65	1.97
山　西	38560	57834	79495	67070	8.75	2.04
内蒙古	7384	44181	57367	45053	2.63	0.97
辽　宁	22815	68194	83125	72464	2.77	1.06
吉　林	13708	42481	108426	63968	1.94	0.66
黑龙江	2454	73497	87359	83723	3.66	1.64
上　海	197146	257475	766009	430544	5.80	1.19
江　苏	73259	77281	426093	74599	4.78	0.67
浙　江	52609	105087	308187	165633	4.05	0.64
安　徽	70305	45192	224575	44339	1.06	0.34
福　建	19114	71530	204868	154439	3.44	0.60
江　西	747	36864	37070	21605	2.87	1.18
山　东	5418	85689	165140	128980	4.96	0.82
河　南	36898	84285	184832	93523	4.51	1.44
湖　北	8495	71989	183005	134231	4.89	1.52
湖　南	10145	56100	85016	71274	5.82	0.92
广　东	56116	98858	368748	239860	4.23	0.89
广　西	10710	41570	101542	72416	2.62	0.72
海　南	10433	23714	39213	35132	0.30	0.06
重　庆	16498	59470	196116	79119	3.57	1.26
四　川	28730	89622	239865	44616	2.77	0.36
贵　州		30913	50672	35045	0.68	0.44
云　南	6000	55777	176637	93883	2.77	1.11
西　藏		39955	118762	101472	4.17	1.11
陕　西	41505	83240	187929	110570	10.14	2.04
甘　肃	19788	56140	150106	68670	4.77	0.51
青　海	7728	38826	31433	25448	1.30	0.31
宁　夏	4351	51810	71634	41270	2.08	0.70
新　疆	38923	65441	146228	53659	7.94	1.37

实际拥有产权面积(万平方米)	流动舞台车演出情况			政府采购的公益演出活动情况		
	流动舞台车数量(辆)	利用流动舞台车演出场次(万场次)	利用流动舞台车演出观众人次(万人次)	演出场次(万场次)	演出观众人次(万人次)	演出补贴收入(千元)
77.91	**92**	**0.37**	**576.51**	**1.20**	**1211.68**	**150683**
6.28	1			0.13	110.20	19593
1.74	1			0.01	0.30	
4.59	4	0.02	18.90	0.01	14.92	200
3.86	5	0.00	1.20	0.01	13.20	1907
2.63	4					
0.59	3	0.00	2.15	0.01	9.35	7600
1.94	4	0.03	48.00	0.06	102.63	5243
0.48	1			0.02	16.28	545
3.83				0.01	4.78	
3.75	1	0.00	4.80	0.30	120.59	41447
3.72	8			0.12	116.24	11710
0.10				0.01	13.40	1045
2.40	4	0.00	3.55	0.03	27.12	4387
2.01	4	0.02	1.70	0.01	6.45	160
3.94	1			0.02	20.69	3560
1.46	8	0.10	249.64	0.08	187.88	10740
4.52	3	0.01	17.61	0.00	8.61	1344
5.08	6	0.01	7.48	0.10	78.37	3197
1.94	3			0.01	21.75	428
0.98	1	0.01	5.00			
0.27	2			0.00	5.16	160
0.48	6	0.04	26.93	0.05	51.43	17462
1.59				0.01	11.01	4970
0.43	3	0.01	5.60	0.03	19.10	250
2.72	5	0.02	66.10	0.02	47.90	2591
2.99	1		0.25			
6.36	1	0.00	3.80	0.00	3.96	10
3.60	3	0.01	18.50	0.03	33.29	5045
1.63	2	0.03	5.00	0.01	10.00	
1.57	7	0.07	90.30	0.09	120.59	2625
0.44				0.02	36.50	4464

2011年各地区地市级艺术

地 区	剧团数(个)	补贴团数	从业人员(人)	专业技术人才	正高级职称	副高级职称
总 计	**755**	**556**	**48563**	**35540**	**1688**	**6003**
北 京						
天 津						
河 北	48	33	2530	1512	82	277
山 西	40	34	3214	2307	56	284
内蒙古	18	18	1583	1379	73	252
辽 宁	24	19	2414	1989	120	443
吉 林	16	16	1519	1346	137	324
黑龙江	27	22	2544	1863	202	487
上 海						
江 苏	44	41	2790	2195	152	477
浙 江	20	15	1958	1616	91	295
安 徽	61	18	2367	1412	26	141
福 建	20	20	1511	1162	29	153
江 西	19	18	1281	1065	31	112
山 东	57	39	3375	2728	176	637
河 南	38	34	2287	1335	49	197
湖 北	31	21	2435	1788	137	346
湖 南	23	23	1499	1210	27	211
广 东	50	33	2120	1388	61	220
广 西	39	23	1700	1187	30	177
海 南	34	8	1202	594	29	22
重 庆						
四 川	40	32	2926	2008	41	248
贵 州	8	7	553	385	14	60
云 南	22	18	1722	1355	25	187
西 藏	8	8	439	335	5	37
陕 西	15	13	983	692	23	61
甘 肃	14	14	1466	969	11	111
青 海	10	8	519	430	7	51
宁 夏	1	1	57	57	1	16
新 疆	28	20	1569	1233	53	177

表演团体基本情况

中级职称	本团原创首演剧目(个)	演出场次(万场次)	国内演出场次	农村演出场次	国内演出观众人次(万人次)	农村观众人次	收入情况(千元) 财政拨款
14707	**394**	**14.44**	**13.45**	**5.15**	**11585.07**	**6324.80**	**3194146**
667	7	0.89	0.77	0.46	959.04	692.10	120411
994	29	0.70	0.69	0.45	780.04	637.48	134286
500	5	0.26	0.25	0.09	231.89	81.15	188330
897	12	0.41	0.32	0.09	313.85	114.99	98649
508	10	0.27	0.23	0.08	222.84	88.40	99547
744	6	0.57	0.47	0.07	322.81	49.85	175535
889	22	1.53	1.51	0.53	683.32	242.23	196255
771	13	0.39	0.38	0.15	331.16	197.72	163278
443	10	2.27	2.23	0.14	664.15	138.06	63685
556	53	0.38	0.35	0.17	303.69	169.05	144004
435	9	0.22	0.20	0.12	168.61	100.06	82892
934	40	1.04	1.00	0.49	1064.13	584.32	216685
537	23	0.92	0.77	0.54	1455.17	1151.99	93633
735	31	0.65	0.60	0.18	522.30	299.26	144874
616	12	0.50	0.48	0.29	406.06	215.98	74774
544	33	0.42	0.40	0.18	582.42	371.71	169831
563	12	0.39	0.37	0.08	309.50	98.87	76485
66	3	0.32	0.29	0.24	251.93	186.48	10341
989	26	0.83	0.72	0.19	670.43	171.82	250794
185	4	0.18	0.16	0.11	98.25	47.85	47103
523	10	0.43	0.42	0.11	373.67	191.18	139903
121	1	0.10	0.10	0.03	80.27	40.75	32824
260	5	0.20	0.15	0.09	134.62	68.52	162170
469	6	0.26	0.24	0.14	397.44	282.92	126838
138	4	0.10	0.09	0.03	57.42	11.10	51235
33	2	0.02	0.02	0.01	50.00	35.00	4849
590	6	0.23	0.21	0.08	150.05	55.94	124935

续表

地　区		支出情况(千元)	资产总计(千元)		实际使用房屋建筑面积(万平方米)	
	演出收入	人员支出		固定资产原值		排练练功用房
总　计	**930576**	**2637929**	**4456236**	**3068455**	**157.68**	**35.70**
北　京						
天　津						
河　北	31055	90808	344762	140151	6.74	1.62
山　西	42965	94039	135190	99593	9.58	1.51
内蒙古	6243	122305	75494	66319	3.65	0.97
辽　宁	30909	94693	227883	123555	9.45	2.21
吉　林	25468	78612	166765	112781	3.30	0.54
黑龙江	20849	153627	152096	133723	10.11	2.56
上　海						
江　苏	128956	190988	273835	163853	9.95	2.20
浙　江	142638	148706	302059	203673	7.93	2.46
安　徽	35337	46627	130283	76103	3.66	0.99
福　建	26347	128476	200435	140619	5.14	1.38
江　西	12934	64425	217957	206612	4.76	0.77
山　东	44381	170076	264756	182100	14.18	2.90
河　南	26060	71673	138811	99484	5.59	1.69
湖　北	38358	137206	288501	224169	6.89	1.76
湖　南	19713	58511	89897	78985	5.77	1.46
广　东	67585	122780	374082	312228	11.75	2.47
广　西	24814	68614	72582	50276	3.27	1.12
海　南	39112	29138	40533	29641	1.19	0.39
重　庆						
四　川	55204	216878	249234	175620	9.29	1.81
贵　州	19257	34733	159480	105680	1.70	0.31
云　南	17552	108762	123433	89937	5.37	1.47
西　藏		30348	88590	24999	2.80	0.23
陕　西	53709	150681	78640	43708	4.15	1.02
甘　肃	15929	84543	108197	85343	4.20	0.51
青　海	2395	32910	44038	37038	1.76	0.36
宁　夏	133	4080	5411	4884	0.11	0.11
新　疆	2673	103690	103292	57381	5.40	0.89

实际拥有产权面积（万平方米）	流动舞台车演出情况			政府采购的公益演出活动情况		
	流动舞台车数量（辆）	利用流动舞台车演出场次（万场次）	利用流动舞台车演出观众人次（万人次）	演出场次（万场次）	演出观众人次（万人次）	演出补贴收入（千元）
70.65	**318**	**1.44**	**1584.96**	**1.67**	**1761.39**	**92026**
6.06	20	0.10	127.40	0.04	68.01	767
4.87	22	0.04	29.48	0.02	22.51	1099
2.16	12	0.03	33.06	0.04	16.27	790
3.16	10	0.02	20.18	0.02	44.69	1950
1.85	9	0.02	26.02	0.07	75.99	1696
3.32	13	0.01	11.28	0.03	21.27	200
3.87	8	0.03	28.20	0.04	27.23	5506
2.51	7	0.03	12.21	0.10	73.61	15035
1.70	16	0.13	139.67	0.08	50.52	9773
1.00	11	0.03	60.47	0.07	32.73	1283
3.26	17	0.11	71.70	0.08	49.88	6522
5.06	28	0.14	110.10	0.11	138.40	3787
2.09	23	0.19	324.90	0.18	391.57	8819
4.71	14	0.09	128.83	0.04	51.30	1005
1.71	22	0.23	179.74	0.26	156.05	6424
5.11	2	0.00	6.30	0.04	52.37	10915
2.25	4	0.02	33.30	0.03	31.71	1693
	5	0.01	51.20	0.01	3.92	481
7.25	22	0.10	89.19	0.15	171.16	5081
0.35	3	0.00	4.00	0.02	36.00	1637
1.29	11	0.03	30.06	0.04	88.10	768
1.61	3	0.00	6.00	0.07	0.53	93
1.54	3	0.01	10.82	0.02	14.62	1070
0.14	8	0.01	9.81	0.03	52.14	812
0.86	9	0.02	4.54	0.03	14.47	255
0.11	1	0.01	20.40	0.01	29.00	
2.81	15	0.05	16.10	0.06	47.33	4565

2011年各地区县级艺术

地　区	剧团数(个)	补贴团数	从业人员(人)	专业技术人才	正高级职称	副高级职称
总　计	**6034**	**1838**	**139240**	**42559**	**2037**	**3538**
北　京	107	4	1205	217	18	20
天　津	42	6	385	173	11	26
河　北	256	60	5010	1464	58	111
山　西	243	111	7730	1972	52	78
内蒙古	97	85	3743	2583	44	139
辽　宁	172	8	958	281	6	10
吉　林	45	44	1818	1209	45	330
黑龙江	55	50	1656	953	23	162
上　海	83	35	4089	1023	210	101
江　苏	324	74	5321	1861	42	136
浙　江	469	110	13862	3345	329	583
安　徽	1226	43	15070	1335	20	69
福　建	428	90	13437	2642	115	66
江　西	74	60	2188	1196	11	38
山　东	189	65	3962	2216	80	290
河　南	422	155	14350	4592	682	666
湖　北	136	73	4321	2193	62	150
湖　南	84	71	2492	1445	2	32
广　东	341	83	9455	1842	72	120
广　西	102	80	2102	1145	5	27
海　南	49	19	1569	280	3	4
重　庆	277	35	3040	696	46	98
四　川	325	102	6326	1122	72	100
贵　州	30	25	725	222		9
云　南	133	90	3902	1580	3	57
西　藏	36	31	527	30		
陕　西	89	77	4084	2040	11	37
甘　肃	61	57	1965	903	4	14
青　海	26	8	479	22		
宁　夏	23	10	850	420	5	24
新　疆	90	77	2619	1557	6	41

表演团体基本情况

中级职称	本团原创首演剧目(个)	演出场次(万场次)	国内演出场次	农村演出场次	国内演出观众人次(万人次)	农村观众人次	收入情况(千元) 财政拨款
14551	**896**	**133.53**	**126.89**	**93.47**	**56401.84**	**34959.04**	**1769384**
77		0.71	0.51	0.03	342.38	32.87	18092
81	3	0.14	0.13	0.07	111.30	89.01	7604
522	30	4.17	3.50	2.61	2277.20	1706.88	16765
488	49	4.31	4.23	3.50	3207.67	2837.17	55129
641	24	1.71	1.67	0.85	1170.05	603.34	167919
72		0.87	0.24	0.04	84.26	40.01	4810
549	4	0.52	0.50	0.32	490.96	311.53	73102
464	11	0.47	0.46	0.23	433.93	245.55	52633
584	31	1.28	1.25	0.26	569.48	133.15	11893
644	18	6.43	6.36	4.14	2222.93	1344.63	73499
1056	76	12.78	12.06	8.59	4487.59	3556.02	140721
428	72	12.39	12.12	7.21	10914.49	3589.27	23092
538	75	43.99	43.01	41.48	4646.57	4217.82	58269
449	34	1.69	1.64	1.09	1780.19	1205.86	58167
1079	30	2.10	2.05	1.15	1362.25	1063.81	77814
1694	54	12.98	11.90	7.10	5519.87	4503.61	62440
1006	83	3.42	3.25	2.11	2400.43	1553.24	85080
647	23	1.45	1.43	1.05	940.02	649.79	49356
473	40	4.91	4.75	2.08	3577.91	1441.23	115028
338	11	0.80	0.70	0.44	806.77	495.50	60128
88	13	0.50	0.47	0.38	324.84	255.69	14312
240	19	3.56	3.50	2.36	1364.02	685.10	57455
482	79	5.38	4.86	2.35	2055.29	863.78	43652
41	9	0.28	0.24	0.09	244.55	103.32	12082
654	12	1.52	1.20	0.44	1008.37	474.39	104647
2	5	0.14	0.12	0.08	71.25	54.69	9426
582	36	2.00	1.94	1.54	1656.11	1348.22	109111
182	18	1.17	1.16	0.89	1291.60	1026.61	46920
		0.20	0.20	0.09	112.90	48.23	2507
119	8	0.42	0.41	0.28	228.73	121.57	34129
331	29	1.23	1.09	0.67	697.94	357.15	123602

续表

地区		支出情况(千元)	资产总计(千元)		实际使用房屋建筑面积(万平方米)	
	演出收入	人员支出		固定资产原值		排练练功用房
总　计	**2984327**	**2569597**	**7502737**	**5392602**	**217.83**	**61.33**
北　京	102045	39378	108696	21553	2.45	1.02
天　津	6085	9955	14360	12068	0.44	0.17
河　北	82543	54290	182915	120620	7.22	2.18
山　西	91932	95919	266907	110672	15.11	3.06
内蒙古	21824	140527	134700	123387	10.36	2.97
辽　宁	17999	9096	23780	16025	0.80	0.46
吉　林	4242	58979	71112	54609	4.23	1.58
黑龙江	1542	49495	33613	31809	4.13	0.83
上　海	107889	21620	186774	43907	1.22	0.61
江　苏	172874	141850	263318	190497	7.64	2.21
浙　江	687621	352463	1010421	563992	18.92	6.44
安　徽	177143	108145	171546	116781	4.02	1.15
福　建	366720	265393	401682	224196	8.68	2.52
江　西	13835	52519	79652	70538	5.00	0.97
山　东	42423	84265	177399	98931	8.04	3.26
河　南	172663	118535	269766	190968	18.59	5.70
湖　北	70979	95797	207856	172617	15.15	3.39
湖　南	27856	51644	89807	74964	6.82	1.51
广　东	199016	158949	2109032	1979992	14.67	5.64
广　西	6302	50265	57032	50876	5.33	1.56
海　南	61834	26888	98998	81206	1.92	0.43
重　庆	110587	86658	224105	105797	6.54	2.08
四　川	301991	131374	661019	547681	12.49	1.86
贵　州	3632	13394	145472	18289	2.85	0.31
云　南	61633	102207	165780	121742	13.55	1.77
西　藏	556	8700	21110	14608	0.50	0.22
陕　西	47063	82372	166149	116518	7.50	1.64
甘　肃	12366	46642	37980	36701	4.33	0.87
青　海	3131	5046	3012	2702	0.31	0.11
宁　夏	4250	12747	40059	17294	0.98	0.46
新　疆	3751	94485	78685	61062	8.07	4.35

实际拥有产权面积(万平方米)	流动舞台车演出情况			政府采购的公益演出活动情况		
	流动舞台车数量(辆)	利用流动舞台车演出场次(万场次)	利用流动舞台车演出观众人次(万人次)	演出场次(万场次)	演出观众人次(万人次)	演出补贴收入(千元)
76.54	**1246**	**8.68**	**7246.25**	**5.37**	**4775.14**	**124410**
0.34					0.03	
0.22	5	0.05	66.12	0.01	12.62	79
1.84	86	0.72	304.52	0.10	76.42	428
4.38	44	0.16	122.37	0.19	221.55	14882
1.99	70	0.34	138.83	0.18	111.20	435
0.16	2			0.00	6.00	29
1.94	35	0.29	282.10	0.30	268.62	3879
1.35	39	0.13	106.16	0.07	50.05	330
1.45	3	0.02	16.80	0.09	50.73	2898
2.79	33	0.35	340.21	0.21	213.62	7563
5.33	67	0.14	88.23	0.56	415.21	19336
1.61	51	0.32	205.86	0.28	132.31	4281
2.75	16	0.08	35.99	0.02	16.84	349
1.46	23	0.32	187.41	0.32	264.59	4838
2.52	86	0.66	742.52	0.13	132.80	3980
6.21	190	1.94	2083.63	0.57	784.08	12666
8.06	70	0.96	894.29	0.44	376.24	4145
3.82	80	0.82	450.24	0.59	426.16	7193
3.58	23	0.14	134.66	0.11	107.21	10547
1.62	43	0.15	187.45	0.06	56.25	183
0.71	20	0.26	122.39	0.03	41.41	2790
2.05	17	0.03	56.14	0.11	166.66	6316
3.23	49	0.14	82.49	0.29	185.91	6191
0.67	8			0.02	23.02	226
7.35	47	0.06	73.42	0.08	115.11	475
0.05	7		0.55	0.00	0.46	
4.89	46	0.26	333.04	0.16	205.31	4571
1.50	29	0.09	53.19	0.14	161.73	327
0.10	2	0.01	5.80	0.01	8.50	5
0.36	6	0.06	43.05	0.08	37.16	1968
2.24	49	0.21	88.79	0.22	107.37	3500

2011年各地区执行事业会计

地区	剧团数(个)	补贴团数	从业人员(人)	专业技术人才	正高级职称	副高级职称	中级职称
总计	**2285**	**2184**	**125105**	**80771**	**4395**	**12862**	**31072**
北京	14	11	1631	1091	117	254	536
天津	16	16	1900	1679	180	386	642
河北	102	86	4937	2978	198	595	1190
山西	142	133	8227	4067	103	424	1496
内蒙古	109	108	5408	4226	179	565	1280
辽宁	23	23	2059	1765	143	425	783
吉林	65	64	3921	3077	218	777	1282
黑龙江	82	78	5064	3645	288	837	1446
上海	31	29	6013	3090	414	547	1260
江苏	111	103	4399	3416	157	573	1331
浙江	61	59	3421	2690	197	607	1008
安徽	20	19	885	652	19	86	229
福建	91	85	3957	2560	93	322	1095
江西	80	77	3555	2590	35	247	999
山东	113	107	6041	5086	267	1108	1804
河南	196	186	9666	3464	179	402	1330
湖北	100	98	6201	4250	231	650	1798
湖南	103	100	4760	3253	102	394	1513
广东	89	85	4003	2068	54	205	747
广西	113	111	5027	3035	88	390	1070
海南	20	20	989	544	9	31	193
重庆	23	21	1154	909	42	187	296
四川	75	73	4168	2918	71	395	1485
贵州	36	35	1533	977	37	159	315
云南	112	112	4262	3142	75	351	1269
西藏	46	42	1361	763	27	96	290
陕西	80	77	4780	2734	44	204	909
甘肃	79	79	4280	2500	45	273	919
青海	15	15	909	660	14	127	261
宁夏	13	11	962	813	37	133	254
新疆	109	106	4729	3246	112	324	1077

制度的艺术表演团体基本情况

本团原创首演剧目(个)	演出场次(万场次)	国内演出场次	农村演出场次	国内演出观众人次(万人次)	农村观众人次	本年收入合计(千元)	财政拨款
1107	**40.59**	**38.52**	**24.52**	**39136.82**	**26120.00**	**11138394**	**8034837**
9	0.29	0.28	0.07	132.92	40.56	519841	386445
19	0.34	0.33	0.07	238.44	72.37	246509	201960
26	2.68	2.12	1.61	2263.42	1851.78	307136	212280
73	2.88	2.84	2.24	2768.45	2372.24	412269	267031
24	1.85	1.76	0.86	1379.71	672.34	439156	411825
9	0.25	0.23	0.07	159.89	50.44	192787	158474
21	0.88	0.81	0.45	842.60	493.43	259343	216833
15	0.87	0.81	0.32	800.83	328.08	374518	337666
49	1.12	1.09	0.15	534.98	52.27	741326	370307
36	3.71	3.68	2.07	1719.88	981.10	448910	245626
36	0.93	0.91	0.62	948.22	683.36	597013	378880
7	0.59	0.58	0.09	323.94	108.01	84912	51994
106	1.58	1.51	1.08	1382.90	969.58	426462	304918
43	1.36	1.28	0.95	1357.65	1016.56	221629	182543
64	1.96	1.93	1.26	2252.67	1532.65	512195	421125
70	4.27	4.16	3.59	6015.84	5056.82	439895	281166
112	2.26	2.20	1.46	2564.79	1727.16	423908	319105
36	1.91	1.87	1.28	1399.09	878.49	275548	193703
57	1.00	0.97	0.79	1440.30	1125.93	374306	249711
28	1.02	0.90	0.52	1070.85	574.67	298948	219494
13	0.19	0.18	0.14	241.79	163.94	86410	57230
12	0.23	0.21	0.09	320.34	158.08	159868	120202
47	0.98	0.86	0.33	911.00	318.44	483194	378160
13	0.40	0.36	0.19	329.10	153.98	99705	82332
24	0.95	0.88	0.48	1333.94	717.68	345750	311614
12	0.27	0.25	0.13	206.42	128.27	96308	94251
29	1.86	1.84	1.47	1822.43	1495.76	366628	314607
28	1.62	1.59	1.09	1978.58	1503.78	310032	256981
18	0.24	0.22	0.12	204.46	106.10	109172	91737
9	0.32	0.29	0.16	379.05	240.29	111133	96031
41	1.40	1.23	0.71	922.91	426.08	366079	321921

续表 1

地区							本年支出合计(千元)
	上级补助收入	事业收入		经营收入	附属单位上缴收入	其他收入	
			演出收入				
总　计	**379931**	**2042495**	**1776657**	**43891**	**5602**	**631638**	**10789316**
北　京	6583	81049	77572	2393		43371	479063
天　津	8038	30620	20515			5891	240024
河　北	8618	68843	68230	500		16895	298542
山　西	32802	103294	103294	502		8640	376740
内蒙古	1245	19158	17978	206		6722	426080
辽　宁		23446	21856			10867	189478
吉　林	549	38580	37636	1285		2096	258103
黑龙江	5042	25574	22755	96		6140	371130
上　海	63823	261934	215630	3302	4300	37660	716244
江　苏	16324	154426	133578	6212	350	25972	447886
浙　江	38604	112262	78413	2149		65118	580844
安　徽	15773	15789	15139	292		1064	75531
福　建	35367	74601	65268	439		11137	413823
江　西	5857	19919	15452	8397		4913	215455
山　东	4183	72450	61749	100	100	14237	502145
河　南	12885	102110	96236	1744	242	41748	431220
湖　北	11647	71050	59354	3111		18995	429999
湖　南	8074	50813	48065	1767		21191	276317
广　东	9955	95000	92326	1176		18464	372803
广　西	23632	30012	25432			25810	281441
海　南	1749	24696	21294	250	250	2235	86250
重　庆	4497	14038	8408			21131	159880
四　川	9710	77105	68371	581	100	17538	483038
贵　州	110	3989	468	410		12864	92663
云　南	4161	16635	11083	1569		11771	327568
西　藏	1235	438	56	17	11	356	95260
陕　西	785	37860	36200	1270	246	11860	327463
甘　肃	5608	44752	41263			2691	297206
青　海	6273	10282	10035			880	103635
宁　夏	1383	10481	936	1800		1438	105579
新　疆	14288	10876	8490	10	3	18981	360656

基本支出	项目支出	经营支出	在支出合计中					
			工资福利支出	商品和服务支出	差旅费	劳务费	福利费	各种税金支出
8295480	**1975521**	**90481**	**4416294**	**3134006**	**217402**	**491887**	**89407**	**86960**
312630	164040	2393	134918	168642	4090	32309	476	3428
198748	41074		112209	62783	2477	13752	1357	1857
240230	45171	833	160703	88952	8870	14583	2495	975
261811	76727	7569	156908	122690	11317	16704	5031	923
392122	25022	904	230972	96239	6923	14172	3238	699
150418	33120		77423	51918	5542	12523	249	751
222386	32409	1285	102197	60057	3352	9066	989	2257
327232	39971	196	174190	63502	4676	6888	1725	788
463287	150703	8801	220250	331735	2695	12483	6077	17054
373732	62224	5802	194034	160120	7364	28736	3692	1548
406017	153313	3615	230548	195772	24186	30514	7615	4983
72040	2208	305	27616	19378	1075	3045	750	482
321224	74609	4541	180370	119507	6102	21709	2511	2776
179372	9348	7520	101294	38967	2979	5130	1462	1777
403297	88110	3266	232572	124743	5021	20397	2524	2485
323464	89234	4596	162945	152333	8514	30274	4042	2671
299692	101607	8635	192380	117895	9264	18696	6729	2548
223420	44021	4956	116314	81476	3937	7751	4552	2514
258726	91121	1724	136838	110328	6317	17653	3141	3567
195870	76992	20	105772	108738	4801	25445	3128	1863
55346	19751	4045	38769	29672	2268	5086	721	656
102920	52319		51825	39906	6343	12479	2867	464
361938	106012	3211	153270	109187	7161	21597	3755	1740
74531	12765	410	37855	23903	3648	2468	1190	514
265877	37156	1533	165624	59366	4272	10883	1105	658
83353	3163	621	62433	6128	1079	87	134	
299271	15065	2399	129749	51541	4761	3072	4359	640
269994	22526		127459	93309	10835	13380	1289	1194
85367	7447	1100	48476	11802	1605	2865	192	313
80274	15852	1350	37436	20608	422	704	690	166
298971	40903	3445	189976	67287	5026	7198	1346	1521

续表 2

地区	对个人和家庭补助支出	抚恤金和生活补助	其他资本性支出	各种设备购置费	资产总计(千元)	固定资产原值	实际使用房屋建筑面积(万平方米)
总计	**2042600**	**81476**	**506086**	**296725**	**11677612**	**7851135**	**399.07**
北京	119900	1581	38627	34576	475644	303127	8.49
天津	59385	743	3343	1185	476668	62639	6.52
河北	28385	2963	13433	9625	365245	234361	13.73
山西	41880	1775	24774	7906	402116	225193	26.10
内蒙古	60600	3613	11921	10305	237971	211508	15.36
辽宁	47971	727	7499	3962	138727	102710	7.64
吉林	67595	2051	18979	10503	307708	206524	9.12
黑龙江	101703	3373	27582	6070	269488	245675	17.71
上海	45587	3323	52668	35004	892124	454229	5.94
江苏	66132	2506	14516	7775	316295	201408	14.84
浙江	82655	2008	51363	18910	693981	489597	16.67
安徽	23508	371	1950	310	63235	32225	1.97
福建	75077	2475	9527	6974	458926	341524	13.11
江西	48480	6274	3550	1308	328607	294165	12.32
山东	92718	3448	22048	17014	495405	368633	23.66
河南	68281	3205	11083	7273	410792	266889	18.44
湖北	91608	2553	15371	5934	559196	415450	25.86
湖南	47658	2988	20165	9469	255860	216033	18.24
广东	50129	3818	11452	5792	339976	224746	13.27
广西	49019	1831	13133	7299	225483	171401	10.70
海南	4627	358	4775	3299	72464	62551	1.78
重庆	37242	1578	22998	15063	161282	95732	5.84
四川	152882	9748	18323	11261	414773	237932	14.17
贵州	22616	531	4822	3532	232134	87494	4.83
云南	69389	706	6450	4697	295790	188708	17.99
西藏	16370	223	371	215	228162	140829	7.47
陕西	127888	1656	4528	2324	140054	115677	10.47
甘肃	55589	3407	7127	6022	291873	187604	12.99
青海	25656	472	1905	1587	77773	64478	3.30
宁夏	18287	422	1012	1012	57497	37651	2.45
新疆	64813	2244	13138	9020	238383	164326	20.49

排练练功用房	实际拥有产权面积(万平方米)	流动舞台车演出情况			政府采购的公益演出活动情况		
		流动舞台车数量(辆)	利用流动舞台车演出场次(万场次)	利用流动舞台车演出观众人次(万人次)	演出场次(万场次)	演出观众人次(万人次)	演出补贴收入(千元)
93.53	**200.29**	**1148**	**8.17**	**8149.55**	**6.16**	**6417.09**	**229679**
0.74	5.26				0.02	16.01	4352
1.80	1.74	5	0.05	55.05	0.01	2.30	49
4.25	9.91	47	0.42	367.61	0.09	119.21	1015
4.66	11.72	58	0.15	134.06	0.20	223.68	15188
4.55	6.58	80	0.37	171.79	0.22	123.09	1225
2.11	1.97	7	0.01	11.43	0.02	19.54	6989
2.64	5.72	46	0.33	341.12	0.42	431.14	7195
5.01	4.97	53	0.14	117.44	0.11	87.60	1075
1.15	3.85	1	0.01	7.20	0.04	19.30	1456
3.64	5.58	40	0.37	360.41	0.24	239.28	12736
4.53	7.29	18	0.10	70.38	0.28	238.88	16948
0.44	1.02	13	0.07	77.77	0.04	32.00	885
2.76	4.77	21	0.09	97.61	0.12	71.19	5758
2.76	6.64	37	0.34	223.34	0.37	303.38	5730
5.16	10.98	45	0.65	797.88	0.23	252.19	8687
4.65	8.37	154	1.89	2490.73	0.76	1323.11	30943
6.44	17.21	86	1.04	1030.71	0.39	427.84	6494
3.82	10.48	101	0.96	609.96	0.95	658.58	16784
3.30	5.62	11	0.04	22.81	0.09	95.15	3031
3.23	4.83	45	0.15	177.55	0.09	87.56	1876
0.29	0.71	7	0.01	28.41	0.03	41.68	2810
1.60	1.35	10	0.04	74.28	0.09	127.62	7986
2.50	9.14	20	0.11	144.05	0.29	298.37	8356
0.98	1.37	5	0.01	9.60	0.06	76.32	1473
3.44	9.67	62	0.11	149.58	0.13	251.11	3834
1.56	4.65	11	0.00	6.80	0.07	0.99	93
2.55	7.51	41	0.24	275.02	0.14	200.99	4000
1.80	5.24	38	0.11	76.49	0.20	245.92	6184
0.73	2.56	13	0.05	15.34	0.04	31.47	255
0.99	1.61	9	0.07	100.26	0.11	128.74	1945
6.34	5.39	64	0.25	104.88	0.30	191.20	12529

2011年各地区文化部门执行事业

地　区	剧团数(个)	补贴团数	从业人员(人)	专业技术人才	正高级职称	副高级职称	中级职称
总　计	**2249**	**2154**	**120860**	**78612**	**4157**	**12519**	**30182**
北　京	14	11	1631	1091	117	254	536
天　津	16	16	1900	1679	180	386	642
河　北	102	86	4937	2978	198	595	1190
山　西	142	133	8227	4067	103	424	1496
内蒙古	109	108	5408	4226	179	565	1280
辽　宁	22	22	1999	1705	143	411	762
吉　林	64	63	3774	2941	214	758	1226
黑龙江	80	76	4799	3435	279	799	1343
上　海	27	26	5133	2479	351	461	1026
江　苏	108	100	4307	3326	157	570	1323
浙　江	60	59	3401	2670	197	607	1006
安　徽	19	19	847	638	19	86	228
福　建	91	85	3957	2560	93	322	1095
江　西	78	75	3421	2469	33	227	962
山　东	113	107	6041	5086	267	1108	1804
河　南	189	180	9300	3366	176	388	1286
湖　北	100	98	6201	4250	231	650	1798
湖　南	103	100	4760	3253	102	394	1513
广　东	86	83	3930	2040	54	205	741
广　西	112	110	5007	3020	88	390	1065
海　南	19	19	963	544	9	31	193
重　庆	23	21	1154	909	42	187	296
四　川	75	73	4168	2918	71	395	1485
贵　州	36	35	1533	977	37	159	315
云　南	111	111	4224	3142	75	351	1269
西　藏	46	42	1361	763	27	96	290
陕　西	80	77	4780	2734	44	204	909
甘　肃	79	79	4280	2500	45	273	919
青　海	15	15	909	660	14	127	261
宁　夏	13	11	962	813	37	133	254
新　疆	109	106	4729	3246	112	324	1077

会计制度的艺术表演团体基本情况

本团原创首演剧目(个)	演出场次(万场次)	国内演出场次	农村演出场次	国内演出观众人次(万人次)	农村观众人次	本年收入合计(千元)	财政拨款
1090	**39.68**	**37.61**	**24.31**	**38208.65**	**25926.33**	**10589591**	**7775895**
9	0.29	0.28	0.07	132.92	40.56	519841	386445
19	0.34	0.33	0.07	238.44	72.37	246509	201960
26	2.68	2.12	1.61	2263.42	1851.78	307136	212280
73	2.88	2.84	2.24	2768.45	2372.24	412269	267031
24	1.86	1.76	0.86	1379.71	672.34	439156	411825
9	0.23	0.21	0.06	159.58	50.29	190708	156437
21	0.85	0.81	0.44	833.45	486.98	251932	210661
14	0.82	0.80	0.32	793.08	325.88	353109	322679
39	1.04	1.01	0.14	490.12	42.80	658447	356491
36	3.65	3.62	2.02	1655.68	941.54	444196	242889
35	0.91	0.89	0.61	948.20	683.34	571810	378880
7	0.23	0.22	0.09	248.94	108.01	83712	51994
106	1.59	1.51	1.08	1382.90	969.58	426462	304918
43	1.33	1.25	0.93	1328.85	1007.06	214175	176276
64	1.96	1.93	1.26	2252.67	1532.65	512195	421125
67	4.10	3.99	3.57	5906.34	5034.22	420632	271693
112	2.27	2.20	1.46	2564.79	1727.16	423908	319105
36	1.92	1.87	1.28	1399.09	878.49	275548	193703
57	0.97	0.95	0.77	1427.62	1118.25	372499	248368
28	1.03	0.89	0.51	1067.85	573.17	297533	218336
13	0.19	0.18	0.14	239.29	162.80	86360	57180
12	0.23	0.21	0.09	320.34	158.08	159868	120202
47	0.99	0.86	0.33	911.00	318.44	483194	378160
13	0.40	0.36	0.19	329.10	153.98	99705	82332
24	0.96	0.88	0.48	1332.84	716.58	345450	311314
12	0.27	0.25	0.13	206.42	128.27	96308	94251
29	1.86	1.84	1.47	1822.43	1495.76	366628	314607
28	1.62	1.59	1.09	1978.58	1503.78	310032	256981
18	0.24	0.22	0.12	204.46	106.10	109172	91737
9	0.32	0.29	0.16	379.05	240.29	111133	96031
41	1.41	1.23	0.71	922.91	426.08	366079	321921

续表 1

地区	上级补助收入	事业收入	演出收入	经营收入	附属单位上缴收入	其他收入	本年支出合计(千元)
总计	**329516**	**1852660**	**1626843**	**40932**	**5602**	**584986**	**10295637**
北京	6583	81049	77572	2393		43371	479063
天津	8038	30620	20515			5891	240024
河北	8618	68843	68230	500		16895	298542
山西	32802	103294	103294	502		8640	376740
内蒙古	1245	19158	17978	206		6722	426080
辽宁		23404	21856			10867	187399
吉林	549	37367	36423	1267		2088	250692
黑龙江	2042	22156	19337	96		6136	350020
上海	43619	231218	191054	1740	4300	21079	613261
江苏	16054	152719	131871	6212	350	25972	443172
浙江	38604	101192	78413	2149		50985	556444
安徽	15773	14589	13939	292		1064	74581
福建	35367	74601	65268	439		11137	413823
江西	5857	18842	14375	8287		4913	207498
山东	4183	72450	61749	100	100	14237	502145
河南	7205	99111	93387	1744	242	40637	413098
湖北	11647	71050	59354	3111		18995	429999
湖南	8074	50813	48065	1767		21191	276317
广东	9955	94590	91916	1176		18410	371124
广西	23502	29885	25432			25810	280026
海南	1749	24696	21294	250	250	2235	85750
重庆	4497	14038	8408			21131	159880
四川	9710	77105	68371	581	100	17538	483038
贵州	110	3989	468	410		12864	92663
云南	4161	16635	11083	1569		11771	327268
西藏	1235	438	56	17	11	356	95260
陕西	785	37860	36200	1270	246	11860	327463
甘肃	5608	44752	41263			2691	297206
青海	6273	10282	10035			880	103635
宁夏	1383	10481	936	1800		1438	105579
新疆	14288	10876	8490	10	3	18981	360656

基本支出	项目支出	经营支出	在支出合计中					
			工资福利支出	商品和服务支出	差旅费	劳务费	福利费	各种税金支出
7970156	**1891350**	**79290**	**4273892**	**2975594**	**204394**	**457431**	**81654**	**79475**
312630	164040	2393	134918	168642	4090	32309	476	3428
198748	41074		112209	62783	2477	13752	1357	1857
240230	45171	833	160703	88952	8870	14583	2495	975
261811	76727	7569	156908	122690	11317	16704	5031	923
392122	25022	904	230972	96239	6923	14172	3238	699
148339	33120		75344	51918	5542	12523	249	751
215292	32110	1267	98384	59411	3333	8975	989	2187
310072	36021	196	165427	59838	4471	6459	1721	785
420905	142485	100	207305	304340	2509	5725	4191	17054
369365	61877	5802	191123	159026	7278	28674	3618	1548
387891	147964	3615	226548	183491	23684	30464	6775	3435
71090	2208	305	26896	19293	1050	3045	750	422
321224	74609	4541	180370	119507	6102	21709	2511	2776
172384	8490	7410	96681	37687	2921	5088	1430	1767
403297	88110	3266	232572	124743	5021	20397	2524	2485
306292	88284	4596	156734	149881	7799	30038	3988	2644
299692	101607	8635	192380	117895	9264	18696	6729	2548
223420	44021	4956	116314	81476	3937	7751	4552	2514
257047	91121	1724	135800	109956	6304	17616	3139	3567
194526	76921	20	104614	108624	4799	25403	3123	1863
54846	19751	4045	38269	29672	2268	5086	721	656
102920	52319		51825	39906	6343	12479	2867	464
361938	106012	3211	153270	109187	7161	21597	3755	1740
74531	12765	410	37855	23903	3648	2468	1190	514
265577	37156	1533	165324	59366	4272	10883	1105	658
83353	3163	621	62433	6128	1079	87	134	
299271	15065	2399	129749	51541	4761	3072	4359	640
269994	22526		127459	93309	10835	13380	1289	1194
85367	7447	1100	48476	11802	1605	2865	192	313
80274	15852	1350	37436	20608	422	704	690	166
298971	40903	3445	189976	67287	5026	7198	1346	1521

续表 2

地　区	对个人和家庭补助支出	抚恤金和生活补助	其他资本性支出	各种设备购置费	资产总计（千元）	固定资产原值	实际使用房屋建筑面积（万平方米）
总　计	**1948321**	**80089**	**454239**	**268728**	**10980755**	**7335711**	**388.18**
北　京	119900	1581	38627	34576	475644	303127	8.49
天　津	59385	743	3343	1185	476668	62639	6.52
河　北	28385	2963	13433	9625	365245	234361	13.73
山　西	41880	1775	24774	7906	402116	225193	26.10
内蒙古	60600	3613	11921	10305	237971	211508	15.36
辽　宁	47971	727	7499	3962	134215	98198	7.45
吉　林	64648	1950	18974	10498	301634	202855	8.76
黑龙江	96030	3232	27578	6066	259334	236696	16.86
上　海	41219	2930	19687	15579	826333	438669	5.45
江　苏	65770	2449	14169	7775	313458	199305	14.48
浙　江	79388	1955	51333	18880	529903	346728	15.22
安　徽	23363	371	1950	310	62535	32225	1.97
福　建	75077	2475	9527	6974	458926	341524	13.11
江　西	46581	6223	3498	1308	325510	292280	11.74
山　东	92718	3448	22048	17014	495405	368633	23.66
河　南	65434	3157	10819	7190	398099	258067	17.51
湖　北	91608	2553	15371	5934	559196	415450	25.86
湖　南	47658	2988	20165	9469	255860	216033	18.24
广　东	49861	3779	11452	5792	338729	223726	13.19
广　西	48876	1831	13133	7299	223784	169716	10.53
海　南	4627	358	4775	3299	69464	62551	1.74
重　庆	37242	1578	22998	15063	161282	95732	5.84
四　川	152882	9748	18323	11261	414773	237932	14.17
贵　州	22616	531	4822	3532	232134	87494	4.83
云　南	69389	706	6450	4697	295590	188508	17.88
西　藏	16370	223	371	215	228162	140829	7.47
陕　西	127888	1656	4528	2324	140054	115677	10.47
甘　肃	55589	3407	7127	6022	291873	187604	12.99
青　海	25656	472	1905	1587	77773	64478	3.30
宁　夏	18287	422	1012	1012	57497	37651	2.45
新　疆	64813	2244	13138	9020	238383	164326	20.49

排练练功用房	实际拥有产权面积（万平方米）	流动舞台车演出情况			政府采购的公益演出活动情况		
		流动舞台车数量（辆）	利用流动舞台车演出场次（万场次）	利用流动舞台车演出观众人次（万人次）	演出场次（万场次）	演出观众人次（万人次）	演出补贴收入（千元）
91.39	**193.87**	**1142**	**8.21**	**8129.42**	**6.10**	**6374.05**	**216447**
0.74	5.26				0.02	16.01	4352
1.80	1.74	5	0.05	55.05	0.01	2.30	49
4.25	9.91	47	0.42	367.61	0.09	119.21	1015
4.66	11.72	58	0.15	134.06	0.20	223.68	15188
4.55	6.58	80	0.37	171.79	0.22	123.09	1225
2.06	1.97	7	0.01	11.43	0.02	19.54	6989
2.56	5.53	45	0.34	340.70	0.41	423.22	7044
4.78	4.96	53	0.14	117.44	0.11	87.60	825
1.07	3.25	1	0.01	7.20	0.03	18.35	1456
3.39	5.32	40	0.38	360.41	0.23	234.62	12591
4.13	5.89	18	0.10	70.38	0.28	238.88	16948
0.44	1.02	13	0.07	77.77	0.04	32.00	885
2.76	4.76	21	0.09	97.61	0.12	71.19	5758
2.73	6.64	36	0.33	223.14	0.36	303.37	5400
5.16	10.98	45	0.65	797.88	0.23	252.19	8687
4.18	7.73	153	1.88	2472.73	0.75	1306.61	30403
6.44	17.21	86	1.05	1030.71	0.39	427.84	6494
3.82	10.48	101	0.97	609.96	0.95	658.58	16784
3.29	5.54	11	0.04	22.81	0.09	95.15	3031
3.19	4.83	44	0.15	176.05	0.09	87.56	1876
0.27	0.71	7	0.01	28.41	0.03	41.68	2810
1.60	1.35	10	0.04	74.28	0.09	127.62	7986
2.50	9.14	20	0.11	144.05	0.29	298.37	8356
0.98	1.37	5	0.01	9.60	0.06	76.32	1473
3.42	9.67	60	0.11	149.58	0.13	251.11	3834
1.56	4.65	11	0.00	6.80	0.07	0.99	93
2.55	7.51	41	0.24	275.02	0.14	200.99	4000
1.80	5.24	38	0.11	76.49	0.20	245.92	6184
0.73	2.56	13	0.05	15.34	0.04	31.47	255
0.99	1.61	9	0.07	100.26	0.11	128.74	1945
6.34	5.39	64	0.26	104.88	0.30	191.20	12529

2011年各地区执行企业会计

地区	剧团数(个)	补贴团数	从业人员(人)	专业技术人才	正高级职称	副高级职称	中级职称
总计	**4770**	**436**	**101494**	**25472**	**2301**	**2952**	**8372**
北京	104	4	1767	707	34	82	166
天津	37	1	280	104	10	11	47
河北	210	15	3777	905	55	69	330
山西	166	20	4287	937	69	63	283
内蒙古	12	1	555	240	12	10	68
辽宁	177	8	2240	1198	63	223	422
吉林	2	2	122	99	8	16	42
黑龙江	6		88				
上海	71	24	1399	573	59	92	341
江苏	259	14	4760	1686	139	241	485
浙江	437	75	13412	3125	331	431	1045
安徽	1274	49	17322	2601	84	223	847
福建	363	31	11840	2020	110	40	297
江西	19	7	514	181	19	21	66
山东	139	3	2154	682	43	20	459
河南	272	11	8007	3133	624	596	1154
湖北	72		1439	330	68	26	136
湖南	11	1	242	127			2
广东	312	40	8755	1967	133	285	583
广西	36		462	20	5	3	8
海南	66	10	2078	538	29	22	68
重庆	259	19	2747	468	46	57	119
四川	295	66	6226	953	80	104	378
贵州	9	3	364	182	1	11	83
云南	49	1	2106	373	10	33	120
西藏	1		30				
陕西	35	23	2312	1349	126	119	563
甘肃	5		118	66	4	2	4
青海	23	3	423	50			
宁夏	24	4	814	245	16	23	69
新疆	24		294	138	6	11	35

制度的艺术表演团体基本情况

本团原创首演剧目(个)	演出场次(万场次)			国内演出观众人次(万人次)		资产、负债、所有者权益(千元)	
		国内演出场次			农村观众人次	资产总计	
			农村演出场次				固定资产原价
481	**114.13**	**108.07**	**76.15**	**35448.23**	**17803.52**	**8597958**	**5400088**
8	1.17	0.93	0.09	590.31	92.74	425205	92308
3	0.08	0.08	0.02	48.20	32.91	10034	8115
18	2.53	2.27	1.52	1115.93	620.16	300476	133631
9	2.43	2.36	1.90	1514.56	1332.64	79476	52142
8	0.23	0.23	0.10	92.03	31.15	29590	23251
8	1.10	0.40	0.08	301.81	116.06	196061	109334
1	0.02	0.02	0.01	51.00	21.40	38595	24834
6	0.25	0.20	0.02	27.64	0.85	3580	3580
27	1.06	1.04	0.22	507.44	109.55	60659	20222
14	4.75	4.69	2.87	1387.95	704.55	646951	227541
63	12.68	11.94	8.30	4143.23	3172.35	926686	443701
75	14.30	13.94	7.26	11497.21	3621.62	463169	204998
31	42.89	41.95	40.60	3737.95	3442.31	348059	177730
1	0.60	0.60	0.28	644.26	308.16	6072	4590
12	1.25	1.19	0.39	266.23	145.30	111890	41378
15	9.82	8.70	4.16	1404.74	867.32	182617	117086
8	1.89	1.72	0.86	453.00	143.66	120166	115567
1	0.17	0.17	0.10	43.82	26.72	8860	9190
36	4.45	4.30	1.54	2979.19	822.20	2511886	2307334
1	0.30	0.29	0.02	136.41	56.25	5673	2167
4	0.67	0.62	0.51	365.75	293.60	106280	83428
15	3.50	3.38	2.31	1210.62	633.07	258939	89184
72	5.29	4.79	2.22	1876.62	727.52	735345	529985
2	0.15	0.12	0.03	94.53	32.70	123490	71520
6	1.09	0.82	0.12	215.84	60.67	170060	116854
	0.01					300	250
20	0.74	0.61	0.24	346.38	219.78	292664	155119
	0.03	0.03	0.02	41.29	18.33	4410	3110
	0.17	0.17	0.08	70.96	20.23	710	710
7	0.31	0.30	0.22	147.44	98.48	59607	25797
2	0.20	0.20	0.06	77.24	25.19	89822	7776

续表 1

地区	本年折旧	负债合计	所有者权益合计	实收资本（股本）	国家资本	营业收入	演出收入
总计	**571441**	**2240543**	**6357415**	**2249161**	**1030866**	**4264235**	**3490791**
北京	6031	130012	295193	231876	40539	209596	182792
天津	191	48	9986	2100		5709	5386
河北	7153	101795	198681	87787	26854	75255	68188
山西	7838	15241	64235	38760	2524	80605	70163
内蒙古	196	1511	28079	5149	1342	23703	17473
辽宁	1289	55660	140401	105274	101584	94339	49867
吉林	112	4565	34030	7000	7000	5782	5782
黑龙江			3580	1080		2290	2090
上海	6412	15310	45349	14993	1740	106014	89405
江苏	14184	345361	301590	77323	17392	250892	241511
浙江	57615	188617	738069	416989	163967	830760	804455
安徽	16953	120902	342267	119650	81159	313343	267646
福建	8252	13434	334625	173768	21687	350404	346913
江西	1046		6072	4682	320	12064	12064
山东	3094	26900	84990	85595	3080	41378	30473
河南	3969	16183	166434	27835	2732	156270	139385
湖北	799	299	119867	59764	5570	60008	58478
湖南	382	27	8833	8743		11649	9649
广东	364302	757754	1754132	185063	139229	657330	230391
广西	821	3245	2428	1645		16880	16394
海南	1478	5187	101093	12096	45	97349	90085
重庆	9007	66730	192209	94867	59883	124657	118677
四川	15222	19898	715447	90147	18310	325091	317554
贵州	4238	8332	115158	85137	79737	25929	22421
云南	1811	45492	124568	101709	84482	89147	74102
西藏	50		300			500	500
陕西	12648	117226	175438	70612	41362	144066	106077
甘肃	60	610	3800	2340	110	7020	6820
青海		16	694	559		3323	3219
宁夏	1618	5152	54455	42478	42478	30147	7798
新疆	918	101470	-11648	6400		36877	36857

损益(千元)							
营业成本	营业成本				营业利润	营业外收入	
	养老、医疗、失业等各种社会保险费	住房公积金和住房补贴	差旅费	工会经费			政府补助(补贴收入)
3799945	**136412**	**54524**	**77486**	**13579**	**464290**	**1040905**	**936172**
267259	11289	3514	2763	571	-57663	72651	56674
2936					2773	90	30
66636	1506	466	780	50	8619	28556	26383
66783	1978	149	4529	648	13822	8481	7739
21904	410		114	8	1799	1148	298
101438	13230	4423	1530	832	-7099	26218	26100
30508	4	1	881	46	-24726	20118	20112
1204			5	1	1086	320	
52836	2271	273	1633	756	53178	8004	7984
256075	9920	8175	1776	398	-5183	106595	99689
583742	18871	6813	9165	2825	247018	75820	73059
368991	9801	2279	9213	454	-55648	166190	151307
267760	2360	391	1431	236	82644	4639	4398
5615	310	190	370	70	6449	6390	6390
27386	1060	272	287	250	13992	3910	2640
76709	2279	1967	3188	1768	79561	2712	1682
34863	1670	1710	2490	1330	25145	385	
3513					8136	30	30
544248	16153	12552	18911	2031	113082	207787	199870
15495	376		151		1385	43	
83936	1995	89	425	6	13413	807	677
128634	1405	399	5760	156	-3977	32647	19156
257428	6558	633	2347	362	67663	48288	44025
30206	1138	973	208	23	-4277	17650	17645
77094	554	943	1138	451	12053	3680	786
200					300		
190149	13476	798	1768	195	-46083	102749	75098
5690		6	1100	68	1330	460	
2828					495	6	6
27727	873	695	511	39	2420	16186	16186
30311	1050	46	196	5	6566	127	

续表 2

地　区	营业外支出	利润总额	工资、福利费、税金(千元)			实际使用房屋建筑面积(万平方米)
			本年发放工资总额	本年支付的职工福利费	本年应交税金总额	
总　计	**277695**	**1227500**	**1694104**	**58468**	**151807**	**127.17**
北　京	413	14575	61087	1894	9459	2.79
天　津	131	2732	2320	9	3077	0.29
河　北	3406	33769	37291	579	1246	4.88
山　西	5059	17244	47722	1282	1691	7.33
内蒙古	150	2797	14662	779	563	1.29
辽　宁	14020	5099	45993	596	898	5.38
吉　林		-4608	6631	3649	202	0.35
黑龙江	340	1066	716	10	106	0.18
上　海	869	60313	12604	654	7391	1.09
江　苏	56046	45366	144298	5655	13121	7.53
浙　江	78160	244678	284287	8766	39534	14.23
安　徽	22425	88117	145002	3838	4414	6.77
福　建	4543	82740	208012	1940	10302	4.15
江　西	489	12350	3851	183	245	0.30
山　东	3243	14659	14384	356	2718	3.52
河　南	1956	80317	42577	690	2614	10.24
湖　北	652	24878	19533	1471	368	1.07
湖　南		8166	1980	303	179	0.18
广　东	17783	303086	182860	10760	13426	17.38
广　西	62	1366	5596	62	641	0.51
海　南	1381	12839	33700	2644	4875	1.62
重　庆	21726	6944	55316	1745	1690	4.27
四　川	6021	109930	127082	4640	10086	10.38
贵　州	817	12556	17786	783	1009	0.40
云　南	126	15607	30766	967	2026	3.70
西　藏		300	200		30	
陕　西	29543	27123	56368	2288	8634	11.32
甘　肃	880	910	4187	90	68	0.31
青　海	117	384	2650		85	0.07
宁　夏	5752	12854	12135	779	574	0.72
新　疆	1585	5108	8815	12	2057	0.91

排练练功用房	实际拥有产权面积（万平方米）	流动舞台车演出情况			政府采购的公益演出活动情况		
		流动舞台车数量（辆）	利用流动舞台车演出场次（万场次）	利用流动舞台车演出观众人次（万人次）	演出场次（万场次）	演出观众人次（万人次）	演出补贴收入（千元）
37.77	**45.44**	**508**	**2.32**	**1258.16**	**2.11**	**1382.80**	**169238**
0.88	1.37	1			0.11	94.22	15241
0.15	0.22	1	0.00	11.07	0.00	10.62	30
1.53	2.58	63	0.42	83.21	0.07	40.14	380
1.96	1.39	13	0.05	18.99	0.03	33.58	2700
0.36	0.20	6		0.10	0.00	4.38	
1.61	1.94	8	0.02	10.90	0.02	40.50	2590
0.13		2	0.01	15.00	0.01	16.10	3623
0.02	0.18						
0.65	1.43	2	0.01	9.60	0.06	36.21	1442
1.44	4.84	2	0.01	12.80	0.31	122.17	41780
5.01	4.27	64	0.06	30.07	0.50	366.17	29133
2.04	2.39	54	0.38	267.77	0.33	164.23	14214
1.74	1.38	10	0.02	2.40	0.01	5.50	261
0.16	0.09	7	0.10	37.47	0.04	17.54	5790
1.82	0.53	70	0.16	54.74	0.03	39.70	2640
4.18	1.38	67	0.34	167.44	0.07	40.43	1282
0.23	0.08	1	0.01	10.02	0.09	8.31	
0.07	0.13	7	0.10	27.50	0.00	2.00	30
5.71	5.01	17	0.10	118.15	0.07	86.18	18859
0.17	0.02	3	0.02	48.20	0.00	0.40	
0.59	0.27	20	0.26	145.18	0.01	8.81	621
1.74	1.18	13	0.02	8.79	0.08	90.46	15792
1.53	2.93	51	0.13	27.63	0.16	69.71	7886
0.07	0.08	9			0.01	1.80	640
0.91	1.68	1	0.01	20.00			
2.15	5.28	9	0.03	72.64	0.04	22.90	1651
0.09		2	0.00	5.00	0.00	1.24	
0.05	0.03				0.00	1.50	5
0.28	0.43	5	0.06	53.49	0.07	58.00	2648
0.26	0.10				0.00	0.00	

2011年各地区艺术

地　区	机构数(个)	从业人员(人)	专业技术人才	正高级职称	副高级职称	中级职称	坐席数(个)	演(映)出场次合计(万场次)
总　计	**1956**	**42407**	**8680**	**359**	**709**	**3379**	**1532842**	**104.07**
北　京	68	2954	722	35	93	263	53216	5.49
天　津	57	1647	121	4	9	67	44610	1.71
河　北	113	1550	261	2	36	112	74336	1.80
山　西	97	1387	419	2	13	161	85373	6.38
内蒙古	20	488	77		3	48	15376	0.52
辽　宁	61	924	100	6	7	41	98581	0.89
吉　林	29	574	122	1	19	49	16679	1.58
黑龙江	44	367	74	9	9	22	24408	0.26
上　海	103	2952	697	57	77	363	111582	3.18
江　苏	110	2867	496	13	16	180	99138	27.86
浙　江	223	2739	481	25	16	170	113886	10.13
安　徽	67	1398	371	9	24	120	45037	1.32
福　建	49	935	124	1	4	66	31583	2.78
江　西	55	631	231		11	106	25025	1.14
山　东	93	2134	662	25	48	230	75770	2.65
河　南	144	3735	450	47	44	184	118996	1.31
湖　北	65	1688	437	11	31	253	60226	4.07
湖　南	66	1162	348	3	13	162	53648	3.82
广　东	107	4875	687	27	45	143	117342	3.44
广　西	26	283	56		2	20	21945	1.84
海　南	14	952	199	5	4	6	11815	0.62
重　庆	46	906	95	6	6	22	39856	13.73
四　川	78	1725	241	21	19	136	54704	1.33
贵　州	11	362	57		1	13	6918	0.07
云　南	27	213	61		2	17	14565	0.81
西　藏	21	75	45			10	11047	0.41
陕　西	90	1798	839	39	137	347	58535	0.87
甘　肃	24	338	14		2	6	17127	0.17
青　海	22	193	40			4	10276	0.56
宁　夏	6	105	18	1	1	10	2354	0.01
新　疆	13	308	118	7	15	36	12310	3.22

表演场馆基本情况

艺术演出场次	观众人次合计(万人次)	艺术演出观众人次	收入情况(千元) 财政拨款	艺术演出收入	人员支出(千元)	年末固定资产原值(千元)	实际使用房屋建筑面积(万平方米)	排练练功用房	实际拥有产权面积(万平方米)
13.90	**10908.83**	**4756.65**	**1144617**	**1871884**	**1461882**	**17994321**	**783.96**	**411.38**	**360.72**
1.66	931.52	782.06	213787	654709	163407	534662	50.78	37.33	32.58
0.38	145.27	86.70	10060	46381	64315	850215	21.75	6.74	15.28
0.41	304.33	96.68	17319	16795	35185	147960	26.58	15.69	10.10
0.21	281.40	53.58	20332	10158	25188	564219	31.61	19.54	15.84
0.10	92.39	59.10	75668	9453	24901	53883	9.15	4.27	6.98
0.23	282.60	105.54	12821	19752	24217	301052	20.76	12.15	9.41
0.17	106.25	59.33	19974	9332	21265	145400	11.44	5.42	10.72
0.07	102.91	54.61	4730	1977	7700	72067	8.06	5.59	2.04
1.25	1008.08	831.42	64422	245575	146065	3061113	76.86	22.91	25.34
1.69	1608.04	242.14	82567	67327	120695	1766264	86.16	45.59	44.10
1.76	1308.73	514.56	79894	98937	130623	1149997	72.28	35.93	22.38
0.40	209.14	76.14	24586	31377	38039	246628	17.76	10.34	9.32
0.12	161.99	55.65	20670	73894	28637	261767	16.25	7.92	4.33
0.58	133.00	64.19	12461	2018	15629	139196	11.93	6.57	5.69
0.31	306.97	121.95	51847	22544	42823	308173	36.40	17.63	16.20
0.31	322.30	158.93	41047	12744	41675	433991	39.22	16.78	18.74
0.29	302.86	126.63	84126	36465	60053	511724	33.29	17.19	17.47
0.34	450.71	108.93	22406	14746	28325	308577	23.17	11.90	13.83
1.46	1194.41	530.49	104357	319985	197581	2941835	62.85	28.72	26.77
0.10	130.60	50.86	928	6212	7883	173630	9.90	5.61	4.26
0.47	63.72	41.41		11388	18338	150130	4.20	2.65	0.63
0.09	543.33	88.31	1868	2596	27869	226242	21.22	18.66	2.27
0.85	217.65	166.22	15992	121651	48313	2149228	23.72	16.46	12.03
0.03	41.24	4.71	2634	956	9753	34524	7.15	1.86	3.35
0.14	91.99	75.24	6632	14087	11366	595308	8.54	5.81	4.63
0.03	35.00	6.93	8099		3416	26422	3.72	2.26	0.11
0.23	266.08	104.41	79975	17103	73421	197621	21.01	13.15	11.50
0.07	81.47	34.50	33589	299	9318	117566	9.57	4.42	4.81
0.02	38.33	2.44	3716	1428	4752	39113	3.60	2.19	1.30
0.00	1.22	0.60	1928	39	2030	6097	0.52	0.45	0.19
0.02	103.56	11.30	25622	30	21993	471219	6.42	3.33	2.66

2011年各地区省级艺术

地　区	机构数（个）	从业人员（人）					坐席数（个）	演(映)出场次合计（万场次）
			专业技术人才					
				正高级职称	副高级职称	中级职称		
总　计	**179**	**7263**	**2092**	**137**	**339**	**920**	**167535**	**17.50**
北　京	61	2725	688	35	93	262	45392	4.78
天　津	12	110	5	1	2	1	5563	0.13
河　北	6	59	3		1	2	5603	0.07
山　西	2	36	11		2	9	2001	2.75
内蒙古	2	156	8			8	3390	0.28
辽　宁	3	215	19	5	1	4	2976	0.03
吉　林	3	151	40	1	9	13	1477	0.01
黑龙江	2	42	8	1	5		2450	0.01
上　海	16	1112	392	50	49	218	45245	0.45
江　苏	3	40	14		2	6	1961	0.02
浙　江	5	151	84	5	6	15	4641	0.33
安　徽	2	87	18		1	17	2319	0.05
福　建	3	183	19		2	13	3310	1.34
江　西	3	68	19		3	14	420	0.00
山　东	4	172	27	1	9	14	3575	0.03
河　南	1	145	16		1	15	2880	0.02
湖　北	4	127	33	2	13	9	4166	1.65
湖　南	5	162	29		2	17	3587	0.89
广　东	2	168	19	2	1	3	3185	0.05
广　西	2	46	12			2	2245	0.92
海　南	1	96	18	3	2	5	1230	0.01
重　庆	7						2955	0.02
四　川	2	112	23	2	5	10	1400	0.01
贵　州	4	84	18		1	10	1465	0.02
云　南	5	41					2681	0.63
西　藏								
陕　西	4	633	519	28	126	235	1670	0.11
甘　肃	6	92	8		2	4	3709	0.04
青　海	1	18					892	0.09
宁　夏	5	96	9	1	1	7	1500	0.01
新　疆	3	136	33			7	3647	2.78

表演场馆基本情况

	观众人次合计(万人次)		收入情况(千元)		人员支出(千元)	年末固定资产原值(千元)	实际使用房屋建筑面积(万平方米)		实际拥有产权面积(万平方米)
艺术演出场次		艺术演出观众人次	财政拨款	艺术演出收入				排练练功用房	
2.64	**2134.72**	**1596.25**	**461429**	**903600**	**427471**	**4337672**	**163.41**	**81.90**	**79.50**
1.59	856.48	736.32	210127	648812	153869	420267	46.84	35.22	31.07
0.10	56.40	43.80		3272	4414	13891	3.13	1.99	
0.03	49.50	13.92	4177	2336	2682	8468	4.38	3.74	0.27
0.02	44.80	5.25	1000	1303	2774	22586	0.79	0.77	0.74
0.02	18.73	16.00	30240	2008	10455	3973	4.40	1.30	3.90
0.03	41.09	32.36	5036	5016	8859	15460	2.78	1.85	0.75
0.01	17.43	17.43	2714	4349	5559	56172	2.24	0.90	2.69
0.00	9.33	3.60		1357	2401	16156	1.17	0.31	1.17
0.43	501.63	475.73	38210	150478	80521	2014040	53.50	11.39	11.79
0.01	8.59	7.70		1271	1301	101835	2.39	1.35	
0.08	46.32	39.20		2820	16245	156804	3.28	1.74	1.57
0.01	5.53	5.50	2161	1200	2772	39492	2.15	1.48	1.50
0.02	72.23	14.04	10650	10846	8165	57478	3.52	1.34	0.45
0.00	1.16	0.30			1471	9149	0.86	0.05	0.49
0.02	15.67	13.29	9645	3051	4807	36624	3.58	2.20	0.88
0.02	23.42	23.42	20900		6669	30	1.23	0.74	
0.02	66.43	3.11	22721	218	21984	171272	2.88	2.85	2.88
0.05	60.80	26.90	2135	9727	6785	180450	4.94	0.94	5.02
0.04	46.00	39.00	10312	21688	13624	374170	2.06	1.84	
0.00	26.86	3.00		6069	983	22300	1.31	0.35	1.08
0.01	7.13	7.13			2138	402	0.87	0.87	
0.02	4.96	4.79				51350	0.38	0.38	0.38
0.01	13.20	13.20		4660	6756	64885	2.82	1.42	2.28
0.02	0.01	0.01		456	4875	20137	1.35	0.44	0.65
0.04	33.20	27.24		9292	2147	40430	2.15	2.11	2.11
0.03	27.08	15.04	52952	12015	40783	44697	1.65	0.73	2.90
0.02	13.39	5.02	32225	140	3034	24609	4.50	1.74	3.52
0.01	5.30	1.60		1216	789	2523	0.29	0.15	
	0.50		1888		1860	4261	0.34	0.31	
0.01	61.53	2.36	4336		8749	363761	1.65	1.43	1.43

2011年各地区地市级艺术

地区	机构数(个)	从业人员(人)					坐席数(个)	演(映)出场次合计(万场次)
			专业技术人才					
				正高级职称	副高级职称	中级职称		
总　计	**427**	**12570**	**2646**	**56**	**165**	**988**	**309873**	**36.30**
北　京								
天　津								
河　北	29	544	97		13	44	9442	1.01
山　西	20	463	149	1	3	63	17997	1.04
内蒙古	7	156	54		3	27	5604	0.12
辽　宁	18	284	23		1	12	9726	0.26
吉　林	11	179	14		4	5	5179	1.46
黑龙江	18	104	16	1	3	7	11062	0.14
上　海								
江　苏	41	1718	167	10	13	102	44368	20.22
浙　江	19	472	120		7	45	17600	1.22
安　徽	22	535	132	6	13	39	16946	0.68
福　建	12	163	46	1	1	24	6678	0.81
江　西	14	275	82		1	43	4765	0.43
山　东	30	819	277	4	23	93	21879	0.64
河　南	28	888	96	3	1	46	13308	0.80
湖　北	20	685	262	1	17	152	14410	2.03
湖　南	12	343	155	3	10	73	8061	2.08
广　东	34	2983	355	7	21	65	48176	0.84
广　西	13	174	34		2	17	6624	0.89
海　南	4	471	176				2310	0.47
重　庆								
四　川	24	414	71	12	9	31	16411	0.48
贵　州	2	109	16				1860	0.03
云　南	11	106	38		2	7	6038	0.09
西　藏	4	59	36			10	2918	0.03
陕　西	17	352	141		3	52	7616	0.08
甘　肃	8	103					4938	0.04
青　海	5	33	10			3	2550	0.01
宁　夏								
新　疆	4	138	79	7	15	28	3407	0.42

表演场馆基本情况

艺术演出场次	观众人次合计(万人次)	艺术演出观众人次	收入情况(千元) 财政拨款	艺术演出收入	人员支出(千元)	年末固定资产原值(千元)	实际使用房屋建筑面积(万平方米)	排练练功用房	实际拥有产权面积(万平方米)
4.00	**3122.25**	**1028.20**	**329546**	**497083**	**441190**	**4149073**	**235.97**	**120.92**	**105.24**
0.07	58.66	13.31	1563	5081	16340	33178	6.77	2.02	2.07
0.03	75.39	15.25	5534	4469	8403	190780	11.59	8.44	5.92
0.03	30.15	20.84	40340	745	8101	14453	2.93	1.67	2.61
0.13	131.00	53.90	2510	6863	7095	61852	4.92	3.35	2.35
0.10	62.42	27.36	10040	1014	10567	71336	4.58	2.22	4.25
0.03	42.04	25.27	1975	590	2030	31468	4.32	3.87	0.43
1.56	818.09	179.69	67250	59271	89641	1333313	56.55	29.93	28.16
0.23	253.99	129.38	56601	36461	29427	95120	18.20	9.39	7.38
0.16	104.29	26.57	14545	8591	17829	100506	7.76	3.45	3.16
0.02	38.09	12.91	1994	337	7352	33397	5.94	2.45	1.53
0.09	42.52	14.21	7830	1346	7234	57885	3.10	1.77	2.76
0.19	95.19	39.78	6284	3456	16251	156305	10.21	5.99	5.77
0.09	97.37	63.27	3300	6208	13733	47385	9.48	2.35	4.98
0.11	91.72	33.25	3995	11412	17839	161254	8.44	5.43	6.08
0.08	200.48	20.62	947	1792	6776	46885	4.64	2.95	2.15
0.28	635.77	161.55	58280	252743	111526	652661	37.69	16.04	12.20
0.07	79.37	27.84	95		5665	116656	5.69	3.22	2.43
0.43	29.81	24.60		252	11546	34128	1.09	0.25	
0.18	64.24	55.34	5918	88438	11391	134889	8.49	5.54	3.91
	32.53				675	2146	3.97	0.63	1.46
0.08	36.56	34.75	5144	4755	7706	540533	4.85	2.57	1.83
0.01	5.42	4.60	5912		1776	7694	1.94	1.15	
0.05	39.17	30.06	11701	3259	15825	57139	6.01	3.26	1.87
0.01	31.09	9.69	30		3246	70625	3.03	1.56	0.36
0.00	1.10	0.08	1559		1110	16012	1.28	0.78	0.77
0.01	25.78	4.08	16199		12106	81473	2.48	0.62	0.84

2011年各地区县级艺术

地区	机构数(个)	从业人员(人)					坐席数(个)	演(映)出场次合计(万场次)
			专业技术人才	正高级职称	副高级职称	中级职称		
总计	**1343**	**22432**	**3925**	**163**	**203**	**1459**	**1048856**	**50.17**
北京	7	229	34			1	7824	0.71
天津	45	1537	116	3	7	66	39047	1.58
河北	78	947	161	2	22	66	59291	0.72
山西	75	888	259	1	8	89	65375	2.59
内蒙古	11	176	15			13	6382	0.12
辽宁	40	425	58	1	5	25	85879	0.60
吉林	15	244	68		6	31	10023	0.11
黑龙江	24	221	50	7	1	15	10896	0.11
上海	87	1840	305	7	28	145	66337	2.73
江苏	66	1109	315	3	1	72	52809	7.62
浙江	199	2116	277	20	3	110	91645	8.59
安徽	43	776	221	3	10	64	25772	0.59
福建	34	589	59		1	29	21595	0.64
江西	38	288	130		7	49	19840	0.71
山东	59	1143	358	20	16	123	50316	1.98
河南	115	2702	338	44	42	123	102808	0.49
湖北	41	876	142	8	1	92	41650	0.39
湖南	49	657	164		1	72	42000	0.85
广东	71	1724	313	18	23	75	65981	2.55
广西	11	63	10			1	13076	0.04
海南	9	385	5	2	2	1	8275	0.15
重庆	39	906	95	6	6	22	36901	13.71
四川	52	1199	147	7	5	95	36893	0.84
贵州	5	169	23			3	3593	0.02
云南	11	66	23			10	5846	0.09
西藏	17	16	9				8129	0.38
陕西	69	813	179	11	8	60	49249	0.68
甘肃	10	143	6			2	8480	0.09
青海	16	142	30			1	6834	0.46
宁夏	1	9	9			3	854	0.00
新疆	6	34	6			1	5256	0.02

表演场馆基本情况

	观众人次合计(万人次)		收入情况(千元)		人员支出(千元)	年末固定资产原值(千元)	实际使用房屋建筑面积(万平方米)		实际拥有产权面积(万平方米)
艺术演出场次		艺术演出观众人次	财政拨款	艺术演出收入				排练练功用房	
7.16	**5610.12**	**2091.08**	**353082**	**469275**	**586114**	**9499078**	**376.48**	**202.23**	**170.09**
0.07	75.04	45.74	3660	5897	9538	114395	3.94	2.12	1.51
0.28	88.87	42.90	10060	43109	59901	836324	18.62	4.76	15.28
0.32	196.16	69.44	11579	9378	16163	106314	15.43	9.93	7.76
0.16	161.21	33.08	13798	4386	14011	350853	19.24	10.33	9.18
0.06	43.51	22.26	5088	6700	6345	35457	1.82	1.30	0.47
0.08	110.50	19.28	5275	7873	8263	223740	13.05	6.94	6.30
0.07	26.40	14.54	7220	3969	5139	17892	4.62	2.30	3.78
0.04	51.54	25.74	2755	30	3269	24443	2.57	1.41	0.45
0.82	506.45	355.69	26212	95097	65544	1047073	23.36	11.53	13.54
0.12	781.37	54.75	15317	6785	29753	331116	27.21	14.30	15.95
1.45	1008.42	345.99	23293	59656	84951	898073	50.80	24.80	13.43
0.24	99.32	44.06	7880	21586	17438	106630	7.85	5.41	4.66
0.09	51.67	28.70	8026	62711	13120	170892	6.79	4.13	2.35
0.49	89.33	49.68	4631	672	6924	72162	7.97	4.75	2.44
0.10	196.11	68.87	35918	16037	21765	115244	22.61	9.43	9.56
0.20	201.51	72.24	16847	6536	21273	386576	28.51	13.70	13.77
0.16	144.71	90.28	57410	24835	20230	179198	21.97	8.91	8.51
0.21	189.44	61.40	19324	3227	14764	81242	13.58	8.01	6.66
1.14	512.64	329.94	35765	45554	72431	1915004	23.10	10.84	14.57
0.03	24.37	20.02	833	143	1235	34674	2.89	2.04	0.76
0.04	26.78	9.67		11136	4654	115600	2.24	1.53	0.63
0.08	538.37	83.52	1868	2596	27869	174892	20.85	18.28	1.89
0.65	140.21	97.68	10074	28553	30166	1949454	12.41	9.51	5.84
0.01	8.70	4.70	2634	500	4203	12241	1.83	0.80	1.23
0.02	22.23	13.26	1488	40	1513	14345	1.55	1.13	0.70
0.03	29.58	2.33	2187		1640	18728	1.79	1.10	0.11
0.15	199.82	59.31	15322	1829	16813	95785	13.35	9.16	6.73
0.04	36.99	19.79	1334	159	3038	22332	2.04	1.12	0.94
0.01	31.93	0.76	2157	212	2853	20578	2.03	1.25	0.53
0.00	0.71	0.60	40	39	170	1836	0.19	0.14	0.19
0.01	16.25	4.86	5087	30	1138	25985	2.30	1.28	0.40

2011年各地区执行事业会计

地　区	机构数（个）	从业人员（人）				
			专业技术人才			
				正高级职称	副高级职称	中级职称
总　计	**1159**	**20292**	**5306**	**178**	**435**	**2223**
北　京	13	867	369	7	33	84
天　津	21	224	29	1	4	9
河　北	72	1004	183		29	80
山　西	79	1143	384	2	11	149
内蒙古	18	395	77		3	48
辽　宁	30	587	74	5	2	29
吉　林	25	559	114	1	18	46
黑龙江	42	354	67	9	9	22
上　海	56	1588	482	49	46	247
江　苏	22	381	83		2	41
浙　江	54	789	239	13	5	84
安　徽	33	537	185	6	14	56
福　建	46	503	124	1	4	66
江　西	47	494	185		11	95
山　东	49	913	353	9	24	115
河　南	132	3370	253	18	8	119
湖　北	53	1244	390	8	31	243
湖　南	60	921	330	2	11	151
广　东	40	1012	96	3	3	30
广　西	20	237	44		2	18
海　南	5	12				
重　庆	16	21				
四　川	45	515	119	2	6	56
贵　州	7	150	30		1	12
云　南	20	77	48		2	14
西　藏	21	75	45			10
陕　西	75	1553	801	32	136	335
甘　肃	22	290	14		2	6
青　海	18	98	40			4
宁　夏	4	22	16	1	1	8
新　疆	12	308	118	7	15	36

制度的艺术表演场馆基本情况

坐席数(个)	演(映)出场次合计(万场次)	艺术演出场次	观众人次合计(万人次)	艺术演出观众人次	本年收入合计(千元)	财政拨款
869963	**30.59**	**4.34**	**4228.76**	**2132.05**	**2427467**	**856129**
14020	0.86	0.22	200.34	171.04	821428	198200
12788	0.33	0.12	81.68	51.41	20227	1960
46549	1.14	0.14	173.22	61.31	49221	16033
75279	2.17	0.20	169.32	50.40	43700	17509
13704	0.48	0.06	71.47	38.18	74848	63428
18206	0.35	0.17	197.84	80.56	53147	12821
16199	1.55	0.14	103.05	56.13	38940	19974
22474	0.26	0.07	98.61	51.91	12200	4680
56103	1.97	0.64	536.65	443.56	263920	60344
23237	0.26	0.07	109.53	57.79	49989	15407
40510	1.98	0.33	352.46	143.43	166406	43332
21573	0.36	0.10	28.29	12.36	14987	6184
27235	2.65	0.12	140.91	54.52	65527	10320
23423	0.61	0.16	98.78	54.17	34369	12461
39158	0.98	0.09	166.66	51.66	21578	8941
101268	1.14	0.20	253.55	130.43	84262	37334
50823	3.90	0.22	245.33	91.02	121018	54806
46822	2.22	0.30	213.58	92.33	46582	22256
47102	0.83	0.10	222.64	85.05	125153	73980
19700	0.93	0.10	103.74	47.86	15538	928
3347	0.09	0.01	18.92	7.14	389	
8940	0.08	0.07	34.05	27.48	509	418
28158	0.62	0.22	103.64	72.20	43301	13292
3366	0.03	0.03	7.21	3.61	11339	2634
11056	0.10	0.08	48.28	39.40	11052	6632
11047	0.41	0.03	35.00	6.93	8230	8099
51710	0.73	0.23	216.56	103.12	111036	79301
13501	0.16	0.07	73.01	34.37	50244	33589
7754	0.15	0.01	20.16	0.77	3951	3716
854	0.00	0.00	0.71	0.60	2232	1928
12310	3.22	0.02	103.56	11.30	50286	25622

续表 1

地区	上级补助收入	事业收入	艺术演出收入	经营收入	附属单位上缴收入
总计	**39792**	**1048580**	**551550**	**251676**	**1271**
北京	360	603551	324626	14767	
天津	2103	11312	3741	3264	
河北	1490	10957	6058	891	
山西	1621	17134	9821	2847	
内蒙古	1150	4168	745	5914	
辽宁	1006	16292	12137	21275	
吉林	82	14558	5600	2390	
黑龙江		3086	1970	167	
上海	8879	146908	106446	17313	
江苏	229	19610	5028	10393	889
浙江	8585	57434	12815	14413	
安徽	322	3816	1440	1816	
福建	550	18314	2640	21330	340
江西	806	3500	1540	3045	
山东	110	3064	552	7060	
河南	383	18857	5157	13045	
湖北	2051	24380	8462	30837	
湖南	316	13352	5434	2539	
广东	6340	21667	17467	17495	
广西	27	4852	143	7472	
海南		102	102	287	
重庆		91	35		
四川	235	9667	6182	9718	
贵州	400	767	716	1121	
云南	20	490	180	3841	12
西藏	70			59	
陕西	1830	14794	12132	3706	30
甘肃	300	5363	294	6780	
青海	117	18	18	100	
宁夏		43	39	261	
新疆	410	433	30	15686	

其他收入	本年支出合计(千元)	基本支出	项目支出	经营支出	在支出合计中:	
					工资福利支出	商品和服务支出
230019	**2104732**	**1085619**	**671850**	**236645**	**586520**	**875966**
4550	543851	117194	408148	14505	74124	399079
1588	20272	13550	1820	2650	8310	6918
19850	52619	35194	6244	1440	23045	11059
4589	42794	29175	2803	4824	17852	14275
188	54143	25591	950	20901	19001	15579
1753	51620	24573	2745	20926	18091	14748
1936	39071	27619	6934	2221	10161	13436
4267	12806	11492	610	347	5671	4722
30476	230067	165682	33729	10820	70553	110696
3461	50450	39156	6645	4485	15357	23793
42642	168951	104405	46575	11757	50641	55575
2849	18004	12909	550	1242	7343	3047
14673	61719	40108	8025	10413	18548	17996
14557	21298	16841	397	3171	10372	5379
2403	40623	17256	13003	8316	15308	2011
14643	86672	50421	3569	25992	31573	11131
8944	126752	76181	16054	25242	37090	23011
8119	48508	31674	9902	1515	18580	9738
5671	110194	50478	41813	16720	20915	57471
2259	14771	8195		6382	5791	5157
	816	233		113	187	15
	509	464			463	
10389	46934	31214	657	10078	13235	14810
6417	12462	11738		686	6458	2772
57	11045	7840		2198	3158	1785
2	8607	7308		603	3314	331
11375	112977	89853	15944	3329	52448	37310
4212	50687	10364	33185	5896	7165	3886
	3975	3925		50	2884	310
	2232	2192		40	560	174
8135	47737	19355	11548	16371	15605	8651

续表 2

地区	差旅费	劳务费	福利费	各种税金支出	对个人和家庭补助支出	抚恤金和生活补助
总计	**15525**	**37622**	**22989**	**58065**	**130396**	**10393**
北京	443	14248	1497	13086	4959	118
天津	25	1810	197	885	1127	101
河北	155	260	83	1326	1814	91
山西	377	2623	1720	1227	723	186
内蒙古	702	340	465	854	1661	87
辽宁	475	436	750	2106	1981	12
吉林	145	165	57	1052	10718	1386
黑龙江	199	273	166	807	1989	65
上海	771	4402	2646	7541	13424	1242
江苏	145	281	261	912	2704	1245
浙江	1776	1340	3384	6411	18742	596
安徽	157	205	134	421	4089	105
福建	360	864	925	3680	4487	184
江西	451	208	549	793	3633	258
山东	181	69	75	233	724	48
河南	524	1197	1600	2265	5154	613
湖北	1557	3009	1749	3688	8392	300
湖南	673	531	843	975	5258	293
广东	407	2335	534	2409	2191	189
广西	59	196	124	900	1109	
海南				15		
重庆						
四川	425	238	480	1765	4953	1431
贵州	57	89	276	582	2466	20
云南	52	15	57	450	3574	
西藏	266	23	15	26	102	
陕西	3698	834	3502	1093	15284	731
甘肃	1106	419	181	1143	1673	231
青海	13	2			180	
宁夏	3	56	2	10		
新疆	207	1062	546	688	6388	861

其他资本性支出		资产总计(千元)		实际使用房屋建筑面积(万平方米)		实际拥有产权面积(万平方米)
	各种设备购置费		固定资产原值		演(映)出业务用房	
125488	**45586**	**11084144**	**8319396**	**409.79**	**236.80**	**202.57**
41726	22032	1092192	361187	27.19	23.45	24.76
49	41	95546	82367	5.63	3.55	0.23
7423	2473	146798	87706	17.78	12.21	7.58
1083	334	581246	513736	27.40	16.42	12.46
965	136	72769	38113	8.39	3.79	6.98
1803	605	142423	110485	9.35	6.11	4.42
2226	2074	193001	137600	10.93	5.32	10.36
267	267	75509	71030	7.72	5.34	2.02
13238	4996	2572032	1900120	42.24	12.38	13.47
2678	63	397361	333382	20.68	11.58	8.15
4003	3603	723287	594661	25.99	15.33	11.85
510	26	99900	83862	7.25	4.68	3.48
2866	959	281848	254603	13.09	7.04	4.33
476	262	172858	128739	11.02	6.17	5.33
710	617	144930	137480	12.82	8.29	6.21
1707	384	290941	248502	32.27	15.14	18.25
33028	2755	586171	489556	19.78	14.40	17.07
2752	670	163948	132130	17.72	10.06	9.73
1923	1723	765991	703817	20.12	11.51	6.11
91	82	156488	151330	8.59	5.26	3.18
		72600	72600	1.23	0.59	0.02
25	19	53538	53159	0.77	0.71	0.38
576	473	597146	256984	16.09	9.30	6.77
602	79	39423	31474	2.63	1.08	1.34
347		549581	545953	5.82	3.98	2.44
131	39	30339	26422	3.72	2.26	0.11
3252	316	211761	142322	17.26	11.43	10.34
61	51	149501	116366	6.04	3.46	1.28
60		33733	33733	2.97	1.80	1.10
		20189	3641	0.19	0.14	0.19
910	507	563781	471219	6.42	3.33	2.66

2011年各地区文化部门执行事业

地区	机构数（个）	从业人员（人）				
			专业技术人才	正高级职称	副高级职称	中级职称
总计	**1119**	**19248**	**4851**	**167**	**395**	**2065**
北京	6	213	34			1
天津	20	209	20		2	6
河北	72	1004	183		29	80
山西	75	1118	384	2	11	149
内蒙古	18	395	77		3	48
辽宁	30	587	74	5	2	29
吉林	25	559	114	1	18	46
黑龙江	42	354	67	9	9	22
上海	43	1414	429	48	46	203
江苏	15	327	78		1	37
浙江	54	789	239	13	5	84
安徽	31	519	185	6	14	56
福建	46	503	124	1	4	66
江西	46	474	165		11	90
山东	48	905	351	9	22	115
河南	131	3351	236	18	8	110
湖北	53	1244	390	8	31	243
湖南	60	921	330	2	11	151
广东	40	1012	96	3	3	30
广西	19	231	44		2	18
海南	5	12				
重庆	16	21				
四川	45	515	119	2	6	56
贵州	7	150	30		1	12
云南	20	77	48		2	14
西藏	21	75	45			10
陕西	74	1551	801	32	136	335
甘肃	22	290	14		2	6
青海	18	98	40			4
宁夏	4	22	16	1	1	8
新疆	12	308	118	7	15	36

制度的艺术表演场馆基本情况

坐席数(个)	演(映)出场次合计(万场次)	艺术演出场次	观众人次合计(万人次)	艺术演出观众人次	本年收入合计(千元)	财政拨款
824812	**29.82**	**4.04**	**3944.75**	**1898.49**	**1591849**	**658714**
6876	0.56	0.07	66.39	42.45	31703	3660
12188	0.32	0.11	81.68	51.41	19627	1960
46549	1.14	0.14	173.22	61.31	49221	16033
70951	2.16	0.19	166.42	47.80	43169	17248
13704	0.48	0.06	71.47	38.18	74848	63428
18206	0.35	0.17	197.84	80.56	53147	12821
16199	1.55	0.14	103.05	56.13	38940	19974
22474	0.26	0.07	98.61	51.91	12200	4680
44436	1.61	0.57	446.25	376.60	242646	59214
14307	0.22	0.04	68.08	32.20	40385	14001
40510	1.98	0.33	352.46	143.43	166406	43332
16968	0.36	0.10	27.50	11.57	14527	6184
27235	2.65	0.12	140.91	54.52	65527	10320
22373	0.61	0.16	96.28	54.17	34309	12461
38155	0.98	0.09	161.86	48.66	21028	8941
99468	1.12	0.20	252.35	130.43	83382	37334
50823	3.90	0.22	245.33	91.02	121018	54806
46822	2.22	0.30	213.58	92.33	46582	22256
47102	0.83	0.10	222.64	85.05	125153	73980
17200	0.92	0.10	97.74	41.86	15480	870
3347	0.09	0.01	18.92	7.14	389	
8940	0.08	0.07	34.05	27.48	509	418
28158	0.62	0.22	103.64	72.20	43301	13292
3366	0.03	0.03	7.21	3.61	11339	2634
11056	0.10	0.08	48.28	39.40	11052	6632
11047	0.41	0.03	35.00	6.93	8230	8099
51210	0.73	0.23	216.56	103.12	111016	79281
13501	0.16	0.07	73.01	34.37	50244	33589
7754	0.15	0.01	20.16	0.77	3951	3716
854	0.00	0.00	0.71	0.60	2232	1928
12310	3.22	0.02	103.56	11.30	50286	25622

续表 1

地区	上级补助收入	事业收入	艺术演出收入	经营收入	附属单位上缴收入
总计	**39792**	**436000**	**220036**	**228168**	**1271**
北京	360	11014	5897	14043	
天津	2103	11312	3741	2664	
河北	1490	10957	6058	891	
山西	1621	16964	9711	2747	
内蒙古	1150	4168	745	5914	
辽宁	1006	16292	12137	21275	
吉林	82	14558	5600	2390	
黑龙江		3086	1970	167	
上海	8879	133528	97676	10726	
江苏	229	13612	1208	8193	889
浙江	8585	57434	12815	14413	
安徽	322	3356	1390	1816	
福建	550	18314	2640	21330	340
江西	806	3465	1505	3020	
山东	110	3064	552	6510	
河南	383	18857	5157	12165	
湖北	2051	24380	8462	30837	
湖南	316	13352	5434	2539	
广东	6340	21667	17467	17495	
广西	27	4852	143	7472	
海南		102	102	287	
重庆		91	35		
四川	235	9667	6182	9718	
贵州	400	767	716	1121	
云南	20	490	180	3841	12
西藏	70			59	
陕西	1830	14794	12132	3706	30
甘肃	300	5363	294	6780	
青海	117	18	18	100	
宁夏		43	39	261	
新疆	410	433	30	15686	

其他收入	本年支出合计(千元)	基本支出	项目支出	经营支出	在支出合计中:	
					工资福利支出	商品和服务支出
227904	**1548494**	**958582**	**264240**	**225846**	**506043**	**467126**
2626	33617	13597	2010	14134	7894	3428
1588	19872	13410	1820	2450	8170	6888
19850	52619	35194	6244	1440	23045	11059
4589	42263	28774	2773	4724	17501	14095
188	54143	25591	950	20901	19001	15579
1753	51620	24573	2745	20926	18091	14748
1936	39071	27619	6934	2221	10161	13436
4267	12806	11492	610	347	5671	4722
30299	211732	158699	32397	6617	64021	108067
3461	38520	28502	6645	3209	12198	15236
42642	168951	104405	46575	11757	50641	55575
2849	17034	12039	450	1242	6938	2502
14673	61719	40108	8025	10413	18548	17996
14557	21238	16806	387	3156	10347	5359
2403	39508	16866	13003	7591	14918	1956
14643	85652	49971	3569	25494	31123	11059
8944	126752	76181	16054	25242	37090	23011
8119	48508	31674	9902	1515	18580	9738
5671	110194	50478	41813	16720	20915	57471
2259	14713	8137		6382	5733	5157
	816	233		113	187	15
	509	464			463	
10389	46934	31214	657	10078	13235	14810
6417	12462	11738		686	6458	2772
57	11045	7840		2198	3158	1785
2	8607	7308		603	3314	331
11375	112957	89833	15944	3329	52428	37310
4212	50687	10364	33185	5896	7165	3886
	3975	3925		50	2884	310
	2232	2192		40	560	174
8135	47737	19355	11548	16371	15605	8651

续表 2

地 区					对个人和家庭补助支出	
	差旅费	劳务费	福利费	各种税金支出		抚恤金和生活补助
总 计	**15107**	**23246**	**21984**	**44389**	**123364**	**10219**
北 京	222	60	866	1318	118	118
天 津	25	1810	197	855	1117	91
河 北	155	260	83	1326	1814	91
山 西	367	2603	1720	1207	723	186
内蒙古	702	340	465	854	1661	87
辽 宁	475	436	750	2106	1981	12
吉 林	145	165	57	1052	10718	1386
黑龙江	199	273	166	807	1989	65
上 海	737	4401	2486	6939	12339	1242
江 苏	120	231	241	513	2531	1082
浙 江	1776	1340	3384	6411	18742	596
安 徽	147	197	134	371	4069	105
福 建	360	864	925	3680	4487	184
江 西	451	208	549	793	3628	258
山 东	179	52	72	200	723	47
河 南	524	1197	1580	2213	5154	613
湖 北	1557	3009	1749	3688	8392	300
湖 南	673	531	843	975	5258	293
广 东	407	2335	534	2409	2191	189
广 西	59	196	124	900	1109	
海 南				15		
重 庆						
四 川	425	238	480	1765	4953	1431
贵 州	57	89	276	582	2466	20
云 南	52	15	57	450	3574	
西 藏	266	23	15	26	102	
陕 西	3698	834	3502	1093	15284	731
甘 肃	1106	419	181	1143	1673	231
青 海	13	2			180	
宁 夏	3	56	2	10		
新 疆	207	1062	546	688	6388	861

其他资本性支出	各种设备购置费	资产总计(千元)	固定资产原值	实际使用房屋建筑面积(万平方米)	演(映)出业务用房	实际拥有产权面积(万平方米)
81691	**21953**	**9694660**	**7718535**	**372.39**	**205.81**	**174.56**
1186	682	97815	89825	3.72	2.01	1.30
44	36	92546	79367	5.48	3.45	0.08
7423	2473	146798	87706	17.78	12.21	7.58
1083	334	536416	468906	25.21	15.73	11.54
965	136	72769	38113	8.39	3.79	6.98
1803	605	142423	110485	9.35	6.11	4.42
2226	2074	193001	137600	10.93	5.32	10.36
267	267	75509	71030	7.72	5.34	2.02
10056	2742	2537303	1876704	40.61	11.32	12.53
2678	63	239925	225961	14.84	7.08	5.92
4003	3603	723287	594661	25.99	15.33	11.85
510	26	49900	33862	5.38	3.52	3.48
2866	959	281848	254603	13.09	7.04	4.33
466	262	160858	118739	10.77	6.02	5.33
650	593	94930	87480	12.21	7.68	6.21
1707	384	287041	244686	32.12	15.00	18.24
33028	2755	586171	489556	19.78	14.40	17.07
2752	670	163948	132130	17.72	10.06	9.73
1923	1723	765991	703817	20.12	11.51	6.11
91	82	126488	121330	8.24	5.01	2.88
		72600	72600	1.23	0.59	0.02
25	19	53538	53159	0.77	0.71	0.38
576	473	597146	256984	16.09	9.30	6.77
602	79	39423	31474	2.63	1.08	1.34
347		549581	545953	5.82	3.98	2.44
131	39	30339	26422	3.72	2.26	0.11
3252	316	208761	139322	17.09	11.28	10.34
61	51	149501	116366	6.04	3.46	1.28
60		33733	33733	2.97	1.80	1.10
		20189	3641	0.19	0.14	0.19
910	507	563781	471219	6.42	3.33	2.66

2011年各地区执行企业会计

地区	机构数（个）	从业人员（人）					坐席数（个）	演(映)出场次合计（万场次）
			专业技术人才					
				正高级职称	副高级职称	中级职称		
总计	**797**	**22115**	**3374**	**181**	**274**	**1156**	**662879**	**73.48**
北京	55	2087	353	28	60	179	39196	4.64
天津	36	1423	92	3	5	58	31822	1.38
河北	41	546	78	2	7	32	27787	0.65
山西	18	244	35		2	12	10094	4.21
内蒙古	2	93					1672	0.04
辽宁	31	337	26	1	5	12	80375	0.54
吉林	4	15	8		1	3	480	0.03
黑龙江	2	13	7				1934	0.00
上海	47	1364	215	8	31	116	55479	1.21
江苏	88	2486	413	13	14	139	75901	27.60
浙江	169	1950	242	12	11	86	73376	8.15
安徽	34	861	186	3	10	64	23464	0.96
福建	3	432					4348	0.13
江西	8	137	46			11	1602	0.53
山东	44	1221	309	16	24	115	36612	1.67
河南	12	365	197	29	36	65	17728	0.17
湖北	12	444	47	3		10	9403	0.17
湖南	6	241	18	1	2	11	6826	1.60
广东	67	3863	591	24	42	113	70240	2.61
广西	6	46	12			2	2245	0.92
海南	9	940	199	5	4	6	8468	0.53
重庆	30	885	95	6	6	22	30916	13.65
四川	33	1210	122	19	13	80	26546	0.71
贵州	4	212	27			1	3552	0.04
云南	7	136	13			3	3509	0.71
西藏								
陕西	15	245	38	7	1	12	6825	0.14
甘肃	2	48					3626	0.02
青海	4	95					2522	0.41
宁夏	2	83	2			2	1500	0.01
新疆	1							

制度的艺术表演场馆基本情况

			资产、负债、所有者权益(千元)						
艺术演出场次	观众人次合计(万人次)	艺术演出观众人次	资产总计	固定资产原值	当年提取的折旧总额	负债合计	所有者权益合计	实收资本(股本)	国家资本
9.56	**6680.07**	**2624.60**	**16908347**	**9674925**	**935494**	**5130600**	**11777747**	**7196808**	**3976158**
1.44	731.17	611.01	837777	173475	20832	244966	592811	179217	23044
0.25	63.59	35.29	2128529	767848	72851	597379	1531150	1075600	939960
0.27	131.11	35.37	133703	60254	3342	45291	88412	68910	29902
0.01	112.08	3.17	54851	50483	1962	24458	30393	18599	16638
0.04	20.92	20.92	23522	15770	283	2197	21325	3000	3000
0.07	84.76	24.97	210715	190567	259	17822	192893	180887	168640
0.03	3.20	3.20	14045	7800	1636	16348	-2303	5095	5095
0.00	4.30	2.70	1037	1037	488	520	517	828	828
0.61	471.43	387.86	2352972	1160993	548276	1251862	1101110	619168	36206
1.62	1498.52	184.35	3240151	1432882	89207	1071445	2168706	1972332	1884389
1.43	956.27	371.13	667781	555336	34554	100258	567523	460639	323079
0.30	180.85	63.78	197642	162766	8723	77377	120265	66822	35507
0.00	21.08	1.13	148508	7164	486	14275	134233	117607	5107
0.42	34.22	10.02	10717	10457	132	3602	7115	8840	8440
0.22	140.31	70.28	195095	170693	4133	100221	94874	75425	71209
0.11	68.75	28.49	228009	185489	6931	1556	226453	210042	4860
0.07	57.53	35.62	40501	22168	732	6640	33861	13700	12700
0.04	237.13	16.60	196646	176447	7038	106423	90223	61813	61813
1.36	971.77	445.44	2938577	2238018	108150	1151768	1786809	1512629	174744
0.00	26.86	3.00	31373	22300	2979	20297	11076	10900	7550
0.46	44.80	34.27	179185	77530	5113	101600	77585	123700	
0.03	509.28	60.83	363842	173083	5025	78728	285114	139917	65294
0.63	114.01	94.02	2511477	1892244	1762	19671	2491806	155478	598
0.00	34.03	1.10	14407	3050	314	4178	10229	10136	10136
0.06	43.71	35.85	64859	49355	1789	9879	54980	54104	54104
0.01	49.52	1.29	91467	55299	7101	46741	44726	35196	24825
	8.46	0.13	7725	1200		2462	5263	5000	
0.01	18.17	1.67	5513	5380	1043	2772	2741	5040	3712
	0.50		2456	2456	22		2456		

续表

地区	损益(千元)							
	营业收入	艺术演出收入	营业成本	养老、医疗、失业等保险费	住房公积金和住房补贴	差旅费	工会经费	营业利润
总计	**4743893**	**1320334**	**4079908**	**103373**	**39430**	**26375**	**6920**	**663985**
北京	562334	330083	454633	11508	4089	2986	1103	107701
天津	649787	42640	596622	7565	7067	998	306	53165
河北	21196	10737	18586	1045	371	116	26	2610
山西	22571	337	19066	966	173	101	19	3505
内蒙古	9737	8708	17281	357	102	229	27	-7544
辽宁	14471	7615	8830	514	211	24	67	5641
吉林	3801	3732	5882	98	49	10	7	-2081
黑龙江	44	7	197			1		-153
上海	352898	139129	307436	10484	1800	935	324	45462
江苏	427394	62299	528474	16598	4077	1847	605	-101080
浙江	296179	86122	278076	4590	1961	3388	479	18103
安徽	67354	29937	77933	4124	958	518		-10579
福建	77948	71254	30105	1625	112	236	205	47843
江西	2174	478	2986	353	29	151		-812
山东	55846	21992	103061	8946	2888	671	416	-47215
河南	21995	7587	23250	528	100	18	23	-1255
湖北	33947	28003	59230	2201	400	153	152	-25283
湖南	28537	9312	31686	895	146	142	57	-3149
广东	1535235	302518	1014734	23735	13555	2974	2556	520501
广西	8728	6069	7654	169	32	36	4	1074
海南	76081	11286	118536	1327		6442	48	-42455
重庆	181212	2561	115988	917	300	245	229	65224
四川	225950	115469	190154	2152	24	3296	105	35796
贵州	4046	240	4377	204	40	35		-331
云南	20539	13907	23373	685	394	743	63	-2834
西藏								
陕西	17851	4971	16374	882	233	73	11	1477
甘肃	1405	5	2322					-917
青海	3262	1410	3488	279	85		13	-226
宁夏	6376		4540	75	110		21	1836
新疆								

				工资、福利费、税金 (千元)					
营业外收入	政府补助(补贴收入)	营业外支出	利润总额	本年发放工资总额	本年发放福利费总额	本年应交税金	实际使用房屋建筑面积(万平方米)	演(映)出业务用房	实际拥有产权面积(万平方米)
395780	**288488**	**55325**	**1004440**	**691415**	**53551**	**283535**	**374.17**	**174.58**	**158.15**
17675	15587	2302	123074	78545	5779	48974	23.59	13.88	7.82
8927	8100	396	61696	52615	2263	30266	16.12	3.20	15.05
1403	1286	1675	2338	9722	604	2132	8.80	3.48	2.52
3567	2823	49	7023	6276	337	1178	4.21	3.12	3.38
12919	12240		5375	3655	584	1079	0.76	0.48	
208		770	5079	3881	264	1064	11.41	6.03	4.99
14		14	-2081	385	1	254	0.51	0.10	0.36
50	50		-103	40			0.34	0.25	0.02
5830	4078	2967	48325	58034	4054	26369	34.62	10.53	11.87
75325	67160	3311	-29066	95653	6981	23782	65.48	34.00	35.95
36732	36562	461	54374	57020	4220	13920	46.29	20.60	10.53
19426	18402	1905	6942	23982	2625	4714	10.51	5.66	5.84
10533	10350	303	58073	5240	362	6911	3.16	0.89	
790		224	-246	1623	1	20	0.91	0.40	0.36
88716	42906	12640	28861	24952	1839	4504	23.57	9.34	9.99
4248	3713	22	2971	4748	200	1011	6.95	1.65	0.49
29390	29320	561	3546	13719	852	2283	13.51	2.80	0.40
1861	150	76	-1364	3966	521	1166	5.45	1.84	4.10
69054	30377	15682	573873	155009	19466	60436	42.73	17.21	20.65
49			1123	967	16	273	1.31	0.35	1.08
		6257	-48712	18061	90	31574	2.97	2.06	0.62
2654	1450	1315	66563	26893	513	4422	20.45	17.94	1.89
2997	2700	2093	36700	29679	446	12313	7.63	7.16	5.26
5		47	-373	675	154	375	4.52	0.79	2.01
130		30	-2734	4324	310	699	2.73	1.83	2.19
2491	674	2164	1804	5107	582	1364	3.75	1.72	1.16
			-917	480		280	3.53	0.96	3.53
11			-215	1563	125	209	0.63	0.39	0.20
99			1935	1390	80	1049	0.34	0.31	

2011年各地区执行事业会计

地　区	机构数(个)	从业人员(人)				
			专业技术人才			
				正高级职称	副高级职称	中级职称
总　计	**489**	**8566**	**2704**	**108**	**291**	**1168**
北　京	6	85	30		3	7
天　津	8	115	7		2	4
河　北	29	326	63		16	30
山　西	26	298	83	1		20
内蒙古	2	110	17			8
辽　宁	14	397	37		1	13
吉　林	8	228	65		13	24
黑龙江	19	45	10			3
上　海	19	923	368	49	46	182
江　苏	11	132	29		1	7
浙　江	33	524	178	9	3	47
安　徽	18	311	101	4	2	34
福　建	13	87	26	1		18
江　西	23	218	89		4	43
山　东	28	462	129	3	14	54
河　南	42	839	35	3		17
湖　北	27	706	255	2	23	171
湖　南	34	440	208	2	8	83
广　东	10	225	41	1	2	17
广　西	12	96	27		1	11
海　南						
重　庆	10					
四　川	30	344	70	2	6	36
贵　州	3	57	11		1	4
云　南	5	12	9			6
西　藏	2					
陕　西	37	1140	697	27	128	291
甘　肃	15	218	11		2	4
青　海						
宁　夏						
新　疆	4	228	108	4	15	34

制度的剧场基本情况

坐席数(个)	演(映)出场次合计(万场次)	艺术演出场次	观众人次合计(万人次)	艺术演出观众人次	本年收入合计(千元)	财政拨款
392289	**8.84**	**2.22**	**2085.49**	**1214.39**	**1133481**	**430377**
5344	0.26	0.12	86.54	81.19	216909	
5671	0.13	0.09	57.47	41.55	11868	50
18949	0.49	0.04	55.52	14.10	11572	846
24426	0.42	0.08	68.47	10.49	14046	5572
2941	0.28	0.01	13.03	10.30	47617	43176
9851	0.24	0.12	145.34	50.95	40739	8478
4563	0.08	0.06	42.23	37.29	12262	6572
9255	0.04	0.01	24.21	19.95	1728	1089
28218	0.45	0.39	365.25	334.96	187409	53310
9323	0.05	0.03	44.00	22.79	14565	8075
27707	0.69	0.19	250.05	110.75	124946	34184
9740	0.28	0.08	17.51	6.86	10531	4265
10092	0.24	0.04	39.13	20.87	9315	2893
10090	0.10	0.08	25.36	15.18	21287	6741
22081	0.10	0.05	78.90	29.40	14627	5325
32497	0.12	0.04	72.27	27.93	14340	8315
26141	0.55	0.14	94.85	58.93	55378	30260
26887	0.27	0.16	101.31	52.59	25114	15850
17746	0.37	0.04	83.27	32.12	78136	62045
13412	0.08	0.06	43.33	31.21	3790	490
6860	0.05	0.04	28.42	22.46		
19263	0.34	0.12	71.30	51.79	32479	7181
1008	0.01	0.00	5.00	3.00	6108	2053
2825	0.01	0.01	11.30	10.68	2272	2162
1588	0.02	0.00	4.07	4.07	140	140
33344	0.29	0.16	131.11	81.55	94985	70700
7493	0.12	0.06	64.04	29.07	47179	33199
4251	2.78	0.01	62.23	2.36	34137	17406

续表 1

地区	上级补助收入	事业收入	艺术演出收入	经营收入	附属单位上缴收入
总计	**20364**	**457431**	**347995**	**96064**	**340**
北京		214261	209046	724	
天津	1993	7657	3011	792	
河北	840	1082	143	619	
山西	638	5061	3577	686	
内蒙古	85	1301		3037	
辽宁	998	13953	11730	16866	
吉林	31	5546	4745		
黑龙江		639	180		
上海	6600	96162	72897	6500	
江苏		5310	1634		
浙江	4998	42667	9444	8094	
安徽	94	2583	915	1250	
福建	52	2157	354	276	340
江西	60	1780	1058	86	
山东	110	1651	159	6762	
河南	323	1540	982	1807	
湖北	921	16340	5324	4401	
湖南	116	6605	2724	773	
广东	234	4322	2120	11535	
广西	27	1553	143	101	
海南					
重庆					
四川	170	7938	5675	8929	
贵州	400	260	260		
云南		110	108		
西藏					
陕西	964	13479	11596	378	
甘肃	300	3474	170	6780	
青海					
宁夏					
新疆	410			15666	

其他收入	本年支出合计(千元)	基本支出	项目支出	经营支出	在支出合计中:	
					工资福利支出	商品和服务支出
128905	**909818**	**571131**	**204551**	**103614**	**288530**	**306200**
1924	18335	17836		371	7649	6580
1376	11433	8775		466	5076	4204
8185	13736	6633	8	1054	6080	1346
2089	11961	10311		759	5722	4488
18	29185	11816		17369	7365	6354
444	38751	18697	2675	14550	13365	10687
113	12542	8736	3806		3823	4082
	1724	1718			1194	117
24837	165818	128833	30612	3400	51784	82616
1180	14774	13774	600	400	5478	5896
35003	128564	76397	42723	6857	34380	45090
2339	12658	9166	450	769	5139	1719
3597	8570	6736	257	641	3465	2479
12620	8693	7940	25	728	4134	2655
779	32060	10660	12681	8105	9552	795
2355	13739	11196	1532	481	7701	2457
3456	60594	41318	14547	3624	24002	18152
1770	25908	14951	9172	749	8681	4540
	74009	27534	34506	11566	7960	40974
1619	3696	3328		174	1710	1047
8261	34433	23161	427	9209	9107	13188
3395	6731	6731			3643	944
	2268	2268			636	465
	500					
9464	96157	78863	14394	494	42132	35574
3426	47622	7299	33185	5896	5824	3263
655	35356	16454	2951	15951	12928	6488

续表 2

地区	差旅费	劳务费	福利费	各种税金支出	对个人和家庭补助支出	抚恤金和生活补助
总计	**10702**	**13275**	**12895**	**22888**	**76656**	**5288**
北京	14	154	14	628	1003	
天津	14	90	91	756	195	2
河北	67	6	31	359	379	28
山西	49	640	84	464	38	
内蒙古	453	6	437	520	698	
辽宁	335	293	687	1179	813	
吉林	65	1	23	276	3317	760
黑龙江					407	
上海	534	3873	2159	4210	10432	1000
江苏	26	148	62	5	700	
浙江	1579	459	2683	5552	12720	232
安徽	99	87	101	348	3186	69
福建	113	171	115	670	772	33
江西	384	87	264	350	1506	4
山东	4	47	3	103	327	4
河南	119	297	184	67	2142	54
湖北	1389	2731	1019	1632	7580	228
湖南	107	288	425	262	2190	113
广东	68	1666	79	849	46	5
广西	15		65	301	851	
海南						
重庆						
四川	350	76	32	1641	2242	1044
贵州	54	7	188	130	2073	15
云南	7			15	1159	
西藏						
陕西	3567	771	3438	920	14621	658
甘肃	1097	316	165	963	1057	180
青海						
宁夏						
新疆	193	1061	546	688	6202	859

其他资本性支出	各种设备购置费	资产总计（千元）	固定资产原值	实际使用房屋建筑面积（万平方米）	演(映)出业务用房	实际拥有产权面积（万平方米）
29310	**10341**	**6462616**	**5055579**	**194.15**	**103.30**	**86.05**
131		102694	46995	1.72	1.31	1.72
44	36	18111	12391	2.75	1.76	
201	1	46728	27063	5.29	3.79	2.27
87	52	118376	114568	9.26	4.96	3.15
34		17134	3703	4.51	1.42	4.51
1759	561	93955	65166	5.37	4.01	2.47
546	546	94718	63133	3.73	2.13	3.49
		28664	25813	3.53	2.94	0.00
9935	2622	2270230	1664607	33.75	7.20	4.84
2634	21	143450	111959	8.10	3.88	3.96
2310	2237	635989	540793	18.70	11.55	8.38
342	26	23672	21003	3.22	2.21	3.03
456	201	48117	46831	3.63	1.60	1.16
199		106921	90945	4.89	2.47	2.89
117	24	103618	97625	8.08	5.11	3.63
161	1	106927	100726	10.03	5.15	6.54
5357	2232	227056	216005	10.34	7.45	9.52
545	290	84991	67732	8.67	5.51	5.66
291	291	341450	341450	10.71	5.74	1.99
		47626	45629	3.41	2.32	1.62
		51350	51350	0.38	0.38	0.38
462	359	500652	204598	11.54	6.64	5.08
71	71	11573	5552	0.89	0.40	0.29
8		508725	507638	2.60	1.63	0.40
		808		1.46	0.89	
3062	212	145556	117746	11.19	7.31	6.98
51	51	130416	98031	3.90	2.03	0.71
507	507	452008	365426	2.51	1.55	1.43

2011年各地区执行事业

地区	机构数(个)	从业人员(人)	专业技术人才	正高级职称	副高级职称	中级职称
总计	**551**	**9154**	**1801**	**49**	**82**	**761**
北京	6	213	34			1
天津	11	94	13			2
河北	37	581	112		12	46
山西	39	660	247	1	9	101
内蒙古	15	283	58		3	40
辽宁	10	140	22		1	9
吉林	14	285	41		4	18
黑龙江	12	225	41	8	8	7
上海	29	307	78			51
江苏	4	64	23			10
浙江	17	246	57	4	2	35
安徽	10	115	2			
福建	32	416	98		4	48
江西	16	158	48		4	32
山东	20	444	220	6	10	61
河南	88	2340	197	15	7	84
湖北	20	434	99	6	5	57
湖南	25	477	120		3	67
广东	29	684	41			11
广西	5	40	4			1
海南	4					
重庆	1	1				
四川	11	146	29			9
贵州	3	81	9			7
云南	14	65	39		2	8
西藏	11	34	9			
陕西	34	387	91	5	7	40
甘肃	7	72	3			2
青海	17	95	40			4
宁夏	3	22	16	1	1	8
新疆	7	45	10	3		2

制度的影剧院基本情况

坐席数（个）	演(映)出场次合计（万场次）	艺术演出场次	观众人次合计（万人次）	艺术演出观众人次	本年收入合计（千元）	财政拨款
388808	**19.54**	**1.45**	**1634.39**	**608.28**	**502046**	**150418**
6876	0.56	0.07	66.39	42.45	31703	3660
6517	0.20	0.03	24.21	9.86	7759	1910
22189	0.60	0.09	76.07	37.48	25986	10161
35020	1.67	0.07	58.33	23.40	21448	7466
10045	0.20	0.05	57.15	27.02	27151	20192
5651	0.10	0.04	24.49	9.81	5244	2085
10800	1.46	0.06	56.49	14.51	20839	9421
8881	0.19	0.03	65.19	23.25	6815	1116
19861	1.38	0.13	134.29	77.78	40474	2771
5139	0.04	0.01	22.40	4.25	8074	2505
11822	1.06	0.07	89.42	23.91	36626	5288
7128	0.08	0.02	9.85	4.60	3713	1806
17143	2.41	0.08	101.77	33.65	56212	7427
8417	0.42	0.03	45.58	18.69	5853	1442
16234	0.88	0.04	85.66	20.86	6751	3416
64691	1.00	0.14	157.79	79.01	33669	5781
17899	3.29	0.05	127.78	22.13	60146	23723
18844	1.94	0.14	99.97	34.82	21316	6406
27377	0.43	0.04	109.37	22.93	13894	1623
3126	0.36	0.00	10.86	0.35	5042	410
2547	0.01	0.01	12.12	4.64	2	
882	0.00	0.00	2.46	2.02	45	
6878	0.22	0.04	15.86	7.52	9068	4700
2208	0.02	0.02	1.01	0.01	4614	
8018	0.09	0.07	36.88	28.62	8780	4470
6291	0.29	0.03	13.98	2.34	3400	3269
17032	0.44	0.07	84.65	20.93	14873	7563
6008	0.04	0.02	8.97	5.30	3065	390
7374	0.14	0.01	18.36	0.62	3830	3595
854	0.00	0.00	0.71	0.60	2232	1928
7056	0.02	0.01	16.33	4.94	13422	5894

续表 1

地　区	上级补助收入	事业收入	艺术演出收入	经营收入	附属单位上缴收入
总　计	**10977**	**134511**	**43306**	**117975**	**931**
北　京	360	11014	5897	14043	
天　津	110	3655	730	1872	
河　北	600	5582	3579	272	
山　西	873	8701	3606	1911	
内蒙古	1065	2867	745	2857	
辽　宁	8	2310	407	311	
吉　林	51	8943	786	2390	
黑龙江		2037	1380	167	
上　海	451	21705	8930	10813	
江　苏		290	130	3785	889
浙　江	3449	14374	3100	6319	
安　徽	228	633	335	566	
福　建	498	16157	2286	21054	
江　西		1477	340	2481	
山　东		1413	393	298	
河　南	60	11286	4175	4616	
湖　北	780	4133	1880	26133	
湖　南	200	6595	2671	1766	
广　东	1106	2372	374	5960	
广　西		3299		1021	
海　南		2	2		
重　庆		45	35		
四　川	65	1472	250	710	
贵　州		471	456	1121	
云　南	20	380	72	3841	12
西　藏	70			59	
陕　西	866	1315	536	3228	30
甘　肃		1889	124		
青　海	117	18	18	100	
宁　夏		43	39	261	
新　疆		33	30	20	

其他收入	本年支出合计(千元)	基本支出	项目支出	经营支出	在支出合计中:	
					工资福利支出	商品和服务支出
87234	**498375**	**297758**	**40381**	**95861**	**178444**	**106203**
2626	33617	13597	2010	14134	7894	3428
212	8439	4635	1820	1984	3094	2684
9371	27888	21189	2636	363	13959	3966
2497	22027	10718	2573	3635	9120	5786
170	24878	13715	950	3512	11576	9205
530	5221	3233		1468	2776	1395
34	20795	13599	2968	2221	4059	6798
3495	7306	6608		347	2794	3066
4734	32348	16115	1425	7363	11811	6985
605	6167	2830	1787	1550	1971	4165
7196	35660	23981	3152	4900	14226	8903
480	4075	2683		377	1680	684
11076	53149	33372	7768	9772	15083	15517
453	6004	3565	26	2024	2960	1589
1624	8363	6396	322	211	5556	1216
11926	37397	24497	2037	4703	16618	5759
5377	60664	30327	1270	21034	9934	3587
6349	22448	16589	730	748	9810	5153
2833	13953	7800	219	5154	5808	4247
312	5028	1446		3582	1274	3557
	470					
	45	19			19	
2121	10747	6844	30	537	3205	1249
3022	5114	4428		686	2435	1688
57	8777	5572		2198	2522	1320
2	3417	3168		53	2928	331
1871	15642	10177	1550	2795	9219	1661
786	3065	3065			1341	623
	3785	3735		50	2754	310
	2232	2192		40	560	174
7475	9654	1663	7108	420	1458	1157

续表 2

地　区	差旅费	劳务费	福利费	各种税金支出	对个人和家庭补助支出	抚恤金和生活补助
总　计	**3585**	**8047**	**7675**	**16918**	**38281**	**3134**
北　京	222	60	866	1318	118	118
天　津	11	1720	106	99	922	89
河　北	76	69	52	404	1230	60
山　西	302	1928	1586	645	417	54
内蒙古	244	328	25	328	963	87
辽　宁	17		5	542	12	12
吉　林	70	107	22	747	6802	548
黑龙江	64		145	807	1141	50
上　海	119	153	369	1111	2043	154
江　苏	36	25	75	92	3	
浙　江	153	881	666	831	4994	284
安　徽	41	30	33	16	800	36
福　建	247	693	810	3010	3715	151
江　西	45	111	252	395	630	78
山　东	177	22	72	130	397	44
河　南	270	498	597	1748	2952	504
湖　北	109	68	716	1813	596	66
湖　南	563	228	405	699	3068	180
广　东	300	618	277	482	577	184
广　西	21	4	2	318	197	
海　南						
重　庆						
四　川	31	162	360	107	2349	306
贵　州		79	80	452	388	5
云　南	45	15	57	435	2415	
西　藏	266	23	15	26	12	
陕　西	131	63	64	173	657	73
甘　肃	9	103	16	180	616	51
青　海	13	2			180	
宁　夏	3	56	2	10		
新　疆		1			87	

其他资本性支出	各种设备购置费	资产总计(千元)	固定资产原值	实际使用房屋建筑面积(万平方米)	演(映)出业务用房	实际拥有产权面积(万平方米)
49589	**11584**	**2368575**	**1874410**	**146.77**	**84.36**	**76.08**
1186	682	97815	89825	3.72	2.01	1.30
		74435	66976	2.73	1.69	0.08
5185	2203	83130	45911	8.08	5.05	4.60
422	282	337394	273770	12.29	8.38	3.74
931	136	53635	32410	3.76	2.29	2.37
		41667	40160	2.29	1.25	1.20
1669	1517	94266	71023	5.50	3.03	5.28
189	189	32849	31221	3.14	1.44	1.62
3303	2374	56316	35834	6.08	3.30	7.27
10	8	30689	28914	1.82	1.43	0.24
1611	1350	77950	49940	6.75	3.43	3.42
168		6082	5856	2.01	1.28	0.45
2410	758	233731	207772	9.45	5.44	3.18
61	46	53088	27796	3.75	2.24	1.82
593	593	40812	39355	4.23	2.78	2.08
481	217	171759	147407	20.18	9.08	11.72
27669	521	271279	192183	6.96	5.46	5.38
2207	380	77457	62898	8.72	4.29	3.74
365	165	113650	105323	8.04	4.53	4.13
		25992	24380	2.09	0.50	1.43
		71000	71000	1.08	0.58	
6		300	300	0.24	0.19	
20	20	93554	49606	3.96	2.11	1.50
523		27050	25222	1.72	0.66	1.03
339		40156	37615	3.13	2.26	1.95
41	39	17772	14663	1.52	1.16	0.11
190	104	47985	21356	5.56	3.84	3.36
10		19085	18335	2.13	1.43	0.58
		27733	27733	2.51	1.52	1.10
		20189	3641	0.19	0.14	0.19
		29755	25985	3.14	1.59	1.24

主要统计指标解释

1. 本团原创首演剧目：指由戏曲、话剧、歌剧、舞剧、歌舞剧、木偶、皮影等艺术表演团体原生创作并首演且单个剧目演出时间超过一小时的表演剧目，但不包括音乐、舞蹈、曲艺、杂技等单个小节目的创作演出。

2. 演出场次：指以场为计量单位的在国内和国外的艺术表演的次数。包括售票、包场等有演出收入的场次和政府采购的公益性演出场次及参加汇演、调演等无演出收入的公开演出场次，包括流动舞台车演出场次，不包括彩排和内部观摩等无演出收入的场次。

场数的计算，通常以售票、发票一次（或在其他地点进行一次艺术表演活动相当于剧场演出一场的时间）为一场。按时收费的，按日场、晚场或早场等一般习惯（约 1 至 2 小时）计算。评弹等曲艺演出计算场数，可按演出 1 至 2 小时为一场的原则进行折算。独幕剧或音乐、舞蹈、曲、杂、木、皮节目组成专场演出时，不论包括几个独幕剧或节目，一律按一场计算。

3. 农村演出场次及观众人次：指本团到（乡镇及以下）农村和林区、牧区、渔区的演出。不论在本省或外省，凡到上述地区演出，均计入农村演出。

4. 演出收入：指艺术表演团体通过售票或包场演出所取得的票房收入，不包括政府采购的公益性演出补贴收入。

5. 政府采购的公益性演出场次、观众人次：指本团报告期内不进行售票、免费给社会公众演出并从财政部门获取一定场次补贴的公益性演出场次、观众人次。

6. 政府采购的公益性演出补贴收入：指本团报告期内因进行公益性演出而取得的补贴收入，为财政拨款的其中项。

7. 坐席数：指公开营业艺术表演场馆可向观众售票的实际坐席数。

8. 演（映）出业务用房：指在艺术表演场馆中用于演(映)出服务的设施面积。多功能艺术表演的场所应包括观众厅、门厅、舞台部分(主台、侧台、后台)的建筑面积和辅助设施：休息室、化妆间、服装间、道具间、舞台设备控制间(灯控间、音控间、放映间等)的建筑面积以及配电设施、消防通道的建筑面积。若属非独立建筑的，则按使用面积计算。

文化市场

2011年全国文化市场

	机构数(个)	从业人员(人)	资产、负债、		
			资产总计	固定资产原价	当年提取的折旧总额
总　计	**245452**	**1572916**	**276056267**	**149346246**	**15398216**
按城乡分					
1、城市	104745	899201	197077310	80342812	8640685
2、县城	89932	479615	57759619	50764220	4608298
3、县以下	50775	194100	21219338	18239214	2149233
按经营范围分					
其中：娱乐场所	92577	758377	96613921	76975849	6648808
互联网上网服务营业场所(网吧)	141275	567170	62822075	55170599	6681992
按登记注册类型分					
1、内资企业	245168	1565788	273734436	147999686	15216838
2、港澳台商投资企业	186	4738	1781853	1023817	139809
3、外商投资企业	98	2390	539978	322743	41569
按部门分					
1、文化部门	50	2711	2969077	2120268	137848
2、非文化部门	245402	1570205	273087190	147225978	15260368

续表

	损益及分配(千元)				
	住房公积金和住房补贴	差旅费	工会经费	营业利润	营业外收入
总　计	**413497**	**600575**	**190783**	**54258714**	**4317783**
按城乡分					
1、城市	337224	441823	132009	34593737	2933275
2、县城	49226	93630	41170	14660731	1108442
3、县以下	27047	65122	17604	5004246	276066
按经营范围分					
其中：娱乐场所	150680	219361	95064	19681271	1598409
互联网上网服务营业场所(网吧)	58716	90262	61827	15671994	1594731
按登记注册类型分					
1、内资企业	409539	594666	184846	54170358	4304233
2、港澳台商投资企业	2625	3849	1113	101218	11014
3、外商投资企业	1333	2060	4824	-12862	2536
按部门分					
1、文化部门	20318	2664	2431	21247	69895
2、非文化部门	393179	597911	188352	54237467	4247888

经营机构基本情况

所有者权益(千元)				损益及分配(千元)			
负债合计	所有者权益合计	实收资本(股本)	国家资本金	营业收入	主营业务收入	营业成本	养老、医疗、失业等保险费
81642031	**185427875**	**92742733**	**5768971**	**160833448**	**152299356**	**106574734**	**1732590**
68442361	119648588	60355504	4466640	114140333	108770680	79546596	1384672
9801983	47957636	22626731	898409	33859853	31507347	19199122	210764
3397687	17821651	9760498	403922	12833262	12021329	7829016	137154
23191460	73422461	45020554	2007619	56617984	52861870	36936713	663056
7798525	55023550	29480187	966800	37549220	34687380	21877226	207346
80038239	184709836	91368977	5676026	159866827	151355745	105696469	1685817
1299148	482705	908392	75408	623122	606415	521904	19909
304644	235334	465364	17537	343499	337196	356361	26864
2340503	628574	962240	662929	1522005	1512704	1500758	24426
79301528	184799301	91780493	5106042	159311443	150786652	105073976	1708164

			工资、福利费、增值税(千元)			
政府补助(补贴收入)	营业外支出	利润总额	本年发放工资总额	本年支付的职工福利费	本年应交税金总额	经营面积(万平方米)
857251	**3867781**	**54708716**	**22649228**	**1128060**	**7615733**	**8375.78**
847854	2221932	35305080	13958555	720627	4947037	4345.50
9376	1288295	14480878	6177755	264538	1902004	2902.58
21	357554	4922758	2512918	142895	766692	1127.70
	1886484	19393196	10709405	499875	4401385	4766.72
	1612980	15653745	7037540	314719	1478521	3220.43
857231	3809028	54665563	22468032	1121494	7513746	8325.68
	57786	54446	125497	4647	65100	22.72
20	967	-11293	55699	1919	36887	27.38
69490	8025	83117	115355	1846	29637	2.28
783764	3859756	54625599	22533873	1126214	7586096	8373.50

2011年全国娱乐

	机构数(个)	从业人员(人)	资产、负债、			
			资产总计	固定资产原价	当年提取的折旧总额	负债合计
总　计	**92577**	**758377**	**96613921**	**76975849**	**6648808**	**23191460**
按城乡分						
1、城市	37549	384237	50643904	37329024	3321147	13467887
2、县城	40753	293610	36255565	31847259	2528115	7287823
3、县以下	14275	80530	9714452	7799566	799546	2435750
按登记注册类型分						
1、内资企业	92337	751514	94336606	75648957	6469164	21638421
2、港澳台商投资企业	161	4656	1775898	1018545	139300	1296537
3、外商投资企业	79	2207	501417	308347	40344	256502
按经营类别分						
1、歌舞娱乐场所	53875	612355	76353658	61157597	5228658	19662171
2、游艺娱乐场所	36401	127813	17254857	13766632	1208888	1852752
3、其他	2301	18209	3005406	2051620	211262	1676537
按是否连锁分						
1、连锁门店	458	7765	1312628	970034	78500	312042
2、非连锁门店	92119	750612	95301293	76005815	6570308	22879418
按部门分						
1、文化部门						
2、非文化部门	92577	758377	96613921	76975849	6648808	23191460

续表

	损益(千元)					
	差旅费	工会经费	营业利润	营业外收入	营业外支出	利润总额
总　计	**219361**	**95064**	**19681271**	**1598409**	**1886484**	**19393196**
按城乡分						
1、城市	118786	70617	8922167	867050	968504	8820713
2、县城	52938	18756	8891315	638107	778175	8751247
3、县以下	47637	5691	1867789	93252	139805	1821236
按登记注册类型分						
1、内资企业	214331	89129	19534593	1584964	1827778	19291779
2、港澳台商投资企业	3703	1113	101031	10957	57739	54249
3、外商投资企业	1327	4822	45647	2488	967	47168
按经营类别分						
1、歌舞娱乐场所	183075	79568	16048806	1298071	1555946	15790931
2、游艺娱乐场所	30659	13899	3392966	286056	300465	3378557
3、其他	5627	1597	239499	14282	30073	223708
按是否连锁分						
1、连锁门店	4416	708	109747	10264	6090	113921
2、非连锁门店	214945	94356	19571524	1588145	1880394	19279275
按部门分						
1、文化部门						
2、非文化部门	219361	95064	19681271	1598409	1886484	19393196

场所基本情况

所有者权益(千元)			损益(千元)				
所有者权益合计	实收资本(股本)	国家资本金	营业收入	主营业务收入	营业成本	养老、医疗、失业等保险费	住房公积金和住房补贴
73422461	**45020554**	**2007619**	**56617984**	**52861870**	**36936713**	**663056**	**150680**
37176017	25503842	1184358	29509870	27611052	20587703	418269	104167
28967742	14371850	597974	21386398	19960394	12495083	144103	27715
7278702	5144862	225287	5721716	5290424	3853927	100684	18798
72698185	43689317	1916711	55676329	51941359	36141736	618429	147226
479361	905448	74408	619637	603042	518606	19870	2621
244915	425789	16500	322018	317469	276371	24757	833
56691487	35498572	1604286	47005656	43985096	30956850	536604	124391
15402105	7520640	260470	8094323	7457759	4701357	75265	22392
1328869	2001342	142863	1518005	1419015	1278506	51187	3897
1000586	716260	6730	642596	617778	532849	12359	1624
72421875	44304294	2000889	55975388	52244092	36403864	650697	149056
73422461	45020554	2007619	56617984	52861870	36936713	663056	150680

工资、福利费、税金(千元)			经营面积(万平方米)	核定人数(人)	包房包间数量(个)	电子游戏及游艺机台数(台)
本年发放工资总额	本年支付的职工福利费	本年应交税金总额				
10709405	**499875**	**4401385**	**4766.72**	**10286581**	**758975**	**1249005**
5558888	248744	2514062	2374.82	5228107	397465	581663
3981475	162773	1413331	1871.31	3984598	293753	482300
1169042	88358	473992	520.59	1073876	67757	185042
10535138	493613	4302092	4718.41	10216807	754019	1246099
124450	4568	64872	22.22	45513	3546	1439
49817	1694	34421	26.09	24261	1410	1467
8898865	426858	3727052	3680.33	10111039	750224	13
1533389	48065	540054	890.27	109		1243833
277151	24952	134279	196.12	175433	8751	5159
130812	4115	69681	45.51	98146	9634	17732
10578593	495760	4331704	4721.21	10188435	749341	1231273
10709405	499875	4401385	4766.72	10286581	758975	1249005

2011年互联网上网服务

	机构数（个）	从业人员（人）	资产、负债、			
			资产总计	固定资产原价	当年提取的折旧总额	负债合计
总　计	**141275**	**567170**	**62822075**	**55170599**	**6681992**	**7798525**
按城乡分						
1、城市	56803	275531	31222195	26612285	3294927	4605349
2、县城	48088	179279	20239561	18230171	2041813	2252598
3、县以下	36384	112360	11360319	10328143	1345252	940578
按登记注册类型分						
1、内资企业	141239	567043	62814720	55163985	6681251	7797723
2、港澳台商投资企业	24	78	5371	5023	464	603
3、外商投资企业	12	49	1984	1591	277	199
按是否连锁分						
1、连锁门店	25077	111197	13065019	11187304	1455627	2084187
2、非连锁门店	116198	455973	49757056	43983295	5226365	5714338
按部门分						
1、文化部门						
2、非文化部门	141275	567170	62822075	55170599	6681992	7798525

续表

	损益(千元)					
	住房公积金和住房补贴	差旅费	工会经费	营业利润	营业外收入	营业外支出
总　计	**58716**	**90262**	**61827**	**15671994**	**1594731**	**1612980**
按城乡分						
1、城市	31094	38019	28292	7058479	958272	901460
2、县城	19395	35219	21651	5540004	454699	495304
3、县以下	8227	17024	11884	3073511	181760	216216
按登记注册类型分						
1、内资企业	58712	90261	61827	15670747	1594674	1612933
2、港澳台商投资企业		1		1050	57	47
3、外商投资企业	4			197		
按是否连锁分						
1、连锁门店	7012	14709	13986	3067563	356428	344297
2、非连锁门店	51704	75553	47841	12604431	1238303	1268683
按部门分						
1、文化部门						
2、非文化部门	58716	90262	61827	15671994	1594731	1612980

营业场所(网吧)基本情况

所有者权益(千元)			损益(千元)			
所有者权益合计	实收资本(股本)	国家资本金	营业收入	主营业务收入	营业成本	养老、医疗、失业等保险费
55023550	**29480187**	**966800**	**37549220**	**34687380**	**21877226**	**207346**
26616846	17361497	495270	18793223	17205740	11734744	114036
17986963	7586129	293321	11750968	10854686	6210964	57534
10419741	4532561	178209	7005029	6626954	3931518	35776
55016997	29477970	965094	37544240	34682533	21873493	207221
4768	1444	1000	3478	3366	2428	25
1785	773	706	1502	1481	1305	100
10980832	6107484	102117	7579114	6989129	4511551	43541
44042718	23372703	864683	29970106	27698251	17365675	163805
55023550	29480187	966800	37549220	34687380	21877226	207346

利润总额	工资、福利费、税金(千元)			计算机终端数(台)	日均上网人次(万人次)	经营面积(万平方米)
	本年发放工资总额	本年支付的职工福利费	本年应交税金总额			
15653745	**7037540**	**314719**	**1478521**	**11920514**	**3029**	**3220.43**
7115291	3615188	164214	725057	5975599	1336	1610.54
5499399	2093448	97016	464365	3751895	924	1008.05
3039055	1328904	53489	289099	2193020	629	601.84
15652488	7036255	314594	1478152	11916314	3029	3219.18
1060	862	79	227	2019		0.46
197	423	46	142	2181		0.79
3079694	1426357	80672	285084	2314629	628	600.47
12574051	5611183	234047	1193437	9605885	2359	2619.96
15653745	7037540	314719	1478521	11920514	3029	3220.43

2011年全国文化市场

	机构数(个)	从业人员(人)				本年收入合计(千元)	
			行政编制	事业编制	其他人员		财政拨款
总　计	**2726**	**25143**	**4411**	**18454**	**2278**	**1407786**	**1282768**
省区市	31	479	113	338	28	82746	79971
地　市	243	3846	641	2963	242	316298	301431
县市区	2452	20818	3657	15153	2008	1008742	901366

续表

				资产总计(千元)		实际使用房屋建筑面积(万平方米)		实际拥有产权面积(万平方米)
		其他资本性支出			固定资产原值		库房面积	
	抚恤金和生活补助		各种设备购置费					
总　计	**21443**	**42323**	**28011**	**876232**	**620480**	**26.49**	**3.57**	**5.19**
省区市	152	5587	3188	143296	49153	0.70	0.29	0.17
地　市	714	11188	7609	149246	114464	4.65	0.63	1.09
县市区	20577	25548	17214	583690	456863	21.14	2.65	3.93

执法机构基本情况

基建拨款	本年支出合计（千元）	基本支出	项目支出	在支出合计中:						
				工资福利支出	商品和服务支出	差旅费	劳务费	福利费	税金支出	对个人和家庭补助支出
1124	**1577329**	**1245436**	**199372**	**786923**	**322270**	**52366**	**13992**	**11513**	**1142**	**97952**
	77286	41537	31504	26729	36232	3038	1738	373	245	3788
	317784	255396	54760	159830	77178	6604	1893	1473	117	28445
1124	1182259	948503	113108	600364	208860	42724	10361	9667	780	65719

执法装备							参加人身意外伤害保险人数（人）	保险费用（千元）
执勤用车（辆）	执法车辆（辆）	数码取证设备（台）	执法通讯设备（台）	影视鉴定设备（台）	网络执法设备（台）	执法用房（间）		
608	**1981**	**3271**	**2215**	**410**	**1480**	**3332**	**3999**	**9437**
11	65	151	97	3	54	27	165	100
148	383	633	435	92	230	476	825	1736
449	1533	2487	1683	315	1196	2829	3009	7601

2011年各地区文化市场

地区	机构数(个)	从业人员(人)	资产、负债、			
			资产总计	固定资产原价	当年提取的折旧总额	负债合计
总计	**245452**	**1572916**	**276056267**	**149346246**	**15398216**	**81642031**
北京	3765	58497	3510931	1779704	179795	1910011
天津	1481	14411	5630721	3428925	208151	3037313
河北	9938	45121	4003669	3221650	275795	771187
山西	6122	33262	3133474	2664316	207595	318753
内蒙古	6298	24680	4764513	4179515	239788	219804
辽宁	11445	49848	5397823	4051316	501741	1173346
吉林	5472	21516	3041571	2434251	187258	279289
黑龙江	8916	30000	2778470	2546843	138358	303085
上海	4337	64052	26884939	9675708	1590259	16020265
江苏	15345	86941	16668843	11564548	872791	2018401
浙江	11466	105031	16000665	12204669	1444053	2868657
安徽	11507	69582	7479003	6122252	522952	1188461
福建	6003	67059	8614629	4879028	386252	2243954
江西	9311	45654	5745205	5425162	491026	348982
山东	17269	84637	7759774	6441812	938047	1151357
河南	10441	66841	7350837	5337784	650355	752850
湖北	11054	61026	6968655	6152237	516794	501870
湖南	13841	85715	9108160	7232544	689297	1953608
广东	15542	176196	83245552	15420638	1993261	38787502
广西	8334	53156	3775717	3368115	513834	240286
海南	2140	19227	1787795	1196640	112268	501182
重庆	6882	38482	4471699	3472241	319690	615648
四川	15989	89658	14607856	9279747	928467	1142865
贵州	4760	29534	3145228	2874129	212762	320251
云南	10903	58706	8140402	4570185	372541	1411615
西藏	1399	6360	633664	280965	23082	36111
陕西	4354	33416	4667735	3711460	453644	800361
甘肃	2978	17131	1890747	1684097	103498	286075
青海	1343	6756	440683	415496	27599	25183
宁夏	1759	8829	950956	867289	66502	49169
新疆	5056	21542	3446420	2862980	230761	364590

经营机构基本情况

所有者权益(千元)			损益及分配(千元)			
所有者权益合计	实收资本(股本)	国家资本金	营业总收入	主营业务收入	营业总成本	养老、医疗、失业等保险费
185427875	**92742733**	**5768971**	**160833448**	**152299356**	**106574734**	**1732590**
789828	1672979	123934	1662955	1595019	1461175	22745
2235016	1348621	645828	2738370	2646936	2205888	29454
3124681	5211111	234827	2104520	1750180	1356784	15173
2852466	2096149	16642	1714332	1526583	892274	5594
4521187	1451947	114751	2427518	2231237	1109932	14294
4045486	1672399	76205	2522464	2241983	1360225	8313
2762282	1810039	21420	1670212	1621078	924516	7424
2475385	685605	14934	1711609	1524119	898973	3851
10924532	8343635	557078	21401742	21019332	18900045	623461
12545173	10134355	185532	8964594	8139406	5910763	73166
12887212	9365109	303011	10701957	10393703	7374043	71112
6193287	2082369	287981	4371203	4104754	2688111	40071
6230593	3602975	104296	6384535	6191063	4618547	61991
5395763	3073610	176121	3402508	3158229	1685992	18400
6707827	3309700	158428	4601929	4089287	2525149	34917
6386561	3465154	94588	3796326	3514657	2396172	29434
6453495	2243271	97793	4220608	3858171	2411927	25395
7160081	2976843	281289	5079764	4477036	2404747	26308
42343138	10439601	904889	43791229	42552072	28661592	376201
3546547	2598479	101938	2999710	2919210	1890940	8722
1165233	690779	3063	1247460	1224254	813524	36841
3713731	1451941	49375	2830236	2538478	1926631	27882
10953514	4062841	339431	9053986	8481500	5064763	84610
2828145	1176622	207519	1876674	1800564	1178662	12617
6692875	2271427	386677	3260434	2816987	2059636	29275
597553	63489	1475	226961	225331	118484	253
3897863	3061151	177699	2723838	2529556	1802590	21188
1598147	376431	11130	1026912	983730	561417	1233
419113	330179	3712	313534	288798	138498	1980
899331	23054	21654	618036	582787	384033	2790
3081830	1650868	65751	1387292	1273316	848701	17895

续表

地区	损益及分配(千元)				
	住房公积金和住房补贴	差旅费	工会经费	营业利润	营业外收入
总计	**413497**	**600575**	**190783**	**54258714**	**4317783**
北京	5092	4659	1853	201780	8909
天津	21982	5977	3195	532482	65688
河北	2831	7521	2584	747736	150213
山西	716	7205	765	822058	48678
内蒙古	1955	4893	1148	1317586	65004
辽宁	6498	2355	842	1162239	132268
吉林	4798	3299	20688	745696	15140
黑龙江	740	3065	285	812636	31492
上海	67027	90480	8898	2501697	248518
江苏	21188	30191	4244	3053831	233981
浙江	19289	28218	10124	3327914	156093
安徽	10164	25032	3312	1683092	198857
福建	17000	25517	8991	1765988	78410
江西	11271	13059	7465	1716516	117176
山东	10487	11232	5131	2076780	358863
河南	11814	30156	6998	1400154	124319
湖北	5696	14550	2534	1808681	181288
湖南	18194	12152	16287	2675017	795011
广东	114014	163818	46005	15129637	389258
广西	1115	4833	916	1108770	29187
海南	11024	16296	1286	433936	22874
重庆	4310	17339	3750	903605	79786
四川	21198	38287	18424	3989223	335428
贵州	3327	9137	1176	698012	48552
云南	9882	13883	8518	1200798	204048
西藏	32	102	17	108477	420
陕西	2583	6200	2244	921248	90720
甘肃	175	1831	204	465495	13629
青海	183	452	144	175036	2028
宁夏	1301	1950	995	234003	28910
新疆	7611	6886	1760	538591	63035

			工资、福利费、增值税(千元)			
政府补助(补贴收入)	营业外支出	利润总额	本年发放工资总额	本年支付的职工福利费	本年应交税金总额	经营面积(万平方米)
857251	**3867781**	**54708716**	**22649228**	**1128060**	**7615733**	**8375.78**
	14426	196263	214531	14563	133525	137.08
44605	17843	580327	254075	3720	96231	78.83
24605	144025	753924	521973	11682	93568	248.85
9692	33252	837484	390267	13042	66847	174.01
12538	50163	1332427	361241	8755	79819	172.31
	99458	1195049	479445	43745	166015	333.15
10590	17557	743279	240434	2974	38291	132.53
12	46787	797341	305093	5309	104379	166.11
140205	223856	2526359	1898569	179379	1218813	292.34
29079	226803	3061009	1624318	49243	459838	533.68
70792	306401	3177606	2104809	64990	653618	676.63
80213	146138	1735811	802522	27966	160169	291.67
32781	58304	1786094	1216198	47737	534661	283.93
6413	111664	1722028	593248	28491	177465	322.05
10835	280099	2155544	920626	61479	246434	565.09
30713	111874	1412599	706749	42619	190213	331.71
5334	164024	1825945	761164	26277	178181	296.02
5088	816538	2653490	917509	42346	210957	341.35
120710	267361	15251534	3016695	217358	1271763	992.11
9503	25935	1112022	635692	12891	215469	239.67
10574	20546	436264	317517	11396	97153	76.44
41244	73241	910150	612890	20381	141546	191.33
104888	194748	4129903	1476907	107762	410443	456.50
17645	60225	686339	416648	15760	127459	146.76
795	208581	1196265	597885	26887	179015	271.66
	496	108401	61083	293	14836	29.76
27872	75986	935982	485369	14202	130230	192.83
552	18542	460582	217114	11189	77959	99.84
6	14943	162121	75656	1016	17625	27.06
8217	21948	240965	145097	3872	22805	47.29
1750	16017	585609	277904	10736	100406	227.27

2011年各地区文化市场

地　区	机构数（个）	从业人员（人）	资产、负债、			
			资产总计	固定资产原价	当年提取的折旧总额	负债合计
总　计	**104745**	**899201**	**197077310**	**80342812**	**8640685**	**68442361**
北　京	3478	56529	2731439	1185312	139159	1222790
天　津	1225	12649	5269204	3119940	179918	2973938
河　北	3179	18717	1872659	1292225	115569	469881
山　西	3436	22452	2153912	1845788	142115	197324
内蒙古	2008	9027	1566258	1411489	103003	72939
辽　宁	7026	33220	3910384	2813697	341870	805573
吉　林	2594	12197	2153757	1672670	131510	252149
黑龙江	3934	16077	1665331	1487573	60490	236339
上　海	2988	53720	24657400	8027852	1284416	15210804
江　苏	7450	51622	10515112	6081112	511202	1422017
浙　江	3686	44495	6491092	3768074	487801	1859534
安　徽	4882	42629	3810427	2873752	263301	704416
福　建	2473	39099	5321303	2197793	203652	1795676
江　西	2987	19648	2506302	2332244	187225	121421
山　东	7662	44097	4096767	3158656	547841	799582
河　南	4203	39075	4666766	2954393	326164	571658
湖　北	4573	35554	4191789	3577279	354838	253407
湖　南	4859	45772	5507447	4228255	298511	1444868
广　东	7674	105322	74836755	9020102	1195320	33880267
广　西	2811	26118	1771768	1471870	260102	161626
海　南	826	12445	1306612	759036	64087	480408
重　庆	3841	26550	3153371	2308642	204523	475400
四　川	4639	40976	8891446	3909917	431472	774553
贵　州	1112	9648	975852	859508	71041	138503
云　南	3231	24619	5018099	1820177	107872	939554
西　藏	637	3861	553106	202754	18417	33618
陕　西	1989	19807	3125243	2343648	313449	698755
甘　肃	1278	9831	1059844	901954	71907	137103
青　海	528	3907	306831	289986	24845	15067
宁　夏	1105	6713	689557	623905	53815	44207
新　疆	2429	12775	2291546	1803209	145250	248984

经营机构基本情况(城市)

所有者权益(千元)			损益及分配(千元)			
所有者权益合计	实收资本(股本)	国家资本金	营业总收入	主营业务收入	营业总成本	养老、医疗、失业等保险费
119648588	**60355504**	**4466640**	**114140333**	**108770680**	**79546596**	**1384672**
697557	1406891	93944	1474713	1408935	1294599	16029
1936874	1176860	644328	2606918	2521825	2079788	29142
1294977	4406486	194827	1050707	803431	757123	6091
1994333	1595652	16640	1229820	1079963	616979	5041
1469797	319056	86564	761727	717420	347475	9978
2925820	1220891	42035	1713687	1513813	965557	5075
1901608	1152755	20800	1114332	1103780	665011	6914
1428992	401326	14934	1112740	964667	616304	3474
9506454	7235868	504556	20119504	19764488	17884989	598341
6987826	6818401	172866	5396351	4853038	3839073	57624
4386762	4449357	170211	4117146	3999562	2939913	43438
3008756	1232912	103225	2505907	2345810	1625665	31901
3385545	2323612	75931	4392689	4305649	3289860	49408
2384421	1241912	63975	1587286	1507201	818091	3407
3396595	2173431	113899	2490907	2194461	1477425	21214
3883682	1989852	62186	2325589	2151437	1592535	23188
3925092	1361260	74148	2484664	2255380	1539725	16421
4068108	1913082	161368	2882598	2513367	1477077	18411
38841576	6638317	752023	39115828	38240484	25195713	253191
1621258	1273496	44383	1441019	1400039	1031302	7755
704824	509081	1521	839263	823777	571394	32667
2535651	1071575	47868	2113842	1871809	1514890	25321
5605416	2211550	250786	4963173	4717259	2998483	54401
840517	604325	207519	661455	640236	516693	9429
4042633	1196396	311076	1551932	1241513	1170150	17182
519488	41720	1334	164875	163506	87738	253
2456977	2666911	134927	1747779	1639793	1282252	20045
916216	223936	7710	575374	552683	348522	855
295377	242440	3712	173787	155607	89300	722
642894	21954	21654	470326	446149	303719	2575
2042562	1234199	65690	954395	873598	609251	15179

续表

地区	住房公积金和住房补贴	差旅费	工会经费	损益及分配(千元) 营业利润	营业外收入
总计	**337224**	**441823**	**132009**	**34593737**	**2933275**
北京	2453	3996	1359	180114	3430
天津	21857	5802	3158	527130	64448
河北	1134	4273	1619	293584	120306
山西	508	6012	458	612841	34000
内蒙古	1011	1818	288	414252	24303
辽宁	5087	1734	562	748130	93816
吉林	4798	2828	6747	449321	12733
黑龙江	540	2780	116	496436	18212
上海	63250	81138	6303	2234515	236227
江苏	19441	24054	3325	1557278	90776
浙江	8417	17619	4502	1177233	87341
安徽	9084	20342	2843	880242	136900
福建	15421	17156	6662	1102829	60257
江西	1457	766	1362	769195	37484
山东	8292	6744	3281	1013482	250804
河南	9327	21327	4963	733054	75581
湖北	3900	10903	2103	944939	92355
湖南	17825	9323	15121	1405521	545916
广东	93300	114632	39800	13920115	319615
广西	956	3674	749	409717	21337
海南	10864	15409	1243	267869	17836
重庆	4161	16274	3628	598952	72655
四川	11975	21430	8774	1964690	221325
贵州	2513	5244	422	144762	33052
云南	8843	12662	7886	381782	126466
西藏	32	102	17	77137	230
陕西	2302	4440	2026	465527	42366
甘肃	116	1624	159	226852	7098
青海	112	172	92	84487	1330
宁夏	1200	1732	961	166607	27164
新疆	7048	5813	1480	345144	57912

			工资、福利费、增值税(千元)			经营面积(万平方米)
政府补助(补贴收入)	营业外支出	利润总额	本年发放工资总额	本年支付的职工福利费	本年应交税金总额	
847854	**2221932**	**35305080**	**13958555**	**720627**	**4947037**	**4345.50**
	10461	173083	192946	11167	115555	118.51
44605	17001	574577	231413	2722	93454	66.99
24605	98000	315890	278059	5460	45097	107.88
9692	18879	627962	282102	10875	47955	117.23
12538	15536	423019	136840	4362	38093	58.76
	68479	773467	332533	31323	107158	186.96
10590	12481	449573	153972	2354	25586	79.87
12	28184	486464	188268	4624	71867	93.54
140205	182871	2287871	1696671	152180	1080372	180.08
25618	57751	1590303	1063802	31798	287927	299.99
65792	119501	1145073	904932	27018	279129	227.58
80213	88583	928559	479907	21849	92681	150.60
32781	31579	1131507	829788	27319	367248	133.08
6390	50955	755724	282405	4902	85734	111.39
10835	148096	1116190	490350	38445	154551	292.34
30713	60871	747764	445064	24825	133040	192.90
5334	69894	967400	469358	10025	82294	165.98
5088	572042	1379395	526881	20251	113891	168.88
120710	186338	14053392	1890739	138295	814332	510.95
9503	13215	417839	331501	7719	114968	127.92
10574	12801	272904	241832	9026	65760	43.76
40981	61955	609652	449862	16460	114728	129.00
104888	89311	2096704	772192	62456	232902	198.89
17645	20453	157361	157696	8734	50253	51.01
795	128576	379672	287971	13376	80924	111.51
	392	76975	44880	225	10828	19.61
27872	19461	488432	311510	9373	100055	121.59
552	2893	231057	128280	9835	43462	57.73
6	8196	77621	43764	653	11184	17.66
8217	20299	173472	121927	3704	18254	33.25
1100	6878	396178	191110	9272	67755	170.14

2011年各地区文化市场

地区	机构数(个)	从业人员(人)	资产、负债、			
			资产总计	固定资产原价	当年提取的折旧总额	负债合计
总计	**89932**	**479615**	**57759619**	**50764220**	**4608298**	**9801983**
北京	275	1927	775619	591839	40630	686300
天津	189	1475	267517	217295	17822	62275
河北	4604	20046	1711500	1541525	129041	249013
山西	1852	7690	775766	627944	52552	103207
内蒙古	3681	13671	2942295	2533648	116205	100412
辽宁	3087	12758	1250161	1046240	135860	331544
吉林	1942	6984	679596	580564	42111	23718
黑龙江	3782	11081	921814	877230	68142	55538
上海	258	2278	522157	389094	79317	425391
江苏	4648	24314	4628317	4071543	242336	452214
浙江	4347	41638	6650408	5891767	643571	727122
安徽	4045	19532	2786527	2484222	201153	331757
福建	2145	19406	2438735	1886251	119223	379800
江西	3953	19897	2556490	2442214	247252	183008
山东	6959	31611	2927141	2628206	290252	286468
河南	3992	20057	2043913	1816411	228432	126466
湖北	3897	18493	2145656	1991320	123164	215860
湖南	5200	28832	2640171	2152610	233627	448910
广东	3866	36411	4258099	3395545	413391	3313571
广西	2782	18607	1515913	1444685	166642	57725
海南	693	4696	346028	325283	24818	6173
重庆	1895	8700	1023204	905233	88258	104834
四川	7281	34898	4114010	3839237	332155	259928
贵州	2849	17701	1934671	1797298	125178	161521
云南	5133	26894	2651541	2318412	221782	425137
西藏	696	2402	79731	77404	4645	2493
陕西	1574	10703	1257839	1115270	119273	79349
甘肃	1272	5986	710691	671944	22679	117326
青海	633	2250	104321	96375	2644	9884
宁夏	481	1633	206200	192917	8076	3247
新疆	1921	7044	893588	814694	68067	71792

经营机构基本情况(县城)

所有者权益(千元)			损益及分配(千元)			
所有者权益合计	实收资本(股本)	国家资本金	营业总收入	主营业务收入	营业总成本	养老、医疗、失业等保险费
47957636	**22626731**	**898409**	**33859853**	**31507347**	**19199122**	**210764**
89319	265108	29850	187096	184959	165923	6656
205242	86011	1500	114059	109687	114185	292
1462487	648952	31804	842927	751671	483336	7783
672559	360170		378857	346284	224577	516
2841883	1055094	26373	1477055	1330877	653663	3398
918617	415113	32778	677718	606368	334510	2595
655878	509805	620	422016	391583	194500	470
866276	243293		497397	465117	236441	332
96766	158182	11042	259728	250559	218294	10381
4176103	2448061	11693	2541086	2309817	1465735	10421
5923286	3388682	39114	4795412	4646718	3212129	21818
2454770	651358	137188	1401377	1317361	799536	5591
2058935	897763	23760	1430574	1343757	939539	10301
2373482	1405282	93024	1431939	1313389	668272	13080
2640673	903221	34324	1653691	1476029	801278	10724
1917447	1157490	32401	1111893	1035122	618074	4477
1929796	733005	23425	1296938	1187483	658392	7237
2191261	731205	73331	1576886	1369261	706228	4476
944528	1570637	84334	2395125	2317564	1770383	41683
1458188	1033320	48496	1172326	1144087	633732	649
339855	130628	1024	282861	276731	170135	3387
918370	294785	1507	561853	524136	326038	2174
3854082	1321761	72674	3022467	2780773	1523291	23786
1773150	511913		1090123	1038318	596063	3002
2226404	878134	69182	1443938	1333988	755624	11026
77238	21332	141	60392	60131	29828	
1178490	315567	16623	806667	729774	431005	734
593365	139464	2140	386939	367544	179175	250
94437	71484		82597	78027	38602	1258
202953	1000		116089	106504	63212	215
821796	278911	61	341827	313728	187422	2052

续表

地　区	损益及分配(千元)				
	住房公积金和住房补贴	差旅费	工会经费	营业利润	营业外收入
总　计	**49226**	**93630**	**41170**	**14660731**	**1108442**
北　京	2639	663	494	21173	5479
天　津	105	130	12	-126	830
河　北	872	2162	625	359591	22787
山　西	168	958	264	154280	11033
内蒙古	853	2750	772	823392	39476
辽　宁	1256	506	178	343208	33854
吉　林		247	7159	227516	2272
黑龙江	175	210	149	260956	10918
上　海	1190	1840	794	41434	3896
江　苏	1575	4816	682	1075351	127384
浙　江	7034	7184	4349	1583283	55175
安　徽	942	3991	398	601841	45455
福　建	1421	7296	1726	491035	11806
江　西	8917	10669	5278	763667	61369
山　东	1798	3552	1254	852413	68812
河　南	1944	6254	1484	493819	29574
湖　北	1316	2855	380	638546	67931
湖　南	352	1561	879	870658	236369
广　东	4972	10978	2810	624742	32202
广　西	159	631	130	538594	4914
海　南	151	531	18	112726	3468
重　庆	137	925	112	235815	4101
四　川	8913	15557	9424	1499176	97313
贵　州	775	3441	712	494060	14108
云　南	832	1164	630	688314	65911
西　藏				30564	190
陕　西	255	1437	152	375662	40271
甘　肃	59	172	45	207764	5830
青　海	71	253	52	43995	458
宁　夏	101	188	34	52877	1249
新　疆	244	709	174	154405	4007

营业外支出	利润总额	工资、福利费、增值税(千元) 本年发放工资总额	本年支付的职工福利费	本年应交税金总额	经营面积(万平方米)
1288295	**14480878**	**6177755**	**264538**	**1902004**	**2902.58**
3965	22687	21213	3372	17834	18.17
697	7	18818	838	2415	9.87
38218	344160	195752	4571	40219	112.20
12318	152995	82469	1625	15079	43.00
31355	831513	194340	3956	34294	79.27
26284	350778	119400	11338	50843	118.66
2779	227009	65531	380	9825	40.04
13770	258104	94520	510	25765	58.84
1991	43339	52097	6135	35478	13.39
151432	1051303	383236	10902	122241	168.24
149340	1489118	851171	24851	268583	334.34
45742	601554	240666	4054	54342	106.57
18800	484041	255770	11979	129633	104.93
46257	778779	242675	18063	69171	175.64
85128	836097	342466	13333	73524	230.22
34073	489320	195182	14753	41934	105.68
73972	632505	211126	13141	78997	96.11
230256	876771	285621	17898	71972	122.39
35442	621502	580713	28969	245173	255.93
9732	533776	222269	4760	80961	78.95
4199	111995	51334	1663	22619	21.13
8146	231770	121931	2709	21755	46.75
87391	1509098	513675	38381	134178	181.16
33730	474438	235269	6731	72689	85.02
66731	687494	256845	12439	85743	130.26
104	30650	15773	68	3772	9.92
47606	368327	143006	4240	26112	55.44
14780	198814	73567	1324	30749	35.13
4892	39561	23893	342	5324	7.53
1349	52777	17580	157	3362	11.04
7816	150596	69847	1056	27418	46.79

2011年各地区文化市场

地　区	机构数（个）	从业人员（人）	资产、负债、			
			资产总计	固定资产原价	当年提取的折旧总额	负债合计
总　计	**50775**	**194100**	**21219338**	**18239214**	**2149233**	**3397687**
北　京	12	41	3873	2553	6	921
天　津	67	287	94000	91690	10411	1100
河　北	2155	6358	419510	387900	31185	52293
山　西	834	3120	203796	190584	12928	18222
内蒙古	609	1982	255960	234378	20580	46453
辽　宁	1332	3870	237278	191379	24011	36229
吉　林	936	2335	208218	181017	13637	3422
黑龙江	1200	2842	191325	182040	9726	11208
上　海	1091	8054	1705382	1258762	226526	384070
江　苏	3247	11005	1525414	1411893	119253	144170
浙　江	3433	18898	2859165	2544828	312681	282001
安　徽	2580	7421	882049	764278	58498	152288
福　建	1385	8554	854591	794984	63377	68478
江　西	2371	6109	682413	650704	56549	44553
山　东	2648	8929	735866	654950	99954	65307
河　南	2246	7709	640158	566980	95759	54726
湖　北	2584	6979	631210	583638	38792	32603
湖　南	3782	11111	960542	851679	157159	59830
广　东	4002	34463	4150698	3004991	384550	1593664
广　西	2741	8431	488036	451560	87090	20935
海　南	621	2086	135155	112321	23363	14601
重　庆	1146	3232	295124	258366	26909	35414
四　川	4069	13784	1602400	1530593	164840	108384
贵　州	799	2185	234705	217323	16543	20227
云　南	2539	7193	470762	431596	42887	46924
西　藏	66	97	827	807	20	
陕　西	791	2906	284653	252542	20922	22257
甘　肃	428	1314	120212	110199	8912	31646
青　海	182	599	29531	29135	110	232
宁　夏	173	483	55199	50467	4611	1715
新　疆	706	1723	261286	245077	17444	43814

经营机构基本情况(县以下)

所有者权益(千元)			损益及分配(千元)			
所有者权益合计	实收资本(股本)	国家资本金	营业总收入	主营业务收入	营业总成本	养老、医疗、失业等保险费
17821651	**9760498**	**403922**	**12833262**	**12021329**	**7829016**	**137154**
2952	980	140	1146	1125	653	60
92900	85750		17393	15424	11915	20
367217	155673	8196	210886	195078	116325	1299
185574	140327	2	105655	100336	50718	37
209507	77797	1814	188736	182940	108794	918
201049	36395	1392	131059	121802	60158	643
204796	147479		133864	125715	65005	40
180117	40986		101472	94335	46228	45
1321312	949585	41480	1022510	1004285	796762	14739
1381244	867893	973	1027157	976551	605955	5121
2577164	1527070	93686	1789399	1747423	1222001	5856
729761	198099	47568	463919	441583	262910	2579
786113	381600	4605	561272	541657	389148	2282
637860	426416	19122	383283	337639	199629	1913
670559	233048	10205	457331	418797	246446	2979
585432	317812	1	358844	328098	185563	1769
598607	149006	220	439006	415308	213810	1737
900712	332556	46590	620280	594408	221442	3421
2557034	2230647	68532	2280276	1994024	1695496	81327
467101	291663	9059	386365	375084	225906	318
120554	51070	518	125336	123746	71995	787
259710	85581		154541	142533	85703	387
1494016	529530	15971	1068346	983468	542989	6423
214478	60384		125096	122010	65906	186
423838	196897	6419	264564	241486	133862	1067
827	437		1694	1694	918	
262396	78673	26149	169392	159989	89333	409
88566	13031	1280	64599	63503	33720	128
29299	16255		57150	55164	10596	
53484	100		31621	30134	17102	
217472	137758		91070	85990	52028	664

续表

地　区	损益及分配(千元)				
				营业利润	营业外收入
	住房公积金和住房补贴	差旅费	工会经费		
总　计	**27047**	**65122**	**17604**	**5004246**	**276066**
北　京				493	
天　津	20	45	25	5478	410
河　北	825	1086	340	94561	7120
山　西	40	235	43	54937	3645
内蒙古	91	325	88	79942	1225
辽　宁	155	115	102	70901	4598
吉　林		224	6782	68859	135
黑龙江	25	75	20	55244	2362
上　海	2587	7502	1801	225748	8395
江　苏	172	1321	237	421202	15821
浙　江	3838	3415	1273	567398	13577
安　徽	138	699	71	201009	16502
福　建	158	1065	603	172124	6347
江　西	897	1624	825	183654	18323
山　东	397	936	596	210885	39247
河　南	543	2575	551	173281	19164
湖　北	480	792	51	225196	21002
湖　南	17	1268	287	398838	12726
广　东	15742	38208	3395	584780	37441
广　西		528	37	160459	2936
海　南	9	356	25	53341	1570
重　庆	12	140	10	68838	3030
四　川	310	1300	226	525357	16790
贵　州	39	452	42	59190	1392
云　南	207	57	2	130702	11671
西　藏				776	
陕　西	26	323	66	80059	8083
甘　肃		35		30879	701
青　海		27		46554	240
宁　夏		30		14519	497
新　疆	319	364	106	39042	1116

营业外支出	利润总额	工资、福利费、增值税(千元) 本年发放工资总额	本年支付的职工福利费	本年应交税金总额	经营面积(万平方米)
357554	**4922758**	**2512918**	**142895**	**766692**	**1127.70**
	493	372	24	136	0.39
145	5743	3844	160	362	1.97
7807	93874	48162	1651	8252	28.77
2055	56527	25696	542	3813	13.79
3272	77895	30061	437	7432	34.28
4695	70804	27512	1084	8014	27.54
2297	66697	20931	240	2880	12.61
4833	52773	22305	175	6747	13.72
38994	195149	149801	21064	102963	98.87
17620	419403	177280	6543	49670	65.43
37560	543415	348706	13121	105906	114.69
11813	205698	81949	2063	13146	34.50
7925	170546	130640	8439	37780	45.92
14452	187525	68168	5526	22560	35.03
46875	203257	87810	9701	18359	42.53
16930	175515	66503	3041	15239	33.14
20158	226040	80680	3111	16890	33.92
14240	397324	105007	4197	25094	50.08
45581	576640	545243	50094	212258	225.22
2988	160407	81922	412	19540	32.80
3546	51365	24351	707	8774	11.55
3140	68728	41097	1212	5063	15.59
18046	524101	191040	6925	43363	76.45
6042	54540	23683	295	4517	10.73
13274	129099	53069	1072	12348	29.90
	776	430		236	0.24
8919	79223	30853	589	4063	15.80
869	30711	15267	30	3748	6.98
1855	44939	7999	21	1117	1.88
300	14716	5590	11	1189	3.02
1323	38835	16947	408	5233	10.35

2011年各地区文化市场

地区	机构数(个)	从业人员(人)	资产、负债、			
			资产总计	固定资产原价	当年提取的折旧总额	负债合计
总计	**245168**	**1565788**	**273734436**	**147999686**	**15216838**	**80038239**
北京	3753	58217	3456448	1749612	173842	1888980
天津	1478	14351	5572785	3376911	208029	3035895
河北	9933	45027	4001293	3219295	275226	770589
山西	6122	33262	3133474	2664316	207595	318753
内蒙古	6298	24680	4764513	4179515	239788	219804
辽宁	11433	49814	5395308	4048801	501741	1172031
吉林	5472	21516	3041571	2434251	187258	279289
黑龙江	8915	29994	2778470	2546843	138358	303085
上海	4307	62511	26121660	9289235	1539292	15403703
江苏	15344	86878	16647495	11556346	872339	2016072
浙江	11459	104911	15933566	12161879	1426975	2826269
安徽	11502	69567	7477978	6121429	522943	1188416
福建	5979	66655	8424161	4801581	381095	2137927
江西	9298	45590	5739775	5419832	489444	348864
山东	17259	84524	7702948	6434118	935207	1151031
河南	10439	66812	7346257	5325529	649230	752850
湖北	11048	60807	6924295	6108847	515824	501660
湖南	13834	85448	9084972	7212115	681746	1950978
广东	15426	173148	82396311	14875835	1910136	38253966
广西	8329	52985	3771195	3364091	513397	240286
海南	2135	19079	1744838	1184175	111083	280637
重庆	6881	38463	4471108	3471863	319312	615270
四川	15984	89497	14603126	9275567	928106	1141435
贵州	4756	29455	3046008	2800241	212618	297561
云南	10900	58693	8139462	4569315	372491	1411445
西藏	1398	6353	632664	280065	22982	36111
陕西	4350	33245	4644062	3698257	452425	770315
甘肃	2978	17131	1890747	1684097	103498	286075
青海	1343	6756	440683	415496	27599	25183
宁夏	1759	8829	950956	867289	66502	49169
新疆	5054	21540	3446376	2862940	230757	364590

经营机构基本情况(内资企业)

所有者权益(千元)			损益及分配(千元)			
所有者权益合计	实收资本(股本)	国家资本金	营业总收入	主营业务收入	营业总成本	养老、医疗、失业等保险费
184709836	**91368977**	**5676026**	**159866827**	**151355745**	**105696469**	**1685817**
756376	1604889	122975	1619086	1553794	1418696	21743
2178498	1288621	645828	2733778	2643044	2203963	29131
3122903	5210901	234827	2103278	1748938	1356265	15150
2852466	2096149	16642	1714332	1526583	892274	5594
4521187	1451947	114751	2427518	2231237	1109932	14294
4044286	1672399	76205	2521295	2240923	1359625	8313
2762282	1810039	21420	1670212	1621078	924516	7424
2475385	685605	14934	1711609	1524119	898973	3851
10777815	7905658	497166	21016305	20636302	18498536	595685
12526154	10112707	185532	8957702	8132514	5905329	72703
12862501	9334757	303011	10687659	10379405	7363483	70794
6192307	2082219	287981	4370280	4103841	2687585	40071
6146152	3516432	103796	6304988	6112693	4546206	61389
5390451	3068660	174621	3399674	3155440	1684701	18400
6651327	3300600	158422	4592526	4079968	2519301	34906
6381981	3463154	94588	3794579	3513017	2394816	29434
6409345	2241771	97793	4212790	3850553	2406881	25363
7139523	2966823	274269	5063517	4461745	2392801	26225
42027433	9854760	884831	43465865	42240098	28398818	362168
3542025	2594099	101938	2993860	2913614	1887982	8623
1342821	687603	2963	1223124	1199938	791131	36627
3713518	1451941	49375	2829358	2537600	1925865	27882
10950214	4058551	336541	9047529	8475043	5059226	84187
2751615	1169130	207519	1872149	1796039	1174799	12323
6692105	2271427	386677	3260074	2816687	2059496	29275
596553	63489	1475	226461	224831	118434	253
3904236	3024158	177699	2701645	2508210	1784266	20111
1598147	376431	11130	1026912	983730	561417	1233
419113	330179	3712	313534	288798	138498	1980
899331	23054	21654	618036	582787	384033	2790
3081786	1650824	65751	1387152	1273176	848621	17895

续表

地区	住房公积金和住房补贴	差旅费	工会经费	营业利润	营业外收入
总计	**409539**	**594666**	**184846**	**54170358**	**4304233**
北京	4941	4556	1797	200390	8898
天津	21745	5977	3195	529815	65688
河北	2825	7520	2584	747013	150213
山西	716	7205	765	822058	48678
内蒙古	1955	4893	1148	1317586	65004
辽宁	6498	2355	842	1161670	132198
吉林	4798	3299	20688	745696	15140
黑龙江	740	3065	285	812636	31492
上海	65938	86621	8863	2517769	242984
江苏	21122	30119	4244	3052373	233933
浙江	19236	28216	10118	3324176	156057
安徽	10164	25032	3312	1682695	198857
福建	16967	25482	8949	1758782	78343
江西	11259	13059	7465	1714973	117099
山东	10486	11178	5123	2073225	358863
河南	11814	30119	6998	1399763	124319
湖北	5696	14546	2529	1805909	181288
湖南	18194	12151	11773	2670716	794756
广东	111844	162321	45009	15067047	382093
广西	1115	4809	908	1105878	29064
海南	11024	16213	1275	431993	22733
重庆	4310	17339	3750	903493	79786
四川	21198	38287	18424	3988303	335428
贵州	3327	9078	1160	697350	48552
云南	9882	13883	8518	1200578	204033
西藏	32	102	17	108027	420
陕西	2443	6123	2004	917379	90712
甘肃	175	1831	204	465495	13629
青海	183	452	144	175036	2028
宁夏	1301	1950	995	234003	28910
新疆	7611	6885	1760	538531	63035

政府补助(补贴收入)	营业外支出	利润总额	工资、福利费、增值税(千元) 本年发放工资总额	本年支付的职工福利费	本年应交税金总额	经营面积(万平方米)
857231	**3809028**	**54665563**	**22468032**	**1121494**	**7513746**	**8325.68**
	12885	196403	207740	13746	125774	134.83
44605	17843	577660	253115	3663	95802	78.67
24605	144025	753201	521577	11676	93485	248.40
9692	33252	837484	390267	13042	66847	174.01
12538	50163	1332427	361241	8755	79819	172.31
	99428	1194440	479109	43705	165925	332.95
10590	17557	743279	240434	2974	38291	132.53
12	46787	797341	305093	5309	104379	166.09
140205	173469	2587284	1813183	177460	1196997	287.25
29059	226803	3059503	1622366	49162	459780	533.48
70792	306394	3173839	2101325	64988	652071	675.79
80213	146138	1735414	802283	27962	160155	291.57
32781	58192	1778933	1205159	47580	524895	280.67
6413	111577	1720495	592536	28485	177291	321.59
10835	280099	2151989	918723	61478	245644	554.29
30713	111874	1412208	706090	42567	190047	331.42
5334	164024	1823173	758715	26271	177788	294.49
5088	815383	2650089	913597	41972	209244	340.53
120710	262065	15187075	2966366	214403	1220402	976.41
9503	25905	1109037	634008	12844	215104	239.21
10574	20546	434180	315568	11396	95640	75.10
41244	73241	910038	612622	20381	141443	191.28
104888	194748	4128983	1474736	107762	409373	455.78
17645	60175	685727	415601	15753	127280	146.58
795	208536	1196075	597775	26887	178995	271.61
	496	107951	61033	293	14806	29.75
27872	75973	932118	482011	14167	127684	187.72
552	18542	460582	217114	11189	77959	99.84
6	14943	162121	75656	1016	17625	27.06
8217	21948	240965	145097	3872	22805	47.29
1750	16017	585549	277892	10736	100396	227.26

2011年各地区文化市场经营

地区	机构数(个)	从业人员(人)	资产、负债、			
			资产总计	固定资产原价	当年提取的折旧总额	负债合计
总计	**186**	**4738**	**1781853**	**1023817**	**139809**	**1299148**
北京	7	226	48018	26482	3897	17113
天津	1	26	50000	50000		
河北	2	17	1750	1750	150	
山西						
内蒙古						
辽宁	12	34	2515	2515		1315
吉林						
黑龙江						
上海	13	829	547231	202307	34976	454106
江苏						
浙江	3	65	59386	36285	16699	42323
安徽	3	8	530	328	9	
福建	15	286	149380	48370	5099	98043
江西	9	10	480	480	2	18
山东	3	35	8559	5934	2305	298
河南						
湖北	2	110	30000	30000		100
湖南	3	72	11300	11200	5700	100
广东	89	2385	711321	505550	67999	423540
广西	4	171	4522	4024	437	
海南	4	148	42705	12261	1172	220417
重庆	1	19	591	378	378	378
四川	5	161	4730	4180	361	1430
贵州	4	79	99220	73888	144	22690
云南	3	13	940	870	50	170
西藏						
陕西	1	42	8631	6975	427	17107
甘肃						
青海						
宁夏						
新疆	2	2	44	40	4	

机构基本情况(港澳台投资)

所有者权益(千元)			损益及分配(千元)			
所有者权益合计	实收资本(股本)	国家资本金	营业总收入	主营业务收入	营业总成本	养老、医疗、失业等保险费
482705	**908392**	**75408**	**623122**	**606415**	**521904**	**19909**
30905	24570		26458	26454	25353	650
50000	50000		1500	800	900	
1750	150		330	330	230	
1200			1169	1060	600	
93125	149057	45666	239139	238525	191325	4161
17063	25847		11556	11556	7937	237
530	150		323	323	206	
51337	53097	500	62137	60960	56590	594
462			330	330	180	
8261	8320		2685	2681	2333	
29900			3730	3530	1550	
11200	10000	7000	4650	4550	2320	7
287781	536757	19352	219685	206767	191136	13021
4522	4380		5850	5596	2958	99
-177712	3040		24336	24316	22393	214
213			878	878	766	
3300	4290	2890	6457	6457	5537	423
76530	7492		4525	4525	3863	294
770			360	300	140	
-8476	31198		6884	6337	5507	209
44	44		140	140	80	

续表

地区	损益及分配(千元)				
	住房公积金和住房补贴	差旅费	工会经费	营业利润	营业外收入
总计	**2625**	**3849**	**1113**	**101218**	**11014**
北京	133	82	41	1105	11
天津				600	
河北				100	
山西					
内蒙古					
辽宁				569	70
吉林					
黑龙江					
上海	448	2084	10	47814	3775
江苏					
浙江	51	2	6	3619	36
安徽				117	
福建	33	35	42	5547	67
江西				150	2
山东		3	7	352	
河南					
湖北				2180	
湖南			3	2330	15
广东	1945	1474	953	28549	6751
广西		24	8	2892	123
海南		83	11	1943	141
重庆				112	
四川				920	
贵州		59	16	662	
云南				220	15
西藏					
陕西	15	2	16	1377	8
甘肃					
青海					
宁夏					
新疆		1		60	

		工资、福利费、增值税(千元)			
营业外支出	利润总额	本年发放工资总额	本年支付的职工福利费	本年应交税金总额	经营面积(万平方米)
57786	**54446**	**125497**	**4647**	**65100**	**22.72**
1524	-408	4117	817	4371	1.64
	600	560		20	0.03
	100	200		20	0.10
30	609	336	40	90	0.20
50195	1394	61700	990	11975	1.36
7	3648	1581		668	0.64
	117	74	4	2	0.03
112	5502	9037	157	8433	2.48
2	150	56		7	0.07
	352	480		146	0.46
	2180	1150		78	0.94
815	1530	702	50	422	0.22
4968	30332	37271	2500	34645	11.16
30	2985	1684	47	365	0.46
	2084	1949		1513	1.33
	112	268		103	0.06
	920	2171		1070	0.72
50	612	1047	7	179	0.18
45	190	110		20	0.05
8	1377	992	35	963	0.59
	60	12		10	0.01

2011年各地区文化市场经营

地区	机构数(个)	从业人员(人)	资产、负债、			
			资产总计	固定资产原价	当年提取的折旧总额	负债合计
总计	**98**	**2390**	**539978**	**322743**	**41569**	**304644**
北京	5	54	6465	3610	2056	3918
天津	2	34	7936	2014	122	1418
河北	3	77	626	605	419	598
山西						
内蒙古						
辽宁						
吉林						
黑龙江	1	6				
上海	17	712	216048	184166	15991	162456
江苏	1	63	21348	8202	452	2329
浙江	4	55	7713	6505	379	65
安徽	2	7	495	495		45
福建	9	118	41088	29077	58	7984
江西	4	54	4950	4850	1580	100
山东	7	78	48267	1760	535	28
河南	2	29	4580	12255	1125	
湖北	4	109	14360	13390	970	110
湖南	4	195	11888	9229	1851	2530
广东	27	663	137920	39253	15126	109996
广西	1					
海南	1		252	204	13	128
重庆						
四川						
贵州						
云南						
西藏	1	7	1000	900	100	
陕西	3	129	15042	6228	792	12939
甘肃						
青海						
宁夏						
新疆						

机构基本情况(外商投资)

所有者权益(千元)			损益及分配(千元)			
所有者权益合计	实收资本(股本)	国家资本金	营业总收入	主营业务收入	营业总成本	养老、医疗、失业等保险费
235334	**465364**	**17537**	**343499**	**337196**	**356361**	**26864**
2547	43520	959	17411	14771	17126	352
6518	10000		3092	3092	1025	323
28	60		912	912	289	23
53592	288920	14246	146298	144505	210184	23615
19019	21648		6892	6892	5434	463
7648	4505		2742	2742	2623	81
450			600	590	320	
33104	33446		17410	17410	15751	8
4850	4950	1500	2504	2459	1111	
48239	780	6	6718	6638	3515	11
4580	2000		1747	1640	1356	
14250	1500		4088	4088	3496	32
9358	20	20	11597	10741	9626	76
27924	48084	706	105679	105207	71638	1012
124	136	100				
1000			500	500	50	
2103	5795		15309	15009	12817	868

续表

地　区	损益及分配(千元)				
	住房公积金和住房补贴	差旅费	工会经费	营业利润	营业外收入
总　计	**1333**	**2060**	**4824**	**-12862**	**2536**
北　京	18	21	15	285	
天　津	237			2067	
河　北	6	1		623	
山　西					
内蒙古					
辽　宁					
吉　林					
黑龙江					
上　海	641	1775	25	-63886	1759
江　苏	66	72		1458	48
浙　江	2			119	
安　徽				280	
福　建				1659	
江　西	12			1393	75
山　东	1	51	1	3203	
河　南		37		391	
湖　北		4	5	592	
湖　南		1	4511	1971	240
广　东	225	23	43	34041	414
广　西					
海　南					
重　庆					
四　川					
贵　州					
云　南					
西　藏				450	
陕　西	125	75	224	2492	
甘　肃					
青　海					
宁　夏					
新　疆					

		工资、福利费、增值税(千元)			
营业外支出	利润总额	本年发放工资总额	本年支付的职工福利费	本年应交税金总额	经营面积(万平方米)
967	**-11293**	**55699**	**1919**	**36887**	**27.38**
17	268	2674		3380	0.60
	2067	400	57	409	0.12
	623	196	6	63	0.35
					0.02
192	-62319	23686	929	9841	3.73
	1506	1952	81	58	0.20
	119	1903	2	879	0.20
	280	165		12	0.07
	1659	2002		1333	0.78
85	1383	656	6	167	0.39
	3203	1423	1	644	10.34
	391	659	52	166	0.29
	592	1299	6	315	0.58
340	1871	3210	324	1291	0.60
328	34127	13058	455	16716	4.55
					0.02
	450	50		30	0.01
5	2487	2366		1583	4.53

2011年各地区娱乐

地 区	机构数(个)	从业人员(人)	资产、负债、			
			资产总计	固定资产原价	当年提取的折旧总额	负债合计
总 计	**92577**	**758377**	**96613921**	**76975849**	**6648808**	**23191460**
北 京	951	9941	1986794	1300551	126433	1655232
天 津	454	6197	1324220	919938	36186	474557
河 北	2594	18492	1748214	1451835	124630	396515
山 西	2270	16370	1394312	1253666	73677	64267
内蒙古	3047	14599	2949993	2606465	106878	89177
辽 宁	4748	22859	2224313	1751379	84329	313991
吉 林	2287	10671	1547266	1312216	83089	57230
黑龙江	3502	12833	961628	885670	40545	111560
上 海	2517	35237	8321235	5486242	713243	4422375
江 苏	6832	44431	7104940	6146503	375920	778826
浙 江	4155	58531	9276838	7775960	837651	1783330
安 徽	3879	28775	3612081	3032764	261029	512229
福 建	2246	34396	4201786	3102990	192112	994481
江 西	3953	26061	3301086	3113391	252265	140043
山 东	3154	31150	3060357	2410650	334137	590599
河 南	2043	22301	2427809	2088081	171242	198822
湖 北	3015	24893	3075441	2827319	138157	195067
湖 南	3438	33443	2616701	2147306	177256	555084
广 东	6335	95567	11045068	8127453	976905	6691265
广 西	3546	31784	2153235	1933266	268783	125091
海 南	982	9526	739610	638878	56143	344777
重 庆	3121	20564	2265680	1958007	129443	272306
四 川	6515	42243	5185462	4561981	352170	507225
贵 州	2492	18774	1739315	1562599	73016	208270
云 南	7158	39336	5653912	2741511	197872	920667
西 藏	1001	4782	184583	164470	10812	11719
陕 西	942	13456	2304468	1856667	230296	448479
甘 肃	1107	9506	1087287	1013947	48095	122372
青 海	751	3069	219852	213111	7279	5784
宁 夏	998	5343	577979	530657	34822	32184
新 疆	2544	13247	2322456	2060376	134393	167936

场所基本情况

所有者权益(千元)			损益及分配(千元)				
所有者权益合计	实收资本(股本)	国家资本金	营业总收入	主营业务收入	营业成本	养老、医疗、失业等保险费	住房公积金和住房补贴
73422461	**45020554**	**2007619**	**56617984**	**52861870**	**36936713**	**663056**	**150680**
331562	1213058	106407	940186	901641	802292	19154	3444
849663	379354	70604	524433	506893	409382	2956	791
1351699	568058	26652	903494	790666	562501	7632	1046
1330045	932489	304	774505	714745	338515	2675	198
2860816	964655	61653	1633689	1485822	714451	6926	1421
1910322	400602	69603	972240	867224	469661	5453	5413
1490036	941183	1020	772591	741422	407101	870	2
850068	136911		604349	522368	331902	557	224
3898860	5366351	417865	3974339	3862637	3518296	118101	12039
6326114	4308282	34732	4597647	4237031	2945601	32124	2073
7493508	6307717	138029	6704551	6561716	4731252	36528	7837
3099852	1129331	131244	1932802	1813038	1129236	14900	4214
3207305	1668432	28202	2830416	2690541	2085006	32400	3728
3161043	1782212	92497	2006309	1896351	991877	10090	7013
2469758	1323917	80621	1618510	1387852	938895	15130	4500
2228987	1172116	33532	1316628	1233415	808232	7115	3076
2880374	1035520	29537	1684632	1554014	1004975	8645	1154
2061617	833934	90479	1718533	1428064	817377	9698	15158
4353803	4916191	245725	7191986	6675581	5670749	235917	60147
2028144	1583210	28253	1849957	1811841	1142839	5470	204
394833	360434	1478	592742	584389	391276	9040	260
1993374	753249	3827	1411685	1322589	918018	7654	482
4678237	1758645	116743	3618432	3348574	1984245	28267	7057
1531045	470669		1101145	1065527	690233	6407	1606
4733245	1080877	113201	2037590	1776564	1200764	17300	4270
172864	37736	293	135736	135074	68480		
1855989	2100527	75218	1196712	1111781	760284	14123	1651
964915	244100	7920	584832	565455	313822	120	103
214068	186776		134990	119517	64836	227	1
545795	1980	1980	401510	378667	251736	1931	850
2154520	1062038		850813	770871	472879	5646	718

续表

地　区	损益及分配(千元)					
	差旅费	工会经费	营业利润	营业外收入	营业外支出	利润总额
总　计	**219361**	**95064**	**19681271**	**1598409**	**1886484**	**19393196**
北　京	3045	1303	137894	7434	12074	133254
天　津	553	318	115051	6918	3559	118410
河　北	2391	999	340993	28443	34001	335435
山　西	858	251	435990	18618	12280	442328
内蒙古	2647	596	919238	28030	25485	921783
辽　宁	787	267	502579	41212	36815	506976
吉　林	241	2212	365490	1949	9282	358157
黑龙江	271	60	272447	14892	13726	273613
上　海	18706	4948	456043	35634	121433	370244
江　苏	7412	1482	1652046	144851	157352	1639545
浙　江	13463	3645	1973299	48833	179349	1842783
安　徽	4990	1930	803566	54474	75563	782477
福　建	11818	5482	745410	34148	31027	748531
江　西	7746	4421	1014432	46466	53792	1007106
山　东	3860	1880	679615	111384	132600	658399
河　南	8303	1284	508396	34095	45188	497303
湖　北	5545	484	679657	58079	58872	678864
湖　南	4923	14373	901156	300936	302358	899734
广　东	85445	31202	1521237	180251	181020	1520468
广　西	3114	529	707118	10637	13047	704708
海　南	1929	165	201466	3242	9119	195589
重　庆	1333	270	493667	11147	13923	490891
四　川	11458	8534	1634187	100429	102212	1632404
贵　州	4774	574	410912	15342	27204	399050
云　南	6333	4550	836826	155395	154544	837677
西　藏			67256	230	352	67134
陕　西	2860	1640	436428	33520	39249	430699
甘　肃	309	107	271010	6150	9768	267392
青　海	28	1	70154	666	8514	62306
宁　夏	1112	743	149774	15553	13505	151822
新　疆	3107	814	377934	49451	9271	418114

工资、福利费、增值税(千元)			经营面积(万平方米)	核定人数(人)	包房包间数量(个)	电子游戏及游艺机台数(台)
本年发放工资总额	本年支付的职工福利费	本年应交税金总额				
10709405	**499875**	**4401385**	**4766.72**	**10286581**	**758975**	**1249005**
143320	12342	114818	87.33	205802	19645	4932
86202	1374	28507	46.46	116175	7220	13671
203254	5034	56236	121.40	337904	27424	11996
182609	7409	34871	90.63	275826	17192	
219891	4179	44725	105.67	225839	18181	47635
211688	4558	98877	200.54	339073	46446	52848
106599	368	12425	68.91	144590	13296	28526
122249	880	47005	77.94	180937	10663	37219
677840	49830	511568	204.14	502768	26494	51408
731298	22837	260248	286.28	912008	54495	105542
1228849	41196	464698	453.75	968042	63506	64952
359092	13127	96047	155.50	308712	28670	72405
528520	20642	324627	189.60	375859	33944	14676
339611	13703	119215	208.99	277122	19610	76884
347658	15619	110144	311.12	335817	37796	37356
242039	12026	77241	135.85	323826	27416	27102
321489	9505	90192	126.96	282624	20686	45619
334424	30053	140358	135.90	322517	16760	36466
1543478	109920	796668	576.31	1274054	86224	95664
398960	9374	159400	141.77	357486	23039	51739
120986	3442	53941	48.51	118959	7799	17395
309991	9064	92037	104.05	272986	18445	37790
644168	52743	215123	238.34	560692	37426	74173
255842	9110	95902	89.25	183572	12175	28952
378480	17677	120672	184.04	424540	37145	104697
38294	34	9757	22.57	47170	1184	
208740	7101	83782	76.36	117156	12447	17265
119326	10572	53788	59.06	171609	11420	9381
34839	288	9999	14.12	47398	2814	753
99114	2373	15358	29.02	81374	6285	6894
170555	3495	63156	176.35	194144	13128	75065

2011年各地区互联网上网

地　区	机构数(个)	从业人员(人)	资产、负债、			
			资产总计	固定资产原价	当年提取的折旧总额	负债合计
总　计	**141275**	**567170**	**62822075**	**55170599**	**6681992**	**7798525**
北　京	1157	4983	590015	442055	51924	164733
天　津	916	3970	493129	409163	31742	60977
河　北	7048	22107	1645970	1500726	138575	209703
山　西	3658	12482	1339461	1241598	122570	109420
内蒙古	3208	8978	1631630	1470536	130388	100397
辽　宁	6409	25324	2929713	2243999	417039	841213
吉　林	3134	9437	1061691	937264	96722	13249
黑龙江	5367	16568	1712596	1616521	94500	168185
上　海	1294	8129	1206964	1055624	221928	532059
江　苏	7967	32350	5015242	4508259	408046	298609
浙　江	6612	28607	4027911	3603151	513937	315341
安　徽	6263	22219	2948905	2669585	239971	496028
福　建	3264	14390	1324994	1217768	138840	84836
江　西	5229	18285	2177617	2047211	237643	208326
山　东	12462	44206	3983187	3531009	574160	405394
河　南	8009	32958	3237809	2630896	414041	413236
湖　北	7907	32350	3274784	3026443	352560	164173
湖　南	10363	51437	6029143	5017978	505036	1198658
广　东	8210	42792	4584893	3603175	476102	869787
广　西	4718	20416	1500766	1406937	241081	71529
海　南	1053	4777	373052	339562	44246	19811
重　庆	3361	12372	1236529	1123688	167179	101469
四　川	8798	34916	3837864	3540543	419226	203956
贵　州	2223	9714	1192483	1126057	125789	86733
云　南	3608	15210	1497854	1259390	126763	226694
西　藏	341	1198	101027	88480	11407	5642
陕　西	3351	18145	1863455	1658952	193936	189101
甘　肃	1756	7019	701107	635354	53288	151076
青　海	454	1892	163180	151187	18262	10308
宁　夏	700	2661	326288	311627	27833	15498
新　疆	2435	7278	812816	755861	87258	62384

服务营业场所(网吧)基本情况

所有者权益(千元)			损益及分配(千元)			
所有者权益合计	实收资本(股本)	国家资本金	营业总收入	主营业务收入	营业成本	养老、医疗、失业等保险费
55023550	**29480187**	**966800**	**37549220**	**34687380**	**21877226**	**207346**
425282	436312	17227	183068	174320	129729	1792
432152	127616		309126	283459	179592	736
1436267	4400788	182529	1049614	837689	657955	5117
1230041	889651		792716	689764	438547	294
1531233	409141	48756	740176	699634	336864	6039
2088500	1259135		1493542	1328978	854459	2524
1048442	693302		683762	667947	322544	817
1544411	477843		1006149	903751	508459	1570
674905	336937	3723	736232	710926	585890	4803
4716633	2905758	5130	3098269	2944380	1941375	13745
3712570	2053112	29442	2677856	2576670	1722492	10417
2452877	664572	114760	1613514	1523800	911538	6861
1240158	700644	7800	877593	836901	657790	4306
1969291	1028218	75603	1305677	1172176	645972	7970
3577793	1478554	34558	2587708	2351707	1332990	10206
2824573	1591240	2	1796055	1649977	1040579	7578
3110611	852291	7338	2252648	2036501	1165320	8561
4830485	1994973	116208	3201884	2892671	1497934	12004
3715106	1840296	160105	2331902	2161619	1845806	47470
1429237	934701	34152	1006716	964984	621558	1808
353241	152322	1490	300473	293185	161791	3658
1135060	399486	1337	730030	680716	470227	8189
3633908	1615497	55719	2895171	2686034	1569427	27473
1105750	331458		665214	629632	380591	3814
1271160	588212	47703	777403	687028	454815	4724
95385	16794	1182	72971	72141	38305	
1674354	720360	19900	1263902	1193308	772021	1054
550031	79801	2075	407554	384683	222905	479
152872	119243		101198	96718	48120	426
310790	1400		197009	186856	111876	477
750432	380530	61	394088	369225	249755	2434

续表

地区	损益及分配(千元)					
				营业利润	营业外收入	营业外支出
	住房公积金和住房补贴	差旅费	工会经费			
总计	**58716**	**90262**	**61827**	**15671994**	**1594731**	**1612980**
北京	1272	1043	482	53339	1373	2300
天津	611	717	610	129534	11927	7321
河北	1232	2824	1013	391659	95143	105715
山西	136	667	205	354169	19360	18097
内蒙古	372	1097	369	403312	22979	23322
辽宁	1029	1552	574	639083	88519	58736
吉林	10	519	18214	361218	1101	7767
黑龙江	255	276	169	497690	16243	32721
上海	2004	2813	1502	150342	6757	5734
江苏	1674	3863	1514	1156894	48715	60216
浙江	4316	3294	3278	955364	33185	62692
安徽	1744	3601	599	701976	53772	47595
福建	1254	2085	1216	219803	9500	19321
江西	4068	4923	2974	659705	63932	57054
山东	2237	3856	1831	1254718	212146	137679
河南	3821	9901	2744	755476	53080	63325
湖北	839	2366	327	1087328	116885	100804
湖南	2201	4776	1905	1703950	488871	510888
广东	16785	18241	10653	486096	44308	52832
广西	652	1002	382	385158	8955	12796
海南	223	900	80	138682	8756	9759
重庆	282	524	87	259803	13906	17557
四川	7367	11754	7800	1325744	72323	68833
贵州	641	2438	400	284623	14792	31787
云南	2405	2452	2004	322588	41662	46013
西藏				34666	90	42
陕西	464	1417	189	491881	26138	31533
甘肃	50	69	16	184649	3146	7008
青海	97	168	129	53078	670	4882
宁夏	302	532	221	85133	5140	5369
新疆	373	592	340	144333	11357	3282

利润总额	工资、福利费、增值税(千元) 本年发放工资总额	本年支付的职工福利费	本年应交税金总额	计算机终端数(台)	日均上网人次(万人次)	经营面积(万平方米)
15653745	**7037540**	**314719**	**1478521**	**11920514**	**3029**	**3220.43**
52412	47212	1565	13050	168962	13	46.35
134140	41264	1329	7731	97194	12	28.70
381087	270976	5844	31833	438635	29	118.80
355432	155719	3338	26213	299443	34	75.02
402969	117674	3116	32432	247613	19	63.53
668866	255918	39017	64190	524313	92	127.87
354552	101702	851	13447	207952	1	58.88
481212	170656	3906	54166	324406	58	86.85
151365	101560	4804	20740	190162	20	50.76
1145393	574110	13063	110044	812974	116	203.33
925857	479727	9543	130806	726704	113	193.85
708153	253698	9452	43420	529886	347	124.88
209982	211106	10326	61739	294421	239	78.55
666583	222877	14605	57756	419044	160	111.93
1329185	479921	40941	111202	825710	653	218.71
745231	347484	21796	77117	663769	104	169.50
1103409	376236	13099	80563	610587	126	162.86
1681933	556396	10065	60158	825367	184	203.33
477572	577420	45656	129889	1023573	310	358.09
381317	219989	3045	49228	300750	51	95.98
137679	53841	1883	13612	87455	10	23.08
256152	158476	4988	22050	262020	37	73.55
1329234	508176	32962	101072	692749	110	184.11
267628	134529	5553	26702	208847	18	55.07
318237	144857	5562	42469	285601	102	74.13
34714	13907	119	3616	24999	1	6.55
486486	234181	4487	28072	397977	48	110.50
180787	87328	404	23112	142756	4	39.07
48866	26267	532	6412	34523	1	10.96
84904	35333	955	6763	60999	5	17.31
152408	79000	1913	28917	191123	12	48.34

2011年各地区文化市场

地区	机构数(个)	从业人员(人)	行政编制	事业编制	其他人员	本年收入合计(千元)	财政拨款
总计	**2726**	**25143**	**4411**	**18454**	**2278**	**1407786**	**1282768**
北京	5	145	108		37	20137	18850
天津	2	26	5	21		2245	2245
河北	159	1373	207	1045	121	37143	34646
山西	128	1346	55	1133	158	39822	35891
内蒙古	114	990	118	818	54	55608	53488
辽宁	55	647	52	574	21	26148	25606
吉林	74	709	25	665	19	35809	34781
黑龙江	106	905	131	704	70	32901	31624
上海	20	456	82	336	38	112236	110309
江苏	113	981	51	806	124	96680	94000
浙江	91	1108	506	475	127	135563	127548
安徽	80	745	67	597	81	26654	19398
福建	92	583	27	511	45	40865	38287
江西	102	842	50	726	66	32077	26404
山东	161	2082	240	1741	101	107951	101549
河南	138	2394	153	1771	470	70964	60405
湖北	92	1114	63	936	115	52847	29961
湖南	88	857	112	677	68	32674	20256
广东	136	939	772	66	101	80149	78211
广西	107	630	35	573	22	31511	30736
海南	22	186	14	136	36	11351	9248
重庆	42	440	222	197	21	42259	41420
四川	202	1346	463	758	125	93488	89042
贵州	96	884	117	741	26	44882	35578
云南	143	795	272	483	40	43353	36991
西藏	24	92	69	19	4	1606	1444
陕西	103	1039	88	850	101	35965	32981
甘肃	86	655	85	536	34	19202	18945
青海	36	150	37	95	18	6042	5176
宁夏	1	18	17		1	2241	2236
新疆	108	666	168	464	34	37413	35512

执法机构基本情况

本年支出合计(千元)	基本支出	项目支出	在支出合计中:						
			工资福利支出	商品和服务支出	差旅费	劳务费	福利费	税金支出	对个人和家庭补助支出
1577329	**1245436**	**199372**	**786923**	**322270**	**52366**	**13992**	**11513**	**1142**	**97952**
20137	15361	4768	10509	5174	638	625	26	5	2496
2208	2208		91	91	7		26		300
36794	30432	4006	21813	6046	210	385	98		1669
39882	32796	4567	24163	8623	1202	723	870	2	885
55300	49900	2248	32771	9409	1430	380	660	231	3184
29424	25362	2102	13284	4671	346	136	245	127	2752
35742	34472	1176	22276	7688	946	64	316		3776
33689	26993	3633	21118	4976	1131	187	326	13	1684
108959	78497	29417	54637	35618	1371	927	1008	6	4304
95814	80877	14674	50808	24597	2117	1398	501	51	8345
147984	120981	23283	78508	29253	2563	1006	1681	17	11486
27118	23064	2007	11106	5143	558	204	152	1	1071
39855	32958	4985	22726	9387	1927	221	194	63	2319
31402	26234	1259	16934	7503	1345	242	585	81	1205
112076	91772	9422	59758	22717	2882	873	240	75	5700
71805	59618	4973	40667	10259	924	690	825	38	2664
52873	40153	9790	26485	15097	1422	235	1181	16	2018
32248	24015	5566	17561	4855	877	222	363	54	274
82508	65023	16183	42726	22153	1183	858	216	19	7559
32162	26559	3319	17016	8093	784	911	61		3084
12189	7226	1683	5168	2659	309	97	87	1	316
41966	26685	14822	15675	14011	1934	1197	240	5	1840
148590	92448	9888	70581	39316	23411	564	927	31	21372
44709	27098	6576	19982	6070	927	722	81	42	2109
43247	33684	3844	23915	6260	650	291	105	10	770
95393	80958	12230	547	65	50	15			
37464	29720	1124	25203	5886	458	651	224	2	278
20191	19875	236	13001	813	187	8	44	6	608
5995	5839	10	4902	226	9	6		1	
2740	1456		1456	998		48	31	245	
36865	33172	1581	21536	4613	568	106	200		3884

续表

地　区	在支出合计中:			资产总计(千元)	固定资产原值	实际使用房屋建筑面积(万平方米)	库房面积	实际拥有产权面积(万平方米)
	抚恤金和生活补助	其他资本性支出	各种设备购置费					
总　计	**21443**	**42323**	**28011**	**876232**	**620480**	**26.49**	**3.57**	**5.19**
北　京		46	35	9193	6762	0.28	0.01	
天　津		279	279	279	279	0.10	0.01	
河　北	991	1474	987	10474	7008	1.08	0.18	0.12
山　西	6	1503	1202	10084	9273	1.29	0.22	0.12
内蒙古	179	1815	1400	19390	13798	1.00	0.07	0.15
辽　宁	179	120	65	8080	6555	0.63	0.07	0.24
吉　林	8	759	752	25973	14687	0.95	0.07	0.20
黑龙江	175	128	95	13280	11915	0.73	0.06	0.08
上　海	1	4504	2742	134967	44502	0.80	0.05	0.09
江　苏	70	2781	1177	40404	25061	1.73	0.21	0.40
浙　江	102	1691	975	68930	45581	1.98	0.19	1.15
安　徽	89	1935	1243	13216	9413	0.86	0.07	0.21
福　建	38	552	426	11144	8626	0.39	0.03	0.02
江　西	102	811	499	37268	31385	0.60	0.10	0.19
山　东	214	5908	4992	52012	42897	3.47	0.60	0.53
河　南	106	2103	895	32559	24700	1.67	0.24	0.30
湖　北	141	1717	1447	156360	153783	1.18	0.10	0.12
湖　南	45	1226	658	9163	7378	0.57	0.31	0.34
广　东	349	2401	818	32194	28045	0.84	0.12	0.02
广　西	24	1483	1203	19760	16226	0.58	0.07	0.07
海　南		381	286	3450	2635	0.09	0.01	
重　庆	109	1112	1041	26183	18319	0.98	0.12	0.08
四　川	18103	3448	2976	82777	52375	1.52	0.44	0.40
贵　州	35	1684	440	20304	6496	0.50	0.03	0.08
云　南	3	245	89	7436	7112	0.58	0.06	0.02
西　藏		65	65	1631	1610	0.12		
陕　西	55	1057	325	7329	5850	0.94	0.11	0.21
甘　肃	131	210	87	3720	2155	0.39		0.02
青　海		40	38	2060	2040	0.15		
宁　夏		42	42	1559	1559			
新　疆	188	803	732	15053	12455	0.49	0.02	0.03

执法装备							参加人身意外伤害保险人数(人)	
执勤用车(辆)	执法车辆(辆)	数码取证设备(台)	执法通讯设备(台)	影视鉴定设备(台)	网络执法设备(台)	执法用房(间)		保险费用(千元)
608	**1981**	**3271**	**2215**	**410**	**1480**	**3332**	**3999**	**9437**
2	23	39	32			17		
1	1	12	20		6	3		
20	62	76	50	10	60	175	57	38
11	49	90	13	3	43	214	98	311
20	71	126	113	16	40	72	188	80
19	48	28	54	26	11	21	38	15
7	71	55	53	9	28	464	63	208
31	49	88	38	31	69	38	113	54
7	58	127	114	8	3	74	218	113
23	101	225	188	18	69	153	215	234
27	140	368	179	22	138	475	754	2111
17	42	115	83	10	60	121	36	56
16	49	91	26	8	27	43	62	78
7	40	82	21	5	64	39	55	23
83	214	320	298	64	192	389	250	254
79	143	141	85	12	66	167	192	72
31	88	115	102	10	150	105	191	185
14	78	70	230	28	106	111	187	78
43	132	238	160	36	22	47	256	459
18	40	112	46	19	49	41	154	33
12	12	58	24	4	16	12	19	6
17	68	121	25	7	25	48	164	1018
37	132	190	126	30	65	170	259	2338
17	73	106	26	6	34	89	78	16
20	67	106	25	7	11	45	110	61
3	1	3			4	1		
9	34	52	25	3	24	82	56	284
5	21	33	11		58	44	53	363
3	4	3	2	2	3	3		
1	4	3						
8	66	78	46	16	37	69	133	949

2011年各地区省级文化

地　区	机构数（个）	从业人员（人）				本年收入合计（千元）	
			行政编制	事业编制	其他人员		财政拨款
总　计	**31**	**479**	**113**	**338**	**28**	**82746**	**79971**
北　京							
天　津							
河　北							
山　西	1	12		12		1630	1139
内蒙古	1	10		10		1745	1679
辽　宁							
吉　林	1	15		15		1880	1878
黑龙江	11	114	20	76	18	3347	3332
上　海	2	98		98		42134	40636
江　苏	1	23	3	15	5	6926	6868
浙　江							
安　徽							
福　建	1						
江　西	1	12		12		1300	1200
山　东	1	14		13	1	2020	1840
河　南							
湖　北	1	10	7	2	1	2000	2000
湖　南							
广　东	1						
广　西	1	16		14	2	1671	1670
海　南	1	22		22		2900	2900
重　庆	1	49	49			8509	8509
四　川	1	15	1	14		2721	2363
贵　州							
云　南	1	20		20			
西　藏	1	4	4			130	130
陕　西							
甘　肃	1	17	12	5		1060	1059
青　海							
宁　夏	1	18	17		1	2241	2236
新　疆	1	10		10		532	532

市场执法机构基本情况

本年支出合计(千元)	基本支出	项目支出	在支出合计中:						
			工资福利支出	商品和服务支出					对个人和家庭补助支出
					差旅费	劳务费	福利费	税金支出	
77286	**41537**	**31504**	**26729**	**36232**	**3038**	**1738**	**373**	**245**	**3788**
1411	876	535	678	533	54	2	43		79
1685	1164	521	1056	277	91		24		46
1884	1298	586	855	796	160	8	22		215
3998	3642	186	2543	479	163	23	26		407
36526	19481	17045	11396	20473	831	495	153		1461
6250	2929	3321	1471	3323	188	62	4		586
1300	1200		560	250	250				60
2284	1377	907	876	1064	116	269			219
2000	700	1300	700	200	150	50			
1507	787	639	609	735	103	61			79
2900	178	112	145	145	20				4
8509	3790	4719	2918	4831	557	644	19		241
2590	967	1623	617	1558	213	34	5		215
130	130			65	50	15			
1040	1040		796	147	16		28		84
2740	1456		1456	998		48	31	245	
532	522	10	53	358	76	27	18		92

续表

地区	在支出合计中:			资产总计（千元）	固定资产原值	实际使用房屋建筑面积（万平方米）	库房面积	实际拥有产权面积（万平方米）
	抚恤金和生活补助	其他资本性支出	各种设备购置费					
总　计	**152**	**5587**	**3188**	**143296**	**49153**	**0.70**	**0.29**	**0.17**
北　京								
天　津								
河　北								
山　西		118	118	1431	1064			
内蒙古		306	290	1250	665			
辽　宁								
吉　林		17	17	2227	1566	0.02	0.01	
黑龙江		23	3	649	436	0.08	0.01	
上　海		3196	1921	110502	25023	0.05	0.01	
江　苏		870		6308	3964	0.02		
浙　江								
安　徽								
福　建								
江　西	60			86	86	0.03		
山　东		125		2314	2314			
河　南								
湖　北				700	700	0.01		
湖　南								
广　东								
广　西		84		1600	1436			
海　南		9		1054	1054			
重　庆		519	519	7953	5428	0.11	0.03	
四　川		200	200	2761	1919	0.35	0.23	0.17
贵　州								
云　南						0.01		
西　藏		65	65	1200	1200	0.01		
陕　西								
甘　肃		13	13	1702	739	0.01		
青　海								
宁　夏		42	42	1559	1559			
新　疆	92							

执法装备							参加人身意外伤害保险人数（人）	保险费用（千元）
执勤用车（辆）	执法车辆（辆）	数码取证设备（台）	执法通讯设备（台）	影视鉴定设备（台）	网络执法设备（台）	执法用房（间）		
11	**65**	**151**	**97**	**3**	**54**	**27**	**165**	**100**
	1	1						
	2	4						
	6	4	12	1		5		
5	7	9					23	
	8	31	51				72	72
	6	19	14		29	10		
1		3						
	5							
	2	3	10				10	10
	2	14						
1	1							
	14	25			20		48	16
	3	29	10		1	6	12	2
	2	3				5		
1					4	1		
2	1							
1	4	3						
	1	3		2				

2011年各地区地市级文化

地　区	机构数(个)	从业人员(人)	行政编制	事业编制	其他人员	本年收入合计(千元)	财政拨款
总　计	**243**	**3846**	**641**	**2963**	**242**	**316298**	**301431**
北　京							
天　津							
河　北	7	129	22	99	8	5311	5196
山　西	7	179	2	172	5	10034	9948
内蒙古	10	173	7	166		13996	13316
辽　宁	4	107		107		4966	4966
吉　林	9	111	14	96	1	10003	9981
黑龙江	7	142	22	116	4	11482	11462
上　海							
江　苏	14	227	3	208	16	34038	32457
浙　江	8	162	14	133	15	26497	26157
安　徽	13	179	15	151	13	9495	8366
福　建	6	92		91	1	9637	9576
江　西	6	105	10	93	2	6923	6916
山　东	17	501	90	386	25	41901	41741
河　南	14	379	19	297	63	22003	21427
湖　北	11	221		176	45	16173	9839
湖　南	1	14		14		815	800
广　东	19	318	287	10	21	42105	42105
广　西	13	133		126	7	9450	9420
海　南	2	28		26	2	2981	981
重　庆							
四　川	19	172	46	123	3	14136	13384
贵　州	7	78	9	67	2	4966	4469
云　南	12	84	34	47	3	3366	3135
西　藏	2	5	5				
陕　西	6	75	31	43	1	2140	2140
甘　肃	11	85	5	80		2823	2823
青　海	2	5	2		3	100	100
宁　夏							
新　疆	16	142	4	136	2	10957	10726

市场执法机构基本情况

本年支出合计(千元)	基本支出	项目支出	在支出合计中:						
			工资福利支出	商品和服务支出					对个人和家庭补助支出
					差旅费	劳务费	福利费	税金支出	
317784	**255396**	**54760**	**159830**	**77178**	**6604**	**1893**	**1473**	**117**	**28445**
5139	4425	522	2987	1190	50		24		317
9968	8358	1592	5346	2210	105	74	170		403
13255	11779	1426	6807	3957	540	90	89	30	633
4949	3955	994	2460	1204	70	5	3		785
10107	9573	534	4927	2304	226	2	162		2147
11992	7571	3310	6157	2155	616		104	7	563
33974	28099	5715	15794	10093	805	627	36	30	2881
26884	21311	5573	11657	5771	879	181	203		3861
9381	7622	1757	4349	2195	242	28	21		541
9400	7120	2278	4821	2013	240	22	4		937
6656	6019	10	4482	1450	81	16	91	50	412
41757	35776	4890	22543	9321	465	226	22		2483
22553	17092	4150	10992	3096	195	109	99		996
16294	10656	5392	6842	5519	144	28	151		1124
546	533		13	13					
43775	34168	9476	20355	13686	671	294	60		5536
9293	7411	1556	5021	1846	190	67	4		1336
3123	2179	944	1774	1101	64	14	45		177
15006	11017	2629	8082	3087	462	17	19		1188
3891	3090	702	1850	1022	74	34	12		781
3507	2865	204	2311	684	138	44			71
103	103		100						
2331	2190	20	1297	946	59		65		47
3218	3188		2155	320	104	3	10		34
237	237		237						
10445	9059	1086	6471	1995	184	12	79		1192

续表

地区	在支出合计中:			资产总计(千元)	固定资产原值	实际使用房屋建筑面积(万平方米)	库房面积	实际拥有产权面积(万平方米)
	抚恤金和生活补助	其他资本性支出	各种设备购置费					
总计	**714**	**11188**	**7609**	**149246**	**114464**	**4.65**	**0.63**	**1.09**
北京								
天津								
河北		455		2718	2278	0.15	0.01	
山西	2	843	760	2918	2887	0.09	0.04	0.02
内蒙古	15	1077	831	4597	3551	0.34	0.02	
辽宁	44	4		1543	1268	0.05		
吉林		599	599	8181	5857	0.23		0.13
黑龙江	57	24	12	3571	3352	0.04	0.01	0.04
上海								
江苏	20	459	311	15207	11380	0.35	0.02	0.03
浙江	22	504	198	15047	11292	0.35	0.07	0.39
安徽	12	830	648	5813	4065	0.28	0.02	0.07
福建		110	110	2570	2528	0.08		
江西	17	20	10	3708	3495	0.11		0.02
山东	127	1901	1587	21058	15205	0.82	0.26	0.24
河南		275	268	17469	11377	0.37	0.05	0.04
湖北	10	847	847	6282	5511	0.21	0.02	
湖南				150		0.02	0.02	0.02
广东	315	1650	393	16003	14607	0.14	0.01	
广西	21	400	261	6094	4580	0.18	0.03	0.05
海南		71		1242	909	0.03	0.01	
重庆								
四川	6	741	442	4663	3711	0.29	0.03	0.04
贵州	2	19		3103	1806	0.03		
云南				306	279	0.11	0.01	
西藏				53	52			
陕西				678	560	0.04		
甘肃		10	10	201	191	0.06		
青海						0.01		
宁夏								
新疆	44	349	322	6071	3723	0.27		

执法装备							参加人身意外伤害保险人数（人）	保险费用（千元）
执勤用车（辆）	执法车辆（辆）	数码取证设备（台）	执法通讯设备（台）	影视鉴定设备（台）	网络执法设备（台）	执法用房（间）		
148	**383**	**633**	**435**	**92**	**230**	**476**	**825**	**1736**
3	8	6	6			7		
1	7	19				26	37	148
6	15	36	60	6	12	29	45	31
1	7	1						
	18	10	11	1	5	3		
19	7	22	9	22	42	15	41	6
5	29	51	46	6		6	59	15
6	22	78	46	3	22	122	150	47
4	12	39	14	3	14	26	12	5
3	11	10	5	2				
2	13	17	1		13	12		
15	47	64	77	16	13	43	73	80
30	40	35	9	4	5	58		43
12	22	23	5		64	19	24	26
	1	1						
18	46	86	63	14	2	19	140	38
4	10	37	24	5	10	23	48	11
4	1	5			8	1	8	
7	19	25	15		2	36	62	959
3	12	10	3		9	6	26	3
1	9	10	11			8		
1								
	6	10		1		7		
2	5	13	5			7	22	205
	1							
1	15	25	25	9	9	3	78	119

2011年各地区县级文化

地　区	机构数（个）	从业人员（人）	行政编制	事业编制	其他人员	本年收入合计（千元）	财政拨款
总　计	**2452**	**20818**	**3657**	**15153**	**2008**	**1008742**	**901366**
北　京	5	145	108		37	20137	18850
天　津	2	26	5	21		2245	2245
河　北	152	1244	185	946	113	31832	29450
山　西	120	1155	53	949	153	28158	24804
内蒙古	103	807	111	642	54	39867	38493
辽　宁	51	540	52	467	21	21182	20640
吉　林	64	583	11	554	18	23926	22922
黑龙江	88	649	89	512	48	18072	16830
上　海	18	358	82	238	38	70102	69673
江　苏	98	731	45	583	103	55716	54675
浙　江	83	946	492	342	112	109066	101391
安　徽	67	566	52	446	68	17159	11032
福　建	85	491	27	420	44	31228	28711
江　西	95	725	40	621	64	23854	18288
山　东	143	1567	150	1342	75	64030	57968
河　南	124	2015	134	1474	407	48961	38978
湖　北	80	883	56	758	69	34674	18122
湖　南	87	843	112	663	68	31859	19456
广　东	116	621	485	56	80	38044	36106
广　西	93	481	35	433	13	20390	19646
海　南	19	136	14	88	34	5470	5367
重　庆	41	391	173	197	21	33750	32911
四　川	182	1159	416	621	122	76631	73295
贵　州	89	806	108	674	24	39916	31109
云　南	130	691	238	416	37	39987	33856
西　藏	21	83	60	19	4	1476	1314
陕　西	97	964	57	807	100	33825	30841
甘　肃	74	553	68	451	34	15319	15063
青　海	34	145	35	95	15	5942	5076
宁　夏							
新　疆	91	514	164	318	32	25924	24254

市场执法机构基本情况

本年支出合计(千元)	基本支出	项目支出	在支出合计中:						
			工资福利支出	商品和服务支出					对个人和家庭补助支出
					差旅费	劳务费	福利费	税金支出	
1182259	**948503**	**113108**	**600364**	**208860**	**42724**	**10361**	**9667**	**780**	**65719**
20137	15361	4768	10509	5174	638	625	26	5	2496
2208	2208		91	91	7		26		300
31655	26007	3484	18826	4856	160	385	74		1352
28503	23562	2440	18139	5880	1043	647	657	2	403
40360	36957	301	24908	5175	799	290	547	201	2505
24475	21407	1108	10824	3467	276	131	242	127	1967
23751	23601	56	16494	4588	560	54	132		1414
17699	15780	137	12418	2342	352	164	196	6	714
72433	59016	12372	43241	15145	540	432	855	6	2843
55590	49849	5638	33543	11181	1124	709	461	21	4878
121100	99670	17710	66851	23482	1684	825	1478	17	7625
17737	15442	250	6757	2948	316	176	131	1	530
30455	25838	2707	17905	7374	1687	199	190	63	1382
23446	19015	1249	11892	5803	1014	226	494	31	733
68035	54619	3625	36339	12332	2301	378	218	75	2998
49252	42526	823	29675	7163	729	581	726	38	1668
34579	28797	3098	18943	9378	1128	157	1030	16	894
31702	23482	5566	17548	4842	877	222	363	54	274
38733	30855	6707	22371	8467	512	564	156	19	2023
21362	18361	1124	11386	5512	491	783	57		1669
6166	4869	627	3249	1413	225	83	42	1	135
33457	22895	10103	12757	9180	1377	553	221	5	1599
130994	80464	5636	61882	34671	22736	513	903	31	19969
40818	24008	5874	18132	5048	853	688	69	42	1328
39740	30819	3640	21604	5576	512	247	105	10	699
95160	80725	12230	447						
35133	27530	1104	23906	4940	399	651	159	2	231
15933	15647	236	10050	346	67	5	6	6	490
5758	5602	10	4665	226	9	6		1	
25888	23591	485	15012	2260	308	67	103		2600

续表

地区	在支出合计中:			资产总计(千元)	固定资产原值	实际使用房屋建筑面积(万平方米)	库房面积	实际拥有产权面积(万平方米)
	抚恤金和生活补助	其他资本性支出	各种设备购置费					
总计	**20577**	**25548**	**17214**	**583690**	**456863**	**21.14**	**2.65**	**3.93**
北京		46	35	9193	6762	0.28	0.01	
天津		279	279	279	279	0.10	0.01	
河北	991	1019	987	7756	4730	0.93	0.17	0.12
山西	4	542	324	5735	5322	1.20	0.18	0.10
内蒙古	164	432	279	13543	9582	0.66	0.05	0.15
辽宁	135	116	65	6537	5287	0.58	0.07	0.24
吉林	8	143	136	15565	7264	0.70	0.06	0.07
黑龙江	118	81	80	9060	8127	0.61	0.04	0.04
上海	1	1308	821	24465	19479	0.75	0.04	0.09
江苏	50	1452	866	18889	9717	1.36	0.19	0.37
浙江	80	1187	777	53883	34289	1.63	0.12	0.76
安徽	77	1105	595	7403	5348	0.58	0.05	0.14
福建	38	442	316	8574	6098	0.31	0.03	0.02
江西	25	791	489	33474	27804	0.46	0.10	0.17
山东	87	3882	3405	28640	25378	2.65	0.34	0.29
河南	106	1828	627	15090	13323	1.30	0.19	0.26
湖北	131	870	600	149378	147572	0.96	0.08	0.12
湖南	45	1226	658	9013	7378	0.55	0.29	0.32
广东	34	751	425	16191	13438	0.70	0.11	0.02
广西	3	999	942	12066	10210	0.40	0.04	0.02
海南		301	286	1154	672	0.06		
重庆	109	593	522	18230	12891	0.87	0.09	0.08
四川	18097	2507	2334	75353	46745	0.88	0.18	0.19
贵州	33	1665	440	17201	4690	0.47	0.03	0.08
云南	3	245	89	7130	6833	0.46	0.05	0.02
西藏				378	358	0.11		
陕西	55	1057	325	6651	5290	0.90	0.11	0.21
甘肃	131	187	64	1817	1225	0.32		0.02
青海		40	38	2060	2040	0.14		
宁夏								
新疆	52	454	410	8982	8732	0.22	0.02	0.03

执法装备							参加人身意外伤害保险人数(人)	保险费用(千元)
执勤用车(辆)	执法车辆(辆)	数码取证设备(台)	执法通讯设备(台)	影视鉴定设备(台)	网络执法设备(台)	执法用房(间)		
449	**1533**	**2487**	**1683**	**315**	**1196**	**2829**	**3009**	**7601**
2	23	39	32			17		
1	1	12	20		6	3		
17	54	70	44	10	60	168	57	38
10	41	70	13	3	43	188	61	163
14	54	86	53	10	28	43	143	49
18	41	27	54	26	11	21	38	15
7	47	41	30	7	23	456	63	208
7	35	57	29	9	27	23	49	48
7	50	96	63	8	3	74	146	41
18	66	155	128	12	40	137	156	219
21	118	290	133	19	116	353	604	2064
13	30	76	69	7	46	95	24	51
13	38	81	21	6	27	43	62	78
4	27	62	20	5	51	27	55	23
68	162	256	221	48	179	346	177	174
49	103	106	76	8	61	109	192	29
19	64	89	87	10	86	86	157	149
14	77	69	230	28	106	111	187	78
25	86	152	97	22	20	28	116	421
14	28	61	22	14	39	18	106	22
7	10	53	24	4	8	11	11	6
17	54	96	25	7	5	48	116	1002
30	110	136	101	30	62	128	185	1377
14	61	96	23	6	25	83	52	13
19	56	93	14	7	11	32	110	61
1	1	3						
9	28	42	25	2	24	75	56	284
1	15	20	6		58	37	31	158
3	3	3	2	2	3	3		
7	50	50	21	5	28	66	55	830

主要统计指标解释

1．**核定人数：** 指由文化市场行政管理部门核定的娱乐经营场所建筑面积以及容纳的消费者数量。

2．**包厢包间数量：** 指歌舞娱乐场所内设置的、用于经营的相对独立的分隔空间数量。

3．**电子游戏及游艺机台数：** 指游艺娱乐场所用于经营的游戏、游艺设备台数。

4．**注册用户数：** 指消费或使用经营性互联网文化单位提供的互联网文化产品及其服务，并正式注册的用户数量。

5．**日均访问量：** 指经营性互联网文化单位所提供互联网文化产品及其服务的终端浏览次数，通称网站点击数。

6．**拥有自主知识产权的网络游戏产品数：** 指网络游戏经营单位自主研发或拥有知识产权的网络游戏产品数。

7．**所运营网络游戏产品日均在线人数：** 所运营国产网络游戏产品和进口网络游戏产品的每日平均在线人数。

8．**计算机终端数：** 指互联网上网服务营业场所内由文化市场行政管理部门审核批准的向公众提供上网服务的计算机终端设备数量。

9．**上网人次：** 指互联网上网服务场所（网吧）接待上网消费者人次。

10．**执法用车：** 指用于举报受理、调查取证、暗访等工作的机动车辆。

11．**执勤用车：** 指用于文化市场日常巡查、重大活动保障的机动车辆（一般喷涂“文化执法”、“12318”举报电话等字样）。

12．**数码取证设备：** 指文化市场执法机构列入本单位固定资产管理并用于调查取证的扫描仪、投影仪、数码（摄）相机、暗访设备等。

13．**执法通讯设备：** 指文化市场执法机构列入本单位固定资产管理并用于保障执法工作的固定电话、移动电话、传真机、对讲机等。

14．**影视鉴定设备：** 指文化市场执法机构列入本单位固定资产管理并用于影视产品鉴定的电视机、DVD 机、CD 机等。

15．**网络执法设备：** 指用于网络执法的硬盘复制机、电子物证检验设备等。

16．**执法用房：** 指举报受理室、询问调查室、证据保存室、技术监控室等执法专用房间。

文物业

按年份各地区文物业藏品数

单位：件/套

地　区	1995年	2000年	2005年	2006年	2008年	2009年	2010年	2011年
总　计	**11331575**	**12491531**	**19964963**	**18453447**	**25738228**	**26802714**	**28642200**	**30185365**
北　京	167342	181864	1152341	1154683	3675668	3731567	3735879	3720324
天　津	546695	553684	598813	202611	947295	955282	955735	1057753
河　北	617098	668097	527123	523534	545427	549484	554831	562888
山　西	394648	397373	897875	944350	835602	802477	775959	782881
内蒙古	352021	367847	442177	448307	462665	424424	461499	489949
辽　宁	225092	214994	423106	385989	649923	709835	724758	749095
吉　林	163694	168976	190796	194057	203931	327628	299574	304559
黑龙江	162820	166115	168899	173221	189727	208946	218877	306430
上　海	203424	268984	1496698	308077	1447989	1445473	1444185	1956095
江　苏	771836	803066	1933152	1930699	2372559	2290390	2490474	2489717
浙　江	396543	494206	869053	1068973	1032726	882154	896263	820544
安　徽	328780	432385	446566	484528	683112	505821	822095	833904
福　建	218598	263587	419697	418000	446770	453309	445866	496246
江　西	202575	241239	387165	365436	494217	546505	643335	650343
山　东	591720	792763	811316	806951	1378366	1396215	1448056	1355055
河　南	1021544	1260014	1435202	1435495	1618398	1744709	1833281	1912920
湖　北	560737	615162	983730	817623	1126659	1149587	1464517	1446195
湖　南	278609	277841	532768	524518	817718	834156	857677	889723
广　东	456762	498102	988920	1005832	1157468	1157448	1121797	1124316
广　西	232666	211091	301908	269691	307575	324733	347472	376608
海　南	24938	48731	30140	37889	32636	48679	58398	66556
重　庆		237413	301849	233923	654368	760449	754363	620620
四　川	675154	457941	752459	756962	972628	894390	1147088	1374585
贵　州	36892	41579	54690	54936	93417	117051	119594	189925
云　南	214693	244475	299465	305870	376005	430699	453712	474652
西　藏	127026	68650	212691	182215	113310	41647	143071	198650
陕　西	502005	533192	883408	880382	945702	937288	946083	976671
甘　肃	249723	280812	429726	443671	529417	547705	546332	593630
青　海	75233	97052	141121	135515	139129	187116	186276	217765
宁　夏	37881	48620	77025	75249	79208	83813	84093	84730
新　疆	72457	94477	107777	108617	146009	151416	150646	153370

按年份各地区博物馆机构数

单位：个

地区	1995年	2000年	2005年	2006年	2008年	2009年	2010年	2011年
总计	**1194**	**1384**	**1581**	**1617**	**1893**	**2252**	**2435**	**2650**
北京	17	25	34	33	37	40	41	41
天津	14	14	18	19	18	18	18	19
河北	31	43	46	46	64	64	65	69
山西	69	76	86	87	85	86	89	89
内蒙古	17	25	33	35	36	46	54	59
辽宁	26	30	39	36	54	61	61	62
吉林	16	16	18	18	26	71	57	58
黑龙江	29	41	46	47	56	71	76	103
上海	12	11	25	26	28	29	27	36
江苏	72	86	99	100	165	182	213	245
浙江	59	68	80	83	89	100	100	100
安徽	30	37	43	44	38	68	120	131
福建	64	81	82	84	89	93	94	95
江西	82	81	82	87	96	103	108	108
山东	56	59	75	76	91	111	114	120
河南	66	70	79	79	85	103	111	159
湖北	88	94	91	96	111	116	120	125
湖南	57	66	73	72	74	75	81	85
广东	114	128	146	148	152	160	169	161
广西	37	39	49	53	60	62	64	71
海南	17	15	16	15	16	15	16	18
重庆		14	18	16	21	37	37	39
四川	54	50	55	59	85	89	108	144
贵州	4	8	11	13	23	53	59	53
云南	22	30	32	33	36	113	120	84
西藏	2	2	2	2	1	2	2	2
陕西	59	67	82	86	91	101	106	122
甘肃	52	65	69	70	81	91	102	145
青海	8	14	15	17	18	18	18	22
宁夏	3	4	6	5	5	6	6	6
新疆	12	23	28	28	47	63	71	73

2011年全国文物业

	机构数(个)	从业人员(人)				
			专业技术人才	正高级职称	副高级职称	中级职称
总　计	**5728**	**111338**	**37528**	**1570**	**4524**	**14943**
按单位类型分						
文物科研机构	107	4078	2343	300	506	886
文物保护管理机构	2735	33035	8308	174	758	3376
博物馆	2650	62181	24117	967	2945	9467
文物商店	75	1719	706	9	78	359
其他文物机构	161	10325	2054	120	237	855
按隶属关系分						
中　央	13	3420	1372	155	318	565
省区市	259	16885	7597	614	1384	2762
地　市	1104	32915	12994	588	1820	5514
县 市 区	4352	58118	15565	213	1002	6102
按部门分						
文物部门	5456	105462	36046	1484	4368	14353
其他部门	272	5876	1482	86	156	590

续表 1

	本年修复藏品数(件/套)				基本陈列(个)
		一级品	二级品	三级品	
总　计	**50689**	**366**	**1333**	**6229**	**8048**
按单位类型分					
文物科研机构	11249	29	74	553	16
文物保护管理机构	5198	6	73	575	978
博物馆	33895	323	1174	5081	7054
文物商店					
其他文物机构	347	8	12	20	
按隶属关系分					
中　央	479	10	172	144	56
省区市	14498	202	474	1441	387
地　市	20549	94	409	2552	1919
县 市 区	15163	60	278	2092	5686
按部门分					
文物部门	48916	354	1325	6202	7358
其他部门	1773	12	8	27	690

基本情况

文物藏品(件/套)	一级品	二级品	三级品	在藏品数中(件/套)		
				本年新增藏品数(件/套)	本年从有关部门接收文物数(件/套)	本年藏品征集数(件/套)
30185365	**68588**	**757563**	**2666103**	**196888**	**447827**	**90365**
822390	2601	9389	110665	3046	11	80
2252535	5759	19671	140769	26030	5265	9661
19023423	58959	721374	2394907	166457	434695	79496
7770986	71	81	767			
316031	1198	7048	18995	1355	7856	1128
2908666	13340	419953	432297	53	413802	893
13676326	24246	214591	1296759	43774	2042	32535
7135938	14014	67318	503426	57280	15753	26708
6464435	16988	55701	433621	95781	16230	30229
28879185	67366	755002	2655589	184420	446895	83410
1306180	1222	2561	10514	12468	932	6955

举办展览(个)	参观人次(万人次)	未成年人参观人次	门票销售总额(千元)	本年收入合计(千元)	财政拨款
11142	**56686.82**	**14021.21**	**4626616**	**23630638**	**16656940**
10	194.48	11.71	186288	1394500	717599
1265	9441.69	1515.46	2170652	4636090	2402142
9867	47050.68	12494.05	2269676	12057889	9910364
				1011369	9653
				4530790	3617182
84	2179.93	265.03	730663	2046671	1513838
1025	7435.57	2107.96	768815	7255071	5109901
3441	19929.76	4004.05	1416630	6932489	4786867
6592	27141.56	7644.17	1710508	7396407	5246334
10605	50450.71	12691.83	4408240	22572483	15996974
537	6236.12	1329.40	218376	1058155	659966

续表 2

	上级补助收入	事业收入	经营收入	附属单位上缴收入	其他收入
总　计	**717351**	**3022701**	**654419**	**121542**	**714089**
按单位类型分					
文物科研机构	46332	555572	9464		65533
文物保护管理机构	176369	1417534	345240	111723	183048
博物馆	475034	925209	291655	9819	445808
文物商店					
其他文物机构	19616	124386	8060		19700
按隶属关系分					
中　央		307199	17443	119207	45076
省区市	82823	701942	53921	210	163428
地　市	184084	1208238	27973	1012	267669
县 市 区	450444	805322	555082	1113	237916
按部门分					
文物部门	648294	2968968	453519	121332	642605
其他部门	69057	53733	200900	210	71484

续表 3

	福利费	各种税金支出	对个人和家庭补助支出	抚恤金和生活补助	其他资本性支出	各种设备购置费
总　计	**115390**	**360886**	**1055924**	**37254**	**2502947**	**386574**
按单位类型分						
文物科研机构	4171	9277	67784	1828	125331	61592
文物保护管理机构	34595	31564	190464	9146	430540	47192
博物馆	58982	126399	707287	20116	1587100	254904
文物商店	8859	72333				
其他文物机构	8783	121313	90389	6164	359976	22886
按隶属关系分						
中　央	5136	28795	145063	1159	296987	32054
省区市	23636	245179	293507	11000	914782	185745
地　市	30045	42460	372648	8566	715631	78912
县 市 区	56573	44452	244706	16529	575547	89863
按部门分						
文物部门	109327	338836	1015148	36787	2412680	367360
其他部门	6063	22050	40776	467	90267	19214

本年支出合计（千元）	基本支出	项目支出	经营支出	在支出合计中:		
				工资福利支出	商品和服务支出	
					差旅费	劳务费
21667454	**8813160**	**10150196**	**551300**	**4376841**	**266239**	**550933**
1353040	605418	722450	9361	231751	61956	144630
4194248	2382737	1267033	314065	1170762	36500	107403
11711313	5009435	5979443	220951	2582828	118287	234207
829960				8859	9018	
3578893	815570	2181270	6923	382641	40478	64693
1993452	659441	1268956	12115	270608	26751	38063
6254862	1635949	3660047	38221	827644	104035	173088
6201601	2949772	2668998	29410	1437849	68414	202746
7217539	3567998	2552195	471554	1840740	67039	137036
20584277	8420747	9658156	402053	4160359	258474	540306
1083177	392413	492040	149247	216482	7765	10627

资产总计（千元）	固定资产原值	实际使用房屋建筑面积（万平方米）	展览用房	文物库房	实际拥有产权面积（万平方米）
46275653	**28489653**	**2207.88**	**645.63**	**139.33**	**3003.33**
2312701	1107829	62.40		8.06	
7834873	3747887	913.30	81.21	17.16	2222.21
29770451	22102633	1178.54	564.45	104.87	762.43
2113263	415045	15.52		7.42	6.59
4244365	1116259	38.27		1.97	12.20
3002311	1569519	62.78	16.74	7.47	32.43
12629368	6671382	257.02	85.40	36.86	1794.93
14703489	9080408	865.12	237.48	44.80	523.61
15940485	11168344	1022.96	306.01	50.20	652.36
40477414	23622947	2090.78	576.38	133.06	2905.03
5798239	4866706	117.18	69.28	6.26	98.31

2011年全国文物保护

	机构数(个)	从业人员(人)	专业技术人才	正高级职称	副高级职称	中级职称
总 计	**2735**	**33035**	**8308**	**174**	**758**	**3376**
按隶属关系分						
中 央	1	195	16	1	4	9
省区市	11	279	68	4	15	21
地 市	311	7724	2520	102	361	1035
县 市	2412	24837	5704	67	378	2311
按部门分类						
文物部门	2720	31926	8178	173	738	3324
宗教部门						
园林部门						
其他部门	15	1109	130	1	20	52
按机构类型分						
区域性文物保护管理机构	2118	18323	6138	143	552	2550
专门为一处或几处文物保护单位设立的保护管理机构	617	14712	2170	31	206	826

续表 1

	本年修复藏品数(件/套)	一级品	二级品	三级品	基本陈列(个)
总 计	**5198**	**6**	**73**	**575**	**978**
按隶属关系分					
中 央					8
省区市	131		9	122	6
地 市	2191	4	40	73	164
县 市	2876	2	24	380	800
按部门分类					
文物部门	5198	6	73	575	978
宗教部门					
园林部门					
其他部门					
按机构类型分					
区域性文物保护管理机构	4663	5	51	376	699
专门为一处或几处文物保护单位设立的保护管理机构	535	1	22	199	279

管理机构基本情况

藏品数(件/套)				在藏品数中(件/套)		
	一级品	二级品	三级品	本年新增藏品数(件/套)	本年从有关部门接收文物数(件/套)	本年藏品征集数(件/套)
2251805	**5719**	**19535**	**140541**	**26030**	**5265**	**9661**
1122				33		
79850	364	903	2114			
576234	395	3008	18159	6913	80	3471
1594599	4960	15624	120268	19084	5185	6190
2251244	5681	19418	140178	26030	5265	9661
561	38	117	363			
1929430	3817	15311	126671	25096	1883	7916
322375	1902	4224	13870	934	3382	1745

举办展览(个)	参观人次(万人次)		门票销售总额(千元)	本年收入合计(千元)		
		未成年人参观人次			财政拨款	上级补助收入
1265	**9441.69**	**1515.46**	**2170652**	**4636090**	**2402142**	**176369**
12	320.00		72391	192883	8044	
10	169.79	13.15	87690	160370	62420	115
163	3191.46	409.91	806960	1618294	845363	52860
1080	5760.44	1092.40	1203611	2664543	1486315	123394
1263	9101.98	1461.42	2074978	4521950	2319629	176369
2	339.71	54.04	95674	114140	82513	
980	3911.53	772.61	715574	2509638	1705609	131903
285	5530.17	742.85	1455078	2126452	696533	44466

续表 2

	事业收入	经营收入	附属单位上缴收入	其他收入	本年支出合计(千元)
总　计	**1417534**	**345240**	**111723**	**183048**	**4194248**
按隶属关系分					
中　央	73183		110407	1249	151724
省区市	96713			1122	67165
地　市	622401	10878	895	85897	1336634
县　市	625237	334362	421	94780	2638725
按部门分类					
文物部门	1395088	337569	111723	181538	4081630
宗教部门					
园林部门					
其他部门	22446	7671		1510	112618
按机构类型分					
区域性文物保护管理机构	555428	20978	821	94865	2301335
专门为一处或几处文物保护单位设立的保护管理机构	862106	324262	110902	88183	1892913

续表 3

	在支出合计中:				
	福利费	各种税金支出	对个人和家庭补助支出	抚恤金和生活补助	其他资本性支出
总　计	**34595**	**31564**	**190464**	**9146**	**430540**
按隶属关系分					
中　央	1791	2240	4514		16778
省区市	147	227	8539	118	695
地　市	7049	11664	89094	2430	169953
县　市	25608	17433	88317	6598	243114
按部门分类					
文物部门	33845	31042	172317	8986	428894
宗教部门					
园林部门					
其他部门	750	522	18147	160	1646
按机构类型分					
区域性文物保护管理机构	10426	19312	113450	4902	319188
专门为一处或几处文物保护单位设立的保护管理机构	24169	12252	77014	4244	111352

基本支出	项目支出	经营支出	在支出合计中:			
			工资福利支出	商品和服务支出	差旅费	劳务费
2382737	**1267033**	**314065**	**1170762**	**1419567**	**36500**	**107403**
134588	17135		21514	91781	490	415
47822	19191		21097	14043	656	1156
804799	483805	7674	374949	488641	12716	44447
1395528	746902	306391	753202	825102	22638	61385
2326305	1219958	307091	1122007	1386353	34811	105535
56432	47075	6974	48755	33214	1689	1868
1235912	804672	120657	608175	648617	23867	86697
1146825	462361	193408	562587	770950	12633	20706

各种设备购置费	资产总计(千元)	固定资产原值	实际使用房屋建筑面积(万平方米)	展览用房	文物库房	实际拥有产权面积(万平方米)
47192	**7834873**	**3747887**	**913.30**	**81.21**	**17.16**	**2222.21**
4521	293623	133973	1.83			
109	159128	31248	2.47	1.23	0.05	1675.13
10407	3239355	1507576	391.93	26.01	2.91	323.57
32155	4142767	2075090	517.07	53.97	14.20	223.51
46650	7619076	3664335	911.03	80.70	17.15	2222.18
542	215797	83552	2.27	0.50	0.01	0.03
24680	4002959	2149770	796.71	46.27	10.93	463.47
22512	3831914	1598117	116.61	34.94	6.24	1758.74

2011年全国博物馆

	机构数(个)	从业人员(人)	专业技术人才	正高级职称	副高级职称	中级职称	在从业人员中 安全保卫人员(人)	藏品数(件/套)
总　计	**2650**	**62181**	**24117**	**967**	**2945**	**9467**	**14338**	**19023423**
其中：免费开放	2115	46294	18750	740	2321	7393	10917	15046757
按机构类型分								
综合性	1219	27709	12322	465	1587	5004	6591	11364246
历史类	1033	26641	8973	337	982	3372	6128	5274992
艺术类	110	2554	1049	80	150	414	527	551658
自然科技类	64	1324	560	41	85	195	239	941902
其他	224	3953	1213	44	141	482	853	890625
按隶属关系分								
中　央	6	2649	1129	98	246	473	555	2907544
省区市	100	11126	4998	321	895	1777	2121	6489513
地　市	655	20860	9232	414	1249	3932	4564	5065501
县　市	1889	27546	8758	134	555	3285	7098	4560865
按系统分类								
文物系统	2397	57483	22784	882	2815	8935	13122	17719940
非文物系统	209	4294	1236	66	124	487	1118	756025
私人	44	404	97	19	6	45	98	547458

续表 1

	三级品	基本陈列(个)	举办展览(个)	中央补助资金举办的陈列布展	举办培训次数(次)	参观人次(万人次)	未成年人参观人次
总　计	**5081**	**7054**	**9867**	**128806**	**1588625**	**47050.68**	**12493.95**
其中：免费开放	3939	5817	8575	128795	1416830	36990.60	11304.40
按机构类型分							
综合性	2903	3380	5441	573	820920	15558.37	4798.54
历史类	1856	2565	3019	128198	766738	25533.51	5913.46
艺术类	137	325	617	8	184	1414.24	266.14
自然科技类	16	202	128	2	115	1094.22	355.26
其他	169	582	662	25	668	3450.33	1160.56
按隶属关系分							
中　央	134	48	72	25	37	1859.93	265.03
省区市	1252	371	1009	208	915	7163.19	2092.48
地　市	1987	1749	3274	265	771683	16646.44	3584.76
县　市	1708	4886	5512	128308	815990	21381.12	6551.69
按系统分类							
文物系统	5054	6364	9332	128793	1528037	41154.27	11218.61
非文物系统	3	556	434	12	60486	5690.34	1233.65
私人	24	134	101	1	102	206.07	41.69

基本情况

			在藏品数中(件/套)			本年修复藏品数(件/套)		
一级品	二级品	三级品	本年新增藏品数(件/套)	本年从有关部门接收文物数(件/套)	本年藏品征集数(件/套)		一级品	二级品
58959	**721374**	**2394907**	**166457**	**434695**	**79496**	**33895**	**323**	**1174**
41085	689024	2174817	151055	433056	74506	28603	258	970
32458	608623	1908091	88255	429734	31841	20013	176	679
21945	54333	288865	45611	4129	22295	11235	139	453
1809	41962	140170	10689	129	8840	416	2	29
1283	3866	10210	15448	70	11363	1340	1	1
1464	12590	47571	6454	633	5157	891	5	12
13340	419953	432297	20	413802	893	343	10	164
21598	200429	1225182	42176	2042	32530	8799	174	418
13076	63121	440767	48858	8140	22894	12897	81	338
10945	37871	296661	75403	10711	23179	11856	58	254
57775	718931	2384757	153989	433763	72804	32122	311	1166
1045	2408	8785	9029	932	4828	1730	12	8
139	35	1365	3439		1864	43		

	门票销售总额(千元)	本年承担课题、项目数(个)			科研成果			
外宾参观人次			省部级以上课题、项目数	结项课题、项目数	专利(个)	专著或图录(册)	论文(省级及以上刊物公开发表)(篇)	古建维修报告(册)
1142.42	**2269676**	**920**	**362**	**240**	**73**	**1356**	**4418**	**355**
655.74	71809	680	292	189	65	1221	3506	336
351.62	122306	358	163	111	10	621	2370	48
638.54	1889034	379	108	84	5	373	1502	300
59.84	95137	81	33	14	27	32	230	1
14.78	59006	43	23	8	29	78	107	
77.63	104193	59	35	23	2	252	209	6
210.04	658272	113	23	13	2	102	506	1
332.76	590698	300	162	81	11	228	1732	30
220.10	513809	218	95	81	22	418	1327	13
379.52	506897	289	82	65	38	608	853	311
1053.54	2146974	784	330	207	24	1303	4183	352
86.27	114221	119	21	28	49	46	216	3
2.60	8481	17	11	5		7	19	

续表 2

	本年收入合计(千元)	财政拨款	上级补助收入	事业收入	经营收入	附属单位上缴收入
总　计	**12057889**	**9910364**	**475034**	**925209**	**291655**	**9819**
其中：免费开放	8989575	8003236	368494	292072	49314	1027
按机构类型分						
综合性	5962264	5217672	264597	281794	23357	130
历史类	4409839	3354176	185326	530966	103408	8879
艺术类	480782	407527	9381	39259	8045	
自然科技类	214068	176189	2210	21586	7606	310
其他	990936	754800	13520	51604	149239	500
按隶属关系分						
中　央	1469984	1283925		121492	17443	8800
省区市	3397895	3079798	41458	144720	36677	210
地　市	3649522	2868502	108952	485031	17095	117
县　市	3540488	2678139	324624	173966	220440	692
按系统分类						
文物系统	11116859	9333091	405977	893922	98426	9609
非文物系统	928396	575403	68807	27141	190579	210
私人	12634	1870	250	4146	2650	

续表 3

	在支出合计中:						
	工资福利支出	商品和服务支出	差旅费	劳务费	福利费	各种税金支出	对个人和家庭补助支出
总　计	**2582828**	**4190884**	**118287**	**234207**	**58982**	**126399**	**707287**
其中：免费开放	1823982	3168198	93847	196284	42260	18001	501317
按机构类型分							
综合性	1090984	1950137	52929	138384	22554	14476	335785
历史类	1126863	1666396	47404	72442	26124	92784	282930
艺术类	132192	197867	3733	6137	2589	1884	28409
自然科技类	50568	81486	2839	3931	1196	1007	15831
其他	182221	294998	11382	13313	6519	16248	44332
按隶属关系分							
中　央	211919	523758	10454	16039	1049	12957	123092
省区市	580607	1443032	32152	85254	11943	81597	211368
地　市	899975	1243465	39805	72480	18107	5971	246952
县　市	890327	980629	35876	60434	27883	25874	125875
按系统分类							
文物系统	2415284	3919952	112383	225448	53685	105112	684671
非文物系统	161621	261915	5515	8527	5227	21208	22476
私人	5923	9017	389	232	70	79	140

其他收入	本年支出合计(千元)	基本支出	项目支出	文物征集	馆藏品保护	陈列展览	教育与科研	经营支出
445808	**11711313**	**5009435**	**5979443**	**842874**	**197843**	**653478**	**64547**	**220951**
275432	8749011	3621836	4896777	816663	148346	579850	57857	51537
174714	5700372	2220418	3290942	704889	101381	376642	40073	23846
227084	4511654	2153230	2015093	60163	71005	195789	18208	54581
16570	446522	223440	213960	53583	4249	18184	2744	5909
6167	183747	96959	79139	9014	3151	18716	3017	3832
21273	869018	315388	380309	15225	18057	44147	505	132783
38324	1396662	397024	986436	503025	26404	107864	440	12115
95032	3229762	1029723	2166341	193624	61642	234112	44672	22463
169825	3419558	1781632	1490689	100911	61977	161705	11635	21276
142627	3665331	1801056	1335977	45314	47820	149797	7800	165097
375834	10744334	4673634	5534478	818715	195205	628027	62480	78678
66256	945819	327487	435743	20343	1866	24751	1832	139725
3718	21160	8314	9222	3816	772	700	235	2548

抚恤金和生活补贴	其他资本性支出	各种设备、交通工具、图书购置费	资产总计(千元)	固定资产原值	实际使用房屋建筑面积(万平方米)	展览用房	库房	实际拥有产权面积(万平方米)
20116	**1587100**	**254904**	**29770451**	**22102633**	**1178.54**	**564.45**	**104.87**	**762.43**
14481	1318698	199226	22512132	17426949	946.73	458.95	83.08	530.06
9585	802498	129908	12188396	8999071	567.14	267.76	62.02	295.73
8099	582349	78349	11797539	9174549	432.71	215.33	32.07	346.78
469	69846	10631	2168092	1486486	46.06	20.04	3.54	60.29
1150	16616	13343	1138373	957155	50.71	15.61	3.40	14.99
813	115791	22673	2478051	1485372	82.08	45.90	3.92	44.64
939	268868	18610	1808743	1008206	31.58	16.74	7.14	32.13
9022	728172	128959	7500242	5359342	216.93	84.17	26.49	113.16
4800	305057	55433	9385744	7023492	441.68	211.43	35.71	197.09
5355	285003	51902	11075722	8711593	488.35	252.11	35.53	420.05
19809	1498479	236232	24215541	17322426	1064.23	495.73	98.62	664.15
307	87677	18441	5028011	4353189	103.55	60.95	4.98	90.67
	944	231	526899	427018	10.79	7.82	1.26	7.61

2011年全国文物

	机构数(个)	从业人员(人)	专业技术人才	正高级职称	副高级职称	中级职称	库存文物数(件/套)	一级品
总　计	**75**	**1719**	**706**	**9**	**78**	**359**	**7770986**	**71**
按隶属关系分								
中　央								
省区市	24	1007	466	9	59	220	6469998	43
地　市	47	678	223		16	132	1246485	28
县　市	4	34	17		3	7	54503	
按系统分类								
文物系统	74	1707	701	9	77	355	7769113	71
非文物系统	1	12	5		1	4	1873	

续表

	损益(千元)							
	营业收入	主营业务收入	营业成本	养老、医疗、失业等各种社会保险费	住房公积金和住房补贴	差旅费	工会经费	营业利润
总　计	**1011369**	**941508**	**829960**	**29609**	**11733**	**9018**	**2369**	**181409**
按隶属关系分								
中　央								
省区市	646417	600794	511442	17483	7885	5212	1338	134975
地　市	360914	336676	315079	11927	3838	3741	1026	45835
县　市	4038	4038	3439	199	10	65	5	599
按系统分类								
文物系统	1010360	940499	828848	29608	11733	8986	2367	181512
非文物系统	1009	1009	1112	1		32	2	-103

商店基本情况

二级品	三级品	资产、负债、所有者权益(千元)						
		资产总计	固定资产原价	当年提取的折旧总额	负债合计	所有者权益合计	实收资本	国家资本金
81	**767**	**2113263**	**415045**	**17433**	**614606**	**1498657**	**256555**	**238669**
30	41	1334761	275649	10560	338620	996141	174854	172483
51	726	770123	138682	6682	271983	498140	78822	63526
		8379	714	191	4003	4376	2879	2660
80	766	2096899	414944	17433	600332	1496567	254555	238669
1	1	16364	101		14274	2090	2000	

营业外收入	政府补助(补贴收入)	营业外支出	利润总额	工资、福利费、税金(千元)			实际使用房屋建筑面积(万平方米)	营业用房	库房	实际拥有产权面积(万平方米)
				本年发放工资总额	本年支付的职工福利费	本年应交税金总额				
17964	**9653**	**7965**	**191408**	**118668**	**8859**	**72333**	**15.52**	**5.92**	**7.42**	**6.59**
10306	9083	6370	138911	76432	5623	48566	10.40	2.74	5.67	4.61
7550	570	1087	52298	41716	3236	23480	4.97	3.08	1.72	1.86
108		508	199	520		287	0.15	0.10	0.03	0.12
17964	9653	7965	191511	118524	8851	72194	15.49	5.90	7.41	6.59
			-103	144	8	139	0.03	0.02	0.01	

2011年全国文物

	机构数(个)	从业人员(人)					藏品数(件/套)
			专业技术人才	正高级职称	副高级职称	中级职称	
总　计	**107**	**4078**	**2343**	**300**	**506**	**886**	**822390**
按性质分类							
考古研究	70	3263	1848	256	368	678	745201
古建研究	12	301	231	17	55	93	1785
其他研究	25	514	264	27	83	115	75404
按隶属关系分类							
中央	1	139	109	13	49	47	
省区市	42	2741	1625	235	334	582	628849
地市	58	1125	570	50	119	244	189033
县市区	6	73	39	2	4	13	4508
按经费来源分类							
文物经费	86	3170	1741	222	342	656	600421
科研经费	15	709	470	61	114	171	221146
其它经费	6	199	132	17	50	59	823

续表 1

							基本陈列(个)
	三级品	规划及方案设计(个)	承担文物保护项目(个)	国保单位	省级保单位	市、县级保单位	
总　计	**553**	**424**	**420**	**201**	**138**	**33**	**16**
按性质分类							
考古研究	115	142	132	36	41	20	10
古建研究	381	155	180	91	78	11	2
其他研究	57	127	108	74	19	2	4
按隶属关系分类							
中央	10	65	56	48	8		
省区市	47	315	315	143	106	26	10
地市	492	35	41	10	24	7	6
县市区	4	9	8				
按经费来源分类							
文物经费	543	281	288	115	113	27	15
科研经费		66	47	21	9	5	
其它经费	10	77	85	65	16	1	1

科学研究机构基本情况

一级品	二级品	三级品	在藏品数中(件/套)			本年修复文物数(件/套)		
			本年新增藏品数(件/套)	本年从有关部门接收文物数(件/套)	本年藏品征集数(件/套)		一级品	二级品
2601	**9389**	**110665**	**3046**	**11**	**80**	**11249**	**29**	**74**
2240	6761	85135	2255	11	80	10100		
9	31	381				421	9	31
352	2597	25149	791			728	20	43
						136		8
2058	8295	66717	1593			5242	20	35
477	1010	42974	1449	11	80	5461	9	31
66	84	974	4			410		
2305	8840	107831	2481	11	80	7963	29	66
296	549	2743	565			3150		
		91				136		8

举办展览(个)	参观人次(万人次)		门票销售总额(千元)	本年完成科研项目(个)			科研成果	
		未成年人参观人次			获国家奖	获省、部奖	专利(个)	专著或图录(册)
10	**194.48**	**11.71**	**186288**	**93**	**17**	**19**	**10**	**160**
5	101.58	2.01	90427	56	10	7	8	137
4	9.40	0.50	7	3		2		15
1	83.50	9.20	95854	34	7	10	2	8
				17	5	1	2	8
6	102.58	2.31	90427	33	10	16	8	71
4	91.90	9.40	95861	43	2	2		81
9	193.48	11.41	186288	69	9	14	8	136
				7	3	4		16
1	1.00	0.30		17	5	1	2	8

续表 2

	科研成果		主办刊物(种)	本年收入合计(千元)	财政拨款	上级补助收入
	论文(省级及以上刊物公开发表)(篇)	古建维修报告(册)				
总　计	**1019**	**100**	**11**	**1394500**	**717599**	**46332**
按性质分类						
考古研究	855	14	7	1157163	569711	42691
古建研究	63	21		54241	38341	231
其他研究	101	65	4	183096	109547	3410
按隶属关系分类						
中央	72	65	2	93199	46494	
省区市	792	34	8	941570	398308	27313
地市	153	1	1	351120	267943	19019
县市区	2			8611	4854	
按经费来源分类						
文物经费	627	35	5	987815	527315	38206
科研经费	311		3	302237	141105	8112
其它经费	81	65	3	104448	49179	14

续表 3

	本年支出合计(千元)						
	在支出合计中:						
	商品和服务支出		商品和服务支出			对个人和家庭补助支出	
		差旅费	劳务费	福利费	税金支出		抚恤金和生活补贴
总　计	**753109**	**61956**	**144630**	**4171**	**9277**	**67784**	**1828**
按性质分类							
考古研究	622628	49521	117071	3334	5841	50112	1601
古建研究	24542	1577	5448	110	120	5292	167
其他研究	105939	10858	22111	727	3316	12380	60
按隶属关系分类							
中央	74382	8571	14681	165	2527	7781	47
省区市	483011	48482	78271	3189	6268	47835	1309
地市	193210	4525	50460	748	460	11603	237
县市区	2506	378	1218	69	22	565	235
按经费来源分类							
文物经费	489616	31715	88336	2341	4855	47829	1309
科研经费	185273	21411	40089	1279	1127	11985	472
其它经费	78220	8830	16205	551	3295	7970	47

事业收入	经营收入	附属单位上缴收入	其他收入	本年支出合计(千元)	基本支出	项目支出	经营支出	在支出合计中:工资福利支出
555572	**9464**		**65533**	**1353040**	**605418**	**722450**	**9361**	**231751**
490543	1144		53074	1109146	439800	654005	1604	183412
13710			1959	52611	40060	10902		17018
51319	8320		10500	191283	125558	57543	7757	31321
46448			257	101499	61116	40382		11870
452143	9464		54342	925685	420578	492908	8901	157529
53233			10925	317339	118015	186370	460	58556
3748			9	8517	5709	2790		3796
365795	1144		55355	981430	399132	566267	1604	175195
143329			9691	259400	142956	115061		41606
46448	8320		487	112210	63330	41122	7757	14950

其他资本性支出	各种设备购置费	资产总计(千元)	固定资产原值	公用房屋建筑面积(万平方米)	文物库房(含标本室)面积	实验室面积	国际合作 项目数(个)	国际合作 外方投资(千元)
125331	**61592**	**2312701**	**1107829**	**62.40**	**8.06**	**0.72**	**7**	
114665	53812	1815967	805583	27.85	7.43	0.28	7	
2456	870	55315	22489	1.65	0.05			
8210	6910	441419	279757	32.91	0.58	0.44		
7076	6002	291426	210692	27.93	0.28	0.19		
100958	49130	1610020	706815	21.99	4.63	0.27	5	
16670	5886	397945	179936	11.75	2.69	0.12	2	
627	574	13310	10386	0.73	0.46	0.14		
99095	48301	1535470	745632	27.80	5.78	0.15	5	
18635	6870	425981	146932	6.46	2.00	0.27	2	
7601	6421	351250	215265	28.14	0.28	0.30		

2011年各地区

地区	机构数(个)	从业人员(人)					文物藏品(件/套)	
			专业技术人才	正高级职称	副高级职称	中级职称		一级品
总计	**5728**	**111338**	**37528**	**1570**	**4524**	**14943**	**30185365**	**68588**
北京	96	5141	905	14	78	352	3720324	852
天津	28	909	570	11	90	231	1057753	1041
河北	254	6936	1735	85	321	720	562888	1249
山西	225	6057	1474	52	177	599	782881	3589
内蒙古	147	2108	1147	34	120	498	489949	1853
辽宁	132	4003	1713	83	209	836	749095	1617
吉林	112	1505	943	38	143	325	304559	564
黑龙江	205	2078	1097	70	183	488	306430	475
上海	44	1663	905	34	88	311	1956095	1370
江苏	328	5336	2084	142	278	907	2489717	3005
浙江	211	4609	1745	152	248	640	820544	2242
安徽	226	2482	1111	17	116	409	833904	1996
福建	153	1688	786	40	99	267	496246	1032
江西	185	3433	1170	29	112	380	650343	1469
山东	238	5796	2624	96	312	1041	1355055	3270
河南	312	9281	2423	77	294	1025	1912920	2371
湖北	175	3596	1853	57	183	891	1446195	2523
湖南	193	3821	1131	29	89	485	889723	2166
广东	201	3563	1436	40	132	513	1124316	1331
广西	142	1630	780	42	72	296	376608	333
海南	32	402	100	5	8	25	66556	122
重庆	92	1995	747	38	86	255	620620	1091
四川	323	5925	1717	39	141	696	1374585	4588
贵州	131	1705	470	15	32	146	189925	919
云南	209	1590	1077	19	139	437	474652	837
西藏	466	5055	73	3	11	21	198650	1463
陕西	363	8707	2137	69	213	810	976671	7020
甘肃	207	4092	1187	44	107	440	593630	3396
青海	53	389	183	5	35	88	217765	390
宁夏	31	654	281	13	34	88	84730	367
新疆	201	1769	552	23	56	158	153370	707

文物业基本情况

		在藏品数中(件/套)			本年修复藏品数(件/套)			
二级品	三级品	本年新增藏品数(件/套)	本年从有关部门接收文物数(件/套)	本年藏品征集数(件/套)		一级品	二级品	三级品
757563	**2666103**	**196888**	**447827**	**90365**	**50689**	**366**	**1333**	**6229**
10384	53378	2555	3000	2480	2058		6	40
5162	132568	272	146	102	630			95
12924	59077	4215	8	1770	618	4	33	99
8438	76051	713	1149	82	296	18	68	194
4265	10017	3115	17	1782	372	25	89	256
13996	126572	3753	739	3607	413	8	46	85
3555	18934	4309	323	3540	1747	20	45	202
1750	20063	6003	85	5046	1679	1	10	80
46367	157835	15643	407	8768	276	2	28	120
96490	443824	13353	1368	5388	1737	41	65	323
10622	70085	18878	2728	11404	1498	2	19	282
4845	52404	6812	1979	1548	428	12	38	57
2776	85955	12370	278	1703	327	3		124
6449	45204	1756	244	731	909	18	140	713
11047	88779	7190	984	1255	3702	9	23	329
16663	227023	11700	155	742	10297	4	53	833
6078	63264	3659	609	2850	3257	12	57	219
5936	55811	5147	131	2277	2824	39	101	343
15132	66990	12491	5832	5831	1821	1	9	77
5094	30950	9272	1050	2398	1038		4	86
368	1976	247	63	165	40			
2329	23185	12213	1161	9520	3295	22	10	123
9398	109418	4348	166	2615	5273	4	49	813
2082	6109	1408	7773	885	235	11	7	10
2034	15541	13880	1461	2480	900	2		3
1771	4629	137	137	357	133	1	9	122
13929	77789	4848	978	2960	3130	94	245	425
12063	97722	14988	606	4607	575	1	1	7
897	1133	296	10	225	68			
3418	7416	387	304	135	97	1	5	24
1348	4104	877	134	2219	537	1	1	1

续表 1

地　区	基本陈列(个)	举办展览(个)	参观人次(万人次)	未成年人参观人次(万人次)	门票销售总额(千元)	本年收入合计(千元)	财政拨款
总　计	**8048**	**11142**	**56686.82**	**14021.21**	**4626616**	**23630638**	**16656940**
北　京	122	191	1373.41	196.59	486039	2016576	895507
天　津	76	65	424.00	106.75	6332	524494	321771
河　北	152	357	2195.72	626.68	415454	1086192	647349
山　西	141	149	1639.33	302.09	321278	1110449	891140
内蒙古	190	188	687.28	207.02	9778	439532	403957
辽　宁	165	247	1094.88	286.21	103980	596899	503054
吉　林	129	256	742.69	224.58	37529	267079	205656
黑龙江	286	366	1277.97	391.37	7666	229046	175810
上　海	100	190	813.78	119.20	43180	615587	413475
江　苏	727	1160	5461.24	1277.27	122168	1243484	801436
浙　江	331	755	3467.79	696.04	259623	1373507	937360
安　徽	458	530	2703.18	943.50	6081	390044	291631
福　建	247	489	1688.50	561.80	669	388263	322666
江　西	375	374	2061.87	733.03	11733	346604	277497
山　东	554	745	2205.17	616.81	336454	1158952	652259
河　南	374	695	3542.25	829.11	321971	1283810	927682
湖　北	367	351	1784.45	568.97	12429	538576	422812
湖　南	245	343	3217.89	1194.90	39005	581543	483297
广　东	412	897	2964.32	574.31	52909	1015947	811161
广　西	196	231	1074.15	299.25	1231	348975	283816
海　南	88	67	246.14	73.12	1086	113319	98144
重　庆	171	223	1762.34	454.89	87165	485638	368354
四　川	572	561	4143.82	924.54	211103	1452961	1052504
贵　州	208	266	1083.27	214.18	14312	260104	217927
云　南	304	339	1097.76	297.29	212	227130	175668
西　藏	67	66	260.24	21.23	100892	330655	211055
陕　西	389	281	3109.24	404.36	690027	1497809	1058297
甘　肃	313	367	1476.83	380.21	139207	717632	504695
青　海	43	65	83.01	14.53		224021	217865
宁　夏	29	36	193.50	35.67	22361	90034	62580
新　疆	161	208	630.87	180.68	34079	629105	506677

本年收入合计(千元)					本年支出合计(千元)		
上级补助收入	事业收入	经营收入	附属单位上缴收入	其他收入		基本支出	项目支出
717351	**3022701**	**654419**	**121542**	**714089**	**21667454**	**8813160**	**10150196**
1615	279882	285245		17267	1581342	612171	506503
150	11311	1310		6335	376230	110801	110790
2070	372973	10112		32260	764715	451541	283359
8872	130513	13365	96	16868	954795	416458	465382
3310	16861			13820	383185	209126	162055
6981	41260	6115	1	3047	585879	254417	281446
14935	43487			5405	264757	113937	143616
5584	7203	2169		38280	225778	149687	44642
16258	56169	861		19034	570421	161751	266761
65864	77520	44750	210	41708	1117370	470947	433972
31335	302442	19904	25	29137	1325576	581182	665390
30299	32250	3641	130	19164	385520	164685	176970
18705	9071	226		8147	325693	115537	180551
15696	14953	7670		4240	313261	157431	108184
110056	135813	147674		39876	1347026	625580	398912
70286	192096	11741	820	44576	1162254	555166	535905
26531	37932	15917	61	20113	459289	175735	242178
10504	29793	3105		9411	613197	281927	265728
7367	74563	2852		26694	969934	332387	542398
15445	20249	8320		14425	289395	107350	161892
3665	3141	440		7929	112409	23925	84379
15102	43550	23122		9820	664960	151116	299512
26821	247635	9216	165	79559	1356178	383468	891275
17412	11076	350	427	3835	206153	99357	89873
6585	24002	823		7289	269721	109326	134271
2	100782	3170	400	14840	255726	65293	45303
94869	193119	11084		100433	1443367	766538	573236
26328	171006	2435		9720	674584	281562	376533
1248	2975			900	49280	35465	10908
1485	21795	1359		2815	96912	49362	35359
61971	10080			22066	529095	140491	363957

续表 2

地区	经营支出	在支出合计中:					
		工资福利支出	商品和服务支出				对个人和家庭补助支出
			差旅费	劳务费	福利费	各种税金支出	
总　计	**551300**	**4376841**	**266239**	**550933**	**115390**	**360886**	**1055924**
北　京	159603	294468	8513	21035	15179	120058	54067
天　津	1310	52786	2437	1960	2070	18288	27110
河　北	6655	246221	4714	22754	2595	1738	36281
山　西	5868	203152	8210	22868	5191	5120	23648
内蒙古	13	84531	10017	17311	1617	298	14885
辽　宁	8084	154118	6724	27082	1760	2962	58749
吉　林	471	47200	8733	3265	386	420	22444
黑龙江	2945	72062	4426	3355	936	146	21084
上　海	11162	152058	2688	1986	5806	16597	17974
江　苏	24202	236133	12214	20922	7179	16594	65907
浙　江	3741	283666	14463	37091	10254	12021	77094
安　徽	3068	74021	11926	9252	2946	557	26032
福　建	303	61632	3691	7908	805	1353	16107
江　西	6548	76374	6851	2615	3141	1560	22297
山　东	230996	232483	8188	21403	2560	28108	38298
河　南	8734	237526	13119	85346	5240	3515	37316
湖　北	9879	114142	8179	19120	6691	430	28744
湖　南	2415	133139	9151	16364	3793	2535	26760
广　东	2959	196350	5768	14739	6422	12050	67641
广　西	8483	46426	4785	5116	2486	2378	13214
海　南	530	16717	1079	862	7	123	3489
重　庆	7373	88504	7100	19810	2065	4417	39485
四　川	5873	234099	27685	68714	4429	4192	42131
贵　州	439	44627	3634	5706	1100	559	8396
云　南	762	61559	4055	6359	324	901	13311
西　藏	17760	31800	3104	839	591	211	6791
陕　西	3130	371361	14865	21321	7375	68202	53525
甘　肃	4069	142889	12095	15494	5465	4943	24682
青　海		18470	1462	941	115	375	3684
宁　夏	1379	28779	2516	2142	886	159	5417
新　疆	431	68940	7096	9190	840	1281	14298

抚恤金和生活补助	其他资本性支出	各种设备购置费	资产总计(千元)	固定资产原值	实际使用房屋建筑面积(万平方米)	展览用房	库房	实际拥有产权面积(万平方米)
37254	**2502947**	**386574**	**46275653**	**28489653**	**2207.88**	**645.63**	**139.33**	**3003.33**
2715	26787	6986	2891437	592420	38.51	11.22	3.93	10.50
308	74312	2723	785224	76763	14.86	8.13	2.69	5.96
1959	33325	6257	1531249	1085885	49.65	22.82	3.85	39.97
1088	99425	18117	806150	448642	52.33	15.24	3.62	44.05
1054	99881	17338	646364	460085	42.07	19.54	3.25	25.92
757	72960	2927	954323	534657	44.50	19.76	3.87	108.65
515	16845	11806	325758	184752	18.43	10.88	1.22	3.78
257	32655	4169	1049529	949094	40.01	27.24	2.25	14.90
762	76528	10029	2636575	1769498	20.15	8.61	2.70	17.85
2640	55723	19820	4547891	3428261	128.83	67.42	8.66	95.63
1363	105463	20799	3302383	2037818	96.43	31.02	5.91	19.48
691	31397	8490	1031585	639702	52.87	23.43	3.89	32.16
221	14877	3568	408700	203782	41.89	18.11	2.84	29.69
1882	9410	4352	853625	638013	51.46	24.05	6.73	21.10
894	253764	22899	2520387	1210018	76.27	39.56	7.25	32.61
1540	232016	17734	2657493	1259932	171.50	38.86	12.82	55.46
736	43146	14629	1654931	1048857	60.11	21.96	5.83	29.33
1513	79914	18457	1286999	945206	48.50	17.76	4.07	86.87
3837	50108	14922	1418781	1009204	89.87	39.87	7.82	44.57
691	43896	4405	763105	587861	25.43	10.91	2.57	4.83
161	50529	944	141953	106846	6.74	2.46	0.20	6.61
1435	19080	3379	936432	504349	31.61	13.22	2.50	51.28
1773	99292	19405	3156821	2294913	88.94	37.89	8.95	52.87
226	8367	2394	1478892	1095735	18.53	7.87	1.26	19.70
215	76946	3508	570622	416018	31.86	15.16	3.07	15.17
174	65	65	145203	44511	377.04	9.31	2.96	2.76
4484	258784	36780	2183455	1472045	333.97	27.40	9.03	352.05
1496	85079	33481	1424442	1212456	44.73	18.93	4.39	1702.99
121	4277	3269	162390	146827	5.98	3.26	0.71	3.60
178	12979	4471	120448	91976	8.43	2.99	0.81	33.29
409	138130	16397	880195	424008	33.60	14.01	2.21	7.27

2011年各地区省级

地区	机构数（个）	从业人员（人）					文物藏品（件/套）	
			专业技术人才					一级品
				正高级职称	副高级职称	中级职称		
总计	**259**	**16885**	**7597**	**614**	**1384**	**2762**	**13676326**	**24246**
北京	49	1738	571	13	71	241	3673167	607
天津	8	702	468	10	80	188	1035484	1041
河北	7	396	206	26	64	76	289433	504
山西	15	904	221	21	75	73	260506	1842
内蒙古	3	325	167	14	39	68	173373	764
辽宁	4	258	172	25	18	76	334351	492
吉林	5	256	132	9	31	52	129590	295
黑龙江	9	460	323	27	100	84	167680	189
上海	7	708	489	32	64	181	1882278	1092
江苏	7	650	219	29	38	98	545461	1062
浙江	7	527	319	60	72	94	219261	829
安徽	6	348	196	11	31	50	443734	889
福建	6	415	204	13	30	54	204374	569
江西	8	788	250	11	41	91	279458	543
山东	6	448	255	18	32	73	359773	1417
河南	6	750	292	29	59	127	453307	616
湖北	7	384	264	29	61	87	441258	928
湖南	14	855	289	22	38	114	450648	583
广东	6	237	151	12	19	41	365240	404
广西	7	418	225	30	23	80	145317	184
海南	2	154	34	3	7	17	48759	58
重庆	16	959	380	25	48	112	370340	930
四川	5	422	97	4	23	50	145254	750
贵州	3	102	69	8	15	27	37511	436
云南	4	158	102	9	26	28	234237	509
西藏	6	230	71	3	11	20	114439	372
陕西	9	1294	524	48	111	205	425515	3614
甘肃	11	1185	503	41	75	214	182860	1731
青海	6	162	76	3	23	32	138480	273
宁夏	5	275	130	13	24	41	56898	281
新疆	5	377	198	16	35	68	68340	442

文物业基本情况

		在藏品数中(件/套)						
二级品	三级品	本年新增藏品数(件/套)	本年从有关部门接收文物数(件/套)	本年藏品征集数(件/套)	本年修复藏品数(件/套)	一级品	二级品	三级品
214591	**1296759**	**43774**	**2042**	**32535**	**14498**	**202**	**474**	**1441**
9800	50757	753		700	1946		6	27
5157	132492	215	146	72	630			95
3921	33398			632	85			
1534	55594	300	236	44	101	18	68	15
1374	2631			229	43	3	4	36
5047	45410	500		500	41	4	23	14
2404	13886	182		182	225	8	10	15
1113	15528	1833		806	787		9	19
45081	151599	8567	56	7704	228	2	24	118
88438	360422	111		109	258	28	35	75
5510	35988	11687	6	8963	564	2	11	33
2465	13040	632		500	138	6	29	9
473	37749	461	51	323	11			11
1730	11340				3			3
1554	46047	542	141	1	462			182
3183	42092	172	42	130	803			213
1645	18079	380		10	727	9	50	88
1981	23662	143		53	277	4	6	118
6506	12216	828	3	745	546			4
2462	9314	4070		1033	827		2	9
135	707	109	63	46	30			
1915	16969	11056	1085	8998	2643	22	8	18
2071	46298				361	2	18	62
1014	3931			242	64			
1400	12176	262		5	752	1		2
1027	2581	137	137	137	133	1	9	122
5100	18386	668	76	218	884	90	155	124
6427	76624	3		48	321		1	4
579	593	5			68			
2834	5619	114		61	55	1	5	24
711	1631	44		44	485	1	1	1

续表 1

地　区	基本陈列(个)	举办展览(个)	参观人次(万人次)	未成年人参观人次(万人次)	门票销售总额(千元)	本年收入合计(千元)	财政拨款
总　计	**387**	**1025**	**7435.57**	**2107.96**	**768815**	**7255071**	**5109901**
北　京	54	110	383.52	45.04	15177	1291442	654461
天　津	34	40	256.19	90.73	3713	486865	291370
河　北	7	20	45.69	16.49		102204	66031
山　西	13	64	243.79	89.61	691	387810	340842
内蒙古	9	18	158.00	45.20	2482	130381	103945
辽　宁	2	15	42.22	14.39		111550	74591
吉　林	2	29	68.87	32.52		81245	70098
黑龙江	26	48	344.14	152.94	2084	75393	70355
上　海	14	49	301.57	47.31		378649	245092
江　苏	26	47	288.60	12.93	59701	190707	96281
浙　江	15	47	310.24	135.27		203811	190925
安　徽	6	32	89.00	3.00		145047	103780
福　建	15	42	210.67	68.58		139891	128641
江　西	12	30	637.11	252.56		126269	95748
山　东	11	9	0.15	0.05		241531	162017
河　南	5	30	198.60	74.29		154450	115111
湖　北	14	18	179.70	45.40		138064	110783
湖　南	10	26	771.17	328.74	589	196224	145168
广　东	6	25	140.00	28.00	565	184152	161707
广　西	7	43	160.43	44.10		170823	130855
海　南	12	30	72.34	30.00		62319	61715
重　庆	17	83	1059.72	328.98	1502	290851	223045
四　川	10	37	141.41	51.14		217986	110084
贵　州	1	13	50.00	14.50		59533	51113
云　南	5	5	95.30	36.01		60929	21013
西　藏	1		166.36	13.40	81956	261192	174764
陕　西	15	34	726.82	50.47	505991	565808	514627
甘　肃	16	24	160.78	6.91	94194	278714	139168
青　海	7	24	32.00	9.79		198222	193317
宁　夏	10	22	55.94	23.43		42550	37953
新　疆	5	11	45.24	16.18	170	280459	225301

本年收入合计(千元)					本年支出合计(千元)		
上级补助收入	事业收入	经营收入	附属单位上缴收入	其他收入		基本支出	项目支出
82823	**701942**	**53921**	**210**	**163428**	**6254862**	**1635949**	**3660047**
	88968	3384		10668	792249	183771	313207
150	11281			447	337553	83453	100772
	26572			6674	122384	57644	64291
	28633	4396		6683	334995	54046	273395
	13673			12589	104635	19703	84932
310	8144			742	107643	34291	57802
	9387			1369	117122	16500	99951
1529	18	1939		1552	74866	42218	27670
934	12883			10808	320675	72236	161238
31182	22235	21344	210	4429	176353	45365	108315
	5600			3970	167479	50833	114876
750	23349			5661	153325	30167	113232
3412	3460			671	109968	17265	88129
	6281	4404		99	114919	33876	60107
	1047			16564	336682	24068	252288
2892	20646			3670	141602	62633	68075
90	18166	3452		1588	137032	29594	92486
	10589	2852		747	196356	64588	89846
471	17252			66	185793	36626	144827
	16398	8320		9954	137782	32034	92292
				604	74977	9905	65072
755	39698			2389	304281	59287	226188
2900	73980			3348	155471	24927	105315
	6551			1555	33600	8221	25379
	21777	99		5277	121028	31814	77207
	85621			525	172778	40630	22823
				33209	593424	273454	318790
3710	121640	2433		8418	338711	127867	205221
	2975			897	25808	16348	8677
19	911	1298		2369	51326	25737	21223
33719	4207			5886	214045	26848	176421

续表 2

地区	经营支出	在支出合计中:					
		工资福利支出	商品和服务支出				对个人和家庭补助支出
			差旅费	劳务费	福利费	各种税金支出	
总　计	**38221**	**827644**	**104035**	**173088**	**23636**	**245179**	**293507**
北　京	3384	71203	6437	19171	1668	118142	24247
天　津		41265	2373	872	1755	17382	21865
河　北		20509	1527	12184	209	157	7894
山　西	3473	33135	2699	7567	1009	433	8937
内蒙古		12050	6459	12617	459	290	2607
辽　宁		12523	1623	7075	543	2167	5381
吉　林		7543	5867	377	147	285	5671
黑龙江	1835	18031	1298	1980	61	94	13347
上　海		67486	1690	1154	2928	15240	6252
江　苏	11240	24255	3582	6915	71	5275	9831
浙　江		43434	4737	11773	827	349	13581
安　徽		10847	8538	6933	1456	421	10487
福　建		15302	1020	1628	244	601	5391
江　西	1579	23325	2344	834	928	777	6960
山　东		12274	2697	6728	154	1998	8412
河　南		25705	2317	12505	532	749	8550
湖　北	3452	20923	3200	11614	2141	228	11067
湖　南	1612	34242	2894	3821	810	1917	9502
广　东		13790	1315	395	571	418	13737
广　西	7757	14825	2603	3363	2209	2337	3901
海　南		5525	490	367	3	26	2384
重　庆		45998	4925	15760	845	3159	25154
四　川		24452	10398	10077	759	2327	4833
贵　州		3328	1071	8	45	341	1932
云　南	99	9328	2206	2068	136	781	4647
西　藏		22084	2721	23	2	211	6652
陕　西		95735	3110	3003	1447	66564	23891
甘　肃	2433	58701	7831	9420	1290	815	13877
青　海		7675	1161	715	18	375	2911
宁　夏	1357	12770	1540	648	40	109	3616
新　疆		19381	3362	1493	329	1211	5990

抚恤金和生活补助	其他资本性支出	各种设备购置费	资产总计(千元)	固定资产原值	实际使用房屋建筑面积(万平方米)	展览用房	库房	实际拥有产权面积(万平方米)
11000	**914782**	**185745**	**12629368**	**6671382**	**257.02**	**85.40**	**36.86**	**1794.93**
315	2819	1992	1978556	310463	22.59	7.73	3.55	3.79
299	73273	2009	748306	52314	10.65	5.01	2.58	5.96
95	4759	1837	190683	143175	4.21	2.24	1.39	3.15
229	46553	13771	267563	92110	11.01	3.67	1.60	2.99
75	9514	9105	156885	42401	7.53	2.05	1.23	6.52
	10895	682	131409	49223	9.66	3.62	0.60	9.06
89	12143	10132	78244	37406	2.92	0.60	0.30	0.07
167	6113	996	456446	414235	7.05	4.47	0.68	6.33
461	60177	7081	1392941	881861	8.27	2.32	1.99	5.70
1567	19625	10074	1158939	936382	9.49	5.85	1.44	7.79
122	29003	17471	652527	431642	32.26	4.17	1.63	1.35
84	14280	6069	137873	80780	3.45	1.15	0.99	2.26
51	2627	1917	133786	34648	7.13	2.51	0.70	13.80
114	713	474	218701	203491	8.42	3.98	1.12	5.95
21	171113	8424	414392	162839	11.20	5.82	1.59	1.19
402	3953	3953	527412	406897	8.67	2.69	1.72	6.25
109	8288	6343	487514	306035	5.97	1.79	0.98	0.82
775	19645	7001	351157	226681	8.78	2.90	0.50	6.06
92	19857	5397	253056	200259	7.55	1.89	1.07	1.70
260	7695	2791	150018	68034	5.71	1.36	0.65	0.02
66	46803	68	29009	18863	3.86	1.40	0.06	1.93
1205	4189	2229	294868	96793	11.46	4.46	0.74	1.71
242	13532	5847	148239	47043	4.50	1.00	0.69	
	1740	861	91097	15229	1.31	0.36	0.26	1.31
78	65603	748	107656	27910	1.50	0.86	0.41	0.14
174	65	65	137660	37436	0.18	0.13		
2445	176467	16198	960450	719853	14.45	3.34	4.67	10.19
1119	46595	28972	498392	380762	13.33	2.40	2.02	1677.93
121	3421	2683	135779	120349	4.07	2.30	0.52	2.70
148	9110	3990	79629	52911	5.75	1.61	0.66	5.55
75	24212	6565	260181	73357	4.09	1.72	0.52	2.71

2011年各地区地市级

地 区	机构数(个)	从业人员(人)	专业技术人才	正高级职称	副高级职称	中级职称	文物藏品(件/套)	一级品
总 计	**1104**	**32915**	**12994**	**588**	**1820**	**5514**	**7135938**	**14014**
北 京								
天 津								
河 北	35	2523	728	37	186	289	75973	296
山 西	49	1734	526	18	78	234	141539	447
内蒙古	20	751	442	11	65	186	191164	498
辽 宁	45	2445	1030	56	167	480	285880	923
吉 林	26	647	499	26	69	113	103309	199
黑龙江	43	786	361	36	44	187	75628	161
上 海								
江 苏	146	3023	1302	97	179	583	1716410	1329
浙 江	56	2173	708	65	102	274	295615	740
安 徽	46	641	278	3	37	128	108111	247
福 建	31	612	292	20	42	109	145733	364
江 西	34	1041	319	14	38	135	127344	206
山 东	51	1443	880	44	131	388	417433	823
河 南	87	3203	1228	40	187	549	969491	1065
湖 北	33	957	516	20	63	265	369842	571
湖 南	33	810	305	6	38	158	256240	624
广 东	64	1837	891	26	94	333	519871	799
广 西	31	644	315	11	38	133	143315	66
海 南	13	142	34	2	1	5	3785	45
重 庆								
四 川	49	2173	678	26	68	290	480023	1739
贵 州	16	619	98	3	8	38	66501	327
云 南	43	601	421	6	72	182	127970	108
西 藏	2	22						
陕 西	59	2032	571	15	67	257	288553	1595
甘 肃	32	1058	285	1	21	101	147464	583
青 海	12	59	38	1	5	20	15642	20
宁 夏	8	226	40		4	13	6662	44
新 疆	40	713	209	4	16	64	56440	195

文物业基本情况

		在藏品数中(件/套)			本年修复藏品数(件/套)			
二级品	三级品	本年新增藏品数(件/套)	本年从有关部门接收文物数(件/套)	本年藏品征集数(件/套)		一级品	二级品	三级品
67318	**503426**	**57280**	**15753**	**26708**	**20549**	**94**	**409**	**2552**
6866	13783	613		617	148	3	25	19
1346	6461	26	478	26	195			179
1454	2971	2154		361	52	4	48	
7639	68744	1552	156	1360	305	1	21	71
855	3657	1266	1	1821	357	12	34	179
411	3001	1764	1	1554	240			
6335	72743	9253	535	4801	872	12	9	176
2577	14387	1623	408	1132	350			89
672	12913	3000	470	618	65			5
931	15270	10525	74	253	270	3		68
1473	6302	406	91	221	585	13	54	503
4955	20825	1754	347	614	1126	1	14	31
8260	104724	7277		8	8079	4	53	610
1957	24206	2011	131	1849	1399	2	3	103
2385	18558	3134	128	1479	2367	35	94	198
7030	35656	4206	3032	2917	1143	1	8	63
1625	11023	2329	56	1079	171			40
148	758	71		71				
2497	22685	272	13	425	1133	1	5	67
490	683	713	7665	353	131			
164	1522	2332	1443	1827	29	1		1
4958	34927	287	166	1777	1523	1	41	148
1585	5716	128	536	586	9			2
158	102	214		110				
77	261	238		65				
470	1548	132	22	784				

续表 1

地　区	基本陈列（个）	举办展览（个）	参观人次（万人次）	未成年人参观人次（万人次）	门票销售总额（千元）	本年收入合计（千元）	财政拨款
总　计	**1919**	**3441**	**19929.76**	**4004.05**	**1416630**	**6932489**	**4786867**
北　京							
天　津							
河　北	39	140	448.58	56.32	271564	562825	248573
山　西	20	26	317.42	32.11	145879	308093	221395
内蒙古	34	44	259.45	71.78	5128	167657	162239
辽　宁	90	146	786.47	181.78	98302	397610	364820
吉　林	50	111	421.72	77.69	33800	140599	91765
黑龙江	68	104	399.28	98.64	3649	102829	60305
上　海							
江　苏	338	524	3503.97	722.57	22788	749745	465958
浙　江	99	256	1901.40	290.19	212952	704338	395004
安　徽	96	175	618.60	199.24	971	86947	68112
福　建	46	106	614.15	210.07		149103	121016
江　西	73	105	422.17	163.71	2429	103400	94272
山　东	93	288	760.59	159.99	20580	212390	170188
河　南	121	220	1389.47	274.22	269138	647547	451873
湖　北	69	99	483.46	118.05	776	111874	90267
湖　南	75	148	497.15	188.69		137400	124243
广　东	173	440	1898.86	273.78	29531	567856	419366
广　西	59	76	494.77	105.06	868	101602	89081
海　南	30	18	163.75	37.10	180	37246	27674
重　庆							
四　川	66	103	1449.76	190.51	166847	632909	382474
贵　州	21	27	416.00	37.95	50	86840	70663
云　南	98	99	569.35	129.80		79182	74483
西　藏						12037	12037
陕　西	56	47	1157.19	167.67	43385	363759	213908
甘　肃	56	52	517.27	125.91	39646	181234	136483
青　海	10	11	36.30	1.68		12739	12304
宁　夏	1	1	71.84	2.60	20271	33560	12719
新　疆	38	75	330.79	86.94	27896	241168	205645

本年收入合计(千元)					本年支出合计(千元)		
上级补助收入	事业收入	经营收入	附属单位上缴收入	其他收入		基本支出	项目支出
184084	**1208238**	**27973**	**1012**	**267669**	**6201601**	**2949772**	**2668998**
	272183			23568	250008	182126	46581
3302	63911	885	70	6832	298181	187546	92997
2220	992			796	144139	91747	42469
88	26372			874	393987	167981	210385
11261	33800			3773	107318	70110	37207
266	7185	180		34893	99931	70732	8189
20159	35885	6607		26224	701232	285912	235329
10796	245910	364	25	9840	715135	333479	329687
6368	7583	1000		4081	82556	52360	23544
3801	681	195		3584	124439	49235	58937
2786	4853	3		986	83974	56541	21765
7607	21535			5288	248800	173823	49543
24939	138066	9999	800	7965	643879	265953	333514
6985	7201			4300	110772	50294	57650
4474	5385			1640	137544	81316	54972
829	39966	1739		18736	535839	195734	259597
4790	3010			3848	82213	37645	41312
240	1891	350		7091	25160	10998	12055
2332	165072	5755		67889	553858	175074	355193
10344		117	117	4	66646	39882	17395
1061	1833	714		1091	71202	32718	37018
					11980	6464	16
43447	61865	65		28932	312211	172007	119150
2500	42055			93	143573	65335	77422
432				3	10538	7469	1569
1317	19487			37	31192	13769	12495
11740	1517			5301	215294	73522	133007

续表 2

地区	经营支出	在支出合计中:					
		工资福利支出	商品和服务支出				对个人和家庭补助支出
			差旅费	劳务费	福利费	各种税金支出	
总　计	**29410**	**1437849**	**68414**	**202746**	**30045**	**42460**	**372648**
北　京							
天　津							
河　北	270	107741	739	7008	962	1133	19102
山　西	559	72838	2934	12136	1672	381	8912
内蒙古		38284	2038	3013	796	4	8199
辽　宁	1666	108824	3985	15561	951	501	47596
吉　林		25548	1673	2574	127	10	14187
黑龙江	1092	30692	2390	269	392		5433
上　海							
江　苏	6244	144824	6402	10328	4567	10794	45271
浙　江	1138	135030	5597	13551	5052	8503	40524
安　徽	500	22460	1068	717	637	69	5994
福　建	272	24291	1425	1761	364	751	7751
江　西	144	21199	1715	215	642	27	7650
山　东	6536	71452	2393	7462	615	1074	19986
河　南	7382	100079	6137	62493	2389	2236	21722
湖　北		34573	1272	1529	1486	50	7079
湖　南		35243	2502	7989	484	95	10272
广　东	305	120979	3205	10067	2500	11211	39782
广　西	726	18806	1424	1404	192	41	6214
海　南	500	8395	390	328	4	93	935
重　庆							
四　川	1170	107783	9575	21152	2039	1712	23298
贵　州	3	17129	756	2875	102	191	4486
云　南	535	21854	1512	2174	144	106	4482
西　藏		785	32	57			
陕　西	65	93177	5011	10877	1923	300	11121
甘　肃		33122	1141	2566	1703	3148	5462
青　海		3545	211	158	17		716
宁　夏		8315	644	849	9	30	835
新　疆	303	30881	2243	3633	276		5639

抚恤金和生活补助	其他资本性支出	各种设备购置费	资产总计（千元）	固定资产原值	实际使用房屋建筑面积（万平方米）	展览用房	库房	实际拥有产权面积（万平方米）
8566	**715631**	**78912**	**14703489**	**9080408**	**865.12**	**237.48**	**44.80**	**523.61**
407	13728	2658	349541	210245	19.23	8.59	1.01	12.90
216	31786	3318	255749	156448	20.26	6.06	0.69	25.64
625	29453	6395	246093	186256	14.27	5.82	0.82	1.78
553	57370	1750	723754	414238	26.43	12.18	2.51	7.72
308	2394	1581	193560	109445	8.87	6.76	0.34	2.12
75	24211	1397	300003	266841	19.72	13.91	0.50	3.29
892	23392	5029	2161540	1503757	75.30	37.65	4.75	33.06
924	36003	1680	1967061	1158363	34.66	14.14	1.99	7.68
94	6530	565	388202	177469	16.64	8.05	1.24	21.02
34	9745	299	130615	85460	14.77	7.07	1.12	7.22
838	3851	1979	104181	52013	13.48	5.29	2.73	4.57
402	67365	4882	584135	440926	21.63	10.13	1.81	17.34
645	182430	9545	1611747	443477	114.00	20.88	7.44	25.93
103	1019	1007	341806	276242	16.07	6.75	1.64	6.78
288	8171	2065	413983	381583	15.62	5.31	2.28	6.49
363	23750	7170	701654	441832	52.29	22.04	4.94	23.29
178	14901	594	515382	437572	9.55	4.45	0.96	1.36
	2290	830	69094	54068	1.49	0.41	0.07	0.85
538	26025	8715	1129181	695134	28.26	7.70	2.04	14.08
121	207	105	783788	542841	6.65	2.25	0.38	0.01
75	8469	2415	306525	289777	14.87	7.81	1.78	7.19
457	8790	2900	626914	258842	290.80	14.98	2.24	284.09
195	30343	2132	343859	279860	10.11	4.66	0.48	7.00
	850	586	8972	8922	0.96	0.42	0.07	0.41
	2983	65	15521	13807	1.53	0.78	0.04	0.67
235	99575	9250	430629	194990	17.66	3.39	0.93	1.12

2011年各地区县级

地区	机构数(个)	从业人员(人)					文物藏品(件/套)	
			专业技术人才					一级品
				正高级职称	副高级职称	中级职称		
总计	**4352**	**58118**	**15565**	**213**	**1002**	**6102**	**6464435**	**16988**
北京	47	3403	334	1	7	111	47157	245
天津	20	207	102	1	10	43	22269	
河北	212	4017	801	22	71	355	197482	449
山西	161	3419	727	13	24	292	380836	1300
内蒙古	124	1032	538	9	16	244	125412	591
辽宁	83	1300	511	2	24	280	128864	202
吉林	81	602	312	3	43	160	71660	70
黑龙江	153	832	413	7	39	217	63122	125
上海	37	955	416	2	24	130	73817	278
江苏	175	1663	563	16	61	226	227846	614
浙江	148	1909	718	27	74	272	305668	673
安徽	174	1493	637	3	48	231	282059	860
福建	116	661	290	7	27	104	146139	99
江西	143	1604	601	4	33	154	243541	720
山东	181	3905	1489	34	149	580	577849	1030
河南	219	5328	903	8	48	349	490122	690
湖北	135	2255	1073	8	59	539	635095	1024
湖南	146	2156	537	1	13	213	182835	959
广东	131	1489	394	2	19	139	239205	128
广西	104	568	240	1	11	83	87976	83
海南	17	106	32			3	14012	19
重庆	76	1036	367	13	38	143	250280	161
四川	269	3330	942	9	50	356	749308	2099
贵州	112	984	303	4	9	81	85913	156
云南	162	831	554	4	41	227	112445	220
西藏	458	4803	2			1	84211	1091
陕西	295	5381	1042	6	35	348	262603	1811
甘肃	164	1849	399	2	11	125	263306	1082
青海	35	168	69	1	7	36	63643	97
宁夏	18	153	111		6	34	21170	42
新疆	156	679	145	3	5	26	28590	70

文物业基本情况

		在藏品数中(件/套)			本年修复藏品数(件/套)			
二级品	三级品	本年新增藏品数(件/套)	本年从有关部门接收文物数(件/套)	本年藏品征集数(件/套)		一级品	二级品	三级品
55701	**433621**	**95781**	**16230**	**30229**	**15163**	**60**	**278**	**2092**
584	2621	1802	3000	1780	112			13
5	76	57		30				
2137	11896	3602	8	521	385	1	8	80
5558	13996	387	435	12				
1437	4415	961	17	1192	277	18	37	220
1310	12418	1701	583	1747	67	3	2	
296	1391	2861	322	1537	1165		1	8
226	1534	2406	84	2686	652	1	1	61
1286	6236	7076	351	1064	48		4	2
1717	10659	3989	833	478	607	1	21	72
2535	19710	5568	2314	1309	584		8	160
1708	26451	3180	1509	430	225	6	9	43
1372	32936	1384	153	1127	46			45
3246	27562	1350	153	510	321	5	86	207
4538	21907	4894	496	640	2114	8	9	116
5220	80207	4251	113	604	1415			10
2476	20979	1268	478	991	1131	1	4	28
1570	13591	1870	3	745	180		1	27
1596	19118	7457	2797	2169	132		1	10
1007	10613	2873	994	286	40		2	37
85	511	67		48	10			
414	6216	1157	76	522	652		2	105
4830	40435	4076	153	2190	3779	1	26	684
578	1495	695	108	290	40	11	7	10
470	1843	11286	18	648	119			
744	2048			220				
3871	24476	3893	736	965	723	3	49	153
4051	15382	14857	70	3973	245	1		1
160	438	77	10	115				
507	1536	35	304	9	42			
167	925	701	112	1391	52			

续表 1

地　区	基本陈列（个）	举办展览（个）	参观人次（万人次）	未成年人参观人次（万人次）	门票销售总额（千元）	本年收入合计（千元）	财政拨款
总　计	**5686**	**6592**	**27141.56**	**7644.17**	**1710508**	**7396407**	**5246334**
北　京	68	81	989.89	151.55	470862	725134	241046
天　津	42	25	167.81	16.02	2619	37629	30401
河　北	106	197	1701.45	553.87	143890	421163	332745
山　西	108	59	1078.12	180.37	174708	414546	328903
内蒙古	147	126	269.83	90.04	2168	141494	137773
辽　宁	73	86	266.19	90.04	5678	87739	63643
吉　林	77	116	252.10	114.37	3729	45235	43793
黑龙江	192	214	534.55	139.79	1933	50824	45150
上　海	86	141	512.21	71.89	43180	236938	168383
江　苏	363	589	1668.67	541.77	39679	303032	239197
浙　江	217	452	1256.15	270.58	46671	465358	351431
安　徽	356	323	1995.58	741.26	5110	158050	119739
福　建	186	341	863.68	283.15	669	99269	73009
江　西	290	239	1002.59	316.76	9304	116935	87477
山　东	450	448	1444.43	456.77	315874	705031	320054
河　南	248	445	1954.18	480.60	52833	481813	360698
湖　北	284	234	1121.29	405.52	11653	288638	221762
湖　南	160	169	1949.57	677.47	38416	247919	213886
广　东	233	432	925.46	272.53	22813	263939	230088
广　西	130	112	418.95	150.09	363	76550	63880
海　南	46	19	10.05	6.02	906	13754	8755
重　庆	154	140	702.62	125.91	85663	194787	145309
四　川	496	421	2552.65	682.89	44256	602066	559946
贵　州	186	226	617.27	161.73	14262	113731	96151
云　南	201	235	433.11	131.48	212	87019	80172
西　藏	66	66	93.88	7.83	18936	57426	24254
陕　西	318	200	1225.23	186.22	140651	568242	329762
甘　肃	241	291	798.78	247.39	5367	257684	229044
青　海	26	30	14.71	3.06		13060	12244
宁　夏	18	13	65.72	9.64	2090	13924	11908
新　疆	118	122	254.84	77.56	6013	107478	75731

本年收入合计(千元)					本年支出合计(千元)		
上级补助收入	事业收入	经营收入	附属单位上缴收入	其他收入		基本支出	项目支出
450444	**805322**	**555082**	**1113**	**237916**	**7217539**	**3567998**	**2552195**
1615	190914	281861		6599	789093	428400	193296
	30	1310		5888	38677	27348	10018
2070	74218	10112		2018	392323	211771	172487
5570	37969	8084	26	3353	321619	174866	98990
1090	2196			435	134411	97676	34654
6583	6744	6115	1	1431	84249	52145	13259
3674	300			263	40317	27327	6458
3789		50		1835	50981	36737	8783
15324	43286	861		8226	249746	89515	105523
14523	19400	16799		11055	239785	139670	90328
20539	50932	19540		15327	442962	196870	220827
23181	1318	2641	130	9422	149639	82158	40194
11492	4930	31		3892	91286	49037	33485
12910	3819	3263		3155	114368	67014	26312
102449	113231	147674		18024	761544	427689	97081
42455	33384	1742	20	32941	376773	226580	134316
19456	12565	12465	61	14225	211485	95847	92042
6030	13819	253		7024	279297	136023	120910
6067	17345	1113		7892	248302	100027	137974
10655	841			623	69400	37671	28288
3425	1250	90		234	12272	3022	7252
14347	3852	23122		7431	360679	91829	73324
21589	8583	3461	165	8322	646849	183467	430767
7068	4525	233	310	2276	105907	51254	47099
5524	392	10		921	77491	44794	20046
2	15161	3170	400	14315	70968	18199	22464
51422	131254	11019		38292	537732	321077	135296
20118	7311	2		1209	192300	88360	93890
816					12934	11648	662
149	1397	61		409	14394	9856	1641
16512	4356			10879	99756	40121	54529

续表 2

地区	经营支出	在支出合计中:					
		工资福利支出	商品和服务支出				对个人和家庭补助支出
			差旅费	劳务费	福利费	各种税金支出	
总　计	**471554**	**1840740**	**67039**	**137036**	**56573**	**44452**	**244706**
北　京	156219	223265	2076	1864	13511	1916	29820
天　津	1310	11521	64	1088	315	906	5245
河　北	6385	117971	2448	3562	1424	448	9285
山　西	1836	97179	2577	3165	2510	4306	5799
内蒙古	13	34197	1520	1681	362	4	4079
辽　宁	6418	32771	1116	4446	266	294	5772
吉　林	471	14109	1193	314	112	125	2586
黑龙江	18	23339	738	1106	483	52	2304
上　海	11162	84572	998	832	2878	1357	11722
江　苏	6718	67054	2230	3679	2541	525	10805
浙　江	2603	105202	4129	11767	4375	3169	22989
安　徽	2568	40714	2320	1602	853	67	9551
福　建	31	22039	1246	4519	197	1	2965
江　西	4825	31850	2792	1566	1571	756	7687
山　东	224460	148757	3098	7213	1791	25036	9900
河　南	1352	111742	4665	10348	2319	530	7044
湖　北	6427	58646	3707	5977	3064	152	10598
湖　南	803	63654	3755	4554	2499	523	6986
广　东	2654	61581	1248	4277	3351	421	14122
广　西		12795	758	349	85		3099
海　南	30	2797	199	167		4	170
重　庆	7373	42506	2175	4050	1220	1258	14331
四　川	4703	101864	7712	37485	1631	153	14000
贵　州	436	24170	1807	2823	953	27	1978
云　南	128	30377	337	2117	44	14	4182
西　藏	17760	8931	351	759	589		139
陕　西	3065	182449	6744	7441	4005	1338	18513
甘　肃	1636	51066	3123	3508	2472	980	5343
青　海		7250	90	68	80		57
宁　夏	22	7694	332	645	837	20	966
新　疆	128	18678	1491	4064	235	70	2669

抚恤金和生活补助	其他资本性支出	各种设备购置费	资产总计(千元)	固定资产原值	实际使用房屋建筑面积(万平方米)	展览用房	库房	实际拥有产权面积(万平方米)
16529	**575547**	**89863**	**15940485**	**11168344**	**1022.96**	**306.01**	**50.20**	**652.36**
2400	23968	4994	912881	281957	15.92	3.49	0.38	6.71
9	1039	714	36918	24449	4.21	3.12	0.11	
1457	14838	1762	991025	732465	26.21	11.99	1.45	23.92
643	21086	1028	282838	200084	21.06	5.51	1.33	15.42
354	60914	1838	243386	231428	20.27	11.67	1.20	17.62
204	4695	495	99160	71196	8.41	3.96	0.76	91.87
118	2308	93	53954	37901	6.64	3.52	0.58	1.59
15	2331	1776	293080	268018	13.24	8.86	1.07	5.28
301	16351	2948	1243634	887637	11.88	6.29	0.71	12.15
181	12706	4717	1227412	988122	44.04	23.92	2.47	54.78
317	40457	1648	682795	447813	29.51	12.71	2.29	10.45
513	10587	1856	505510	381453	32.78	14.23	1.66	8.88
136	2505	1352	144299	83674	19.99	8.53	1.02	8.67
930	4846	1899	530743	382509	29.56	14.78	2.88	10.58
471	15286	9593	1521860	606253	43.44	23.61	3.85	14.08
493	45633	4236	518334	409558	48.83	15.29	3.66	23.28
524	33839	7279	825611	466580	38.07	13.42	3.21	21.73
450	52098	9391	521859	336942	24.10	9.55	1.29	74.32
3382	6501	2355	464071	367113	30.03	15.94	1.81	19.58
253	21300	1020	97705	82255	10.17	5.10	0.96	3.45
95	1436	46	43850	33915	1.39	0.65	0.07	3.83
230	14891	1150	641564	407556	20.15	8.76	1.76	49.57
993	59735	4843	1879401	1552736	56.18	29.19	6.22	38.79
105	6420	1428	604007	537665	10.57	5.26	0.62	18.38
62	2874	345	156441	98331	15.49	6.49	0.88	7.84
			7543	7075	376.86	9.18	2.96	2.76
1582	73527	17682	596091	493350	28.72	9.08	2.12	57.77
182	8141	2377	582191	551834	21.29	11.87	1.89	18.06
	6		17639	17556	0.95	0.54	0.12	0.49
30	886	416	25298	25258	1.15	0.60	0.11	27.07
99	14343	582	189385	155661	11.85	8.90	0.76	3.44

2011年各地区文物保护

地区	机构数(个)	从业人员(人)	专业技术人才	正高级职称	副高级职称	中级职称	藏品数(件/套)	一级品
总计	**2735**	**33035**	**8308**	**174**	**758**	**3376**	**2251805**	**5719**
北京	25	2981	251	1	3	97	27042	214
天津	8	108	41	2	13	22	2757	
河北	175	4351	864	21	158	402	114034	260
山西	112	1602	339	4	25	128	105468	308
内蒙古	86	695	345	10	23	169	40577	122
辽宁	60	1408	396	2	31	185	69233	77
吉林	48	362	250	8	39	121	32334	29
黑龙江	92	364	275	17	34	162	18975	37
上海	4	73	34		2	10	7581	109
江苏	59	356	145	10	12	57	30995	78
浙江	95	1427	502	41	69	178	68451	278
安徽	91	518	328	1	34	125	82159	283
福建	54	116	56	5	4	20	5568	3
江西	69	336	118	2	10	49	31336	88
山东	103	2486	856	14	85	314	260795	522
河南	126	2428	615	14	51	243	560891	168
湖北	39	646	249	2	11	145	16367	70
湖南	93	682	168		4	75	73636	647
广东	28	299	30	1	2	13	22304	
广西	61	274	138		9	60	26245	20
海南	13	149	30			4	1314	
重庆	39	185	93		10	32	77415	19
四川	173	1020	477	7	27	175	219464	600
贵州	74	393	136		7	39	33374	7
云南	118	604	466	4	47	202	65032	187
西藏	461	4759	22	2	2	7	156409	1276
陕西	200	2652	647	2	14	220	69581	186
甘肃	53	559	122		7	29	2401	27
青海	29	98	50	2	7	23	7466	34
宁夏	22	337	117		9	37	18282	65
新疆	124	572	132	1	5	24	3197	5

管理机构基本情况

		在藏品数中(件/套)			本年修复文物数(件/套)			
二级品	三级品	本年新增藏品数(件/套)	本年从有关部门接收文物数(件/套)	本年藏品征集数(件/套)		一级品	二级品	三级品
19535	**140541**	**26030**	**5265**	**9661**	**5198**	**6**	**73**	**575**
521	1635		3000		43			
2	57	4						
1524	10952	3112	8	80	90	1	28	12
584	2762		365					
379	1163	898	7	473	2			
567	8209	810	186	797	31			
142	961	3174	322	2722	1165		1	8
104	1142	454	69	115	88		1	42
36	56	395		376	6			
239	925	352						
664	4585	942	215	311	10			10
683	13936	1185	560	108	35			
40	1176	242	21	1	21			21
282	4416	154		36				
3115	9983	451	1	147	272			18
3009	29734	4615			1820			
296	1846	270		2	54			
800	5370	637	3	76	276	4	17	72
	1	603		647	100			
349	3168	451		174				
	136	15			10			
221	2364	441	76	216	101		2	8
2852	22439	762	19	580	795		15	261
120	733	289	65	144	7	1		1
149	1263	3596	18	528	110			
1385	3754				131		9	122
787	5777	1852	20	2009	31			
42	68			10				
82	98	34	10	24				
551	1796	244	300	70				
10	36	15		15				

续表 1

地　区	基本陈列(个)	举办展览(个)	参观人次(万人次)	未成年人参观人次(万人次)	门票销售总额(千元)	本年收入合计(千元)	财政拨款
总　计	**978**	**1265**	**9441.69**	**1515.46**	**2170652**	**4636090**	**2402142**
北　京	19	24	840.13	112.68	465933	549178	75593
天　津	3	1	18.11	4.27	2375	14714	13496
河　北	23	47	748.80	105.70	337591	446719	142308
山　西	6	5	456.68	39.28	85802	149703	85363
内蒙古	29	44	77.51	16.83	5888	148617	147034
辽　宁	19	47	198.68	51.21	18537	162210	125417
吉　林	9	6	0.79	0.21		35090	30921
黑龙江	41	75	60.60	27.11		30995	28719
上　海	8	11	30.44	7.95		19123	18823
江　苏	43	50	249.00	60.31	9454	127825	111805
浙　江	69	72	1251.67	143.99	234358	561545	255070
安　徽	46	61	131.94	47.52	2471	89611	70040
福　建	11	26	88.10	23.38	120	23604	17339
江　西	55	61	207.44	56.36	1936	23031	19856
山　东	69	74	610.58	154.65	302613	341859	188719
河　南	17	26	846.08	86.10	266746	240680	137922
湖　北	18	18	152.39	43.38	12399	58686	45125
湖　南	32	42	416.73	138.22	10500	88012	65582
广　东	24	39	201.89	12.20	23464	43932	22160
广　西	21	26	96.31	19.74	432	41243	33726
海　南	24	11	51.38	13.61	1086	21751	13172
重　庆	14	31	41.37	8.48		37987	32534
四　川	87	156	508.56	93.49	6573	255608	218060
贵　州	41	75	109.73	29.45	4170	53906	40053
云　南	59	75	77.27	23.41	188	85456	78348
西　藏	66	66	239.66	19.83	100892	142102	26212
陕　西	55	23	906.74	129.16	103326	307600	123600
甘　肃	29	18	270.03	33.76	45137	130516	84551
青　海	7	5	1.57	0.30		8376	7883
宁　夏	7	10	114.56	8.54	22361	44284	21664
新　疆	19	28	116.95	4.34	33909	159244	113003

本年收入合计(千元)					本年支出合计(千元)			
上级补助收入	事业收入	经营收入	附属单位上缴收入	其他收入		基本支出	项目支出	经营支出
176369	**1417534**	**345240**	**111723**	**183048**	**4194248**	**2382737**	**1267033**	**314065**
1081	186004	281861		4639	597576	376709	60961	156124
		182		1036	17697	10983	6532	182
	275589	5660		23162	293033	229858	55631	4570
4603	43241	7139	70	9287	137205	87416	17765	1467
	520			1063	144599	105045	38439	11
5673	22933	6115	1	2071	172909	66236	98369	4609
3594	300			275	29870	24135	4469	
1272	33			971	28258	20289	7361	
260	18			22	23123	10899	12224	
1626	4964	7440		1990	105519	47868	57528	123
13338	281686	750	25	10676	483665	319316	161735	825
10450	2738	2000		4383	79543	40025	21847	1065
4197	125			1943	21670	12574	8568	210
460	1897	5		813	23122	17163	2508	1
9706	115299	13559		14576	336788	145559	69987	111968
13303	72213	10641	820	5781	241128	131889	80928	7251
3795	6215	130		3421	64924	29871	29083	930
3135	13215	203		5877	101838	48236	37011	753
1611	17938	200		2023	44345	29517	12437	1830
3991	1690			1836	38703	22232	15405	
55	3141	90		5293	19847	10246	8104	30
5160	211			82	32774	15387	14610	
12255	19851			5442	256886	75558	162424	2470
7150	4475	233		1995	43059	21403	17970	13
5106	737	364		901	73472	37179	24698	366
2	97444	3170	400	14840	95330	50415	16255	17760
36810	99697	5435		42058	257490	136415	69081	1338
424	45445	2		94	83819	40247	43285	147
412				81	8175	7126	226	
1466	20884	61		209	42151	22200	13606	22
25434	5848			14959	144006	56153	80851	

续表 2

地区	在支出合计中:						
	工资福利支出	商品和服务支出	商品和服务支出				对个人和家庭补助支出
			差旅费	劳务费	福利费	各种税金支出	
总　计	**1170762**	**1419567**	**36500**	**107403**	**34595**	**31564**	**190464**
北　京	189717	325046	1766	1080	13357	1799	23363
天　津	5125	8923	2	596	71	58	3525
河　北	150399	78940	1523	7073	1526	1503	14800
山　西	49401	40075	1035	2716	862	1246	2803
内蒙古	28540	27817	1126	1267	340	4	4108
辽　宁	52794	34289	2026	2809	409	493	21305
吉　林	11459	9290	519	207	22	1	3005
黑龙江	12008	9911	590	273	105	3	3187
上　海	6573	2545	58	76	294		393
江　苏	21058	75676	539	888	483	110	7388
浙　江	124747	214995	3802	12255	3771	7481	35970
安　徽	17573	21005	1173	766	304	3	5132
福　建	5119	10008	174	2380	52	24	1867
江　西	9066	6434	872	353	363	50	2293
山　东	93004	58213	1732	781	474	10322	5421
河　南	59533	72963	2229	23645	1688	1410	7925
湖　北	18018	19174	1093	839	1641	42	2881
湖　南	19288	27359	2039	2184	958	506	2865
广　东	13351	21343	287	102	497	166	1227
广　西	7255	8379	634	328	53		1006
海　南	8050	4944	236	189	1		835
重　庆	6677	10109	576	1432	87		1774
四　川	42641	81168	3482	31870	676	141	8168
贵　州	11234	8011	585	1182	418		1055
云　南	25814	24232	713	2076	69	78	4166
西　藏	18406	4909	769	781	588	185	5161
陕　西	86095	45712	3125	2542	1410	402	6080
甘　肃	15844	17176	710	956	1303	3227	2090
青　海	4141	881	20	12		18	236
宁　夏	13661	17914	926	1238	761	50	1801
新　疆	22657	40345	1649	4092	221	2	4120

抚恤金和生活补助	其他资本性支出	各种设备购置费	资产总计（千元）	固定资产原值	实际使用房屋建筑面积（万平方米）	展览用房	库房	实际拥有产权面积（万平方米）
9146	**430540**	**47192**	**7834873**	**3747887**	**913.30**	**81.21**	**17.16**	**2222.21**
2400	21281	3011	725962	163093	10.35	1.14	0.08	4.62
12	124	3	15755	3818	1.36	0.98	0.02	
1428	5517	1847	498030	264985	9.83	3.11	0.90	5.09
195	3763	1874	173235	132600	12.23	5.36	0.72	27.64
698	79681	1358	50226	30981	4.88	2.02	0.41	1.08
205	48213	826	125196	61907	4.97	1.36	0.33	90.64
68	2306	74	24925	14879	1.28	0.43	0.20	0.30
38	364	146	31924	24889	3.07	1.70	0.42	0.54
	526		60758	30346	0.81	0.43	0.06	0.19
82	697	225	233893	96157	5.70	2.45	0.27	1.99
897	35555	1697	1192851	809967	18.21	6.72	0.52	4.32
227	5589	268	129508	44778	11.49	2.37	0.42	2.31
7	262	56	14111	4077	2.06	0.70	0.07	2.05
120	152	136	99494	97379	4.09	1.43	0.96	1.79
334	7483	508	1070453	266169	8.73	4.97	0.69	4.54
507	16593	1345	1166227	281043	88.95	2.60	3.10	11.50
208	5427	2681	93484	81823	12.32	1.73	0.41	1.24
157	7963	6802	169712	153096	7.64	2.67	0.35	58.79
5	272	255	90172	32158	4.32	2.90	0.04	2.20
109	5463	735	44799	36974	2.55	1.49	0.15	0.74
90	1587	150	78270	74756	1.28	0.28	0.01	4.42
89	1823	315	76006	53562	5.35	2.83	0.88	1.42
741	50136	1002	336583	188184	11.12	3.72	1.78	2.34
48	1751	581	135811	111483	3.02	1.85	0.17	15.72
81	2561	311	59243	44305	6.48	1.80	0.26	3.70
70	65	65	99334	13282	376.41	9.26	2.96	2.76
118	42348	13403	316646	244624	280.26	10.46	0.59	292.18
52	22055	563	214153	161659	3.25	1.23	0.12	1675.99
	6		6096	5746	1.10	0.85	0.06	0.79
30	3850	474	19728	17974	2.09	0.95	0.12	0.91
130	40349	1960	188665	67220	6.27	1.42	0.09	0.41

2011年各地区

地　区	机构数(个)	从业人员(人)	专业技术人才	正高级职称	副高级职称	中级职称	安全保卫人员(人)	藏品数(件/套)
总　计	**2650**	**62181**	**24117**	**967**	**2945**	**9467**	**14338**	**19023423**
北　京	41	1239	373	5	41	120	255	1140379
天　津	19	698	466	9	69	181	113	685386
河　北	69	1950	605	42	97	202	417	239347
山　西	89	2529	671	24	74	289	570	462269
内蒙古	59	1357	765	16	89	315	274	433491
辽　宁	62	2167	1140	59	159	557	384	382402
吉　林	58	965	639	25	94	182	150	231744
黑龙江	103	1636	766	43	133	303	305	279922
上　海	36	1439	786	32	82	263	294	374685
江　苏	245	4593	1798	115	244	778	1203	1544978
浙　江	100	2888	1115	84	152	428	746	698096
安　徽	131	1832	714	9	68	265	477	527660
福　建	95	1481	686	32	89	228	410	431297
江　西	108	2520	910	16	83	285	554	439484
山　东	120	2787	1539	65	185	637	710	776363
河　南	159	4574	1259	34	157	509	1192	822274
湖　北	125	2380	1308	35	128	633	490	1186921
湖　南	85	2304	731	19	63	302	595	490009
广　东	161	2938	1290	27	115	454	678	838181
广　西	71	1175	559	30	49	205	257	301583
海　南	18	238	64	5	7	21	74	65242
重　庆	39	1431	595	33	69	209	250	519143
四　川	144	4463	1088	25	81	460	954	1121019
贵　州	53	1064	233	10	13	72	255	82807
云　南	84	893	562	7	80	217	189	380151
西　藏	2	65	40		7	13	14	32641
陕　西	122	4229	1196	43	159	476	953	797613
甘　肃	145	2503	642	8	52	236	720	492348
青　海	22	178	90	2	18	41	44	150557
宁　夏	6	257	131	7	17	34	44	66299
新　疆	73	759	227	8	25	79	212	121588

博物馆基本情况

			在藏品数中(件/套)					
一级品	二级品	三级品	本年新增藏品数(件/套)	本年从有关部门接收文物数(件/套)	本年藏品征集数(件/套)	本年修复文物数(件/套)	一级品	二级品
58959	**721374**	**2394907**	**166457**	**434695**	**79496**	**33895**	**323**	**1174**
455	4918	48928	2555		2480	2015		6
1041	5160	132511	268	146	102	630		
488	7479	15961	1075		1690	443	3	5
2861	7434	71252	713	784	82	296	18	68
1527	3818	8560	2217	10	1309	370	25	89
1478	13044	115544	2771	419	2761	282	8	46
535	3388	17825	1135	1	818	442	20	44
427	1603	15664	5049	16	4931	1511	1	9
1261	46331	157779	15248	407	8392	270	2	28
2925	96238	442802	12772	1169	5358	1711	41	65
1913	9722	64220	17856	2502	11024	977	2	19
1664	4136	38021	5498	1419	1440	393	12	38
1029	2736	84779	12128	257	1702	306	3	
1369	6088	39978	1602	244	695	488	9	109
2730	7902	78633	6289	983	1108	2790	9	23
1892	12733	152369	6643	155	742	5257	4	53
2433	5659	60604	3354	609	2795	2517	4	45
1402	4815	47073	4134	128	1934	2123	35	84
1321	15132	66989	11808	5832	5184	1150	1	9
312	4745	26673	8030	1050	2224	1038		4
122	368	1840	232	63	165	30		
1072	2108	20821	11772	1085	9304	840	22	8
3595	6261	86467	3203	147	1652	4199	4	34
901	1883	5148	1057	186	711	228	10	7
648	1871	14248	10284	1443	1952	790	2	
91	220	588	137	137	137	2	1	
6471	12425	67462	2355	957	844	1455	74	210
2382	8317	69429	14985	606	4597	297	1	1
334	728	885	262		201	68		
302	2867	5599	143	4	65	97	1	5
638	1292	3958	862	134	2204	537	1	1

续表 1

地　区	三级品	基本陈列(个)	举办展览(个)	中央补助资金举办的陈列布展	举办培训次数(次)	参观人次(万人次)	未成年人参观人次(万人次)
总　计	**5081**	**7054**	**9867**	**128806**	**1588625**	**47050.68**	**12493.95**
北　京	40	103	167	11	33145	533.27	83.90
天　津	95	73	64		35	405.89	102.47
河　北	87	129	310	28	67	1446.93	520.97
山　西	194	135	144	12	68	1102.65	254.81
内蒙古	256	160	144	21	44	609.78	190.18
辽　宁	85	146	200	15	59	896.20	235.00
吉　林	194	120	250	42	39542	741.90	224.36
黑龙江	38	245	291	6	60158	1217.37	364.26
上　海	120	92	179		60733	783.34	111.24
江　苏	323	682	1110	19	570610	5211.73	1216.97
浙　江	261	262	683	26	185	2216.12	552.05
安　徽	57	412	469	21	181	2571.23	895.96
福　建	103	236	463	36	146	1600.39	538.41
江　西	332	319	310	120061	513009	1847.63	676.48
山　东	311	485	671	21	190	1594.59	462.16
河　南	733	357	669	24	100	2696.16	743.01
湖　北	199	349	333	58	128121	1632.06	525.59
湖　南	271	213	301	58	418	2801.17	1056.70
广　东	77	387	857	44	198	2761.33	561.89
广　西	86	174	205	21	170	974.35	278.50
海　南		64	56	1	7	194.76	59.51
重　庆	115	157	192	64	128	1720.98	446.42
四　川	552	485	405	41	386	3635.26	831.05
贵　州	9	167	191	29	5234	973.53	184.74
云　南	3	245	264	29	119	1020.49	273.85
西　藏		1				20.58	1.40
陕　西	374	333	258	30	171270	2202.49	275.19
甘　肃	7	276	344	56	232	1109.39	344.76
青　海		36	60	8000	4010	81.43	14.22
宁　夏	24	21	25			77.94	26.83
新　疆	1	142	180	7	23	509.78	176.03

					科研成果			
外宾参观	门票销售总额（千元）	本年承担课题、项目数（个）	省部级以上课题、项目数	结项课题、项目数	专利（个）	专著或图录（册）	论文（省级及以上刊物公开发表）（篇）	古建维修报告
1142.42	**2269676**	**920**	**362**	**240**	**73**	**1356**	**4418**	**355**
52.86	20106	18	2	4		32	142	
17.84	3957	5	1				12	
17.28	77863	8	4	3		24	131	1
18.49	139718	5	2	2		19	117	1
9.18	3890	9	2	2		68	34	
4.61	85443	11	7	4	1	4	30	4
4.48	37529	6	4			5	84	3
30.78	7666	7	2	3		18	147	
100.03	43180	32	20	10	7	21	191	
78.90	112704	172	57	40	19	65	429	3
49.88	25265	63	39	22	1	267	255	4
24.78	3610	12	7	4		22	126	2
52.57	549	31	19	10		194	171	12
17.29	9797	18	8	3		18	62	3
38.74	33841	19	14	2	2	22	207	4
14.62	55225	41	8	13	2	16	268	4
17.86	30	56	31	31	3	30	131	29
31.46	28505	34	16	11		8	201	1
44.99	29445	56	8	20		63	236	2
11.07	706	41	14	8		18	180	
1.53		3	3	1		5	11	1
14.89	87165	41	20	10	28	24	59	4
65.41	204530	51	23	14	3	83	75	2
39.47	10142	18			1	6	32	255
21.26	24	1	1	1	4	7	18	
2.26		5	5					
133.26	586701	29	12	7		28	239	8
5.86	3813	11	7	1		165	234	8
0.63							10	
0.83		1	1			13	44	3
9.27		3	2	1		9	36	

续表 2

地　区	本年收入合计(千元)	财政拨款	上级补助收入	事业收入	经营收入	附属单位上缴收入
总　计	**12057889**	**9910364**	**475034**	**925209**	**291655**	**9819**
北　京	424084	389869	534	22862		
天　津	322416	304528	150	11311	1128	
河　北	344973	259644	2070	72800	4452	
山　西	292712	225043	3119	56061	1830	26
内蒙古	244257	221819	3310	9773		
辽　宁	345383	333403	1308	10068		
吉　林	183999	133911	10978	35090		
黑龙江	185845	134965	4312	7152	2169	
上　海	481094	389072	15998	56151	861	
江　苏	817902	610059	62538	68618	37310	210
浙　江	630986	555460	17757	20556	19154	
安　徽	249097	205416	19682	7763	1641	130
福　建	259597	230074	14508	8600	226	
江　西	242518	212306	14187	5258	7665	
山　东	656248	399196	98318	16450	134115	
河　南	567841	451522	45786	34119	820	
湖　北	298395	235423	19109	11790	15787	61
湖　南	323805	306666	7369	3334	2902	
广　东	690010	617929	5400	39376	2652	
广　西	193076	150971	11120	18558		
海　南	42157	35561	3610		350	
重　庆	352673	285258	9942	24704	23122	
四　川	916867	662636	11958	163704	9216	165
贵　州	120749	109162	10262	50	117	427
云　南	89600	80454	1479	1936	459	
西　藏	14177	14177				
陕　西	794209	616436	52179	84449	5649	
甘　肃	318320	282801	22404	9401	2433	
青　海	31050	27725	836	1678		
宁　夏	28794	27142	5	911	154	
新　疆	125071	117811	4806	1194		

其他收入	本年支出合计(千元)	基本支出	项目支出					经营支出
				文物征集	馆藏品保护	陈列展览	教育与科研	
445808	**11711313**	**5009435**	**5979443**	**842874**	**197843**	**653478**	**64547**	**220951**
10819	307515	183669	122482	1513	1043	27558	180	95
5299	205205	99818	104258	758	411	1386	11	1128
6007	290300	146529	141578	2778	793	13924	667	2085
6633	280195	133403	132824	1020	8290	6745	130	928
9355	213511	100246	103516	23027	583	4906	181	2
604	341787	167552	157032	16391	6018	16220	11730	3475
4020	142963	83359	57878	4360	869	978	260	471
37247	185372	122670	31861	1624	1723	12607	2123	2945
19012	458223	150852	249707	54834	3486	26164	3739	11162
39167	734427	408787	301561	30968	8343	19328	966	24079
18059	663870	225829	404619	34027	13058	35505	2421	2916
14465	245566	112315	117489	6916	13778	8045	2252	2003
6189	217991	98671	104734	3872	5201	23907	435	93
3102	224793	128277	80347	2643	2411	24040	85	6547
8169	844701	443698	277539	18877	3170	22345	160	119028
35594	446747	234860	197140	5225	20618	62608	9499	957
16225	297864	110578	166281	7441	9615	37978	1516	8949
3534	345981	187838	151862	4640	5623	14186	4300	1662
24653	681708	272078	383141	64646	6931	35561	3501	1129
12427	183740	81383	98310	6733	1424	15826	1245	726
2636	37439	12885	23016	1370	979	4835	400	500
9647	545025	130768	222004	4827	1584	26908	4047	7373
69188	889237	287450	572638	6389	11105	15915	2876	3403
731	101527	61206	33578	2963	360	10350	506	426
5272	146484	46355	98116	3750	1210	4097	586	396
	11032	5232	4535					
35496	812464	380240	410284	7364	14261	30627	7245	1792
1281	271325	121320	137521	7193	24911	30477	2850	3922
811	27966	17746	9155	1367	414	888		
582	36687	17837	17156	544	337	971		213
1260	123006	38960	80845	11789	2890	10729	196	431

续表 3

地区	在支出合计中:						
	工资福利支出	商品和服务支出	差旅费	劳务费	福利费	各种税金支出	对个人和家庭补助支出
总计	**2582828**	**4190884**	**118287**	**234207**	**58982**	**126399**	**707287**
北京	74999	163723	1690	19529	383	2896	19596
天津	47080	55937	1873	1364	1418	1550	23585
河北	70716	175008	1412	6199	731	224	13079
山西	76229	112490	2204	3796	2425	3090	9315
内蒙古	53436	96540	3659	9129	1245	290	10066
辽宁	88561	127922	2619	20086	658	60	33844
吉林	32475	54085	2785	1993	248	390	17568
黑龙江	56755	62269	3137	3082	830	143	14956
上海	143440	198569	2241	1910	3467	1323	17581
江苏	205827	417655	8676	15894	5155	6584	57193
浙江	137169	210442	7178	14978	5706	2387	34232
安徽	51841	47530	2188	1581	2176	133	17507
福建	54332	69616	2992	5519	518	395	13262
江西	61391	72522	4010	1433	2582	831	17669
山东	121806	159880	3479	12194	1765	15511	28225
河南	105237	159853	5359	7910	2441	778	17080
湖北	74731	107069	3605	12972	3723	263	18680
湖南	85675	138670	4787	7895	1780	244	17719
广东	164752	243598	3095	10092	4696	1477	57546
广西	35560	87430	3417	3196	1706	1377	11602
海南	8112	4778	735	630	6	90	2552
重庆	78116	190981	4318	15322	1872	2199	37604
四川	168499	252571	13789	16454	3311	2021	30652
贵州	25240	32120	1585	2683	374	40	5025
云南	31017	27943	1412	2269	119	113	7734
西藏	5232	5071	1989				729
陕西	199400	280491	6564	7705	5191	67226	28022
甘肃	70680	68829	4310	8547	2999	1377	11531
青海	8383	6612	656	291	92	291	2194
宁夏	11635	3096	299	887	85	5	2558
新疆	22583	33826	1770	2628	231	134	5289

抚恤金和生活补助	其他资本性支出	各种设备、交通工具、图书购置费	资产总计(千元)	固定资产原值	实际使用房屋建筑面积(万平方米)	展览用房	库房	实际拥有产权面积(万平方米)
20116	**1587100**	**254904**	**29770451**	**22102633**	**1178.54**	**564.45**	**104.87**	**762.43**
135	4887	3909	528404	256804	23.18	10.08	2.27	5.64
296	74188	2720	497189	64925	12.21	7.15	1.87	5.96
406	15918	3835	828918	702675	38.09	19.71	2.15	33.88
545	48886	12737	236962	180035	30.92	9.88	2.26	14.00
356	18901	15090	460517	401493	36.20	17.54	2.44	24.84
427	23619	1297	690643	433586	38.38	18.41	3.39	17.79
412	12220	10740	256712	147748	16.47	10.49	0.95	3.40
155	32291	4023	981143	908251	36.67	25.57	1.78	14.26
762	76002	10029	2312560	1680970	17.53	8.18	1.11	16.09
2485	53752	18371	3884154	3271298	120.30	64.97	7.77	92.40
466	55984	18611	1917284	1152211	75.84	24.30	5.10	15.02
420	16005	6665	793165	551762	39.78	21.08	2.91	29.80
214	12196	3481	347373	183893	39.04	17.41	2.57	27.38
852	8165	3374	632749	439094	42.54	22.64	3.55	17.20
553	235145	21514	1195008	886742	65.53	34.59	6.20	27.58
696	50419	8364	1050476	805599	69.96	36.23	7.44	41.36
400	33695	10791	1298734	893952	44.07	20.21	4.97	26.11
1201	56227	5132	966185	736892	37.36	15.09	3.26	26.77
794	40893	8639	1189086	916881	83.54	36.97	7.24	42.17
582	37792	3248	631536	532363	21.70	9.42	2.18	4.06
71	1794	794	53839	31017	5.46	2.17	0.19	2.19
1346	16294	3064	772824	441857	25.05	10.39	1.56	49.75
734	40676	16652	2495159	2005506	74.49	34.14	6.83	50.52
89	3422	1004	955489	911204	14.16	6.00	0.96	3.53
120	73627	2843	420118	360198	25.11	13.37	2.71	11.40
104			15380	2351	0.05	0.05		
3280	198926	19698	1281347	1059060	48.89	16.93	7.42	58.70
860	18515	6518	778961	723100	33.69	17.70	3.55	27.03
54	4167	3201	141328	130506	4.38	2.40	0.50	2.74
140	8290	3997	79744	64290	6.14	2.04	0.69	32.38
222	45336	5953	268721	218164	20.23	12.60	1.91	6.35

2011年各地区文物

地　区	机构数(个)	从业人员(人)	专业技术人才	正高级职称	副高级职称	中级职称	安全保卫人员(人)	藏品数(件/套)
总　计	**2397**	**57483**	**22784**	**882**	**2815**	**8935**	**13122**	**17719940**
北　京	41	1239	373	5	41	120	255	1140379
天　津	18	691	466	9	69	181	112	681650
河　北	68	1920	601	42	97	202	413	238285
山　西	88	2522	670	24	73	289	569	453686
内蒙古	59	1357	765	16	89	315	274	433491
辽　宁	58	2085	1110	57	153	543	351	353661
吉　林	58	965	639	25	94	182	150	231744
黑龙江	76	1081	526	30	113	219	186	207631
上　海	32	1250	727	32	77	234	180	372868
江　苏	153	3065	1419	80	190	622	814	1017650
浙　江	90	2684	1087	82	149	420	704	677771
安　徽	99	1351	624	3	63	225	360	461958
福　建	95	1481	686	32	89	228	410	431297
江　西	106	2488	906	16	83	281	545	439179
山　东	111	2617	1518	63	182	624	677	760287
河　南	147	4395	1200	30	150	487	1153	798953
湖　北	120	2312	1261	35	128	626	474	1185832
湖　南	80	1821	597	17	60	253	415	416473
广　东	161	2938	1290	27	115	454	678	838181
广　西	69	1158	554	29	49	201	253	300081
海　南	17	225	64	5	7	21	73	64218
重　庆	22	1231	544	24	63	195	209	452681
四　川	136	4205	1013	20	68	421	907	797097
贵　州	52	1045	232	10	13	72	254	82527
云　南	65	717	457	3	76	168	164	313770
西　藏	2	65	40		7	13	14	32641
陕　西	122	4229	1196	43	159	476	953	797613
甘　肃	145	2503	642	8	52	236	720	492348
青　海	22	178	90	2	18	41	44	150557
宁　夏	6	257	131	7	17	34	44	66299
新　疆	73	759	227	8	25	79	212	121588

系统博物馆基本情况

			在藏品数中(件/套)			本年修复文物数(件/套)		
一级品	二级品	三级品	本年新增藏品数(件/套)	本年从有关部门接收文物数(件/套)	本年藏品征集数(件/套)		一级品	二级品
57775	**718931**	**2384757**	**153989**	**433763**	**72804**	**32122**	**311**	**1166**
455	4918	48928	2555		2480	2015		6
1041	5160	132511	268	146	102	630		
488	7479	15961	700		1690	443	3	5
2848	7386	71133	713	784	82	296	18	68
1527	3818	8560	2217	10	1309	370	25	89
1193	12738	115544	2771	419	2761	282	8	46
535	3388	17825	1135	1	818	442	20	44
355	1455	15339	2543	1	3468	321	1	9
1234	46331	157772	15185	380	8362	270	2	28
2591	95278	439514	6946	540	2234	1676	41	64
1913	9722	63670	17776	2502	10944	967	2	19
1643	4108	37278	4667	1194	818	386	12	38
1029	2736	84779	12128	257	1702	306	3	
1369	6088	39978	1602	244	695	486	9	109
2685	7896	78621	6064	983	1106	2785	7	21
1857	12510	150534	5954	119	718	5257	4	53
2424	5541	60232	3354	609	2795	2517	4	45
1341	4628	46460	3527	128	1373	2106	35	84
1321	15132	66989	11808	5832	5184	1150	1	9
312	4745	26673	7990	1050	2224	1038		4
95	264	1354	232	63	165	30		
1072	2108	20753	11198	1085	9065	423	22	8
3348	5956	84853	2551	147	1105	4124	4	34
901	1883	5148	1057	186	711	213		2
640	1861	14130	10284	1443	1952	790	2	
91	220	588	137	137	137	2	1	
6471	12425	67462	2355	957	844	1455	74	210
2382	8317	69429	14985	606	4597	297	1	1
334	728	885	262		201	68		
302	2867	5599	143	4	65	97	1	5
638	1292	3958	862	134	2204	537	1	1

续表 1

地　区	三级品	基本陈列(个)	举办展览(个)	举办培训次数(次)	参观人次(万人次)	未成年人参观人次(万人次)
总　计	**5054**	**6364**	**9332**	**1528037**	**41154.27**	**11218.61**
北　京	40	103	167	33145	533.27	83.90
天　津	95	72	64	35	405.55	102.34
河　北	87	127	310	67	1421.93	508.97
山　西	194	133	142	68	1102.05	254.81
内蒙古	256	160	144	44	609.78	190.18
辽　宁	85	141	194	49	747.70	125.72
吉　林	194	120	250	39542	741.90	224.36
黑龙江	38	138	240	92	858.08	267.47
上　海	120	82	169	60727	630.72	95.20
江　苏	320	474	876	570416	2645.89	924.02
浙　江	252	250	675	185	2130.64	528.68
安　徽	57	324	397	104	2143.07	753.01
福　建	103	236	463	146	1600.39	538.41
江　西	330	317	310	513009	1787.63	674.18
山　东	310	460	638	108	1471.05	448.52
河　南	733	330	654	89	2571.44	719.44
湖　北	199	327	326	128121	1587.00	522.24
湖　南	271	200	287	325	1700.12	635.79
广　东	77	387	857	198	2761.33	561.89
广　西	86	172	203	168	973.70	278.39
海　南		61	56	7	147.76	52.51
重　庆	103	81	147	95	1372.38	383.30
四　川	552	439	392	374	3424.08	806.62
贵　州	9	163	186	5232	967.53	182.74
云　南	3	210	246	119	957.73	252.47
西　藏		1			20.58	1.40
陕　西	374	333	258	171270	2202.49	275.19
甘　肃	7	276	344	232	1109.39	344.76
青　海		36	60	4010	81.43	14.22
宁　夏	24	21	25		77.94	26.83
新　疆	1	142	180	23	509.78	176.03

					科研成果			
外宾参观	门票销售总额(千元)	本年承担课题、项目数(个)	省部级以上课题、项目数	结项课题、项目数	专利(个)	专著或图录(册)	论文(省级及以上刊物公开发表)(篇)	古建维修报告
1053.54	**2146974**	**784**	**330**	**207**	**24**	**1303**	**4183**	**352**
52.86	20106	18	2	4		32	142	
17.84	3957	5	1				12	
17.28	77863	8	4	3		24	131	1
18.49	139218	5	2	2		19	117	1
9.18	3890	9	2	2		68	34	
4.56	85443	11	7	4		4	30	4
4.48	37529	6	4			5	84	3
11.20	245	5	2	3		6	127	
99.11	43180	32	20	10	7	21	191	
54.77	45446	92	42	29	2	46	370	2
49.21	6231	62	39	22	1	267	255	4
22.78	110	7	3	3		17	116	2
52.57	549	31	19	10		194	171	12
16.99	9797	18	8	3		18	62	3
13.58	14887	16	12	1		19	195	4
14.44	54895	37	7	11	1	16	256	4
17.86		56	31	31	3	30	131	29
25.54	28505	24	16	2		8	135	
44.99	29445	56	8	20		63	236	2
11.07	706	39	14	8		17	174	
0.53		3	3	1		5	11	1
12.37	86519	31	16	8		15	51	3
59.02	199651	32	17	7	3	83	53	2
39.46	10002	18			1	2	12	255
21.21	14	1	1	1	4	7	18	
2.26		5	5					
133.26	586701	29	12	7		28	239	8
5.86	3813	11	7	1		165	234	8
0.63							10	
0.83		1	1			13	44	3
9.27		3	2	1		9	36	

续表 2

地　区	本年收入合计(千元)	财政拨款	上级补助收入	事业收入	经营收入	附属单位上缴收入	其他收入
总　计	**11116859**	**9333091**	**405977**	**893922**	**98426**	**9609**	**375834**
北　京	424084	389869	534	22862			10819
天　津	319836	301948	150	11311	1128		5299
河　北	343468	258150	2070	72800	4452		5996
山　西	292707	225038	3119	56061	1830	26	6633
内蒙古	244257	221819	3310	9773			9355
辽　宁	325501	313521	1308	10068			604
吉　林	183999	133911	10978	35090			4020
黑龙江	103188	100228	1215		230		1515
上　海	443483	353284	15988	56151	861		17199
江　苏	609044	525327	9444	49790	3320		21163
浙　江	609242	553124	17637	20556	196		17729
安　徽	216862	187461	17083	5352	426	130	6410
福　建	259597	230074	14508	8600	226		6189
江　西	239902	209690	14187	5258	7665		3102
山　东	516109	394443	98318	15510			7838
河　南	558493	443352	45406	33789	820		35126
湖　北	296284	233593	18909	11764	15787	61	16170
湖　南	244937	230250	6939	3334	1498		2916
广　东	690010	617929	5400	39376	2652		24653
广　西	193076	150971	11120	18558			12427
海　南	40027	35561	3480		350		636
重　庆	300990	246614	995	23154	22968		7259
四　川	672774	419991	11958	163704	7772	165	69184
贵　州	120399	108912	10212		117	427	731
云　南	86985	78014	1479	1936	449		5107
西　藏	14177	14177					
陕　西	794209	616436	52179	84449	5649		35496
甘　肃	318320	282801	22404	9401	2433		1281
青　海	31050	27725	836	1678			811
宁　夏	28794	27142	5	911	154		582
新　疆	125071	117811	4806	1194			1260

本年支出合计(千元)	基本支出	项目支出					经营支出
			文物征集	馆藏品保护	陈列展览	教育与科研	
10744334	**4673634**	**5534478**	**818715**	**195205**	**628027**	**62480**	**78678**
307515	183669	122482	1513	1043	27558	180	95
203251	98840	103282	758	411	1386	11	1128
288795	145024	141578	2778	793	13924	667	2085
280190	133398	132824	1020	8290	6745	130	928
213511	100246	103516	23027	583	4906	181	2
323158	158414	148811	16391	6018	16140	11690	3475
142963	83359	57878	4360	869	978	260	471
103351	71369	24952	1308	1677	7099	2088	198
415632	134670	223437	54799	3430	25606	3608	11157
527971	311471	214144	19102	7878	12101	726	2356
629392	216292	395325	26027	12828	35035	2421	153
209286	86949	109263	3916	13230	7585	2152	1209
217991	98671	104734	3872	5201	23907	435	93
222177	127649	80347	2643	2411	24040	85	6547
710355	424230	275285	18741	3159	22338	160	6532
436880	228241	196099	5103	20418	62586	9441	957
292559	106020	166176	7441	9568	37920	1516	8949
247472	134482	106873	4357	5082	10658	3418	1498
681708	272078	383141	64646	6931	35561	3501	1129
182775	81363	98115	6633	1404	15806	1190	
35471	12777	22316	1370	679	4835		100
501221	98901	210393	4727	1528	19518	4037	7244
645144	280845	335911	6188	10992	15814	2763	3087
101177	60956	33568	2963	355	10348	503	426
145247	45361	98096	3750	1210	4077	586	386
11032	5232	4535					
812464	380240	410284	7364	14261	30627	7245	1792
271325	121320	137521	7193	24911	30477	2850	3922
27966	17746	9155	1367	414	888		
36687	17837	17156	544	337	971		213
123006	38960	80845	11789	2890	10729	196	431

续表 3

地　区	在支出合计中:						
	工资福利支出	商品和服务支出	差旅费	劳务费	福利费	各种税金支出	对个人和家庭补助支出
总　计	**2415284**	**3919952**	**112383**	**225448**	**53685**	**105112**	**684671**
北　京	74999	163723	1690	19529	383	2896	19596
天　津	46630	54847	1850	1364	1418	1550	23383
河　北	70356	173863	1282	6149	731	224	13079
山　西	76224	112490	2204	3796	2425	3090	9315
内蒙古	53436	96540	3659	9129	1245	290	10066
辽　宁	85270	123349	2579	20086	655	60	31749
吉　林	32475	54085	2785	1993	248	390	17568
黑龙江	34731	38826	2424	2455	146	19	11638
上　海	124125	181199	2167	1483	3108	1323	16222
江　苏	153364	279326	6873	14494	2737	1492	50397
浙　江	130403	206728	6814	14451	5393	1158	34089
安　徽	40479	35903	1834	1269	2086	54	14743
福　建	54332	69616	2992	5519	518	395	13262
江　西	60763	72522	4010	1433	2582	831	17669
山　东	106118	138544	2876	9364	560	957	28004
河　南	102354	156883	5100	7004	2421	776	16500
湖　北	72279	105632	3573	12972	3676	263	18680
湖　南	68527	102837	4202	7113	1711	139	13091
广　东	164752	243598	3095	10092	4696	1477	57546
广　西	35200	87236	3245	3174	1706	1377	11602
海　南	8004	4618	635	630	6	30	2552
重　庆	72783	183667	3693	14447	1783	2198	37207
四　川	162675	252374	13762	16453	3311	1980	30552
贵　州	25150	32120	1585	2683	374	40	5025
云　南	30023	27743	1412	2269	119	113	7721
西　藏	5232	5071	1989				729
陕　西	199400	280491	6564	7705	5191	67226	28022
甘　肃	70680	68829	4310	8547	2999	1377	11531
青　海	8383	6612	656	291	92	291	2194
宁　夏	11635	3096	299	887	85	5	2558
新　疆	22583	33826	1770	2628	231	134	5289

抚恤金和生活补助	其他资本性支出	各种设备、交通工具、图书购置费	资产总计（千元）	固定资产原值	实际使用房屋建筑面积（万平方米）	展览用房	库房	实际拥有产权面积（万平方米）
19809	**1498479**	**236232**	**24215541**	**17322426**	**1064.23**	**495.73**	**98.62**	**664.15**
135	4887	3909	528404	256804	23.18	10.08	2.27	5.64
296	73976	2508	486438	54174	12.00	6.97	1.84	5.98
406	15918	3835	798918	672675	37.69	19.34	2.12	33.90
545	48886	12737	236962	180035	30.90	9.86	2.26	14.03
356	18901	15090	460517	401493	36.20	17.54	2.44	24.85
427	22337	1285	656403	407295	37.01	17.63	3.32	16.93
412	12220	10740	256712	147748	16.47	10.49	0.95	3.40
155	10618	2580	428548	410570	17.88	10.59	1.06	6.48
698	73549	9516	1681948	1061329	14.82	6.72	1.03	14.92
2422	44884	14605	1974320	1585504	83.88	44.52	6.13	38.83
465	55739	18366	1687374	949948	71.73	22.22	4.91	13.52
278	14763	6319	379780	329239	28.61	15.63	2.43	17.60
214	12196	3481	347373	183893	39.04	17.41	2.57	27.37
852	6177	3374	546749	439094	41.72	22.36	3.49	17.23
553	226827	13196	1038145	815582	63.49	33.01	6.16	26.58
677	48305	7024	766607	572814	66.55	34.07	7.19	36.67
400	32364	10791	1174572	769790	41.93	18.88	4.85	25.70
1193	18598	3663	797255	584234	29.38	11.92	2.93	20.07
794	40893	8639	1189086	916881	83.54	36.97	7.24	42.14
582	37779	3235	327036	232363	21.52	9.32	2.10	4.03
71	1194	194	50215	27393	5.20	1.92	0.18	2.23
1336	15715	2742	608096	290615	19.28	7.32	1.31	48.12
734	40602	16579	2198147	1708494	63.94	26.74	5.98	43.85
89	3422	1004	952489	908204	13.96	5.80	0.96	3.51
120	73627	2843	269223	210578	19.35	9.96	1.69	11.25
104			15380	2351	0.05	0.05		
3280	198926	19698	1281347	1059060	48.89	16.93	7.42	58.68
860	18515	6518	778961	723100	33.69	17.70	3.55	27.00
54	4167	3201	141328	130506	4.38	2.40	0.50	2.73
140	8290	3997	79744	64290	6.14	2.04	0.69	32.38
222	45336	5953	268721	218164	20.23	12.60	1.91	6.38

2011年各地区

地　区	机构数(个)	从业人员(人)	专业技术人才	正高级职称	副高级职称	中级职称	库存文物数(件/套)	一级品
总　计	**75**	**1719**	**706**	**9**	**78**	**359**	**7770986**	**71**
北　京	2	206	72	1	1	35	2544809	
天　津	1	103	63		8	28	369610	
河　北	3	13	1				14464	
山　西	1	15	8		3	4	133272	
内蒙古	1	11	2			2	1402	
辽　宁	3	67	28		2	9	286092	5
吉　林	1	13	2		1		32240	
黑龙江								
上　海	1	73	55	1	1	17	1573829	
江　苏	8	234	80		8	52	905663	
浙　江	9	62	14		1	11	39075	
安　徽	2	56	26	1	1	10	220258	12
福　建	2	54	28		4	14	59381	
江　西	4	63	27		2	9	168964	
山　东	7	111	52	3	13	27	291767	10
河　南	6	133	63	1	5	45	205544	19
湖　北	1	67	51	1	17	22	200095	4
湖　南	2	55	33		3	22	232437	8
广　东	4	88	42		1	20	262821	10
广　西	4	60	17		2	8	46577	1
海　南								
重　庆	2	21	3	1		2	24062	
四　川	2	79	8		2	6	26175	
贵　州	2	28					39498	2
云　南	2	39	14		2	7	27016	
西　藏	1	9					5650	
陕　西	1	6					780	
甘　肃	1	14	5				29452	
青　海	1	8	3			1	4290	
宁　夏								
新　疆	1	31	9		1	8	25763	

文物商店基本情况

二级品	三级品	资产、负债、所有者权益(千元)						
		资产总计	固定资产原价	当年提取的折旧总额	负债合计	所有者权益合计	实收资本	国家资本金
81	**767**	**2113263**	**415045**	**17433**	**614606**	**1498657**	**256555**	**238669**
		324602	121450	6212	80063	244539	16870	16870
		272280	8020	561	85801	186479	25188	25188
		4072	220		4676	-604	275	275
		8218	1682	12	123	8095	2372	1
		760	465		300	460	460	460
6	40	63367	5358	1929	25246	38121	6940	6940
		4615	498	152	3098	1517	1931	1931
		212917	54598		7820	205097	14990	14990
		322955	42981	1252	199970	122985	14881	14881
		57498	18477	1002	29684	27814	11539	11539
		20950	7013	353	660	20290	1076	1076
		27509	13711	465	9626	17883	12306	12306
		10128	6537	268	523	9605	7368	7368
12	5	87405	12518	995	50089	37316	6954	6735
54	706	44844	10370	46	20669	24175	18143	3106
		139738	14942	618	9339	130399	3740	3740
7	2	56472	14453	638	21517	34955	12259	12000
		92681	25876	1163	17369	75312	19449	19449
	9	11005	1854	8	4053	6952	6232	6232
		7115	472	6	2286	4829	1856	1856
		35444	3988	154	15581	19863	48692	48692
		260264	39564	1178	3786	256478	12000	12000
		24242	3288	138	10279	13963	3270	3270
2	5	3978	2378			3978	1	1
		3715	407	57	1168	2547	2105	2105
		6034	999	61	5156	878	1500	1500
		951	568	17	737	214	400	400
		9504	2358	148	4987	4517	3758	3758

续表

地区	损益(千元)								
	营业收入	主营业务收入	营业成本	养老、医疗、失业等各种社会保险费	住房公积金和住房补贴	差旅费	工会经费	营业利润	营业外收入
总　计	**1011369**	**941508**	**829960**	**29609**	**11733**	**9018**	**2369**	**181409**	**17964**
北　京	141741	111516	93230	5910	2085	502	408	48511	14
天　津	187364	187364	153328	3573	1910	562	370	34036	3747
河　北			315	47	11			-315	
山　西	3659	3030	3883	-2	72	102	3	-224	30
内蒙古	1410	1400	1140			256		270	10
辽　宁	33907	33624	17063	1070	601	586	57	16844	1285
吉　林	391	391	671	20	1	11		-280	
黑龙江									
上　海	81998	81998	51530	2958	531	375	191	30468	39
江　苏	205024	201443	181677	7158	1304	2124	490	23347	4550
浙　江	37372	35167	36777	1342	332	252	79	595	716
安　徽	11722	10730	10123	228	326	133	15	1599	430
福　建	13723	12768	13207	516	493	428	59	516	28
江　西	16199	15709	16630	601	116	163	18	-431	490
山　东	58519	57309	57639	635	712	615	13	880	410
河　南	20699	17272	19096	1069	276	614	43	1603	502
湖　北	3062	2352	6799	125	343	219	114	-3737	
湖　南	22986	22657	23041	271	141	181	11	-55	3505
广　东	91533	73233	65798	1822	1011	269	348	25735	316
广　西	6237	5879	7014	288	65	142		-777	602
海　南									
重　庆	4597	4597	3223	124	10	206	2	1374	108
四　川	34092	30147	33382	653	510	229	64	710	1
贵　州	5344	5344	4787	86	290	121	24	557	817
云　南	13093	12093	11907	460	320	300	32	1186	364
西　藏	282	282	1219			51	3	-937	
陕　西	1755	1755	1732	24	47	11		23	
甘　肃	3224	3200	3190	196	4	186		34	
青　海	637	595	783	121	36	29	7	-146	
宁　夏									
新　疆	10799	9653	10776	314	186	351	18	23	

			工资、福利费、税金(千元)			实际使用房屋建筑面积(万平方米)			实际拥有产权面积(万平方米)
政府补助(补贴收入)	营业外支出	利润总额	本年发放工资总额	本年支付的职工福利费	本年应交税金总额		营业用房	库房	
9653	**7965**	**191408**	**118668**	**8859**	**72333**	**15.52**	**5.92**	**7.42**	**6.59**
	200	48325	21056	268	10605	1.72	0.24	1.42	0.25
3747	317	37466	18489	581	16680	1.29	0.49	0.8	
		-315	165			0.07	0.01	0.05	0.05
30		-194	999	109	137	0.47	0.04	0.24	0.47
		280	35		4	0.02	0.02		
688	123	18006	3031	606	2409	0.39	0.19	0.18	0.12
		-280	148	17	1	0.01	0.01	0.01	0.07
		30507	9565	1696	11718	1.81	0.10	1.52	1.57
	620	27277	17701	1346	9623	2.17	1.48	0.62	1.14
79	23	1288	3686	426	2145	0.39	0.28	0.09	0.05
412		2029	2057	181	421	0.23	0.06	0.13	
	2	542	3085	235	934	0.65	0.31	0.17	0.22
490	34	25	1122	130	394	0.73	0.26	0.47	0.72
	169	1121	2599	152	1658	0.66	0.33	0.19	0.44
200		2105	2800	175	296	1.19	0.59	0.31	0.14
	4635	-8372	2308	935	86	0.35	0.08	0.26	
3505	3	3447	2290	213	687	0.65	0.04	0.12	0.64
	40	26011	14017	1017	10364	0.97	0.55	0.42	0.2
172	2	-177	908	298	233	0.13	0.05	0.08	0.01
	508	974	461		562	0.19	0.11	0.06	0.11
	18	693	5596	270	1443	0.61	0.08	0.07	
	106	1268	680	18	180	0.31	0.18	0.12	
330		1550	1580		710	0.06	0.03	0.02	0.06
	1165	2102	1165		26	0.05	0.05		
		23	167	7	10	0.02	0.02		
		34	357	47	78	0.05	0.03	0.02	
		-146	349	14	30	0.03	0.02	0.01	0.03
		23	2252	118	899	0.30	0.27	0.04	0.3

2011年各地区文物保护

地区	维修项目数(个)	项目总预算(千元)	累计拨入项目经费(千元)			本年项目资金来源合计(千元)
				中央补助	省专项补助	
总计	**2573**	**127355527**	**6640247**	**3359420**	**1191329**	**5643718**
北京	41	70250	63103		3232	52252
天津	3	3652	3652		200	3652
河北	104	116110107	527224	363770	31060	385750
山西	303	1328593	690130	193656	25170	636722
内蒙古	19	152225	107597	34741	5460	83777
辽宁	20	19915	22722	5585	7641	19722
吉林	32	389022	370682	320088	15114	78026
黑龙江	25	52508	49708	39360	1100	46545
上海	19	79051	71050		7688	56570
江苏	102	535354	173081	22670	21153	98847
浙江	272	263175	164499	23250	43273	125176
安徽	128	1017691	118213	64600	22567	86261
福建	79	117716	46913	18850	11823	43567
江西	86	102009	58672	31370	16686	58512
山东	42	383011	111019	15642	4046	103324
河南	164	1738752	412819	213861	79620	156178
湖北	56	241725	170182	37820	7758	97249
湖南	137	164454	92592	45538	16564	83744
广东	94	344578	180578	6527	31320	86285
广西	80	130071	60028	49151	3355	42156
海南	14	93026	30572	4610	350	23132
重庆	24	149907	90409	29360	14172	963447
四川	297	1572763	1174512	967834	30287	1042351
贵州	69	712427	688254	11407	662880	685272
云南	78	117080	83650	34880	13005	59606
西藏	28	672324	608324	586313		177607
陕西	163	329011	205273	33645	92502	200878
甘肃	45	236846	107989	64475	12363	38852
青海	9	22938	21778	20040	1160	22958
宁夏	9	24026	14211	7646	3600	8311
新疆	29	181270	120761	112681	6180	76939

单位保护、维修基本情况

财政拨款	中央补助	省级补助	其他资金	本年支出合计（千元）	项目累计支出（千元）	维修面积（万平方米）
5196739	**1936847**	**1038442**	**446979**	**2574249**	**4211031**	**14645.93**
42901		4532	9351	21604	48819	5.35
3652		200		3652	3652	0.17
366454	297890	13610	19296	115389	224410	10317.33
620628	149250	19592	16094	489618	532619	214.10
83677	23411		100	73227	79877	42.57
17292	5585	5650	2430	16881	17932	16.03
75356	60726	14320	2670	77538	246281	728.37
45916	43268	600	629	16844	17323	15.51
55923		33442	647	30292	50941	5.10
95207	14500	14138	3640	70182	314838	20.30
98968	16400	26200	26208	80324	118023	35.97
76615	38650	16757	9646	66400	95512	61.22
35152	17750	11786	8415	28617	31146	33.05
56997	26959	14567	1515	57378	57460	11.42
35636	10822	2546	67688	163262	71455	2057.30
149521	101517	15950	6657	99091	326039	143.75
72979	26016	13238	24270	96135	163595	32.78
65736	41158	9304	18008	72726	76720	97.43
71719	5427	8620	14566	66599	160450	260.48
39980	31651	4062	2176	25053	26499	21.13
18622	3400	350	4510	20145	22487	2.20
937027	12980	5163	26420	41653	66567	7.70
942593	675786	26435	99758	460236	683435	119.62
684150	11007	661850	1122	21594	26709	7.70
48317	20230	9905	11289	46765	69215	16.89
155596	155578		22011	96488	291802	2.20
162577	33214	92072	38301	139914	196563	72.56
35548	20490	6943	3304	28269	88177	240.23
21758	20040	1160	1200	8358	12358	0.73
5366	5246	100	2945	5163	9863	5.22
74826	67846	5350	2113	33243	80214	51.38

2011年各地区国家级文物

地　区	维修项目数(个)	项目总预算(千元)	累计拨入项目经费(千元)	中央补助	省专项补助	本年项目资金来源合计(千元)
总　计	**979**	**122723226**	**3773394**	**2860293**	**267701**	**3140715**
北　京	5	24934	24310		1436	24310
天　津	1	778	778			778
河　北	82	115899021	385046	354170	22780	312896
山　西	207	644182	199111	179961	6550	158809
内蒙古	13	109311	76749	28411	5300	70449
辽　宁	12	10698	13698	5585		10698
吉　林	20	347148	333454	296930	2524	56550
黑龙江	15	46200	46200	38680		43208
上　海	2	603	603		553	603
江　苏	34	344602	110163	17170	7693	50144
浙　江	40	80268	49512	22350	17790	32995
安　徽	30	333691	68162	58300	6400	40590
福　建	16	72901	25239	18550	5380	25062
江　西	21	54914	36010	29620	4050	32110
山　东	11	268789	25758	15642	1400	33499
河　南	69	1635780	379085	204561	62350	130265
湖　北	29	182441	147174	31870	4900	86191
湖　南	37	84808	53220	37738	9675	44760
广　东	19	32178	21626	4887	7900	15445
广　西	33	111169	51171	48372	335	34961
海　南	1	3000	3000	3000		3000
重　庆	10	116853	60685	28260	11032	934023
四　川	75	976326	630379	589837	8323	528877
贵　州	16	14726	10065	5100	3260	10045
云　南	24	72293	46245	34430	7475	33445
西　藏	28	672324	608324	586313		177607
陕　西	70	147773	120982	18500	57955	120922
甘　肃	31	225457	104071	64175	9140	34934
青　海	3	18958	18958	18600		18958
宁　夏	4	20750	10935	7400	3500	5035
新　疆	20	170350	112681	111881		69546

保护单位保护、维修基本情况

财政拨款	中央补助	省级补助	其他资金	本年支出合计（千元）	项目累计支出（千元）	维修面积（万平方米）
2984565	**1649565**	**154691**	**156150**	**1116387**	**2435360**	**13947.63**
14959		2736	9351	3802	11323	4.14
778				778	778	0.06
304120	289890	6910	8776	59871	104304	10310.58
157959	135807	7852	850	52715	89420	192.03
70449	23411			60099	66349	6.87
8668	5585		2030	10698	10198	7.56
54850	53000	1550	1700	56132	209575	597.45
43208	42088			8765	12096	14.74
603		553		603	603	0.12
49036	9000	6454	1108	38731	270055	8.36
31212	15500	9646	1783	19451	36965	18.59
39461	32850	4600	1129	32343	57643	34.77
24661	17750	5902	401	11813	13280	25.37
32040	25855	2665	70	37983	39823	4.17
15399	10822	200	18100	95301	31568	2054.65
125263	92717	4000	5002	87224	306219	102.28
62321	21258	8950	23870	86021	142727	29.66
39742	33088	3275	5018	35739	36739	75.78
15425	4887	3700	20	11391	13302	6.61
33311	30872	902	1650	18805	20920	15.60
3000	3000			1000	1000	0.06
929933	12180	1753	4090	34781	58740	4.65
509524	484361	8123	19353	104852	282036	65.38
10015	5100	3260	30	5587	7507	1.54
32745	20030	6275	700	23235	34172	9.75
155596	155578		22011	96488	291802	2.20
96463	14100	60695	24459	62497	112790	62.84
32020	20190	4690	2914	25528	84569	236.83
18958	18600			4358	8358	0.60
5000	5000		35	2035	7935	4.88
67846	67046		1700	26202	72564	49.49

2011年各地区省级文物保护

地　区	维修项目数(个)	项目总预算(千元)	累计拨入项目经费(千元)			本年项目资金来源合计(千元)
				中央补助	省专项补助	
总　计	**883**	**3136547**	**1755386**	**298430**	**865477**	**1512310**
北　京	2	1280	1184		384	784
天　津	1	874	874			874
河　北	20	161006	96129	9600	8280	64774
山　西	46	38505	29515	6945	15590	19793
内蒙古	4	40626	28660	6000		11800
辽　宁	5	7897	7704		7321	7704
吉　林	5	7934	1820		750	1820
黑龙江	4	4928	2128	530	600	2108
上　海	6	21940	15939		850	12259
江　苏	29	126218	23886		10760	19303
浙　江	75	80678	43573		21673	31245
安　徽	71	641412	36974	5900	14557	32594
福　建	37	31901	13301	300	6333	11395
江　西	22	31470	10750	700	5200	14530
山　东	19	102649	77803		2646	62522
河　南	85	100342	31871	9300	16420	24850
湖　北	17	44369	15403	1500	2408	5753
湖　南	67	68237	33541	7770	6659	33543
广　东	35	262739	124105	1100	20620	37881
广　西	22	7765	4660	350	2470	4510
海　南	8	72472	14477	1110	350	9907
重　庆	10	30630	28530	300	2800	28230
四　川	133	366050	340576	229967	14914	312794
贵　州	32	666456	661436	2227	656320	660366
云　南	27	26848	22911	250	5530	17217
西　藏						
陕　西	74	167031	72567	12595	32129	68192
甘　肃	12	11084	3613	300	2923	3613
青　海	6	3980	2820	1440	1160	4000
宁　夏	3	2146	2146	246	100	2146
新　疆	6	7080	6490		5730	5803

单位保护、维修基本情况

财政拨款			其他资金	本年支出合计（千元）	项目累计支出（千元）	维修面积（万平方米）
	中央补助	省级补助				
1322036	**185080**	**806084**	**190274**	**683125**	**859658**	**202.84**
784		384		664	1064	0.01
874				874	874	0.03
62254	8000	6700	2520	46914	76498	6.29
17813	6293	9790	1980	13201	16687	5.46
11800				11800	11800	0.68
7304		5650	400	5683	7184	8.19
850		850	970	1062	1310	0.30
2028	530	600	80	7730	4908	0.49
12249		1349	10	12259	15939	2.24
18803		7084	500	10278	13770	7.71
27079		13104	4166	22967	29213	7.19
24477	5400	10497	8117	21010	24972	25.10
7447		5789	3948	9746	10387	6.50
13900	700	6300	630	11178	9620	3.96
16902		2346	45620	63098	33944	1.74
23878	8800	11700	972	11211	18414	39.90
5613	1508	2558	140	5753	15353	2.19
23248	8070	5879	10295	32416	34102	20.13
35342		2120	2539	27423	118462	7.86
4345	350	2960	165	3640	3189	1.68
9907	400	350		9120	8592	1.64
5920		3070	22310	6478	7278	2.84
249517	124252	11012	63277	246663	279069	32.21
659799	2227	655290	567	5260	5863	3.45
9972		3630	7245	15471	21366	4.32
57832	16564	28959	10360	67057	74177	8.20
3223	300	1953	390	2436	3303	0.51
2800	1440	1160	1200	4000	4000	0.13
346	246	100	1800	1998	1898	0.23
5730		4900	73	5735	6422	1.66

2011年各地区文物保护

地　区	机构数(个)	从业人员(人)	专业技术人才	正高级职称	副高级职称	中级职称	藏品数(件/套)
总　计	**107**	**4078**	**2343**	**300**	**506**	**886**	**822390**
北　京	2	119	55	3	8	31	153
天　津							
河　北	4	172	126	14	38	45	193943
山　西	10	276	166	15	56	60	6742
内蒙古	1	45	35	8	8	12	14479
辽　宁	4	123	73	22	8	35	2419
吉　林	3	69	50	5	9	20	8241
黑龙江	2	44	35	6	13	10	4051
上　海							
江　苏	5	44	28	8	5	12	5446
浙　江	4	92	82	20	14	16	14922
安　徽	1	44	37	6	8	9	3284
福　建	1	10	10	1	1	2	
江　西	2	53	28	5	9	9	1385
山　东	5	82	64	11	17	24	23393
河　南	13	496	286	25	57	116	298270
湖　北	3	90	80	15	19	26	8036
湖　南	3	119	69	9	12	21	54803
广　东	5	138	59	9	10	18	480
广　西	5	86	48	11	7	12	1947
海　南							
重　庆	1	138	55	3	7	12	
四　川	3	178	99	7	23	35	448
贵　州	2	26	21	3	6	7	
云　南	2	36	32	8	9	9	2453
西　藏	1	17	9	1	2		
陕　西	13	401	175	20	32	74	50757
甘　肃	5	842	370	36	46	166	68315
青　海	1	40	35	1	10	20	55452
宁　夏	3	55	32	5	8	17	149
新　疆	2	104	75	10	15	21	2822

科学研究机构基本情况

			在藏品数中(件/套)			本年修复文物数(件/套)		
一级品	二级品	三级品	本年新增藏品数(件/套)	本年从有关部门接收文物数(件/套)	本年藏品征集数(件/套)		一级品	二级品
2601	**9389**	**110665**	**3046**	**11**	**80**	**11249**	**29**	**74**
	23	130						
498	3896	31970	28			85		
39	85	542						
204	68	294						
18	196	2205			11	100		
	25	148				140		
11	41	3257	500			80		
						26		
51	236	1280	80	11	69	511		
27	22	153	129					
9	31	381				421	9	31
			450			640		
47	242	36957	400			3220		
						360		
36	72	638	45			425		
			80			571		
		1100	791					
						2354		
287	140	21				279		
2	14	30						
301	499	3112	540			1623	20	35
985	3666	28166	3			278		
22	87	150						
		21						
64	46	110						

续表 1

地区		规划及方案设计(个)	承担文物保护项目(个)				基本陈列(个)
	三级品			国保单位	省级保单位	市、县级保单位	
总计	**553**	**424**	**420**	**201**	**138**	**33**	**16**
北京		7	57	20	37		
天津							
河北		24	7	5	2		
山西							
内蒙古		3	3	3			1
辽宁		61	61	41	20		
吉林			1	1			
黑龙江			23	1			
上海							
江苏			3		1	2	2
浙江	11						
安徽		5					
福建			2			2	
江西	381		2	2			1
山东		6	3		3		
河南	100	32	25	12	11	2	
湖北		7	8				
湖南		45	1	1			
广东		3	1	1			1
广西		24	40	18	13	6	1
海南							
重庆		17	25	1	11	5	
四川		51	16	3	8	1	
贵州		33	33	13	11	9	
云南		17	6	1	2	3	
西藏		10	1				
陕西	51	12	34	18	11	3	1
甘肃		2	3	3			8
青海							
宁夏							1
新疆			9	9			

举办展览（个）	参观人次（万人次）		门票销售总额（千元）	本年完成科研项目（个）			科研成果	
		未成年人参观人次			获国家奖	获省、部奖	专利（个）	专著或图录（册）
10	**194.48**	**11.71**	**186288**	**93**	**17**	**19**	**10**	**160**
				1				10
				1		1		9
	80	8	95758	2		2		2
				2	2		2	5
								6
								1
	0.5		10	1				1
				1		1		1
3	6.8	0.2		1		1		1
				1	1			4
				5	1	1		9
				2				4
				2	2			4
1	1.1	0.2		1	1			1
	3.5	1	93					3
								1
				35				67
							1	
				20	5	11		10
5	97.43	1.7	90257	1		1	5	12
1	1	0.3						1
	4.15	0.31	170					

续表 2

地　区	科研成果		主办刊物(种)	本年收入合计(千元)	财政拨款		上级补助收入
	论文(省级及以上刊物公开发表)(篇)	古建维修报告(册)				基建拨款	
总　计	**1019**	**100**	**11**	**1394500**	**717599**	**5396**	**46332**
北　京	19			80624	9307		
天　津							
河　北	65			46507	18973		
山　西	60			78560	56684		50
内蒙古	30			42524	32554		
辽　宁	30			31598	22967		
吉　林				17606	8036		363
黑龙江	15			9172	9111		
上　海							
江　苏	6			13041	7252		1300
浙　江	42			31714	31022		240
安　徽	20			27124	5060		
福　建	3			1180	834		
江　西	18		1	20307	14116		
山　东	20	1		29414	6187		2032
河　南	124		2	95484	32602		10997
湖　北	37		1	27052	7200	316	3217
湖　南	14			52322	39078		
广　东	12			60097	43410		156
广　西	16	12		11032	2215		334
海　南							
重　庆	3			27785	9059		
四　川	28			205438	133973		2608
贵　州	45		1	10151	2491		
云　南	13			27396	4951		
西　藏	10			4770	1432		
陕　西	134		1	127685	104290	3200	3120
甘　肃	163	21	2	171929	43928	1880	3500
青　海	11	1		6286	4981		
宁　夏	9		1	12068	8886		14
新　疆				32435	10506		18401

事业收入	经营收入	附属单位上缴收入	其他收入	本年支出合计(千元)	基本支出	项目支出	经营支出
555572	**9464**		**65533**	**1353040**	**605418**	**722450**	**9361**
70798			519	52989	10261	42578	
24584			2950	46736	39973	6763	
21573			253	72978	65195	7783	
6568			3402	23071	3835	19236	
8259			372	29846	11033	18813	
8097			1110	19168	6150	13018	
			61	9126	3797	5329	
3938			551	12405	5393	7012	
200			252	30274	10187	20087	
21749			315	35732	5640	30092	
346				1050	834	216	
5866			325	9192	3722	3832	
4064			17131	38161	14755	16900	
49054			2831	90382	54812	31234	460
16259			376	20745	10740	10005	
13244				52924	10854	42070	
16523			8	60311	21276	39035	
1	8320		162	10677	2170	735	7757
18635			91	21543	4961	16582	
64080			4777	148323	11703	136620	
6551			1109	11403	3268	8135	
21329			1116	25446	24135	1311	
3338				1432	1352	80	
3573			16702	108883	85692	22703	
116160			8341	266966	110054	156783	
1297			8	6623	5504	1119	
	1144		2024	13186	6045	2989	1144
3038			490	31969	10961	21008	

续表 3

地　区	在支出合计中:							
	工资福利支出	商品和服务支出	差旅费	劳务费	福利费	税金支出	对个人和家庭补助支出	抚恤金和生活补贴
总　计	**231751**	**753109**	**61956**	**144630**	**4171**	**9277**	**67784**	**1828**
北　京	5007	26063	74		21	3915	2426	
天　津								
河　北	9083	33296	935	8876	136		3396	64
山　西	14665	27184	1452	9027	595		3877	115
内蒙古	2555	18626	4380	6915	32		711	
辽　宁	6527	8071	791	2240	71		2364	
吉　林	2917	12061	5265	1065	9		1871	35
黑龙江	1825	5338	672				1963	61
上　海								
江　苏	3040	8262	263	2630	148		485	73
浙　江	7619	20262	1284	8213	127		1651	
安　徽	2358	22188	7651	6691	255		2126	40
福　建	605	92	1	9			131	
江　西	2426	4874	847	719	14		1057	
山　东	4497	21601	1641	5277	46		2244	5
河　南	19049	55826	2040	30761	316	460	4517	35
湖　北	7109	7522	1460	1708	162	21	2732	52
湖　南	7318	10342	543	4650	16		2413	60
广　东	9548	37364	1176	2586	61		4200	
广　西	2786	3881	220	1573	418	768	377	
海　南								
重　庆	3283	17191	1901	3056	19		107	
四　川	17023	127938	9714	20164	85	587	1766	199
贵　州	725	10124	251		14	339	60	
云　南	3925	19900	1435	1942	136		1290	14
西　藏	1052	312	111				68	
陕　西	20886	76456	1843	5107	232	262	4129	388
甘　肃	50041	88778	5435	5016	911	258	10097	564
青　海	2690	2852	579	603	2	36	1002	67
宁　夏	3205	5050	891	17	40	104	1058	8
新　疆	8117	7273	530	1104	140		1885	1

其他资本性支出	各种设备购置费	资产总计（千元）	固定资产原值	公用房屋建筑面积（万平方米）	文物库房（含标本室）面积	实验室面积	国际合作项目数（个）
125331	**61592**	**2312701**	**1107829**	**62.40**	**8.06**	**0.72**	**7**
66	66	134012	9572	0.34	0.12		
961	197	51411	26043	1.09	0.75		
2843	210	111080	42684	5.16	0.39	0.12	
1179	890	116638	26038	1	0.4		1
840	516	52907	24498	0.38			
2319	992	32089	20557	0.63	0.1	0.01	
		33487	13101	0.18	0.05	0.03	
618	618	13763	3508	0.06			
742		33784	10640	0.51	0.19		
9059	1529	62059	28365	1.3	0.45	0.08	
6	6	1830	1600	0.08	0.03		2
615	376	5530	5530	0.54	0.01		
9767	567	63155	9679	0.51	0.18		
5186	5130	108711	65568	4.7	1.98	0.04	
537	418	60166	16315	1.24	0.2	0.14	
13112	5379	25285	14196	0.69	0.35	0.01	
6441	5240	24198	23398	0.67	0.11	0.06	
422	422	70946	15014	0.85	0.17	0.02	
962		48686	3741	0.96			
1596	1596	259254	82871	2.48	0.25		
249	249	18280	3816				
331		66051	7259	0.19	0.08		
		657	657				
2240	1700	173808	70046	1.64	0.92	0.01	
43386	26334	367541	315485	7.49	0.71		4
79	43	7121	5193	0.38	0.16		
839		19074	7810	0.16			
13860	3112	59752	43953	1.24	0.18	0.01	

主要统计指标解释

1. **藏品：**藏品是文博机构根据收藏品的文化属性、自然属性等情况，所划分的文物藏品、标本藏品、模型藏品（含具有收藏、展示价值的雕塑、绘画等艺术作品）和复制品藏品的总和。本指标所统计的藏品是指报告期末，该机构已经整理并登记入账的藏品数。尚未整理或正在整理的藏品，应在整理造册入账后列入下年统计。一级品、二级品、三级品均根据入账情况如实填写。

藏品数：指按历年来以件、套为计量机构统计的藏品数量。即单件藏品编一个号者按一件计算；成套藏品按整体编一个号者，也按一件计算（其组成部分即使有分号，也按一件计）。不易计数的藏品，如粮食、药材及液体等，不论数量多少，均按一件计算。

2. **本年新增藏品数：**指本年从各种渠道获得的新增入库藏品总数。

3. **本年从有关部门接收文物数**：指本年从公安、工商、海关等司法及检查部门移交接收的文物。

4. **本年藏品征集数**：本年从社会上征集为馆藏的文物数量（包括标本数）。

5. **本年修复文物数**：本年运用技术手段进行修复保养的馆藏文物数量（包括标本）。

6. **基本陈列**：指由本馆设计布陈、地点固定、时间较长的展出。

7. **举办展览**：展览指在本机构内设置，由本馆设计布陈，形式比较多样的展出。同一内容的巡回展览，均按一个计算。展览的计量单位不是指每次展出的文物藏品件数。与系统外机构合办的展览，由本馆统计；与系统内机构合办的，由主办馆统计。基本陈列不作为展览统计。

8. **参观人次和未成年人参观人次**：参观人次指本报告期末，向社会开放的文物保护管理机构当年接待的所有参观人次的累计数。

未成年人参观人次是指接待有组织的集体参观人次与零散观众中能够确切统计的未成年人参观人次的总和。

9. **本年承担课题、项目数**：指本机构报告期内承担的课题和项目数量。

10. **专利数**：向中央及地方专利局申请并得到承认的专利数量。

11. **专著或图录**：由本单位人员完成，经过正式出版部门编印出版的科技专著、高等院校教科书、科普著作和论文集。

12. **论文数**：是指由本机构的人员完成，并在省级以上刊物公开发表的论文数之和。

13. **古建维修报告**：地上不可移动文物维修保护工程全过程记录及应用技术研究介绍的综合性技术报告。

教育、科技、动漫及其他

2011年全国文化部门

	机构数（个）	从业人员（人）		
			专业技术人才	
				正高级职称
总　计	**149**	**12917**	**8606**	**285**
高等院校	16	5096	3410	129
其中：高等职业院校	14	4447	3006	115
中等专业学校	101	6812	4592	128
文化干部学校	5	192	68	7
其他教育机构	27	817	536	21

续表 1

	舞蹈类	音乐类	美术类	其他
总　计	**21876**	**15438**	**13746**	**21037**
高等院校	7177	6926	8729	11180
其中：高等职业院校	6096	6354	7337	9281
中等专业学校	13524	7259	3803	8437
文化干部学校				
其他教育机构	1175	1253	1214	1420

教育机构基本情况

副高级职称	中级职称	毕业生数（人）	招生数（人）	在校生数（人）	戏剧类	戏曲类
1784	**3463**	**21775**	**25347**	**82405**	**4050**	**6258**
727	1317	10722	12554	38643	2002	2629
656	1184	9086	9931	33058	1814	2176
925	1897	8980	10599	38122	1761	3338
34	26					
98	223	2073	2194	5640	287	291

在校生中高职生人数（人）	本年收入合计（千元）	财政拨款	上级补助收入	事业收入	经营收入
24583	**2080441**	**1469977**	**16532**	**459358**	**17834**
21669	981834	622130	9000	263475	5265
21420	792460	534338	9000	228605	4386
1508	963864	764434	6440	153363	7148
	42324	24090		13007	5201
1406	92419	59323	1092	29513	220

续表 2

	附属单位上缴收入	其他收入	本年支出合计（千元）	基本支出
总　　计		**116740**	**1994356**	**1336368**
高等院校		81964	944332	606407
其中：高等职业院校		16131	756326	544581
中等专业学校		32479	926512	637692
文化干部学校		26	43131	22166
其他教育机构		2271	80381	70103

续表 3

	各种税金支出	对个人和家庭补助支出	抚恤金和生活补助	其他资本性支出
总　　计	**5257**	**377574**	**10010**	**336412**
高等院校	1177	198132	5089	204653
其中：高等职业院校	1177	183817	4789	89281
中等专业学校	3670	158822	4683	117266
文化干部学校	168	7865	12	12007
其他教育机构	242	12755	226	2486

项目支出	经营支出	在支出合计中:				
		工资福利支出	商品和服务支出	差旅费	劳务费	福利费
496144	**16514**	**663681**	**538447**	**17818**	**69098**	**14718**
207467	4727	267777	260196	8622	39528	4209
207357	4353	235906	234122	8386	38298	3923
264281	6479	350962	246215	8365	26731	8668
15764	5201	9369	7084	42	19	26
8632	107	35573	24952	789	2820	1815

各种设备购置费	资产总计(千元)	固定资产原值	实际使用房屋建筑面积(万平方米)	教学用房面积	实际拥有产权面积(万平方米)
96688	**3637120**	**2262550**	**194.44**	**140.52**	**109.70**
41208	2005501	1018060	77.81	60.10	49.54
36744	1900807	935697	70.03	54.83	44.88
49033	1411519	1121770	102.98	71.27	54.58
4231	69862	58916	2.65	2.24	1.56
2216	150238	63804	10.98	6.90	4.02

2011年各地区文化

地　区	机构数（个）	从业人员（人）	专业技术人才	正高级职称	副高级职称	中级职称	毕业生数（人）
总　计	**149**	**12917**	**8606**	**285**	**1784**	**3463**	**21775**
北　京	2	511	376	15	52	156	396
天　津	3	533	427	18	92	104	780
河　北	5	562	484	8	92	198	1344
山　西	19	1444	971	12	237	394	2916
内蒙古	4	339	246	1	34	103	1056
辽　宁	6	369	226	15	42	113	508
吉　林	1	10	7		1	3	
黑龙江	6	324	272	13	103	101	737
上　海	1	39	24		2	13	3
江　苏	16	892	656	38	134	274	1579
浙　江	5	728	380	48	72	163	1182
安　徽	7	589	386	3	49	178	1490
福　建	12	565	351	10	62	126	1023
江　西	4	215	182	9	48	67	750
山　东	5	412	356	5	92	126	403
河　南	11	777	480	5	104	206	1496
湖　北	7	812	399	12	96	201	1347
湖　南	6	722	428	11	32	248	1214
广　东	6	773	348	1	106	163	467
广　西	6	228	205	4	33	64	431
海　南	1	138	99		19	24	189
重　庆	1	272	193	4	47	67	183
四　川	4	708	447	14	67	145	1386
贵　州							
云　南	1	257	213	11	60	80	321
西　藏							
陕　西	5	221	146	3	28	54	225
甘　肃							
青　海	1	79	47		22	25	114
宁　夏	1	108	91	17	18	27	75
新　疆	2	132	108	1	8	21	160

部门教育机构基本情况

招生数(人)	在校生数(人)	戏剧类	戏曲类	舞蹈类	音乐类	美术类	其他
25347	**82405**	**4050**	**6258**	**21876**	**15438**	**13746**	**21037**
442	1550	74	280	488	229	222	257
685	2383	19	122	159	256	1000	827
1513	4388	204	103	1252	878	899	1052
2752	11056	281	1284	2541	2850	1458	2642
608	1740	35	60	620	471	20	534
508	1992	201	42	956	449	190	154
841	2057	79	165	830	497	279	207
6	103						103
1579	6932	277	182	1895	1235	1900	1443
1868	5698	352	481	740	1288	826	2011
1893	5956	88	518	1287	830	947	2286
1053	3458	130	477	801	573	620	857
729	2493	211	82	754	421	476	549
569	1524		270	618	247	95	294
2120	7255	391	1070	652	825	803	3514
1245	4476	445	309	1227	925	705	865
1172	4104	467	135	1053	809	547	1093
1060	2690	131	157	1258	633	270	241
502	1318	58	33	752	215	112	148
330	961	81	81	399	254	146	
411	1001	207		550	214	30	
2235	4702	185	119	1301	375	1363	1359
380	1870	37	180	333	331	681	308
346	1057	97	108	444	231	33	144
194	582			318	158	25	81
116	438			196	108	66	68
190	621			452	136	33	

续表 1

地　区	在校生中高职生人数(人)	本年收入合计(千元)	财政拨款	上级补助收入	事业收入
总　计	**24583**	**2080441**	**1469977**	**16532**	**459358**
北　京	370	152975	140604		8628
天　津	1871	69237	51677		16560
河　北	2209	79223	51628	600	18494
山　西	2264	198969	151352	20	45722
内蒙古		58659	54557		2031
辽　宁	312	51795	39411		12189
吉　林		126	126		
黑龙江	627	36720	23277		13443
上　海		14287	5966	100	2550
江　苏	852	134623	101163		32013
浙　江	2811	174017	129684		39720
安　徽	2226	119352	61642	9550	44987
福　建	1140	92677	63936	929	21561
江　西	1128	31049	19894		11133
山　东		34689	23337		7926
河　南	2285	70513	48247	113	19031
湖　北	1837	107246	80168	1142	22244
湖　南	2850	77013	43729	10	31032
广　东		119499	96159	2095	17917
广　西		34788	23453		5945
海　南		22477	20548		1642
重　庆		26670	12727	1057	12886
四　川	67	191884	89062		35950
贵　州					
云　南	1622	51049	38206		12000
西　藏					
陕　西		22470	16302	866	4573
甘　肃					
青　海		10897	8754		2100
宁　夏	56	51542	48274		2647
新　疆	56	6316	4576	50	1482

经营收入	附属单位上缴收入	其他收入	本年支出合计(千元)	基本支出	项目支出	经营支出	在支出合计中:
							工资福利支出
17834		**116740**	**1994356**	**1336368**	**496144**	**16514**	**663681**
3192		551	135465	81447	51162	2855	36036
		1000	76226	69995	6231		28500
		8501	80717	75735	4982		34754
120		1755	180028	130442	45803	150	74668
		2071	40859	40859			15394
		195	53426	42099	11327		21399
			126	126			126
			36690	32026	4664		14717
		5671	9894	3763	1562		4220
342		1105	134699	109643	17859	342	54120
1250		3363	182988	111316	70422	1250	51552
220		2953	99581	71019	28455	107	27468
2961		3290	80422	48761	27523	2739	24605
		22	28487	20761	7725		10317
		3426	33922	29985	3937		20525
2362		760	70070	59241	8076	2221	33528
13		3679	107255	53233	53208	13	28930
41		2201	71233	60745	10447	8	26245
1253		2075	125329	84412	39095	1254	54482
		5390	32248	18741	13507		9296
		287	18764	13469	5295		8786
			26230	23038	3192		8203
879		65993	189181	58778	4333	374	32671
		843	42042	26495	15547		8587
		729	24239	20599	2398		11313
		43	11005	10459	546		5405
		621	50537	13494	37043		6135
		208	12175	5967	6208		3716

续表 2

地区	在支出合计中:					
	商品和服务支出	差旅费	劳务费	福利费	各种税金支出	对个人和家庭补助支出
总计	**538447**	**17818**	**69098**	**14718**	**5257**	**377574**
北京	45828	740	3910	103	179	26754
天津	16097	97	3102	14		25046
河北	17777	558	1508	610		23085
山西	60572	2343	5477	994		34574
内蒙古	9871	607	1128	53		6310
辽宁	17634	442	3606	201		8478
吉林						
黑龙江	9053	232	1893	102		12916
上海	2018	60	973	66	44	1545
江苏	33664	973	5040	446	47	35146
浙江	76933	3198	21433	1128	73	32766
安徽	21843	372	417	185	9	22562
福建	17542	980	2763	1181	159	13260
江西	6113	946	474	192		7543
山东	7395	360	944	139	89	5221
河南	16860	338	1673	157	385	13636
湖北	61594	819	1800	921	549	13775
湖南	21742	1177	1046	1703	33	11960
广东	20154	846	2347	2814	3107	19678
广西	6968	361	1331	1723	19	6559
海南	4143	82	52			3989
重庆	9160	639	805	1091	212	7596
四川	28708	624	3220	175		14628
贵州						
云南	7412	462	2477			14201
西藏						
陕西	7144	142	1179	652	175	1769
甘肃						
青海	1251	83	108	4	4	3387
宁夏	2972	261	275	58		3087
新疆	1247	56	117		5	1125

抚恤金和生活补助	其他资本性支出	各种设备购置费	资产总计（千元）	固定资产原值	实际使用房屋建筑面积（万平方米）	教学用房面积	实际拥有产权面积（万平方米）
10010	**336412**	**96688**	**3637120**	**2262550**	**194.44**	**140.52**	**109.70**
424	21068	16579	291710	182757	8.62	7.21	0.47
471	6583	1320	328355	41902	7.52	5.31	
247	5101	3825	118044	85165	8.01	5.49	8.77
2785	6343	4580	174133	136790	18.49	10.83	8.90
50	7523	2977	76320	41832	4.38	2.52	
252	3655	2654	89156	75572	5.35	4.66	2.84
			156	156	0.01	0.01	
257	3	3	40812	39735	4.43	3.90	2.23
	116	116	31363	19087	0.58	0.26	
2395	7270	1047	184474	134470	15.96	10.12	10.14
219	20001	17652	412524	335453	14.43	10.92	8.93
444	19681	3985	192088	146635	15.12	13.43	13.74
229	23016	11023	100479	68570	6.05	3.28	2.57
139	4514	808	71261	61549	5.44	3.71	5.44
90	781	348	77292	66410	7.55	4.99	3.31
248	3935	1669	537730	110188	7.37	5.70	3.48
139	2230	1414	143116	118652	14.35	11.72	6.49
102	10968	1342	99252	85763	10.81	9.06	8.64
382	29318	8981	178032	149346	10.62	8.46	5.60
5	9274	5229	68194	61733	3.30	2.79	2.29
642	1845	1671	72204	61568	2.77	2.70	2.77
43	1271	1230	29371	14648	3.91	3.36	1.27
177	112654	1746	102245	76183	4.85	2.41	0.04
132	11625	529	15478	13247	1.89	0.40	1.89
20	830	499	87910	41903	2.09	1.04	1.05
47	416	161	15533	14558	2.79	0.32	2.79
55	14299	987	17142	10481	2.26	1.69	2.26
4	85	82	13524	9897	3.07	2.08	2.38

2011年各地区文化部门

地区	机构数(个)	从业人员(人)					毕业生数(人)
			专业技术人才	正高级职称	副高级职称	中级职称	
总计	**101**	**6812**	**4592**	**128**	**925**	**1897**	**8980**
北京	1	181	125	5	21	52	109
天津							
河北	4	262	216	1	49	92	441
山西	16	806	602	5	127	263	1155
内蒙古	3	310	241	1	34	101	1056
辽宁	5	269	142	8	21	79	259
吉林							
黑龙江	5	71	45	3	12	24	59
上海	1	39	24		2	13	3
江苏	8	751	536	30	111	231	1355
浙江	4	330	143	26	19	63	312
安徽	4	167	62		12	46	229
福建	9	327	208	8	38	73	230
江西	2	47	39		12	18	58
山东	5	412	356	5	92	126	403
河南	7	373	255	2	42	111	919
湖北	4	300	171	4	40	83	439
湖南	4	209	162	2	20	77	198
广东	5	762	344	1	105	160	467
广西	3	191	180	4	28	54	345
海南	1	138	99		19	24	189
重庆	1	272	193	4	47	67	183
四川	1	113	84	1	5	29	32
贵州							
云南							
西藏							
陕西	4	163	119		21	38	190
甘肃							
青海	1	79	47		22	25	114
宁夏	1	108	91	17	18	27	75
新疆	2	132	108	1	8	21	160

中等专业学校基本情况

招生数（人）	在校生数（人）	戏剧类	戏曲类	舞蹈类	音乐类	美术类	其他
10599	**38122**	**1761**	**3338**	**13524**	**7259**	**3803**	**8437**
130	638	74		175		156	233
566	1560	75	103	779	253		350
1343	5356	198	999	1486	1660	489	524
608	1740	35	60	620	471	20	534
358	1312	97	42	712	274	33	154
23	223			172	7		44
6	103						103
1341	6071	247	182	1725	1000	1835	1082
714	2231	105	248	307	412	79	1080
187	883			503	147	89	144
318	1150	49	304	469	115	56	157
75	346			278	7	61	
569	1524		270	618	247	95	294
1119	3996	130	479	378	296	23	2690
375	1566	177	182	474	336	186	211
278	946		90	559	185	112	
610	2525	131	157	1216	618	162	241
391	1120	58	33	642	165	74	148
330	961	81	81	399	254	146	
411	1001	207		550	214	30	
39	387			232			155
308	842	97	108	264	196	33	144
194	582			318	158	25	81
116	438			196	108	66	68
190	621			452	136	33	

续表 1

地区	在校生中高职生人数(人)	本年收入合计(千元)	财政拨款	上级补助收入	事业收入	经营收入
总计	**1508**	**963864**	**764434**	**6440**	**153363**	**7148**
北京		63782	58778		3506	955
天津						
河北		34970	24430	600	6494	
山西		76676	64457	20	11772	120
内蒙古		54915	50813		2031	
辽宁	46	36443	28733		7518	
吉林						
黑龙江	12	3608	2627		981	
上海		14287	5966	100	2550	
江苏	852	115954	85132		29456	342
浙江	481	55396	43635		10040	1250
安徽	5	9211	4573	550	3855	
福建		54996	45759	713	4007	2961
江西		5198	3449		1745	
山东		34689	23337		7926	
河南		24109	20313	113	3105	254
湖北		64447	55925	1122	4324	13
湖南		13655	8627	10	4334	
广东		118875	96059	2095	17393	1253
广西		33398	22529		5479	
海南		22477	20548		1642	
重庆		26670	12727	1057	12886	
四川		13917	10957		2617	
贵州						
云南						
西藏						
陕西		17436	13456	10	3473	
甘肃						
青海		10897	8754		2100	
宁夏	56	51542	48274		2647	
新疆	56	6316	4576	50	1482	

附属单位上缴收入	其他收入	本年支出合计（千元）	基本支出	项目支出	经营支出	在支出合计中: 工资福利支出
	32479	**926512**	**637692**	**264281**	**6479**	**350962**
	543	46272	22749	22905	618	12130
	3446	35338	35189	149		16984
	307	74700	63024	7893	150	38890
	2071	38417	38417			13920
	192	37649	28577	9072		15140
		3604	3604			1838
	5671	9894	3763	1562		4220
	1024	116462	95447	15112	342	45878
	471	55427	32230	21947	1250	19759
	233	9469	6464	3005		3927
	1556	53664	24922	24604	2739	14003
	4	4739	4211	528		2008
	3426	33922	29985	3937		20525
	324	23245	20717	1949	113	11406
	3063	64442	22987	40692	13	13207
	684	13308	13108	200		7128
	2075	124709	83920	39095	1254	53990
	5390	30822	17456	13366		8543
	287	18764	13469	5295		8786
		26230	23038	3192		8203
	343	12513	8930	3583		6357
	497	19205	15565	2398		8864
	43	11005	10459	546		5405
	621	50537	13494	37043		6135
	208	12175	5967	6208		3716

续表 2

地区	在支出合计中:					
	商品和服务支出	差旅费	劳务费	福利费	各种税金支出	对个人和家庭补助支出
总计	**246215**	**8365**	**26731**	**8668**	**3670**	**158822**
北京	16608	178	986			2516
天津						
河北	8599	259	706	80		8145
山西	17539	960	737	360		13133
内蒙古	9728	592	1109	22		5585
辽宁	12775	300	1743	180		6172
吉林						
黑龙江	1012	81	13	27		751
上海	2018	60	973	66	44	1545
江苏	27047	731	4757	352	1	32243
浙江	19188	601	3632	930		12262
安徽	3622	109	141	29	9	1611
福建	9447	839	2711	93		8036
江西	1544	30	227	86		1050
山东	7395	360	944	139	89	5221
河南	6707	146	184	117	14	4423
湖北	43470	195	63	190	28	6537
湖南	4289	102		165		1239
广东	20034	836	2322	2766	3070	19678
广西	6832	346	1326	1720	19	6164
海南	4143	82	52			3989
重庆	9160	639	805	1091	212	7596
四川	4236	457	1621	41		1782
贵州						
云南						
西藏						
陕西	5352	62	1179	152	175	1545
甘肃						
青海	1251	83	108	4	4	3387
宁夏	2972	261	275	58		3087
新疆	1247	56	117		5	1125

			资产总计（千元）		实际使用房屋建筑面积（万平方米）		实际拥有产权面积（万平方米）
抚恤金和生活补助	其他资本性支出	各种设备购置费		固定资产原值		教学用房面积	
4683	**117266**	**49033**	**1411519**	**1121770**	**102.98**	**71.27**	**54.58**
	11478	11478	85874	85874	3.44	2.03	
73	1610	334	78442	58025	4.01	3.09	4.77
240	1268	1067	60507	54105	7.68	4.88	4.65
50	7423	2877	70904	39311	3.92	2.52	
163	3556	2555	63211	59760	3.87	3.33	2.07
3	3	3	3609	3347	0.58	0.46	0.16
	116	116	31363	19087	0.58	0.26	
2395	6795	575	168949	124024	12.30	7.55	9.77
56	2482	133	43503	36966	5.78	3.92	0.33
9	309		10102	9281	1.81	0.71	0.42
95	22161	10177	59080	48476	4.16	1.94	0.68
	137	137	8070	6360	0.62	0.62	0.62
90	781	348	77292	66410	7.55	4.99	3.31
207	707	441	128451	77955	4.75	3.86	3.38
104	1224	408	54229	41179	7.64	6.26	2.69
	451	42	28374	27474	3.16	2.04	1.34
382	29313	8976	177748	149125	10.47	8.31	5.60
5	9274	5229	67501	61401	2.94	2.44	2.29
642	1845	1671	72204	61568	2.77	2.70	2.77
43	1271	1230	29371	14648	3.91	3.36	1.27
			7326	4985	1.58	1.06	
20	262	6	39210	37473	1.34	0.85	1.05
47	416	161	15533	14558	2.79	0.32	2.79
55	14299	987	17142	10481	2.26	1.69	2.26
4	85	82	13524	9897	3.07	2.08	2.38

2011年全国文化艺术

	机构数(个)	从业人员(人)			
			专业技术人才		
				正高级职称	副高级职称
总　计	**222**	**3832**	**2967**	**445**	**656**
按行业分类					
文化科技研究	72	1150	843	95	175
综合性艺术研究	111	2311	1852	324	444
地方戏艺术研究	34	325	236	19	31
其他科研机构	5	46	36	7	6
按经费来源分类					
科研经费	16	431	274	16	76
文化经费	203	3380	2677	428	580
其他经费	3	21	16	1	
按隶属关系分类					
中央	2	770	622	132	159
省级	36	1288	977	158	245
地级	149	1580	1227	152	238
县级	35	194	141	3	14
按部门分类					
文化部门	222	3832	2967	445	656
非文化部门					

续表 1

		所办刊物(种)	申请专利数(个)	论文及资料	
	获省部级奖			专著数(册)	论文数(省级及以上刊物公开发表)(篇)
总　计	**101**	**78**	**21**	**151**	**1394**
按行业分类					
文化科技研究	30	26	20	37	277
综合性艺术研究	46	39	1	110	1066
地方戏艺术研究	21	12		4	45
其他科研机构	4	1			6
按经费来源分类					
科研经费	3	7	20	7	85
文化经费	98	71	1	144	1308
其他经费					1
按隶属关系分类					
中央				68	581
省级	34	31	20	47	541
地级	64	44	1	34	253
县级	3	3		2	19
按部门分类					
文化部门	101	78	21	151	1394
非文化部门					

科技科研机构基本情况

中级职称	本年完成科研项目(个)	国家级	省级	本年度科研项目获奖情况(个)	获国家级奖
1101	**215**	**47**	**85**	**151**	**33**
294	115	25	39	49	11
712	84	17	41	73	18
80	11	4	1	24	3
15	5	1	4	5	1
111	39	8	12	11	3
982	172	39	69	140	30
8	4		4		
250	18	7			
343	56	15	40	55	13
461	115	20	32	89	17
47	26	5	13	7	3
1101	215	47	85	151	33

本年收入合计(千元)	财政拨款	基建拨款	上级补助收入	事业收入	经营收入
828512	**650247**	**75854**	**14327**	**51612**	**83750**
252620	141821		4213	6310	82840
501647	440231	39450	9886	42585	397
67531	64782	36404	159		
6714	3413		69	2717	513
157160	53608		737	5308	82830
670257	595680	75854	13590	46304	920
1095	959				
284229	236054	39450		43851	
302925	185903		5982	6666	83187
233164	221006	36404	8266	778	50
8194	7284		79	317	513
828512	650247	75854	14327	51612	83750

续表 2

	附属单位上缴收入	其他收入	本年支出合计(千元)	基本支出	项目支出
总　计		**28576**	**751946**	**446662**	**206410**
按行业分类					
文化科技研究		17436	246119	123696	31352
综合性艺术研究		8548	469803	293411	169906
地方戏艺术研究		2590	29458	24612	4042
其他科研机构		2	6566	4943	1110
按经费来源分类					
科研经费		14677	152799	45826	17068
文化经费		13763	598129	399818	189342
其他经费		136	1018	1018	
按隶属关系分类					
中央		4324	256046	127479	128567
省级		21187	294494	151752	52682
地级		3064	193446	160600	24685
县级		1	7960	6831	476
按部门分类					
文化部门		28576	751946	446662	206410
非文化部门					

续表 3

	各种税金支出	对个人和家庭补助支出	抚恤金和生活补助	其他资本性支出
总　计	**9391**	**166372**	**5392**	**38852**
按行业分类				
文化科技研究	4652	41126	1606	8361
综合性艺术研究	4607	115737	3373	29874
地方戏艺术研究	6	9196	413	617
其他科研机构	126	313		
按经费来源分类				
科研经费	4622	14889	332	5016
文化经费	4769	151196	5060	33799
其他经费		287		37
按隶属关系分类				
中央	4411	51122	848	29541
省级	4784	56642	1834	3986
地级	194	57475	2698	5312
县级	2	1133	12	13
按部门分类				
文化部门	9391	166372	5392	38852
非文化部门				

经营支出	在支出合计中				
	工资福利支出	商品和服务支出			
			差旅费	劳务费	福利费
89232	**199992**	**311655**	**12188**	**29716**	**6163**
88321	57227	126502	3497	4688	1618
398	126571	176987	8429	24733	4243
	12894	5394	243	294	254
513	3300	2772	19	1	48
88311	18686	103702	2120	2246	853
921	180674	207891	10057	27459	5310
	632	62	11	11	
	51520	115712	5486	17370	3224
88668	64417	149960	4057	7855	1378
51	78380	45433	2579	4476	1464
513	5675	550	66	15	97
89232	199992	311655	12188	29716	6163

各种设备购置费	资产总计(千元)	固定资产原值	实际使用房屋建筑面积(万平方米)	科研房屋面积	实际拥有产权面积(万平方米)
13128	**952505**	**523800**	**22.46**	**4.15**	**16.48**
6639	278097	155246	5.56	1.80	3.48
6054	649490	354784	15.67	1.42	12.29
435	19725	11962	1.15	0.92	0.71
	5193	1808	0.08		
4517	211605	109043	2.55	1.20	1.91
8611	740442	414710	19.89	2.93	14.57
	458	47	0.02	0.01	
6524	543420	303737	10.80	0.63	10.80
2886	321639	158210	6.86	2.34	3.00
3718	85574	60286	4.62	1.17	2.68
	1872	1567	0.18	0.01	
13128	952505	523800	22.46	4.15	16.48

2011年各地区文化艺术

地　区	机构数(个)	从业人员(人)					本年完成科研项目(个)
			专业技术人才				
				正高级职称	副高级职称	中级职称	
总　计	**222**	**3832**	**2967**	**445**	**656**	**1101**	**215**
北　京							
天　津	1	28	25	3	6	7	2
河　北	12	166	128	24	28	41	16
山　西	17	289	227	13	35	59	2
内蒙古	9	127	101	14	19	53	10
辽　宁	12	187	148	16	26	48	1
吉　林	10	181	156	44	39	44	4
黑龙江	3	72	60	10	19	20	5
上　海	2	48	37	3	7	27	
江　苏	11	110	98	21	13	43	24
浙　江	7	175	123	13	31	42	21
安　徽	11	150	120	9	18	35	2
福　建	10	109	82	9	18	36	11
江　西	14	162	103	10	14	33	24
山　东	7	99	87	12	23	31	5
河　南	21	184	139	16	40	62	6
湖　北	11	187	143	23	36	53	
湖　南	3	63	35	5	13	13	5
广　东	8	98	62	11	21	20	25
广　西	10	80	71	8	14	31	9
海　南							
重　庆	1	36	28	3	2	8	
四　川	4	76	53	8	13	23	11
贵　州	4	33	31	3	5	10	1
云　南	13	109	97	5	25	35	
西　藏	1	18	7	3	2	2	
陕　西	12	147	100	10	16	40	8
甘　肃	1	24	24	2	3	7	2
青　海	1	13	6	1	2	3	
宁　夏	2	33	30	10	2	12	2
新　疆	2	58	24	4	7	13	1

科技科研机构基本情况

							论文及资料
国家级	省级	本年度科研项目获奖情况(个)	获国家级奖	获省部级奖	所办刊物(种)	申请专利数(个)	专著数(册)
47	**85**	**151**	**33**	**101**	**78**	**21**	**151**
	2	2		2			2
3	8	13	1	11	6	1	1
	2	9	1	8	3	20	3
2	8	2		2	5		4
1		1		1	3		4
1	3				3		3
	5	4	1	3			1
		1		1	1		3
2	13	9	1	8	4		1
2	2	9	4	4	6		3
	2	2		2	3		
3	8	22	4	18	4		5
14	2	14	5	8	3		1
	2	29	10	14	1		7
		14	1	7	4		5
					3		3
3	2				1		2
2	5	6	2	4	6		7
	8	6	3		3		3
		2		2			
2	9	4		4	3		7
1					3		3
					3		1
					2		
2	1	1		1	5		4
1	1				1		8
					1		
	2	1		1	1		1
1							1

续表 1

地　区	论文数(省级及以上刊物公开发表)(篇)	本年收入合计(千元)	财政拨款	上级补助收入	事业收入	经营收入
总　计	**1394**	**828512**	**650247**	**14327**	**51612**	**83750**
北　京						
天　津	10	7748	7726			
河　北	38	19825	17175	275		
山　西	37	33820	31355	830	569	924
内蒙古	32	17759	17535	150		
辽　宁	73	25366	23795	1569		
吉　林	17	33754	31151	1943	41	
黑龙江	21	9532	9529			
上　海	16	12083	7300	1687	3065	
江　苏	41	26378	22197	359		513
浙　江	22	108749	17368	180	22	81906
安　徽	7	12710	12153	512	41	
福　建	72	55402	52701	1097	1174	
江　西	22	14306	13434	587	148	
山　东	41	13821	13184			
河　南	36	21960	21217	130		
湖　北	47	17031	13684	1722	855	50
湖　南	43	5699	5357		311	
广　东	14	18160	16790	38	11	
广　西	61	9185	8761	71	58	
海　南						
重　庆		14983	14560		393	
四　川	33	13140	10347		536	
贵　州	26	4119	2853	130		
云　南	21	14892	14219	28	107	10
西　藏		2619	2619			
陕　西	56	13990	13657	50	115	
甘　肃	14	2731	2539		192	
青　海		1926	1889	36		
宁　夏	12	4748	4559	123		
新　疆	1	7847	4539	2810	123	347

附属单位上缴收入	其他收入	本年支出合计(千元)	基本支出	项目支出	经营支出	在支出合计中
						工资福利支出
	28576	**751946**	**446662**	**206410**	**89232**	**199992**
	22	6071	4588	1482		1655
	2375	20007	19384	623		8345
	142	31121	25718	2667	761	14965
	74	16508	15154	1304		7064
	2	25386	22527	1507		9957
	619	29355	24268	5087		8324
	3	9568	7825	1742		3319
	31	11316	7042	4274		5083
	3309	26849	19279	7057	513	7123
	9273	107352	19672	1473	84571	10504
	4	12436	10592	716		4862
	430	17232	12761	4470		6510
	137	13531	8574	4471		5137
	637	14592	12394	1927		6087
	613	22174	16984	1496	2979	7137
	720	16967	11764	5065	51	5768
	31	5709	5610	80		2478
	1321	18014	13568	3836		5770
	295	9272	7675	1394		3405
	30	18276	2572	15704		646
	2257	11554	7844	3710		3004
	1136	4020	3650	370		937
	528	14010	11909	1113	10	5554
		2587	2582			1115
	168	13934	11640	2190		6610
		2731	2731			954
	1	1737	1585	152		690
	66	4508	4122	367		2806
	28	9083	5169	3566	347	2663

续表 2

地区						
	商品和服务支出	差旅费	劳务费	福利费	各种税金支出	对个人和家庭补助支出
总计	**311655**	**12188**	**29716**	**6163**	**9391**	**166372**
北京						
天津	1704	3	9	40		2698
河北	3765	122	204	115		7401
山西	7632	509	141	277	60	5913
内蒙古	4565	358	1224	82		4666
辽宁	4905	554	506	77	24	10153
吉林	5833	241	44	19	92	11844
黑龙江	2532	170	158	21		3637
上海	4783	68	9	71	145	1360
江苏	11162	209	1854	68	61	7761
浙江	87326	525	1031	516	4380	1822
安徽	1630	655	104	233		5728
福建	4246	314	1098	264	14	5110
江西	3629	236	175	3		3191
山东	2923	230	372	6	18	5416
河南	2661	195	340	100	6	3243
湖北	4295	385	414	231	1	2942
湖南	808	40	7	51	19	2257
广东	4630	316	650	367	111	7260
广西	2252	178	642	69		3549
海南						
重庆	16433	323	2191	15		957
四川	3951	145	161	58		4450
贵州	1946	82	55	8		812
云南	2283	235	109	42	4	4591
西藏	204					1261
陕西	3595	68	28	116		3321
甘肃	1089	201	141	65		653
青海	347	20	11	1		685
宁夏	739	96	154			894
新疆	4075	224	514	24	45	1675

抚恤金和生活补助	其他资本性支出	各种设备购置费	资产总计（千元）	固定资产原值	实际使用房屋建筑面积（万平方米）	科研房屋面积	实际拥有产权面积（万平方米）
5392	**38852**	**13128**	**952505**	**523800**	**22.46**	**4.15**	**16.48**
3	14	14	10171	521	0.12	0.12	
176	492	292	9310	7575	0.42	0.16	
210	1809	457	30849	22922	2.98	0.80	2.56
	208	208	7219	4281	0.41		0.33
539	76	29	5378	3966	0.12	0.06	
318	433	433	22597	12868	0.46	0.18	0.48
159	80	80	2935	2001	0.13		0.13
59	88		13682	4385			
410	773	706	7411	4540	0.29		0.04
	939	919	143091	52169	1.57	0.82	1.44
60	10		2327	2209	0.23	0.12	
116	647	586	16292	11000	0.28	0.04	0.06
145	1429	1419	6456	4240	0.26	0.12	
217	166	166	4142	2752	0.15	0.01	
82	209	23	18018	12479	0.37	0.02	0.01
349	139		7324	5026	0.20		0.15
62	22	22	4899	4023	0.15	0.15	0.12
245	224	187	12794	6268	0.37	0.01	0.07
262	33		3487	2029	0.06	0.05	
85	240		30396	24263	1.55		
463	28	28	10290	6075	0.17	0.14	0.12
4	40	40	1980	827			
26	181	181	8824	4564	0.10		0.07
			1721	815			
470	244	27	13000	9554	1.00	0.51	0.10
84	35	35	1518	749			
	14	14	1146	814			
	69	69	3160	2061	0.06	0.06	
	669	669	8668	5087	0.21	0.15	

2011年全国动漫

	机构数(个)	从业人员(人)			资产、负债、		
			具有大专以上学历人员	通过动漫人才专业认证的专业人员	资产总计	固定资产原价	当年提取的折旧总额
总　　计	**297**	**20010**	**16580**	**2451**	**9571352**	**1431198**	**171132**
按城乡分							
城市	293	19759	16347	2380	9541532	1428666	170635
县城	4	251	233	71	29820	2532	497
按登记注册类型分							
内资企业	295	19448	16073	2317	8551220	1146654	142572
港澳台商投资企业	1	265	235	134	599541	241374	28560
外商投资企业	1	297	272		420591	43170	
按部门分							
文化部门	38	2052	1501	100	1132719	116610	17542
其他部门	259	17958	15079	2351	8438633	1314588	153590
按机构类型分							
漫画创作企业	32	2499	2147	166	451808	72490	11439
动画创作、制作企业	223	15539	12627	2122	8317185	1295783	140091
网络动漫(含手机动漫)创作制作企业	16	719	683	69	98898	17215	5996
动漫舞台剧(节)目创作演出企业	1	87	80	53	1881	494	38
动漫软件开发企业	10	599	581	23	99671	16990	8937
动漫衍生产品研发设计企业	15	567	462	18	601909	28226	4631

续表

	差旅费	工会经费	动漫产品研究开发经费	营业利润	营业外收入	政府补助(补贴收入)	营业外支出	利润总额
总　　计	**67768**	**14668**	**630900**	**662026**	**313500**	**275799**	**53923**	**921603**
按城乡分								
城市	67726	14639	627766	670417	308076	270989	53910	924583
县城	42	29	3134	-8391	5424	4810	13	-2980
按登记注册类型分								
内资企业	53487	14617	606053	623725	310518	274832	36024	898219
港澳台商投资企业	501		24847	3705	1062	967	1	4766
外商投资企业	13780	51		34596	1920		17898	18618
按部门分								
文化部门	7485	9956	147008	17222	48459	32131	3461	62220
其他部门	60283	4712	483892	644804	265041	243668	50462	859383
按机构类型分								
漫画创作企业	5084	713	116362	35177	34499	23469	3850	65826
动画创作、制作企业	54958	4350	452823	570856	265364	244675	49838	786382
网络动漫(含手机动漫)创作制作企业	1635	204	15329	-7755	2612	2560	4	-5147
动漫舞台剧(节)目创作演出企业	17		1000	395				395
动漫软件开发企业	788	15	31077	2933	3434	2877	182	6185
动漫衍生产品研发设计企业	5286	9386	14309	60420	7591	2218	49	67962

注：动漫企业是指经文化部、财政部、国家税务总局三部门联合认定的动漫企业，因多种原因影响有个别动漫企业未上报。

企业基本情况

所有者权益(千元)				损益(千元)					
负债合计	所有者权益合计	实收资本(股本)	国家资本金	营业收入	主营业务收入	自主开发生产动漫产品收入	营业成本	养老、失业等保险费	住房公积金和住房补贴
3449678	**6121674**	**3309838**	**244645**	**4755204**	**4618039**	**2589814**	**4093178**	**98861**	**24936**
3431357	6110175	3295838	244645	4730295	4593130	2566315	4059878	98826	24860
18321	11499	14000		24909	24909	23499	33300	35	76
3047188	5504032	2941041	244645	4206537	4069372	2553449	3582812	93409	19874
141814	457727	268797		56631	56631	36365	52926	1273	444
260676	159915	100000		492036	492036		457440	4179	4618
543286	589433	361354	121100	360426	350253	167113	343204	7039	2128
2906392	5532241	2948484	123545	4394778	4267786	2422701	3749974	91822	22808
203745	248063	166938	54100	394467	382246	274820	359290	5511	1686
2797352	5519833	2972902	142358	3801963	3723614	2077469	3231107	81762	18344
51414	47484	37320	-6847	69910	69109	62375	77665	3950	2767
332	1549	1154		2316	2316	1400	1921		
35835	63836	38511		202108	165918	93497	199175	3387	998
361000	240909	93013	55034	284440	274836	80253	224020	4251	1141

工资、福利费、税金(千元)			经营面积(万平方米)	原创漫画作品(部)	原创动画作品(部)	网络动漫(含手机动漫)下载次数(次)	动漫舞台剧演出场次(次)	自主知识产权动漫软件(套)
本年发放工资总额	本年支付的职工福利费	本年应缴税金总额						
700477	**31548**	**318498**	**41.40**	**11634**	**853**	**722810852**	**572**	**1802**
696959	31383	317156	41.20	11234	809	722610842	572	1802
3518	165	1342	0.20	400	44	200010		
680109	30664	255931	40.69	11634	839	722810852	572	1789
15802	501	1293	0.71		14			13
4566	383	61274						
63184	2684	9434	3.42	73	71	210205606	80	7
637293	28864	309064	37.98	11561	782	512605246	492	1795
52950	4219	28345	2.59	1006	102	125125982	207	29
568246	23546	254992	36.45	10606	693	390278511	365	326
32056	1314	5182	0.73	4	31	176906247		54
54	5	13	0.02		1			
22905	1595	5359	0.54	12	4	25500112		1311
24266	869	24607	1.10	6	22	5000000		82

2011年各地区

地　区	机构数(个)	从业人员(人)	具有大专以上学历人员	通过动漫人才专业认证的专业人员	资产总计	固定资产原价	当年提取的折旧总额	负债合计
					资产、负债、			
总　计	**297**	**20010**	**16580**	**2451**	**9571352**	**1431198**	**171132**	**3449678**
北　京	31	2493	2160	148	1052348	231818	16617	470071
天　津	15	742	507	29	404687	15456	1904	129904
河　北	7	334	283	3	43552	7307	1823	14794
山　西	7	331	282	82	97313	2974	726	34909
内蒙古	2	29	29	4	6479	935	23	479
辽　宁	4	439	397	1	53843	9159	1728	12895
吉　林	2	747	693		112364	78611	3994	86841
黑龙江	5	365	346	112	71359	13745	2000	8270
上　海	16	1226	993	217	1622144	175135	26121	240355
江　苏	49	2237	1855	347	805538	143516	14791	365629
浙　江	15	555	464	61	598068	22506	4298	198352
安　徽	16	905	721	228	120043	18588	6874	29150
福　建	7	584	451	30	396275	20815	2975	259580
江　西	4	1017	860		18409	2922	431	435
山　东	2	135	114	10	29450	2523	508	18513
河　南	11	458	374	6	86595	15716	3724	34512
湖　北	13	1275	1171	163	993043	98451	10838	448294
湖　南	13	2224	1710	452	800648	150660	10781	371865
广　东	49	2070	1661	262	1419950	294677	40083	344281
广　西	2	81	69	20	3028	272	74	372
海　南								
重　庆	4	512	367	33	124133	21056	2209	29535
四　川	8	527	416	107	198615	29729	9006	47537
贵　州	4	240	230	37	62270	36152	7594	5700
云　南								
西　藏								
陕　西	5	271	223	57	67051	12535	495	21114
甘　肃	1	56	52	30	800	800		
青　海								
宁　夏	2	45	45	11	8858	708	614	13
新　疆	2	30	30	1	3110	973	237	-339

动漫企业基本情况

所有者权益(千元)			损益(千元)						
所有者权益合计	实收资本(股本)		营业收入			营业成本			
		国家资本金		主营业务收入			养老、失业等保险费	住房公积金和住房补贴	差旅费
					自主开发生产动漫产品收入				
6121674	**3309838**	**244645**	**4755204**	**4618039**	**2589814**	**4093178**	**98861**	**24936**	**67768**
582277	337071	18989	1029734	992885	326274	967762	20782	10701	26883
274783	163948		42451	35029	18829	40234	2249	235	701
28758	25300		13310	10840	1540	13229	532		361
62404	31550		44628	44628	3324	44504	202		213
6000	1000		517	515	515	304	14		74
40948	15500		60248	60248	44084	46463	4617	613	567
25523	25000		11898	11898	10961	34479	3763	603	1019
63089	48563	3000	10794	10794	7326	15227	293		321
1381789	592390	12407	580467	574569	302159	421589	17920	3935	3050
439909	435638	81000	267937	246952	198983	308200	7660	1205	4227
399716	181240		169286	161571	143390	152921	2206	452	2785
90893	49071	2342	220842	184059	88494	196742	3219	505	1915
136695	121241		86661	83251	25931	76017	922	935	1123
17974	13000		34106	34106		25370	385		423
10937	10500		1108	1108	1079	2972			262
52083	48190	5000	31738	29389	27539	23367	655	208	624
544749	225760	5000	353925	353658	189215	208720	3505	109	1291
428783	185000	52001	445453	439612	354916	401008	11516	602	6435
1075669	637887	520	880728	876912	476019	764526	10830	2607	9300
2656	2000		4136	4136		3230	28	100	275
94598	31153	15000	74146	72887	52597	65445	1520	470	996
151078	22236	-1714	276009	274972	272158	185484	2799	722	1379
56570	23500	1100	15925	15525	13125	8427	300	200	200
45937	26100		41329	41329	24653	38903	438		209
800			4528	3866	3200	3713	168	106	348
8845	4000		2179	2179		2163	384		283
3449	3000		3591	3591	3503	3212	145		120

续表

地　区	工会经费	动漫产品研究开发经费	营业利润	营业外收入	政府补助(补贴收入)	营业外支出	利润总额	本年发放工资总额
总　计	**14668**	**630900**	**662026**	**313500**	**275799**	**53923**	**921603**	**700477**
北　京	768	89067	61972	18068	8957	34041	45999	118344
天　津	40	5067	2217	11134	5504	255	13096	11666
河　北	8	1167	81	1989	1747	10	2060	4060
山　西	18	37607	124	185	185	697	-388	2499
内蒙古	3	71	213				213	135
辽　宁	10	6325	13785	2021	1300	2	15804	17611
吉　林	230	7541	-22581	10740	10590		-11841	11212
黑龙江	65	1491	-4433	4036	4036	2	-399	5458
上　海	1105	41499	158878	38227	37792	386	196719	130802
江　苏	531	58662	-40263	47383	40820	8325	-1205	60526
浙　江	130	38888	16365	69767	69117	1903	84229	20958
安　徽	194	21635	24100	7700	7648	302	31498	18056
福　建	65	10847	10644	3949	2679	6	14587	13935
江　西	63	4012	8736	318	318		9054	10531
山　东		10	-1864	1533	1533	40	-371	2556
河　南	38	8400	8371	21018	16448	798	28591	9458
湖　北	184	36637	145205	12738	12504	212	157731	27435
湖　南	591	137881	44445	15250	14303	2647	57048	70399
广　东	430	83656	116202	28445	27330	2154	142493	109363
广　西	59	300	906				906	2309
海　南								
重　庆	200	9382	8701	1486	1136		10187	16118
四　川	120	16691	90525	3173	3113		93698	16184
贵　州	140	1230	7498	1140	540	100	8538	2558
云　南								
西　藏								
陕　西	63	9764	2426	6859	6859	1302	7983	7715
甘　肃	306	500	815	740	740	740	815	1528
青　海								
宁　夏	10	932	16				16	508
新　疆	3	1638	379	600	600	1	978	523

工资、福利费、税金(千元)		增加值 (千元)	经营面积 (万平方米)	原创漫画作品 (部)	原创动画作品 (部)	网络动漫 (含手机动漫) 下载次数(次)	动漫舞台剧 演出场次 (次)	自主知识产权 动漫软件 (套)
本年支付的 职工福利费	本年应缴 税金总额							
31548	**318498**	**2264876**	**41.40**	**11634**	**853**	**722810852**	**572**	**1802**
4156	86093	355734	3.28	129	74	70153576		1269
275	4415	38129	1.00	53	16	9000000		5
216	344	7984	0.43	404	49	10		
35	193	4726	0.20	11	70			
7	40	530	0.15		6	21300		1
640	4303	43414	0.53		52			
1074	2614	23555	1.57		4	110000		
117	586	8583	0.76		12	15954		1
6786	48152	417179	3.02	64	50	216200000		10
2232	14992	127994	8.13	48	91	1340001	2	16
823	20791	83953	1.88	379	38	20215582	10	1
1035	6390	65851	2.88	9	64	64085474	104	138
559	1976	33107	0.48	17	30	80300000	1	11
670	1088	22256	0.60					
	174	3255	0.10	2	16			6
476	1392	32237	1.19	15	23	180174306	75	
1821	16503	206850	0.95	95	28	3518122	203	33
3309	10834	176648	7.60	10004	45	22667460	15	197
5187	62444	351779	3.57	309	87	3708687	140	108
145	541	4179	0.14	1	1			1
333	5011	34625	0.12	2	3	1000000		1
162	21973	144246	1.03	83	62	50000350	20	1
375	229	18907	0.43	3	6	10000	2	1
111	3351	19118	0.47	5	10	260030		2
246	203	3394	0.30		5			
29	65	1671	0.06		3			
66	278	1645	0.03	1	8	30000		

2011年全国文化行政

	机构数(个)	从业人员(人)	事业编制人员	本年收入合计(千元)	财政拨款
总　计	**3200**	**62801**	**19140**	**24206117**	**21577940**
省区市	31	2316	122	2819224	2361604
地　市	337	10862	1268	6038193	5782002
县市区	2831	49147	17750	14310100	12670477

续表

	在支出合计中:					
	商品和服务支出	商品和服务支出				对个人和家庭补助支出
		差旅费	劳务费	福利费	税金支出	
总　计	**8642878**	**290315**	**373836**	**49123**	**13852**	**1646773**
省区市	1439914	49194	28391	2534	194	212318
地　市	1933459	75978	90652	7412	3452	495605
县市区	4767567	134094	231366	38398	10206	846510

主管部门基本情况

在财政拨款中			本年支出合计(千元)	基本支出	项目支出	在支出合计中:
行政运行	一般行政管理事务	文化活动等经费				工资福利支出
4933229	**1430416**	**6724032**	**23423203**	**8386246**	**12608450**	**3268926**
299335	72887	1429316	2605429	522702	2055384	171191
1228729	383156	1653105	5713751	1940250	3587972	747302
3344331	933799	3344929	13981587	5653934	6112018	2276911

抚恤金和生活补助	其他资本性支出		资产总计(千元)	固定资产原值	公用房屋建筑面积(万平方米)	实际拥有产权面积(万平方米)
		各种设备购置费				
94454	**2659470**	**635012**	**21342254**	**11507371**	**463.43**	**255.23**
6042	355717	206849	3350082	891107	55.00	48.58
11170	678733	129077	4779938	2669266	86.43	33.84
56017	1618569	296862	10986852	6522086	290.86	169.47

2011年各地区文化

地区	机构数(个)	从业人员(人)	事业编制人员	本年收入合计(千元)	财政拨款
总计	**3200**	**62801**	**19140**	**24206117**	**21577940**
北京	18	732	20	1151653	1095382
天津	19	449	27	268983	247359
河北	191	4134	1875	802749	759410
山西	131	2930	645	779182	769439
内蒙古	114	1886	553	533579	525707
辽宁	103	1758	382	506580	499744
吉林	70	828	66	536452	384272
黑龙江	137	1765	642	339416	335910
上海	19	480	49	784470	621142
江苏	119	2571	347	1243115	1096751
浙江	102	2249	314	1588626	1267175
安徽	125	2175	605	1117977	612456
福建	94	1208	285	901909	828505
江西	117	2242	808	404293	386030
山东	162	3365	1375	708694	694509
河南	173	4048	1663	928812	884893
湖北	123	2221	533	577406	530270
湖南	140	2454	787	567566	545875
广东	150	3965	570	2111222	2040209
广西	123	1609	308	749549	707962
海南	23	372	63	456889	453072
重庆	40	804	86	620010	592119
四川	204	3536	1291	1248144	1198230
贵州	81	3223	1943	596884	546295
云南	147	2956	705	1178627	1083498
西藏	72	579	106	116981	116448
陕西	119	2774	969	677676	509348
甘肃	102	2430	1244	481938	433190
青海	55	455	71	275387	267000
宁夏	26	643	325	216972	198177
新疆	100	1484	483	695776	583706

行政主管部门基本情况

在财政拨款中			本年支出合计（千元）	基本支出	项目支出	在支出合计中:
行政运行	一般行政管理事务	文化活动等经费				工资福利支出
4933229	**1430416**	**6724032**	**23423203**	**8386246**	**12608450**	**3268926**
93546	12569	549229	1748528	135115	901159	74045
73092	5611	35334	192131	111910	78843	35402
242735	44659	129840	818169	396222	336624	159001
161220	80135	309876	778717	252687	524788	91795
232052	13687	145287	527588	454103	66796	107495
104320	54924	73540	490807	236537	203847	92559
99596	36631	133896	392112	149248	218445	41546
133905	8551	132530	336066	193798	127093	72061
109160	23320	346244	802960	140463	614417	71577
397231	73614	341867	1224076	554748	630235	200764
326676	115791	518612	1502042	402125	853587	214010
175312	43803	136288	637414	284648	319037	110017
107291	50119	208015	832454	217584	546036	78224
123929	44780	111329	369038	167592	169327	78521
246963	98606	240790	666351	323666	294919	160411
194074	54219	182062	888175	409751	414107	149548
163446	35581	192009	578378	229577	311788	102363
164453	69243	171390	557412	300678	245965	111641
377175	108324	590277	1943665	566387	1292288	303447
98960	47145	184365	730798	206358	467622	71558
39664	9381	169788	497477	77582	315205	24129
76072	33131	265879	632778	127827	450916	46363
277422	116629	362663	1104488	418334	648579	179909
143556	52416	149832	534226	290031	174015	115187
181968	49494	236757	1082403	359838	550602	129015
28816	8310	9112	119728	106349	7526	34105
196568	21516	124005	522820	318366	152976	119721
113377	42188	155495	532492	277653	238591	95361
53950	5867	88398	270159	121793	141585	23581
32058	7717	37874	207829	85037	93899	27123
103808	21881	94767	779486	200879	364557	74925

续表

地区	在支出合计中:					
	商品和服务支出	商品和服务支出				对个人和家庭补助支出
		差旅费	劳务费	福利费	税金支出	
总计	**8642878**	**290315**	**373836**	**49123**	**13852**	**1646773**
北京	955145	1125	7755	705	487	40900
天津	91274	843	10192	1124	142	31056
河北	229364	7494	8373	1860		66300
山西	243628	8000	8420	1946	124	33207
内蒙古	252067	11100	26161	1930	1761	41441
辽宁	171285	4541	12511	451	29	60827
吉林	106631	5523	9025	267		24486
黑龙江	163412	6248	4595	779	15	42189
上海	499060	3425	2222	1556	30	16570
江苏	551309	13468	21019	3304	111	128614
浙江	606608	19419	30878	3282	283	113144
安徽	127591	6806	6065	866	399	84761
福建	290152	6892	15880	810	58	39637
江西	104763	6955	4289	2284	270	28300
山东	215066	6903	8651	610	76	66587
河南	248712	10090	12660	3998	435	60778
湖北	148616	6655	5496	2625	170	51919
湖南	247538	11397	7080	2502	154	34169
广东	565021	23271	23522	4475	3011	139987
广西	192241	9153	3445	406	71	39101
海南	141309	3299	17067	35	39	17886
重庆	256230	7381	14219	819	44	43495
四川	501008	19487	27465	4611	752	75325
贵州	192215	10233	13648	1413	743	53562
云南	348827	10555	13744	810	376	48292
西藏	53250	1945	27	114		6299
陕西	194117	8132	17110	1430	257	35948
甘肃	221685	10353	5879	1363	218	34220
青海	44644	6722	3547	382	243	13911
宁夏	61634	3289	4331	136	857	15167
新疆	116538	8562	5133	1451	2697	66355

			资产总计(千元)		公用房屋建筑面积(万平方米)	实际拥有产权面积(万平方米)
抚恤金和生活补助	其他资本性支出	各种设备购置费		固定资产原值		
94454	**2659470**	**635012**	**21342254**	**11507371**	**463.43**	**255.23**
1778	197605	3294	757206	255890	4.20	2.67
331	16803	4300	417577	46658	1.82	0.52
4837	137299	78472	489605	347575	21.83	10.57
1582	157161	67441	303736	205312	12.87	6.99
4479	58016	15418	526423	373299	19.19	12.99
1928	39791	7385	562332	312481	16.08	10.79
651	117735	33614	680885	238008	5.53	5.64
1691	12197	8701	295883	180446	9.74	3.37
412	27135	8433	1042486	217224	2.90	0.60
2666	86477	15887	881317	467472	17.74	10.86
4974	95553	12625	974813	334040	9.32	3.37
5619	35965	15448	490029	343359	14.70	5.95
1705	150373	9312	820103	375188	10.81	4.15
2564	79472	3262	374961	235197	16.05	8.88
1897	40041	21105	762119	481089	23.85	7.36
3963	45293	21016	525392	314315	17.31	8.70
1024	157583	5936	605873	445643	21.25	18.70
3099	83061	54424	302959	167128	9.78	9.19
3275	98050	45433	1989614	1324610	30.27	19.12
918	233688	16589	499632	274128	16.73	9.51
4248	85601	22325	511668	373055	32.85	31.08
624	59106	15368	421632	194774	7.17	2.70
5211	71241	44969	1127122	505808	25.07	13.45
3402	38556	23341	581902	276394	12.10	9.36
2072	246771	16734	992082	641419	21.06	13.91
9	1377		161098	73225	6.59	0.69
1528	53966	17888	673284	229963	10.76	3.52
2450	93703	7412	344041	250513	10.98	7.76
1460	33916	19382	258193	109794	3.44	1.59
443	28247	3400	141438	104000	3.48	1.54
2389	71237	13874	601467	384452	16.82	6.36

2011年全国文物

	机构数（个）	从业人员（人）			
			专业技术人才		
				正高级职称	副高级职称	中级职称
总　计	**848**	**7593**	**1413**	**39**	**140**	**615**
省区市	32	569	60	8	20	18
地　市	150	1771	342	22	64	128
县市区	665	5161	1011	9	56	469

续表 1

	财政拨款	在财政拨款中			本年支出合计（千元）
		行政运行	一般行政管理事务	文物保护等经费	
总　计	**3443549**	**352172**	**132422**	**1754531**	**2849920**
省区市	1473160	51674	27430	936504	1089297
地　市	761593	105160	32422	408275	688927
县市区	1064984	178810	56904	346532	878629

行政主管部门基本情况

藏品数(件/套)				在藏品数中(件/套)			本年收入合计(千元)
	一级品	二级品	三级品	本年新增藏品数(件/套)	本年从有关部门接收文物数(件/套)	本年藏品征集数(件/套)	
257338	**962**	**1955**	**15189**	**1293**	**7844**	**823**	**3642932**
							1505026
14653	37	123	746	60	7522		835348
242685	925	1832	14443	1233	322	823	1158097

基本支出	项目支出	在支出合计中:					
		工资福利支出	商品和服务支出	差旅费	劳务费	福利费	各种税金支出
657784	**1998973**	**311377**	**1204859**	**29436**	**35708**	**3766**	**589**
99153	874377	37626	516942	10083	4008	286	
179755	492200	81689	238218	6871	17128	573	45
352769	465436	184784	272890	7700	13373	2907	544

续表 2

	在支出合计中:				资产总计（千元）	
	对个人和家庭补助支出		其他资本性支出			固定资产原值
		抚恤金和生活补贴		各种设备购置费		
总　计	**78043**	**5272**	**330813**	**15479**	**2542915**	**825878**
省区市	18845	442	74228	2565	875961	211933
地　市	22179	396	210209	7158	770472	193900
县市区	29657	4332	45794	5174	679228	364443

续表 3

		本年度培训情况				
	参加国际组织活动数（个）	接受国内培训人员数（人次）				出国接受培训人员数（人次）
			国家级培训班	省级培训班	市县级培训班	
总　计	**9**	**9970**	**912**	**3776**	**4603**	**44**
省区市	7	5787	720	3166	1288	44
地　市	1	764	53	176	525	
县市区	1	3362	82	434	2790	

实际使用房屋建筑面积(万平方米)	实际拥有产权面积(万平方米)	举办出国(境)文物展览(个)	对外交流情况			
			出国(境)人次(人次)	与国外文博机构签署协议或备忘录个数(个)	赴港、澳、台人员数(个)	对港、澳、台交流项目数(个)
30.94	**10.67**	**9**	**746**	**11**	**147**	**41**
3.37	1.13	9	328	7	93	24
11.02	0.88		47	2	5	1
16.27	8.66		3		8	

本辖区文物点(处)				各级文物保护专项资金设立情况(千元)		
	全国重点文物保护单位	省级重点文物保护单位	市县级文物保护单位	中央级	省级	市县级
592184	**2378**	**14128**	**96434**		**612556**	**316839**
592184	2378	14128	96434		612556	1145
						234305
						81389

2011年各地区文物行政

地　区	机构数(个)	从业人员(人)	专业技术人才	正高级职称	副高级职称	中级职称	藏品数(件/套)	一级品
总　计	**848**	**7593**	**1413**	**39**	**140**	**615**	**257338**	**962**
北　京	17	178	39		11	13	151	
天　津	1							
河　北	18	351	123	5	26	64	1100	3
山　西	86	1382	224	5	11	95	71097	380
内蒙古	1							
辽　宁	13	174	74		9	49	8949	39
吉　林	2	6						
黑龙江	4	22	15	2	1	11	3482	
上　海	1							
江　苏	22	59	16	8	3	3	1055	1
浙　江	36	123	25	2	10	7		
安　徽	6	23	2		1		543	10
福　建	5	17	1			1		
江　西	22	181	56	4	5	24	9174	3
山　东	19	296	88	3	10	32	2737	8
河　南	94	1535	175	2	17	99	25941	245
湖　北	50	358	139	1	4	55	34435	16
湖　南	40	537	106	1	6	58	38575	73
广　东	45	78	2		1	1	530	
广　西	6	23	11		3	7	256	
海　南	4	14	5		1			
重　庆	1							
四　川	20	181	42		7	19	7479	106
贵　州	29	194	80	2	6	28	34246	9
云　南	4	10						
西　藏	45	205	2			1	3220	56
陕　西	119	1061	64	1	2	21	13254	11
甘　肃	101	160	42			6	1114	2
青　海	17	65	5			3		
宁　夏	1	5	1	1				
新　疆	18	263	76	2	6	18		

主管部门基本情况

		在藏品数中(件/套)			本年收入合计(千元)	财政拨款	在财政拨款中	
二级品	三级品	本年新增藏品数(件/套)	本年从有关部门接收文物数(件/套)	本年藏品征集数(件/套)			行政运行	一般行政管理事务
1955	**15189**	**1293**	**7844**	**823**	**3642932**	**3443549**	**352172**	**132422**
					411187	408088	20700	5626
25	194				233880	225312	12277	6896
330	1441				539241	501023	65302	14557
					2724	2550	174	
183	574	172	134	38	17168	16836	998	175
					3993	3993	253	40
2					1869	1869	562	
					4830	4830		
7	41	187	187		73494	71630	5583	5635
					107635	91877	19042	6839
4	294				10697	9078	1137	482
					88939	73214	3235	243
48	429				35782	29471	910	1183
18	158				63154	58048	17555	1158
625	7257	42			317905	301795	51226	14529
111	794	15		48	137574	125426	10805	3594
242	2728	331		4	76486	68286	12029	4315
					124512	122735	16362	5022
					97384	96732	407	180
					49411	49411	538	
					41503	41503		
145	491	383		383	40462	37493	6924	850
79	228	62	7522	30	69954	66221	5180	9948
					2035	2035	524	30
28	54			220	169324	169234	6417	11
70	447	101	1	100	222135	183883	57646	27812
38	59				92225	92104	8028	951
					177672	177276	4066	
					4888	4888	60	2100
					280408	262896	7704	4580

续表 1

地　区		本年支出合计(千元)						
	文物保护等经费		基本支出	项目支出	在支出合计中:			
					工资福利支出	商品和服务支出	差旅费	劳务费
总　计	**1754531**	**2849920**	**657784**	**1998973**	**311377**	**1204859**	**29436**	**35708**
北　京	162869	315480	30945	277304	17587	58295	61	
天　津								
河　北	176233	113464	34076	79387	15355	66719	785	564
山　西	239175	418085	106171	300248	49821	246983	2844	6875
内蒙古	2376	864		864		744	596	
辽　宁	8023	19431	7727	5369	4848	7237	688	1773
吉　林	3700	393	293	100	253	140	20	
黑龙江	721	1869	1869		1003	399	27	
上　海	4830	4830		4830		4830		
江　苏	56599	76980	8409	67871	4722	49069	444	1494
浙　江	45436	106775	23942	76733	12128	38679	1463	1509
安　徽	7033	12898	6047	6542	1433	7199	534	203
福　建	69712	70400	2367	66933	990	62812	32	
江　西	21155	32633	7772	21497	2864	19768	491	99
山　东	29950	60497	21459	34486	12839	35821	574	3151
河　南	138657	322662	97150	224430	47665	58209	2798	6834
湖　北	100926	55689	20324	27872	11346	18892	1424	708
湖　南	19371	71566	34819	34785	20034	35175	1421	1635
广　东	17810	111822	6945	104406	5985	21501	796	1759
广　西	91040	49214	1565	47442	527	2809	372	19
海　南	5048	55093	764	53259	525	4245	108	43
重　庆	41503	46316		46316	341	19		
四　川	3578	28009	8576	19433	5522	10155	430	226
贵　州	45924	45377	13480	30190	7410	17861	1092	1841
云　南	1406	2472	807	1056	391	504	60	47
西　藏	124422	146713	8294	24433	7110	14506	184	58
陕　西	33760	219788	137959	62811	50813	83364	2780	3295
甘　肃	75695	48617	9473	38848	5856	29612	1454	975
青　海	542	5733	5089	408	3242	1199	178	35
宁　夏	2728	4888	3280	1608	278	600	400	
新　疆	161089	208295	32075	172552	13211	130704	2598	1366

						资产总计(千元)		实际使用房屋建筑面积(万平方米)	实际拥有产权面积(万平方米)
福利费	各种税金支出	对个人和家庭补助支出	抚恤金和生活补贴	其他资本性支出	各种设备购置费		固定资产原值		
3766	**589**	**78043**	**5272**	**330813**	**15479**	**2542915**	**825878**	**30.94**	**10.67**
22		6961	180			296477	25698	2.05	
85		4752	56	10895	378	131842	90179	0.48	0.94
1011	52	6345	210	38881	1322	211190	64243	2.42	1.94
				120		18223	1108		
16		930	102	288	288	15903	6260	0.35	0.09
11						3600		0.04	
		467	3			2551	2551	0.10	0.10
		841		656	606	27551	7292	0.20	
174		4959		12943	288	92147	43253	1.50	0.10
2		1151	4	575		24058	6284	0.04	0.04
		378		2396	25	17877	501	0.08	0.04
14		618	250	478	466	99534	85384	1.78	1.39
33	66	2396	2	1369	310	79984	32355	0.88	0.06
598	348	7177	302	149189	2891	235015	79667	6.51	2.40
230	12	4190	63	3139	739	50063	29083	2.00	1.16
382	13	3750	95	2612	1144	31758	21998	1.49	0.67
70		3193	2946	2102	388	14842	5598	0.22	
11		229		219		3886	777	0.17	
	33	102		47148		9844	1073		
				1					
87		1531	99	6884	155	30381	14364	0.24	0.02
276		2256	89	2945	560	109048	29668	1.04	0.46
		94		427	354	610	610		
3		833				25854	25843	0.53	
437	65	14000	693	14081	1895	392272	90495	2.84	1.05
167		906	20	1123	66	57052	11155	0.22	0.01
7		252		25	25	6894	4814	0.10	0.04
						1902	1902	0.04	
130		2370	56	31735	2997	335303	88121	5.34	0.16

续表 2

地　区	举办出国(境)文物展览(个)	对外交流情况					本年度	
		出国(境)人次(人次)	与国外文博机构签署协议或备忘录个数(个)	赴港、澳、台人员数(个)	对港、澳、台交流项目数(个)	参加国际组织活动数(个)	接受国内培训人员数(人次)	国家级培训班
总　计	**9**	**746**	**11**	**147**	**41**	**9**	**9970**	**912**
北　京	3	68		27	9	2	1289	11
天　津								
河　北		6					390	
山　西		1		2			724	14
内蒙古								
辽　宁		2	1	1			31	1
吉　林							183	93
黑龙江								
上　海								
江　苏		5					142	5
浙　江		6		1			96	1
安　徽							10	
福　建		3				1	688	166
江　西	2	20		20	1		397	25
山　东		2					75	4
河　南	2	110	6	10	1	2	1275	96
湖　北		1					145	9
湖　南	1	8		9	1	2	213	16
广　东		29					691	123
广　西		30		13	1		213	11
海　南							211	112
重　庆								
四　川							303	29
贵　州				3			302	11
云　南	1	5					1	1
西　藏							75	16
陕　西		12	2	6	1	1	1572	15
甘　肃		67		13	11	1	408	47
青　海				1			77	4
宁　夏		3					8	8
新　疆							394	37

培训情况							各级文物保护专项资金设立情况(千元)		
省级培训班	市县级培训班	出国接受培训人员数(人次)	本辖区文物点(处)	全国重点文物保护单位	省级重点文物保护单位	市县级文物保护单位	中央级	省级	市县级
3776	**4603**	**44**	**592184**	**2378**	**14128**	**96434**		**612556**	**316839**
102	587	15	3840	98	255	662		150000	11840
			1300	15	113	155		3900	1100
380	10		32312	168	930	2834		13820	450
38	666		50000	271	428	10000		33000	23285
			22701	79	316	700		15000	
	30	1	2521	53	296	2172			18
90			9017	33	271	822		2000	
			10759	29	192	420		2000	
			622	19	163	440			
42	95	1	20007	120	833	2211		40000	5720
9	86	1	73943	132	755	3839		99000	242071
5	2		25005	56	455	2489		26600	
95	427		4196	85	511	3600			
371	1		3085	52	333	2700		32000	30
13	58		7622	101	687	6834		40000	1342
661	518	5	6695	189	1050	5456		22550	14521
39	85		38513	91	826	4115		10600	5114
150	47		23256	60	809	2685		21000	2973
320	238		37000	66	407	2690		31500	5111
192	10		10495	42	355	1732		1980	
99			4405	14	108	313			
			25908	20	317	1329			
200	64		65231	128	578	3351		31520	960
132	154		21381	39	342	21000		12000	800
			14704	76	386	3122		1056	50
27	31		4283	35	224	484			
158	1399		49058	140	668	2090			706
284	47	21	4551	73	621	3857		5900	598
28	42		6411	18	383	369		1000	120
			3818	18	143	314		450	
341	6		9545	58	373	3649		15680	30

2011年全国文化产业示范(试验)

	机构数(个)	从业人员(人)			资产、负债、所有者权益(千元)		
			具有大学专科以上学历人员	具有中级职称以上人员	资产总计	固定资产原价	当年提取的折旧总额
总　计	**833**	**1373467**	**441001**	**134029**	**551534912**	**194100564**	**9337595**
按机构类型分							
国家级文化产业示范园区	7	107327	78239	35130	74543971	51179183	64131
国家级文化产业试验园区	4	118030	69367	11612	4721620	388695	19139
国家文化产业示范基地(单体企业)	150	294857	49902	41721	165441624	27299896	3241696
国家文化产业示范基地(集聚类)	39	249846	40112	9899	125585189	27363415	3012377
省级文化产业示范园区	95	318425	66824	12895	62974496	39535313	320242
省级文化产业示范基地	538	284982	136557	22772	118268012	48334062	2680010
按隶属关系分							
省区市	148	514665	192602	57672	103047936	13375564	712033
地市	104	46314	16002	3439	35965906	9239017	636057
县市区	581	812488	232397	72918	412521070	171485983	7989505
按部门分							
文化部门	630	1268945	418001	126075	487671622	162616251	7947467
其他部门	203	104522	23000	7954	63863290	31484313	1390128

注：因多种原因影响，个别园区(或基地)没有上报统计资料。

续表

	损益(千元)						
		营业成本					
	差旅费	工会经费	营业利润	营业外收入	政府补助	营业外支出	利润总额
总　计	**5434636**	**652464**	**59116504**	**14732498**	**2177564**	**2935931**	**68256079**
按机构类型分							
国家级文化产业示范园区	252078	316000	9302855	3716473	232838	62111	12957217
国家级文化产业试验园区	246629	12646	3074232	45142	40142	115568	3003806
国家文化产业示范基地(单体企业)	299861	46369	22747363	1674697	876957	227708	24188922
国家文化产业示范基地(集聚类)	788021	31679	5184409	764498	299992	1406476	4542431
省级文化产业示范园区	127433	46556	5235969	7420215	133716	253059	12403125
省级文化产业示范基地	3720614	199214	13571676	1111473	593919	871009	11160578
按隶属关系分							
省区市	3774658	139208	24557412	638639	536642	226321	22312738
地市	88395	8276	3098871	567765	316558	157006	3509630
县市区	1571583	504980	31460221	13526094	1324364	2552604	42433711
按部门分							
文化部门	5243660	627288	53390682	14043325	1772720	2642101	62134914
其他部门	190976	25176	5725822	689173	404844	293830	6121165

园区和产业示范基地基本情况

负债合计	所有者权益合计	实收资本(股本)	国家资本	损益(千元) 营业收入	主营业务收入	营业成本	养老、医疗、失业等各种社会保险费	住房公积金和住房补贴
179295895	**372241562**	**93037875**	**53927665**	**236457240**	**212706776**	**179998601**	**3104661**	**739704**
2280210	72263761	1518864	311211	21839163	16816359	12536308	43117	2357
2827604	1894016	971600	443800	13335285	12806285	10261053	309542	246000
87208677	78232976	15820335	5340758	91050778	86364808	68313727	482385	100241
25530039	100055150	35092332	30048441	28759151	24553818	23574742	1089951	142293
15726096	47248400	11627079	6300376	28828067	24541639	23592098	259955	64341
45723269	72547259	28007665	11483079	52644796	47623867	41720673	919711	184472
54640086	48410395	7598001	2142352	87649218	87426136	65749671	600563	255030
17223992	18741914	10295850	3356986	16010976	15640970	12912105	100920	28180
107431817	305089253	75144024	48428327	132797046	109639670	101336825	2403178	456494
157958539	329715628	80419100	48625015	210891220	190646710	160158403	2814565	615544
21337356	42525934	12618775	5302650	25566020	22060066	19840198	290096	124160

净利润	工资、福利费、税金(千元) 本年发放工资总额	本年支付的职工福利费	本年应交税金总额	经营面积(万平方米)	获得国家级文化奖项数量(个)	向社会捐赠总额(千元)	获得著作权、发明专利总数(项)	辖区内单体企业数量(个)
19838753	**16416285**	**1649250**	**11779951**	**108053.36**	**5720**	**980852**	**11095**	**36720**
3133217	1872958	71587	960133	640.50	196	23655	237	1890
2852006	3741619	481539	486734	2107.90	7	17350	229	2081
4453274	3723928	216317	4144833	36291.51	-361	490840	6238	2450
2978969	2911872	342799	2709136	4448.69	85	31824	347	5901
1122419	1327750	292758	863312	3128.36	449	17056	880	17763
5298868	2838158	244250	2615803	61436.43	5344	400127	3164	6635
5940720	4704619	389982	2556873	38355.00	-5531	474436	5497	5489
1523723	1034773	54309	925926	4149.21	679	35557	599	2765
12374310	10676893	1204959	8297152	65549.15	10572	470859	4999	28466
17612709	13686176	1354023	10144130	102280.31	-3136	696318	9236	30961
2226044	2730109	295227	1635821	5773.06	8856	284534	1859	5759

2011年各地区文化产业示范(试验)

地区	机构数(个)	从业人员(人)	具有大学专科以上学历人员	具有中级职称以上人员	资产、负债、所有者权益(千元)		
					资产总计	固定资产原价	当年提取的折旧总额
总计	**833**	**1373467**	**441001**	**134029**	**551534912**	**194100564**	**9337595**
北京	10	25192	1851	229	4082206	193081	15000
天津	29	14925	6192	792	2967932	961578	161558
河北	46	28065	2931	3528	19046419	17560190	241232
山西	25	14283	4429	1529	6605879	2510503	145533
内蒙古	8	31649	1125	51	1722323	610530	13852
辽宁	10	7815	5364	2495	4188141	1901169	634189
吉林	28	6827	2799	676	2287254	1010194	15472
黑龙江	5	6070	4645	167	456589	145896	20536
上海	46	70355	50242	7090	53174054	10783308	1659765
江苏	38	14908	4668	2189	25606990	8004889	226909
浙江	9	6696	1597	202	6076886	1254057	79375
安徽	41	13842	4504	763	4617620	1175952	46537
福建	44	31337	6707	1351	12903527	3108160	77677
江西	31	73232	83669	7843	1015019	545233	27046
山东	105	134190	32973	9188	154716644	42499423	4503840
河南	75	360971	81165	19864	41588816	31293702	203214
湖北	11	3665	2037	472	2135783	455660	53109
湖南	8	111928	71569	10284	7753268	1286046	45969
广东	38	34034	23170	14798	76943802	8061669	374024
广西	26	4825	951	202	1040541	759362	55988
海南	2	548	537	50	197147	43602	4473
重庆	9	1140	560	108	640628	506213	22535
四川	39	49594	8090	3805	7666547	4813652	375648
贵州	4	139488	2411	21554	82780	82733	2339
云南	14	3597	846	269	2939190	525783	68863
西藏	2	540	30	110	98436	41763	1389
陕西	63	56284	34525	23983	107978734	53008403	197826
甘肃	9	100490	766	66	332674	131584	10952
青海	52	25541	175	262	1803102	587826	19418
宁夏	4	764	215	97	528569	228882	31983
新疆	2	672	258	12	337412	9521	1344

园区和产业示范基地基本情况

				损益(千元)				
负债合计	所有者权益合计	实收资本(股本)	国家资本	营业收入	主营业务收入	营业成本	养老、医疗、失业等各种社会保险费	住房公积金和住房补贴
179295895	**372241562**	**93037875**	**53927665**	**236457240**	**212706776**	**179998601**	**3104661**	**739704**
2412772	1669434	442876	97305	22224700	22198608	18876686	29666	9004
784443	2183489	744054	550292	2586234	2475398	1963965	21108	9512
1144960	17901459	1447633	423150	5171714	4869068	4497470	112833	56046
3547181	3058698	674674	45004	4293489	1539038	3768611	32662	839
943515	778808	303560		568179	567104	430365	3712	
2256488	1931653	937788	140788	1650074	1597230	1334471	52183	5545
969746	1317508	1053954	108800	816331	655758	704228	10208	9127
201395	255194	330935	295501	314711	302915	311991	5343	1243
16055762	37118292	11394507	828957	23838022	21320505	19497404	802852	168672
11550422	14056568	8188497	4816530	6042466	5724566	5742225	54641	16883
1677691	4399195	900860	47600	2064910	1672605	1186837	26594	3114
2570301	2047319	726445	70910	5511772	5377133	3091812	23062	1219
4743623	8159904	1769471	26000	8730176	8672995	6541948	114324	34682
251458	766106	1801071	636391	1075863	1599232	883138	56717	776
45802246	108914398	45566510	38380166	26505511	20345936	20257822	637223	123151
4883877	36704939	2233079	450373	30968623	27121394	23451504	115935	18184
953289	1182494	546872	15000	1293570	1253208	1052092	27168	5647
4401338	3351930	1891333	493800	13010277	12673124	9631351	235954	197496
41594992	35348810	1405894	408220	38956766	38849125	24881908	188621	23128
733923	306618	397596	1050	530135	429737	315350	5856	1089
69632	127515	9000		181662	181562	108490	13734	6460
471077	169551	73020		298878	295737	169607	2268	765
4321681	3344866	2867761	1496580	5265147	4248323	4793601	391814	3244
29779	53001	13348		82733	82701	49128	813	
1314559	1624631	355928	169450	8536958	8522837	8268762	17061	816
11893	86543	25390		51531	51092	37990	119	
24697267	83281467	6764291	4422238	23957277	19163796	16595834	115646	42362
82474	250200	124055		123739	115673	88761	1640	12
272111	1530991	35404	3560	1490348	513047	1321976	1508	339
399821	128748			92802	64687	60102	2400	26
146179	191233	12069		222642	222642	83172	996	323

续表

地区	损益(千元)						
	营业成本		营业利润	营业外收入		营业外支出	利润总额
	差旅费	工会经费			政府补助		
总计	**5434636**	**652464**	**59116504**	**14732498**	**2177564**	**2935931**	**68256079**
北京	31401	4871	3348014	277049	269084	1230	3623833
天津	3123	1043	622269	22908	15919	948	644229
河北	5974	1717	674244	28867	17441	162153	540958
山西	14732	4939	524878	104075	45280	117019	511934
内蒙古	4036	123	137814	7832	570	1457	144189
辽宁	83352	3973	315603	30784	11469	14338	332049
吉林	8570	1055	112103	38532	34788	16340	134295
黑龙江	4266	751	2720	26292	10892	20200	8812
上海	622865	29862	4340618	186028	133142	1413931	3112715
江苏	15792	3277	300241	364211	229905	24560	639892
浙江	8800	1536	878073	85830	82032	6947	956956
安徽	18808	4821	2419960	142338	131175	57682	2504616
福建	33933	6636	2188228	56936	36507	294074	1951090
江西	3375109	92136	2850590	7678	3803	3039	198237
山东	423818	74235	6247689	1194428	444233	372242	7069875
河南	289509	48138	7517119	10615979	49371	101971	18031127
湖北	7348	12763	241478	16328	14522	22060	235746
湖南	309953	14486	3378926	57142	48193	64701	3371367
广东	30237	11099	14074858	171018	113926	32931	14212945
广西	4874	310	214785	16407	10378	3627	227565
海南	3485	679	73172	7071	7071	2916	77327
重庆	8829	332	129271	1375	835	116	130530
四川	101868	17419	471546	119740	30445	16703	574583
贵州	2411	606	33605	20		2	33623
云南	2633	652	268196	10183	4524	47847	230532
西藏	39	26	13541	437	315	183	13795
陕西	14679	314465	7361443	1131643	430420	127073	8366013
甘肃	640	68	34978	3935	652	1253	37660
青海	1269	50	168372	7312	640	4423	171261
宁夏	355	107	32700	92	32	2494	30298
新疆	1928	289	139470	28		1471	138027

	工资、福利费、税金(千元)							
净利润	本年发放工资总额	本年支付的职工福利费	本年应交税金总额	经营面积(万平方米)	获得国家级文化奖项数量(个)	向社会捐赠总额(千元)	获得著作权、发明专利总数(项)	辖区内单体企业数量(个)
19838753	**16416285**	**1649250**	**11779951**	**108053.36**	**5720**	**980852**	**11095**	**36720**
33655	221676	14780	463169	90.83	9	500	13	41
245940	131576	2319	75064	612.74	27	499	412	729
118982	1557078	204813	136348	5177.55	8051	3519	924	512
339920	290210	29780	461931	36202.84	20	5784	148	112
-13401	32791	2665	9206	10215.10	2	94553		1202
65943	220338	12053	142887	125.49	12	10120	49	126
55942	65669	3818	72870	254.45	219	1388	26	230
-15057	108594	5715	17369	3864.53	2	195		299
1760613	2754901	439392	3062331	1741.22	235	3261	1087	4728
429041	366990	27624	295203	113.74	115	23351	730	2066
464116	224144	7300	164851	81.91	13	2220		15
623225	200030	13524	456784	286.34	106	18837	98	1688
991545	981914	67252	483906	8682.88	51	18102	355	468
781965	41149	5296	19195	1061.39	-5832	14399	710	950
4011817	1387748	209960	1509187	11894.95	77	66396	520	3364
3519459	1587619	64442	941087	25267.48	996	44683	266	11909
115435	124384	11368	58910	12.56	77	192	22	41
3069301	2725521	293773	629976	128.68	45	41883	308	1693
1652313	978211	46720	1054491	469.38	42	410459	4287	2571
85602	65668	4564	36158	77.10	568	5936	22	459
	83279	853	19380	2.80	4		22	12
32379	27710	478	12137	11.60	37	200030	42	561
371949	868758	92628	449195	629.01	29	3606	174	512
21632	4880	472	2261	501.66	5	1320	40	120
124718	89476	1972	118733	23.56	10	2745	7	3
5523	1385	56	952	4.99	2	50		
850965	1175426	81770	1011795	501.46	117	3147	733	2186
6866	25348	815	2426	10.59	20	11		62
5296	36911	2446	9394	5.00	635	1836	100	54
25604	15857	21	5839	0.45	9	1830		
57465	21044	581	56916	1.08	17			7

2011年对外、对港澳台文化交流活动项目基本情况

单位：次

地　区	合计	按交流活动性质分		按交流活动分类				按交流活动范围分类			
		出访	来访	演出	展览	国际会议	其他	国外	香港	澳门	台湾
全　国	**2564**	**1803**	**761**	**1122**	**532**	**138**	**772**	**1804**	**360**	**146**	**254**
中　央	972	650	322	392	175	85	320	829	79	51	13
北　京	72	46	26	44	26		2	63	7	2	
天　津	69	49	20	43	7	1	18	48	5	3	13
河　北	7	7		4	1	2		3	1	1	2
山　西	14	14		6	1		7	7			7
内蒙古	6	5	1	1		1	4	5		1	
辽　宁	47	40	7	9	13	9	16	27	1	1	18
吉　林	6	3	3	5	1			6			
黑龙江	19	12	7	12	2	2	3	18		1	
上　海	38	34	4	27	5		6	30	3		5
江　苏	4	4		2	1	1		2		1	1
浙　江	136	90	46	48	63		25	83	18	2	33
安　徽	18	15	3	8	3		7	10	1	2	5
福　建	116	97	19	55	9	7	45	53	17	2	44
江　西	6	5	1	4	2			5		1	
山　东	63	45	18	39	13	1	10	48	1	2	12
河　南	14	14			5	2	7	14			
湖　北	60	24	36	32	24	2	2	45	2	3	10
湖　南	6	6		1			5	5	1		
广　东	555	366	189	259	144		152	260	199	65	31
广　西	14	9	5	10	3	1		10	1	2	1
海　南	38	26	12	13	6		19	30	6		2
重　庆	29	29		12	4	2	11	22		1	6
四　川	90	70	20	34	8	8	40	56	2	3	29
贵　州	34	28	6	12	3		19	18	8		8
云　南	38	31	7	15	4	3	16	30	1	1	6
西　藏											
陕　西	12	12		9	3			12			
甘　肃	51	45	6	7	3	5	36	41	5	1	4
青　海	4	3	1	1		1	2	3			1
宁　夏	7	7		5	2			5	1		1
新　疆	19	17	2	13	1	5		16	1		2

2011年对外、对港澳台文化交流活动参与交流人员基本情况

单位：人

地区	合计	按交流活动性质分		按交流活动分类				按交流活动范围分类			
		出访	来访	演出	展览	国际会议	其他	国外	香港	澳门	台湾
全　国	**77223**	**33996**	**43227**	**52038**	**8755**	**1759**	**14671**	**53665**	**7396**	**3654**	**12508**
中　央	42134	12948	29186	32007	5907	1217	3003	37935	2128	1408	663
北　京	907	865	42	818	87		2	890	15	2	
天　津	953	489	464	853	32	1	67	545	121	126	161
河　北	192	192		172	17	3		48	65	50	29
山　西	239	239		215	7		17	138			101
内蒙古	313	183	130	67		2	244	183		130	
辽　宁	442	402	40	224	32	18	168	272	2	15	153
吉　林	356	197	159	344	12			356			
黑龙江	1255	228	1027	371	80	2	802	1205		50	
上　海	1049	845	204	960	66		23	637	67		345
江　苏	194	194		66	7	121		66		121	7
浙　江	1974	1643	331	1415	455		104	1132	384	5	453
安　徽	379	359	20	245	46		88	197	40	51	91
福　建	9131	1740	7391	2011	71	15	7034	593	305	2	8231
江　西	354	351	3	332	22			335		19	
山　东	1185	776	409	893	256	2	34	875	31	45	234
河　南	75	75			17	3	55	75			
湖　北	1120	779	341	994	117	4	5	775	6	166	173
湖　南	21	21		5			16	20	1		
广　东	8614	6654	1960	6159	462		1993	2680	3831	1288	815
广　西	871	426	445	626	45	200		709	27	106	29
海　南	650	443	207	331	22		297	343	241		66
重　庆	372	372		293	31	6	42	344		10	18
四　川	2003	1399	604	796	772	119	316	1386	12	24	581
贵　州	365	282	83	261	15		89	193	37		135
云　南	515	484	31	428	30	4	53	399	42	13	61
西　藏											
陕　西	347	347		288	59			347			
甘　肃	534	455	79	317	34	27	156	456	10	23	45
青　海	112	99	13	48		1	63	64			48
宁　夏	184	184		169	15			123	25		36
新　疆	383	325	58	330	39	14		344	6		33

排序资料

全国执行事业单位会计制度的艺术表演团体分剧种演出场次排序

单位：场

名次	单位名称	演出场次
	话剧、儿童剧、滑稽剧团	
1	中国国家话剧院	749
2	黑龙江省哈尔滨儿童艺术剧院	680
3	上海话剧艺术中心	675
4	中国儿童艺术剧院	583
5	湖北省武汉人民艺术剧院	520
6	上海市中国福利会儿童艺术剧院	478
7	吉林市话剧团	400
8	山东省济南市儿童艺术剧院	383
9	天津市儿童艺术剧团	337
10	天津人民艺术剧院	281
11	甘肃省话剧院	250
12	山东省青岛市话剧院	236
13	上海人民滑稽剧团	234
14	上海戏剧学院	220
15	北京人民艺术剧院	218
16	辽宁人民艺术剧院	218
17	山东省话剧院	217
18	福建人民艺术剧院	205
19	河南省话剧院	204
20	江苏省苏州市滑稽剧团	186
21	河北省话剧院	175
22	湖南省话剧团	158
23	吉林省四平市话剧团	153
24	黑龙江省哈尔滨话剧院	148
25	重庆市话剧团	145
26	重庆喜剧艺术团	120
27	内蒙古自治区呼伦贝尔市话剧团	115
28	广西壮族自治区话剧团	103
29	江苏省常州市滑稽剧团	102
30	上海青年滑稽剧团	102
31	云南省话剧院	102
32	贵州省话剧团	102
33	江西省九江市话剧团	96
34	河北省承德话剧团	86
35	西藏自治区话剧团	85
36	江苏省无锡市滑稽剧团	76
37	黑龙江省佳木斯话剧团	75
38	山西省太原市话剧团	70
39	黑龙江省齐齐哈尔市话剧团	68
40	浙江省杭州话剧团	67
41	新疆维吾尔自治区伊犁州话剧团	64
42	新疆艺术剧院话剧团	62
43	吉林省长春话剧院	56
44	江西省话剧团	55
45	四川人民艺术剧院	54
46	山西省话剧院	50
47	广东省汕头市话剧团	42
48	江苏省南京市话剧团	42
49	广东省肇庆市话剧团	40
50	江苏省连云港市话剧团	38
	歌剧、舞剧、歌舞剧团	
1	湖南省湘西自治州歌舞团	396
2	中国歌剧舞剧院	384
3	甘肃省歌剧院	327
4	上海歌剧院	313
5	湖南省长沙市歌舞剧院	290
6	河南省歌舞剧院	280
7	湖北省长阳土家族自治县歌舞剧团	278
8	内蒙古自治区东胜区歌舞剧团	277
9	江西省吉安市采茶歌舞剧院	247
10	湖北省武汉歌舞剧院	239
11	黑龙江省哈尔滨歌剧院	234
12	湖北省黄石市歌舞剧院	220
13	重庆三峡歌舞剧团	217
14	江西省宜春市采茶歌舞剧院	214
15	湖北省利川市民族艺术团	212
16	江西省会昌县采茶歌舞剧院	206
17	四川省歌舞剧院	205
18	江苏省盐城市歌舞剧院(国有)	201
19	江西省信丰县采茶剧团	196
20	山西省歌舞剧院	196
21	山东省济南市歌舞剧院	195
22	湖南省歌舞剧院	186
23	辽宁歌剧院	183
24	江西省赣南采茶歌舞剧院	182
25	新疆维吾尔自治区喀什地区歌舞剧团	180
26	广东省惠州市歌舞剧团	170
27	江西省寻乌县采茶歌舞剧团	168
28	黑龙江省歌舞剧院	163
29	湖北省赤壁市歌舞剧团	158
30	重庆市歌剧院	157
	乐团、合唱团	
1	中国铁路文工团	423
2	天津交响乐团	221
3	中央民族乐团	166
4	吉林省民族乐团	151
5	上海交响乐团	146
6	中国交响乐团	143
7	浙江交响乐团	132
8	南京市民族乐团	130
9	上海民族乐团	130
10	广东省深圳交响乐团	115
11	福建省泉州南音乐团	105

续表 1

单位：场

名次	单位名称	演出场次
12	中国电影乐团	102
13	安徽乐团	99
14	广东省广州交响乐团	96
15	上海爱乐乐团	96
16	上海音乐学院	94
17	河北交响乐团	92
18	山东省青岛交响乐团	87
19	江苏省连云港市女子民族乐团	84
20	湖北省武汉爱乐乐团	83
	文工团、文宣队、乌兰牧	
1	山西省运城市文工团	630
2	内蒙古自治区鄂托克旗乌兰牧骑	620
3	内蒙古自治区清水河县乌兰牧骑	450
4	内蒙古自治区克什克腾旗乌兰牧骑	450
5	陕西省子洲县文工团	420
6	新疆维吾尔自治区疏附县文工团	395
7	内蒙古自治区兴安盟阿尔山市乌兰牧骑	390
8	内蒙古自治区达拉特旗乌兰牧骑	382
9	内蒙古自治区翁牛特旗乌兰牧骑	380
10	陕西省府谷县文工团	350
11	新疆维吾尔自治区鄯善县文工团	350
12	内蒙古自治区新巴尔虎左旗乌兰牧骑	340
13	内蒙古自治区牙克石市乌兰牧骑	310
14	内蒙古自治区科右中旗乌兰牧骑	310
15	内蒙古自治区敖汉旗乌兰牧骑	306
16	内蒙古自治区宁城县乌兰牧骑	306
17	内蒙古自治区科左后旗乌兰牧骑	300
18	内蒙古自治区扎鲁特旗乌兰牧骑	300
19	陕西省榆阳区文艺工作团	300
20	新疆维吾尔自治区特克斯县文工团	297
21	新疆维吾尔自治区莎车县文工团	292
22	内蒙古自治区伊金霍洛旗乌兰牧骑	281
23	江西省万年县文工团	276
24	新疆维吾尔自治区喀什地区泽普县文工团	276
25	甘肃省庆城县文工团	265
26	内蒙古自治区准格尔旗乌兰牧骑	262
27	湖北省房县文工团	260
28	湖北省恩施市民族文工团	260
29	甘肃省成县文工团	260
30	湖北省南漳县文工团	248
31	新疆维吾尔自治区疏勒县文工团	247
32	四川省宣汉县文工团	240
33	内蒙古自治区新巴尔虎右旗乌兰牧骑	238
34	湖北省咸丰县南剧团	235
35	内蒙古自治区鄂温克旗乌兰牧骑	225
36	内蒙古自治区陈巴尔虎乌兰牧骑	220
37	中央中国煤矿文工团	217
38	湖北省巴东县文工团	215
39	新疆维吾尔自治区博湖县文工团	213
40	新疆维吾尔自治区策勒县文工团	212
41	内蒙古自治区开鲁县乌兰牧骑	211
42	内蒙古自治区奈曼旗乌兰牧骑	210
43	内蒙古自治区巴林左旗乌兰牧骑	210
44	内蒙古自治区阿拉善左旗乌兰牧骑	208
45	新疆维吾尔自治区伽师县文工团	205
46	内蒙古自治区察右前旗乌兰牧骑	200
47	内蒙古自治区四子王旗乌兰牧骑	200
48	新疆维吾尔自治区英吉沙县文工团	200
49	甘肃省肃北县乌兰牧骑	200
50	甘肃省两当县文艺工作团	200
51	陕西省绥德县晋剧团	198
52	内蒙古自治区额尔古纳市乌兰牧骑	197
53	新疆维吾尔自治区麦盖提县刀郎文化艺术团	197
54	新疆维吾尔自治区皮山县文工团	195
55	江西省遂川县采茶剧团	193
56	江西省安福县文工团	192
57	内蒙古自治区科左中旗乌兰牧骑	191
58	河南省汝阳县文工团	190
59	内蒙古自治区东乌珠穆沁旗乌兰牧骑	188
60	内蒙古自治区突泉县乌兰牧骑	188
	戏曲剧团	
1	上海评弹团	1200
2	陕西省戏曲研究院	904
3	北京京剧院	821
4	陕西省周至县剧团	820
5	四川省遂宁市川剧团	800
6	黑龙江省哈尔滨市京剧评剧院	765
7	上海新艺评弹团	700
8	浙江婺剧团	686
9	山西省榆次区晋剧团	670
10	河南省内乡县宛梆剧团	650
11	福建省泰宁县梅林戏剧团	646
12	山西省长治县红专剧团	620
13	山东省定陶县两夹弦剧团	620
14	山东省茌平县京剧团	610
15	湖南省衡南县花鼓戏剧团	600
16	陕西省佳县晋剧团	600
17	河北省井陉县晋剧团	600
18	河北省井陉县青年晋剧团	600
19	河南省舞钢市豫剧团	574

续表 2

单位：场

名次	单位名称	演出场次	名次	单位名称	演出场次
20	河北省尚义县艺术团	570	66	甘肃省秦安县剧团	420
21	山西省太原市晋剧艺术研究院	560	67	山东省单县豫剧团	420
22	河南省登封市豫剧团	550	68	山西省灵石县晋剧团	406
23	吉林省吉剧院	545	69	河南省新郑市豫剧团	405
24	宁夏回族自治区宁夏秦腔剧团	534	70	浙江省余姚市艺术剧院	402
25	江苏省无锡市锡剧院	530	71	福建省晋安区闽剧团	400
26	广东潮剧院	528	72	陕西省麟游县人民剧团	400
27	山西省泽州县上党梆子剧团	525	73	河北省涞源县河北梆子剧团	400
28	山西省长治县红旗剧团	523	74	山西省潞城市红旗落子剧团	400
29	河南省延津县大平调剧团	512	75	山西省平定县晋剧团	400
30	河南省临颍县曲剧团	502	76	山西省晋城市城区鸣凤剧团	400
31	甘肃省甘谷县秦剧团	500	77	山西省新绛县绛州蒲剧团	400
32	甘肃省陇西县秦剧团	500	78	甘肃省武山县剧团	400
33	河南省内黄县豫剧团	500	79	河南省尉氏县豫剧团	400
34	河北省沧州河北梆子剧团	490	80	河南省新密市豫剧团	400
35	上海市新长征评弹团	487	81	河南省原阳县豫剧团	400
36	湖南省临湘市花鼓戏剧团	485	82	河南省林州市豫剧二团	400
37	河北省阳原县青年晋剧团	483	83	山东省鱼台县豫剧团	400
38	山东省泰安市山东梆子剧院	478	84	中国评剧院	397
39	山西省兴县晋剧团	470	85	河南省辉县市豫剧团	397
40	山西省侯马市蒲剧团	461	86	江西省彭泽县黄梅戏剧团	396
41	河北省魏县剧团	460	87	山西省阳泉市豫剧团	395
42	河南省临颍县豫剧团	460	88	广东省汕头市澄海区潮剧团	394
43	河南省濮阳县豫剧团	460	89	湖北省浠水县楚剧团	393
44	湖南省衡阳市花鼓戏剧团	458	90	河南省濮阳县大平调剧团	393
45	陕西省三原县剧团	457	91	江西省鄱阳县赣剧团	390
46	山西省阳泉市晋剧院	453	92	陕西省岐山剧团	390
47	陕西省礼泉县剧团	450	93	山西省长子县落子剧团	390
48	河北省定州市河北梆子剧团	450	94	河南省宝丰县豫剧团	390
49	河北省顺平县河北梆子剧团	450	95	山西省长子县人民剧团	385
50	山东省曹县豫剧团	450	96	陕西省高陵县剧团	380
51	江苏省苏州昆剧院(苏州市、国有)	447	97	陕西省旬邑剧团	380
52	山西省高平市人民剧团	447	98	山西省吕梁市晋剧院	380
53	山西省平顺县落子剧团	445	99	河南省孟津曲剧团	380
54	福建省云霄县潮剧团	440	100	河南省封丘县豫剧团	380
55	江西省乐平市赣剧团	440		**曲、杂、木、皮团**	
56	河北省宽城满族自治县评剧团	440	1	河北省吴桥县杂技团	6638
57	四川省成都市川剧院	440	2	江苏省苏州市评弹团	6085
58	山西省绛县豫剧团	438	3	江苏省苏州市吴中区评弹团	4000
59	山西省盂县晋剧团	432	4	江苏省常熟市评弹团	4000
60	山西省高平市上党梆子剧团	428	5	安徽省宿州市埇桥区动物表演团	3600
61	河北省河北梆子剧院	425	6	江苏省常州市评弹团	2099
62	河北省涉县平调落子剧团	423	7	江苏省江阴市评弹团	1760
63	河南省滑县豫剧团	422	8	江苏省启东市评弹团	1500
64	浙江京剧团	420	9	上海杂技团	1407
65	山西省壶关县人民艺术剧团	420	10	河北省邢台市杂技团	1200

续表 3

单位：场

名次	单位名称	演出场次	名次	单位名称	演出场次
11	福建省福州市曲艺团	913	56	江苏省如东县少年杂技团	235
12	河北省沧州杂技团	896	57	重庆木偶艺术团	229
13	江苏省扬州市曲艺团	894	58	新疆维吾尔自治区喀什地区泽普县杂技团	227
14	河南省漯河杂技团	800	59	海南省临高县人偶剧团	220
15	天津市曲艺团	719	60	湖北省武汉说唱团	220
16	江苏省吴江市评弹团	670	61	河南省开封县杂技团	220
17	上海木偶剧团	629	62	广东省茂名市茂南杂技团	210
18	广西壮族自治区博白县杂技艺术团	600	63	河南省夏邑县艺术团	200
19	甘肃省杂技团	561	64	河南省驿城区杂技团	200
20	山东省聊城市杂技团	540	65	山东省宁津县杂技团	200
21	内蒙古自治区杂技团	513	66	河南省南阳市说唱二团	198
22	黑龙江省齐齐哈尔市马戏团	509	67	广西壮族自治区杂技团	192
23	山东省济南市杂技团	501	68	山西省长治市杂技团	190
24	湖北省武汉杂技艺术发展中心(武汉杂技团)	488	69	广西木偶剧团	185
25	江苏省扬州市木偶剧团	462	70	河南省南乐县杂技团	184
26	河南省新乡市杂技团	450	71	河南省清丰县杂技团	180
27	河南省清丰县动物驯化表演团	440	72	四川省自贡市曲艺剧团	178
28	江苏省如皋市木偶艺术团	427	73	福建省杂技团	176
29	山东省济南市曲艺团	408	74	黑龙江省哈尔滨曲艺团	169
30	四川省资中县木偶剧团	406	75	广东省梅县木偶剧团	164
31	安徽省宿州市埇桥区杂技团	400	76	重庆三峡杂技艺术团	154
32	四川省自贡市杂技团	380	77	江西省木偶剧团	152
33	吉林省长春市杂技团	378	78	福建省泉州市木偶剧团	150
34	上海魔术团	377	79	福建省惠安县掌中木偶戏剧团	150
35	陕西省合阳线腔木偶剧团	360	80	江西省杂技团	150
36	江苏省射阳县杂技团	356	81	甘肃省曲艺团	145
37	河南省开封市杂技团	355	82	山东省德州市杂技团	145
38	河北省乐亭县戏曲艺术团	320	83	湖南省杂技团	142
39	江苏省盐城市杂技团	318	84	贵州省杂技团	140
40	河北省杂技团	310	85	重庆三峡曲艺团	135
41	新疆杂技团	300	86	浙江省平阳县木偶剧团	135
42	山东省庆云县杂技团	300	87	福建省厦门市南乐团	130
43	四川省南充市杂技团	280	88	天津市杂技团	129
44	河南省柘城县说唱团	280	89	黑龙江省杂技团	127
45	山东省济宁市杂技团	279	90	河南省卧龙区说唱团	121
46	湖北省浠水县杂技团	265	91	吉林省榆树市戏曲剧团	120
47	河南省柘城县杂技团	260	92	内蒙古自治区民族曲艺团	116
48	湖北省谷城县曲剧团	252	93	广东省陆河县杂技团	105
49	河南省偃师市曲剧团	250	94	黑龙江省曲艺团	105
50	湖南省木偶皮影艺术剧院	248	95	河南省郑州市杂技团	100
51	河南省濮阳市杂技团	245	96	四川省曲艺团	97
52	北京杂技团	240	97	福建省南平市南词实验剧团	95
53	福建省漳州市木偶剧团	240	98	广东省汕头市杂技魔术团	90
54	辽宁省锦州市杂技团	240	99	江苏省阜宁县杂技团	80
55	四川省大木偶剧院	240	100	贵州省遵义市杂技团	80

全国执行事业单位会计制度的艺术表演团体分剧种演出收入排序

单位：千元

名次	单位名称	演出收入
	话剧、儿童剧、滑稽剧团	
1	上海话剧艺术中心	27892
2	中国国家话剧院	21241
3	中国儿童艺术剧院	13919
4	北京人民艺术剧院	13822
5	江苏省苏州市滑稽剧团	10805
6	上海市中国福利会儿童艺术剧院	7754
7	上海人民滑稽剧团	5343
8	上海青年滑稽剧团	4003
9	湖北省武汉人民艺术剧院	3997
10	辽宁人民艺术剧院	3667
11	河北省话剧院	3313
12	黑龙江省哈尔滨话剧院	2264
13	山东省青岛市话剧院	2179
14	山东省济南市儿童艺术剧院	1740
15	福建人民艺术剧院	1541
16	山西省话剧院	1483
17	天津人民艺术剧院	1441
18	山东省话剧院	1427
19	广西壮族自治区话剧团	1173
20	江苏省常州市滑稽剧团	1149
21	江苏省无锡市滑稽剧团	982
22	河北省承德话剧团	970
23	黑龙江省哈尔滨儿童艺术剧院	832
24	甘肃省话剧院	753
25	天津市儿童艺术剧团	740
26	湖南省话剧团	703
27	四川人民艺术剧院	548
28	河南省话剧院	479
29	山西省太原市话剧团	478
30	黑龙江省齐齐哈尔市话剧团	340
31	江苏省南京市话剧团(国有)	333
32	上海戏剧学院	330
33	湖北省通城县花鼓戏剧院	260
34	吉林省四平市话剧团	231
35	吉林市话剧团	184
36	浙江省杭州话剧团	175
37	广东省汕头市话剧团	154
	歌剧、舞剧、歌舞剧团	
1	中国歌剧舞剧院	45639
2	河南省歌舞剧院	23240
3	上海歌剧院	21040
4	中央歌剧院	17846
5	四川省歌舞剧院	13207
6	山西省歌舞剧院	8594
7	山东省青岛歌舞剧院	5773
8	湖南省歌舞剧院	5727
9	上海芭蕾舞团	5293
10	辽宁芭蕾舞团	5035
11	辽宁歌剧院	4740
12	海南省歌舞团	4558
13	湖北省歌剧舞剧院	4139
14	广东省惠州市歌舞剧团	4067
15	甘肃省歌剧院	3804
16	山东省济南市歌舞剧院	3282
17	湖北省武汉歌舞剧院	3271
18	山西华晋舞剧团	2770
19	山西省大同市歌舞剧院	2685
20	重庆市歌剧院	2625
21	四川省南充歌舞剧院	2213
22	湖南省长沙市歌舞剧院	1891
23	山东省歌舞剧院	1850
24	山东省潍坊市歌舞剧院	1734
25	广西壮族自治区北海歌舞剧院	1712
26	福建省宁德市闽东畲族歌舞团	1649
27	湖北省黄石市歌舞剧院	1594
28	江苏省盐城市歌舞剧院	1555
29	黑龙江省哈尔滨歌剧院	1520
30	山西省吕梁市歌舞剧院	1496
31	广东省韶关市歌舞剧团	1430
32	吉林省通化市歌舞剧院	1342
33	福建省泉州歌剧团	1239
34	辽宁省本溪市歌舞话剧艺术剧院	1230
35	广东汉剧院	1180
36	内蒙古自治区东胜区歌舞剧团	1108
37	江西省赣南采茶歌舞剧院	1070
38	黑龙江省歌舞剧院	1015
39	山东省淄博市歌剧舞剧院	1000
40	陕西省横山县文工团	950
41	湖南省湘西自治州歌舞团	941
42	江西省吉安市采茶歌舞剧院	886
43	广东省源城区山歌剧团	783
44	新疆艺术剧院歌剧团	779
45	广东省徐闻县雷歌剧团	620

续表 1

单位：千元

名次	单位名称	演出收入	名次	单位名称	演出收入
46	湖北省咸宁市歌舞剧团	602	16	江西省吉水县文工团	300
47	陕西省榆林市民间艺术团	580	17	内蒙古自治区九原区乌兰牧骑	300
48	甘肃省武威市天马艺术剧院	574	18	广西壮族自治区右江区艺术团	286
49	陕西省榆林市文工团	412	19	内蒙古自治区敖汉旗乌兰牧骑	280
50	重庆三峡歌舞剧团	324	20	内蒙古自治区达拉特旗乌兰牧骑	230
	乐团、合唱团			**戏曲剧团**	
1	上海交响乐团	46562	1	北京京剧院	22538
2	中国爱乐乐团	27246	2	国家京剧院	18941
3	中国交响乐团	22656	3	广东潮剧院	9598
4	中央民族乐团	15948	4	中国评剧院	8796
5	上海爱乐乐团	12729	5	广东粤剧院	8600
6	广州交响乐团	12557	6	陕西省戏曲研究院	7422
7	北京交响乐团	12454	7	上海京剧院	7288
8	中国铁路文工团	12044	8	上海越剧院	6342
9	浙江交响乐团	9157	9	北方昆曲剧院	6108
10	广东省深圳交响乐团	8990	10	山西省太原市晋剧艺术研究院	5935
11	中国电影乐团	7627	11	北京市曲剧团	5693
12	上海民族乐团	6170	12	浙江婺剧团	5620
13	广东民族乐团	5170	13	山西省晋剧院	5480
14	吉林省交响乐团	3052	14	浙江小百花越剧团	5144
15	浙江省杭州爱乐乐团	2585	15	河南省豫剧二团	4639
16	吉林省民族乐团	2296	16	江苏省无锡市锡剧院	4526
17	湖北省武汉爱乐乐团	2290	17	安徽省徽京剧院	4507
18	天津交响乐团	2136	18	浙江省宁波市艺术剧院	4182
19	河北交响乐团	1986	19	上海沪剧院	3816
20	新疆艺术剧院管弦乐团	1359	20	安徽省安庆市再芬黄梅戏剧院	3600
	文工团、文宣队、乌兰牧		21	浙江省余姚市艺术剧院	3582
1	中国广播艺术团	23858	22	天津市青年京剧团	3497
2	中华全国总工会文工团	16470	23	浙江省杭州越剧院	3181
3	中国煤矿文工团	4268	24	广西壮族自治区桂林市桂剧团	3020
4	山西省运城市文工团	1680	25	浙江省宁海县越剧团	2946
5	陕西省子洲县文工团	1550	26	海南省琼剧院	2901
6	内蒙古自治区乌兰牧骑艺术团	1524	27	福建省实验闽剧院	2887
7	内蒙古自治区乌拉特前旗乌兰牧骑	780	28	河北省尚义县艺术团	2875
8	陕西省府谷县文工团	650	29	浙江越剧团	2859
9	陕西省榆阳区文艺工作团	500	30	广东省潮州市潮剧团	2846
10	湖北省恩施市民族文工团	482	31	陕西省周至县剧团	2800
11	江西省安福县文工团	430	32	江苏省靖江市锡剧团	2777
12	内蒙古自治区科左后旗乌兰牧骑	388	33	北京市河北梆子剧团	2774
13	湖北省巴东县文工团	370	34	浙江省宁波市鄞州区越剧团	2765
14	甘肃省庆城县文工团	320	35	河南省豫剧三团	2724
15	湖北省南漳县文工团	309	36	浙江绍剧团	2655

续表 2

单位：千元

名次	单位名称	演出收入	名次	单位名称	演出收入
37	福建省长乐市闽剧团	2640	78	浙江省乐清市越剧团	1680
38	浙江省诸暨市越剧团	2570	79	湖北省地方戏曲艺术剧院	1664
39	上海市宝山区沪剧团	2514	80	河南省京剧院	1623
40	江苏省江阴市锡剧团	2500	81	江苏省常熟市锡剧团	1616
41	福建省龙岩市汉剧团	2456	82	福建省厦门市金莲陞高甲剧团	1610
42	江苏省南京市江宁区锡剧团	2200	83	山西省潞城市红旗落子剧团	1600
43	浙江省嵊州市越剧团	2195	84	山西省平定县晋剧团	1600
44	湖北省京剧院	2178	85	山西省高平市人民剧团	1590
45	河南省豫剧一团	2159	86	山西省临汾蒲剧院小梅花蒲剧团	1580
46	山西省吕梁市晋剧院	2144	87	上海昆剧团	1570
47	江苏省南京市京剧团(国有)	2058	88	福建省惠安县高甲戏剧团	1557
48	河南省鹤壁市豫剧团	2040	89	吉林省吉剧院	1533
49	重庆市川剧院	1975	90	河北省阳原县青年晋剧团	1511
50	海南省海口市琼剧团	1973	91	广东省台山市粤剧团	1506
51	上海评弹团	1971	92	福建省连江县闽剧团	1500
52	湖南省长沙市望城区花鼓戏剧团	1958	93	浙江省杭州市余杭小百花越剧团	1500
53	广东省汕头市潮阳区潮剧团	1939	94	山西省临县道情剧团	1500
54	山西省运城市蒲剧团	1933	95	山西省吕梁市民间艺术团	1500
55	浙江京剧团	1922	96	上海戏剧学院附属戏曲学校	1478
56	浙江省海宁市越剧团	1887	97	山西省大同市北路梆子剧团	1473
57	天津市评剧白派剧团	1873	98	河北省张家口市梆子艺术剧院	1471
58	广西壮族自治区桂剧团	1862	99	山西省临汾市眉户剧团	1455
59	江苏省扬州市江都区扬剧团	1855	100	福建省晋江市高甲戏剧团	1430
60	北京风雷京剧团	1824		**曲、杂、木、皮团**	
61	江苏省苏州昆剧院(苏州市、国有)	1823	1	上海杂技团	19334
62	广东省饶平县潮剧团	1818	2	湖北省武汉说唱团	7579
63	辽宁省大连京剧院	1812	3	上海魔术团	5922
64	陕西省佳县晋剧团	1800	4	河北省吴桥县杂技团	4360
65	河北省蔚县晋剧团	1800	5	上海木偶剧团	4222
66	河北省沧州河北梆子剧团	1798	6	上海市马戏学校	3763
67	河南省平顶山市曲剧团	1798	7	北京杂技团	3473
68	四川省成都市川剧院	1790	8	湖北省武汉杂技艺术发展中心(武汉杂技团)	3356
69	浙江省义乌市婺剧团	1784	9	河北省杂技团	3288
70	广东粤剧青年团	1772	10	江苏省苏州市评弹团	3178
71	江苏省南京市越剧团(国有)	1762	11	黑龙江省齐齐哈尔市马戏团	2990
72	上海市长宁区沪剧团	1762	12	河北省沧州杂技团	2676
73	山西省阳泉市晋剧院	1758	13	内蒙古自治区杂技团	2334
74	福建省东山县潮剧团	1752	14	山东省济南市杂技团	2230
75	上海淮剧团	1745	15	江苏省南京市杂技团	2202
76	江苏省常州市武进区锡剧团	1709	16	福建省杂技团	1649
77	福建省梨园戏实验剧团	1695	17	山东省聊城市杂技团	1612

续表 3

单位：千元

名次	单位名称	演出收入	名次	单位名称	演出收入
18	江苏省扬州市木偶剧团	1500	60	河南省开封市杂技团	358
19	山东省济宁市杂技团	1340	61	四川省资中县木偶剧团	353
20	广西壮族自治区杂技团	1273	62	江苏省江阴市评弹团	352
21	吉林省长春市杂技团	1213	63	四川省曲艺团	349
22	安徽省宿州市埇桥区动物表演团	1200	64	河南省柘城县说唱团	336
23	山东省济南市曲艺团	1189	65	山东省庆云县杂技团	335
24	江苏省常熟市评弹团	1183	66	河南省开封县杂技团	320
25	湖南省杂技团	1130	67	四川省自贡市曲艺剧团	298
26	天津市曲艺团	1109	68	甘肃省曲艺团	282
27	江苏省如皋市木偶艺术团	1069	69	江苏省阜宁县杂技团	249
28	江苏省扬州市曲艺团	1000	70	江苏省常州市评弹团	245
29	山西省长治市杂技团	995	71	广东省茂名市茂南杂技团	221
30	四川省南充市杂技团	948	72	四川省巴州区曲艺团	200
31	江苏省如东县少年杂技团	886	73	广东省汕头市杂技魔术团	189
32	江苏省盐城市杂技团	882	74	广西壮族自治区桂林市杂技团	180
33	湖南省木偶皮影艺术剧院	877	75	广西壮族自治区桂林市曲艺团	174
34	河南省濮阳市杂技团	855	76	甘肃省杂技团	172
35	江苏省苏州市吴中区评弹团	749	77	福建省惠安县掌中木偶戏剧团	150
36	江西省杂技团	747	78	江苏省启东市评弹团	150
37	山东省宁津县杂技团	660	79	广东省陆河县杂技团	142
38	天津市杂技团	653	80	广东省高州市木偶粤剧团	142
39	河南省清丰县动物驯化表演团	650	81	河北省乐亭县戏曲艺术团	133
40	福建省南平市南词实验剧团	640	82	重庆木偶艺术团	126
41	广东省汕头潮乐团	618	83	陕西省合阳线腔木偶剧团	120
42	河南省漯河杂技团	610	84	湖北省谷城县曲剧团	120
43	河南省南乐县杂技团	596	85	福建省厦门市南乐团	111
44	福建省漳州市木偶剧团	581	86	浙江省平阳县木偶剧团	111
45	江苏省射阳县杂技团	572	87	陕西省延安市曲艺馆	110
46	河南省清丰县杂技团	540	88	上海市东方评弹团	106
47	海南省临高县人偶剧团	530	89	广东省龙川县杂技团	100
48	江苏省吴江市评弹团	524	90	北京皮影剧团	90
49	山东省杂技团	500	91	安徽省宿州市埇桥区杂技团	90
50	河北省邢台市杂技团	477	92	河南省南阳市说唱二团	90
51	四川省自贡市杂技团	462	93	山西省曲艺团	80
52	河南省偃师市曲剧团	430	94	河南省夏邑县艺术团	52
53	黑龙江省杂技团	428	95	河南省辉县市曲剧团	50
54	河南省新乡市杂技团	400	96	山西省孝义市木偶剧团	39
55	河南省柘城县杂技团	390	97	广东省五华县木偶剧团	33
56	山东省德州市杂技团	384	98	广东省陆丰市皮影剧团	30
57	湖北省浠水县杂技团	380	99	广东省梅县木偶剧团	30
58	福建省福州市曲艺团	376	100	河南省卧龙区说唱团	30
59	四川省大木偶剧院	360			

全国执行企业单位会计制度的艺术表演团体分剧种演出场次排序

单位：场

名次	单位名称	演出场次	名次	单位名称	演出场次
	话剧、儿童剧、滑稽剧团			**文工团、文宣队、乌兰牧**	
1	北京儿童艺术剧院股份有限公司	626	1	河南省八一军残人艺术团	150
2	浙江话剧团有限公司	573	2	四川省简阳市文工团	110
3	四川省资阳木偶艺术团	410	3	安徽省庐江县文工团	90
4	陕西省人民艺术剧院	360	4	重庆市平安文工团	70
5	上海多维少年儿童艺术剧团	324	5	重庆市渝北区文工团	50
6	浙江省杭州话剧团	312	6	青海省乌兰牧骑艺术团	25
7	浙江省杭州滑稽艺术剧院演艺有限公司	307	7	重庆市大众文化艺术团	20
8	江苏省苏州现代音乐剧团	300	8	重庆市喜庆艺术团	20
9	广东省木偶艺术剧院有限公司	283	9	青海省河南县西倾乌兰牧骑藏戏团	10
10	宁夏话剧艺术发展有限公司	274	10	重庆市渝北区紫葡萄文工团	3
11	安徽省话剧院有限责任公司	268		**戏曲剧团**	
12	上海小韦伯文化艺术发展有限公司	252	1	河北省丰宁满族自治县兴旺河北梆子剧团	750
13	上海现代人剧社	200	2	浙江省宁波和盛文化演艺有限公司	726
14	上海谷都文化演出有限公司	180	3	福建省莆田市城厢区联星剧团	720
15	上海滑稽剧团有限公司	167	4	安徽省太和县豫剧团	719
16	山西省祁县红灯笼话剧团	160	5	福建省仙游县莆仙戏东南剧团	710
17	辽宁省沈阳话剧团	126	6	江西省赣州市赣江办事处采茶剧院	700
18	广州话剧艺术中心有限公司	121	7	浙江省金东区百灵鸟婺剧团	700
19	大连话剧团	120	8	广东省明星白字剧团	650
20	安徽省芜湖市六一艺术团	89	9	福建省仙游县艳阳天剧团	620
	歌剧、舞剧、歌舞剧团		10	浙江省宁波市鄞州星星百花越剧团(普通合伙)	620
1	陕西省歌舞剧院	850	11	浙江省缙云县马小敏婺剧团	620
2	四川省东方红歌团	500	12	浙江省缙云县城北婺剧团	620
3	四川省德阳市歌舞团有限公司	450	13	安徽省望江县长江黄梅戏剧团	610
4	安徽省歌舞剧院有限责任公司	435	14	浙江省宁波市江北区小百花越剧团	600
5	辽宁省抚顺市金顺民间艺术团	360	15	浙江省杭州黄龙洞圆缘民俗园	600
6	陕西天彩焰火有限公司	360	16	四川省遂宁市川剧团	580
7	宁夏银燕音乐歌剧团	327	17	浙江省三门县越剧二团	553
8	四川省宜宾海洋龙宫歌舞艺术团	320	18	浙江省桐庐富杭越剧团	550
9	湖南省韶山市韶乐文化艺术有限公司	270	19	浙江省桐庐春燕越剧团	550
10	浙江省杭州歌剧舞剧院	269	20	浙江省兰溪市小白花婺剧团	550
11	上海华侨城投资发展有限公司华侨城欢乐谷艺术团	261		**曲、杂、木、皮团**	
12	湖南省邵东中兴文化传媒有限公司	260	1	浙江省海宁市皮影艺术团有限公司	1202
13	广州民族之花艺术团	243	2	安徽省宿州市马戏世家动物表演团	1000
14	广州市星王文化传播有限公司	232	3	浙江曲艺杂技总团	986
15	四川省吉祥演艺中心	200	4	上海野生动物园发展有限公司	856
16	四川省绵阳市游仙区大地红歌舞团	187	5	中国木偶艺术剧院有限责任公司	756
17	广东省东源县水月湾旅游区艺术团	180	6	中国杂技团有限公司	652
18	云南省歌舞剧院	162	7	河南省濮阳县曲剧团	520
19	陕西省西安市大唐秦剧团有限公司	160	8	浙江省遂昌县濂竹木偶剧团	500
20	贵州省贵阳演出有限责任公司	158	9	山东省永宏艺术团	500
	乐团、合唱团		10	广东音乐曲艺发展有限公司	492
1	河南省大相国寺佛乐艺术团	300	11	四川省阆中王皮影民俗文化园	486
2	浙江省杭州钱江六和乐坊	280	12	河南省驻马店市向阳杂技艺术有限公司	470
3	上海东方国乐团	263	13	安徽省宿州市亚太马戏团	450
4	山西省绛州鼓乐团	128	14	河南省洛阳市综艺中原动物展演团	450
5	山西省大同市云中吹打乐团有限责任公司	120	15	浙江省遂昌建新木偶剧团	432
6	广州交响乐团	96	16	河南省濮阳县百灵鸟杂技艺术团	398
7	陕西爱乐乐团有限公司	44	17	山西省孝义市同晖皮影木偶中心	365
8	北京管乐交响乐团	41	18	四川省遂宁市杂技团	280
9	广州乐圣室内乐团	40	19	河南省漯河市飞翔杂技团	260
10	浙江省宁波市艺术剧院民乐团	36	20	安徽省利辛县美猴王艺术团	222

全国执行企业单位会计制度的艺术表演团体分剧种演出收入排序

单位：千元

名次	单位名称	演出收入
	话剧、儿童剧、滑稽剧团	
1	上海周立波清口文化工作室	43885
2	浙江省杭州话剧团	35000
3	北京儿童艺术剧院股份有限公司	17542
4	上海滑稽剧团有限公司	7002
5	浙江话剧团有限公司	4001
6	浙江省杭州滑稽艺术剧院演艺有限公司	3475
7	广东省广州话剧艺术中心有限公司	2707
8	上海现代人剧社	2601
9	广东话剧院有限公司	2492
10	安徽省话剧院有限责任公司	2072
11	宁夏话剧艺术发展有限公司	1860
12	江苏省苏州现代音乐剧团	800
13	上海小韦伯文化艺术发展有限公司	780
14	上海雨人剧社	554
15	上海多维少年儿童艺术剧团	268
16	重庆李伯清说唱艺术团	214
17	辽宁省沈阳话剧团	190
18	山西省祁县红灯笼话剧团	120
19	上海东方儿童艺术团	109
20	上海笑星滑稽剧团有限公司	56
	歌剧、舞剧、歌舞剧团	
1	福建省武夷山市印象大红袍有限公司	62118
2	西安市大唐秦剧团有限公司	45000
3	陕西省歌舞剧院	11580
4	北京东方松雷音乐剧发展有限公司	8565
5	浙江省杭州歌剧舞剧院	8404
6	广东歌舞剧院有限公司	4738
7	安徽省歌舞剧院有限责任公司	4191
8	陕西天彩焰火有限公司	4063
9	广东星海现代舞蹈艺术有限公司	2975
10	广东省广州芭蕾文化艺术有限公司	2940
11	广东省广州高超模特演艺制作有限公司	2926
12	广东省星光歌舞团	1812
13	四川省东方维纳斯歌舞团	1800
14	贵州省贵阳演出有限责任公司	1272
15	陕西省横山县青年剧团	1090
16	四川省德阳市歌舞团有限公司	1000
17	四川省吉祥演艺中心	1000
18	湖南省邵东湘之韵演艺中心	900
19	云南省歌舞剧院	827
20	上海爵仕乐团有限公司	800
	乐团、合唱团	
1	广东省广州交响乐团	3658
2	陕西爱乐乐团有限公司	2342
3	浙江省杭州爱乐乐团	2000
4	北京管乐交响乐团	1991
5	山西省绛州鼓乐团	1698
6	海南新发民乐艺术团	1569
7	北京爱乐合唱团	1352
8	上海音韵室内乐团	1259
9	上海东方国乐团	1100
10	河南省大相国寺佛乐艺术团	960
11	四川省成都蕾蕊竖琴艺术有限公司	860
12	江苏省无锡山禾合唱团	750
13	湖南省洪江市振发乐团	650
14	山东省泰山民族乐团	650
15	江苏飞扬乐团有限公司	580
16	上海百合花艺术团	486
17	广东省广州乐圣室内乐团	456
18	北京箭利风打击乐团	360
19	浙江省淳安俏夕阳鼓乐队	260
20	上海浦东新区风筝青少年交响乐团	190
	戏曲剧团	
1	广州粤剧院有限公司	10545
2	安徽省黄梅剧院有限责任公司	10164
3	浙江省宁波和盛文化演艺有限公司	7000
4	河北省大厂评剧歌舞团演艺有限责任公司	6500
5	江苏省苏州市锡剧团有限公司	6476
6	上海张军昆曲艺术中心	4900
7	福建永春青年实验高甲剧团	4800
8	上海肖雅文化艺术有限公司	4000
9	山西文华晋剧院有限公司	4000
10	山西清徐嫦娥文化艺术有限公司	3880
11	福建省长乐市闽剧二团	3500
12	浙江省杭州越剧院	3308
13	福建省长乐市盛昌闽剧团	3150
14	浙江省宁波市鄞州星星百花越剧团(普通合伙)	3100
15	浙江省黄岩蓓蕾越剧团	2900
16	山西美锦贯中艺术团	2800
17	福建省长乐市兴大众闽剧团	2560
18	浙江省杭州蜂巢戏剧文化有限公司	2450
19	浙江省黄岩下闸剧团	2200
20	浙江省玉环县小百花越剧团	2100
	曲、杂、木、皮团	
1	中国木偶艺术剧院有限责任公司	21440
2	中国杂技团有限公司	20304
3	陕西省西安曲江品艺园文化演出有限公司	9585
4	河南省濮阳市豪艺杂技(集团)有限公司	8400
5	四川省遂宁市春苗杂技艺术团	8000
6	浙江曲艺杂技总团	7273
7	广东省广州市杂技艺术剧院有限责任公司	6481
8	云南省杂技剧团	4382
9	辽宁省沈阳杂技团	4048
10	安徽省杂技团有限责任公司	3754
11	河南省南阳市胜利杂技艺术团	3253
12	辽宁省大连杂技团	2980
13	河北省吴桥县群艺杂技团	2600
14	广东省深圳市大宇福永杂技演艺有限公司	2300
15	河北省吴桥县飞飞杂技团	2000
16	河南省漯河市飞翔杂技团	1800
17	陕西省杂技艺术团有限责任公司	1711
18	安徽省宿州市马戏世家动物表演团	1650
19	广东省广东音乐曲艺发展有限公司	1622
20	浙江省杭州蓝宝石马戏团有限公司	1604

全国执行事业单位会计制度的艺术表演场馆艺术演出场次排序

单位：场

名次	单位名称	艺术演出场次
1	上海市话剧艺术中心	841
2	上海大剧院	629
3	湖南省芝山影剧院剧场	600
4	安徽省阜阳市大戏院	550
5	上海市雅庐书场	534
6	上海市卢湾区文化馆	500
7	辽宁省大连人民文化俱乐部	441
8	上海市云峰剧场	427
9	广西壮族自治区桂林市艺术中心	420
10	吉林省吉林市江城剧场	365
11	河南省开封市大众剧院	360
12	浙江省义乌剧院	350
13	江西省南昌市文化会堂	347
14	江西省萍乡市人民剧院	344
15	上海市艺海剧院	344
16	天津市东丽区礼堂	340
17	浙江省宁波市民乐剧场	334
18	上海市天蟾艺术中心逸夫舞台	328
19	广东省星海音乐厅	316
20	北京市人艺实验剧场	315
21	辽宁省沈阳市关东情大剧院	306
22	北京市国家大剧院音乐厅	304
23	吉林省四平市人民剧场	303
24	湖南省湘剧院湘江剧场	300
25	辽宁省沈阳市新城子影剧院	300
26	重庆市北碚群文音乐厅	290
27	上海兰心大戏院	273
28	浙江省平湖书场	250
29	云南省曲靖市艺术剧院	246
30	陕西省西安市五四剧院	230

全国执行企业单位会计制度的艺术表演场馆艺术演出场次排序

单位：场次

名次	单位名称	艺术演出场次
1	广东省深圳华侨城欢乐谷旅游公司中心剧场	960
2	北京市嘻哈包袱铺	720
3	海南省三亚百越民族文化村有限公司	600
4	北京市工人俱乐部	568
5	上海马戏城	565
6	北京市欢乐谷剧场	527
7	上海华侨城欢乐谷	520
8	上海东方艺术中心管理有限公司	476
9	浙江省杭州市文化中心	456
10	北京市老舍茶馆	451
11	北京市龙潭公园中心岛剧场	436
12	北京市繁星戏剧村	423
13	北京市北辰集团北京剧院	419
14	广州市长隆夜间动物世界有限公司	413
15	广东省深圳音乐厅	410
16	上海市小伙伴剧场	410
17	四川省成都喀秋莎实业有限公司	410
18	天津市滨海航母旅游集团有限公司	400
19	北京市德云社剧场	390
20	四川央可尔民族大舞台文化传播有限公司	380
21	浙江省东坡大剧院	368
22	天津市和谐晟世(天津)文化艺术交流有限公司和谐剧场	367
23	北京天桥杂技剧场	366
24	江西省赣州市客家采茶剧团	365
25	北京市东城少年宫天地剧场	365
26	上海杨浦文化娱乐有限公司	365
27	浙江省杭州大浪淘沙休闲娱乐有限公司	365
28	江苏省张家港市长春园书场	361
29	江西省赣州市赣江办事处采茶剧院	360
30	安徽省安庆市伍贰叁伍黄梅戏会馆	360

全国公共图书馆分级别总藏量排序

单位：万册、件

名次	单位名称	总藏量	名次	单位名称	总藏量
	省级		2	浙江省杭州市图书馆	401
1	上海图书馆上海科技情报研究所	5316	3	四川省成都市图书馆	379
2	南京图书馆	1047	4	辽宁省大连市图书馆	376
3	广东省立中山图书馆	856	5	浙江省宁波市图书馆	368
4	湖南图书馆	699	6	广东省深圳市图书馆	359
5	山东省图书馆	680	7	广东省深圳市深圳大学城图书馆	306
6	首都图书馆	621	8	黑龙江省哈尔滨市图书馆	292
7	天津图书馆	608	9	江苏省苏州市图书馆	287
8	浙江图书馆	601	10	辽宁省沈阳市图书馆	281
9	湖北省图书馆	583	11	浙江省温州市图书馆	253
10	四川省图书馆	564	12	广东省东莞市图书馆	251
11	辽宁省图书馆	523	13	黑龙江省大庆市图书馆	249
12	吉林省图书馆	500	14	湖北省武汉市图书馆	241
13	贵州省图书馆	455	15	广东省广州市少年儿童图书馆	231
14	甘肃省图书馆	389	16	福建省厦门市图书馆	224
15	黑龙江省图书馆	388	17	吉林省长春市图书馆	221
16	陕西省图书馆	382	18	山东省青岛市图书馆	196
17	山西省图书馆	330	19	山东省济南市图书馆	182
18	安徽省图书馆	329	20	浙江省嘉兴市图书馆	179
19	重庆图书馆	321	21	江苏省无锡市图书馆	177
20	云南省图书馆	318	22	广东省深圳市少年儿童图书馆	175
21	河南省图书馆	317	23	江苏省常州市图书馆	174
22	福建省图书馆	316	24	江苏省南京市金陵图书馆	171
23	江西省图书馆	288	25	山东省烟台市图书馆	165
24	广西壮族自治区图书馆	267	26	吉林省吉林市图书馆	147
25	广西壮族自治区桂林图书馆	240	27	辽宁省鞍山市图书馆	144
26	新疆维吾尔自治区图书馆	233	28	广东省珠海市图书馆	141
27	内蒙古自治区图书馆	220	29	河北省廊坊市图书馆	133
28	海南省图书馆	203	30	黑龙江省齐齐哈尔市图书馆	132
29	宁夏图书馆	202	31	广东省中山市图书馆	130
30	河北省图书馆	194	32	江苏省镇江市图书馆	122
31	青海省图书馆	162	33	山东省淄博市图书馆	121
32	天津市少年儿童图书馆	133	34	河北省石家庄市图书馆	118
33	上海市少年儿童图书馆	88	35	四川省广安市图书馆	117
34	湖南省少年儿童图书馆	86	36	江苏省扬州市图书馆	116
35	重庆市少年儿童图书馆	78	37	浙江省绍兴市绍兴图书馆	114
36	西藏自治区图书馆	42	38	湖北省武汉市少年儿童图书馆	109
37	广西少年儿童图书馆	26	39	四川省绵阳市图书馆	105
	地市级		40	河南省郑州市图书馆	105
1	广东省广州市图书馆	449	41	山西省太原市图书馆	104

续表 1

单位：万册、件

名次	单位名称	总藏量
42	福建省福州市图书馆	103
43	广东省佛山市图书馆	102
44	广西壮族自治区柳州市图书馆	99
45	辽宁省沈阳市少年儿童图书馆	96
46	江西省南昌市图书馆	95
47	江苏省南通市图书馆	92
48	河南省三门峡市图书馆	89
49	辽宁省抚顺市图书馆	89
50	浙江省杭州市少年儿童图书馆	88
51	河北省保定市图书馆	87
52	湖北省黄石市图书馆	86
53	福建省泉州市图书馆	86
54	河北省唐山市图书馆	86
55	江苏省徐州市图书馆	85
56	山东省济宁市图书馆	85
57	安徽省合肥市图书馆	83
58	贵州省贵阳市图书馆	82
59	辽宁省大连市少年儿童图书馆	82
60	广西壮族自治区南宁市图书馆	81
61	江西省九江市图书馆	80
62	云南省西双版纳傣族自治州图书馆	79
63	广东省汕头市图书馆	79
64	辽宁省丹东市图书馆	79
65	辽宁省本溪市图书馆	78
66	江西省景德镇市图书馆	78
67	辽宁省锦州市图书馆	77
68	浙江省湖州市图书馆	76
69	广东省江门市五邑图书馆	75
70	河南省洛阳市图书馆	73
71	河南省新乡市图书馆	69
72	江苏省盐城市图书馆	69
73	河南省安阳市图书馆	68
74	河南省南阳市图书馆	68
75	湖北省宜昌市图书馆	67
76	湖北省恩施土家族苗族自治州图书馆	67
77	辽宁省辽阳市图书馆	66
78	云南省昆明市图书馆	65
79	四川省泸州市图书馆	65
80	陕西省咸阳市图书馆	65
81	湖北省襄阳市图书馆	63
82	河北省张家口市图书馆	62
83	吉林省延边朝鲜族自治州图书馆	61
84	山东省泰安市图书馆	61
85	山东省枣庄市图书馆	60
86	陕西省宝鸡市图书馆	60
87	新疆维吾尔自治区克拉玛依市图书馆	59
88	新疆维吾尔自治区阿克苏地区图书馆	57
89	河北省秦皇岛市图书馆	57
90	安徽省马鞍山市图书馆	57
91	江苏省连云港市图书馆	56
92	广东省惠州市惠州慈云图书馆	56
93	湖北省荆州市图书馆	56
94	河南省许昌市图书馆	55
95	广西壮族自治区梧州市图书馆	55
96	江苏省淮安市图书馆	54
97	河南省开封市图书馆	54
98	吉林省长春市少年儿童图书馆	54
99	四川省资阳市图书馆	54
100	内蒙古自治区鄂尔多斯市图书馆	53
	县级	
1	江苏省苏州市苏州工业园区独墅湖图书馆	337
2	上海市浦东新图书馆	270
3	广东省深圳市福田区图书馆	187
4	江苏省常熟市图书馆	164
5	广东省深圳市罗湖区图书馆	162
6	山东省龙口市图书馆	159
7	北京市平谷图书馆	151
8	江苏省无锡市新区图书馆	136
9	广东省深圳市南山区图书馆	127
10	江苏省江阴市图书馆	127
11	江苏省吴江市图书馆	119
12	重庆市北碚图书馆	117
13	天津市泰达图书馆	111
14	江苏省昆山市图书馆	111
15	北京市朝阳图书馆	106
16	上海市黄浦图书馆	105
17	浙江省桐乡市图书馆	102
18	广东省广州市广州番禺区图书馆	100
19	浙江省杭州市萧山图书馆	96
20	广东省佛山市顺德图书馆	94

续表 2

单位：万册、件

名次	单位名称	总藏量
21	北京市海淀图书馆	91
22	江苏省张家港市图书馆	91
23	上海市杨浦区图书馆	87
24	浙江省宁波市鄞州区图书馆	86
25	山东省临沂市兰山区图书馆	84
26	浙江省台州市玉环县图书馆	84
27	上海市虹口图书馆	81
28	浙江省海宁市图书馆	79
29	福建省厦门市集美图书馆	77
30	上海市闵行图书馆	77
31	四川省成都市双流县图书馆	77
32	广东省深圳市宝安区图书馆	76
33	上海市嘉定图书馆	74
34	福建省晋江市图书馆	73
35	北京市大兴图书馆	72
36	上海市长宁图书馆	68
37	上海市松江图书馆	67
38	河南省济源市图书馆	65
39	内蒙古自治区鄂尔多斯市东胜区少年儿童图书馆	65
40	重庆市长寿图书馆	64
41	北京市西城图书馆	64
42	广东省佛山市南海区图书馆	63
43	江苏省如皋市图书馆	63
44	上海市普陀图书馆	63
45	上海市奉贤图书馆	63
46	浙江省嘉兴市张元济图书馆	63
47	广东省深圳市龙岗区图书馆	62
48	上海市徐汇图书馆	62
49	江苏省连云港市东海县图书馆	62
50	广东省广州市越秀区图书馆	62
51	辽宁省大连市经济技术开发区图书馆	61
52	四川省成都市温江区图书馆	60
53	江苏省太仓市图书馆	60
54	上海市宝山图书馆	60
55	广东省增城市图书馆	60
56	北京市昌平图书馆	60
57	新疆维吾尔自治区克拉玛依市独山子区图书馆	59
58	北京市门头沟图书馆	59
59	北京市密云图书馆	59
60	北京市顺义图书馆	57
61	浙江省杭州市余杭区图书馆	57
62	福建省龙岩市龙岩图书馆	57
63	北京市丰台图书馆	56
64	山东省招远市图书馆	56
65	北京市东城南片图书馆	55
66	北京市西城南片图书馆	54
67	浙江省慈溪市图书馆	54
68	北京市怀柔图书馆	54
69	上海市崇明图书馆	53
70	北京市东城图书馆	53
71	北京市石景山图书馆	53
72	浙江省平湖市图书馆	53
73	重庆市涪陵图书馆	52
74	广东省江门市新会区景堂图书馆	51
75	上海市闸北图书馆	50
76	福建省长乐市图书馆	50
77	贵州省黔东南苗族侗族自治州丹寨县图书馆	50
78	浙江省义乌市图书馆	50
79	天津市滨海新塘沽图书馆	49
80	辽宁省大连市甘井子区图书馆	49
81	浙江省嵊州市图书馆	49
82	广东省广州市黄埔区图书馆	48
83	江苏省海门市图书馆	48
84	浙江省临海市图书馆	47
85	江西省吉安市永新县图书馆	47
86	上海市静安图书馆	47
87	北京市房山图书馆	46
88	四川省成都市武侯区图书馆	46
89	浙江省余姚市图书馆	46
90	江苏省常州市武进区图书馆	45
91	河南省巩义市图书馆	45
92	广东省广州市荔湾区图书馆	45
93	上海市浦东新陆家嘴图书馆	45
94	上海市卢湾图书馆	44
95	上海市青浦图书馆	44
96	四川省成都市新都区图书馆	44
97	四川省成都市龙泉驿区图书馆	43
98	山东省威海市文登市图书馆	43
99	四川省成都市郫县图书馆	43
100	山东省济南市历下区图书馆	43

全国公共图书馆分级别外借册次排序

单位：万册次

名次	单位	外借册次
	省级	
1	云南省图书馆	351
2	上海图书馆上海科技情报研究所	244
3	天津图书馆	231
4	首都图书馆	214
5	浙江图书馆	193
6	湖南图书馆	179
7	南京图书馆	173
8	辽宁省图书馆	161
9	陕西省图书馆	160
10	天津市少年儿童图书馆	158
11	福建省图书馆	156
12	安徽省图书馆	151
13	广东省立中山图书馆	148
14	河南省图书馆	122
15	黑龙江省图书馆	106
16	广西壮族自治区图书馆	104
17	甘肃省图书馆	96
18	山东省图书馆	95
19	重庆图书馆	86
20	重庆市少年儿童图书馆	77
21	上海市少年儿童图书馆	71
22	海南省图书馆	45
23	吉林省图书馆	44
24	湖北省图书馆	43
25	江西省图书馆	42
26	山西省图书馆	36
27	宁夏图书馆	35
28	湖南省少年儿童图书馆	33
29	广西壮族自治区桂林图书馆	28
30	广西少年儿童图书馆	22
31	新疆维吾尔自治区图书馆	17
32	青海省图书馆	15
33	贵州省图书馆	13
34	河北省图书馆	13
35	内蒙古自治区图书馆	7
36	四川省图书馆	5
37	西藏自治区图书馆	1
	地市级	
1	广东省深圳市图书馆	393
2	福建省厦门市图书馆	288
3	浙江省杭州市图书馆	282
4	江苏省苏州市图书馆	212
5	广东省广州市图书馆	205
6	浙江省温州市图书馆	175
7	浙江省宁波市图书馆	168
8	广东省东莞市图书馆	164
9	四川省成都市图书馆	147
10	浙江省嘉兴市图书馆	126
11	江苏省盐城市图书馆	120
12	浙江省绍兴市绍兴图书馆	116
13	广东省广州市少年儿童图书馆	107
14	辽宁省大连市图书馆	106
15	福建省厦门市少年儿童图书馆	102
16	辽宁省大连市少年儿童图书馆	102
17	江苏省无锡市图书馆	98
18	广东省珠海市图书馆	88
19	湖南省衡阳市图书馆	85
20	湖北省襄阳市图书馆	85
21	宁夏回族自治区银川市图书馆	80
22	山东省青岛市图书馆	80
23	江苏省镇江市图书馆	79
24	浙江省台州市图书馆	76
25	江苏省南京市金陵图书馆	75
26	江苏省淮安市图书馆	75
27	江苏省常州市图书馆	73
28	浙江省温州市少儿图书馆	69
29	浙江省湖州市图书馆	67
30	湖北省武汉市图书馆	67
31	山东省济南市图书馆	67
32	山东省枣庄市图书馆	67
33	辽宁省沈阳市图书馆	65
34	辽宁省沈阳市少年儿童图书馆	64
35	湖北省黄冈市图书馆	64
36	广东省深圳市深圳大学城图书馆	62
37	安徽省合肥市少儿图书馆	62
38	江苏省泰州市图书馆	59
39	四川省内江市图书馆	59
40	浙江省舟山市图书馆	57
41	吉林省长春市图书馆	57

续表 1

单位：万册次

名次	单 位	外借册次	名次	单 位	外借册次
42	河南省安阳市图书馆	56	82	云南省曲靖市图书馆	29
43	河北省秦皇岛市图书馆	55	83	河南省许昌市图书馆	28
44	安徽省合肥市图书馆	55	84	河南省开封市图书馆	28
45	四川省广安市图书馆	55	85	吉林省吉林市图书馆	28
46	浙江省衢州市图书馆	54	86	广西壮族自治区贺州市图书馆	28
47	广东省中山市图书馆	53	87	四川省南充市图书馆	28
48	河北省石家庄市图书馆	52	88	广东省汕头市图书馆	28
49	广东省佛山市图书馆	51	89	湖南省株洲市图书馆	27
50	安徽省马鞍山市图书馆	48	90	湖北省荆州市图书馆	27
51	黑龙江省哈尔滨市图书馆	46	91	辽宁省本溪市图书馆	26
52	江苏省连云港市图书馆	46	92	江苏省南通市少年儿童图书馆	26
53	河南省鹤壁市图书馆	43	93	河北省沧州市图书馆	26
54	福建省泉州市图书馆	41	94	山东省泰安市图书馆	26
55	河南省郑州市图书馆	40	95	山东省威海市图书馆	26
56	江苏省扬州市图书馆	39	96	辽宁省营口市图书馆	26
57	新疆维吾尔自治区乌鲁木齐市图书馆	39	97	江苏省连云港市少年儿童图书馆	26
58	江苏省南通市图书馆	38	98	吉林省长春市少年儿童图书馆	25
59	湖南省长沙市图书馆	38	99	湖北省鄂州市图书馆	25
60	湖北省武汉市少年儿童图书馆	36	100	河南省洛阳市图书馆	25
61	山西省长治市图书馆	36		**县级**	
62	湖南省衡阳市少年儿童图书馆	36	1	上海市长宁图书馆	92
63	广西壮族自治区北海市少年儿童图书馆	35	2	江苏省连云港市东海县图书馆	92
64	山东省临沂市图书馆	35	3	浙江省杭州市西湖区图书馆	89
65	河南省漯河市图书馆	35	4	浙江省衢州市柯城区公共图书馆	79
66	广东省惠州市惠州慈云图书馆	35	5	浙江省金华市武义县图书馆	78
67	四川省泸州市图书馆	35	6	江苏省常熟市图书馆	77
68	江苏省扬州市少年儿童图书馆	34	7	广东省深圳市南山区图书馆	76
69	河南省濮阳市图书馆	33	8	辽宁省大连市经济技术开发区图书馆	73
70	河南省安阳市少年儿童图书馆	33	9	浙江省海宁市图书馆	70
71	河南省三门峡市图书馆	32	10	江苏省昆山市图书馆	69
72	湖南省永州市图书馆	32	11	上海市松江图书馆	66
73	江苏省宿迁市图书馆	31	12	浙江省平湖市图书馆	66
74	云南省昆明市图书馆	31	13	广东省深圳市龙岗区图书馆	66
75	广西壮族自治区玉林市图书馆	30	14	上海市普陀图书馆	65
76	湖北省宜昌市图书馆	30	15	上海市奉贤图书馆	65
77	广东省江门市五邑图书馆	30	16	浙江省杭州市余杭区图书馆	63
78	河北省石家庄市少年儿童图书馆	30	17	江苏省吴江市图书馆	60
79	贵州省遵义市图书馆	30	18	浙江省永康市图书馆	59
80	山东省莱芜市图书馆	29	19	内蒙古自治区呼伦贝尔市海拉尔区图书馆	58
81	广东省深圳市少年儿童图书馆	29	20	北京市朝阳图书馆	52

续表 2

单位：万册次

名次	单　位	外借册次	名次	单　位	外借册次
21	江苏省江阴市图书馆	51	61	浙江省余姚市图书馆	33
22	浙江省杭州市拱墅区图书馆	50	62	广东省广州市白云区图书馆	33
23	四川省成都市双流县图书馆	50	63	浙江省杭州市江干区图书馆	33
24	江苏省靖江市图书馆	49	64	重庆市大足图书馆	33
25	重庆市渝北图书馆	49	65	福建省晋江市图书馆	32
26	广东省深圳市宝安区图书馆	48	66	北京市东城图书馆	32
27	上海市徐汇图书馆	48	67	山东省临沂市兰山区图书馆	32
28	广东省广州市越秀区图书馆	48	68	浙江省绍兴市绍兴县图书馆	32
29	上海市宝山图书馆	46	69	上海市崇明图书馆	32
30	辽宁省普兰店市图书馆	45	70	江苏省南通市通州区图书馆	32
31	广东省佛山市顺德图书馆	45	71	北京市怀柔图书馆	32
32	广东省佛山市南海区图书馆	45	72	浙江省宁波市海曙区图书馆	31
33	云南省昆明市昆明少年儿童图书馆	45	73	上海市卢湾图书馆	31
34	上海市静安图书馆	44	74	浙江省杭州市下城区图书馆	31
35	上海市嘉定图书馆	44	75	广东省深圳市罗湖区图书馆	31
36	重庆市铜梁图书馆	44	76	安徽省亳州市谯城区图书馆	30
37	北京市昌平图书馆	43	77	湖北省黄冈市红安县图书馆	30
38	浙江省慈溪市图书馆	41	78	重庆市黔江图书馆	30
39	浙江省上虞市图书馆	40	79	河北省唐山市丰南区图书馆	30
40	北京市石景山图书馆	40	80	北京市西城图书馆	30
41	上海市黄浦图书馆	40	81	北京市海淀图书馆	30
42	上海市青浦图书馆	40	82	江苏省南京市鼓楼区图书馆	30
43	江苏省太仓市图书馆	40	83	浙江省嘉兴市张元济图书馆	30
44	辽宁省沈阳市沈河区图书馆	40	84	重庆市潼南图书馆	29
45	山西省汾阳市图书馆	39	85	广东省增城市图书馆	29
46	河南省濮阳市华龙区图书馆	39	86	浙江省建德市图书馆	29
47	浙江省台州市玉环县图书馆	39	87	广东省深圳市福田区图书馆	29
48	重庆市巴南图书馆	38	88	湖北省潜江市图书馆	29
49	上海市浦东新区新川沙图书馆	38	89	北京市西城南片图书馆	28
50	重庆市涪陵图书馆	37	90	浙江省东阳市图书馆	28
51	浙江省杭州市桐庐县图书馆	37	91	湖北省孝感市图书馆	28
52	辽宁省大连市沙河口区图书馆	36	92	上海市浦东新区陆家嘴图书馆	28
53	浙江省宁波市宁海县图书馆	36	93	北京市顺义图书馆	28
54	云南省昆明市五华区图书馆	36	94	山东省烟台市烟台开发区图书馆	27
55	浙江省杭州市临安市图书馆	35	95	河南省济源市图书馆	27
56	山东省烟台市牟平区图书馆	35	96	河南省信阳市平桥区图书馆	27
57	山东省临沂市临沭县图书馆	35	97	浙江省富阳市图书馆	27
58	江苏省大丰市图书馆	35	98	浙江省绍兴市新昌县图书馆	26
59	江苏省泰兴市图书馆	34	99	四川省成都市青白江区图书馆	26
60	浙江省宁波市江东区图书馆	34	100	重庆市沙坪坝图书馆	26

全国公共图书馆分级别购书费占总支出比重排序

单位：%

名次	单位名称	购书费占总支出的比重	名次	单位名称	购书费占总支出的比重
	省级		3	河南省周口市图书馆	60.8
1	广西少年儿童图书馆	51.0	4	山东省临沂市图书馆	56.6
2	南京图书馆	37.4	5	甘肃省金昌市图书馆	55.2
3	天津市少年儿童图书馆	32.3	6	广东省韶关市图书馆	47.7
4	上海图书馆上海科技情报研究所	31.4	7	河北省石家庄市少年儿童图书馆	47.2
5	广东省立中山图书馆	30.8	8	湖南省怀化市图书馆	47.0
6	云南省图书馆	30.7	9	黑龙江省七台河市图书馆	46.7
7	辽宁省图书馆	30.5	10	江西省抚州市图书馆	43.3
8	浙江图书馆	27.2	11	浙江省台州市图书馆	42.9
9	重庆图书馆	26.6	12	江西省鹰潭市图书馆	38.2
10	陕西省图书馆	25.8	13	浙江省舟山市图书馆	37.1
11	天津图书馆	25.7	14	内蒙古自治区乌海市图书馆	33.4
12	广西壮族自治区图书馆	22.2	15	青海省果洛藏族自治州图书馆	31.8
13	山东省图书馆	20.9	16	江苏省盐城市图书馆	31.1
14	福建省图书馆	20.1	17	福建省福州市图书馆	30.1
15	甘肃省图书馆	19.9	18	广东省清远市图书馆	29.3
16	广西壮族自治区桂林图书馆	19.7	19	浙江省杭州市图书馆	29.1
17	山西省图书馆	18.6	20	广西壮族自治区河池市民族图书馆	28.9
18	安徽省图书馆	18.4	21	河南省平顶山市图书馆	28.7
19	首都图书馆	17.5	22	山东省济南市图书馆	27.2
20	西藏自治区图书馆	17.4	23	陕西省西安市图书馆	26.7
21	内蒙古自治区图书馆	17.2	24	四川省成都市图书馆	26.4
22	吉林省图书馆	17.1	25	湖北省襄阳市少年儿童图书馆	26.3
23	河北省图书馆	16.6	26	贵州省黔西南布依族苗族自治州图书馆	26.0
24	新疆维吾尔自治区图书馆	15.7	27	河北省沧州市图书馆	25.9
25	黑龙江省图书馆	15.4	28	江苏省扬州市少年儿童图书馆	25.7
26	四川省图书馆	14.9	29	山东省青岛市图书馆	25.5
27	湖南图书馆	14.5	30	广东省珠海市图书馆	25.0
28	上海市少年儿童图书馆	14.3	31	福建省福州市少年儿童图书馆	25.0
29	重庆市少年儿童图书馆	14.3	32	云南省保山市图书馆	24.9
30	贵州省图书馆	14.1	33	浙江省宁波市图书馆	24.7
31	江西省图书馆	12.3	34	甘肃省平凉市图书馆	24.2
32	海南省图书馆	12.3	35	河南省信阳市图书馆	24.2
33	宁夏图书馆	12.2	36	辽宁省大连市少年儿童图书馆	24.1
34	河南省图书馆	10.3	37	吉林省长春市图书馆	24.0
35	湖南省少年儿童图书馆	9.8	38	河南省安阳市图书馆	23.4
36	青海省图书馆	6.9	39	辽宁省大连市图书馆	23.4
37	湖北省图书馆	3.4	40	安徽省合肥市少儿图书馆	23.3
	地市级		41	内蒙古自治区乌兰察布市图书馆	23.1
1	湖北省十堰市少儿图书馆	70.4	42	广东省中山市图书馆	22.9
2	河南省洛阳市少年儿童图书馆	67.2	43	江苏省扬州市图书馆	22.7

续表 1

单位：%

名次	单位名称	购书费占总支出的比重	名次	单位名称	购书费占总支出的比重
44	云南省昆明市图书馆	22.4	85	内蒙古自治区鄂尔多斯市图书馆	16.4
45	江西省吉安市图书馆	21.8	86	福建省泉州市图书馆	16.3
46	广东省深圳市图书馆	21.4	87	浙江省温州市少儿图书馆	16.1
47	湖南省郴州市图书馆	21.3	88	河南省漯河市图书馆	15.9
48	广东省深圳市深圳大学城图书馆	21.2	89	河南省郑州市图书馆	15.8
49	江苏省淮安市图书馆	21.0	90	河北省唐山市图书馆	15.8
50	湖北省鄂州市图书馆	20.9	91	新疆维吾尔自治区巴音郭楞蒙古自治州图书馆	15.7
51	河南省焦作市图书馆	20.8	92	河北省廊坊市图书馆	15.6
52	云南省普洱市图书馆	20.8	93	四川省广安市图书馆	15.5
53	浙江省丽水市图书馆	20.7	94	湖北省武汉市少年儿童图书馆	15.4
54	浙江省嘉兴市图书馆	20.4	95	辽宁省铁岭市少年儿童图书馆	15.4
55	安徽省蚌埠市图书馆	20.3	96	广东省湛江市少儿图书馆	15.4
56	湖南省益阳市图书馆	20.3	97	广东省阳江市图书馆	15.3
57	广西壮族自治区南宁市少年儿童图书馆	20.1	98	黑龙江省大庆市图书馆	15.3
58	山东省烟台市图书馆	19.7	99	河北省邯郸市图书馆	15.3
59	广西壮族自治区玉林市图书馆	19.4	100	安徽省宣城市图书馆	15.1
60	浙江省金华市金华严济慈图书馆	19.2		**县级**	
61	安徽省芜湖市图书馆	19.1	1	新疆维吾尔自治区喀什地区疏附县图书馆	82.3
62	辽宁省沈阳市图书馆	18.8	2	河北省邯郸市馆陶县图书馆	82.2
63	江苏省镇江市图书馆	18.7	3	河北省保定市涞源县图书馆	81.0
64	湖北省襄阳市图书馆	18.6	4	山东省临清市图书馆	76.1
65	浙江省温州市图书馆	18.6	5	四川省成都市高新区图书馆	74.7
66	广西壮族自治区贵港市图书馆	18.5	6	四川省绵阳市北川羌族自治县图书馆	74.1
67	山西省阳泉市图书馆	18.1	7	湖南省长沙市开福区图书馆	71.4
68	江苏省南通市少年儿童图书馆	18.1	8	贵州省黔西南布依族苗族自治州册亨县图书馆	70.4
69	福建省厦门市图书馆	17.9	9	河北省迁安市图书馆	70.4
70	甘肃省白银市图书馆	17.9	10	福建省福州市永泰县图书馆	67.7
71	江苏省常州市图书馆	17.7	11	湖南省邵阳市双清区图书馆	66.7
72	江苏省无锡市图书馆	17.4	12	江苏省镇江市京口区图书馆	66.7
73	山东省枣庄市图书馆	17.4	13	新疆维吾尔自治区阿勒泰地区富蕴县图书馆	66.7
74	四川省资阳市图书馆	17.4	14	贵州省铜仁地区万山特区图书馆	66.7
75	广东省东莞市图书馆	17.2	15	湖南省衡阳市雁峰区图书馆	66.5
76	浙江省绍兴市绍兴图书馆	17.2	16	四川省广元市青川县图书馆	64.9
77	河北省石家庄市图书馆	17.1	17	河北省石家庄市栾城县图书馆	64.0
78	广东省广州市少年儿童图书馆	17.0	18	湖北省宜昌市远安县图书馆	63.1
79	辽宁省沈阳市少年儿童图书馆	17.0	19	湖南省衡阳市石鼓区图书馆	61.5
80	河南省鹤壁市图书馆	16.9	20	安徽省亳州市谯城区图书馆	61.5
81	河南省濮阳市图书馆	16.8	21	湖南省邵阳市北塔区图书馆	60.0
82	广西壮族自治区南宁市图书馆	16.7	22	河北省张家口市下花园区图书馆	60.0
83	山东省济宁市图书馆	16.5	23	浙江省杭州市下城区图书馆	59.4
84	新疆维吾尔自治区伊犁哈萨克自治州图书馆	16.5	24	福建省福州市罗源县图书馆	57.9

续表 2

单位：%

名次	单位名称	购书费占总支出的比重	名次	单位名称	购书费占总支出的比重
25	内蒙古自治区鄂尔多斯市东胜区少年儿童图书馆	57.3	63	江西省九江市德安县图书馆	43.8
26	陕西省榆林市神木县图书馆	56.1	64	广西壮族自治区南宁市邕宁区图书馆	43.7
27	福建省晋江市图书馆	55.8	65	海南省乐东黎族自治县图书馆	43.5
28	湖南省长沙市雨花区图书馆	55.6	66	山东省济南市历下区图书馆	42.5
29	江西省萍乡市湘东区图书馆	55.6	67	浙江省湖州市南浔区图书馆	42.1
30	江西省上饶市广丰县图书馆	55.0	68	河北省承德市宽城满族自治县图书馆	41.8
31	浙江省温州市瓯海区图书馆	54.8	69	福建省宁德市寿宁县图书馆	41.8
32	山东省临沂市沂水县图书馆	54.5	70	浙江省宁波市鄞州区图书馆	41.3
33	江苏省连云港市东海县图书馆	53.7	71	江苏省盐城市建湖县图书馆	40.9
34	江西省吉安市新干县图书馆	52.9	72	安徽省宣城市宣州区图书馆	40.0
35	河南省洛阳市涧西区图书馆	52.8	73	广西壮族自治区钦州市浦北县图书馆	39.9
36	江苏省宿迁市宿豫区图书馆	51.9	74	四川省攀枝花市盐边县图书馆	39.4
37	广西壮族自治区桂林市灌阳县图书馆	50.7	75	山东省临沂市沂南县图书馆	39.3
38	河北省邯郸市曲周县图书馆	50.6	76	四川省凉山彝族自治州宁南县图书馆	38.8
39	湖南省长沙市芙蓉区图书馆	50.0	77	山东省德州市庆云县图书馆	38.5
40	贵州省黔南布依族苗族自治州惠水县图书馆	50.0	78	山东省泰安市东平县图书馆	38.3
41	四川省遂宁市安居区图书馆	50.0	79	内蒙古自治区呼和浩特市玉泉区图书馆	38.1
42	河南省洛阳市洛龙区图书馆	50.0	80	新疆维吾尔自治区喀什地区疏勒县图书馆	37.5
43	山东省临沂市河东区图书馆	50.0	81	上海市浦东新区图书馆	37.4
44	福建省泉州市安溪县沼涛图书馆	49.1	82	新疆维吾尔自治区喀什地区伽师县图书馆	37.2
45	四川省崇州市图书馆	49.0	83	江西省九江市共青城图书馆	37.0
46	河南省洛阳市吉利区图书馆	48.9	84	四川省成都市龙泉驿区图书馆	36.9
47	河南省焦作市修武县图书馆	48.9	85	广东省深圳市龙岗区图书馆	36.7
48	四川省自贡市沿滩区图书馆	48.5	86	广西壮族自治区柳州市融安县图书馆	36.7
49	河南省郑州市惠济区图书馆	47.6	87	浙江省台州市路桥区图书馆	36.6
50	湖南省张家界市武陵源区图书馆	47.0	88	四川省攀枝花市西区图书馆	36.4
51	广西壮族自治区柳州市柳南区图书馆	46.9	89	辽宁省大连市经济技术开发区图书馆	36.3
52	山东省滨州市邹平县图书馆	46.5	90	甘肃省武威市民勤县图书馆	36.0
53	吉林省长春市朝阳区图书馆	46.4	91	四川省雅安市雨城图书馆	35.7
54	江苏省淮安市清河区图书馆	46.4	92	广西壮族自治区防城港市东兴市图书馆	35.5
55	广东省广州市黄埔区图书馆	46.2	93	安徽省安庆市宜秀区图书馆	34.8
56	江苏省丹阳市图书馆	45.9	94	江苏省邳州市图书馆	34.8
57	广西壮族自治区南宁市江南区图书馆	45.9	95	河北省邢台市威县图书馆	34.5
58	河南省洛阳市西工区图书馆	45.5	96	湖北省宜昌市猇亭区图书馆	34.3
59	山西省太原市清徐县图书馆	45.0	97	浙江省丽水市景宁县图书馆	33.9
60	江苏省如皋市图书馆	44.5	98	山西省吕梁市交口县图书馆	33.3
61	上海市宝山区图书馆	43.9	99	新疆维吾尔自治区克拉玛依市独山子区图书馆	33.3
62	广西壮族自治区来宾市合山市图书馆	43.8	100	江苏省泰兴市图书馆	33.1

全国群众艺术馆、文化馆按举办展览个数排序

单位：个

名次	单位名称	举办展览个数个	名次	单位名称	举办展览个数个
1	北京市朝阳区文化馆	50	56	福建省柘荣县文化馆	30
2	福建省台江区文化馆	50	57	广东省珠海市香洲区文化馆	30
3	福建省厦门市文化馆	50	58	广东省高州市文化馆	30
4	广东省番禺区文化馆	50	59	江西省永新县文化馆	30
5	海南省东方市文化馆	50	60	辽宁省丹东市群众艺术馆	30
6	江苏省宿迁市宿豫区文化馆	50	61	陕西省雁塔区文化馆	30
7	辽宁省本溪市溪湖区文化馆	50	62	陕西省府谷县文化馆	30
8	辽宁省葫芦岛市建昌县文化馆	50	63	浙江省云和县文化馆	30
9	辽宁省沈阳市朝鲜族文化艺术馆	50	64	浙江省杭州市拱墅区文化馆	30
10	青海省天峻县文化馆	50	65	四川省通江县文化馆	30
11	河北省衡水市群艺馆	50	66	河南省开封市群众艺术馆	30
12	河北省正定县文化馆	50	67	河南省信阳市固始县文化馆	30
13	四川省双流县文化馆	50	68	浙江省嵊州市文化馆	29
14	四川省青羊区文化馆	50	69	浙江省桐乡市文化馆	29
15	山西省高平市文化馆	50	70	浙江省台州市椒江文化馆	28
16	山东省历城区文化馆	50	71	河北省文安县文化馆	28
17	山东省招远市文化馆	50	72	山西省壶关县文化馆	28
18	山东省定陶县文化馆	50	73	山西省闻喜县人民文化馆	28
19	河南省信阳市潢川县人民文化馆	49	74	广东省中山市文化馆	27
20	湖南省湘潭市群众艺术馆	48	75	四川省安岳县文化馆	27
21	广东省顺德区文化馆	48	76	内蒙古自治区昆区文化馆	26
22	江苏省南京市玄武区文化馆	48	77	河北省广宗县文化馆	26
23	浙江省东阳市文化馆	48	78	山东省广饶县文化馆	26
24	贵州省黔西南州兴义市文化馆	48	79	山东省济宁市群众艺术馆	26
25	山西省盐湖区文化馆	48	80	福建省福鼎市文化馆	25
26	山东省济南市群众艺术馆	46	81	广东省梅州市文化馆	25
27	湖南省张家界市永定区文化馆	45	82	吉林省四平市铁东区文化馆	25
28	广东省深圳市宝安区群众文化艺术馆	45	83	辽宁省葫芦岛市龙港区文化馆	25
29	江苏省新沂市文化馆	45	84	重庆市沙坪坝区文化馆	25
30	云南省西山区文化馆	45	85	河北省蔚县文化馆	25
31	浙江省奉化市文化馆	45	86	新疆维吾尔自治区皮山县文化馆	25
32	广东省深圳市群众艺术馆	42	87	四川省犍为县文化馆	25
33	新疆维吾尔自治区阿瓦提县文化馆	42	88	山西省新绛县文化馆	25
34	山东省烟台市群众艺术馆	42	89	山东省莱州市文化馆	25
35	广东省越秀区文化馆	40	90	山东省乳山市文化馆	25
36	河北省枣强县文化馆	40	91	山东省阳信县文化馆	25
37	山东省临朐县文化馆	40	92	广东省江门市文化馆	24
38	广东省深圳市罗湖区文化馆	36	93	广东省汕头市龙湖区文化馆	24
39	浙江省温州市文化馆	36	94	江西省湖口县文化馆	24
40	山东省临沂市群众艺术馆	36	95	内蒙古自治区元宝山区文化馆	24
41	福建省南平市群众艺术馆	35	96	天津市滨海新区大港文化馆	24
42	江苏省南通市通州区文化馆	35	97	浙江省龙泉市文化馆	24
43	陕西省商洛市群众艺术馆	35	98	河北省大名县文化馆	24
44	浙江省宁波市北仑区文化馆	35	99	四川省苍溪县文化馆	24
45	四川省温江区文化馆	35	100	山西省长子县文化馆	24
46	山东省青州市文化馆	35	101	山西省盂县人民文化馆	24
47	上海长宁文化艺术中心	34	102	河南省井店文化馆	24
48	上海市徐汇区西南文化艺术中心	34	103	山东省高密市文化馆	24
49	浙江省宁波市文化馆	34	104	山东省微山县文化馆	24
50	贵州省习水县文化馆	34	105	湖南省麻阳苗族自治县文化馆	23
51	北京市西城区文化馆	32	106	广东省珠海市斗门区文化馆	23
52	安徽省铜官山区文化馆	32	107	浙江省宁波市镇海区文化馆	23
53	广西壮族自治区南宁市兴宁区文化馆	32	108	河北省井陉县文化馆	23
54	广东省佛山市南海区文化馆	31	109	河南省济源市群众艺术馆	23
55	浙江省黄岩区文化馆	31	110	江苏省苏州工业园区文化馆	22

全国群众艺术馆、文化馆按组织文艺活动次数排序

单位：次

名次	单位名称	组织文艺活动次数次	名次	单位名称	组织文艺活动次数次
1	浙江省湖州市文化馆	642	51	山东省历城区文化馆	314
2	黑龙江省哈尔滨市群众艺术馆	600	52	河南省新乡市红旗区文化馆	310
3	北京市朝阳区文化馆	500	53	黑龙江省香坊区文化馆	302
4	广东省深圳市南山区文化馆	500	54	广东省珠海市香洲区文化馆	300
5	江西省兴国县文化馆	500	55	江苏省徐州市贾汪区文化馆	300
6	辽宁省振兴区文化馆	500	56	四川省温江区文化馆	300
7	宁夏回族自治区灵武市文化馆	500	57	广西壮族自治区桂林市群众艺术馆	300
8	上海市嘉定区文化馆	500	58	北京市大兴区文化馆	292
9	上海市静安区文化馆	500	59	北京市顺义区文化馆	290
10	云南省德宏州文化馆	500	60	黑龙江省南岗区文化馆	286
11	浙江省杭州市文化馆	500	61	江西省西湖区文化馆	286
12	河北省唐山市群众艺术馆	500	62	上海市浦东新区文化艺术指导中心	285
13	山东省青岛市市北文化馆	500	63	河南省信阳市潢川县人民文化馆	280
14	山东省青岛市城阳区文化馆	500	64	河北省秦皇岛市群众艺术馆	274
15	山东省青岛市崂山区文化馆	495	65	北京市东城区第二文化馆	270
16	贵州省黔西南州兴义市文化馆	490	66	辽宁省本溪市平山区文化馆	268
17	广东省增城市文化馆	489	67	湖南省花垣县文化馆	267
18	贵州省平塘县文化馆	484	68	湖南省长沙市芙蓉区文化馆	266
19	浙江省临安市文化馆	480	69	重庆市万州区文化馆	265
20	四川省攀枝花市文化馆	480	70	广西壮族自治区北海市群众艺术馆	264
21	四川省攀枝花市西区文化馆	480	71	江苏省昆山市文化馆	260
22	四川省安县文化馆	480	72	四川省凉山彝族自治州文化馆	260
23	山东省临清市文化馆	480	73	贵州省清镇市文化馆	259
24	天津市西青区文化馆	450	74	北京市东城区第一文化馆	256
25	云南省西山区文化馆	450	75	广东省德庆县文化馆	256
26	广西壮族自治区武宣县文化馆	430	76	安徽省繁昌县文化馆	252
27	浙江省杭州市上城区文化馆	428	77	宁夏回族自治区永宁县文化馆	251
28	江西省九江市群艺馆	426	78	江苏省张家港市文化馆	250
29	浙江省宁波市海曙区文化馆	419	79	浙江省海宁市文化馆	243
30	北京市西城区文化馆	416	80	浙江省德清县义化馆	241
31	湖南省长沙市望城区文化馆	416	81	河南省信阳市固始县文化馆	240
32	湖南省永顺县文化馆	402	82	浙江省义乌市文化馆	237
33	辽宁省盖州市文化馆	400	83	内蒙古自治区达拉特旗文化馆	233
34	辽宁省沈阳市铁西区文化馆	400	84	吉林省长春市群众艺术馆	230
35	陕西省高陵县文化馆	400	85	西藏自治区洛扎县文化活动中心	230
36	山东省潍坊市潍城区文化馆	400	86	山东省招远市文化馆	230
37	上海市浦东新区浦南文化馆	385	87	贵州省白云区文化馆	228
38	江西省修水县文化馆	380	88	四川省龙泉驿区文化馆	227
39	上海市徐汇区西南文化艺术中心	376	89	上海市黄浦区文化馆	225
40	四川省攀枝花市米易县文化馆	374	90	宁夏回族自治区银川市文化艺术馆	222
41	湖北省襄阳市襄州区文化馆	373	91	湖北省麻城市文化馆	221
42	四川省青羊区文化馆	360	92	辽宁省沈阳市苏家屯文化馆	220
43	云南省普洱市文化馆	358	93	黑龙江省佳木斯市郊区文化馆	217
44	江苏省苏州市平江区文化馆	350	94	浙江省苍南县文化馆	216
45	河北省复兴区文化馆	350	95	江苏省常熟市文化馆	215
46	山西省寿阳县人民文化馆	350	96	云南省盘龙区文化馆	215
47	广东省郁南县文化馆	348	97	浙江省青田县文化馆	214
48	广西壮族自治区南宁市江南区文化馆	338	98	山东省天桥区文化馆	213
49	北京市房山区文化馆	336	99	辽宁省本溪市溪湖区文化馆	210
50	云南省楚雄市文化馆	323	100	新疆维吾尔自治区乌苏市文化馆	210

全国博物馆分级别按藏品排序

单位：件/套

名次	单位名称	藏品数	名次	单位名称	藏品数
	省级		38	宁夏回族自治区博物馆	38050
1	首都博物馆	1021645	39	贵州省博物馆	37511
2	南京博物院	450149	40	江西省井冈山革命博物馆	30198
3	天津自然博物馆	400133	41	黑龙江省地质博物馆	30000
4	陕西历史博物馆	381741	42	西藏博物馆	29491
5	湖北省博物馆	236300	43	海南省民族博物馆	28891
6	安徽博物院	220137	44	山西省艺术博物馆	23000
7	云南省博物馆	204768	45	海南省博物馆	19868
8	天津博物馆	200000	46	广西民族博物馆	18891
9	福建博物院	180445	47	黑龙江省东北烈士纪念馆	13165
10	重庆中国三峡博物馆	180262	48	江西省瑞金中央革命根据地纪念馆	11109
11	广东省博物馆	167911	49	西安碑林博物馆	9121
12	内蒙古博物院	154374	50	福建中国闽台缘博物馆	8406
13	上海博物馆	142635		**地市级**	
14	浙江自然博物馆	135620	1	四川省成都中国皮影博物馆	163882
15	河南博物院	130678	2	江苏省侵华日军南京大屠杀遇难同胞纪念馆	153385
16	湖南省博物馆	120844	3	江苏省常州市戈小兴中外烟标烟具博物馆	147000
17	四川博物院	120104	4	陕西省西安博物院	120240
18	辽宁省博物馆	115740	5	内蒙古包头博物馆	109911
19	山东博物馆	113999	6	山东省青岛市博物馆	109388
20	黑龙江省博物馆	113691	7	湖南省长沙简牍博物馆	100000
21	江西省博物馆	102000	8	四川省成都博物院	99638
22	重庆红岩革命历史博物馆	98739	9	河南省开封市博物馆	87818
23	山西博物院	97354	10	广东省惠州市博物馆	87305
24	河北省民俗博物馆	93784	11	江苏省南京市博物馆	80707
25	吉林省博物院	89350	12	湖北省恩施州博物馆	80315
26	上海鲁迅纪念馆	85460	13	山东省济南市博物馆	78713
27	甘肃省博物馆	84950	14	湖北省鄂州市博物馆	76858
28	重庆自然博物馆	84447	15	浙江省宁波市天一阁博物馆	75860
29	浙江博物馆	79696	16	山西省大同市博物馆	63199
30	北京艺术博物馆	75191	17	辽宁省旅顺博物馆	61111
31	湖南省韶山毛泽东同志纪念馆	55877	18	湖北省荆门市博物馆	60725
32	广西壮族自治区自然博物馆	52293	19	浙江省宁波博物馆	60000
33	广西壮族自治区博物馆	42046	20	山东省烟台市博物馆	55008
34	上海市历史博物馆	41311	21	河南省鹤壁市博物馆	52944
35	青海省博物馆	40812	22	湖北省襄阳市博物馆	51208
36	新疆维吾尔自治区博物馆	39755	23	江苏省南通博物苑	50891
37	上海市中国共产党第一次全国代表大会会址纪念馆	39043	24	江苏省南通板鹞风筝艺术博物馆	50000

续表

单位：件/套

名次	单位名称	藏品数	名次	单位名称	藏品数
25	四川省成都杜甫草堂博物馆	48571	13	湖北省宜昌市秭归县屈原纪念馆	30580
26	河南省许昌市博物馆	47189	14	安徽省黄山市歙县博物馆	30440
27	甘肃省武威市博物馆	44684	15	甘肃省临夏回族自治州和政县古动物化石博物馆	30045
28	广东省江门市博物馆	44520	16	湖北省十堰市郧阳博物馆	30000
29	湖南省长沙市博物馆	44455	17	山东省青州市博物馆	29003
30	广东省广州博物馆	41334	18	浙江省嵊州市越剧博物馆	27234
31	云南省昆明民族博物馆	40121	19	重庆市渝中区中国民间医药博物馆	27222
32	安徽省源泉徽文化民俗博物馆	40000	20	福建省龙岩市上杭县客家族谱馆	27176
33	广西壮族自治区柳州市博物馆	37911	21	上海市青浦区陈云故居暨青浦革命历史纪念馆	25547
34	甘肃省天水市博物馆	32216	22	山东省平度市博物馆	21000
35	陕西省延安革命纪念馆	31613	23	浙江省绍兴市上虞博物馆	20094
36	江苏省苏州戏曲博物馆	30652	24	重庆市县奉节诗城博物馆	20000
37	广东省揭阳市博物馆	30195	25	河北省定州市博物馆	19723
38	江苏省苏州博物馆	30170	26	河南省林州市博物馆	19136
39	江苏省无锡博物院	30145	27	山东省即墨市博物馆	18000
40	广东省河源市博物馆	27996	28	贵州省黔东南苗族侗族自治州雷山县西江苗族博物馆	17721
41	辽宁省抚顺市雷锋纪念馆	26655	29	河北省承德市平泉县博物馆	17713
42	江苏省镇江博物馆	25373	30	湖北省孝感市博物馆	17053
43	广西壮族自治区桂林博物馆	25253	31	江西省吉安市吉水县博物馆	16816
44	江苏省常州市博物馆	25103	32	湖北省丹江口市博物馆	16235
45	河北省承德市避暑山庄博物馆	24986	33	江苏省苏州市常熟博物馆	16000
46	广东省广州艺术博物院	24731	34	甘肃省天水市张家川回族自治县博物馆	15718
47	广东革命历史博物馆	22180	35	山东省章丘市博物馆	15578
48	四川省凉山彝族自治州博物馆	22100	36	江西省宜春市铜鼓县秋收起义铜鼓纪念馆	15329
49	山西省晋城博物馆	21927	37	山东省济宁市邹城博物馆	15248
50	福建省龙岩市古田会议纪念馆	21858	38	内蒙古自治区赤峰市巴林左旗博物馆	15000
	县级		39	山东省诸城市博物馆	15000
1	四川省成都市大邑县建川博物馆	200000	40	河南省济源市博物馆	14966
2	安徽省黄山市中国徽州文化博物馆	97351	41	湖北省武穴市博物馆	14964
3	河南省新郑市博物馆	58391	42	湖北省恩施土家族苗族自治州鹤峰县博物馆	14922
4	湖北省黄冈市浠水县博物馆	51031	43	四川省绵阳市三台县博物馆	14718
5	河南省周口市郸城县中原民俗博物馆	49890	44	湖北省老河口市博物馆	14570
6	山西省临汾市曲沃县博物馆	45819	45	江西省樟树市博物馆	14362
7	河南省偃师市偃师商城博物馆	42932	46	湖北省咸宁市通山县博物馆	13911
8	重庆市万州博物馆	40151	47	湖南省长沙市宁乡县刘少奇同志纪念馆	13669
9	河南省漯河市舞阳县博物馆	38000	48	广东省河源市和平县博物馆	13542
10	青海省海东地乐都县博物馆	36355	49	山东省滕州市博物馆	13415
11	四川省巴中市南江县博物馆	34235	50	甘肃省敦煌市博物馆	13387
12	湖北省十堰市茅箭区博物馆	33069			

全国博物馆分级别按参观人次排序

单位：千人次

名次	单位名称	参观人次	名次	单位名称	参观人次
	省级		38	江西省安源路矿工人运动纪念馆	601
1	重庆红岩革命历史博物馆	6560	39	黑龙江省科学技术馆	580
2	湖南省韶山毛泽东同志纪念馆	6350	40	甘肃省博物馆	540
3	陕西省秦始皇兵马俑博物馆	4675	41	广西民族博物馆	519
4	江苏省南京中国近代史遗址博物馆	2580	42	贵州省博物馆	500
5	江西省南昌八一起义纪念馆	2320	43	辽宁省博物馆	422
6	重庆自然博物馆	2270	44	新疆维吾尔自治区博物馆	411
7	河南博物院	1986	45	西安碑林博物馆	409
8	陕西历史博物馆	1930	46	天津博物馆	400
9	重庆中国三峡博物馆	1741	47	广西壮族自治区自然博物馆	366
10	上海博物馆	1727	48	湖北省辛亥革命武昌起义纪念馆	347
11	黑龙江省博物馆	1467	49	河北省博物馆	340
12	浙江博物馆	1423	50	天津自然博物馆	323
13	四川博物院	1414		**地市级**	
14	天津市周恩来邓颖超纪念馆	1408	1	江苏省南京市侵华日军南京大屠杀遇难同胞纪念馆	5626
15	广东省博物馆	1400	2	江苏省南京市雨花台烈士纪念馆	4830
16	内蒙古博物院	1400	3	四川省成都市武侯祠博物馆	3655
17	湖南省博物馆	1362	4	陕西省延安市革命纪念馆	3260
18	首都博物馆	1357	5	广东省东莞市鸦片战争博物馆	3000
19	江西省井冈山革命博物馆	1210	6	贵州省遵义市遵义会议纪念馆	3000
20	江西省瑞金中央革命根据地纪念馆	1180	7	江苏省徐州市淮海战役烈士纪念塔管理局	2710
21	湖北省博物馆	1180	8	四川省广安市邓小平故居管理局	2062
22	江西省博物馆	1060	9	浙江省绍兴市绍兴鲁迅纪念馆	2003
23	福建博物院	1031	10	江苏省无锡市王昆仑故居陈列馆	2000
24	山西博物院	1031	11	广东省中山市孙中山故居纪念馆	1886
25	浙江自然博物馆	1029	12	广西壮族自治区百色市百色起义纪念馆	1630
26	黑龙江省东北烈士纪念馆	967	13	云南省楚雄彝族自治州博物馆	1601
27	山西省八路军太行纪念馆	960	14	四川省乐山市麻浩崖墓博物馆	1571
28	福建中国闽台缘博物馆	955	15	江苏省镇江市茅山新四军纪念馆	1500
29	云南省博物馆	953	16	河南省安阳市中国文字博物馆	1400
30	安徽博物院	840	17	江苏省淮安市周恩来纪念馆	1310
31	上海市中国共产党第一次全国代表大会会址纪念馆	758	18	福建省龙岩市古田会议纪念馆	1228
32	北京艺术博物馆	743	19	辽宁省抚顺市雷锋纪念馆	1200
33	海南省博物馆	723	20	辽宁省沈阳市故宫博物院	1200
34	广西壮族自治区博物馆	720	21	江苏省苏州市博物馆	1185
35	吉林省博物院	686	22	广东省广州市艺术博物院	1182
36	浙江省中国丝绸博物馆	650	23	四川省成都市金沙遗址博物馆	1147
37	北京市孔庙和国子监博物馆	626	24	山东省聊城市中国运河文化博物馆	1120

续表

单位：千人次

名次	单位名称	参观人次	名次	单位名称	参观人次
25	浙江省杭州市西湖博物馆	1111	13	江苏省南京市南京渡江胜利纪念馆	1360
26	山东省威海市中国甲午战争博物馆	1080	14	四川省绵阳市三台县博物馆	1300
27	浙江省宁波市博物馆	1060	15	山西省晋中市平遥县博物馆	1242
28	广东省广州市黄埔军校旧址纪念馆	1060	16	山西省晋中市平遥县中国票号博物馆	1242
29	江苏省盐城市新四军纪念馆	1055	17	山东省枣庄市台儿庄区台儿庄大战纪念馆	1240
30	福建省福州市博物馆	1030	18	湖南省怀化市芷江侗族自治县芷江受降纪念馆	1200
31	辽宁省丹东市抗美援朝纪念馆	1000	19	重庆市潼南县潼南杨尚昆故里管理处	1200
32	广东省深圳市博物馆	996	20	江苏省泰兴市新四军黄桥战役纪念馆	1148
33	河北省承德市避暑山庄博物馆	994	21	四川省乐山市峨眉山博物馆	1116
34	广东省佛山市祖庙博物馆	969	22	四川省仪陇县朱德同志故居纪念馆	1100
35	广东省广州市民间工艺博物馆	951	23	河北省保定市清苑县地道战遗址文物保护管理委员会	1078
36	河南省平顶山市博物馆	950	24	河北省邯郸市涉县八路军一二九师纪念馆	1071
37	浙江省杭州市名人纪念馆	949	25	广东省惠州市惠阳区叶挺纪念馆	1056
38	黑龙江省大庆市铁人王进喜纪念馆	913	26	福建省漳州市东山县博物馆	1050
39	四川省眉山市三苏祠博物馆	907	27	贵州省贵阳市息烽县集中营革命历史纪念馆	1040
40	陕西省宝鸡市青铜器博物馆	896	28	河南省开封市兰考焦裕禄纪念园管理处	1023
41	吉林省长春市伪满皇宫博物院	886	29	湖南省张家界市桑植县贺龙纪念馆	1017
42	吉林省长春市东北沦陷史陈列馆	886	30	黑龙江省齐齐哈尔市昂昂溪遗址博物馆	1000
43	四川省成都市杜甫草堂博物馆	882	31	天津市南开区民俗博物馆	1000
44	江苏省淮安市博物馆	870	32	贵州省黔东南苗族侗族自治州雷山县西江苗族博物馆	970
45	江苏省镇江市博物馆	866	33	江苏省无锡市南长区无锡窑群遗址博物馆	941
46	四川省巴中市川陕革命根据地博物馆	850	34	重庆市酉阳土家族苗族自治赵世炎烈士纪念馆	921
47	江西省南昌市博物馆	838	35	四川省泸州市古蔺县红军四渡赤水太平渡陈列馆	910
48	广西壮族自治区柳州市博物馆	831	36	安徽省池州市市辖区九华山历史文物馆	900
49	广东省广州市孙中山大元帅府纪念馆	802	37	四川省巴中市通江县红四方面军总指挥部旧址纪念馆	880
	县级		38	四川省达州市通川区达州红军文化陈列馆	864
1	湖南省长沙市宁乡县刘少奇同志纪念馆	3000	39	湖北省荆州市市辖区博物馆	860
2	河北省石家庄市平山县西柏坡纪念馆	3000	40	湖南省长沙市长沙县杨开慧纪念馆	854
3	安徽省淮北市濉溪县文昌宫	2800	41	江西省吉安市万安县博物馆	850
4	安徽省滁州市全椒县周家岗革命烈士纪念馆	2800	42	陕西省咸阳市乾县乾陵博物馆	845
5	河南省周口市淮阳县博物馆	2800	43	广西壮族自治区北流市博物馆	811
6	安徽省六安市寿县博物馆	2439	44	四川省成都市大邑县建川博物馆	810
7	浙江省桐乡市博物馆	2400	45	安徽省黄山市黄山区黄山风景区博物馆	808
8	山西省晋中市榆城县中原民俗博物馆	1650	46	广西壮族自治区北海市合浦县博物馆	800
9	河北省唐山市乐亭县李大钊纪念馆	1600	47	江苏省淮安市楚州区周恩来故居管理处	790
10	福建省武夷山市博物馆	1500	48	安徽省滁州市全椒县吴敬梓纪念馆	760
11	上海豫园管理处	1445	49	浙江省杭州市萧山区博物馆	750
12	上海龙华烈士纪念馆	1400	50	重庆市江津区聂荣臻元帅陈列馆	735

附录资料

文华艺术院校奖第一届全国青少年戏曲邀请赛获奖名单

一、名次奖

（一）京昆低年级组

金　奖　陆　翔　中国戏曲学院附属中等戏曲学校

银　奖　赵　艳　中国戏曲学院附属中等戏曲学校

　　　　高　帅　沈阳师范大学附属艺术学校

铜　奖　梁佳怡　沈阳师范大学附属艺术学校

　　　　甘天霖　河北艺术职业学院

　　　　张　玲　中国戏曲学院附属中等戏曲学校

（二）京昆高年级组

金　奖　陶　萍　中国戏曲学院附属中等戏曲学校

　　　　卫　立　上海戏剧学院附属戏曲学校

　　　　鞠梦茹　沈阳师范大学附属艺术学校

银　奖　耿蕴智　中国戏曲学院附属中等戏曲学校

　　　　邢　莹　沈阳师范大学附属艺术学校

　　　　岳　琳　上海戏剧学院附属戏曲学校

铜　奖　宋亚龙　北京戏曲艺术职业学院

　　　　炼雯晴　上海戏剧学院附属戏曲学校

　　　　王　欢　中国戏曲学院附属中等戏曲学校

（三）地方戏低年级组

金　奖　陈丽君　浙江艺术学校

银　奖　李云霄　浙江艺术学校

　　　　刘柱纲　湖北艺术职业学院

铜　奖　何青青　浙江艺术学校

　　　　洪　帅　浙江艺术学校

　　　　商月月　陕西艺术职业学院

　　　　刘晋伟　山西戏剧职业学院

　　　　李佳蕾　山东省电影学校

　　　　王裕仁　四川艺术职业学院

（四）地方戏高年级组

金　奖　张月明　河北艺术职业学院

　　　　王亚男　太原市文化艺术学校

银　奖　孙小叶　河北艺术职业学院

铜　奖　徐伟钗　浙江艺术学校

　　　　王　萍　陕西艺术职业学院

　　　　王　蓉　太原市文化艺术学校

　　　　许佳欣　厦门艺术学校

以上获奖选手指导教师同时获得优秀指导教师奖：

徐　超　秦　岩　刘兆安　陈爱民　智秀琳　张小丽

白文刚　左丽萍　李亚莉　常叶青　蔡正仁　薛俊秋

尹铁文　马　超　马玉章　闫学文　邢东风　张继英

沈绮琅　王洪涛　支　涛　蔡浙飞　陈天昵　徐亚文

俞珍珠　魏春芳　章益清　邵　雁　魏化林　李继龙

李保青　张克仙　宋立功　苏培芝　李　萍　白　玲

肖德美　李　佳　汪利军　冉金召　冯小东　王小东

陈　勇　陈　浩　刘文静　尉　霞　汤桂琴　李彩英

王瑞璘　曾宝珠　魏小春　张　尊　姜振宇

二、表演奖

（一）京昆低年级组

王一鸣　中国戏曲学院附属中等戏曲学校

张越翔　中国戏曲学院附属中等戏曲学校

梁馨媛　沈阳师范大学附属艺术学校

高　翠　北京戏曲艺术职业学院

段雨宁　沈阳师范大学附属艺术学校

崔若凡　上海戏剧学院附属戏曲学校

徐　蕊　中国戏曲学院附属中等戏曲学校

（二）京昆高年级组

郑　轶　中国戏曲学院附属中等戏曲学校

丁一鸣　中国戏曲学院附属中等戏曲学校

陈　星　上海戏剧学院附属戏曲学校

张睿桢　山东省电影学校

刘瑾蓉　上海戏剧学院附属戏曲学校

傅文玉　北京戏曲艺术职业学院

赵天奇　沈阳师范大学附属艺术学校

（三）地方戏低年级组

曹华宇　太原市文化艺术学校

顾芯瑜　上海戏剧学院附属戏曲学校

赵　悦　上海戏剧学院附属戏曲学校

李佳欣　山东省电影学校

韩月英　太原市文化艺术学校

袁田福　湖北艺术职业学院

（四）地方戏高年级组

贾　敏　太原市文化艺术学校

李　兴　陕西艺术职业学院

苗　香　山西戏剧职业学院

原　渊　太原市文化艺术学校

江喻旺　湖南职业艺术学院

以上获奖选手指导教师同时获得指导教师奖:

陈嫣飞　陈　勇　陈月辉　崔彩彩　崔立刚　高翠英
郭红霞　和志莉　李冬杰　李亚莉　李亚芝　刘宝芝
刘山丽　刘淑荣　马　超　牛红梅　潘洁华　秦　岩
施艳萍　时　旭　苏培芝　谭亮凯　汪　卓　王苓芬
王瑞璘　王晓燕　卫赞成　尉　霞　武学文　徐　超
薛俊秋　严世炎　尹铁文　张栓民　张双捷　赵德义
赵忠义　智秀琳　周百穗

三、组织奖

沈阳师范大学附属艺术学校
上海戏剧学院附属戏曲学校
山东省电影学校
陕西艺术职业学院
厦门艺术学校
河北艺术职业学院
太原市文化艺术学校
浙江艺术学校

第九届中国艺术节优秀表演奖、表演奖获奖名单

第九届中国艺术节优秀表演奖

戏曲类:

《寄印传奇》　曾昭娟
《生活秀》　刘子微
《村官李天成》　贾文龙
《古画雄魂》　曹汝龙
《顾家姆妈》　顾　芗
《成败萧何》　安　平
《长生殿》　张静娴
《下鲁城》　杜镇杰
《老子》　申小梅
《苦乐村官》　边　肖
《女人九香》　刘莉沙
《东吴郡主》　张怡凰
《刑场上的婚礼》　欧凯明

话剧、儿童剧类:

《第七片花瓣》　路国琦
《风刮卜奎》　艾　平
《红帆》　刘晓翠
《黑石岭的日子》　宋国锋
《三峡人家》　朱启瑞
《八层半》　邹科廉
《春雪润之》　张页川

舞剧、歌舞类:

《风雪夜归人》　傅　姝、王志伟
《米脂婆姨绥德汉》　贺　斌
《月上贺兰》　山　翀
《天蝉地傩》　赵　梁
《骑楼晚风》　杨笑妹
《中华吟》　马　滨

歌剧、音乐剧、杂技类:

《生命·阳光》　李　童、张　婉
《霸王别姬》　阮余群
《太阳雪》　戴玉强
《你好，阿凡提》　买买提江·肉孜
《1699·桃花扇》　施夏明

第九届中国艺术节表演奖

戏曲类:

《下南洋》　张卫山
《梭罗寨》　高爱洁
《北风紧》　田　磊
《刑场上的婚礼》　崔玉梅
《九斤姑娘》　王滨梅
《还官记》　林柔佳
《生命童话》　丁明安
《李亚仙》　孙勇波
《梦断婺江》　陈美兰、朱元昊

《蝴蝶之恋》 庄海蓉、唐美云（台湾）
《大树西迁》 刘照亮
《风雨丽人行》 周源源
《女人街》 周好俊
《大唐黜官记》 盖　勇
《宰相胡同》 贾书层
《傅山进京》 王　波
《我那呼兰河》 张立晶
《桃花雨》 潘　倩

话剧、儿童剧类：
《红帆》 陈平平
《扎西岗》 索朗次仁
《日出而作》 樊艳芳
《八层半》 梁美娜
《三峡人家》 刘　莹
《万世根本》 宁晓志、徐士银
《风刮卜奎》 罗久江

《毛泽东在西柏坡的畅想》 王丽云
《黑石岭的日子》 张玉春

舞剧、歌舞类：
《月上贺兰》 王　磊
《中华吟》 张美薇
《天山芙蓉》 马　波
《米脂婆姨绥德汉》 王晓怡
《王昭君》 殷　硕
《鄂尔多斯婚礼》 萨日娜
《骑楼晚风》 黄　倩

歌剧、音乐剧、杂技类：
《壮锦》 廖鸿飞
《霸王别姬》 孙　砾、王海民、李　爽
《桂花雨》 赵　宇
《蝶》 刘　岩
《1699 · 桃花扇》 罗晨雪

第九届全国声乐比赛获奖名单

美声项目组：

一等奖（1名）：谢　天 中央音乐学院
二等奖（3名）：白慧迪 天津歌舞剧院
冯国栋 中央音乐学院歌剧中心
费琪芳 广州军区政治部战士文工团
三等奖（6名）：王　凯 中国音乐学院
李　石 上海音乐学院
宋洋润 中国交响乐团
吴志峰 空军政治部文工团
曲伟青 中央音乐学院
牛莎莎 中央歌剧院
优秀演唱奖（13名）：陈佩鑫 中央歌剧院
周　楠 中央音乐学院
阿依古丽吾拉木 新疆艺术学院
王珠峰 武汉音乐学院
金　今 浙江歌舞剧院有限公司（原浙江歌舞剧院）
李晶晶 中央歌剧院
杨丹旎 沈阳音乐学院南校区
李宜轩 星海音乐学院
郭芷伊 哈尔滨歌剧院
曾睿娟 武汉音乐学院
汪　浩 四川师范大学
陈　雪 广西艺术学院
蔡俊军 加拿大哥伦比亚大学音乐学院

民族项目组：

一等奖（1名）：	吴　静	解放军总政歌剧团
二等奖（2名）：	伊泓远	空军政治部文工团
	黄训国	中国音乐学院
三等奖（3名）：	方鹂鹂	江苏省演艺集团
	侯赛男	黑龙江艺术职业学院
	兰　天	解放军总政歌剧团
优秀演唱奖（16名）：	曲　丹	空军政治部文工团
	尉金莹	中央民族乐团
	陈　阳	第二炮兵政治部文工团
	马　征	武汉音乐学院
	张　辛	中国音乐学院
	沈德鹏	沈阳音乐学院
	吴琍智	中国音乐学院
	龚　爽	中国音乐学院
	杨　瑾	西安音乐学院
	席燕娟	上海市歌舞团
	郑海兵	武警福建总队政治部文工团
	范双燕	星海音乐学院
	宋阿依姆	四川省歌舞演艺有限责任公司（原四川省歌舞剧院）
	孙　博	中国歌剧舞剧院
	廖鸿飞	南宁市艺术剧院
	白洁琼	济南军区政治部文工团

流行音乐项目组：

一等奖（1名）：	曹芙嘉	第二炮兵政治部文工团
二等奖（2名）：	金美儿	北京百碟文化艺术有限公司
	么多多	第二炮兵政治部文工团
三等奖（3名）：	周　鹏	武警政治部文工团
	黄琦雯	中国歌剧舞剧院
	陈　燕	贵州省民族歌舞剧院
优秀演唱奖（4名）：	陈真军	浙江歌舞剧院有限公司（原浙江歌舞剧院）
	陈　韬	杭州市歌舞剧院
	赵媛媛	南京艺术学院
	李炜铃	上海音乐学院

第八届全国杂技（魔术）比赛获奖名单

一、节目奖：

1.杂技类：

（1）金奖（6个）：

《奔腾——男子抖杠》	广州军区战士杂技团
《腾越——跳板》	上海杂技团
《纳海弄潮——绳技》	中国杂技团有限公司
《大跳板》	中国武汉杂技团
《转毯》	天津杂技团　河北省吴桥杂技学校
《神话——双人吊环》	广州长隆国际马戏大剧院

（2）银奖（8个）:

《墨荷——蹬伞》	浙江曲艺杂技总团
《墨韵——绳技》	福建省杂技团
《塑——男子顶技》	广州军区战士杂技团
《红色记忆——转台高椅》	济南市杂技团
《构——行为艺术》	新疆生产建设兵团杂技团
《猫不在家——蹦拐顶技》	中国杂技团有限公司　北京市杂技学校
《火之灵——技巧造型》	深圳宝安区福永杂技艺术团
《勇者——手技》	河北省吴桥县杂技团

（3）铜奖（7个）:

《孖——少儿顶技》	重庆三峡杂技艺术团
《海精灵——少儿顶技》	福建省杂技团
《想——软钢丝》	江苏省盐城市杂技团
《追梦——秋千飞人》	安徽省杂技团
《草原轻歌——双人技巧》	青海民族歌舞剧院杂技团
《龙门跃——荡圈钻圈》	郑州星光演出有限公司郑州市杂技团
《对话——击球》	新疆生产建设兵团杂技团

2.魔术类:

（1）金奖（2个）:

《牌影》	浙江曲艺杂技总团
《扇韵》	深圳市辛宽魔幻艺术团

（2）银奖（2个）:

《求鱼》	兰州军区战斗文工团
《晨梦》	杭州杂技总团

（3）铜奖（4个）:

《马去羊来道吉祥》	连云港市其魔魔术杂技团
《牌·尊》	河北省杂技集团魔术团
《手之密语》	济南市杂技团
《FADE》	中国高校魔术联盟

二、单项奖:

1.杂技类:

（1）编导奖:

李亚萍、许　瑾、王宇飞、闫　兵、蒋　帆	广州军区战士杂技团
李　驰、娜尔斯、蒋可钰、高　伟	广州长隆国际马戏大剧院
胡嘉禄	上海杂技团

（2）教师奖:

郑丽英　陈丽玲	福建省杂技团
林宝玉、辛　薇、马渝惟、刘淑芳、谭文盛	
白雨来、沙国庆、郑志伟、阿斯木古丽·亚森	新疆生产建设兵团杂技团

（3）表演奖:

李　童	广州军区战士杂技团

2.魔术类:

（1）表演奖:

李　洁	杭州杂技总团

（2）道具奖:

辛之宽　辛亚飞	深圳市辛宽魔幻艺术团

三、组织奖：

广东省文化厅

广东长隆集团有限公司

第九届中国武汉国际杂技艺术节获奖名单

金奖：黄鹤金奖：朝鲜平壤杂技团《空中飞人》
中国武汉杂技团《大跳板》
中国江西省杂技团 成都军区战旗杂技团《抖杠——腾龙》
中国天津市杂技团《三个和尚——顶花坛》
芳草金奖：俄罗斯《纸牌魔术》
银奖：黄鹤银奖：俄罗斯国家马戏公司《钢丝》
西班牙《对手技巧》
蒙古国际马戏团《大跳板》
朝鲜平壤杂技团《钢丝》
中国沈阳军区前进杂技团《中国结——空中技巧》
芳草银奖：中国大连杂技团《流星飞旋》
铜奖：黄鹤铜奖：南非《柔术》
中国大连杂技团《蹬伞》
蒙古《九人柔术》
乌克兰《双人皮条》
中国河北省杂技团《大球杠杆》
哥伦比亚《绳上技巧》

第十三届中国文化艺术政府奖——文华大奖、文华大奖特别奖、文华优秀剧目奖、文华单项奖

文华大奖

戏曲类：

《长生殿》	昆曲	上海昆剧团、文汇新民联合报业集团唐斯复工作室
《我那呼兰河》	评剧	沈阳演艺集团、沈阳评剧院
《老子》	越调	河南省越调剧团
《成败萧何》	京剧	上海京剧院
《寄印传奇》	评剧	天津评剧院

话剧、儿童剧类：

《红帆》	话剧	广州军区政治部战士文工团
《毛泽东在西柏坡的畅想》	话剧	总政话剧团

舞剧、歌舞类：

《风雪夜归人》	芭蕾舞剧	广州芭蕾舞团

歌剧、音乐剧、杂技类：

《霸王别姬》	歌剧	中央歌剧院
《生命·阳光》	杂技主题晚会	广州军区政治部文工团杂技分团

文华大奖特别奖

戏曲类：

《李亚仙》	川剧	重庆市川剧院
《生活秀》	京剧	武汉京剧院、武汉爱乐乐团
《苦乐村官》	陇剧	甘肃省陇剧院
《北风紧》	京剧	福建京剧院
《响九霄》	京剧	河北省京剧院
《蝴蝶之恋》	歌仔戏	厦门市歌仔戏剧团 台湾唐美云歌仔戏团
《刑场上的婚礼》	粤剧	广州粤剧院红豆粤剧团

话剧、儿童剧类：

《黑石岭的日子》	话剧	辽宁人民艺术剧院
《八层半》	人偶儿童剧	广东省木偶艺术剧院有限公司
《古丢丢》	儿童剧	武汉人民艺术剧院
《扎西岗》	话剧	西藏自治区话剧团

舞剧、歌舞类：

《米脂婆姨绥德汉》	秧歌剧	陕西省榆林市民间艺术团
《骑楼晚风》	舞剧	广东歌舞剧院
《王昭君》	民族舞剧	湖北省歌剧舞剧院
《鄂尔多斯婚礼》	舞蹈诗	内蒙古鄂尔多斯歌舞剧团
《月上贺兰》	回族舞剧	宁夏回族自治区银川艺术剧院

歌剧、音乐剧、杂技类：

《1699·桃花扇》	无伴奏合唱昆曲清唱剧	中央音乐学院、江苏省演艺集团
《蝶》	音乐剧	北京松雷·蝶之舞剧团 东莞松雷·蝶之舞剧团
《桂花雨》	音乐剧	广西壮族自治区歌舞剧院
《你好，阿凡提》	杂技	新疆杂技团

文华优秀剧目奖

戏曲类：

《村官李天成》	豫剧	河南省豫剧三团
《傅山进京》	晋剧	山西省太原市文化广电新闻出版局、山西省太原市实验晋剧院青年剧团
《梭罗寨》	花灯剧	云南省花灯剧院
《大树西迁》	秦腔	陕西省戏曲研究院青年团
《顾家姆妈》	苏州滑稽戏	苏州市滑稽戏剧团
《女人九香》	河北梆子	河北省石家庄市河北梆子剧团
《古画雄魂》	湘剧	湖南省长沙市湘剧院
《生命童话》	花鼓戏	湖北省实验花鼓剧院
《下南洋》	琼剧	海南省琼剧院
《九斤姑娘》	越剧	浙江越剧团
《还官记》	潮剧	广东省揭阳市文化广电新闻出版局、广东省揭阳市潮剧团
《下鲁城》	京剧	北京京剧院
《梦断婺江》	婺剧	浙江婺剧团
《宰相胡同》	评剧	长春评剧院
《大明贤后》	豫剧	山东省聊城市豫剧院
《风雨丽人行》	黄梅戏	安徽省黄梅戏剧院有限责任公司
《大唐黜官记》	吕剧	山东省吕剧院
《东吴郡主》	潮剧	广东潮剧院
《飘逸的红纱巾》	京剧	江苏省演艺集团京剧院
《女人街》	越剧	杭州越剧院
《桃花雨》	山歌剧	广东省梅州市山歌剧团

话剧、儿童剧类：

《三峡人家》	方言话剧	重庆三峡歌舞剧团
《春雪润之》	话剧	广州话剧艺术中心
《万世根本》	话剧	安徽省话剧院
《第七片花瓣》	儿童剧	天津儿童艺术剧院
《风刮卜奎》	话剧	黑龙江省齐齐哈尔市话剧团
《日出而作》	话剧	河北省话剧院

舞剧、歌舞类：

《赣风》	歌舞	江西省歌舞剧院
《天蝉地傩》	舞剧	贵州民族歌舞剧院
《天山芙蓉》	舞剧	湖南省歌舞剧院
《中国·撒拉尔》	歌舞诗	青海省民族歌舞剧院
《中华吟》	歌舞	黑龙江省歌舞剧院

歌剧、音乐剧、杂技类：

《太阳雪》	歌剧	总政歌剧团
《未来组合 2008》	音乐剧	四川人民艺术剧院
《壮锦》	壮族歌剧	广西百色市右江民族歌舞团

文华单项奖

一、剧作奖:

戏曲类:

《女人九香》孙德民、兰万玲

《傅山进京》郑怀兴

《村官李天成》姚金成、张　芳、韩尔德

《我那呼兰河》黄伟英

《顾家姆妈》陆伦章

《老子》孟　华

《北风紧》林戈明、雪　翔

《大树西迁》陈　彦

《苦乐村官》曹　锐

《下南洋》罗怀臻

《生活秀》王海涛

《生命童话》胡应明

《梭罗寨》陈彤彦、马良华

话剧、儿童剧类:

《红帆》唐　栋、蒲　逊

《毛泽东在西柏坡的畅想》孟　冰

《三峡人家》伟　巴

《古丢丢》邱建秀

《黑石岭的日子》李宝群

舞剧、歌舞类:

《米脂婆姨绥德汉》白阿莹

《骑楼晚风》许　锐

歌剧、音乐剧、杂技类:

《太阳雪》冯柏铭

《桂花雨》安荣青、张仁胜

《未来组合2008》李　亭

《霸王别姬》王　健、萧　白

二、导演奖:

戏曲类:

《梭罗寨》导演: 孙晋昆

《我那呼兰河》导演: 查明哲

《老子》导演: 李利宏、陈新丰

《生活秀》导演: 杨小青; 副导演: 冯幼林、马　涛

《生命童话》导演: 余笑予、丁素华

《长生殿》总导演: 曹其敬; 导演: 沈　斌、张铭荣

《寄印传奇》导演: 欧阳明

《村官李天成》导演: 张　平、李　雁

《顾家姆妈》导演: 熊源伟; 副导演: 高仲欣、孔祥瑜

《李亚仙》导演: 谢平安; 副导演: 铁　梅

《成败萧何》导演: 石玉昆; 副导演: 王国建

《蝴蝶之恋》导演: 韩剑英、安凤英

《古画雄魂》导演: 黄国强; 副导演: 宋纪刚

《大唐黜官记》导演: 谢平安、周丽斌

话剧、儿童剧类:

《红帆》导演: 傅勇凡; 副导演: 杨艺徽

《毛泽东在西柏坡的畅想》导演: 宫晓东; 副导演: 嵇瑞星

《黑石岭的日子》导演: 查明哲; 执行导演: 蔡菊辉

《八层半》总导演: 傅勇凡; 导演: 王　玲

《三峡人家》导演: 王小琮; 副导演: 孙世奇

《春雪润之》导演: 王筱頔

舞剧、歌舞类:

《骑楼晚风》总编导: 王　舸; 编导: 周莉亚、夏　铭

《风雪夜归人》总导演: 陈健骊; 编导: 傅兴邦

《王昭君》总编导: 门文元、梅昌胜; 副总编导: 刘　震; 编导: 王海洋

《天蝉地傩》导演: 丁　伟

《米脂婆姨绥德汉》总导演: 陈薪伊; 导演: 姚晓明、李　芸; 副导演: 燕小军、赵　青

歌剧、音乐剧、杂技类:

《太阳雪》导演: 黄定山; 副导演: 王婷婷

《未来组合2008》导演: 唐毓椿; 副导演: 冯建华、王　根、朱天天

《生命·阳光》总导演: 李亚萍; 副总导演: 高俊生、闫　兵

《你好, 阿凡提》总导演: 钟　浩; 导演: 安尼瓦尔·麦麦提; 执行导演: 艾力·买买提热依木、于天永

《霸王别姬》总导演: 曹其敬; 导演: 王湖泉

《1699·桃花扇》总导演: 顾　欣; 导演: 王　斌

三、音乐创作奖:

戏曲类:

《下鲁城》作曲: 朱绍玉

《大树西迁》作曲: 王　潋、薛天信、谭建春

《我那呼兰河》唱腔作曲: 陈锦生、陈　忠; 作曲: 徐占海

《女人九香》作曲: 姬君超、卜永杰

《寄印传奇》唱腔设计: 樊继忠、左玉山、剧文林、元以羊、赵玉兴

《傅山进京》作曲: 刘和仁、刘和跃

《苦乐村官》作曲: 李道国、田继宁、杨　波、王海阔

《村官李天成》作曲: 赵国安

《蝴蝶之恋》音乐设计: 江松明、朱伟捷、刘文亮 (台湾)

《宰相胡同》作曲: 史　林、崔　岩、郑桂芳、姜建东

《长生殿》作曲：顾兆琳
《李亚仙》作曲：陈安业、王晓刚
《生活秀》音乐设计：傅江宁、程　杰、万江峰

舞剧、歌舞类：
《风雪夜归人》方　鸣
《天蝉地傩》李沧桑
《中华吟》编配：黄松哲；作词：费守疆
《鄂尔多斯婚礼》刘钢宝、乌力吉、潘建华
《米脂婆姨绥德汉》赵季平、崔炳元、韩兰魁、李兴池
《中国·撒拉尔》苑飞雪、多杰杨忠

歌剧、音乐剧、杂技类：
《太阳雪》张千一
《你好，阿凡提》戴劲松、阿不来提·阿布力克木
《霸王别姬》萧　白
《1699·桃花扇》廖乃雄、孙建安

四、舞台美术奖：
戏曲类：
《长生殿》舞台设计：刘元声、刘福升
《寄印传奇》舞台设计：马连庆
《生命童话》舞台设计：刘　复、刘　一
《苦乐村官》灯光设计：蒙　秦、段晓玮
《梭罗寨》服装设计：沈莉霞
《成败萧何》舞台设计：薛殿杰、郑加杰
《顾家姆妈》舞台设计：王　欢
《傅山进京》灯光设计：邢　辛
《北风紧》舞台设计：黄永碘、黄清杨
《蝴蝶之恋》灯光设计：林宏恩、许志民

话剧、儿童剧类：
《三峡人家》舞台设计：刘天野、刘以佳
《红帆》舞台设计：秦立运
《八层半》舞台设计：秦立运

舞剧、歌舞类：
《风雪夜归人》舞台设计：孙天卫、林安康；服装设计：麦　青
《米脂婆姨绥德汉》舞台设计：季　乔
《天蝉地傩》舞台设计：龚　勋、沈东辉；服装设计：阿　宽、吴　杰
《赣风》舞台设计：戴延年、陈立平
《骑楼晚风》舞台设计：秦立运

歌剧、音乐剧、杂技类：
《未来组合2008》舞台设计：王履玮
《桂花雨》舞台设计：刘科栋；服装设计：王　彦
《生命·阳光》灯光设计：沙晓兰、张顺昌

中国文化艺术政府奖首届动漫奖获奖名单

（排名不分先后）

最佳动画电影奖
《兔侠传奇》
《马兰花》
《梦回金沙城》

最佳动画电视片奖
《美猴王》
《蓝猫龙骑团》
《大耳朵图图》

最佳漫画作品奖
中国原创新漫画《四大名著》系列
《子不语》
《张小盒》

最佳动漫出版物奖
《漫画中国历史》
《偷星九月天（1-20册）》
《小海豚中华典故亲子读物》

最佳动漫舞台剧奖
《十二生肖》
《武林外传之小贝当家》

最佳新媒体动漫作品奖
《三国演义之关云长》
《功夫兔》

最佳动漫形象奖
兔侠
喜羊羊与灰太狼

最佳动漫创作者或团队奖
天津神界漫画有限公司
上海今日动画影视文化有限公司
北京辉煌动画公司
夏达
上海美术电影制片厂

最佳动漫传播机构奖
中央电视台少儿频道

最佳动漫教育机构奖
中国传媒大学
北京电影学院

最佳动漫技术成果奖
手机动漫公共服务平台
4D 动漫体验平台

最佳动漫品牌奖
喜羊羊与灰太狼
虹猫蓝兔

中国文化艺术政府奖首届动漫奖入围名单

（排名不分先后）

最佳动画电影奖（入围）
《喜羊羊与灰太狼之兔年顶呱呱》
《喜羊羊与灰太狼之开心闯龙年》
《洛克王国　圣龙骑士》
《摩尔庄园冰世纪》
《超蛙战士——初露锋芒》
《智取威虎山》
《兔气扬眉》
《快乐奔跑》
《淘气包马小跳》
《少年岳飞传奇》
《文字国历险记——浩昊三战怪怪城》
《喜乐会》

最佳动画电视片奖（入围）
《淘气包马小跳》
《小狐狸发明记》
《毛毛王历险记》
《虹猫蓝兔光明剑》
《小卓玛》
《魔角侦探》
《武林外传》
《哈皮父子》
《小鸡不好惹》
《霹霹乐翻天》
《搜救犬阿虎》
《孔子》

最佳漫画作品奖（入围）
《漫画中国》系列
《乌龙院》
《济公系列》
《我的路》
《80℃》
《梅兰芳》
《动漫经典》系列
《星海镖师》

最佳动漫出版物奖（入围）
《中国原创新漫画四大名著之三国演义》
《汉语乐园》
《哪吒传奇》
《疯了！桂宝 乐活卷》
《漫画月刊》
《人民英雄》
《阿香游中国》
《这么近，那么远》
《素维漫画技法特训》

最佳动漫舞台剧奖（入围）
《小蝌蚪找妈妈》
《糖果的魔力》
《巨人的城堡》
《猪猪侠天使奇遇记》
《喜羊羊与灰太狼之三个愿望》
《魔幻仙踪》
《大耳朵图图——梦想英雄》
《牛郎织女》

最佳新媒体动漫作品奖（入围）
《美丽人生》
《中国戏曲经典原创动画》
《小破孩》
《手机小子》
《奇志碰大兵》
《天天向上——忽悠讲堂》
《大头儿子小头爸爸》
《打，打个大西瓜》

最佳动漫形象奖（入围）
美猴王

蓝猫
小鲤鱼泡泡
福牛乐乐
刀刀狗
张小盒
阿狸
招财童子

最佳动漫创作者或团队奖（入围）

广东原创动力文化传播有限公司《喜羊羊与灰太狼》创作团队
湖南蓝猫动漫传媒有限公司
中国传媒大学动画与数字艺术学院
江通动画股份有限公司《民的 1911》创作团队
浙江中南卡通股份有限公司
北京卡酷传媒有限公司
北京青青树动漫科技有限公司
北京世纪彩蝶动画制作有限公司
北京颜开文化发展有限公司
北京电影学院

最佳动漫传播机构奖（入围）

北京卡酷动画频道
上海炫动卡通频道
江苏优漫卡通频道
湖南金鹰卡通频道

最佳动漫教育机构奖（入围）

中央美术学院
广播电影电视管理干部学院
吉林动画学院
上海电影艺术职业学院
长沙师范学校
湖南大众传媒职业技术学院
四川美术学院
成都学院

最佳动漫技术成果奖（入围）

迪生 MOCO 三维定格动画制作系统
蓝猫二三维制作体系
三维动画片制作软件
移动终端上的原创动漫形象运营平台“Talking Moogle”
基于动作捕捉的实时立体动画综合创作平台
富互联网技术的数字动漫《弹弹堂》系列
ERDO 手机漫画制作工具软件

最佳动漫品牌奖（入围）

蓝猫
火力少年王
猪猪侠
山猫和吉咪
摩尔庄园
美猴王
诺诺森林
西柏坡

2011 国家动漫精品工程动漫产品名单

（排名不分先后）

动画电影

《西柏坡》
《民的 1911》
《兔子镇的火狐狸》
《虎王归来》
《麋鹿王》

动画电视

《秦汉英雄传》
《乐比悠悠》
《开心宝贝》
《小牛向前冲》
《诺诺森林》

漫画

《漫画中国》系列
《三国演义》
《神精榜》
《中国动漫百位插画师 CG 作品精选》
《哥斯拉不说话》

动漫出版物

《尚漫》
《大角牛美德花园》
《“小鹿芮卡”原创动漫项目》
《达尔文计划——生命美术工程长篇漫画作品》
《魔术笔记》

新媒体动漫

《功夫兔系列动画》

《济公系列》

《崽子兔爱运动》

《手机小子》

《中国戏曲经典原创动画》

动漫演出

《武林外传之小贝当家》

《童话新世界》

《绝对小孩》

《大闹天宫》

《寻找大熊猫》

《糖果的魔力》

《大家都有病》

动漫形象

“喜羊羊与灰太狼”形象

漫画《三国演义》人物形象

“张小盒”形象

“阿狸”形象

“蔬菜水果题材动画”形象

2011 国家动漫精品工程动漫创意名单

（排名不分先后）

动画电影

《封神传奇》

《西游新传》

《西域传奇》

《魁拔之十万火急》

《世博总动员》

《赛尔号》

《齐天大圣前传》

《郑和魔海劫》

《石头记》

《崂山道士》

动画电视

《侠义小青天》

《快乐心心》

《淮南子传奇》

《生肖山传奇》

《山猫和吉咪》

《秦时明月》

《三国演义》

《孔小如》

《天上掉下个猪八戒》

《数学荒岛历险记》

漫画

《神龙九子》

《趣味和尚》

《京剧猫》

《追火车》

《牛斗士》

《红楼梦》

《甜甜圈宝贝》

《漫画中国》系列

《长歌行》

《龙行天下动漫设计作品产业化生产项目》

新媒体动漫

《帕拉兔》

《小破孩》

《包子馒头》

《酷巴熊》

《E 哥有话说》

《匹果果》

《神龙九子》

《红楼梦》

《铁皮青蛙》

《蓝猫智乐园》幼教项目

第三批国家级文化产业示范（试验）园区名单

国家级文化产业示范园区：开封宋都古城文化产业园区、张江文化产业园区。

国家级文化产业试验园区：广州北岸文化码头、黑龙江（大庆）文化创意产业园、长沙天心文化产业园区、中国曲阳雕塑文化产业园。

我国入选联合国教科文组织“人类非物质文化遗产代表作名录”项目名单

截至2011年11月，我国列入代表作名录项目共计29项：

昆曲艺术（2001宣布为代表作，2008转入代表作名录）

古琴艺术（2003宣布为代表作，2008转入代表作名录）

新疆维吾尔木卡姆艺术（2005宣布为代表作，2008转入代表作名录）

蒙古族长调民歌（2005宣布为代表作，2008转入代表作名录，中国、蒙古国联合申报）

中国雕版印刷技艺（2009）

中国书法（2009）

中国剪纸（2009）

中国传统木结构营造技艺（2009）

中国朝鲜族农乐舞（2009）

《格萨（斯）尔》（2009）

侗族大歌（2009）

花儿（2009）

《玛纳斯》（2009）

呼麦（2009）

南音（2009）

热贡艺术（2009）

中国传统蚕桑丝织技艺（2009）

端午节（2009）

妈祖信俗（2009）

中国篆刻（2009）

南京云锦织造技艺（2009）

龙泉青瓷传统烧制技艺（2009）

宣纸传统制作技艺（2009）

藏戏（2009）

西安鼓乐（2009）

粤剧（2009）

京剧（2010）

中医针灸（2010）

中国皮影戏（2011）

我国入选联合国教科文组织“急需保护的非物质文化遗产名录”项目名单

截至2011年11月，我国列入急需保护名录项目共计7项：

羌年（2009）

黎族传统纺染织绣技艺（2009）

中国木拱桥传统营造技艺（2009）

麦西热甫（2010）

中国水密隔舱福船制造技艺（2010）

中国活字印刷术（2010）

赫哲族伊玛堪（2011）

第一批创建国家公共文化服务体系示范区名单

序号	创建示范区名称	序号	创建示范区名称
1	北京市朝阳区	17	广东省东莞市
2	河北省秦皇岛市	18	广西壮族自治区来宾市
3	山西省长治市	19	海南省澄迈县
4	内蒙古自治区鄂尔多斯市	20	重庆市渝中区
5	辽宁省大连市	21	四川省成都市
6	吉林省长春市	22	贵州省遵义市
7	黑龙江省牡丹江市	23	云南省保山市
8	上海市徐汇区	24	西藏自治区林芝地区
9	江苏省苏州市	25	陕西省宝鸡市
10	浙江省宁波市鄞州区	26	甘肃省金昌市
11	安徽省马鞍山市	27	青海省格尔木市
12	福建省厦门市	28	新疆维吾尔自治区喀什地区
13	江西省赣州市	29	天津市和平区
14	山东省青岛市	30	河南省郑州市
15	湖北省黄石市	31	宁夏回族自治区银川市
16	湖南省长沙市		

第一批创建国家公共文化服务体系示范项目名单

序号	地区		创建示范项目名称
1	北京	1	东城区:公共文化资源分类供给
		2	大兴区:公共文化设施空间拓展方式
2	天津	3	北辰区:文化品牌活动长效机制
		4	东丽区:群众文艺创作激励机制
3	河北	5	邯郸市:“千村万户”文化家园工程
		6	廊坊市:霸州县级公共文化服务体系
4	山西	7	太原市: 文化精品惠民基层行
5	辽宁	8	沈阳市:社区文化建设“五个一”工程运作模式
6	吉林	9	松原市: 积极探索“种”文化模式 推动农民自办文化健康发展
7	黑龙江	10	大兴安岭地区:北极村北极光节系列节庆活动
8	上海	11	宝山区: 国际民间艺术交流平台建设
		12	浦东新区: 高雅艺术走进百姓的运作模式
9	江苏	13	连云港市: 社区文化中心标准化建设
		14	南通市: 环濠河博物馆群
10	浙江	15	嘉兴市:城乡一体化公共图书馆服务体系建设
		16	温州市: 苍南农村文化中心建设创新模式
11	安徽	17	铜陵市: 城市文化社区建设项目
		18	淮南市:少儿艺术发展项目
12	福建	19	福州市等: 艺术扶贫机制建设
		20	福州市等: 村级文化协管员队伍建设

续表

序号	地区		创建示范项目名称
13	江西	21	宜春市：“一乡一色”、“一村一品”特色文化建设
		22	南昌市：社区文化在线
14	山东	23	泰安市:肥城县级公共文化服务志愿者递进培养工程
		24	威海市:农村文化大院规范化建设与服务
15	河南	25	南阳市:邓州创建文化茶馆
		26	周口市:周末公益性剧场演出活动
16	湖北	27	武汉市:“武汉之夏”群众文化活动
		28	荆州市:小太阳读书节暨全民阅读活动
17	湖南	29	衡阳市:公共文化服务进社区活动
		30	常德市:鼎城民间艺术团体惠民演出
18	广东	31	佛山市:南海区县域公共文化服务体系建设工程
		32	中山市:农村文化室全覆盖工程
19	广西	33	河池市:罗城仫佬族自治县乡镇文化站规范管理
20	海南	34	陵水黎族自治县：群众文化活动示范项目
21	重庆	35	大渡口区:文化馆和图书馆总分馆制
		36	南川区：文化中心户标准化建设
22	四川	37	攀枝花市:大地书香新农村家园工程
		38	泸州市:泸县农民演艺网
23	云南	39	昆明市:社区文化沟通机制建设
		40	楚雄彝族自治州:农民素质教育网络培训学校建设
24	西藏	41	山南地区:民族地区公共文化服务体系建设机制
25	陕西	42	渭南市：“一元剧场”演出项目
		43	铜川市:公共图书馆服务一体化建设
26	甘肃	44	兰州市:群众自发文艺团队建设机制
27	新疆	45	克拉玛依市:图书馆联建、共享一体化服务体系
		46	乌鲁木齐市：“新疆情”文化讲坛的拓展和创新
28	兵团	47	农八师：石河子市广场活动机制

2011—2013年度“中国民间文化艺术之乡”名单

北京市（11）

1	西城区广安门内街道	空竹
2	丰台区南苑乡	摄影
3	平谷区大华山镇	民间文学
4	密云县古北口镇	民间花会
5	怀柔区喇叭沟门满族乡	民间花会
6	顺义区高丽营镇	戏曲
7	顺义区北务镇	龙狮舞
8	房山区南窖乡	民间花会
9	房山区阎村镇	书法
10	顺义区马坡镇	民间艺术
11	房山区大石窝镇	石雕

天津市（9）

12	滨海新区塘沽	塘沽版画
13	滨海新区汉沽	刻字 版画
14	北辰区	现代民间绘画

15	西青区	杨柳青木版年画
16	静海县	书法、绘画
17	武清区	书法、绘画
18	宝坻区	评剧
19	滨海新区大港太平镇	书法、绘画
20	宁河县	木雕、根雕

河北省（21）

21	正定县	常山战鼓
22	井陉县	拉花、晋剧
23	抚宁县	民间文学、吹歌
24	昌黎县	地秧歌、民歌
25	滦南县	评剧、乐亭大鼓
26	乐亭县	乐亭大鼓、皮影
27	固安县	古乐
28	曲阳县	石雕、吹歌
29	定州市子位镇	吹歌
30	保定市高新技术开发区	灯谜
31	吴桥县	杂技
32	宁晋县	工笔画
33	永年县	太极拳、吹歌
34	蔚县	剪纸
35	广宗县	太平道乐、梅花拳
36	邱县	农民漫画
37	沧县	狮舞、木板大鼓
38	丰宁满族自治县	剪纸、蝴蝶舞
39	晋州市营里镇	书画
40	黄骅市齐家务乡	麒麟舞
41	南宫市	民间花会

山西省（19）

42	清徐县东于镇	东于社火
43	浑源县	民间艺术
44	阳泉市郊区西南舁乡	民间艺术
45	怀仁县	旺火习俗
46	永济市韩阳镇	背冰
47	长治县	潞安大鼓
48	泽州县大阳镇	大阳八音会
49	河曲县	河曲民歌
50	汾阳市	地秧歌
51	左权县	左权民歌、小花戏
52	太谷县	秧歌
53	霍州市	威风锣鼓
54	翼城县	花鼓
55	稷山县清河镇	民间艺术
56	中阳县	中阳剪纸
57	黎城县	黎侯虎
58	忻州市忻府区	摔跤
59	屯留县	瞪眼家伙
60	泽州县高都镇	民间庙会

内蒙古自治区（10）

61	库伦旗	蒙古族安代舞
62	根河市敖鲁古雅鄂温克民族乡	驯鹿文化
63	科尔沁右翼中旗	乌力格尔
64	准格尔旗	漫瀚调
65	东乌珠穆沁旗	长调
66	巴林右旗	格斯尔
67	和林格尔县	剪纸
68	察哈尔右翼后旗	阿斯尔
69	乌拉特中旗	乌拉特民歌
70	土默特右旗	二人台

辽宁省（18）

71	沈阳市和平区	秧歌
72	沈阳市沈河区	摄影
73	大连市西岗区	京剧
74	大连市旅顺口区	合唱
75	大连市金州区	民间绘画
76	海城市	高跷秧歌
77	岫岩满族自治县	农民画
78	桓仁满族自治县	版画
79	东港市	民间绘画
80	北镇市	书画
81	黑山县	二人转
82	阜新蒙古族自治县于寺镇	诗词
83	凌源县	皮影
84	朝阳县	小戏
85	建平县	剪纸
86	葫芦岛市连山区	筝
87	沈阳市大东区	合唱
88	庄河市	民间绘画

吉林省（11）

89	九台市其塔木镇	书画
90	蛟河市	乌林草先祖、石雕
91	梨树县	二人转、诗歌
92	东辽县	满族剪纸
93	东丰县	农民画
94	柳河市	书法
95	前郭尔罗斯蒙古族自治县	马头琴、歌舞
96	抚松县	人参文化
97	汪清县	朝鲜族象帽舞
98	双阳县	剪纸
99	敦化县	刀画、秧歌

黑龙江省（20）

100	宾县	农民画
101	方正县	剪纸
102	海林市	楹联
103	林口县	连环画
104	望奎县	诗词

105	绥棱县	黑陶、农民画、草柳编
106	庆安县	庆安版画
107	肇东市	国画
108	黑龙江农垦总局宝泉岭管理局	曲艺
109	黑龙江农垦总局红兴隆分局八五三农场	北大荒燕窝岛版画
110	虎林市	摄影
111	密山市	剪纸
112	北安市	书画
113	林甸县	满族剪纸
114	漠河县	民间管乐
115	呼玛县白银纳鄂伦春族乡	民间艺术
116	同江市街津口镇	伊玛堪、鱼皮制作
117	依安县	剪纸
118	穆棱市	歌词
119	哈尔滨市道里区	京剧

上海市（12）

120	长宁区新泾镇	西郊农民画
121	闵行区颛桥镇	颛桥剪纸
122	宝山区罗店镇	罗店龙船
123	金山区	金山农民画
124	闸北区彭浦镇	摄影
125	奉贤区柘林镇	胡桥滚灯
126	徐汇区枫林路街道	上海剪纸
127	浦东新区三林镇	三林舞龙
128	浦东新区新场镇	锣鼓书
129	嘉定区徐行镇	徐行草编
130	崇明县新河镇	民乐
131	青浦区白鹤镇	沪剧

江苏省（33）

132	句容市	少儿故事
133	常熟市虞山镇	虞山派艺术
134	苏州工业园区胜浦镇	民间音乐
135	海门市	海门山歌
136	扬州市邗江区	琴筝
137	高淳县东坝镇	东坝大马灯
138	海安县	海安龙舞
139	江阴市月城镇	戏剧
140	吴江市	戏曲、芦墟山歌
141	南京市江宁区秣陵街道	方山大鼓（麻雀蹦）
142	溧阳市	少儿书法
143	常州市新北区孟河镇	书画雕刻
144	东海县	少儿版画
145	射阳县	农民画
146	丹阳市皇塘镇	书画
147	金坛市	金坛刻纸
148	泗阳县临河镇	云渡桃核雕
149	昆山市周庄镇	水乡民俗
150	姜堰市溱潼镇	溱潼会船
151	江阴市	民间故事、民乐

152	宜兴市	书画、宜兴陶瓷
153	邳州市	农民画、剪纸
154	淮安市楚州区	农民画、杂技
155	建湖县	杂技、淮剧
156	东台市	发绣、少儿二胡
157	张家港市	戏曲、山歌、书画
158	常熟市	白茆山歌、徐市灯谜、王庄戏曲
159	昆山市	戏曲、昆曲、舞龙
160	苏州市吴中区	书画、工艺雕刻、水乡妇女服饰
161	南通市通州区	小戏小品、风筝、京剧
162	太仓市	江南丝竹、龙狮、书画
163	如东县	如东绘画
164	苏州市高新技术产业开发区	刺绣、少儿书画

浙江省（20）

165	杭州市余杭区	余杭滚灯
166	杭州市萧山区坎山镇	萧山花边
167	杭州市西湖区蒋村街道	龙舟
168	泰顺县	木偶戏
169	乐清市	黄杨木雕、细纹刻纸
170	青田县	青田鱼灯
171	景宁畲族自治县	畲族民间歌舞
172	嵊州市	嵊州吹打
173	诸暨市	书画
174	磐安县深泽乡	炼火、先锋、寿龟奉茶
175	长兴县	长兴百叶龙
176	湖州市南浔区善琏镇	湖笔制作
177	舟山市定海区白泉镇	舟山锣鼓
178	舟山市普陀区	渔民画
179	嘉善县	嘉善田歌
180	桐乡市	漫画、摄影
181	海宁市	硖石灯彩
182	嘉兴市秀洲区	农民画
183	象山县	象山竹根雕
184	三门县亭旁镇	杨家板龙

安徽省（15）

185	萧县	书画
186	砀山县	唢呐
187	蚌埠市禹会区秦集镇	花鼓灯
188	临泉县	杂技、马戏
189	界首市	彩陶
190	太和县	书画
191	凤台县	花鼓灯
192	凤阳县	凤阳花鼓
193	当涂县	民歌
194	巢湖市居巢区	民歌
195	芜湖市镜湖区	铁画
196	宿松县	文南词
197	怀宁县	黄梅戏
198	歙县三阳乡	叠罗汉

199	望江县	挑花

福建省（25）

200	石狮市	灯谜
201	福清市	闽剧
202	晋江市	闽南戏曲、灯谜
203	武夷山市	武夷茶文化
204	浦城县	剪纸
205	诏安县	绘画
206	漳浦县	剪纸
207	安溪县	安溪茶文化
208	仙游县	莆仙戏
209	柘荣县	剪纸
210	松溪县	版画
211	惠安县	雕刻
212	德化县	白瓷
213	将乐县	擂茶
214	福州市鼓楼区	南后街花灯
215	福州市晋安区	寿山石雕
216	福州市晋安区新店镇	腰鼓
217	厦门市翔安区	农民画
218	漳州市芗城区	灯谜、芗剧
219	泉州市鲤城区	南音、刻纸、闽南戏曲
220	莆田市荔城区	莆仙戏、木雕
221	龙岩市新罗区	采茶灯
222	宁德市蕉城区霍童镇	线狮表演
223	漳平市新桥镇	农民画
224	莆田市湄洲岛	妈祖信俗

江西省（14）

225	兴国县	山歌
226	于都县	唢呐
227	瑞昌市	剪纸
228	上高县	农民摄影
229	南昌市青山湖区	龙舞
230	永丰县	农民画
231	湖口县	戏曲
232	婺源县	雕刻
233	永新县	书法
234	宜春市袁州区	版画
235	吉安县	灯彩
236	安义县	唢呐
237	萍乡市湘东区	傩面具
238	修水县	书法

山东省（30）

239	章丘市	芯子
240	商河县	鼓子秧歌
241	即墨市	柳腔戏
242	青岛市崂山区	民间文学

243	淄博市周村区	游艺
244	淄博市博山区	陶瓷琉璃
245	枣庄市薛城区	唢呐
246	滕州市	书画
247	东营市东营区牛庄镇	吕剧
248	临朐县	书画
249	青州市	书画
250	海阳市	秧歌
251	莱州市	曲艺
252	兖州市	花棍舞
253	嘉祥县	石雕
254	肥城市	桃木雕刻
255	新泰市	民间舞蹈
256	荣成市	剪纸
257	日照市东港区	农民画
258	莒县	书画
259	沂水县高桥镇	手绣
260	宁津县	杂技
261	惠民县胡集镇	曲艺
262	博兴县锦秋街道	草柳编
263	郓城县	古筝
264	巨野县大义镇	杂技
265	高唐县	书画
266	聊城市东昌府区	葫芦雕刻
267	胶州市	秧歌
268	潍坊市寒亭区	风筝、年画

河南省（23）

269	开封县朱仙镇	木版年画
270	安阳县吕村镇	战鼓
271	浚县屯子镇	石雕
272	济源市梨林镇	曲剧
273	南阳市卧龙区青华镇	戏曲
274	长葛市石固镇	狮舞
275	原阳县太平镇	盘鼓
276	长垣县佘家乡	武术
277	项城市南顿镇	回民秧歌
278	新县千斤乡	地灯戏
279	新县八里畈镇	民歌
280	商城县	民歌
281	洛阳市洛龙区关林镇	关林社火
282	孟津县平乐镇	牡丹绘画
283	新密市超化镇	超化吹歌、龙舞
284	巩义市鲁庄镇	小相狮舞
285	陕县西张村镇	剪纸、澄泥砚
286	灵宝市阳平镇	东西常社火
287	漯河市源汇区问十乡	铜器舞
288	孟州市槐树乡	火龙舞
289	武陟县詹店镇	盘鼓
290	上蔡县东岸乡	核桃雕花
291	沈丘县槐店回族镇	民间舞蹈

湖北省（22）

292	长阳土家族自治县	歌舞
293	来凤县百福司镇	摆手舞
294	黄梅县	黄梅戏、黄梅挑花
295	武汉市黄陂区	楚剧
296	孝感市孝南区	楚剧
297	潜江市	荆州花鼓戏
298	仙桃市	荆州花鼓戏、雕花剪纸
299	天门市	曲艺、荆州花鼓戏
300	崇阳县	崇阳提琴戏
301	阳新县	阳新采花戏、阳新布贴
302	秭归县	秭归花鼓舞
303	利川市柏杨坝镇	民歌
304	巴东县野三关镇	歌舞
305	枝江市	吹打乐
306	恩施市三岔乡	傩戏
307	安陆市	漫画
308	郧县	凤凰灯舞
309	黄冈市黄州区	农民画
310	广水市	书法
311	荆州市荆州区马山镇	民歌
312	红安县	红安刺绣
313	兴山县	民歌

湖南省（26）

314	攸县槚山乡	槚山皮影戏
315	炎陵县沔渡镇	三人龙
316	湘潭县	民间唢呐
317	常德市鼎城区周家店镇	吹打乐
318	石门县罗坪乡	山歌
319	常德市鼎城区草坪镇	民间歌舞
320	慈利县龙潭河镇	板板龙灯
321	汝城县土桥镇	香火龙
322	江华瑶族自治县贝江乡	瑶族长鼓舞等
323	通道侗族自治县	侗族芦笙
324	靖州苗族侗族自治县	苗族歌鼟
325	龙山县	土家族摆手舞
326	永顺县大坝乡	毛古斯舞
327	保靖县葫芦镇	苗族鼓舞
328	古丈县默戎镇	苗族鼓舞
329	长沙市开福区捞刀河镇	湘绣
330	浏阳市永和镇	菊花石雕
331	常宁市	版画
332	衡阳县石市乡	竹木雕
333	隆回县虎形山瑶族乡	花瑶挑花
334	泸溪县合水镇	踏虎凿花
335	凤凰县柳薄乡	苗族银饰锻制
336	花垣县	苗绣、织锦
337	汨罗市长乐镇	抬阁（故事会）
338	常德市鼎城区尧天坪镇	龙狮
339	吉首市双塘镇	阳戏

广东省（27）

340	广州市海珠区	美术、书法
341	广州市天河区珠吉街	乞巧习俗
342	广州市番禺区沙湾镇	飘色、广东音乐
343	深圳市盐田区沙头角街道	沙头角鱼灯舞
344	汕头市潮阳区	潮阳剪纸、笛套音乐、英歌舞
345	佛山市南海区	醒狮、武术
346	佛山市禅城区石湾镇街道	石湾陶
347	梅县	客家山歌
348	丰顺县埔寨镇	埔寨火龙
349	大埔县	广东汉乐
350	龙门县	龙门农民画
351	惠东县平海镇	民俗活动
352	东莞市中堂镇	龙舟民俗文化活动
353	东莞市樟木头镇	麒麟舞
354	东莞市长安镇	粤剧、摄影、醒狮
355	中山市小榄镇	菊花会、书画
356	吴川市	飘色、泥塑
357	雷州市	雷剧
358	肇庆市端州区黄岗街道	端砚
359	连南瑶族自治县	耍歌堂、长鼓舞
360	潮州市枫溪区	枫溪瓷塑
361	饶平县黄冈镇	布马舞
362	普宁市	英歌舞
363	潮州市湘桥区意溪镇	大锣鼓、金漆木雕
364	郁南县连滩镇	山歌
365	佛山市南海区大沥镇	粤曲
366	廉江市	舞鹰雄

海南省（5）

367	儋州市	调声
368	定安县	琼剧
369	临高县	人偶戏、渔歌
370	琼中县上安乡	黎族民歌
371	乐东黎族自治县大安镇	黎族剪纸

广西壮族自治区（12）

372	东兰县	铜鼓
373	马山县	壮族多声部民歌
374	东兴市	京族独弦琴
375	靖西县	壮族绣球
376	宜州市	刘三姐歌谣
377	博白县	采茶戏
378	金秀瑶族自治县	瑶族服饰
379	融水苗族自治县安陲乡	苗族芦笙
380	岑溪市	牛娘戏
381	平南县大安镇	粤曲
382	三江县梅林乡	侗族大歌
383	阳朔县福利镇	扇画

重庆市（11）

384	铜梁县	龙灯
385	酉阳土家族苗族自治县	摆手舞
386	大足县	大足石雕
387	綦江县	农民版画、永城吹打、金桥吹打
388	巴南区	接龙吹打、花溪民歌、木洞山歌
389	秀山土家族苗族自治县	秀山花灯
390	石柱土家族自治县	啰儿调
391	梁平县	梁山灯戏、木版年画、癞子锣鼓
392	彭水苗族土家族自治县	苗族山歌
393	北碚区澄江镇	北泉板凳龙
394	九龙坡区九龙镇	楹联

四川省（32）

395	宝兴县	尧蹟民歌
396	泸州市纳溪区	民歌
397	富顺县	唢呐
398	威远县	山歌
399	康定县	情歌
400	丹棱县	唢呐
401	壤塘县	梵音
402	阆中市	巴象鼓舞
403	会理县	歌舞
404	巴塘县	弦子
405	巴中市巴州区	皮影
406	色达县	藏剧
407	蓬溪县	书法
408	射洪县	诗画
409	成都市青羊区	书画
410	绵竹市	年画
411	成都市金牛区	摄影
412	成都市锦江区	糖画
413	崇州市	竹编
414	安岳县	石刻
415	沐川县	草龙
416	夹江县	书画纸
417	昭觉县	彝族服饰
418	青神县	竹编
419	江安县	竹簧
420	剑阁县	花灯
421	成都市龙泉驿区	水龙
422	双流县黄龙溪镇	火龙
423	北川羌族自治县	羌族文化
424	兴文县	高桩
425	泸县	龙舞
426	绵阳市涪城区金峰镇	雄狮

贵州省（23）

427	松桃苗族自治县	民间特技表演
428	榕江县栽麻乡	侗族大歌
429	沿河土家族自治县	土家族山歌

430	榕江县	侗族琵琶歌
431	丹寨县	苗族锦鸡舞
432	从江县	侗族大歌
433	印江土家族苗族自治县	书法
434	大方县	现代民间绘画
435	玉屏侗族自治县	箫笛
436	平坝县	书画、屯堡地戏
437	榕江县古州镇	三宝侗族歌舞
438	台江县	苗族姊妹节
439	思南县	花灯戏
440	凯里市	苗族芦笙歌舞
441	兴义市	布依八音
442	镇宁布依族苗族自治县黄果树镇	布依族蜡染
443	印江土家族苗族自治县合水镇	蔡氏古法造纸
444	三都水族自治县中和镇	水族马尾绣
445	黄平县	银饰、蜡染
446	德江县	傩戏
447	榕江县兴华乡	摆贝苗族百鸟衣
448	安顺市西秀区刘官乡	傩雕
449	从江县往洞乡	鼓楼花桥建筑

云南省（19）

450	昆明市官渡区	现代民间绘画
451	陆良县	书法
452	峨山彝族自治县	彝族花鼓舞
453	牟定县	彝族左脚舞
454	腾冲县固东镇	皮影
455	大理市	白族大本曲
456	洱源县	白族唢呐
457	丽江市古城区大东乡	纳西族热美蹉
458	景谷县威远镇	象脚鼓舞
459	梁河县	葫芦丝
460	石屏县	彝族烟盒舞
461	景洪市嘎洒镇	曼暖典傣族织锦
462	永善县马楠乡	苗族芦笙舞
463	马关县仁和镇	阿峨壮族农民版画
464	耿马傣族自治县孟定镇	傣族歌舞
465	泸水县鲁掌镇	歌舞
466	维西傈僳族自治县	叶枝傈僳族阿尺木刮歌舞
467	双柏县	彝族老虎舞
468	沧源佤族自治县	佤族民俗

西藏自治区（7）

469	定结县陈塘镇	夏尔巴歌舞
470	札达县	底雅宣舞
471	比如县香曲乡	丁嘎热巴
472	拉萨市堆龙德庆乃琼镇加热村	藏戏
473	乃东县昌珠镇扎西曲登村	藏戏
474	昂仁县日吾其乡	迥巴藏戏
475	昌都县嘎玛乡	金属锻造

陕西省（16）

476	延川县	剪纸
477	凤翔县	木版年画、泥塑
478	子长县	唢呐
479	铜川市印台区陈炉镇	耀州瓷
480	合阳县黑池镇	书法
481	横山县	老腰鼓、陕北说书
482	城固县博望镇	架花刺绣
483	旬邑县	剪纸、唢呐
484	神木县	面花
485	商南县	大鼓秧歌
486	紫阳县	民歌
487	绥德县	秧歌、石雕、唢呐、剪纸、民歌
488	户县	农民画
489	宝鸡市陈仓区	社火
490	安塞县	腰鼓、剪纸、民间绘画、民歌
491	韩城市	行鼓

甘肃省（7）

492	环县	道情皮影戏
493	武山县	书画
494	和政县	花儿
495	秦安县	秦安小曲
496	华亭县	曲子戏
497	清水县	轩辕鼓舞
498	秦安县王尹乡	麦秆编

青海省（11）

499	湟源县	排灯
500	大通回族土族自治县	老爷山朝山会
501	湟中县拦隆口镇	高台
502	互助土族自治县丹麻镇	土族花儿会
503	乐都县瞿昙镇	花儿会
504	同仁县	热贡艺术
505	共和县	藏族拉伊
506	海晏县	赛马
507	门源回族自治县泉口镇	回族宴席曲
508	格尔木市郭勒木德镇	民间木雕、刺绣
509	格尔木市乌图美仁乡	乌图美仁那达慕

宁夏回族自治区（7）

510	隆德县	民间艺术
511	海源县	花儿、剪纸
512	平罗县头闸镇	民间艺术
513	青铜峡市峡口镇	峡口社火
514	固原市原州区	民间艺术
515	彭阳县城阳乡	民间艺术
516	青铜峡市青铜镇	民间艺术

新疆维吾尔自治区（12）

517	昌吉市二六工镇	新疆花儿

518	玛纳斯县包家店镇	新疆曲子
519	新源县	哈萨克族阿依特斯
520	额敏县萨尔也木勒牧场	哈萨克族阿依特斯
521	且末县托格拉克勒克乡	维吾尔族且末赛乃姆
522	阿瓦提县乌鲁却勒镇	维吾尔刀郎木卡姆
523	阿合奇县色帕巴依乡	柯尔克孜族库姆孜艺术
524	策勒县达玛沟乡	维吾尔族麦西热甫
525	塔什库尔干塔吉克自治县	塔吉克族鹰舞
526	莎车县	维吾尔族十二木卡姆
527	和布克赛尔蒙古自治县查干库勒乡	蒙古族长调
528	富蕴县	哈萨克族木沙依拉

全国第三次文化馆评估定级名单

（按行政区划排序）

北京市（17个）

一级馆（15个）

1、北京市东城区第一文化馆
2、北京市东城区第二文化馆
3、北京市西城区文化馆（北馆）
4、北京市西城区文化馆（南馆）
5、北京市朝阳区文化馆
6、北京市海淀区文化馆
7、北京市门头沟区文化馆
8、北京市房山区文化馆
9、北京市房山区燕山文化馆
10、北京市顺义区文化馆
11、北京市大兴区文化馆
12、北京市怀柔区文化馆
13、北京市平谷区文化馆
14、北京市密云县文化馆
15、北京市延庆县文化馆

二级馆（2个）

1、北京市丰台区文化馆
2、北京市石景山区文化馆

天津市（14个）

一级馆（10个）

1、天津市和平文化宫
2、天津市南开人民文化宫
3、天津市西青区文化馆
4、天津市宝坻区文化馆
5、天津市滨海新区塘沽文化馆
6、天津市滨海新区汉沽文化馆
7、天津市滨海新区大港文化馆
8、天津市宁河县文化馆
9、天津市静海县文化馆
10、天津市蓟县文化馆

二级馆（4个）

1、天津市红桥区文化馆
2、天津市东丽区文化馆
3、天津市北辰区文化馆
4、天津市武清区文化馆

河北省（99个）

一级馆（23个）

1、河北省石家庄市群众艺术馆
2、河北省石家庄市裕华区文化馆
3、河北省正定县文化馆
4、河北省灵寿县文化馆
5、河北省辛集市文化馆
6、河北省唐山市丰南区文化馆
7、河北省乐亭县文化馆
8、河北省迁安市文化馆
9、河北省秦皇岛市群众艺术馆
10、河北省邯郸市群众艺术馆
11、河北省邯郸市复兴区文化馆
12、河北省邯郸市峰峰矿区文化馆
13、河北省涉县文化馆

14、河北省邱县文化馆
15、河北省武安市文化馆
16、河北省沙河市文化馆
17、河北省满城县文化馆
18、河北省易县文化馆
19、河北省蠡县文化馆
20、河北省张北县文化馆
21、河北省青县文化馆
22、河北省霸州市文化馆
23、河北省三河市文化馆

二级馆（28 个）

1、河北省石家庄市井陉矿区文化馆
2、河北省井陉县文化馆
3、河北省深泽县文化馆
4、河北省藁城市文化馆
5、河北省鹿泉市文化馆
6、河北省唐山市古冶区文化馆
7、河北省唐山市丰润区文化馆
8、河北省滦县文化馆
9、河北省滦南县文化馆
10、河北省玉田县文化馆
11、河北省唐海县文化馆
12、河北省遵化市文化馆
13、河北省青龙满族自治县文化馆
14、河北省抚宁县文化馆
15、河北省邯郸市邯山区文化馆
16、河北省邯郸市丛台区文化馆
17、河北省临漳县文化馆
18、河北省成安县文化馆
19、河北省涞水县文化馆
20、河北省定兴县文化馆
21、河北省定州市文化馆
22、河北省张家口市群众艺术馆
23、河北省张家口市宣化区文化馆
24、河北省张家口市下花园区文化馆
25、河北省承德市群众艺术馆
26、河北省隆化县文化馆
27、河北省沧州市群众艺术馆
28、河北省冀州市文化馆

三级馆（48 个）

1、河北省群众艺术馆
2、河北省行唐县文化馆
3、河北省无极县文化馆
4、河北省平山县文化馆
5、河北省元氏县文化馆
6、河北省赵县文化馆
7、河北省晋州市文化馆
8、河北省新乐市文化馆
9、河北省唐山市群众艺术馆
10、河北省唐山市开平区文化馆
11、河北省昌黎县文化馆
12、河北省大名县文化馆
13、河北省磁县文化馆
14、河北省永年县文化馆
15、河北省鸡泽县文化馆
16、河北省广平县文化馆
17、河北省馆陶县文化馆
18、河北省曲周县文化馆
19、河北省邢台市群众艺术馆
20、河北省临城县文化馆
21、河北省隆尧县文化馆
22、河北省南和县文化馆
23、河北省威县文化馆
24、河北省临西县文化馆
25、河北省保定市群众艺术馆
26、河北省清苑县文化馆
27、河北省唐县文化馆
28、河北省高阳县文化馆
29、河北省容城县文化馆
30、河北省望都县文化馆
31、河北省安新县文化馆
32、河北省涿州市文化馆
33、河北省高碑店市文化馆
34、河北省张家口市桥西区文化馆
35、河北省蔚县文化馆
36、河北省赤城县文化馆
37、河北省崇礼县文化馆
38、河北省承德市鹰手营子矿区文化馆
39、河北省承德县文化馆
40、河北省平泉县文化馆
41、河北省沧县文化馆
42、河北省盐山县文化馆

43、河北省吴桥县文化馆
44、河北省泊头市文化馆
45、河北省河间市文化馆
46、河北省廊坊市广阳区文化馆
47、河北省永清县文化馆
48、河北省文安县文化馆

山西省（57 个）

一级馆（12 个）

1、山西省群众艺术馆
2、山西省清徐县文化馆
3、山西省长治县文化馆
4、山西省襄垣县文化馆
5、山西省屯留县文化馆
6、山西省武乡县文化馆
7、山西省沁水县文化馆
8、山西省晋中市榆次区文化馆
9、山西省寿阳县文化馆
10、山西省垣曲县文化馆
11、山西省古县文化馆
12、山西省孝义市文化馆

二级馆（15 个）

1、山西省太原市群众艺术馆
2、山西省太原市迎泽区文化馆
3、山西省太原市尖草坪区文化馆
4、山西省平顺县文化馆
5、山西省黎城县文化馆
6、山西省长子县文化馆
7、山西省朔州市朔城区文化馆
8、山西省右玉县文化馆
9、山西省运城市盐湖区文化馆
10、山西省原平市文化馆
11、山西省曲沃县文化馆
12、山西省侯马市文化馆
13、山西省柳林县文化馆
14、山西省中阳县文化馆
15、山西省汾阳市文化馆

三级馆（30 个）

1、山西省太原市小店区文化馆
2、山西省太原市杏花岭区文化馆
3、山西省大同市群众艺术馆
4、山西省大同市城区文化馆
5、山西省灵丘县文化馆
6、山西省浑源县文化馆
7、山西省平定县文化馆
8、山西省盂县文化馆
9、山西省沁源县文化馆
10、山西省晋城市群众艺术馆
11、山西省阳城县文化馆
12、山西省陵川县文化馆
13、山西省泽州县文化馆
14、山西省左权县文化馆
15、山西省和顺县文化馆
16、山西省太谷县文化馆
17、山西省运城市群众艺术馆
18、山西省临猗县文化馆
19、山西省万荣县文化馆
20、山西省闻喜县文化馆
21、山西省新绛县文化馆
22、山西省绛县文化馆
23、山西省平陆县文化馆
24、山西省临汾市群众艺术馆
25、山西省临汾市尧都区文化馆
26、山西省洪洞县文化馆
27、山西省安泽县文化馆
28、山西省隰县文化馆
29、山西省文水县文化馆
30、山西省交城县文化馆

内蒙古自治区（60 个）

一级馆（20 个）

1、内蒙古包头市昆都仑区文化馆
2、内蒙古包头市九原区文化馆
3、内蒙古土默特右旗文化馆
4、内蒙古巴林左旗文化馆
5、内蒙古奈曼旗文化馆
6、内蒙古鄂尔多斯市群众艺术馆
7、内蒙古鄂尔多斯市东胜区文化馆
8、内蒙古鄂多克旗文化馆
9、内蒙古乌审旗文化馆
10、内蒙古伊金霍洛旗文化馆
11、内蒙古呼伦贝尔市海拉尔区文化馆

12、内蒙古阿荣旗文化馆
13、内蒙古新巴尔虎右旗文化馆
14、内蒙古牙克石市文化馆
15、内蒙古乌拉特前旗文化馆
16、内蒙古科右中旗文化馆
17、内蒙古突泉县文化馆
18、内蒙古科右前旗文化馆
19、内蒙古锡林郭勒盟群众艺术馆
20、内蒙古阿拉善左旗文化馆

二级馆（16 个）

1、内蒙古呼和浩特市新城区文化馆
2、内蒙古呼和浩特市赛罕区文化馆
3、内蒙古包头市青山区文化馆
4、内蒙古包头市达茂旗文化馆
5、内蒙古乌海市海渤湾区文化馆
6、内蒙古赤峰市敖汉旗文化馆
7、内蒙古通辽市科尔沁区文化馆
8、内蒙古通辽市库伦旗文化馆
9、内蒙古莫力达瓦达翰尔族自治旗文化馆
10、内蒙古新巴尔虎左旗文化馆
11、内蒙古扎兰屯市文化馆
12、内蒙古额尔古纳市文化馆
13、内蒙古根河市文化馆
14、内蒙古二连浩特市群众艺术馆
15、内蒙古东乌珠穆沁旗文化馆
16、内蒙古镶黄旗文化馆

三级馆（24 个）

1、内蒙古土默特左旗文化馆
2、内蒙古赤峰市群众艺术馆
3、内蒙古赤峰市红山区文化馆
4、内蒙古赤峰市元宝山区文化馆
5、内蒙古克什克腾旗文化馆
6、内蒙古翁牛特旗文化馆
7、内蒙古通辽市群众艺术馆
8、内蒙古达拉特旗文化馆
9、内蒙古准格尔旗文化馆
10、内蒙古鄂托克前旗文化馆
11、内蒙古杭锦旗文化馆
12、内蒙古陈巴尔虎旗文化馆
13、内蒙古巴彦淖尔市临河区文化馆
14、内蒙古乌拉特中旗文化馆
15、内蒙古杭锦后旗文化馆
16、内蒙古乌兰察布市群众艺术馆
17、内蒙古卓资县文化馆
18、内蒙古凉城县文化馆
19、内蒙古乌兰浩特市文化馆
20、内蒙古扎赉特旗文化馆
21、内蒙古锡林浩特市文化馆
22、内蒙古西乌珠穆沁旗文化馆
23、内蒙古正蓝旗文化馆
24、内蒙古乌拉盖经济开发区文化馆

辽宁省（55 个）

一级馆（31 个）

1、辽宁省群众艺术馆
2、辽宁省沈阳市群众艺术馆
3、辽宁省沈阳市和平区文化馆
4、辽宁省沈阳市沈河区文化馆
5、辽宁省沈阳市大东区文化馆
6、辽宁省沈阳市皇姑区文化馆
7、辽宁省沈阳市铁西区文化馆
8、辽宁省沈阳市东陵区文化馆
9、辽宁省沈阳市沈北新区文化馆
10、辽宁省沈阳市于洪区文化馆
11、辽宁省辽中县文化馆
12、辽宁省大连市西岗区文化馆
13、辽宁省大连市甘井子区文化馆
14、辽宁省大连市金州区文化馆
15、辽宁省庄河市文化馆
16、辽宁省鞍山市铁东区文化馆
17、辽宁省岫岩满族自治县文化馆
18、辽宁省丹东市振兴区文化馆
19、辽宁省东港市文化馆
20、辽宁省锦州市群众艺术馆
21、辽宁省黑山县文化馆
22、辽宁省义县文化馆
23、辽宁省辽阳市群众艺术馆
24、辽宁省辽阳市宏伟区文化馆
25、辽宁省辽阳县文化馆
26、辽宁省盘锦市群众艺术馆
27、辽宁省朝阳市群众艺术馆
28、辽宁省建平县文化馆

29、辽宁省北票市文化馆

30、辽宁省凌源市文化馆

31、辽宁省葫芦岛市连山区文化馆

二级馆（14个）

1、辽宁省沈阳市苏家屯区文化馆

2、辽宁省康平县文化馆

3、辽宁省大连市沙河口区文化馆

4、辽宁省普兰店市文化馆

5、辽宁省鞍山市群众艺术馆

6、辽宁省鞍山市铁西区文化馆

7、辽宁省鞍山市立山区文化馆

8、辽宁省北镇市文化馆

9、辽宁省辽阳市弓长岭区文化馆

10、辽宁省灯塔市文化馆

11、辽宁省铁岭市西丰县文化馆

12、辽宁省朝阳县文化馆

13、辽宁省喀左蒙古族自治县文化馆

14、辽宁省建昌县文化馆

三级馆（10个）

1、辽宁省法库县文化馆

2、辽宁省新民市文化馆

3、辽宁省宽甸满族自治县文化馆

4、辽宁省凤城市文化馆

5、辽宁省凌海市文化馆

6、辽宁省营口市西市区文化馆

7、辽宁省辽阳市白塔区文化馆

8、辽宁省大洼县文化馆

9、辽宁省昌图县文化馆

10、辽宁省朝阳市双塔区文化馆

吉林省（45个）

一级馆（19个）

1、吉林省群众艺术馆

2、吉林省长春市宽城区文化馆

3、吉林省吉林市群众艺术馆

4、吉林省吉林市朝鲜族群众艺术馆

5、吉林省吉林市龙潭区文化馆

6、吉林省吉林市船营区文化馆

7、吉林省吉林市丰满区文化馆

8、吉林省桦甸市文化馆

9、吉林省磐石市文化馆

10、吉林省通化县文化馆

11、吉林省白山市江源区文化馆

12、吉林省抚松县文化馆

13、吉林省前郭县文化馆

14、吉林省扶余县文化馆

15、吉林省白城市群众艺术馆

16、吉林省延边朝鲜族自治州群众艺术馆

17、吉林省延吉市文化馆

18、吉林省图们市文化馆

19、吉林省敦化市文化馆

二级馆（12个）

1、吉林省长春市朝阳区文化馆

2、吉林省九台市文化馆

3、吉林省吉林市昌邑区文化馆

4、吉林省永吉县文化馆

5、吉林省蛟河市文化馆

6、吉林省公主岭市文化馆

7、吉林省辽源市群众艺术馆

8、吉林省梅河口市文化馆

9、吉林省长岭县文化馆

10、吉林省白城市洮北区文化馆

11、吉林省镇赉县文化馆

12、吉林省和龙市文化馆

三级馆（14个）

1、吉林省榆树市文化馆

2、吉林省德惠市文化馆

3、吉林省舒兰市文化馆

4、吉林省双辽市文化馆

5、吉林省东辽县文化馆

6、吉林省通化市群众艺术馆

7、吉林省通化市二道江区文化馆

8、吉林省柳河县文化馆

9、吉林省白山市群众艺术馆

10、吉林省长白县文化馆

11、吉林省乾安县文化馆

12、吉林省大安市文化馆

13、吉林省珲春市文化馆

14、吉林省安图县文化馆

黑龙江省（79个）

一级馆（16个）

1、黑龙江省哈尔滨市道里区文化馆

2、黑龙江省哈尔滨市南岗区文化馆
3、黑龙江省哈尔滨市香坊区文化馆
4、黑龙江省哈尔滨市宾县文化馆
5、黑龙江省哈尔滨市延寿县文化馆
6、黑龙江省齐齐哈尔市富拉尔基区文化馆
7、黑龙江省鸡西市密山市文化馆
8、黑龙江省鹤岗市群众艺术馆
9、黑龙江省鹤岗市萝北县文化馆
10、黑龙江省大庆市群众艺术馆
11、黑龙江省伊春市友好区文化馆
12、黑龙江省伊春市嘉荫县文化馆
13、黑龙江省牡丹江市群众艺术馆
14、黑龙江省牡丹江市海林市文化馆
15、黑龙江省绥化市肇东市文化馆
16、黑龙江省绥化市庆安县文化馆

二级馆（18 个）

1、黑龙江省哈尔滨市朝鲜民族艺术馆
2、黑龙江省哈尔滨市道外区文化馆
3、黑龙江省哈尔滨市通河县文化馆
4、黑龙江省哈尔滨市富裕县文化馆
5、黑龙江省哈尔滨市拜泉县文化馆
6、黑龙江省鹤岗市南山区文化馆
7、黑龙江省双鸭山市群众艺术馆
8、黑龙江省大庆市大同区文化馆
9、黑龙江省大庆市杜尔伯特蒙古族自治县文化馆
10、黑龙江省伊春市汤旺河区文化馆
11、黑龙江省伊春市铁力市文化馆
12、黑龙江省佳木斯市富锦市文化馆
13、黑龙江省七台河市新兴区文化馆
14、黑龙江省牡丹江市绥芬河市文化馆
15、黑龙江省牡丹江市宁安市文化馆
16、黑龙江省黑河市北安市文化馆
17、黑龙江省黑河市五大连池市文化馆
18、黑龙江省绥化市兰西县文化馆

三级馆（45 个）

1、黑龙江省哈尔滨市尚志市文化馆
2、黑龙江省哈尔滨市五常市文化馆
3、黑龙江省齐齐哈尔市龙沙区文化馆
4、黑龙江省齐齐哈尔市龙江县文化馆
5、黑龙江省齐齐哈尔市依安县文化馆
6、黑龙江省齐齐哈尔市甘南县文化馆
7、黑龙江省齐齐哈尔市克东县文化馆
8、黑龙江省齐齐哈尔市讷河市文化馆
9、黑龙江省鸡西市群众艺术馆
10、黑龙江省鸡西市鸡冠区文化馆
11、黑龙江省鸡西市恒山区文化馆
12、黑龙江省鸡西市滴道区文化馆
13、黑龙江省鸡西市梨树区文化馆
14、黑龙江省鸡西市城子河区文化馆
15、黑龙江省鸡西市麻山区文化馆
16、黑龙江省鸡西市鸡东县文化馆
17、黑龙江省鸡西市虎林市文化馆
18、黑龙江省鹤岗市绥滨县文化馆
19、黑龙江省双鸭山市集贤县文化馆
20、黑龙江省双鸭山市友谊县文化馆
21、黑龙江省大庆市肇州县文化馆
22、黑龙江省伊春市群众艺术馆
23、黑龙江省伊春市伊春区文化馆
24、黑龙江省伊春市南岔区文化馆
25、黑龙江省伊春市西林区文化馆
26、黑龙江省伊春市翠峦区文化馆
27、黑龙江省伊春市新青区文化馆
28、黑龙江省伊春市美溪区文化馆
29、黑龙江省伊春市金山屯区文化馆
30、黑龙江省伊春市带岭区文化馆
31、黑龙江省伊春市红星区文化馆
32、黑龙江省佳木斯市同江市文化馆
33、黑龙江省牡丹江市朝鲜民族艺术馆
34、黑龙江省牡丹江市西安区文化馆
35、黑龙江省牡丹江市东宁县文化馆
36、黑龙江省牡丹江市林口县文化馆
37、黑龙江省牡丹江市穆棱市文化馆
38、黑龙江省黑河市嫩江县文化馆
39、黑龙江省黑河市逊克县文化馆
40、黑龙江省黑河市孙吴县文化馆
41、黑龙江省绥化市群众艺术馆
42、黑龙江省绥化市望奎县文化馆
43、黑龙江省绥化市海伦市文化馆
44、黑龙江省大兴安岭行署呼玛县文化馆
45、黑龙江省大兴安岭行署塔河县文化馆

上海市（25个）

一级馆（21个）

1、上海市群众艺术馆
2、上海市卢湾区文化馆
3、上海市徐汇区文化馆
4、上海市徐汇区梅陇文化馆
5、上海市长宁文化艺术中心
6、上海市长宁民俗文化中心
7、上海市静安区文化馆
8、上海市普陀区文化馆
9、上海市普陀区桃浦文化馆
10、上海市闸北区文化馆
11、上海市杨浦区文化馆
12、上海市闵行区群众艺术馆
13、上海市宝山区文化馆
14、上海市嘉定区文化馆
15、上海市浦东新区文化艺术指导中心
16、上海市浦东新区浦南文化馆
17、上海市浦东新区川沙文化馆
18、上海市金山区文化馆
19、上海市青浦区文化馆
20、上海市奉贤区文化馆
21、上海市崇明县文化馆

二级馆（4个）

1、上海市普陀区甘泉文化馆
2、上海市虹口文化艺术馆
3、上海市宝山区月浦文化馆
4、上海市松江区文化馆

江苏省（110个）

一级馆（81个）

1、江苏省南京市群众艺术馆
2、江苏省南京市白下区文化馆
3、江苏省南京市秦淮区文化馆
4、江苏省南京市建邺区文化馆
5、江苏省南京市鼓楼区文化馆
6、江苏省南京市浦口区文化馆
7、江苏省南京市雨花台区文化馆
8、江苏省南京市江宁区文化馆
9、江苏省南京市六合区第二文化馆
10、江苏省高淳县文化馆
11、江苏省无锡市文化馆
12、江苏省无锡市崇安区文化馆
13、江苏省无锡市南长区文化馆
14、江苏省无锡市北塘区文化馆
15、江苏省无锡市锡山区文化馆
16、江苏省无锡市惠山区文化馆
17、江苏省无锡市滨湖区文化馆
18、江苏省江阴市文化馆
19、江苏省宜兴市文化馆
20、江苏省徐州市铜山区文化馆
21、江苏省沛县文化馆
22、江苏省新沂市文化馆
23、江苏省邳州市文化馆
24、江苏省常州市文化馆
25、江苏省常州市天宁区文化馆
26、江苏省常州市钟楼区文化馆
27、江苏省常州市戚墅堰区文化馆
28、江苏省常州市武进区文化馆
29、江苏省溧阳市文化馆
30、江苏省金坛市文化馆
31、江苏省苏州市文化馆
32、江苏省苏州市沧浪区文化馆
33、江苏省苏州市平江区文化馆
34、江苏省苏州市金阊区文化馆
35、江苏省苏州市吴中区文化馆
36、江苏省苏州市相城区文化馆
37、江苏省苏州市工业园区文化馆
38、江苏省常熟市文化馆
39、江苏省张家港市文化馆
40、江苏省昆山市文化馆
41、江苏省吴江市文化馆
42、江苏省太仓市文化馆
43、江苏省南通市文化馆
44、江苏省南通市通州区文化馆
45、江苏省启东市文化馆
46、江苏省如皋市文化馆
47、江苏省海门市文化馆
48、江苏省赣榆县文化馆
49、江苏省东海县文化馆
50、江苏省灌南县文化馆
51、江苏省淮安市文化馆

52、江苏省淮安市清河区文化馆
53、江苏省洪泽县文化馆
54、江苏省盱眙县文化馆
55、江苏省盐城市文化馆
56、江苏省盐城市亭湖区文化馆
57、江苏省盐城市盐都区文化馆
58、江苏省阜宁县文化馆
59、江苏省射阳县文化馆
60、江苏省建湖县文化馆
61、江苏省东台市文化馆
62、江苏省大丰市文化馆
63、江苏省扬州市文化馆
64、江苏省扬州市邗江区文化馆
65、江苏省扬州市维扬区文化馆
66、江苏省高邮市文化馆
67、江苏省江都市文化馆
68、江苏省镇江市文化馆
69、江苏省镇江市润州区文化馆
70、江苏省镇江市丹徒区文化馆
71、江苏省丹阳市文化馆
72、江苏省扬中市文化馆
73、江苏省泰州市海陵区文化馆
74、江苏省泰州市高港区文化馆
75、江苏省兴化市文化馆
76、江苏省靖江市文化馆
77、江苏省泰兴市文化馆
78、江苏省姜堰市文化馆
79、江苏省沭阳县文化馆
80、江苏省泗阳县文化馆
81、江苏省泗洪县文化馆

二级馆（24 个）

1、江苏省文化馆
2、江苏省南京市下关区文化馆
3、江苏省南京市六合区第一文化馆
4、江苏省溧水县文化馆
5、江苏省徐州市文化馆
6、江苏省徐州市贾汪区文化馆
7、江苏省丰县文化馆
8、江苏省睢宁县文化馆
9、江苏省常州市新北区文化馆
10、江苏省苏州高新技术产业开发区文化馆
11、江苏省南通市崇川区文化馆
12、江苏省海安县文化馆
13、江苏省如东县文化馆
14、江苏省连云港市文化馆
15、江苏省连云港市连云区文化馆
16、江苏省连云港市新浦区文化馆
17、江苏省连云港市海州区文化馆
18、江苏省淮安市楚州区文化馆
19、江苏省响水县文化馆
20、江苏省滨海县文化馆
21、江苏省扬州市广陵区文化馆
22、江苏省镇江市京口区文化馆
23、江苏省镇江市新区文化馆
24、江苏省句容市文化馆

三级馆（5 个）

1、江苏省南通市港闸区文化馆
2、江苏省灌云县文化馆
3、江苏省淮安市清浦区文化馆
4、江苏省仪征市文化馆
5、江苏省宿迁市宿豫区文化馆

浙江省（85 个）

一级馆（63 个）

1、浙江省文化馆
2、浙江省杭州市文化馆
3、浙江省杭州市上城区文化馆
4、浙江省杭州市下城区文化馆
5、浙江省杭州市江干区文化馆
6、浙江省杭州市拱墅区文化馆
7、浙江省杭州市西湖区文化馆
8、浙江省杭州市萧山区文化馆
9、浙江省杭州市余杭区文化馆
10、浙江省桐庐县文化馆
11、浙江省淳安县文化馆
12、浙江省建德市文化馆
13、浙江省富阳市文化馆
14、浙江省临安市文化馆
15、浙江省宁波市文化馆
16、浙江省宁波市海曙区文化馆
17、浙江省宁波市北仑区文化馆
18、浙江省宁波市镇海区文化馆

19、浙江省宁波市鄞州区文化馆
20、浙江省象山县文化馆
21、浙江省宁海县文化馆
22、浙江省余姚市文化馆
23、浙江省慈溪市文化馆
24、浙江省奉化市文化馆
25、浙江省温州市群众艺术馆
26、浙江省温州市鹿城区文化馆
27、浙江省平阳县文化馆
28、浙江省瑞安市文化馆
29、浙江省嘉兴市群众艺术馆
30、浙江省嘉兴市南湖区文化馆
31、浙江省嘉兴市秀洲区文化馆
32、浙江省嘉善县文化馆
33、浙江省海盐县文化馆
34、浙江省海宁市文化馆
35、浙江省平湖市文化馆
36、浙江省桐乡市文化馆
37、浙江省湖州市群众艺术馆
38、浙江省德清县文化馆
39、浙江省长兴县文化馆
40、浙江省绍兴市文化馆
41、浙江省绍兴县文化馆
42、浙江省诸暨市文化馆
43、浙江省上虞市文化馆
44、浙江省嵊州市文化馆
45、浙江省武义县文化馆
46、浙江省兰溪市文化馆
47、浙江省永康市文化馆
48、浙江省龙游县文化馆
49、浙江省舟山市群众艺术馆
50、浙江省舟山市定海区文化馆
51、浙江省舟山市普陀区文化馆
52、浙江省嵊泗县文化馆
53、浙江省台州市群众艺术馆
54、浙江省台州市椒江区文化馆
55、浙江省玉环县文化馆
56、浙江省三门县文化馆
57、浙江省天台县文化馆
58、浙江省温岭市文化馆
59、浙江省临海市文化馆
60、浙江省丽水市文化馆
61、浙江省云和县文化馆
62、浙江省景宁畲族自治县文化馆
63、浙江省龙泉市文化馆

二级馆（13 个）

1、浙江省宁波市江东区文化馆
2、浙江省温州市龙湾区文化馆
3、浙江省乐清市文化馆
4、浙江省安吉县文化馆
5、浙江省绍兴市越城区文化馆
6、浙江省新昌县文化馆
7、浙江省金华市婺城区文化馆
8、浙江省衢州市衢江区文化馆
9、浙江省常山县文化馆
10、浙江省开化县文化馆
11、浙江省台州市黄岩区文化馆
12、浙江省仙居县文化馆
13、浙江省松阳县文化馆

三级馆（9 个）

1、浙江省宁波市江北区文化馆
2、浙江省洞头县文化馆
3、浙江省永嘉县文化馆
4、浙江省泰顺县文化馆
5、浙江省金华市群众艺术馆
6、浙江省金华市金东区文化馆
7、浙江省衢州市文化馆
8、浙江省台州市路桥区文化馆
9、浙江省庆元县文化馆

安徽省（66 个）

一级馆（14 个）

1、安徽省芜湖市文化馆
2、安徽省芜湖市镜湖区文化馆
3、安徽省芜湖县文化馆
4、安徽省繁昌县文化馆
5、安徽省淮南市谢家集区文化馆
6、安徽省马鞍山市文化馆
7、安徽省马鞍山市花山区文化馆
8、安徽省马鞍山市雨山区文化馆
9、安徽省当涂县文化馆
10、安徽省淮北市文化馆

11、安徽省怀宁县文化馆
12、安徽省歙县文化馆
13、安徽省泗县文化馆
14、安徽省宁国市文化馆

二级馆（21 个）

1、安徽省合肥市瑶海区文化馆
2、安徽省芜湖市弋江区文化馆
3、安徽省芜湖市鸠江区文化馆
4、安徽省南陵县文化馆
5、安徽省蚌埠市禹会区文化馆
6、安徽省淮南市潘集区文化馆
7、安徽省马鞍山市金家庄区文化馆
8、安徽省淮北市杜集区文化馆
9、安徽省铜陵县文化馆
10、安徽省宿松县文化馆
11、安徽省桐城市文化馆
12、安徽省定远县文化馆
13、安徽省凤阳县文化馆
14、安徽省界首市文化馆
15、安徽省含山县文化馆
16、安徽省亳州市谯城区文化馆
17、安徽省东至县文化馆
18、安徽省青阳县文化馆
19、安徽省宣城市文化馆
20、安徽省广德县文化馆
21、安徽省绩溪县文化馆

三级馆（31 个）

1、安徽省合肥市文化馆
2、安徽省合肥市庐阳区文化馆
3、安徽省合肥市包河区文化馆
4、安徽省长丰县文化馆
5、安徽省肥东县文化馆
6、安徽省肥西县文化馆
7、安徽省怀远县文化馆
8、安徽省五河县文化馆
9、安徽省固镇县文化馆
10、安徽省淮北市相山区文化馆
11、安徽省淮北市烈山区文化馆
12、安徽省黄山市屯溪区文化馆
13、安徽省黄山市黄山区文化馆
14、安徽省黄山市徽州区文化馆
15、安徽省休宁县文化馆
16、安徽省黟县文化馆
17、安徽省祁门县文化馆
18、安徽省来安县文化馆
19、安徽省萧县文化馆
20、安徽省巢湖市文化馆
21、安徽省庐江县文化馆
22、安徽省无为县文化馆
23、安徽省和县文化馆
24、安徽省寿县文化馆
25、安徽省金寨县文化馆
26、安徽省霍山县文化馆
27、安徽省涡阳县文化馆
28、安徽省蒙城县文化馆
29、安徽省郎溪县文化馆
30、安徽省泾县文化馆
31、安徽省旌德县文化馆

福建省（74 个）

一级馆（22 个）

1、福建省福州市群众艺术馆
2、福建省福州市鼓楼区文化馆
3、福建省福州市台江区文化馆
4、福建省厦门市文化馆
5、福建省厦门市思明区文化馆
6、福建省厦门市海沧区文化馆
7、福建省厦门市湖里区文化馆
8、福建省厦门市集美区文化馆
9、福建省厦门市同安区文化馆
10、福建省莆田市荔城区文化馆
11、福建省三明市梅列区文化馆
12、福建省尤溪县文化馆
13、福建省沙县文化馆
14、福建省永安市文化馆
15、福建省泉州市群众艺术馆
16、福建省泉州市鲤城区文化馆
17、福建省惠安县文化馆
18、福建省石狮市文化馆
19、福建省晋江市文化馆
20、福建省漳州市芗城区文化馆
21、福建省云霄县文化馆

22、福建省南靖县文化馆

二级馆（32个）

1、福建省福州市仓山区文化馆
2、福建省福州市马尾区文化馆
3、福建省福州市晋安区文化馆
4、福建省连江县文化馆
5、福建省长乐市文化馆
6、福建省厦门市翔安区文化馆
7、福建省莆田市群众艺术馆
8、福建省三明市艺术馆
9、福建省三明市三元区文化馆
10、福建省明溪县文化馆
11、福建省清流县文化馆
12、福建省宁化县文化馆
13、福建省大田县文化馆
14、福建省将乐县文化馆
15、福建省泰宁县文化馆
16、福建省建宁县文化馆
17、福建省永春县文化馆
18、福建省德化县文化馆
19、福建省南安市文化馆
20、福建省漳浦县文化馆
21、福建省东山县文化馆
22、福建省华安县文化馆
23、福建省邵武市文化馆
24、福建省建瓯市文化馆
25、福建省永定县文化馆
26、福建省武平县文化馆
27、福建省宁德市艺术馆
28、福建省霞浦县文化馆
29、福建省古田县文化馆
30、福建省柘荣县文化馆
31、福建省福安市文化馆
32、福建省福鼎市文化馆

三级馆（20个）

1、福建省闽侯县文化馆
2、福建省罗源县文化馆
3、福建省莆田市城厢区文化馆
4、福建省莆田市涵江区文化馆
5、福建省泉州市丰泽区文化馆
6、福建省泉州市泉港区文化馆
7、福建省安溪县文化馆
8、福建省长泰县文化馆
9、福建省南平市群众艺术馆
10、福建省南平市延平区文化馆
11、福建省顺昌县文化馆
12、福建省浦城县文化馆
13、福建省光泽县文化馆
14、福建省政和县文化馆
15、福建省武夷山市文化馆
16、福建省建阳市文化馆
17、福建省长汀县文化馆
18、福建省上杭县文化馆
19、福建省连城县文化馆
20、福建省漳平县文化馆

江西省（104个）

一级馆（25个）

1、江西省南昌市群众艺术馆
2、江西省南昌市东湖区文化馆
3、江西省南昌市青山湖区文化馆
4、江西省南昌县文化馆
5、江西省景德镇市群众艺术馆
6、江西省九江市浔阳区文化馆
7、江西省武宁县文化馆
8、江西省瑞昌市文化馆
9、江西省新余市群众艺术馆
10、江西省分宜县文化馆
11、江西省赣州市群众艺术馆
12、江西省赣州市章贡区文化馆
13、江西省赣县文化馆
14、江西省信丰县文化馆
15、江西省上犹县文化馆
16、江西省安远县文化馆
17、江西省龙南县文化馆
18、江西省于都县文化馆
19、江西省会昌县文化馆
20、江西省吉安市吉州区文化馆
21、江西省吉安县文化馆
22、江西省峡江县文化馆
23、江西省芦溪县文化馆
24、江西省宜春市袁州区文化馆

25、江西省金溪县文化馆

二级馆（40 个）

1、江西省南昌市西湖区文化馆
2、江西省南昌市青云谱区文化馆
3、江西省南昌市湾里区文化馆
4、江西省新建县文化馆
5、江西省安义县文化馆
6、江西省进贤县文化馆
7、江西省萍乡市群众艺术馆
8、江西省萍乡市安源区文化馆
9、江西省萍乡市湘东区文化馆
10、江西省莲花县文化馆
11、江西省上栗县文化馆
12、江西省九江市文化馆
13、江西省修水县文化馆
14、江西省德安县文化馆
15、江西省星子县文化馆
16、江西省湖口县文化馆
17、江西省鹰潭市月湖区文化馆
18、江西省余江县文化馆
19、江西省大余县文化馆
20、江西省崇义县文化馆
21、江西省全南县文化馆
22、江西省宁都县文化馆
23、江西省兴国县文化馆
24、江西省南康市文化馆
25、江西省吉安市群众艺术馆
26、江西省新干县文化馆
27、江西省永丰县文化馆
28、江西省泰和县文化馆
29、江西省遂川县文化馆
30、江西省万安县文化馆
31、江西省安福县文化馆
32、江西省永新县文化馆
33、江西省宜春市群众艺术馆
34、江西省樟树市文化馆
35、江西省崇仁县文化馆
36、江西省南城县文化馆
37、江西省乐安县文化馆
38、江西省宜黄县文化馆
39、江西省广丰县文化馆
40、江西省鄱阳县文化馆

三级馆（39 个）

1、江西省景德镇市昌江区文化馆
2、江西省景德镇市珠山区文化馆
3、江西省浮梁县文化馆
4、江西省九江市庐山文化馆
5、江西省九江县文化馆
6、江西省永修县文化馆
7、江西省都昌县文化馆
8、江西省彭泽县文化馆
9、江西省新余市渝水区文化馆
10、江西省鹰潭市群众艺术馆
11、江西省贵溪市文化馆
12、江西省定南县文化馆
13、江西省寻乌县文化馆
14、江西省石城县文化馆
15、江西省瑞金市文化馆
16、江西省吉安市青原区文化馆
17、江西省吉水县文化馆
18、江西省井冈山市文化馆
19、江西省奉新县文化馆
20、江西省万载县文化馆
21、江西省上高县文化馆
22、江西省宜丰县文化馆
23、江西省靖安县文化馆
24、江西省铜鼓县文化馆
25、江西省丰城市文化馆
26、江西省高安市文化馆
27、江西省抚州市群众艺术馆
28、江西省抚州市临川区第一文化馆
29、江西省抚州市临川区第二文化馆
30、江西省黎川县文化馆
31、江西省资溪县文化馆
32、江西省东乡县文化馆
33、江西省上饶市群众艺术馆
34、江西省上饶市信州区文化馆
35、江西省玉山县文化馆
36、江西省铅山县文化馆
37、江西省余干县文化馆
38、江西省万年县文化馆
39、江西省婺源县文化馆

山东省（114个）

一级馆（70个）

1、山东省艺术馆
2、山东省济南市历下区文化馆
3、山东省济南市槐荫区文化馆
4、山东省济南市天桥区文化馆
5、山东省济南市章丘市文化馆
6、山东省青岛市群众艺术馆
7、山东省青岛市市南区文化馆
8、山东省青岛市市北区文化馆
9、山东省青岛市四方区文化馆
10、山东省青岛市崂山区文化馆
11、山东省青岛市李沧区文化馆
12、山东省青岛市城阳区文化馆
13、山东省青岛开发区文化馆
14、山东省胶州市文化馆
15、山东省即墨市文化馆
16、山东省平度市文化馆
17、山东省胶南市文化馆
18、山东省莱西市文化馆
19、山东省淄博市艺术馆
20、山东省淄博市淄川区文化馆
21、山东省淄博市张店区文化馆
22、山东省桓台县文化馆
23、山东省高青县文化馆
24、山东省沂源县文化馆
25、山东省东营市东营区文化馆
26、山东省垦利县文化馆
27、山东省广饶县文化馆
28、山东省烟台市艺术馆
29、山东省烟台市牟平区文化馆
30、山东省龙口市文化馆
31、山东省莱州市文化馆
32、山东省招远市文化馆
33、山东省潍坊市艺术馆
34、山东省潍坊市坊子区文化馆
35、山东省潍坊市奎文区文化馆
36、山东省临朐县文化馆
37、山东省青州市文化馆
38、山东省诸城市文化馆
39、山东省寿光市文化馆
40、山东省安丘市文化馆
41、山东省高密市文化馆
42、山东省济宁市艺术馆
43、山东省济宁市任城区文化馆
44、山东省曲阜市文化馆
45、山东省兖州市文化馆
46、山东省邹城市文化馆
47、山东省东平县文化馆
48、山东省肥城市文化馆
49、山东省威海市艺术馆
50、山东省文登市文化馆
51、山东省荣成市文化馆
52、山东省莒县文化馆
53、山东省莱芜市艺术馆
54、山东省临沂市艺术馆
55、山东省临沂市兰山区文化馆
56、山东省临沂市罗庄区文化馆
57、山东省临沂市河东区文化馆
58、山东省沂南县文化馆
59、山东省郯城县文化馆
60、山东省沂水县文化馆
61、山东省德州市艺术馆
62、山东省陵县文化馆
63、山东省宁津县文化馆
64、山东省齐河县文化馆
65、山东省平原县文化馆
66、山东省禹城县文化馆
67、山东省临清市文化馆
68、山东省滨州市艺术馆
69、山东省博兴县文化馆
70、山东省邹平县文化馆

二级馆（37个）

1、山东省济南市市中区文化馆
2、山东省商河县文化馆
3、山东省淄博市博山区文化馆
4、山东省淄博市临淄区文化馆
5、山东省淄博市周村区文化馆
6、山东省枣庄市艺术馆
7、山东省东营市艺术馆
8、山东省东营市河口区文化馆
9、山东省烟台市芝罘区文化馆

10、山东省潍坊市寒亭区文化馆
11、山东省济宁市市中区文化馆
12、山东省鱼台县文化馆
13、山东省嘉祥县文化馆
14、山东省汶上县文化馆
15、山东省泗水县文化馆
16、山东省梁山县文化馆
17、山东省新泰市文化馆
18、山东省威海市环翠区文化馆
19、山东省乳山市文化馆
20、山东省五莲县文化馆
21、山东省莱芜市钢城区文化馆
22、山东省苍山县文化馆
23、山东省费县文化馆
24、山东省平邑县文化馆
25、山东省莒南县文化馆
26、山东省蒙阴县文化馆
27、山东省临沭县文化馆
28、山东省庆云县文化馆
29、山东省临邑县文化馆
30、山东省夏津县文化馆
31、山东省乐陵市文化馆
32、山东省冠县文化馆
33、山东省高唐县文化馆
34、山东省沾化县文化馆
35、山东省单县文化馆
36、山东省武城县文化馆
37、山东省定陶县文化馆

三级馆（7 个）

1、山东省济南市长清区文化馆
2、山东省平阴县文化馆
3、山东省利津县文化馆
4、山东省蓬莱市文化馆
5、山东省海阳市文化馆
6、山东省茌平县文化馆
7、山东省阳信县文化馆

河南省（112 个）

一级馆（37 个）

1、河南省群众艺术馆
2、河南省郑州市群众艺术馆
3、河南省巩义市文化馆
4、河南省新密市文化馆
5、河南省洛阳市群众艺术馆
6、河南省新安县文化馆
7、河南省平顶山市群众艺术馆
8、河南省鲁山县文化馆
9、河南省安阳市群众艺术馆
10、河南省林州市文化馆
11、河南省鹤壁市群众艺术馆
12、河南省鹤壁市山城区文化馆
13、河南省新乡市群众艺术馆
14、河南省延津县文化馆
15、河南省修武县人民文化馆
16、河南省武陟县文化馆
17、河南省沁阳市群众艺术馆
18、河南省濮阳市群众艺术馆
19、河南省南乐县文化馆
20、河南省许昌市群众艺术馆
21、河南省鄢陵县文化馆
22、河南省三门峡市群众艺术馆
23、河南省渑池县文化馆
24、河南省陕县文化馆
25、河南省灵宝市文化馆
26、河南省南阳市卧龙区文化馆
27、河南省淅川县文化馆
28、河南省民权县文化馆
29、河南省永城市文化馆
30、河南省罗山县文化馆
31、河南省商城县文化馆
32、河南省周口市群众艺术馆
33、河南省郸城县文化馆
34、河南省项城市文化馆
35、河南省驻马店市群众艺术馆
36、河南省汝南县文化馆
37、河南省济源市群众艺术馆

二级馆（30 个）

1、河南省郑州市中原区文化馆
2、河南省郑州市二七区文化馆
3、河南省郑州市管城回族区文化馆
4、河南省郑州市金水区文化馆
5、河南省新郑市文化馆

6、河南省开封市群众艺术馆
7、河南省通许县人民文化馆
8、河南省洛阳市西工区文化馆
9、河南省洛阳市瀍河区文化馆
10、河南省洛阳市涧西区文化馆
11、河南省洛阳市吉利区文化馆
12、河南省洛阳市洛龙区文化馆
13、河南省栾川县文化馆
14、河南省偃师市文化馆
15、河南省宝丰县文化馆
16、河南省舞钢市文化馆
17、河南省汝州市群艺馆
18、河南省焦作市群众艺术馆
19、河南省焦作市解放区文化馆
20、河南省许昌市魏都区文化馆
21、河南省许昌县文化馆
22、河南省漯河市群众艺术馆
23、河南省舞阳县文化馆
24、河南省临颍县文化馆
25、河南省义马市文化馆
26、河南省夏邑县文化馆
27、河南省信阳市平桥区文化馆
28、河南省潢川县文化馆
29、河南省沈丘县文化馆
30、河南省鹿邑县文化馆

三级馆（45 个）

1、河南省郑州市上街区文化馆
2、河南省郑州市惠济区文化馆
3、河南省中牟县人民文化馆
4、河南省荥阳市文化馆
5、河南省登封市文化馆
6、河南省开封市鼓楼区文化艺术中心
7、河南省尉氏县人民文化馆
8、河南省兰考县文化馆
9、河南省洛阳市老城区文化馆
10、河南省孟津县文化馆
11、河南省平顶山市卫东区文化馆
12、河南省叶县文化馆
13、河南省郏县文化馆
14、河南省安阳市殷都区文化馆
15、河南省安阳县文化馆
16、河南省汤阴县文化馆
17、河南省滑县人民文化馆
18、河南省浚县文化馆
19、河南省获嘉县文化馆
20、河南省原阳县文化馆
21、河南省长垣县文化馆
22、河南省辉县市文化馆
23、河南省焦作市山阳区文化馆
24、河南省温县文化馆
25、河南省泌阳县文化馆
26、河南省孟州市文化馆
27、河南省濮阳县文化馆
28、河南省漯河市源汇区文化馆
29、河南省漯河市郾城区文化馆
30、河南省卢氏县文化馆
31、河南省唐河县文化馆
32、河南省邓州市文化馆
33、河南省睢县文化馆
34、河南省宁陵县文化馆
35、河南省信阳市浉河区文化馆
36、河南省新县文化馆
37、河南省固始县文化馆
38、河南省淮滨县文化馆
39、河南省息县文化馆
40、河南省扶沟县文化馆
41、河南省西华县文化馆
42、河南省商水县文化馆
43、河南省驻马店市驿城区文化馆
44、河南省西平县文化馆
45、河南省确山县文化馆

湖北省（88 个）

一级馆（28 个）

1、湖北省武汉市群众艺术馆
2、湖北省武汉市江岸区文化馆
3、湖北省武汉市江汉区文化馆
4、湖北省武汉市硚口区文化馆
5、湖北省武汉市汉阳区文化馆
6、湖北省武汉市武昌区文化馆
7、湖北省武汉市青山区文化馆
8、湖北省武汉市汉南区文化馆

9、湖北省黄石市群众艺术馆

10、湖北省十堰市群众艺术馆

11、湖北省郧县文化馆

12、湖北省宜昌市群众艺术馆

13、湖北省宜昌市夷陵区文化馆

14、湖北省当阳市文化馆

15、湖北省谷城县文化馆

16、湖北省鄂州市群众艺术馆

17、湖北省荆门市群众艺术馆

18、湖北省京山县文化馆

19、湖北省钟祥市文化馆

20、湖北省荆州市荆州区文化馆

21、湖北省石首市文化馆

22、湖北省黄冈市黄州区文化馆

23、湖北省红安县文化馆

24、湖北省浠水县文化馆

25、湖北省咸宁市咸安区群艺馆

26、湖北省崇阳县文化馆

27、湖北省巴东县文化馆

28、湖北省潜江市群众艺术馆

二级馆（29 个）

1、湖北省武汉市蔡甸区文化馆

2、湖北省武汉市黄陂区文化馆

3、湖北省武汉市新洲区文化馆

4、湖北省大冶市群众文化馆

5、湖北省郧西县文化馆

6、湖北省房县文化馆

7、湖北省丹江口市文化馆

8、湖北省宜昌市西陵区文化馆

9、湖北省宜昌市伍家岗区文化馆

10、湖北省远安县文化馆

11、湖北省兴山县文化馆

12、湖北省秭归县文化馆

13、湖北省长阳县文化馆

14、湖北省五峰土家族自治县文化馆

15、湖北省襄阳市襄州区文化馆

16、湖北省保康县文化馆

17、湖北省老河口市群众艺术馆

18、湖北省宜城市文化馆

19、湖北省云梦县文化馆

20、湖北省安陆市文化馆

21、湖北省荆州市群众艺术馆

22、湖北省公安县文化馆

23、湖北省黄冈市群众艺术馆

24、湖北省罗田县文化馆

25、湖北省蕲春县文化馆

26、湖北省麻城市文化馆

27、湖北省武穴市文化馆

28、湖北省随州市曾都区群众艺术馆

29、湖北省天门市群众艺术馆

三级馆（31 个）

1、湖北省武汉市东西湖区文化馆

2、湖北省阳新县文化馆

3、湖北省十堰市茅箭区文化馆

4、湖北省武当山旅游经济特区文化馆

5、湖北省竹山县文化馆

6、湖北省竹溪县文化馆

7、湖北省宜都市文化馆

8、湖北省枝江市文化馆

9、湖北省襄阳市群众艺术馆

10、湖北省枣阳市文化馆

11、湖北省鄂州市华容区文化馆

12、湖北省荆门市东宝区文化馆

13、湖北省沙洋县文化馆

14、湖北省大悟市文化馆

15、湖北省汉川市文化馆

16、湖北省监利县文化馆

17、湖北省江陵县文化馆

18、湖北省洪湖市群众艺术馆

19、湖北省松滋市文化馆

20、湖北省英山县文化馆

21、湖北省黄梅县文化馆

22、湖北省咸宁市群众艺术馆

23、湖北省嘉鱼县文化馆

24、湖北省通城县文化馆

25、湖北省通山县文化馆

26、湖北省赤壁市文化馆

27、湖北省广水市文化馆

28、湖北省建始县文化馆

29、湖北省咸丰县文化馆

30、湖北省鹤峰县文化馆

31、湖北省神农架林区群众艺术馆

湖南省（109 个）

一级馆（41 个）

1、湖南省群众艺术馆
2、湖南省长沙市群众艺术馆
3、湖南省长沙市芙蓉区文化馆
4、湖南省长沙市岳麓区文化馆
5、湖南省长沙市雨花区文化馆
6、湖南省望城县文化馆
7、湖南省宁乡县文化馆
8、湖南省浏阳市文化馆
9、湖南省湘潭市文化馆
10、湖南省湘潭市雨湖区文化馆
11、湖南省湘潭市岳塘区文化馆
12、湖南省湘潭县文化馆
13、湖南省湘乡市文化馆
14、湖南省韶山市文化馆
15、湖南省衡阳市群众艺术馆
16、湖南省衡阳市石鼓区文化馆
17、湖南省衡南县文化馆
18、湖南省耒阳市文化馆
19、湖南省常宁市文化馆
20、湖南省邵阳市文化馆
21、湖南省邵东县文化馆
22、湖南省隆回县文化馆
23、湖南省绥宁县文化馆
24、湖南省武冈市文化馆
25、湖南省岳阳市群众艺术馆
26、湖南省临湘市文化馆
27、湖南省常德市群众艺术馆
28、湖南省张家界市永定区文化馆
29、湖南省桑植县文化馆
30、湖南省益阳市赫山区文化馆
31、湖南省南县文化馆
32、湖南省安化县文化馆
33、湖南省沅江市文化馆
34、湖南省郴州市北湖区文化馆
35、湖南省怀化市艺术馆
36、湖南省会同县文化馆
37、湖南省芷江侗族自治县文化馆
38、湖南省靖州苗族侗族自治县文化馆
39、湖南省双峰县文化馆
40、湖南省湘西土家族苗族自治州泸溪县文化馆
41、湖南省湘西土家族苗族自治州龙山县文化馆

二级馆（31 个）

1、湖南省长沙市天心区文化馆
2、湖南省长沙市开福区文化馆
3、湖南省株洲市群众艺术馆
4、湖南省株洲市石峰区文化馆
5、湖南省炎陵县文化馆
6、湖南省醴陵市文化馆
7、湖南省衡阳市珠晖区文化馆
8、湖南省祁东县文化馆
9、湖南省邵阳市双清区文化馆
10、湖南省岳阳市云溪区文化馆
11、湖南省邵阳县文化馆
12、湖南省岳阳县文化馆
13、湖南省华容县文化馆
14、湖南省平江县文化馆
15、湖南省常德市武陵区文化馆
16、湖南省常德市鼎城区文化馆
17、湖南省澧县文化馆
18、湖南省慈利县文化馆
19、湖南省桂阳县文化馆
20、湖南省嘉禾县文化馆
21、湖南省祁阳县文化馆
22、湖南省双牌县文化馆
23、湖南省道县文化馆
24、湖南省江永县文化馆
25、湖南省宁远县文化馆
26、湖南省江华瑶族自治县文化馆
27、湖南省辰溪县文化馆
28、湖南省洪江市文化馆
29、湖南省娄底市娄星区文化馆
30、湖南省涟源市文化馆
31、湖南省湘西土家族苗族自治州群众艺术馆

三级馆（37 个）

1、湖南省株洲市芦淞区文化馆
2、湖南省衡阳县文化馆
3、湖南省新邵县文化馆
4、湖南省洞口县文化馆
5、湖南省岳阳市岳阳楼区文化馆
6、湖南省岳阳市君山区文化馆

7、湖南省湘阴县文化馆
8、湖南省汨罗市文化馆
9、湖南省临澧县文化馆
10、湖南省张家界市群众艺术馆
11、湖南省张家界武陵源区文化馆
12、湖南省益阳市群众艺术馆
13、湖南省益阳市资阳区文化馆
14、湖南省桃江县文化馆
15、湖南省安化县平口文化馆
16、湖南省安化县梅城文化馆
17、湖南省郴州市群众艺术馆
18、湖南省宜章县文化馆
19、湖南省临武县文化馆
20、湖南省桂东县文化馆
21、湖南省安仁县文化馆
22、湖南省资兴市文化馆
23、湖南省永州市群众艺术馆
24、湖南省永州市零陵区文化馆
25、湖南省永州市冷水滩区文化馆
26、湖南省东安县文化馆
27、湖南省蓝山县文化馆
28、湖南省新田县文化馆
29、湖南省怀化市洪江区文化馆
30、湖南省中方县文化馆
31、湖南省溆浦县文化馆
32、湖南省溆浦县龙潭文化馆
33、湖南省麻阳苗族自治县文化馆
34、湖南省新晃侗族自治县文化馆
35、湖南省通道侗族自治县文化馆
36、湖南省新化县文化馆
37、湖南省湘西土家族苗族自治州永顺县文化馆

广东省（88个）

一级馆（47个）

1、广东省广州市文化馆
2、广东省广州市荔湾区文化馆
3、广东省广州市越秀区文化馆
4、广东省广州市海珠区文化馆
5、广东省广州市天河区文化馆
6、广东省广州市白云区文化馆
7、广东省广州市黄埔区文化馆
8、广东省广州市番禺区文化馆
9、广东省广州市花都区文化馆
10、广东省广州市南沙区文化馆
11、广东省广州市萝岗区文化与博物馆
12、广东省增城市文化馆
13、广东省从化市文化馆
14、广东省深圳市群众艺术馆
15、广东省深圳市罗湖区文化馆
16、广东省深圳市福田区文化馆
17、广东省深圳市南山区文化馆
18、广东省深圳市宝安区群众文化艺术馆
19、广东省深圳市龙岗区文化馆
20、广东省深圳市盐田区文化馆
21、广东省珠海市香洲区文化馆
22、广东省汕头市龙湖区文化馆
23、广东省佛山市文化馆
24、广东省佛山市禅城区文化馆
25、广东省佛山市南海区文化馆
26、广东省佛山市顺德区文化馆
27、广东省佛山市三水区文化馆
28、广东省佛山市高明区文化馆
29、广东省江门市文化馆
30、广东省江门市蓬江区文化馆
31、广东省江门市新会区文化馆
32、广东省台山市文化馆
33、广东省开平市文化馆
34、广东省德庆县文化馆
35、广东省惠州市文化馆
36、广东省惠州市惠阳区文化馆
37、广东省博罗县文化馆
38、广东省惠东县文化馆
39、广东省梅县文化馆
40、广东省大埔县文化馆
41、广东省五华县文化馆
42、广东省佛冈县文化馆
43、广东省东莞市群众艺术馆
44、广东省中山市群众艺术馆
45、广东省潮州市群众艺术馆
46、广东省揭阳市榕城区文化馆
47、广东省普宁市文化馆

二级馆（19 个）

1、广东省仁化县文化馆
2、广东省汕头市文化馆
3、广东省汕头市金平区文化馆
4、广东省汕头市潮阳区文化馆
5、广东省汕头市澄海区文化馆
6、广东省鹤山市文化馆
7、广东省肇庆市端州区文化馆
8、广东省广宁县文化馆
9、广东省封开县文化馆
10、广东省四会市文化馆
11、广东省惠州市惠城区文化馆
12、广东省梅州市文化馆
13、广东省兴宁市文化馆
14、广东省英德市文化馆
15、广东省连州市文化馆
16、广东省揭东县文化馆
17、广东省惠来县文化馆
18、广东省郁南县文化馆
19、广东省罗定市文化馆

三级馆（22 个）

1、广东省新丰县文化馆
2、广东省南雄市文化馆
3、广东省汕头市濠江区文化馆
4、广东省南澳县文化馆
5、广东省江门市江海区文化馆
6、广东省湛江市群众艺术馆
7、广东省遂溪县文化馆
8、广东省廉江市文化馆
9、广东省茂名市茂南区文化馆
10、广东省高州市文化馆
11、广东省化州市文化馆
12、广东省肇庆市文化馆
13、广东省肇庆市鼎湖区文化馆
14、广东省蕉岭县文化馆
15、广东省海丰县文化馆
16、广东省阳江市群众艺术馆
17、广东省阳春市文化馆
18、广东省潮州市湘桥区文化馆
19、广东省潮安县文化馆
20、广东省饶平县文化馆
21、广东省揭西县文化馆
22、广东省云浮市云城区文化馆

广西壮族自治区（49 个）

一级馆（13 个）

1、广西壮族自治区群众艺术馆
2、广西南宁市群众艺术馆
3、广西武鸣县文化馆
4、广西柳州市群众艺术馆
5、广西三江侗族自治县文化馆
6、广西桂林市叠彩区文化馆
7、广西桂林市七星区文化馆
8、广西梧州市群众艺术馆
9、广西北海市群众艺术馆
10、广西钦州市浦北县文化馆
11、广西玉林市玉州区文化馆
12、广西北流市文化馆
13、广西贺州市八步区文化馆

二级馆（9 个）

1、广西隆安县文化馆
2、广西宾阳县文化馆
3、广西横县文化馆
4、广西桂林市群众艺术馆
5、广西阳朔县文化馆
6、广西灵山县文化馆
7、广西平南县文化馆
8、广西贺州市富川县文化馆
9、广西象州县文化馆

三级馆（27 个）

1、广西南宁市兴宁区文化馆
2、广西南宁市青秀区文化馆
3、广西南宁市江南区文化馆
4、广西南宁市西乡塘区文化馆
5、广西南宁市邕宁区文化馆
6、广西马山县文化馆
7、广西上林县文化馆
8、广西融安县文化馆
9、广西桂林市秀峰区文化馆
10、广西永福县文化馆
11、广西灌阳县文化馆
12、广西荔浦县文化馆

13、广西藤县文化馆
14、广西钦州市群众艺术馆
15、广西钦州市钦南区文化馆
16、广西桂平市文化馆
17、广西玉林市群众艺术馆
18、广西陆川县文化馆
19、广西百色右江区文化馆
20、广西田林县文化馆
21、广西昭平县文化馆
22、广西富川县文化馆
23、广西南丹县文化馆
24、广西凤山县文化馆
25、广西东兰县文化馆
26、广西罗城县文化馆
27、广西宁明县文化馆

海南省（6 个）

一级馆（2 个）

1、海南省海口市群众艺术馆
2、海南省澄迈县文化馆

二级馆（2 个）

1、海南省儋州市文化馆
2、海南省屯昌县文化馆

三级馆（2 个）

1、海南省五指山市文化馆
2、海南省文昌市文化馆

重庆市（36 个）

一级馆（21 个）

1、重庆市万州区文化馆
2、重庆市涪陵区文化馆
3、重庆市渝中区文化馆
4、重庆市大渡口区文化馆
5、重庆市江北区文化馆
6、重庆市沙坪坝区文化馆
7、重庆市九龙坡区文化馆
8、重庆市南岸区文化馆
9、重庆市北碚区文化馆
10、重庆市万盛区文化馆
11、重庆市长寿区文化馆
12、重庆市江津区文化馆
13、重庆市南川区文化馆
14、重庆市綦江县文化馆
15、重庆市铜梁县文化馆
16、重庆市荣昌县文化馆
17、重庆市垫江县文化馆
18、重庆市忠县文化馆
19、重庆市开县文化馆
20、重庆市云阳县文化馆
21、重庆市酉阳县文化馆

二级馆（11 个）

1、重庆市渝北区文化馆
2、重庆市巴南区文化馆
3、重庆市黔江区文化馆
4、重庆市永川区文化馆
5、重庆市大足县文化馆
6、重庆市城口县文化馆
7、重庆市丰都县文化馆
8、重庆市武隆县文化馆
9、重庆市巫山县文化馆
10、重庆市巫溪县文化馆
11、重庆市彭水县文化馆

三级馆（4 个）

1、重庆市合川区文化馆
2、重庆市潼南县文化馆
3、重庆市奉节县文化馆
4、重庆市石柱县文化馆

四川省（147 个）

一级馆（35 个）

1、四川省文化馆
2、四川省成都市文化馆
3、四川省成都市锦江区文化馆
4、四川省成都市青羊区文化馆
5、四川省成都市金牛区文化馆
6、四川省成都市温江区文化馆
7、四川省郫县文化馆
8、四川省都江堰市文化馆
9、四川省彭州市文化馆
10、四川省富顺县文化馆
11、四川省攀枝花市文化馆
12、四川省米易县文化馆

13、四川省泸州市文化馆
14、四川省泸县文化馆
15、四川省合江县文化馆
16、四川省广汉市文化馆
17、四川省什邡市文化馆
18、四川省绵竹市文化馆
19、四川省绵阳市文化馆
20、四川省三台县文化馆
21、四川省安县文化馆
22、四川省广元市文化馆
23、四川省遂宁市文化馆
24、四川省乐山市文化馆
25、四川省峨眉山市文化馆
26、四川省南部县文化馆
27、四川省江安县文化馆
28、四川省广安市文化馆
29、四川省大竹县文化馆
30、四川省万源市文化馆
31、四川省石棉县文化馆
32、四川省芦山县文化馆
33、四川省南江县文化馆
34、四川省安岳县文化馆
35、四川省简阳市文化馆

二级馆（60 个）

1、四川省成都市武侯区文化馆
2、四川省成都市成华区文化馆
3、四川省成都市龙泉驿区文化馆
4、四川省成都市青白江区文化馆
5、四川省成都市新都区文化馆
6、四川省邛崃市文化馆
7、四川省崇州市文化馆
8、四川省双流县文化馆
9、四川省大邑县文化馆
10、四川省新津县文化馆
11、四川省自贡市文化馆
12、四川省荣县文化馆
13、四川省攀枝花市东区文化馆
14、四川省攀枝花市西区文化馆
15、四川省盐边县文化馆
16、四川省泸州市江阳区文化馆
17、四川省泸州市纳溪区文化馆
18、四川省泸州市龙马潭区文化馆
19、四川省叙永县文化馆
20、四川省中江县文化馆
21、四川省罗江县文化馆
22、四川省绵阳市涪城区文化馆
23、四川省梓潼县文化馆
24、四川省旺苍县文化馆
25、四川省青川县文化馆
26、四川省剑阁县文化馆
27、四川省苍溪县文化馆
28、四川省大英县文化馆
29、四川省射洪县文化馆
30、四川省蓬溪县文化馆
31、四川省内江市市中区文化馆
32、四川省威远县文化馆
33、四川省隆昌县文化馆
34、四川省乐山市沙湾区文化馆
35、四川省乐山市五通桥区文化馆
36、四川省井研县文化馆
37、四川省夹江县文化馆
38、四川省峨边彝族自治县文化馆
39、四川省南充市高坪区文化馆
40、四川省营山县文化馆
41、四川省阆中市文化馆
42、四川省宜宾县文化馆
43、四川省长宁县文化馆
44、四川省珙县文化馆
45、四川省兴文县文化馆
46、四川省广安市广安区文化馆
47、四川省岳池县文化馆
48、四川省武胜县文化馆
49、四川省邻水县文化馆
50、四川省华蓥市文化馆
51、四川省宣汉县文化馆
52、四川省雅安市文化馆
53、四川省雅安市雨城区文化馆
54、四川省汉源县文化馆
55、四川省巴中市文化馆
56、四川省平昌县文化馆
57、四川省资阳市文化馆
58、四川省资阳市雁江区文化馆

59、四川省甘孜州文化馆

60、四川省德昌县文化馆

三级馆（52 个）

1、四川省金堂县文化馆

2、四川省蒲江县文化馆

3、四川省自贡市贡井区文化馆

4、四川省自贡市大安区文化馆

5、四川省攀枝花市仁和区文化馆

6、四川省古蔺县文化馆

7、四川省德阳市文化馆

8、四川省德阳市旌阳区文化馆

9、四川省盐亭县文化馆

10、四川省北川羌族自治县文化馆

11、四川省平武县文化馆

12、四川省广元市利州区文化馆

13、四川省广元市元坝区文化馆

14、四川省广元市朝天区文化馆

15、四川省遂宁市船山区文化馆

16、四川省遂宁市安居区文化馆

17、四川省内江市文化馆

18、四川省内江市东兴区文化馆

19、四川省乐山市市中区文化馆

20、四川省乐山市金口河区文化馆

21、四川省犍为县文化馆

22、四川省沐川县文化馆

23、四川省马边彝族自治县文化馆

24、四川省南充市文化馆

25、四川省南充市顺庆区文化馆

26、四川省南充市嘉陵区文化馆

27、四川省蓬安县文化馆

28、四川省仪陇县文化馆

29、四川省西充县文化馆

30、四川省眉山市东坡区文化馆

31、四川省仁寿县文化馆

32、四川省宜宾市文化馆

33、四川省宜宾市翠屏区文化馆

34、四川省南溪县文化馆

35、四川省高县文化馆

36、四川省渠县文化馆

37、四川省名山县文化馆

38、四川省荥经县文化馆

39、四川省天全县文化馆

40、四川省宝兴县文化馆

41、四川省巴中市巴州区文化馆

42、四川省通江县文化馆

43、四川省乐至县文化馆

44、四川省阿坝藏族羌族自治州文化馆

45、四川省九寨沟县文化馆

46、四川省小金县文化馆

47、四川省若尔盖县文化馆

48、四川省道孚县文化馆

49、四川省炉霍县文化馆

50、四川省西昌市文化馆

51、四川省会理县文化馆

52、四川省普格县文化馆

贵州省（82 个）

一级馆（9 个）

1、贵州省贵阳市文化馆

2、贵州省息烽县文化馆

3、贵州省遵义市群艺馆

4、贵州省绥阳县文化馆

5、贵州省普定县文化馆

6、贵州省贞丰县文化馆

7、贵州省赫章县文化馆

8、贵州省榕江县文化馆

9、贵州省贵定县文化馆

二级馆（31 个）

1、贵州省文化馆

2、贵州省贵阳市南明区文化馆

3、贵州省贵阳市云岩区文化馆

4、贵州省贵阳市花溪区文化馆

5、贵州省贵阳市乌当区文化馆

6、贵州省贵阳市白云区文化馆

7、贵州省贵阳市小河区文化馆

8、贵州省开阳县文化馆

9、贵州省遵义县文化馆

10、贵州省道真自治县文化馆

11、贵州省凤冈县文化馆

12、贵州省余庆县文化馆

13、贵州省湄潭县文化馆

14、贵州省紫云县文化馆

15、贵州省江口县文化馆

16、贵州省石阡县文化馆
17、贵州省思南县文化馆
18、贵州省印江县文化馆
19、贵州省松桃县文化馆
20、贵州省册亨县文化馆
21、贵州省大方县文化馆
22、贵州省凯里市文化馆
23、贵州省黄平县文化馆
24、贵州省三穗县文化馆
25、贵州省天柱县文化馆
26、贵州省剑河县文化馆
27、贵州省黎平县文化馆
28、贵州省雷山县文化馆
29、贵州省独山县文化馆
30、贵州省平塘县文化馆
31、贵州省三都县文化馆

三级馆（42个）

1、贵州省修文县文化馆
2、贵州省清镇市文化馆
3、贵州省六盘水市文化馆
4、贵州省六盘水市钟山区文化馆
5、贵州省六盘水市六枝特区文化馆
6、贵州省盘县文化馆
7、贵州省遵义市红花岗区群众艺术馆
8、贵州省桐梓县文化馆
9、贵州省正安县文化馆
10、贵州省务川县文化馆
11、贵州省习水县文化馆
12、贵州省赤水市文化馆
13、贵州省安顺市群众艺术馆
14、贵州省安顺市西秀区文化馆
15、贵州省平坝县文化馆
16、贵州省镇宁布依族苗族自治县文化馆
17、贵州省关岭县文化馆
18、贵州省铜仁地区群艺馆
19、贵州省铜仁市文化馆
20、贵州省玉屏县文化馆
21、贵州省德江县文化馆
22、贵州省沿河土家族自治县文化馆
23、贵州省万山特区文化馆
24、贵州省兴义市文化馆
25、贵州省兴仁县文化馆
26、贵州省普安县文化馆
27、贵州省望谟县文化馆
28、贵州省安龙县文化馆
29、贵州省毕节地区群艺馆
30、贵州省织金县文化馆
31、贵州省纳雍县文化馆
32、贵州省镇远县文化馆
33、贵州省岑巩县文化馆
34、贵州省锦屏县文化馆
35、贵州省从江县文化馆
36、贵州省麻江县文化馆
37、贵州省丹寨县文化馆
38、贵州省都匀市文化馆
39、贵州省福泉市文化馆
40、贵州省瓮安县文化馆
41、贵州省罗甸县文化馆
42、贵州省长顺县文化馆

云南省（102个）

一级馆（25个）

1、云南省文化馆
2、云南省昆明市文化馆
3、云南省昆明市五华区文化馆
4、云南省昆明市官渡区文化馆
5、云南省昆明市西山区文化馆
6、云南省曲靖市文化馆
7、云南省师宗县文化馆
8、云南省富源县文化馆
9、云南省宣威市文化馆
10、云南省玉溪市文化馆
11、云南省易门县文化馆
12、云南省腾冲县文化馆
13、云南省鲁甸县文化馆
14、云南省水富县文化馆
15、云南省丽江市古城区文化馆
16、云南省玉龙县文化馆
17、云南省宁蒗县文化馆
18、云南省楚雄州文化馆
19、云南省双柏县文化馆
20、云南省大姚县文化馆
21、云南省永仁县文化馆

22、云南省开远市文化馆

23、云南省泸西县文化馆

24、云南省大理市文化馆

25、云南省下关市文化馆

二级馆（27 个）

1、云南省宜良县文化馆

2、云南省石林县文化馆

3、云南省安宁市文化馆

4、云南省曲靖市麒麟区文化馆

5、云南省陆良县文化馆

6、云南省通海县文化馆

7、云南省华宁县文化馆

8、云南省新平县文化馆

9、云南省昭通市昭阳区文化馆

10、云南省绥江县文化馆

11、云南省威信县文化馆

12、云南省丽江市文化馆

13、云南省澜沧县文化馆

14、云南省云县文化馆

15、云南省元谋县文化馆

16、云南省禄丰县文化馆

17、云南省屏边县文化馆

18、云南省石屏县文化馆

19、云南省绿春县文化馆

20、云南省马关县文化馆

21、云南省大理白族自治州群众艺术馆

22、云南省祥云县文化馆

23、云南省南涧县文化馆

24、云南省云龙县文化馆

25、云南省鹤庆县文化馆

26、云南省德宏傣族景颇族自治州文化馆

27、云南省迪庆藏族自治州文化馆

三级馆（50 个）

1、云南省昆明市盘龙区文化馆

2、云南省呈贡县文化馆

3、云南省嵩明县文化馆

4、云南省寻甸县文化馆

5、云南省马龙县文化馆

6、云南省罗平县文化馆

7、云南省玉溪市红塔区文化馆

8、云南省江川县文化馆

9、云南省澂江县文化馆

10、云南省峨山县文化馆

11、云南省元江县文化馆

12、云南省保山市文化馆

13、云南省保山市隆阳区文化馆

14、云南省龙陵县文化馆

15、云南省昭通市文化馆

16、云南省大关县文化馆

17、云南省彝良县文化馆

18、云南省昌宁县文化馆

19、云南省普洱市文化馆

20、云南省普洱市思茅区文化馆

21、云南省宁洱县文化馆

22、云南省景谷县文化馆

23、云南省孟连县文化馆

24、云南省临沧市临翔区文化馆

25、云南省永德县文化馆

26、云南省镇康县文化馆

27、云南省双江县文化馆

28、云南省耿马县文化馆

29、云南省沧源县文化馆

30、云南省楚雄市文化馆

31、云南省南华县文化馆

32、云南省姚安县文化馆

33、云南省武定县文化馆

34、云南省个旧市文化馆

35、云南省建水县文化馆

36、云南省弥勒县文化馆

37、云南省红河县文化馆

38、云南省金平县文化馆

39、云南省麻栗坡县文化馆

40、云南省丘北县文化馆

41、云南省富宁县文化馆

42、云南省永平县文化馆

43、云南省洱源县文化馆

44、云南省剑川县文化馆

45、云南省瑞丽市文化馆

46、云南省芒市文化馆

47、云南省盈江县文化馆

48、云南省贡山县文化馆

49、云南省德钦县文化馆

50、云南省维西县文化馆

西藏自治区（10个）

二级馆（2个）

1、西藏林芝县文化馆

2、西藏工布江达县文化馆

三级馆（8个）

1、西藏自治区文化馆

2、西藏拉萨市曲水县文化馆

3、西藏昌都地区群众艺术馆

4、西藏山南地区群众艺术馆

5、西藏日喀则地区群众艺术馆

6、西藏那曲地区群众艺术馆

7、西藏安多县文化馆

8、西藏米林县文化馆

陕西省（68个）

一级馆（9个）

1、陕西省西安市群众艺术馆

2、陕西省铜川市耀州区文化馆

3、陕西省宝鸡市群众艺术馆

4、陕西省乾县文化馆

5、陕西省志丹县文化馆

6、陕西省吴起县文化馆

7、陕西省宁强县文化馆

8、陕西省安康市群众艺术馆

9、陕西省安康市汉滨区文化馆

二级馆（19个）

1、陕西省蓝田县文化馆

2、陕西省高陵县文化馆

3、陕西省宝鸡市渭滨区文化馆

4、陕西省宝鸡市金台区文化馆

5、陕西省宝鸡市陈仓区文化馆

6、陕西省眉县文化馆

7、陕西省咸阳市杨陵区文化馆

8、陕西省旬邑县文化馆

9、陕西省富平县文化馆

10、陕西省延安市群众艺术馆

11、陕西省黄陵县文化馆

12、陕西省榆林市榆阳区文化馆

13、陕西省府谷县文化馆

14、陕西省定边县文化馆

15、陕西省绥德县文化馆

16、陕西省汉阴县文化馆

17、陕西省紫阳县文化馆

18、陕西省旬阳县文化馆

19、陕西省白河县文化馆

三级馆（40个）

1、陕西省艺术馆

2、陕西省西安市灞桥区文化馆

3、陕西省西安市雁塔区文化馆

4、陕西省西安市阎良区文化馆

5、陕西省西安市长安区文化馆

6、陕西省铜川市群艺馆

7、陕西省宜君县文化馆

8、陕西省凤翔县文化馆

9、陕西省岐山县文化馆

10、陕西省宝鸡市岐山县蔡家坡文化馆

11、陕西省扶风县文化馆

12、陕西省陇县文化馆

13、陕西省千阳县文化馆

14、陕西省麟游县文化馆

15、陕西省凤县文化馆

16、陕西省太白县文化馆

17、陕西省三原县文化馆

18、陕西省泾阳县文化馆

19、陕西省长武县文化馆

20、陕西省兴平市文化馆

21、陕西省渭南市群众艺术馆

22、陕西省渭南市临渭区文化馆

23、陕西省华县文化馆

24、陕西省大荔县文化馆

25、陕西省澄城县文化馆

26、陕西省汉中市群众艺术馆

27、陕西省汉中市汉台区文化馆

28、陕西省黄龙县文化馆

29、陕西省城固县文化馆

30、陕西省洋县文化馆

31、陕西省西乡县文化馆

32、陕西省佛坪县文化馆

33、陕西省神木县文化馆

34、陕西省石泉县文化馆

35、陕西省宁陕县文化馆
36、陕西省岚皋县文化馆
37、陕西省平利县文化馆
38、陕西省洛南县文化馆
39、陕西省山阳县文化馆
40、陕西省柞水县文化馆

甘肃省（51 个）

一级馆（7 个）

1、甘肃省兰州市文化馆
2、甘肃省嘉峪关市文化馆
3、甘肃省金昌市文化馆
4、甘肃省白银市群众艺术馆
5、甘肃省张掖市甘州区文化馆
6、甘肃省华亭县文化馆
7、甘肃省瓜州县文化馆

二级馆（13 个）

1、甘肃省兰州市西固区文化馆
2、甘肃省会宁县文化馆
3、甘肃省武威市文化馆
4、甘肃省武威市凉州区文化馆
5、甘肃省高台县文化馆
6、甘肃省平凉市文化馆
7、甘肃省酒泉市群众艺术馆
8、甘肃省酒泉市肃州区文化馆
9、甘肃省玉门市文化馆
10、甘肃省庆阳市文化馆
11、甘肃省定西市文化馆
12、甘肃省定西市安定区文化馆
13、甘肃省甘南藏族自治州文化馆

三级馆（31 个）

1、甘肃省文化馆
2、甘肃省兰州市安宁区文化馆
3、甘肃省兰州市红古区文化馆
4、甘肃省永登县文化馆
5、甘肃省榆中县文化馆
6、甘肃省白银市平川区文化馆
7、甘肃省景泰县文化馆
8、甘肃省天水市文化馆
9、甘肃省天水市秦州区文化馆
10、甘肃省天水市麦积区文化馆
11、甘肃省清水县文化馆
12、甘肃省秦安县文化馆
13、甘肃省甘谷县文化馆
14、甘肃省肃南县文化馆
15、甘肃省民乐县文化馆
16、甘肃省临泽县文化馆
17、甘肃省山丹县文化馆
18、甘肃省平凉市崆峒区文化馆
19、甘肃省灵台县文化馆
20、甘肃省庄浪县文化馆
21、甘肃省静宁县文化馆
22、甘肃省金塔县文化馆
23、甘肃省敦煌市文化馆
24、甘肃省环县文化馆
25、甘肃省镇原县文化馆
26、甘肃省通渭县文化馆
27、甘肃省陇西县文化馆
28、甘肃省渭源县文化馆
29、甘肃省临洮县文化馆
30、甘肃省岷县文化馆
31、甘肃省永靖县文化馆

青海省（7 个）

一级馆（2 个）

1、青海省互助县文化馆
2、青海省格尔木市文化馆

二级馆（1 个）

1、青海省西宁市群众艺术馆

三级馆（4 个）

1、青海省大通县文化馆
2、青海省乐都县文化馆
3、青海省都兰县文化馆
4、青海省天峻县文化馆

宁夏回族自治区（21 个）

一级馆（10 个）

1、宁夏回族自治区文化馆
2、宁夏银川市文化艺术馆
3、宁夏贺兰县文化馆
4、宁夏石嘴山市文化馆
5、宁夏石嘴山市惠农区文化馆

6、宁夏吴忠市文化馆

7、宁夏青铜峡市文化馆

8、宁夏隆德县文化馆

9、宁夏中宁县文化馆

10、宁夏海原县文化馆

二级馆（11 个）

1、宁夏永宁县文化馆

2、宁夏灵武市文化馆

3、宁夏石嘴山市大武口区文化馆

4、宁夏平罗县文化馆

5、宁夏同心县文化馆

6、宁夏西吉县文化馆

7、宁夏泾源县文化馆

8、宁夏彭阳县文化馆

9、宁夏中卫市文化馆

10、宁夏固原市群众艺术馆

11、宁夏固原市原州区文化馆

新疆维吾尔自治区（48 个）

一级馆（13 个）

1、新疆乌鲁木齐市文化馆

2、新疆乌鲁木齐市水磨沟区文化馆

3、新疆克拉玛依市文化馆

4、新疆克拉玛依市独山子区文化馆

5、新疆克拉玛依市白碱滩区文化馆

6、新疆昌吉回族自治州文化馆

7、新疆玛纳斯县文化馆

8、新疆奇台县文化馆

9、新疆库尔勒市文化馆

10、新疆轮台县文化馆

11、新疆和静县文化馆

12、新疆伊宁市文化馆

13、新疆奎屯市文化馆

二级馆（7 个）

1、新疆昌吉市文化馆

2、新疆阜康市文化馆

3、新疆吉木萨尔县文化馆

4、新疆伽师县文化馆

5、新疆布尔津县文化馆

6、新疆富蕴县文化馆

7、新疆哈巴河县文化馆

三级馆（28 个）

1、新疆乌鲁木齐市天山区文化馆

2、新疆乌鲁木齐市新市区文化馆

3、新疆乌鲁木齐乌市米东区文化馆

4、新疆鄯善县文化馆

5、新疆巴里坤县文化馆

6、新疆伊吾县文化馆

7、新疆木垒县文化馆

8、新疆若羌县文化馆

9、新疆阿瓦提县文化馆

10、新疆喀什地区文化馆

11、新疆喀什市文化馆

12、新疆疏附县文化馆

13、新疆疏勒县文化馆

14、新疆英吉沙县文化馆

15、新疆莎车县文化馆

16、新疆泽普县文化馆

17、新疆叶城县文化馆

18、新疆麦盖提县文化馆

19、新疆巴楚县文化馆

20、新疆伊宁县文化馆

21、新疆霍城县文化馆

22、新疆巩留县文化馆

23、新疆新源县文化馆

24、新疆塔城地区文化馆

25、新疆塔城市文化馆

26、新疆托里县文化馆

27、新疆裕民县文化馆

28、新疆阿勒泰市文化馆

2011年度国家文化科技提升计划立项项目名单

序号	项目名称	申报单位	项目研制单位
1	城市公共文化移动服务集成平台建设研究	上海市文化广播影视管理局	上海图书馆上海科学技术情报研究所 上海市群众艺术馆
2	全国少年儿童阅读推广服务平台	国家图书馆	国家图书馆 湖南省少年儿童图书馆
3	国家非物质文化遗产保护与传承技术体系的构建	湖北省文化厅	华中师范大学 武汉数字媒体工程技术有限公司
4	近现代文献脱酸关键技术集成研究与示范	江苏省文化厅	南京博物院 南京工业大学材料科学与工程学院 南京图书馆 南京澳润微波科技有限公司
5	中国传统绘画材料关键技术研究与应用	中国艺术科技研究所	中国艺术科技研究所 北京齐大森国画材料有限公司
6	国家文化宏观决策支持系统研究及应用	文化部政策法规司	文化部政策法规司 中国艺术科技研究所 北京中数创新技术有限公司 中国传媒大学信息工程学院
7	分布式的中国文化对外公共文化传播与服务平台的研究及示范	中外文化交流中心	中外文化交流中心 中国传媒大学信息工程学院 无锡吧视网络技术有限公司
8	基于文艺演出院线业态的服务协同共性技术研发与应用示范	中国对外文化集团公司	中国对外文化集团公司
		江苏省文化厅	江苏省演艺集团有限公司 东方宇阳信息科技（北京）有限公司
9	三维（3D）影像数据处理前沿技术应用研究	辽宁省文化厅	沈阳四维数码科技有限公司
10	快速创意可视化工具与体感技术集成研究及示范	文化部文化市场司	北京邮电大学 北京递归科技有限公司 北京文睿创想信息咨询中心
11	基于绿色光源的舞台功能灯具研究与示范应用	中国艺术研究院	中国艺术研究院 北京星光影视设备科技股份有限公司
12	中国古代青铜器铸造工艺及展示研究	中国国家博物馆	中国国家博物馆 北京大学 北京以诺视景数字艺术有限公司

各地区行政区划

（2011年底）

单位：个

区划名称	地级区划数	#地级市	县级区划数	#市辖区	#县级市	#县	#自治县	乡镇级区划数	镇数	乡数	街道办事处
全　　国	**332**	**284**	**2853**	**857**	**369**	**1456**	**117**	**40466**	**19683**	**13587**	**7194**
北京市			16	14		2		322	144	38	140
天津市			16	13		3		244	123	11	110
河北省	11	11	172	36	22	108	6	2233	1013	946	273
山西省	11	11	119	23	11	85		1397	564	632	201
内蒙古自治区	12	9	101	21	11	17		909	477	192	240
辽宁省	14	14	100	56	17	19	8	1508	607	290	611
吉林省	9	8	60	20	20	17	3	898	428	190	280
黑龙江省	13	12	128	64	18	45	1	1278	478	417	383
上海市			17	16		1		209	108	2	99
江苏省	13	13	104	55	25	24		1300	860	96	344
浙江省	11	11	90	32	22	35	1	1346	654	290	402
安徽省	16	16	105	43	6	56		1522	914	343	265
福建省	9	9	85	26	14	45		1102	600	329	173
江西省	11	11	100	19	11	70		1539	794	602	143
山东省	17	17	140	49	31	60		1857	1118	128	611
河南省	17	17	159	50	21	88		2381	1011	852	518
湖北省	13	12	103	38	24	38	2	1233	742	194	297
湖南省	14	13	122	35	16	64	7	2426	1121	1038	267
广东省	21	21	121	54	23	41	3	1585	1132	11	442
广西壮族自治区	14	14	109	34	7	56	12	1235	702	424	109
海南省	2	2	20	4	6	4	6	222	183	21	18
重庆市			38	19		15	4	1012	598	225	189
四川省	21	18	181	44	14	119	4	4672	1816	2579	277
贵州省	9	6	88	13	7	56	11	1558	694	751	113
云南省	16	8	129	13	11	76	29	1362	577	667	118
西藏自治区	7	1	73	1	1	71		692	140	542	10
陕西省	10	10	107	24	3	80		1418	1137	82	199
甘肃省	14	12	86	17	4	58	7	1353	468	759	126
青海省	8	1	43	4	2	30	7	396	137	229	30
宁夏回族自治区	5	5	22	9	2	11		237	101	92	44
新疆维吾尔自治区	14	2	99	11	20	62	6	1020	242	615	162
香港特别行政区											
澳门特别行政区											
台湾省											

注：本表资料由民政部提供。

各地区生产总值

单位：亿元

地 区	2004年	2005年	2006年	2007年	2008年	2009年	2010年	2011年
北 京	6033.2	6969.5	8117.8	9846.8	11115.0	12153.0	13777.9	16011.4
天 津	3111.0	3905.6	4462.7	5252.8	6719.0	7521.9	9108.8	11191.0
河 北	8477.6	10012.1	11467.6	13607.3	16012.0	17235.5	20197.1	24228.2
山 西	3571.4	4230.5	4878.6	6024.5	7315.4	7358.3	9088.1	11100.2
内蒙古	3041.1	3905.0	4944.2	6423.2	8496.2	9740.3	11655.0	14246.1
辽 宁	6672.0	8047.3	9304.5	11164.3	13668.6	15212.5	18278.3	22025.9
吉 林	3122.0	3620.3	4275.1	5284.7	6426.1	7278.8	8577.1	10530.7
黑龙江	4750.6	5513.7	6211.8	7104.0	8314.4	8587.0	10235.0	12503.8
上 海	8072.8	9247.7	10572.2	12494.0	14069.9	15046.5	16872.4	19195.7
江 苏	15003.6	18598.7	21742.1	26018.5	30982.0	34457.3	40903.3	48604.3
浙 江	11648.7	13417.7	15718.5	18753.7	21462.7	22990.4	27226.8	32000.1
安 徽	4759.3	5375.1	6112.5	7360.9	8851.7	10062.8	12263.4	15110.3
福 建	5763.4	6554.7	7583.8	9248.5	10823.0	12236.5	14357.1	17410.2
江 西	3456.7	4056.8	4820.5	5800.3	6971.1	7655.2	9435.0	11583.8
山 东	15021.8	18366.9	21900.2	25776.9	30933.3	33896.7	39416.2	45429.2
河 南	8553.8	10587.4	12362.8	15012.5	18018.5	19480.5	22942.7	27232.0
湖 北	5633.2	6590.2	7617.5	9333.4	11328.9	12961.1	15806.1	19594.2
湖 南	5641.9	6596.1	7688.7	9439.6	11555.0	13059.7	15902.1	19635.2
广 东	18864.6	22557.4	26587.8	31777.0	36796.7	39482.6	45472.8	52673.6
广 西	3433.5	3984.1	4746.2	5823.4	7021.0	7759.2	9502.4	11714.4
海 南	798.9	898.0	1044.9	1254.2	1503.1	1654.2	2052.1	2515.3
重 庆	2692.8	3467.7	3907.2	4676.1	5793.7	6530.0	7894.2	10011.1
四 川	6379.6	7385.1	8690.2	10562.4	12601.2	14151.3	16898.6	21026.7
贵 州	1677.8	2005.4	2339.0	2884.1	3561.6	3912.7	4594.0	5701.8
云 南	3081.9	3461.7	3988.1	4772.5	5692.1	6169.8	7220.1	8751.0
西 藏	220.3	248.8	290.8	341.4	394.9	441.4	507.5	605.8
陕 西	3175.6	3933.7	4743.6	5757.3	7314.6	8169.8	10021.5	12391.3
甘 肃	1688.5	1934.0	2276.7	2702.4	3166.8	3387.6	4119.5	5000.5
青 海	466.1	543.3	648.5	797.4	1018.6	1081.3	1350.4	1634.7
宁 夏	537.1	612.6	725.9	919.1	1203.9	1353.3	1643.4	2060.8
新 疆	2209.1	2604.2	3045.3	3523.2	4183.2	4277.0	5418.8	6474.5

注：本表按当年价格计算。

各地区年末总人口

单位：万人

地 区	2004年	2005年	2006年	2007年	2008年	2009年	2010年	2011年
全 国	**129988**	**130756**	**131448**	**132129**	**132802**	**133474**	**133972**	**134735**
北 京	1493	1538	1581	1633	1695	1755	1961	2019
天 津	1024	1043	1075	1115	1176	1228	1294	1355
河 北	6809	6851	6898	6943	6989	7034	7185	7241
山 西	3335	3355	3375	3393	3411	3427	3571	3593
内蒙古	2384	2386	2397	2405	2414	2422	2471	2482
辽 宁	4217	4221	4271	4298	4315	4319	4375	4383
吉 林	2709	2716	2723	2730	2734	2740	2746	2749
黑龙江	3817	3820	3823	3824	3825	3826	3831	3834
上 海	1742	1778	1815	1858	1888	1921	2302	2347
江 苏	7433	7475	7550	7625	7677	7725	7866	7899
浙 江	4720	4898	4980	5060	5120	5180	5443	5463
安 徽	6461	6120	6110	6118	6135	6131	5950	5968
福 建	3511	3535	3558	3581	3604	3627	3689	3720
江 西	4284	4311	4339	4368	4400	4432	4457	4488
山 东	9180	9248	9309	9367	9417	9470	9579	9637
河 南	9717	9380	9392	9360	9429	9487	9402	9388
湖 北	6016	5710	5693	5699	5711	5720	5724	5758
湖 南	6698	6326	6342	6355	6380	6406	6568	6596
广 东	8304	9194	9304	9449	9544	9638	10430	10505
广 西	4889	4660	4719	4768	4816	4856	4603	4645
海 南	818	828	836	845	854	864	867	877
重 庆	3122	2798	2808	2816	2839	2859	2885	2919
四 川	8725	8212	8169	8127	8138	8185	8042	8050
贵 州	3904	3730	3757	3762	3793	3798	3475	3469
云 南	4415	4450	4483	4514	4543	4571	4597	4631
西 藏	274	277	281	284	287	290	300	303
陕 西	3705	3720	3735	3748	3762	3772	3733	3743
甘 肃	2619	2594	2606	2617	2628	2635	2558	2564
青 海	539	543	548	552	554	557	563	568
宁 夏	588	596	604	610	618	625	630	639
新 疆	1963	2010	2050	2095	2131	2159	2181	2209

注：1.全国数据包括中国人民解放军现役军人数，但不包括香港、澳门特别行政区和台湾地区数据；
分省数据中未包括中国人民解放军现役军人数。
2.除2004年部分地区数据外，分地区数据均为常住人口。
3.2010年数据为第六次全国人口普查初步汇总数。